# 北京石景山年鉴(2021)

BEIJING SHIJINGSHAN NIANJIAN

北京市石景山区人民政府 主办
北京市石景山区地方志办公室 承编

中 华 书 局

**图书在版编目（CIP）数据**

北京石景山年鉴. 2021/北京市石景山区地方志办公室编.—北京：中华书局，2021.12

ISBN 978-7-101-15443-6

Ⅰ.①北… Ⅱ.①北… Ⅲ.①石景山区—2021—年鉴
Ⅳ.①Z521.3

中国版本图书馆CIP数据核字（2021）第229697号

责任编辑：陈新欢

**北京石景山年鉴2021**

北京市石景山区地方志办公室编

*

中 华 书 局 出 版

（北京市丰台区太平桥西里38号 100073）

http://www.zhbc.com.cn

E-mail:zhbc@zhbc.com.cn

廊坊市金虹宇印务有限公司印刷

*

889×1194 1/16 26.25印张 35插页 956千字

2021年12月第1版 2021年12月第1次印刷

印数：1300册 定价：260.00元

ISBN 978-7-101-15443-6

地址

北京市石景山区
八角西街27号

电话

010-68883642

传真

010-68880579

邮编

100043

电子信箱

sjsqzb@126.com

## 《北京石景山年鉴》编辑部

| | |
|---|---|
| 主　　编 | 李　新 |
| 副 主 编 | 迟志禹　尹　圆 |
| 执行副主编 | 吴　琨 |
| 责任编辑 | 姚晓妹　张耀中 |
| 编　　辑 | 杨　旭　宋正鑫　杜京珊 |
| 摄影人员 | 唐志常　杜　雷　赵　昂 |
| | 张立臣　吴福来　马重光 |

# 编纂说明

一、《北京石景山年鉴》是石景山区人民政府主办、区地方志办公室按年编纂、连续出版的大型综合性、权威性、资料性工具书。自2006年开始逐年编纂并公开出版，一年一卷，本卷为第16卷。

二、年鉴以马克思列宁主义、毛泽东思想、邓小平理论、“三个代表”重要思想、科学发展观和习近平新时代中国特色社会主义思想为指导，遵循实事求是的原则，并力求科学、客观、全面、系统记录石景山区经济和社会发展的基本情况，体现时代特征、地区特点、行业特色。旨在为社会各界了解、研究石景山区提供基本资料，同时为修编《北京市石景山区志》积累史料。

三、年鉴收录范围以地域为界，凡在石景山区境域之内的部门单位、各行各业，不论其性质、隶属关系和级别，均在收录之列。本卷以详记区属各系统、各单位情况为主，适当记述辖区内中央、市属单位情况，既突出主题又概括全貌。

四、年鉴所收录资料信息的主要形式为文字（文章和条目）、数据（表格）、图片，采用分级分类编纂法，以条目体为主，用规范的语体文直陈其事，文字力求言简意赅。按栏目、分目、次分目、条目四级结构层次编排。

五、本鉴设置32个类目。分为：区情概览、特载、专文、大事记、中共石景山区委员会、石景山区人民代表大会、石景山区人民政府、政治协商会议石景山区委员会、纪检监察、民主党派、人民团体、法治、军事、应急管理、新首钢高端产业综合服务区与首钢集团、经济管理、商业、旅游、城市规划与建设、城市管理、生态环境、科学技术、教育、文化、卫生、体育、社会事业、社会生活、街道、人物荣誉、统计资料、附录。全书总计约95.6万字。

六、本鉴记述时限均为2020年1月1日至12月31日，本卷中凡未注明年份的事物，均为2020年内所发生。各级负责人任职情况，一律以2020年12月31日在册统计为准。

七、本鉴所用文章和条目，部分由区属各部门和驻区有关单位确定专人撰写或提供，并经撰稿单位主管领导审核。综合性统计资料由区统计局提供，业务部门的统计数字则由各主管部门提供。随文图片由各单位提供为主，编辑部提供为辅。

八、本鉴卷首有“总目”和“分目”，卷尾有“索引”。索引采用主题分析法，按主题词首字汉语拼音字母顺序排列。“总目”采用中英文对照，便于涉外交流。同时配有电子版（光盘）。

# 数字石景山

区域总面积 85.74 平方千米

常住人口 56.8 万人，户籍人口 38.9 万人

地区生产总值 855.5 亿元

三次产业构成为 0 : 16.2 : 83.8

财政收入总计 185.8 亿元

财政支出总计 267.6 亿元

社会消费品零售总额 399.5 亿元

居民人均可支配收入 78656 元

居民人均消费支出 40096 元

全社会固定资产投资增速 20.8%

图书馆藏书 109.4 万册

文物保护单位 36 个

卫生技术人员 9466 人

医疗病床实有床位 5373 张

S1 001

2月5日，石景山区新冠肺炎疫情防控医护人员向党旗宣誓

2 月 2 日，八角街道社区工作人员在雪中值守

2 月 13 日，石景山区红十字蓝天救援队在公交场站进行消杀

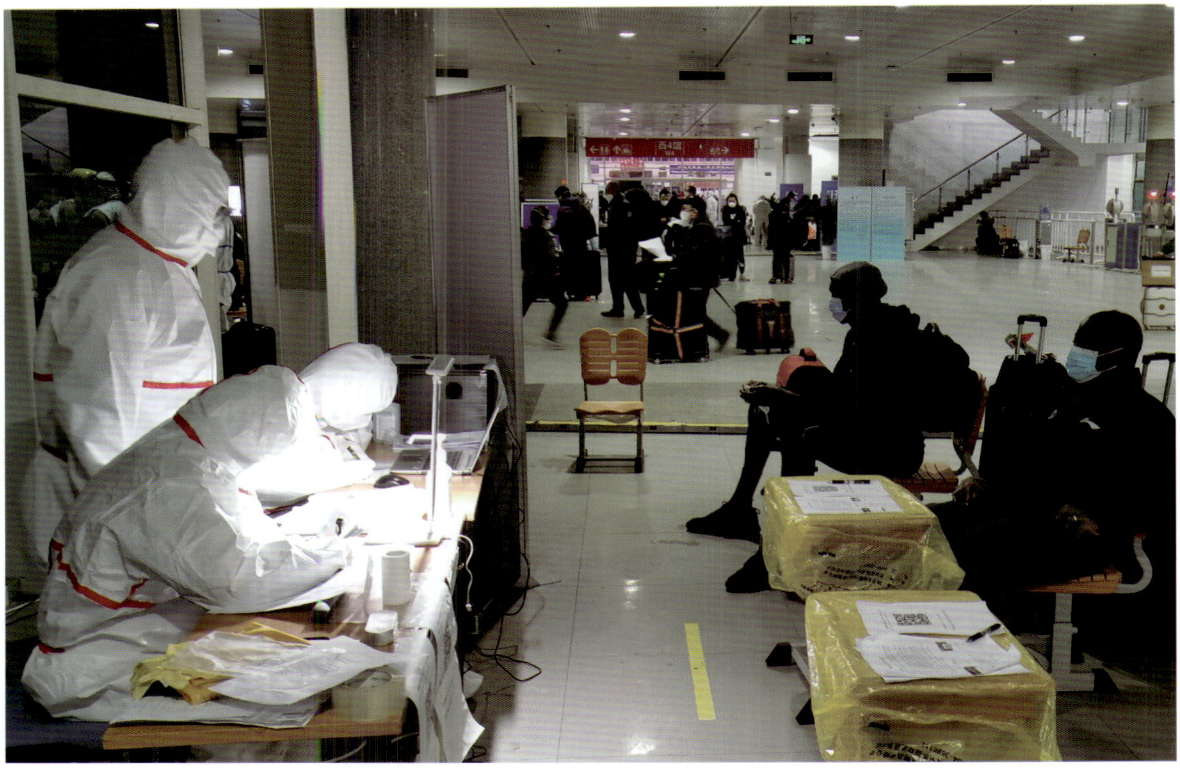

3 月，石景山区新国展集散点工作团队接待入境人员

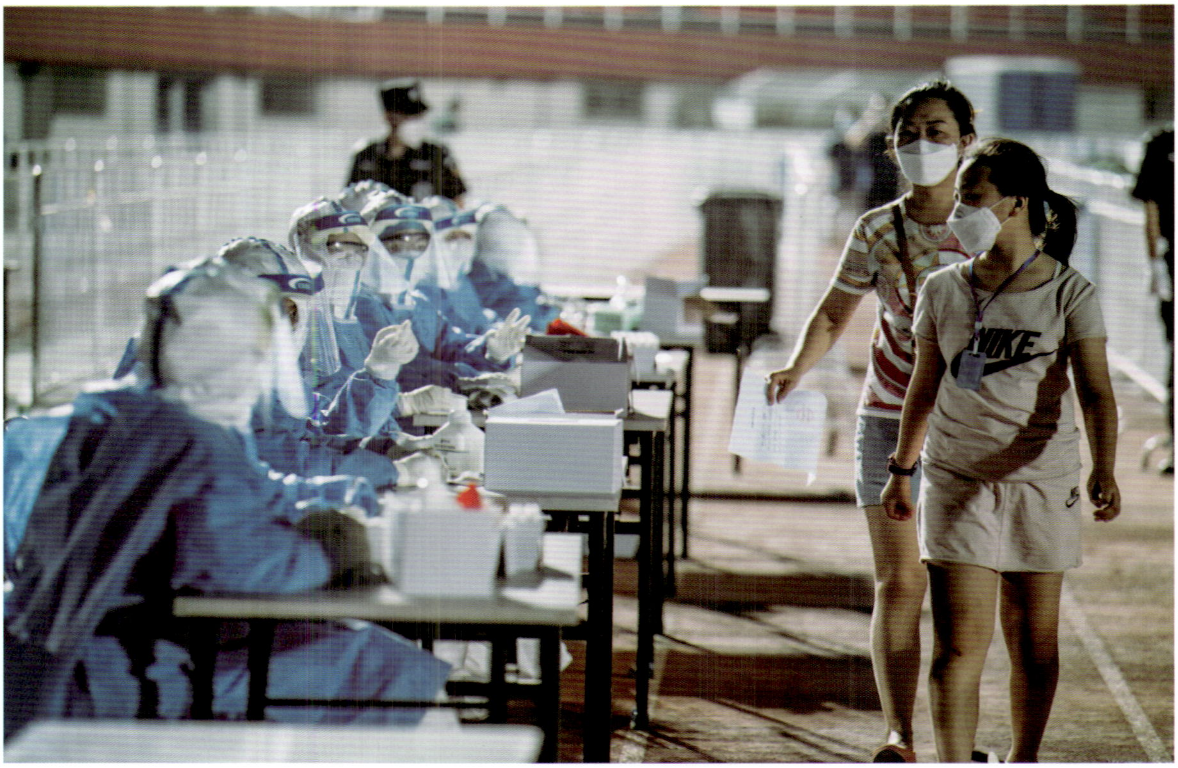


6 月，石景山区体育场核酸检测点集中为居民做检测

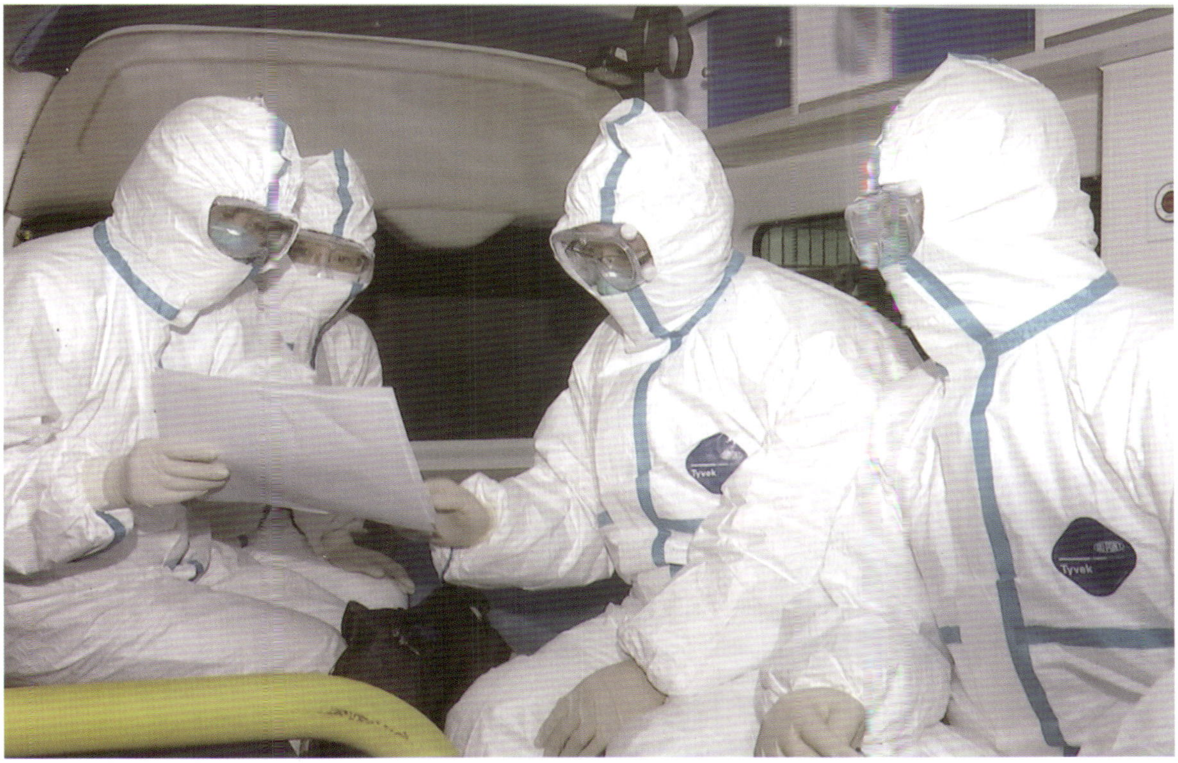


12 月 11 日，新冠肺炎疫情防控工作人员研究流调案例

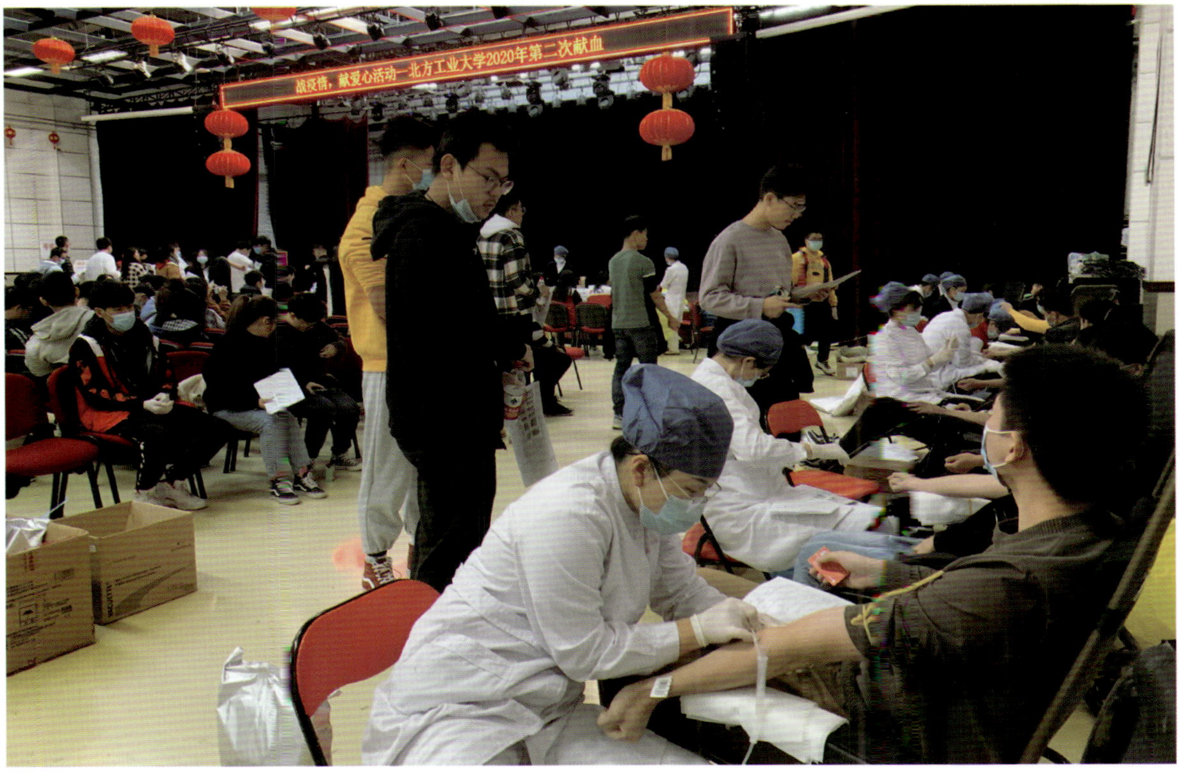


11 月 3 日，北方工业大学组织“战疫情 献爱心”为主题的献血活动

6月26日，石景山区医疗队紧急出征驰援丰台

1 月 1 日，2020 北京新年倒计时活动暨第四届北京冰雪文化旅游节开幕式举行

1月，冬奥社区室外真冰赛道投入使用

1月4日，短道速滑世界冠军、第一任“冬奥社区轮值社区长”赵楠楠辅导孩子们上冰

6 月 29 日，冬奥社区的北京 2022 年冬奥会和冬残奥会吉祥物“冰墩墩”“雪容融”

1 月 5 日，2019—2020 全国青少年 U 系列滑冰比赛（北京站）

1 月 18 日，北京市石景山区奥林匹克教育成果展暨中小学生首届冬季运动会开幕式

9 月 5 日，2020 国际冬季运动（北京）博览会冰壶体验

9 月 5 日，2020 国际冬季运动（北京）博览会科技＋冰雪体验

7月28日，中共北京市石景山区第十二届委员会第十一次全体会议召开

11月8日，石景山区"接诉即办"工作调度会召开

11月20日，石景山区"以案为鉴、以案促改"警示教育大会召开

1月7日至9日，北京市石景山区第十六届人民代表大会第六次会议召开

1月6日至8日，政协北京市石景山区第十届委员会第四次会议召开

6 月 8 日，石景山区召开经济发展推进大会

10 月 29 日，石景山区召开民营企业家座谈会

9 月 6 日，2020 年服贸会专场活动“冬奥机遇点燃复兴之火”石景山论坛举行

9 月 28 日，AIIA2020 人工智能开发者大会在首钢园召开

11 月 1 日，2020 中国科幻大会在石景山首钢园开幕

12 月 6 日，中国虚拟现实技术与产业创新平台与石景山区政府签订合作框架协议

8 月，北京银行保险产业园夜景

11 月 7 日，物美集团在第三届中国国际进口博览会会场举办签约仪式

1 月 17 日，石景山区举办 2020 年新春团拜会暨新春民乐会

8 月 8 日至 31 日，“狂欢之夏”期间的飞越世界场馆

10 月 1 日，第九届“动漫北京”活动开幕式在石景山游乐园举行

11 月 18 日，石景山区举办民间文学“声音故事”（六）暨非物质文化遗产原创节目展演

10 月 13 日，石景山区举行中国少先队建队 71 周年主题教育活动

10 月 30 日，石景山区举行第十六届全民终身学习活动周开幕式

3 月 28 日，石景山区组织火车站转运工作为在鄂返京人员提供服务

7 月 12 日，石景山区举办第二届创业创新大赛

4月29日，石景山区召开2020年蓝天保卫战工作部署会

12月2日，石景山消防救援支队开展夜间大型商业综合体实战综合演练

年末，衙门口西区回迁安置房竣工

12 月，建设中的冬奥配套设施北京轨道交通 M11 号线

12 月，建设中的冬奥配套设施苹果园交通枢纽

7月1日，首钢园区奥运配套设施香格里拉酒店主体结构封顶

3层
2层 树立企业安全形象促进安全文明生产
B#楼 1层
落实安全规章制度
幕墙加工区

年内，首钢园区生态环境不断改善，图为秀池景观

李美红 全国三八红旗手、全国抗疫先进个人

何艳丽 全国抗疫先进个人

贺迎潮 全国脱贫攻坚先进个人

杨华清 全国劳动模范、全国先进工作者

赵星 全国劳动模范

# 总　目

# CONTENTS

# 目 录

## 区情概览



## 特 载



## 专 文



## 大事记



## 中共石景山区委员会

## 石景山区人民代表大会



## 石景山区人民政府

## 政协石景山区委员会



## 纪检 监察



## 民主党派

## 人民团体

## 法　　治

## 军 事

## 应 急 管 理



## 新首钢高端产业综合服务区与首钢集团

## 经济管理

## 商 务

## 旅　　游



## 城市规划与建设

## 城 市 管 理

## 卫　生

## 体　　育



## 社 会 事 业

## 街　道

## 人物 荣誉

## 统计资料



## 附　　录

# 区情概览

## 基 本 地 情

石景山区位于北京西部西山风景区南麓和永定河冲积扇上，因燕都第一仙山——石景山而得名。地理坐标为北纬39°53′～39°59′，东经116°07′～116°14′，东至玉泉路与海淀区毗连，南抵张仪村与丰台区接壤，北倚克勤峪与海淀区搭界，西濒永定河与门头沟区为邻。辖区东西宽约12.25千米，南北长约13千米，最东端距天安门14千米，总面积85.74平方千米。

石景山区地势北高南低，海拔高度70～130米。西北部山地是太行山余脉，约占全区面积的三分之一，40余座山峰比肩而立。南部横亘着古老的永定河，蜿蜒曲折。中部和东南部是永定河冲积扇形成的夹带残丘的平原，为全区人民生产生活的主要地区。石景山地处暖温带半湿润大陆性季风气候区，年平均气温13.9℃，较常年平均值（12.7℃）偏高。年总降水量483.3毫米，较常年（540.7毫米）偏少。

石景山区自古就是京西历史文化重镇，既是西进京城的军事交通要塞，也是北京现代工业的发祥地，历史文化独特鲜明。境内名胜古迹众多，有近现代重要史迹及代表性建筑20余处，以“三山八刹十二景”著称的一代名园八大处、以明代壁画闻名于世的法海寺、石刻造像美轮美奂的田义墓、第四纪冰川遗迹陈列馆、八宝山革命公墓等均荟萃于此。

石景山区是北京市继东城、西城之后第三个没有农业户籍人口的城区，下辖八宝山街道、老山街道、八角街道、古城街道、苹果园街道、金顶街街道、广宁街道、五里坨街道及鲁谷街道等9个街道。全区有45个民族，常住人口56.8万人。

石景山区曾是北京传统重工业区，以首钢为核心的重工业在地区经济社会发展中占有重要地位。根据北京市赋予石景山区“一区三中心”的城市功能定位，随着首钢搬迁调整的逐步深入，石景山区在2011年区第十一次党代会上提出由传统工业石景山向绿色生态石景山转型的总方向。2013年12月，区委十一届八次全体（扩大）会提出“全面深度转型、高端绿色发展”战略和建设国家级绿色转型发展示范区目标。2020年是全面建成小康社会和“十三五”规划收官之年，是极不平凡的一年。石景山区深入贯彻习近平总书记对北京重要讲话精神，坚决果断抗击新冠肺炎疫情造成的严重冲击，全力抓好“六稳”“六保”工作，较好完成年度任务，全区经济社会各项事业迈上新台阶。

## 新冠肺炎疫情防控和复工达产

疫情防控。石景山区坚持“外防输入、内防反弹”，落实“三防”“四早”“九严格”措施，建立组织领导体系，压实“四方”责任，全面加强社区、医院、楼宇、工地、学校、宾馆、餐饮、商超、市场、养老院、看守所、公共交通、窗口单位等疫情防控，创新“双楼长”“一米线”“无接触配送”等措施，发动驻区单位参与“创建零感染、守护石景山”行动，1.6万名街道干部、社区工作者、机关干部、在职党员、“老街坊”志愿者坚守防控一线，筑牢疫情防控安全屏障。实施精准防控，妥善处置突发疫情，完成全国“两会”、重要节日、重要活动期间防疫和服务保障。建立防疫物资应急采购管理机制，快速审批投产口罩生产线，确保全区防疫和生活物资保障有力、价格平稳。制定实施加强公共卫生应急管理体系建设实施方案和三年行动计划，健全长效机制，全面提升应急响应和处置能力。全区确诊病例19人全部流调溯源，集中医学观察1533人，居家观察15万人，累计核酸检测47.15万人次，疫情防控取得重大成果。

复工达产。在全市率先出台“石惠15条”，完善制定“石惠16条”及系列专项惠企政策，为企业减免房租1.3亿元，发放就业补助、创新扶持资金等8.2亿元，减免、缓缴社保基金34亿元，融资贷款78亿元，精准帮扶企业纾困解难，复工达产率84.3%，排名全市前列。召开经济发展推进大会，发布“2＋N”政策体系，签约30个项目503亿元。深化企业“服务包”制度，开展点对点服务，为158家企业精准落实服务措施283项。

## 重 点 任 务

冬奥服务保障。加强与冬奥组委机关沟通对接，落实“双进入”机制，组建场馆运行和外围保障团队，完善赛会保障体系。加快推进68项重点任务，完成北京冬奥会技术运行中心及附属通信枢纽（TOC）、注册中心及制服发放中心（UAC）项目，启动建设北京冬季奥林匹克公园，全力推进轨道交通M11冬奥支线、S1线金苹区间、苹果园综合交通枢纽、滑雪大跳台中心酒店、冬奥广场、冬奥主运行中心等项目建设，全面实施冬奥场馆周边及阜石路沿线等区域环境整治提升项目，提高全要素服务保障水平。出台促进冰雪体育产业快速发展若干措施，推动中国冰雪大会总部基地和冰雪俱乐部联盟落户。开展冬奥“六进”工作，新增健身场地7个、健身步道5公里，举办冬奥主题活动100余场，启动打造“带动三亿人参与冰雪运动”示范区。

新时代首都城市复兴新地标建设。落实市领导“双调研”要求，加快实施新首钢建设三年行动计划和十大攻坚工程，开展区企高层对接8次，研究解决48项重点难点问题，全力推进27项重点任务和69个重大项目，石景山区连续第三次获得国务院“老工业基地调整改造真抓实干成效明显城市”表彰。深化“体育+”“科技+”产业布局，强化“首店”“首发”品牌集聚效应，新首钢园区公用型保税仓库建成，智慧园区大脑等人工智能创新应用示范项目落地，北京国际云转播等35家企业入驻。成功举办中国科幻大会、电竞北京2020等重大活动40余场，国际创忆馆主题展、首钢极限公园等集中亮相。首钢园获评“北京市体育产业示范基地”，文化复兴、生态复兴、产业复兴、活力复兴全面迸发，工业锈带正在快速蝶变为活力秀场。

西山永定河文化带建设。落实西山永定河文化带保护发展规划和五年行动计划，出台促进文旅融合发展实施办法，完善建设管理体制和运行机制。大力开展模式口文保区修缮改造工程，完成4个重点院落改造，建成燕京八绝博物馆、石刻文物园，举办模式口文化嘉年华、慈善寺古香道文化展陈系列活动。实施八大处公园5A标准导向提升工程，统筹推进公园基础设施改造和周边环境整治提升。区文化中心投入使用，街道公共文化中心全部实现社会化运营，实体书店达到90家，首创郎园Park全民畅读书店、石景山游乐园摩天轮和首钢园（三高炉、滑雪大跳台、星巴克）获评2020首届北京网红打卡地。举办清明诗会、动漫北京等各类文化活动5000余场，惠及群众100余万人次，完成“国家公共文化服务体系示范区”验收，获评全国“书香城市”。坚持创城为民、创城惠民，深入推进全国文明城区创建工作，加强新时代公民道德建设，开展“擦亮城市西大门、文明祥和迎冬奥”活动，推动常态化创城与城市建设、精细化管理、民生改善等工作紧密结合、一体推动。

## 经 济 发 展

主要经济指标。地区生产总值完成830亿元，同比增长2.8%；一般公共预算收入完成64.67亿元，同比增长2%；固定资产投资完成350亿元，同比增长20.5%，其中建安投资完成120亿元，同比增长8.7%；市场总消费同比下降11%左右，降幅较上半年收窄2个百分点；居民人均可支配收入79300元，同比增长3%；万元地区生产总值能耗下降0.5%，达到市级要求。

“五新”政策。紧抓新基建机遇，设立产业发展专项资金，新建5G基站142个，新首钢等重点地区和城市主干道实现5G信号全覆盖。拓展新场景应用，完善科技创新政策体系，首钢AI园智慧物流机器人投用，城市精细化管理平台纳入市级应用场景建设项目。挖掘新消费潜力，举办“北京消费季·爱尚石景山”“京西消费节”等特色消费活动，推进今鼎时代广场商圈升级改造，古城南路商业街开街。实施新开放举措，制定落实北京国家服务业扩大开放综合示范区和自由贸易试验区建设实施方案，参加服贸会、中关村论坛和金融街论坛，利用“两区”“三平台”推动服务业高质量发展。提升新服务效能，深化行政审批告知承诺制改革，推出83项告知承诺政务服务事项，开展政务服务大厅延时服务，“石时办”APP上线运行，区级政务服务事项实现全网通办、一站式办理，深化商事制度改革等工作获得国务院办公厅督查激励通报表彰。

重点功能区建设。长安金轴高品质提升，北辛安棚改A区等载体交付使用，邮储银行信用卡中心、阳光消费金融公司、中铁建发展集团等优质企业落户，高端产业实现集聚发展。新首钢园区规划建设稳步实施，北区全面开工，东南区15个地块启动建设，南区控规正式发布。银保园主园区基本建成，54万平方米商务办公载体投用，华夏银行金融科技公司等38家现代金融机构入驻。中关村石景山园创新引领作用持续发挥，虚拟动点、枭龙科技等百余家虚拟现实企业落户，人工智能产业应用协同创新平台启用，工业互联网产业园先导园开园，石景山区获批“国家新型工业化产业示范基地”，园区实现收入3000亿元，同比增长14.8%。文创园建设积极推进，北重科技文创园、石热文创园纳入市级老旧厂房改造试点，首创郎园Park、首钢文化产业园获评市级文化产业园区。

高精尖产业推进。“1+3+1”高精尖产业实现收入1907亿元，同比增长9.2%。现代金融产业主导优势明显，启动运营30亿元现代创新产业发展基金，现代金融占高精尖产业总收入超过40%。科技服务业稳步发展，出台“科幻16条”等产业政策，实施36个应用场景建设，促进区域企业自主创新，邦维高科医用防护服等新技术新产品在防疫抗疫中发挥重要作用。数字创意产业优质发展，制定促进游戏产业发展实施办法，“北京市电子竞技产业品牌中心”和“北京市游戏创新体验区”挂牌。新一代信息技术产业创新发展，5G、工业互联网、虚拟现实等新兴产业加快培育。商务服务业高端发展，落实服务业扩大开放三年行动计划，实施“2+21+N”重点项目，夜间经济和品牌消费活动不断提质。

## 城 市 建 设 与 管 理

疏整促工作。完成11项市级任务，拆除违法建设15.19万平方米，腾退土地2.36公顷。实施16项社区治理和7项公共空间改造提升工程，以功能疏解带动人口调控，全区常住人口预计在55.3万人以内。坚决实施征收拆迁收尾行动，完成93个点位搬迁拆除，有力保障棚改和重大项目建设顺利推进。实施留白增绿15.96公顷，新建生活性服务业功能网点66个，网点连锁化率达55%，便民服务进一步提质增效。

城市服务。实施112个固定资产投资重点建设项目，推动地铁1号线福寿岭站改造，启动高井规划一路、北辛安路南段和锅炉厂南路建设，永引渠南路建成通车。推动鲁谷北重供热厂供热调峰及配套热网改造和向阳、北辛安110千伏输变电工程，苹果园110千伏输变电工程实现开工，石景山水厂主体结构按期完工。加快土地开发节奏，刘娘府663地块等4个项目入市交易，中关村工业互联网产业园地块实现挂牌出让。

精细化管理。实施7项交通疏堵工程，新增停车位5000余个，建成银保园和鲁谷路慢行系统。完成4个重点区域、30条背街小巷环境精细化整治提升工程，24条道路通信架空线实现入地。制定垃圾分类管理标准及实施细则，升级改造密闭式清洁站45座、垃圾运输车86辆，在全市率先实现居住区垃圾分类全覆盖，老山东里北等5个小区获评“北京市生活垃圾分类示范小区”。推进智慧城市建设，实施汇聚工程和精治工程，积极推动城市大脑运营指挥中心和经济运行平台建设。

生态环境。落实国家森林城市建设总体规划，提前完成新一轮百万亩造林绿化工程，新建改造麻峪滨河森林公园、炮山城市森林公园、群明湖公园等公园绿地27处158公顷，西长安街城市森林公园群基本建成，公园绿地500米服务半径覆盖率排名全市第一。做好第二轮中央生态环境保护督察服务保障，全面推进裸地治理，狠抓大气污染防治“一微克”行动，细颗粒物($PM_{2.5}$)年均浓度37微克/立方米，同比下降14%。严格落实河长制，推动莲石湖公园景观提升等5项水务工程，国控市控地表水考核断面水质稳定达标。实行建设用地土壤污染风险管控和修复名录制度，有序推进污染地块治理，污染源普查工作扎实开展。

## 社会建设与社会治理

社会保障。办好36件民生实事和68项济困工程，残疾人职业康复中心一期工程完工，儿童福利院和救助站开工，无障碍环境建设专项行动年度考评排名全市第一。加强就业帮扶，登记失业人员再就业4592人，登记失业率2.46%。北大附中石景山学校和北京市十一学校石景山学校项目加快推动，金顶街小学实现开工，普惠性幼儿园覆盖率达86%，中小学、幼儿园全部达到平安校园建设标准，义务教育学校管理标准化建设100%达标。深入推进医药卫生体制改革，稳步推动药品耗材集中采购、带量采购工作，成功创建“国家慢性非传染性疾病综合防控示范区”，顺利通过“国家卫生区”复审。出台养老服务三年行动计划，启动十大专项行动，加强家庭照护床位建设，“三边十有”养老服务体系更加完善。全面推开国家级政策性长期护理保险试点，提高重度失能人员护理服务质量。推动18个老旧小区改造工程和16个有机更新项目，鲁谷五芳园、古城十万平等一批改造项目积极稳妥实施。衙门口西区回迁安置房交付使用，广宁村棚改征收实现100%签约，北辛安回迁安置房、4个共有产权房和3个集体土地租赁住房项目加快施工，政策性住房开工7540套，竣工5144套，超额完成年度任务。

共建共治共享。深化吹哨报到改革和新时代街道工作，落实46项重点任务，5类430项行政执法职权下沉街道。加强接诉即办工作，建成区级“网上12345”平台，出台考核办法，落实首办责任制、三见面、双派双考等工作机制，推进高频难点事项专班常态化调度和长效化解决，平均考核成绩大幅提升，市民服务热线已成为群众参与城市治理的重要平台，成为党委政府与人民群众心连心、同呼吸的重要纽带。深入落实北京市物业管理条例，小区物业“三率”超过80%。坚决打赢脱贫攻坚战，实施87个市区级项目，落实191项指标，助力顺平、称多、宁城、莫旗实现建档立卡贫困人口全部脱贫。

平安石景山。深入开展扫黑除恶“六清”行动，建成91个智慧平安小区，实现公共区域安全视频监控建设联网应用全覆盖。加强矛盾纠纷和安全风险排查化解，“石时解纷”形成品牌，信访机构和责任单位的群众满意率排名全市第一。强化食品药品、消防、交通、金融、网络、特种设备等领域安全监管，抓实安全生产各项工作，城市运行平稳有序。

## 政府自身建设

政治建设。提高政治站位，严守政治纪律和政治规矩，增强“四个意识”、坚定“四个自信”、做到“两个维护”，深入学习宣传贯彻习近平新时代中国特色社会主义思想，推动中央精神及市委市政府决策部署和区委工作要求落地落实，切实做到政令畅通、令行禁止。压实政府党组主体责任，制定主体责任清单，强化党风廉政建设。完善绩效管理体系，加强审计监督和绩效考核，政府执行力和公信力不断提升。

依法行政。坚决落实区人大及其常委会的决议、决定和审议意见，坚持重大事项报告制度，认真听取区政协的意见建议，自觉接受区人大工作监督、法律监督和区政协民主监督。将人大建议、政协提案办理工作作为加强民主政治建设的重要内容，纳入年度绩效考核，实行全过程信息化管理，全年办复人大建议122件、政协提案200件，办成率82.6%，同比提高7%。落实“三重一大”制度，召开区政府常务会议、区长办公会议55次，集体研究重大问题300个。依法全面履行政府职能，审理行政复议100件，依法处理行政应诉40件，公开政务信息8009条。

# 特　　载

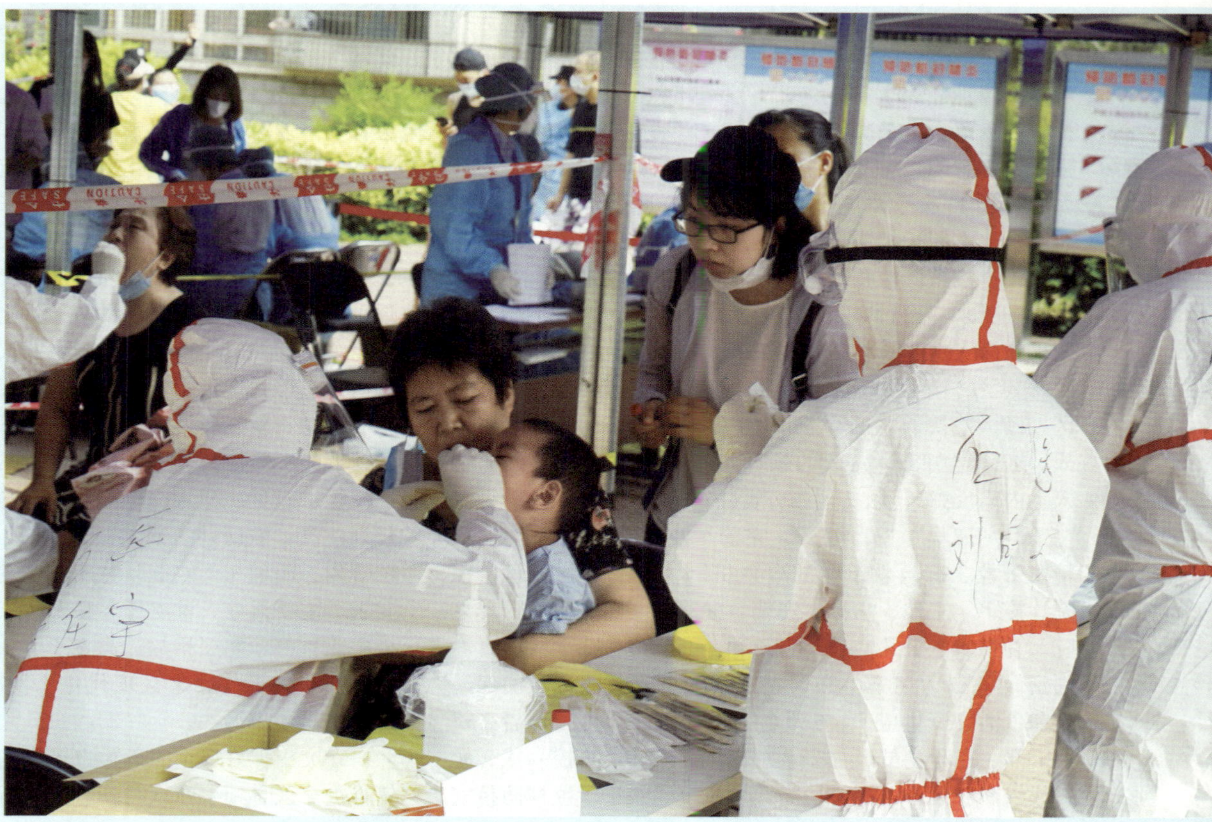

# 在区委十二届十二次全会上的工作报告

区委书记　常　卫

（2020 年 12 月 30 日）

现在，我受区委常委会委托，向全会报告工作，分两个部分。

## 第一部分　关于 2020 年工作

今年是全面建成小康社会和“十三五”规划收官之年，是极不平凡的一年。一年来，在市委坚强领导下，区委常委会坚持以习近平新时代中国特色社会主义思想为指导，深入贯彻党的十九大和十九届二中、三中、四中、五中全会精神，深入贯彻习近平总书记对北京重要讲话精神，认真落实市委决策部署，自觉主动接受市委巡视，增强“四个意识”、坚定“四个自信”、做到“两个维护”，先后召开 40 次区委常委会并主持召开区委十二届十一次全会，切实履行把方向、谋大事、抓党建、保平安职责，统筹推进疫情防控和经济社会发展取得重要成果。

一年来，面对突如其来的新冠肺炎疫情，我们始终把人民生命安全和身体健康摆在第一位，按照“坚定信心、同舟共济、科学防治、精准施策”的总要求，紧紧依靠全区人民，坚决打赢疫情防控的人民战争、总体战、阻击战。迅速建立统一高效的领导指挥体系，坚持“外防输入、内防反弹”，压实“四方责任”，落实联防联控，做到“三防”“四早”“九严格”，完善“及时发现、快速处置、精准管控、有效救治”的应急机制，全面加强社区、医院、楼宇、工地、学校、宾馆、餐饮、商超、市场、养老院、看守所、公共交通、窗口单位等各类场所疫情防控，周密做好 15 万名集中和居家观察人员管理服务，确保防疫和生活物资供应。1.6 万名街道干部、社区工作者、机关干部、在职党员、“老街坊”志愿者坚守防控一线，统一战线和驻区单位同心协力共同抗疫，筑牢了疫情防控安全屏障。坚持常态化精准防控和局部应急处置有机结合，妥善处置疫情风险和突发事件，累计核酸检测 46 万人次，实现疫情防控稳定向好，圆满完成全国“两会”、重要节日、重要活动期间防疫和服务保障工作。制定出台加强公共卫生应急管理体系建设实施方案和三年行动计划，全面提升应急响应和处置能力。52 个集体和个人获得国家和市级先进荣誉。疫情防控取得重大战略成果。

一年来，我们锚定全面建成小康社会目标任务，全力做好“十三五”规划收官工作。统筹推进疫情防控和经济社会发展，加强经济运行调度，扎实做好“六稳”工作、全面落实“六保”任务，实现主要经济指标企稳回升，较好完成了全年任务。深入做好“十三五”规划总结评估，加强指标任务分析调度，强化工作措施，补齐短板弱项，33 项主要指标进展良好，地区生产总值、一般公共预算收入、居民人均可支配收入大幅增长，二、三产业占比实现从 7:3 到 2:8 的翻转，“三件大事”“三大攻坚战”等重大战略任务全面落地，“十三五”规划圆满收官，经济社会各项事业取得显著成就，具有里程碑意义，为开启率先基本实现社会主义现代化新征程奠定了坚实基础。

一年来，我们着眼于谋划好未来五年和更长时期的发展，精心研究编制“十四五”和中长期发展规划。区委成立规划编制工作领导小组和规划建议起草组，认真学习习近平总书记对北京重要讲话精神，全面贯彻党的十九届五中全会精神，按照市委十二届十五次全会部署和蔡奇书记调研、点评我区指示要求，深入领会把握新发展阶段、新发展理念、新发展格局，深刻分析研判石景山区发展面临的新形势、新任务、新要求，历时 8 个月认真调查研究、广泛征求意见、深入交流研讨，制定完善区委“十四五”规划建议，推动科学编制“十四五”规划纲要和 45 个专项规划，明确“十四五”时期全区发展的指导思想、基本要求、主要目标、重点任务和二〇三五年远景目标，为积极融入首都新发展格局、高水平建设好首都城市西大门、率先基本实现社会主义现代化，找准了方位、明确了重点、提供了遵循。

在突出抓好三个方面重点工作的同时，区委常委会统筹推进全区各项事业取得新进展、新成效，主要做了以下工作：

一是全力服务保障冬奥筹办。把服务保障冬奥筹办作为重要政治任务，主动对接冬奥组委机关，深化“双进入”工作机制，68 项重点任务有序落实。北京冬奥会技术运行中心及附属通信枢纽（TOC）、注册中心及制服发放中心（UAC）建成，M11 冬奥支线、苹果园综合交通枢纽、滑雪大跳台中心酒店等重大工程加快建设。冬奥场馆周边、阜石路沿线环境持续改善，北京冬季奥林匹克公园命名获批并加快推进。重点区域双语标识全面规范，城市运行、文化旅游、安全应急等全要素服务保障能力不断增强。出台促进冰雪体育产业快速发展若干措施，积极推动中国冰雪大会总部基地和冰雪俱乐部联盟落户。广泛开展冬奥“六进”工作，深化冬奥社区建设，打造“带动三亿人参与冰雪运动”示范区。

二是加快建设新时代首都城市复兴新地标。落实市领导双调研新首钢地区工作要求，统筹推进首都城市复兴新地标和京西产业转型升级示范区建设，紧紧围绕三年行动计划，开展区企高层对接8次，研究解决重点难点问题48项，全力推进27项重点任务和69个重大项目。首钢北区50万平方米载体空间加快建设，国际人才社区等项目开工。东南区15个地块启动建设，南区街区层面详细规划获批。培育壮大“科技+”“体育+”产业，北京国际云转播等35家企业入驻。成功举办中国科幻大会、电竞北京等重大活动40余场，北京市电子竞技产业品牌中心、北京市游戏创新体验区落地，首钢园公共保税仓库建成，国际创忆馆、首钢极限公园等文体设施集中亮相，获评北京市体育产业示范基地。我区连续三次获得国务院老工业基地调整改造真抓实干成效明显通报表彰。

三是千方百计稳增长促发展。积极对冲疫情影响，加大力度推进复工复产。出台“石惠15条”，完善制定“石惠16条”及系列惠企政策，兑现政策补贴资金9.4亿元。复工达产率84.3%，排名全市第四。持续优化营商环境，召开全区经济发展推进大会，发布“2+N”政策体系，签署30个新引进项目，总投资额503亿元。落实“服务包”“服务管家”制度，为158家企业精准落实283项服务措施。深化商事制度改革等3项工作受到国务院办公厅督查激励。加快“一轴四园”建设，北京银行保险产业园主园区基本建成，落户企业38家；中关村工业互联网产业园先导区正式开园、核心区土地上市，获批国家新型工业化产业示范基地；虚拟现实产业园集聚VR/AR企业百余家，人工智能产业应用协同创新平台落地；北重科技文创园、石热文创园纳入市级老旧厂房改造试点，首钢文化产业园、首创郎园Park文创园获评市级文化产业园区。加大招商引资力度，邮储银行信用卡中心、北京阳光消费金融、中铁建发展集团等优质企业落户。“1+3+1”高精尖产业预计实现收入1907亿元，同比增长9.2%，实现了总量增加、结构优化、质量提升。坚持投资拉动和消费带动，实施112个固定资产投资项目和27个重大项目，全面促进消费升级。成立“两区”建设领导小组，制定“两区”建设实施方案，积极参加服贸会、中关村论坛、金融街论坛。全年预计地区生产总值完成830亿元，同比增长2.8%；一般公共预算收入完成64.67亿元，同比增长2%；固定资产投资完成350亿元，同比增长20.5%，其中建安投资完成120亿元，同比增长8.7%；市场总消费同比下降11%左右；居民人均可支配收入79300元，同比增长3%，主要经济指标持续企稳向好。

四是着力推进西山永定河文化带建设。认真落实西山永定河文化带保护发展规划和五年行动计划，完善文化带建设管理体制和运行机制，出台促进文旅融合发展实施办法。模式口文保区环境整治和修缮改造取得显著进展，八大处公园提升工程加快实施。创建国家公共文化服务体系示范区完成验收，区文化中心投入使用，新档案馆开工建设，获评全国“书香城市”。成功举办动漫北京、清明诗会等群众文化活动5000余场，惠及群众100余万人次。深入推进全国文明城区创建工作，实施“擦亮城市西大门，文明祥和迎冬奥”专项行动，构建全民、全域、全面创建工作格局，有力带动人居环境改善，市民文明素质、社会文明程度显著提升。

五是扎实做好城市规划建设管理。深入落实北京城市总体规划和石景山分区规划，控制性详细规划街区指引和五里坨、广宁试点单元编制完成，常态化城市体检、街道责任规划师制度全面落实。疏整促任务全部完成，拆除违法建设15.19万平方米，“留白增绿”15.96公顷，新建生活性服务业网点66个，常住人口预计控制在55.3万人以内。开展第七次全国人口普查工作。市政基础设施加快建设，永引渠南路全线贯通，高井规划一路、苹果园110kV输变电工程、石景山水厂等重点项目全面实施。棚户区改造不断提速，广宁村房屋征收实现100%签约，衙门口西区安置房交付使用。18个老旧小区改造和16个有机更新项目有序推进，“首开经验”成果不断扩大。大力开展征收拆迁收尾专项行动，完成93个点位搬迁拆除，有力保障重大项目实施。加强城市精细化管理，完成4个重点区域、30条背街小巷环境整治提升任务，新增停车位5000余个。深入开展新时代爱国卫生运动，顺利通过国家卫生区复审。加大环境污染防治力度，$PM_{2.5}$年均浓度38微克/立方米，同比下降11.6%，国控市控地表水考核断面稳定达标，土壤监管和修复不断强化。深化国家森林城市创建，新建改造麻峪滨河森林公园等公园绿地27处158公顷，新一轮百万亩造林绿化工程五年任务三年完成，公园绿地500米服务半径覆盖率、城市绿化覆盖率、人均公共绿地面积均排名中心城区前列，生态文明成为首都城市西大门的亮丽底色。

六是持续提升基层治理水平。深化党建引领“街乡吹哨、部门报到”改革，全面加强新时代街道工作，430项行政执法权下沉街道，全区街道执法力量占比达到85%。落实“两条例一行动”，制定提升物业服务水平三年实施方案，业主委员会（物业管理委员会）组建率、物业服务覆盖率、党的组织覆盖率均达到80%以上，家庭厨余垃圾分出率增长200%。深化“接诉即办”改革，完善五大专班常态化工作体系，办理市民服务热线诉求9.5万件，解决率、满意率分别提高1.54和7.22个百分点。拓展“石景山老街坊”社会治理品牌，建设全国社区治理和服务创新实验区。

七是切实保障和改善民生。紧扣“七有”目标和“五性”需求，全面办好36件民生实事和68项济困工程。精准开展就业帮扶，顶格执行社保费“减免缓”政策，登记失业率2.46%。落实学前教育三年行动计划，普惠性幼儿园覆盖率达86%。进一步深化集团化办学改革，加强教师队伍建设，教育教学质量不断提升。深化医药卫生体制改革，获全国健康城市建设示范城区称号。推进群众身边体育设施建设，促进全民健身活动开展。全面推开国家级政策性长期护理保险试点工作。出台养老服务三年行动计划，优化养老服务供给。落实社会救助政策，残疾人职业康复中心一期工程完工，儿童福利院和救助站开工，无障碍环境建设专项行动排名全市第一。完成政策性住房保障年度供给任务，4个共有产权房和3个集体土地租赁住房项目加快实施。助力顺平、称多、宁城、莫旗实现建档立卡贫困人口全部脱贫。

八是不断深化平安石景山建设。牢固树立安全发展理念，深入开展扫黑除恶“六清”行动，建成91个智慧平安小区，群众安全感明显提升。加强矛盾纠纷和安全风险排查化解，我区信访机构和责任单位群众满意率排名全市第一。加强和规范政府债务管理，同步做好预付式、平台类、涉众型业态风险防控。严格落实安全生产责任，强化食品药品、交通消防、信息网络安全监管，实现城市安全运行、社会平稳有序。

九是全面加强党的建设。坚持区委总揽全局、协调各方，召开区委议事协调机构会议57次，区委常委会研究党建议题114项，占比62%。制定深化落实全面从严治党主体责任实施意见，层层压实全面从严治党主体责任。始终把党的政治建设摆在首位，严格执行新形势下党内政治生活若干准则，巩固深化“不忘初心、牢记使命”主题教育成果。认真落实请示报告制度，以区委名义向市委书面请示报告51件次。全力配合市委巡视组开展工作，全面完成中央生态环境保护督察和规自领域问题整改。集中抓好党的十九届四中、五中全会精神学习宣传贯彻，开展区委理论中心组学习17场，理论研修班4期，切实把全区广大党员干部群众的思想和行动统一到全会精神上来。加强正面宣传和舆论引导，严格落实意识形态工作责任。深入贯彻新时代党的组织路线，调整干部487人次，干部队伍结构显著优化。落实建设高素质专业化公务员队伍三年行动计划，实施干部素质提升工程，抽调干部2000余人次参与疫情防控、征收拆迁收尾等重大任务。扎实稳慎推行公务员职务与职级并行制度。坚持党管人才，实施“景贤计划”，高端人才吸引力不断提升。制定落实党支部工作条例实施方案，统筹抓好各领域党建，提升基层党建规范化水平。持续推进全国城市基层党建示范区建设，落实69项党建引领基层治理重点任务，常态化开展“双报到”活动。启动社区“两委”换届工作。紧盯疫情防控、冬奥筹办、扶贫协作等重点工作强化政治监督，时刻防范“四风”隐形变异新动向，集中整治违反中央八项规定精神问题。深化派驻机构改革，推动监督向基层延伸，压茬开展巡察工作。强化监督执纪问责，新立案64件，结案58件，给予党纪政务处分48人。加强党对政法工作的领导，支持保障法院、检察院依法独立行使职权。统筹做好武装、民族、宗教、侨务、外事等工作，荣获全国双拥模范城“八连冠”。

区委常委会高度重视自身建设，各位常委同志带头增强“四个意识”、坚定“四个自信”、做到“两个维护”，为全区作出表率。带头落实民主集中制，严格遵循和执行区委常委会议事决策规则。坚持完善“双调研”“大调研”、街道部门月度点评会、重点工作现场推进会等工作机制，自觉当好“施工队长”“生产队长”。不断强化区委对各项工作的领导，坚持和完善党委决策、政府落实、人大和政协监督的工作机制，充分发挥各套班子作用。做好新形势下的统一战线和群团工作。在区委领导下，各级党组织创造力、凝聚力、战斗力进一步加强，为统筹推进疫情防控和经济社会发展提供了坚强保障。

以上报告的是区委常委会一年来主要工作。这些成绩的取得，是市委坚强领导的结果，是全区各级党组织和广大党员干部群众奋力拼搏的结果，是全区人民、驻区单位和社会各界团结奋斗的结果。在此，我代表区委常委会向同志们表示衷心感谢！

与此同时，区委常委会也清醒认识到，工作中还存在一些挑战和不足：疫情反弹和持续风险客观存在，外部环境不稳定性、不确定性明显增加，稳增长、防风险面临严峻挑战；区域经济总量偏低，高精尖产业发展不充分，产业转型亟须加快，经济发展质量和效益亟待提高；城市更新体制机制还不健全，方式方法创新还有不足，市政基础设施存在短板，城市治理效能有待提升；人口资源环境矛盾依然突出，优质公共服务供给与人民群众期待还有差距，破解“四老四少”问题还需持续用力；全面从严治党还有薄弱环节，党员干部思想观念、能力素质、工作作风还不能适应高标准高质量要求。我们要高度重视这些问题，采取有力措施加以解决。

## 第二部分　关于2021年工作

明年是中国共产党成立100周年，是我国现代化建设进程中具有特殊重要性的一年，是“十四五”开局之年，是冬奥筹办冲刺之年。做好明年工作，责任重大、使命光荣。全区工作的总要求是：坚持以习近平新时代中国特色社会主义思想为指导，深入贯彻党的十九届五中全会和中央经济工作会议精神，深入贯彻习近平总书记对北京重要讲话精神，全面落实市委十二届十五次、十六次全会部署，按照市委对石景山工作的要求，坚定不移贯彻新发展理念，坚持稳中求进工作总基调，积极融入首都新发展格局，牢牢把握“两大机遇”，加快推进“三区建设”，以首都发展为统领，以推动高质量发展为主题，以深化供给侧结构性改革为主线，以改革创新为根本动力，以服务保障冬奥筹办和打造新时代首都城市复兴新地标为重点，以城市更新和产业转型为关键，以构建城市基层治理新格局为着力点，以保障和改善民生为落脚点，以全面从严治党为保障，统筹发展和安全，努力把各方面工作做到精致细致极致、实现"一枝独秀"，高水平建设好首都城市西大门，确保"十四五"开好局、起好步，以优异成绩庆祝建党100周年。

关于明年全区经济社会发展主要指标安排，综合考虑外部发展环境和经济增长基础条件，地区生产总值增速安排6%以上，一般公共预算收入增长3%，固定资产投资增长2.9%，市场总消费增长4.5%左右，登记失业率控制在3%以内，居民人均可支配收入稳步增长。我们把明年经济增长目标定为6%以上，是留有余地、较为稳妥的，有利于引导各方面把精力集中到推动高质量发展上来，也有利于同2022年、2023年的目标衔接。

做好明年工作，要把握以下四点工作原则：

第一，必须准确把握大局大势。"十四五"时期是积极应对各种风险挑战的五年，也是面临重要机遇的五年。当今世界正经历百年未有之大变局，中华民族伟大复兴正处于关键时期，我国进入全面建设社会主义现代化国家、向第二个百年奋斗目标进军的新发展阶段。首都北京与党和国家的历史使命联系更加紧密，"四个中心""四个服务"能量持续释放，"两区"建设为首都在新阶段构建新发展格局提供了强大支撑。筹办2022年冬奥会、打造新时代首都城市复兴新地标为我们创造了两大难得机遇，城市更新和产业转型成为我们加快发展的两个关键动能，石景山进入了大有可为的重要战略机遇期。同时，当前国内外环境面临深刻变化，经济全面恢复的基础还不牢固，经济动能接续转换面临不少障碍，人民群众生产生活还面临一些亟待解决的问题，重点领域安全风险不容忽视。我们既要强化底线思维和风险意识，把应对风险挑战工作考虑周全，更要坚定必胜信心，统一思想、凝聚共识，抢抓机遇、迎难而上，全面把握新发展阶段，认真贯彻新发展理念，努力在构建首都新发展格局中拿出石景山行动。

第二，必须坚持以首都发展为统领。以首都发展为统领，关键是要牢固树立首都意识，始终坚持首善标准。牢固树立首都意识，就是要牢牢把握都与城、舍与得的关系，明确首都发展的全部核心要义就是"四个中心""四个服务"，首都发展要更加突出创新发展、开放发展、区域协调发展、绿色发展、以人民为中心发展和安全发展。始终坚持首善标准，就是要走在前列、争创一流，率先基本实现社会主义现代化，努力建设好伟大社会主义祖国的首都、迈向中华民族伟大复兴的大国首都、国际一流的和谐宜居之都。石景山作为中心城区，必须更加自觉地站在首都大局来想问题、做决策、办事情，准确把握首都发展的新特征新要求，找准自身在构建新发展格局、服务首都发展中的定位，布局重大项目、提出创新举措、破解瓶颈制约，高水平建设好首都城市西大门，为推动首都发展做出石景山贡献。

第三，必须加快推进"三区建设"。国家级产业转型发展示范区、绿色低碳的首都西部综合服务区、山水文化融合的生态宜居示范区是新版北京城市总规赋予我区的功能定位。加快推进"三区建设"是我们在首都发展大局中必须履行的职责使命，更是石景山主动融入首都新发展格局、实现高质量发展的具体行动路径。市委"十四五"规划建议将高标准完成2022年北京冬奥会冬残奥会筹办任务、打造新时代首都城市复兴新地标、推进京西产业转型升级示范区建设、加强西山永定河文化带传承保护和利用、建好北京冬季奥林匹克公园等工作明确纳入其中，为我们加快"三区建设"划定了重点、提供了抓手。我们必须紧紧围绕这些大事要事关键事，切实提高抓落实的能力和水平，按照清单化管理、项目化推进的要求，把"两大机遇""两个关键"转化为一批能牢牢抓在手上的重大工程、重大政策、重大改革举措，转化为实实在在的产业项目、建设项目、民生项目，一件事情一件事情落实，一个节点一个节点推进，一步步把"三区"蓝图变成石景山现实。

第四，必须提振干事创业的精气神。实现规划目标任务，关键在党，重点在人，成败在各级领导干部。要以庆祝建党100周年为契机，全面加强党的领导，推动基层党组织全面进步、全面过硬，打造坚强战斗堡垒。牢固树立正确用人导向，在急难险重一线考察识别干部，切实提升解决实际问题能力，坚持严管与厚爱并举，激励干部担当作为，打造高素质干部队伍。强化大抓基层的鲜明导向，推动力量往基层下沉、政策往基层倾斜、成效在基层检验、干部在基层锤炼。持续用力转变作风，全面从严正风肃纪反腐，推动政治生态风清气正。坚持"一枝独秀"工作标准，切实增强责任感使命感和紧迫感，彻底摒弃"一般化""差不多"工作思维，干什么学什么、缺什么补什么，把追求卓越、争创一流贯穿工作各方面和全过程，以新的姿态担当新使命、展现新作为，形成生龙活虎、奋力争先的生动局面，确保实现"十四五"开门红。

重点抓好十个方面工作：

**一、以首善标准做好建党100周年庆祝活动服务保障工作，守护好首都城市西大门**

开展丰富多彩的庆祝活动。充分认识庆祝建党100周年的重大意义，把庆祝活动作为重大政治任务，摆在突出位置，按照党中央统一部署和市委相关要求做好庆祝活动各项工作。统筹制定我区工作方案，紧紧围绕爱党爱国爱社会主义主题，组织开展"党旗在基层一线高高飘扬——以实际行动庆祝中国共产党成立100周年"活动，精心策划"开百场宣讲、树百名典型、集百佳案例、办百姓实事"等群众性主题宣传教育活动，加强正面宣传和成就报道，凝聚团结奋斗力量。坚持学习教育贯穿其中，突出思想内涵，营造增强"四个意识"、坚定"四个自信"、做到"两个维护"，听党话跟党走、全力实现社会主义现代化的浓厚氛围。

全面做好城市运行和环境建设。强化市政基础设施检查、更新、维护和应急处置，确保水电气热供应稳定、运行顺畅。加强食品药品、建筑施工、消防安全、交通运输等领域常态化监管，持续开展安全生产专项整治，坚决防范和遏制重特大事故发生。精心做好绿化美化和景观布置，保持市容市貌干净整洁，营造喜庆、欢乐、祥和的氛围。

扎实推进平安石景山建设。落实总体国家安全观，坚持底线思维，防范化解各类风险隐患。始终把维护政治安全作为首要任务，守住不发生暴恐活动底线。强化社会面防控，全面排查化解矛盾纠纷。加强对意识形态工作的领导，切实维护网络安全。严厉打击各类违法犯罪活动，健全扫黑除恶常态化工作机制。持续推进金融风险监测预警和应对处置。积极建设全国市域社会治理现代化试点。广泛动员“老街坊”等群众力量参与群防群治，筑牢共保平安的坚强防线。

### 二、全面落实属地责任，全力服务保障冬奥筹办

做好赛会服务保障。落实服务冬奥，强化与冬奥组委机关、首钢集团的高频对接，用好“双进入”工作机制，健全冬奥专班组织架构和赛会服务工作机制，全力做好测试赛服务保障。组建场馆外围保障团队，实现与场馆运行团队深度融合、内外联动、无缝衔接。加快推进“吃住行游购娱”全要素合理布局和品质升级，广泛开展冬奥志愿服务，做到万事俱备、万无一失。

完成所有涉奥项目建设。严格按照时间节点，加大冬奥项目协调推进力度，确保冬奥主运行中心、滑雪大跳台附属设施等场馆配套项目如期完工并达到办赛要求。全力推动苹果园综合交通枢纽、M11冬奥支线、北辛安路南段等重大交通工程。精心做好冬奥场馆周边、阜石路沿线等重点区域环境综合整治和景观提升，打造冬奥景观大道。高标准建成北京冬季奥林匹克公园，注入冬奥、马拉松等体育元素，打造网红打卡地，创造丰厚冬奥遗产，展现“双奥之区”靓丽城市形象。

发展冰雪体育产业。落实借势冬奥，支持冰雪体育产业与金融、科技、文化等领域深度融合。精心筹办中国冰雪大会、数字冰雪运动会总决赛、冰雪产业论坛等活动，吸引冰雪体育组织、冰雪企业、冰雪人才落户，汇聚国内外冰雪体育优势资源，推动冰雪产业成为区域经济发展的重要增长极。

营造浓厚冬奥氛围。落实参与冬奥，深化与国家体育总局冬运中心战略合作，加强冰雪设施建设，策划系列冰雪项目，为市民参与冰雪活动创造条件。深化冬奥“六进”工作，开展“一街一品”冰雪品牌活动，建好冬奥社区，高标准创建“带动三亿人参与冰雪运动”示范区。

### 三、聚焦“四个复兴”，加快建设新时代首都城市复兴新地标

加快推进京西产业转型升级示范区建设。全面落实《北京京西产业转型升级示范区建设方案（2019—2025年）》及三年行动计划，制定我区建设方案和行动计划，明确重点项目、重大工程、时间节点、责任清单，全力推进工作落实。做好“三区一厂”协调联动，推动重大设施与门头沟两区共建，提升北京西部地区城市整体功能。一体推进广宁、五里坨等西部地区规划建设发展，编制实施三年行动计划，加快推进永引渠南路西延、高井沟治理等重点项目，做好西部地区综合服务配套，激发西部地区发展活力。

积极推动新首钢发展建设。加快落实市领导双调研要求，加强区企高层对接，深化专班常态化推进工作机制，加快北区建设进度，加强东南区市政设施和公共服务配套，研究启动南区建设，全力推动年度任务和十大攻坚工程。加快文化复兴，深入挖掘老工业区文化价值，对高炉、仓库、车间等建（构）筑物实施织补更新、加固修缮、改造提升，发展以工业遗产为特色的会展经济和文化活动。加快生态复兴，推动节能低碳技术研发应用，推广绿色建筑，建设智慧能源系统，促进生态、文化、旅游深度融合。加快产业复兴，积极发展“体育+”“科技+”产业，推进城市织补创新工场建设，打造北京潮流运动中心、体育产业融合创新中心，加快建设科幻、电竞产业集聚区。加快活力复兴，完善高端酒店、高品质国际人才社区等现代化生活服务设施，培育时尚消费、精品运动体验、休闲娱乐业态，搭建创新创业、科技成果转化、国际科技文化交流的人才服务平台，促进工业锈带蝶变为活力秀场。

统筹推进城园融合。深化市区经济贡献共享机制，将新首钢地区土地开发、产业布局、城市环境纳入全区整体规划。健全管理服务运行机制，完善合作建设发展模式，做好市政设施、环境维护、文物保护等社会职能属地化管理移交承接，实施永定河流域与首钢水系连通工程，有序推进园区公共空间向社会开放、市政基础设施和公共服务向园区延伸，实现基础设施、产业、资本、技术、人才全方位融合发展。

### 四、坚持创新驱动，促进产业转型升级

积极落实北京“两区”建设任务。把推进国家服务业扩大开放综合示范区和自由贸易试验区建设作为产业转型升级的新动能，落实建设实施方案，建立完善体制机制，细化政策、空间资源、目标企业三个清单，项目化推进90项重点任务，尽快形成可视化成果。坚持产业开放和园区开放并行，突出冬奥、新首钢、银行保险、新一代信息技术、工业互联网、铁矿石交易等石景山特色，瞄准世界顶尖企业，加强外资项目、总部项目挖掘储备，吸引和聚集国际投资。用好用足一批开放平台，办好中国银行保险业国际高峰论坛、工业互联网论坛，用好海外院士专家北京工作站、北京博士后成果转化基地、北京侨梦苑等开放平台。建立健全系统集成、协同高效的服务体系，营造良好发展环境。

扎实推进重点功能区建设。持续优化“一轴四园”管

理体制和创新发展模式，聚焦高精尖产业细分领域和总部、研发、集成服务等关键环节，加快推动优质资源集聚。发挥长安街西延线区位优势，构建长安金轴“三卡+消金”零售金融格局，打造石景山金融品牌。完善北京银行保险产业园运营机制，聚焦银行金融、保险金融、数字金融、科技金融四个产业导入方向，把握准入门槛，吸引高能级金融机构落户。促进中关村石景山园创新发展，围绕5G等重点领域，加快建设工业互联网产业园，加大虚拟现实产业园与人工智能产业园的产业协同力度，推进应用场景落地。高品质建设文创园，利用首创郎园Park、北重科技文创园、石热文创园集聚文创企业，打造特色文化品牌，优化文化产业生态。

加快构建高精尖经济结构。围绕国际科技创新中心建设，优化创新创业生态，大力支持新型研发机构创新发展。巩固现代金融业主导地位，建设中海科技金融城，推动邮储银行信用卡中心投入运营，加快汇聚金融科技创新企业和专业机构，建设国家级金融创新示范区。围绕建设全球数字经济标杆城市，加大新型基础设施投资力度，做优做强科技服务、数字创意、新一代信息技术产业，深入推进数字产业化、产业数字化，培育卫星互联网、VR/AR、人工智能、科幻、电竞产业链，积极抢占数字经济制高点，切实用数字赋能实体经济。加快建设苹果园大悦城、新首钢六工汇，改造升级今鼎时代广场等传统商圈，大力繁荣夜间经济，进一步激发信息、商贸、文化等现代服务业活力。

全面深化改革创新。加强对改革工作的领导，着力解决事关高质量发展的体制机制问题。深化“放管服”改革，持续推行政务服务一体化。完善“2+N”政策体系，落实“服务包”“服务管家”制度，着力优化营商环境。健全创新链、产业链、供应链招商工作机制，积极引入金融创新、科技研发、文化服务等领域的创新型总部企业。深化国有企业改革，规范国有企业投资决策行为，发挥区属国企在城市建设、基层治理中的示范引领作用。强化集体经济监督管理，完成农工商总公司改制，促进集体经济提质增效。落实惠企纾困各项政策，支持民营和小微企业健康发展。加强经济运行调度，发挥重大投资项目协调推进机制作用，推动114个固定资产投资项目和36个重大项目建设，牢牢把握发展主动权。以供给侧结构性改革引领和创造新需求，适应消费结构升级趋势，创新消费业态和模式，建设国际消费中心城市。

**五、深入实施城市更新行动，全面打造品质之城**

强化规划引领。加强规划统筹，一体推进分区规划和“十四五”规划落地实施，制定街区层面控制性详细规划，做好规划衔接，推进多规合一。加强对规划实施的监督，落实责任规划师制度和城市体检制度，严格守住“双控”“三线”，确保规划刚性管控。

开展疏解整治促提升工作。制定实施新一轮“疏整促”专项行动计划，全面落实疏解提质、精细化治理、优化提升等专项任务。做好留白增绿，建好口袋公园及小微绿地，利用腾退空间补充建设停车场、体育健身设施和文化活动场所，持续改善人居环境。

实施城市更新行动。统筹谋划、分步实施老旧厂房、老旧小区、老旧平房区和低效楼宇更新改造，深入推进街区保护更新，制定一系列行动计划，谋深谋细、压茬推进，努力探出新路，形成可复制可推广经验。加紧实施老旧厂房创新性改造和保护性利用，充分挖掘文化内涵和再生价值，建设新型城市文化空间。加大老旧小区更新改造力度，制定实施五年行动计划，引入社会资本，整合存量资源，打造老旧小区更新改造的石景山样本。加快推进平房区改造提升，确保西黄村、北辛安、衙门口棚改进度，完成广宁村征收收尾工作，研究推动麻峪村改造。推动闲置土地、腾退空间、低效楼宇实现功能置换、腾笼换鸟，提高空间资源利用效能。城市更新与复兴并不意味着扩大城市规模，要坚持做优做精，做出品质之城。

加强市政基础设施建设。持续织密交通路网，建成高井规划一路、锅炉厂南路等城市主干道，完善新首钢、衙门口、北辛安、西黄村等区域道路微循环。加强地下管线综合管理，推进地下管线消隐与项目施工同步实施。加快推进石景山水厂、向阳输变电站、北重配套热网改造等工程，增强城市综合承载能力。

**六、全力创建全国文明城区，建设山水文化融合的秀水石景山**

全力投入新一届文明城区创建。制定实施深化文明城区创建三年行动计划，严格对照测评体系，聚焦突出问题和薄弱环节，创新工作举措，提高工作标准，加大工作力度，努力实现创城为民、创城惠民。大力加强新时代公民道德建设，培育和弘扬社会主义核心价值观，落实文明行为促进条例，倡导良好社会风气和道德风尚。持续实施“擦亮城市西大门，文明祥和迎冬奥”专项行动，在提升市民文明素质和城市文明程度上久久为功。

扎实推进西山永定河文化带建设。深入落实文化带保护发展规划和五年行动计划，加大项目支撑力度，立足全年度、全季节、全天候、全方位，打造有节点、有重点、有亮点的文化品牌，争取并办好西山永定河文化节，提升区域文化软实力。精心打磨模式口历史文化保护区，实施八大处公园综合提升工程，推动全域文旅产业融合发展。研究布局会议会展、文化娱乐、教育医疗、高端酒店、商业配套等服务设施，支持实体书店、博物馆、图书馆创新发展。巩固国家公共文化服务体系示范区建设成果，高标准运营区、街道、社区三级公共文化设施，为群众提供更高质量的文化服务。

着力改善生态环境。大力推动绿色发展，抓好治污减排。持续深化大气污染防治“一微克”行动，实施二氧化碳控制专项行动，推动碳排放稳中有降。进一步落实河长制，推进永定河流域综合治理和生态修复。强化土壤污染源头管控。扩大生态空间容量，抓好大尺度绿化，在中心城区率先建成国家森林城市。统筹滨水绿带、西山绿道建设，提升永定河、永引渠沿岸公共绿地品质，打造秀水石景山，展现“一半山水一半城”的美丽姿态。

### 七、夯实基层治理基础，构建党建引领城市基层治理新格局

强化大抓基层导向。深入落实街道办事处条例，持续深化街道管理体制改革，稳步推进向街道社区赋权赋能。坚持党建引领基层治理，推进“吹哨报到”改革向社区治理延伸。完善“接诉即办”专班推进等工作机制，强化主动治理、未诉先办，集中解决群众反映突出的高频事项和难点问题。做实社区党建工作协调委员会，创建“品质社区”。擦亮“石景山老街坊”品牌，完成全国社区治理和服务创新实验区验收。

抓好垃圾分类和物业管理。认真落实《北京市生活垃圾管理条例》和《北京市物业管理条例》，完善长效治理机制，动员社会各方力量，持续抓好两个“关键小事”。以首善标准推进垃圾分类，压实十类管理责任人职责，从源头促进垃圾减量。健全物业管理体制，持续加强突出问题专项治理，破解老旧小区物管难题，推进物管会向业委会过渡，提高“三率”实效，促进物业管理融入社区治理体系。

提高精细化管理水平。制定实施背街小巷环境精细化整治提升工作方案，推动街巷整治向街区更新转变。实施5项道路疏堵工程，加强静态交通管理。健全网格化城市管理体系，推动各类力量向网格下沉。建成城市大脑并投入运行，建设智慧城市。

### 八、加快补齐民生短板，持续增进民生福祉

扎实做好就业和社会保障。大力实施38件重要民生实事和67项济困工程。积极稳定和扩大就业，抓好高校毕业生等重点群体就业安置，保障劳动者待遇和权益。加快北辛安、衙门口等安置房建设，实施东下庄等3个共有产权房项目，有效增加保障性住房供给。认真落实社会救助政策，加快推进残疾人职业康复中心、儿童福利院和救助站建设。接续推进携手奔小康结对帮扶地区发展。

加快推进教育现代化。持续扩大学前教育学位供给，接收2所小区配套幼儿园，增加学位540个，提升普惠性幼儿园覆盖率。加快建设北大附中石景山学校、北京市十一学校石景山学校，完成金顶街小学主体结构施工，着力扩大优质教育资源总量。深化教育综合改革，加强教师队伍建设，培育名校长、名师骨干、学科带头人，打造名校名园。做实合作办学、国际办学、集团化办学，带动我区教育教学质量全面提升。

积极应对人口老龄化。实施养老服务三年行动计划，开展十大专项行动，推进养老服务“颐养”工程。完善街道社区就近养老服务网络，提高社区养老服务驿站和老年友善社区卫生服务中心覆盖面。做好长期护理保险试点工作，深化康复辅助器具园区和社区租赁试点建设，健全居家社区机构相协调、医养康养相结合的养老服务体系。鼓励社会力量提供多层次多样化养老服务，推动养老事业和养老产业协同发展，积极建设老年友好城区。

### 九、坚持不懈抓好常态化疫情防控，全面建设健康石景山

落实落细常态化防控措施。密切关注疫情走势，毫不放松抓好“外防输入、内防反弹”工作。坚持人防物防并重，抓严抓实冷链食品监管。压紧压实“四方责任”，落实“四早”要求，做好学校、养老院等重点场所防疫，强化“七小场所”监督检查，严防聚集性疫情。持续抓好社区防控，筑牢群防群控的坚强防线。做好院感防控，发挥医疗机构哨点作用。提升核酸检测能力，有序推进重点人群新冠疫苗接种，完善应急物资储备，提高应急处置和疫情防控的科学性、精准性。

健全完善公共卫生应急管理体系。落实加强公共卫生应急管理体系建设实施方案和三年行动计划，完善重大疫情防控体制机制，提升监测预警处置能力。做强区疾病预防控制中心和社区卫生服务中心，强化街道公共卫生职责，筑牢基层公共卫生网底。全面提升应对突发公共卫生事件的能力和水平，建设韧性城市。

加快推进卫生健康事业发展。深化医药卫生体制改革，优化医疗卫生资源配置，建设国家级医共体试点、北京市紧密型医联体试点。推动北京朝阳医院西院改扩建工程，建设五里坨精神卫生专科医院，提升石景山医院医疗服务水平，研究推进中西医结合医院建设。加强医疗学科和人才建设，促进中医药传承创新发展，提高家庭医生签约覆盖率，院前急救呼叫满足率保持在95%以上。推进区体育中心改扩建工程，加强群众体育场地设施建设，打造“一刻钟健身圈”，开展阳春社区体育节等群众体育活动，完善公共体育服务体系，持续提高市民身体素质。深入开展新时代爱国卫生运动，倡导健康文明的生活方式。

### 十、加强党的全面领导，推动全面从严治党向纵深发展

始终把党的政治建设摆在首位。切实增强“四个意识”、坚定“四个自信”、做到“两个维护”，不折不扣贯彻落实党中央重大决策部署和市委工作要求，确保政令畅通，做到令行禁止。严明党的政治纪律和政治规矩，推进政治监督具体化常态化。完善对市委负责、向市委请示报告制度，对事关石景山发展的重大问题和重大事项，及时向市委请示报告。层层压实全面从严治党主体责任，突出抓好市委巡视反馈意见整改落实，确保整改任务见底见效、长效机制建立健全、政治生态向善向上。

坚持不懈用习近平新时代中国特色社会主义思想武装头脑。坚持思想建党、理论强党，教育引导广大党员干部读原著、学原文、悟原理，做到学思用贯通、知信行统一。健全常态化学习机制，完善各级党委（党组）理论中心组学习制度。坚持集中教育与经常性教育相结合，创新学习形式和方法手段，确保理论学习全员覆盖、扎实有效。用好融媒体中心、新时代文明实践中心等平台，弘扬主旋律、传播正能量。

加强领导班子和干部队伍建设。全面贯彻新时代党的组织路线，树立正确用人导向，着力锻造忠诚干净担当的高素质专业化干部队伍。严明换届纪律，完成区级领导班子换届。制定落实领导班子建设规划纲要实施意见，提升各级领导班子整体效能。统筹选育管用，大力加强年轻干部队伍建设。聚焦提升治理能力，强化精准培训和实践锻炼，全面提高干部队伍素质。坚持从严管理和监督干部，建立健全正向激励和容错纠错机制，提振干事创业的精气神。做好老干部工作。深入推进"景贤计划"，营造近悦远来的人才生态。

加强基层党组织建设。聚焦党建引领基层治理，以提升组织力为重点，突出政治功能，打造基层党建特色品牌。加强基层带头人队伍建设，高标准完成社区"两委"换届。深化党支部规范化建设，严格落实组织生活制度，加强党员教育管理。统筹推进各领域党建工作，实现基层党组织全面进步、全面过硬。

持之以恒正风肃纪反腐。严格执行中央八项规定精神，坚决克服形式主义、官僚主义，规范督查检查考核，切实减轻基层负担。持续深化纪检监察体制改革，积极推进各类监督互相贯通，高质量完成巡察全覆盖。始终保持惩治腐败高压态势，精准运用监督执纪"四种形态"，深入开展警示教育，把严的主基调长期坚持下去。

完成明年各项任务，必须强化党对全区各项工作的领导。要坚持区委总揽全局、协调各方，充分发挥区委议事协调机构作用，不断提高党把方向、谋大局、定决策、促改革的能力和水平。支持和保障人大及其常委会依法行使职权，充分发挥聚民心、议大事、保落实、促善治作用。支持政府高效决策、依法行政、狠抓落实，全面提高行政效能。坚持和完善中国共产党领导的多党合作和政治协商制度，提高政治协商、民主监督、参政议政水平。巩固和壮大爱国统一战线，做好新形势下的群团、武装、双拥、民族、宗教、侨务、外事等工作，广泛汇聚各方力量。

同志们，做好明年工作，责任重大、任务艰巨。我们要更加紧密地团结在以习近平同志为核心的党中央周围，按照市委统一部署，锐意进取、真抓实干，高水平建设好首都城市西大门，为率先基本实现社会主义现代化而努力奋斗！

# 政府工作报告

## 在北京市石景山区第十六届人民代表大会第七次会议上

区长　李　新

（2021年1月6日）

各位代表：

现在，我代表石景山区人民政府向大会报告工作，请予审议，并请各位政协委员提出意见。

## 一、2020年工作回顾

2020年是全面建成小康社会和"十三五"规划收官之年，是极不平凡的一年。一年来，在市委市政府的坚强领导下，在区委的直接领导下，在区人大、区政协的监督支持下，我们坚持以习近平新时代中国特色社会主义思想为指导，深入贯彻党的十九大和十九届二中、三中、四中、五中全会精神，深入贯彻习近平总书记对北京重要讲话精神，坚决果断抗击新冠肺炎疫情造成的严重冲击，全力抓好"六稳""六保"工作，较好完成了年度任务，全区经济社会各项事业迈上新台阶。

### （一）统筹推进疫情防控和复工达产，经济运行稳定向好

坚决打赢疫情防控的人民战争、总体战、阻击战。坚持"外防输入、内防反弹"，落实"三防""四早""九严格"措施，建立组织领导体系，压实"四方"责任，全面加强社区、医院、楼宇、工地、学校、宾馆、餐饮、商超、市场、养老院、看守所、公共交通、窗口单位等疫情防控，创新"双楼长""一米线""无接触配送"等措施，发动驻区单位参与"创建零感染、守护石景山"行动，1.6万名街道干部、社区工作者、机关干部、在职党员、"老街坊"志愿者坚守防控一线，筑牢了疫情防控安全屏障。实施精准防控，妥善处置突发疫情，圆满完成全国"两会"、重要节日、重要活动期间防疫和服务保障。建立防疫物资应急采购管理机制，快速审批投产口罩生产线，多措并举确保全区防疫和生活物资保障有力、价格平稳。

制定实施加强公共卫生应急管理体系建设实施方案和三年行动计划，健全长效机制，全面提升应急响应和处置能力。全区确诊病例19人全部流调溯源，集中医学观察1533人，居家观察15万人，累计核酸检测47.15万人次，疫情防控取得重大成果。

有力惠企纾困推动复工达产。在全市率先出台“石惠15条”，完善制定“石惠16条”及系列专项惠企政策，为企业减免房租1.3亿元，发放就业补助、创新扶持资金等8.2亿元，减免、缓缴社保基金34亿元，融资贷款78亿元，精准帮扶企业纾困解难，复工达产率84.3%，排名全市前列。召开经济发展推进大会，发布“2+N”政策体系，签约30个项目503亿元，有力提振市场主体发展信心。深化企业“服务包”制度，开展点对点服务，为158家企业精准落实服务措施283项。

主要经济指标企稳回升。预计地区生产总值完成830亿元，同比增长2.8%；一般公共预算收入完成64.67亿元，同比增长2%；固定资产投资完成350亿元，同比增长20.5%，其中建安投资完成120亿元，同比增长8.7%；市场总消费同比下降11%左右，降幅较上半年收窄2个百分点；居民人均可支配收入79300元，同比增长3%；万元地区生产总值能耗下降0.5%，达到市级要求。

（二）聚焦重点持续用力，中心城区功能明显优化

规划引领作用充分发挥。深入落实北京城市总体规划和石景山分区规划，完成控制性详细规划街区指引和五里坨、广宁试点单元编制，启动“四道融合”研究、地下空间专项规划编制和城市体检工作。全面推进“十四五”规划编制，规划纲要及15个前期课题基本完成，45个专项规划形成阶段性成果。

冬奥服务保障能力持续提升。加强与冬奥组委机关沟通对接，落实“双进入”机制，组建场馆运行和外围保障团队，完善赛会保障体系。加快推进68项重点任务，完成北京冬奥会技术运行中心及附属通信枢纽（TOC）、注册中心及制服发放中心（UAC）项目，启动建设北京冬季奥林匹克公园，全力推进轨道交通M11冬奥支线、S1线金苹区间、苹果园综合交通枢纽、滑雪大跳台中心酒店、冬奥广场、冬奥主运行中心等项目建设，全面实施冬奥场馆周边及阜石路沿线等区域环境整治提升项目，提高全要素服务保障水平。出台促进冰雪体育产业快速发展若干措施，积极推动中国冰雪大会总部基地和冰雪俱乐部联盟落户。广泛开展冬奥“六进”工作，新增健身场地7个、健身步道5公里，举办冬奥主题活动100余场，启动打造“带动三亿人参与冰雪运动”示范区。

新时代首都城市复兴新地标加快建设。深入落实市领导“双调研”要求，加快实施新首钢建设三年行动计划和十大攻坚工程，开展区企高层对接8次，研究解决48项重点难点问题，全力推进27项重点任务和69个重大项目，我区连续第三次获得国务院“老工业基地调整改造真抓实干成效明显城市”表彰。深化“体育+”“科技+”产业布局，强化“首店”“首发”品牌集聚效应，新首钢园区公用型保税仓库建成，智慧园区大脑等人工智能创新应用示范项目落地，北京国际云转播等35家企业入驻。成功举办中国科幻大会、电竞北京2020等重大活动40余场，国际创忆馆主题展、首钢极限公园等集中亮相。首钢园获评“北京市体育产业示范基地”，文化复兴、生态复兴、产业复兴、活力复兴全面迸发，工业锈带正在快速蝶变为活力秀场。

西山永定河文化带建设有序推进。落实西山永定河文化带保护发展规划和五年行动计划，出台促进文旅融合发展实施办法，完善建设管理体制和运行机制。大力开展模式口文保区修缮改造工程，完成4个重点院落改造，建成燕京八绝博物馆、石刻文物园，举办模式口文化嘉年华、慈善寺古香道文化展陈系列活动。实施八大处公园5A标准导向提升工程，统筹推进公园基础设施改造和周边环境整治提升。区文化中心投入使用，街道公共文化中心全部实现社会化运营，实体书店达到90家，首创郎园Park全民畅读书店、石景山游乐园摩天轮和首钢园（三高炉、滑雪大跳台、星巴克）获评2020首届北京网红打卡地。举办清明诗会、动漫北京等各类文化活动5000余场，惠及群众100余万人次，完成“国家公共文化服务体系示范区”验收，获评全国“书香城市”。坚持创城为民、创城惠民，深入推进全国文明城区创建工作，加强新时代公民道德建设，开展“擦亮城市西大门、文明祥和迎冬奥”活动，推动常态化创城与城市建设、精细化管理、民生改善等工作紧密结合、一体推动。

（三）加快推进产业转型，经济发展质量持续提升

“五新”政策加快落地。紧抓新基建机遇，设立产业发展专项资金，新建5G基站142个，新首钢等重点地区和城市主干道实现5G信号全覆盖。拓展新场景应用，完善科技创新政策体系，首钢AI园智慧物流机器人投用，城市精细化管理平台纳入市级应用场景建设项目。挖掘新消费潜力，举办“北京消费季·爱尚石景山”“京西消费节”等特色消费活动，推进今鼎时代广场商圈升级改造，古城南路商业街开街。实施新开放举措，制定落实北京国家服务业扩大开放综合示范区和自由贸易试验区建设实施方案，积极参加服贸会、中关村论坛和金融街论坛，充分利用“两区”“三平台”推动服务业高质量发展。提升新服务效能，深化行政审批告知承诺制改革，推出83项告知承诺政务服务事项，开展政务服务大厅延时服务，“石时办”APP上线运行，区级政务服务事项实现全网通办、一站式办理，深化商事制度改革等工作获得国务院办公厅督查激励通报表彰。

重点功能区加快建设。长安金轴高品质提升，北辛安棚改A区等载体交付使用，邮储银行信用卡中心、阳光消费金融公司、中铁建发展集团等优质企业落户，高端产业实现集聚发展。新首钢园区规划建设稳步实施，北区全面开工，东南区15个地块启动建设，南区控规正式发布。

银保园主园区基本建成，54万平方米商务办公载体投用，华夏银行金融科技公司等38家现代金融机构入驻。中关村石景山园创新引领作用持续发挥，虚拟动点、枭龙科技等百余家虚拟现实企业落户，人工智能产业应用协同创新平台启用，工业互联网产业园先导园开园，我区获批“国家新型工业化产业示范基地”，园区实现收入3000亿元，同比增长14.8%。文创园建设积极推进，北重科技文创园、石热文创园纳入市级老旧厂房改造试点，首创郎园Park、首钢文化产业园获评市级文化产业园区。

高精尖产业快速发展。“1+3+1”高精尖产业实现收入1907亿元，同比增长9.2%。现代金融产业主导优势明显，启动运营30亿元现代创新产业发展基金，现代金融占高精尖产业总收入超过40%。科技服务业稳步发展，出台“科幻16条”等产业政策，实施36个应用场景建设，促进区域企业自主创新，邦维高科医用防护服等新技术新产品在防疫抗疫中发挥重要作用。数字创意产业优质发展，制定促进游戏产业发展实施办法，“北京市电子竞技产业品牌中心”和“北京市游戏创新体验区”挂牌。新一代信息技术产业创新发展，5G、工业互联网、虚拟现实等新兴产业加快培育。商务服务业高端发展，落实服务业扩大开放三年行动计划，实施“2+21+N”重点项目，夜间经济和品牌消费活动不断提质。

（四）疏促结合建管并重，城市综合承载能力显著增强

疏整促工作深入开展。完成11项市级任务，拆除违法建设15.19万平方米，腾退土地2.36公顷。实施16项社区治理和7项公共空间改造提升工程，以功能疏解带动人口调控，全区常住人口预计在55.3万人以内。坚决实施征收拆迁收尾行动，完成93个点位搬迁拆除，有力保障棚改和重大项目建设顺利推进。实施留白增绿15.96公顷，新建生活性服务业功能网点66个，网点连锁化率达55%，便民服务进一步提质增效。

城市服务功能不断增强。实施112个固定资产投资重点建设项目，推动地铁1号线福寿岭站改造，启动高井规划一路、北辛安路南段和锅炉厂南路建设，永引渠南路建成通车。推动鲁谷北重供热厂供热调峰及配套热网改造和向阳、北辛安110kV输变电工程，苹果园110kV输变电工程实现开工，石景山水厂主体结构按期完工。加快土地开发节奏，刘娘府663地块等4个项目入市交易，中关村工业互联网产业园地块实现挂牌出让。

精细化管理水平持续提升。实施7项交通疏堵工程，新增停车位5000余个，建成银保园和鲁谷路慢行系统。完成4个重点区域、30条背街小巷环境精细化整治提升工程，24条道路通信架空线实现入地。制定垃圾分类管理标准及实施细则，升级改造密闭式清洁站45座、垃圾运输车86辆，在全市率先实现居住区垃圾分类全覆盖，老山东里北等5个小区获评“北京市生活垃圾分类示范小区”。推进智慧城市建设，实施汇聚工程和精治工程，积极推动城市大脑运营指挥中心和经济运行平台建设。

生态环境质量大幅改善。落实国家森林城市建设总体规划，提前完成新一轮百万亩造林绿化工程，新建改造麻峪滨河森林公园、炮山城市森林公园、群明湖公园等公园绿地27处158公顷，西长安街城市森林公园群基本建成，公园绿地500米服务半径覆盖率排名全市第一。全力做好第二轮中央生态环境保护督察服务保障，全面推进裸地治理，狠抓大气污染防治“一微克”行动，$PM_{2.5}$年均浓度37微克/立方米，同比下降14%。严格落实河长制，推动莲石湖公园景观提升等5项水务工程，国控市控地表水考核断面水质稳定达标。实行建设用地土壤污染风险管控和修复名录制度，有序推进污染地块治理，污染源普查工作扎实开展。

（五）始终坚持以人民为中心，民生福祉进一步改善

社会保障坚实有力。办好36件民生实事和68项济困工程，残疾人职业康复中心一期工程完工，儿童福利院和救助站开工，无障碍环境建设专项行动年度考评排名全市第一。加强就业帮扶，登记失业人员再就业4592人，登记失业率2.46%。北大附中石景山学校和北京市十一学校石景山学校项目加快推动，金顶街小学实现开工，普惠性幼儿园覆盖率达86%，中小学、幼儿园全部达到平安校园建设标准，义务教育学校管理标准化建设100%达标。深入推进医药卫生体制改革，稳步推动药品耗材集中采购、带量采购工作，成功创建“国家慢性非传染性疾病综合防控示范区”，顺利通过“国家卫生区”复审。出台养老服务三年行动计划，启动十大专项行动，加强家庭照护床位建设，“三边十有”养老服务体系更加完善。全面推开国家级政策性长期护理保险试点，提高重度失能人员护理服务质量。推动18个老旧小区改造工程和16个有机更新项目，鲁谷五芳园、古城十万平等一批改造项目积极稳妥实施。衙门口西区回迁安置房交付使用，广宁村棚改征收实现100%签约，北辛安回迁安置房、4个共有产权房和3个集体土地租赁住房项目加快施工，政策性住房开工7540套，竣工5144套，超额完成年度任务。

共建共治共享格局加快构建。深化吹哨报到改革和新时代街道工作，落实46项重点任务，5类430项行政执法职权下沉街道。加强接诉即办工作，建成区级“网上12345”平台，出台考核办法，落实首办责任制、三见面、双派双考等工作机制。推进高频难点事项专班常态化调度和长效化解决，平均考核成绩大幅提升，市民服务热线已成为群众参与城市治理的重要平台，成为党委政府与人民群众心连心、同呼吸的重要纽带。深入落实北京市物业管理条例，小区物业“三率”超过80%。坚决打赢脱贫攻坚战，实施87个市区级项目，落实191项指标，助力顺平、称多、宁城、莫旗实现建档立卡贫困人口全部脱贫。

平安石景山建设持续深化。深入开展扫黑除恶“六清”行动，建成91个智慧平安小区，实现公共区域安全视频监控建设联网应用全覆盖。加强矛盾纠纷和安全风险排查化解，“石时解纷”形成品牌，信访机构和责任单位

的群众满意率排名全市第一。强化食品药品、消防、交通、金融、网络、特种设备等领域安全监管，抓实安全生产各项工作，城市运行平稳有序。

（六）着力提升治理能力，政府自身建设取得新进展

政治建设全面加强。提高政治站位，严守政治纪律和政治规矩，增强“四个意识”、坚定“四个自信”、做到“两个维护”，深入学习宣传贯彻习近平新时代中国特色社会主义思想，推动中央精神及市委市政府决策部署和区委工作要求落地落实，切实做到政令畅通、令行禁止。压实政府党组主体责任，制定主体责任清单，强化党风廉政建设。完善绩效管理体系，加强审计监督和绩效考核，政府执行力和公信力不断提升。

依法行政不断深化。坚决落实区人大及其常委会的决议、决定和审议意见，坚持重大事项报告制度，认真听取区政协的意见建议，自觉接受区人大工作监督、法律监督和区政协民主监督。将人大建议、政协提案办理工作作为加强民主政治建设的重要内容，纳入年度绩效考核，实行全过程信息化管理，全年办复人大建议 122 件、政协提案 200 件，办成率 82.6%，同比提高 7%。落实“三重一大”制度，召开区政府常务会议、区长办公会议 55 次，集体研究重大问题 300 个。依法全面履行政府职能，审理行政复议 100 件，依法处理行政应诉 40 件，公开政务信息 8009 条。

全面推动各项工作。加强与驻区部队服务对接，圆满完成 2020 年度征兵任务，荣获“全国双拥模范城”八连冠。加强与各民主党派、工商联、无党派人士联系，大力支持工会、共青团、妇联等人民团体开展工作。高质量开展第七次全国人口普查工作。深入开展普法、统计、档案、人防、保密、外事和对台等工作，民族、宗教和侨务等工作取得新成绩。

各位代表，刚刚过去的 2020 年，面对新冠肺炎疫情迅速蔓延、经济下行压力加大的不利形势，全区上下团结一心、砥砺奋进，各项事业取得新的成绩，“十三五”规划主要目标任务顺利完成，区域全面深度转型、高端绿色发展迈上了新台阶。成绩的取得，最根本的原因是以习近平同志为核心的党中央掌舵领航，是市委市政府坚强领导的结果，是区委直接领导的结果，是区人大、区政协监督支持的结果，是全区广大干部群众团结拼搏、努力奋斗的结果。在此，我代表区人民政府，向各位人大代表、政协委员，向辛勤工作在各条战线上的劳动者，向关心支持参与石景山区发展的同志们、朋友们，致以崇高的敬意和衷心的感谢！

同时，我们也清醒地认识到，全区正处在滚石上山、爬坡过坎的关键期，工作中还存在一些困难和问题：一是疫情反弹和持续风险客观存在，外部环境不稳定性、不确定性明显增加，稳增长、防风险面临严峻挑战；二是区域经济总量偏低，高精尖产业发展不充分，产业转型亟须加快，经济发展质量和效益亟待提高；三是城市更新体制机制还不健全，方式方法创新还有不足，市政基础设施存在短板，城市治理效能有待提升；四是人口资源环境矛盾依然突出，优质公共服务供给与人民群众期待还有差距，破解“四老四少”问题还需持续用力；五是政府系统全面从严治党还有薄弱环节，党员干部思想观念、能力素质、工作作风还不能适应高标准高质量要求。对此，我们将采取有效措施，切实加以解决。

## 二、2021 年主要任务

2021 年是中国共产党成立 100 周年，是我国现代化建设进程中具有特殊重要性的一年，是“十四五”开局之年，是冬奥筹办冲刺之年。做好今年工作，责任重大、使命光荣。政府工作的总要求是：坚持以习近平新时代中国特色社会主义思想为指导，深入贯彻党的十九届五中全会和中央经济工作会议精神，深入贯彻习近平总书记对北京重要讲话精神，全面落实市委十二届十五次、十六次全会部署，按照市委市政府对石景山工作的要求，坚定不移贯彻新发展理念，坚持稳中求进工作总基调，积极融入首都新发展格局，牢牢把握“两大机遇”，加快推进“三区建设”，以首都发展为统领，以推动高质量发展为主题，以深化供给侧结构性改革为主线，以改革创新为根本动力，以服务保障冬奥筹办和打造新时代首都城市复兴新地标为重点，以城市更新和产业转型为关键，以构建城市基层治理新格局为着力点，以保障和改善民生为落脚点，以全面从严治党为保障，统筹发展和安全，努力把各方面工作做到精致细致极致、实现“一枝独秀”，高水平建设好首都城市西大门，确保“十四五”开好局、起好步，以优异成绩庆祝建党 100 周年。

全区经济社会发展的主要预期目标是：地区生产总值增长 6% 以上，一般公共预算收入增长 3%，固定资产投资增长 2.9%，市场总消费增长 4.5% 左右，居民人均可支配收入稳步增长，登记失业率控制在 3% 以内，万元地区生产总值能耗和 $PM_{2.5}$ 年均浓度下降指标达到北京市要求。

围绕实现全年目标任务，重点做好以下九个方面工作：

（一）全面落实属地责任，全力做好冬奥服务保障工作

全部完成冬奥场馆及配套设施建设。建成冬奥主运行中心、首钢滑雪大跳台配套设施及苹果园综合交通枢纽、M11 冬奥支线、北辛安路南段、锅炉厂南路等市政交通基础设施。全面完成冬奥场馆周边及阜石路沿线等重点区域环境综合整治和景观提升工程。整合莲石湖公园、永定河休闲森林公园、首钢遗址公园等资源，注入马拉松等体育元素，建成北京冬季奥林匹克公园，展现“双奥之区”靓丽形象。

全面做好赛会保障。落实属地责任，发挥冬奥专班作用，深化“双进入”机制，健全冬奥组委及场馆周边综合

防灾减灾和突发公共事件应急体系，全方位做好冬奥会系列测试活动等服务保障工作。推进国际语言环境建设，提高涉外、涉冬奥等重点公共场所外语标识规范设置和窗口行业外语服务水平，完善“吃住行游购娱”全要素服务设施，进一步增强保障能力。

加快发展冰雪产业。深化与国家体育总局冬运中心战略合作，举办数字冰雪运动会总决赛、中国冰雪大会、冰雪产业论坛等赛事活动，吸引冰雪体育组织、企业、人才落户，推动冬奥园区数字经济示范应用场景建设，打造具有冬奥特色的经济增长点。

营造浓厚冬奥氛围。加强冰雪设施建设，策划系列冰雪项目，为市民参与冰雪活动创造条件。深化冬奥“六进”工作，开展“一街一品”冰雪品牌活动，建成冬奥社区，创建“带动三亿人参与冰雪运动”示范区。

（二）聚焦“四个复兴”，高标准打造新时代首都城市复兴新地标

积极推进京西产业转型升级示范区建设。制定我区专项建设规划，明确重点项目、时间节点、责任清单，全力推进工作落实。加强与门头沟区协同发展，推动重大设施两区共建。做好“三区一厂”协调联动，提升北京西部地区城市整体功能。

加快推进新首钢地区建设发展。全面落实新首钢建设三年行动计划，坚持发展共同体理念，加强区企协作，全力推动奥运博物馆等49项重点任务，建成冬奥广场等项目，高质量推进首钢北区、东南区建设项目，启动南区基础性开发工作，带动区域环境面貌、重大基础设施、服务能力、城市功能全面提升。

推动新首钢全面复兴。推进高炉、车间等建（构）筑物织补更新、加固修缮、改造提升，发展以工业遗产为特色的会展经济和文化活动，促进文化融合传承，实现文化复兴。加强首钢主厂区土壤污染治理，落实绿色建筑星级标准，实施首钢水系与永定河流域连通工程，打造大尺度滨水绿色空间，注重生态治理，实现生态复兴。着力培育“科技＋”“体育＋”产业，推进城市织补创新工场、新首钢国际人才社区等项目，开展科技冬奥项目示范和产品试点，加快5G示范园、人工智能创新应用产业园建设，筹办重大体育赛事及品牌活动，促进体育、科技与高端商务、文化创意、数字传媒融合发展，引导创新驱动发展，实现产业复兴。完善高端酒店、高品质住宅等现代化生活服务设施，培育时尚消费、精品运动体验、休闲娱乐业态，搭建创新创业、科技成果转化、国际科技文化交流的人才服务平台，打造消费升级新空间，实现活力复兴。

（三）用好“两区”建设机遇，全力推动产业转型

大力抓好“两区”建设。抢抓北京国家服务业扩大开放综合示范区和自由贸易试验区建设机遇，全面落实“两区”建设实施方案，细化政策、空间资源、目标企业三个清单，项目化推进90项重点任务。坚持“产业开放＋园区开放”并行突破，突出冬奥、新首钢、银保园、新一代信息技术、工业互联网、铁矿石交易等石景山特色重点，吸引更多优质外资项目，强化科技创新、数字经济、服务业扩大开放。积极参加服贸会、中关村论坛、金融街论坛，办好中国银行保险业国际高峰论坛、工业互联网论坛，用好海外院士专家工作站、博士后成果转化基地、“侨梦苑”等开放平台，提高区域知名度、吸引力和影响力。

推进重点功能区创新发展。发挥长安街西延线区位优势和轴线效应，建设中海科技金融城，提升银河商务区、京西商务中心等载体品质和效益，集聚高端要素，承载一批重大龙头企业。加快银保园产业载体和配套设施建设，强化项目招商、企业服务、园区运营、品牌宣传，集聚一批现代金融保险企业，建设国家级金融产业示范区。围绕国际科技创新中心建设，推动中关村石景山园在科技创新上发挥更大作用，引育一批高精尖企业和服务机构，加强知识产权保护和科技成果转化应用，健全服务体系，围绕企业需求，补齐短板弱项，优化科技创新生态。高品质建设文创园，利用首创郎园Park、北重科技文创园、石热文创园集聚文创企业，打造特色品牌，营造文化创意发展氛围。

培育壮大高精尖产业。按照北京建设全球数字经济标杆城市的要求，实施促进数字经济创新发展行动纲要，用好“五新”政策机遇，培育壮大“1＋3＋1”高精尖产业体系。深化同重点金融企业战略合作，着力发展产业链金融、供应链金融、数字金融、科技金融，推动现代金融产业高质量发展。落实“科创28条”，加强应用场景建设，发展工程技术、科技应用、检验检测、研发和创业孵化服务，促进科技服务业与高精尖产业融合发展。依托京西电子竞技产业发展基地和网络游戏精品研发基地，做大做强动漫游戏、数字媒体、设计创意、内容创作等优势产业，建设产业创新策源地，推进数字创意产业特色发展。出台工业互联网三年行动计划，建设国家级工业互联网示范基地，研究推动卫星互联网、虚拟现实、人工智能等新兴产业培育，推进新一代信息技术产业集聚发展。深入研究我区在北京建设国际消费中心城市中的定位和机遇，努力培育新消费，建设苹果园大悦城、新首钢六工汇，完成今鼎时代广场等商圈升级改造，打造特色品牌商业街区，大力发展夜间经济，推动商务服务业高品质发展。

持续推进招商引资。举办全区经济发展推进大会，用好“2＋N”政策体系优势，发挥产业基金和中介机构作用，积极引入现代金融、科技创新、信息技术、文化创意等领域的企业总部，产业链、价值链、创新链的高端环节、高端业态，有影响力的平台类企业、功能性机构，深化与央企合作，发展“三龙”经济，形成“落地一批、在谈一批、储备一批”的局面。加强载体资源管理，搭建楼宇载体信息化服务平台，建立全区产业空间资源库和重点楼宇数据监测系统，盘活低效空间资源，提高人均产出、地均产出。做好驻区企业服务，支持企业持续扩大发展，

做到“进得来、长得大、留得住”。

着力优化营商环境。推进“放管服”改革，贯彻国家减税降费政策，落实优化营商环境4.0版，做好2021年世界银行及中国营商环境迎评工作。搭建政企互动交流平台，建立企业线上联系服务机制，落实“服务包”“服务管家”等制度，办好企业服务热线诉求，构建亲清政商关系。深化审批事项告知承诺制改革，推进全程网办、全网通办、全时服务，加强信用监管，提升政务服务能力。全面实施景贤计划，汇聚高端英才，围绕企业需求，广纳各类人才。

深化改革创新。推进国有企业改革，规范企业定位及主营业务，深度参与区域更新转型发展。加快集体经济改革，完成农工商总公司改制，建立集体资产监督管理制度和考核评价体系，积极融入区域高质量发展。深化支持民营和小微企业金融服务综合改革试点，健全融资担保体系和风险补偿机制，促进中小微企业健康发展。加强财源建设，严格政府债务管理，大力压减一般性支出，建立全覆盖预算绩效管理体系，提高财政资源配置效率和使用效益。

（四）实施城市更新行动，全面提升城市综合承载能力

发挥规划龙头作用。深入落实北京城市总体规划、石景山分区规划和“十四五”规划，推进街区控制性详细规划编制，深化责任规划师制度和常态化城市体检评估机制。编制年度土地利用计划和供应计划，持续推进城乡建设用地动态平衡。运用织补手段，修补缝合城市空间，试点推进“四道融合”，研究推动阜石路沿线、永定河左岸和西部浅山区高压走廊入地改造，让山水与城市相得益彰。

加速西部地区规划建设。落实街区规划，编制实施广宁和五里坨地区发展建设三年行动计划，推动西部地区整体规划、整体开发。建成高井规划一路，推进永引渠南路西延，开展高井沟、石府沟等沟渠治理和西山绿道建设，谋划西部医院方案。依托五里坨建设组团商业载体，完善西部地区商业配套。深化与重点企业战略合作，谋划特色产业园区，激发西部地区发展活力。

加快城市更新步伐。制定实施城市更新专项行动计划，充分运用市场机制和创新政策，推动老旧厂房、老旧小区、平房区、低效楼宇等存量空间资源更新增效。用好国务院真抓实干成效明显城市通报表彰和政策激励机遇，以“首钢经验”示范带动其他老旧厂房保护利用和改造提升，研究引入智能制造、科技、文化等产业，实现更好效用，促进京西八大厂整体复兴。制定落实老旧小区更新改造行动方案，创新体制机制，引入社会资本，深入推进街区保护更新，实施34个老旧小区综合整治和有机更新项目，完成10个老楼加装电梯工程，滚动推进新一批项目，打造老旧小区更新改造“石景山样本”。谋划平房区改造方案，加快西黄村、北辛安、衙门口棚改进度，做好广宁村棚改征收拆迁收尾工作，研究推动麻峪村改造。坚持走内涵式发展道路，围绕城市功能与产业需求，推动闲置土地、腾退空间、低效楼宇提升效能。

加强市政基础设施建设。重点推进地铁1号线福寿岭站、S1线金苹区间等轨道交通工程，加快新首钢、衙门口、北辛安、西黄村等区域城市路网建设。建成石景山水厂，推进苹果园、向阳、北辛安110kV输变电工程，建设鲁谷北重和首钢配套热网改造工程，实施6项老旧管线改造项目。加快推动首钢设备处地块等4个项目入市。

推进疏解整治促提升工作。制定实施新一轮“疏整促”专项行动计划，巩固基本无违法建设城区成果，开展优化提升、疏解提质、精细化治理等项目，实施留白增绿6.33公顷，新建生活性服务业功能网点10个。以产业结构优化升级带动人口结构调整。坚持摘帽不摘责任，持续做好对口帮扶，大力发展扶贫产业，助力受援地经济社会发展和群众生活改善。

提升城市精细化管理水平。全面推进垃圾分类，新建一批密闭式清洁站，加强宣传动员和习惯养成，构建生活垃圾全流程管理体系。落实新一轮背街小巷环境精细化整治三年行动计划，整治39条背街小巷环境。实施5项交通疏堵工程，增加停车位6000个。优化公共交通体系，推动首钢北区慢行系统改造。研究推动城市管理智慧化，加强基础设施、社会治理数字化、智能化。深化智慧政务应用，用好区级大数据平台、政务云计算平台，建成城市大脑并投入运行。

（五）坚持山水文化融城，大力彰显文化生态魅力

积极推进西山永定河文化带建设。落实西山永定河文化带保护发展规划和行动计划，举办西山永定河文化节、西山永定河发展论坛，实施八大处环境综合整治提升工程，精心打磨模式口文保区，完成模式口大街东口等3项景观提升和11个重点院落修缮改造，统筹抓好法海寺、承恩寺等文保单位修缮保护。研究布局会议会展、文化娱乐、教育医疗、高端酒店、商业配套等服务设施，鼓励社会力量兴办博物馆，支持实体书店、图书馆创新发展。高标准运营区文化中心和街道、社区文化设施，开展六聚石景山、北京清明诗会、古城之春艺术节等文化品牌活动，巩固深化“国家公共文化服务体系示范区”建设。

着力改善生态环境。实施石龙路匝道等一批重点绿化工程，提升绿化精细化品质，在中心城区率先成功创建“国家森林城市”。加强水环境综合治理与生态修复，建设永引渠水系景观二期等工程。在节能减排上创新实践，实施二氧化碳控制专项行动，研究推进碳中和试点，实现碳排放稳中有降。深化“一微克”行动，加强扬尘污染精细化管控，做好细颗粒物和臭氧协同治理，推动$PM_{2.5}$年均浓度持续下降，加强土壤污染、水污染防治，持续改善环境质量。

全力推进全国文明城区创建工作。制定实施创建全国文明城区三年行动计划，坚持首善标准，凝聚思想共识，严格对照测评体系，聚焦薄弱环节，创新工作举措，形成

攻坚合力，以更高标准、更大力度、更强措施、更实作风，高起点起步、全力以赴做好新一轮创建工作。大力培育和践行社会主义核心价值观，加强新时代公民道德建设，落实北京市文明行为促进条例，深入开展“擦亮城市西大门”专项行动，全方位提高城市文明程度和市民文明素养。

（六）提升基层治理能力，构建共建共治共享新格局

深化吹哨报到和接诉即办改革。推动吹哨报到向社区治理深化，全面落实街道职责规定，加强综合执法队伍、协管员队伍整合，推动市域社会治理现代化试点建设，完善党建引领基层治理体系。落实接诉即办改革实施意见，全面推行双派双考制度，严格执行首办责任制、三见面等工作机制，用好“热线＋网格”大数据分析，重点解决好高频事项和难点问题，推动主动治理、未诉先办。

夯实基层治理基础。健全区、街道、社区三级协商议事联动机制，推进协商议事向楼门院延伸，擦亮“石景山老街坊”品牌，打造“品质社区”，扎实做好“全国社区治理和服务创新实验区”验收工作。加强物业管理，强化街道社区党组织领导核心作用，提高“三率”实效，推进物管会向业委会转变，提升物业服务水平，改善群众居住环境。

精心做好庆祝建党100周年服务保障工作。加强环境整治，做好环境布置，提升城市形象，营造喜庆、欢乐、祥和的浓厚氛围。广泛开展群众性主题宣传教育活动，策划推出一批反映我区发展成就、贴近市民群众生活的宣传报道，激发爱党爱国热情，凝聚奋斗力量。深化平安石景山建设，完善社会治安防控体系，健全扫黑除恶长效机制，依法精准打击各类违法犯罪活动。防范化解重大风险，维护网络安全，发挥预付式消费信用监管和服务平台作用，做好矛盾纠纷化解工作，营造安定祥和的社会环境。严格落实安全生产责任制，加强建筑施工、城市运行、消防安全、交通运输、特种设备、危化品和人员密集场所等重点领域安全监管，创建“国家安全发展示范城市”。

（七）聚焦“七有”“五性”，在更高水平上增进民生福祉

优化公共服务供给。全面办好38件重要民生实事和67项济困工程。做好就业帮扶、创业引导、技能培训，登记失业人员实现再就业3800人。加快北辛安、衙门口回迁安置房建设，实施东下庄等3个共有产权房项目，开工建设各类保障性、政策性住房1816套，竣工4918套。落实社会救助政策，持续加强无障碍设施改造，完成儿童福利院和救助站主体结构建设，残疾人职业康复中心建成投用。

加快推进教育现代化。优化教育资源配置，开工建设北大附中石景山学校、北京市十一学校石景山学校，完成金顶街小学主体结构施工，接收2所小区配套幼儿园，增加学位540个，全区普惠性幼儿园覆盖率稳步提高。落实新时代教育评价改革总体方案，推进智慧教育升级，提高教育信息化水平，推动“北京市幼小初高德育一体化实践研究示范区”建设。深化校长职级制改革，探索实行“人员额度”管理，推进“区管校聘”改革，激发干部教师队伍活力。持续推进集团化办学改革，推动各级各类教育协调发展、质量不断提升。

积极应对人口老龄化。实施养老服务三年行动计划，开展十大专项行动，全面推进养老服务“颐养工程”，新建3个养老服务驿站，完成27处养老服务设施无障碍改造，增加家庭照护床位300张。推进康复辅助器具园区和社区租赁试点，建设覆盖60%社区的“店中店”。全面推行国家级政策性长期护理保险试点，提升老年人生活质量，促进康养产业发展，建设老年友好城区。

（八）毫不放松抓好常态化疫情防控，全面建设健康石景山

精准有效做好常态化疫情防控。始终把防控之弦绷得紧而又紧，坚持“外防输入、内防反弹”，压紧压实“四方”责任，落实“三防”“四早”“九严格”要求。强化进口冷链食品监管，严格落实落细常态化防控各项措施，增强核酸检测能力，确保重点行业从业人员核酸检测筛查全覆盖。有序推进重点人群新冠疫苗接种，完善防疫物资和生活物资储备，全面提升应急处置能力，做好保供稳价等各项工作。

健全完善公共卫生管理体系。坚持健康优先、预防为主，全面深入推进加强公共卫生应急管理体系建设三年行动计划，建设五里坨等5家社区卫生服务中心发热筛查哨点，提高预防控制、医疗救治、物资保障、人才支撑等工作水平，加快构建网络化、系统化、规范化公共卫生应急管理体系。巩固“国家卫生区”建设成果，深入开展爱国卫生运动，推动市民形成良好卫生习惯和健康文明生活方式。

加快卫生健康事业发展。深化医药卫生体制改革，推进国家级医共体试点、北京市紧密型医联体试点，推动北京朝阳医院西院改扩建工程等项目，建设五里坨精神卫生专科医院，提升石景山医院医疗服务水平，提高慢性疾病防治、妇幼健康服务质量。推进“北京中医药文化资源转化示范区”建设，打造中医药健康文化体验馆，推动中医药传承创新发展。加快推进区体育中心改扩建工程，新建10处体育活动场所，打造“一刻钟健身圈”，举办阳春社区体育节、金秋体育盛会、石景山区冰雪节等特色体育活动，持续提高群众身体素质。

（九）提升政府治理效能，努力建设人民满意的服务型政府

着力加强政治建设。牢记“看北京首先要从政治上看”的要求，始终在增强“四个意识”、坚定“四个自信”、做到“两个维护”上作表率，坚定不移地推动中央精神及市委市政府决策部署和区委工作要求落地落实。严格遵守党的政治纪律和政治规矩，严格执行重大事项请示报告制度。层层压实政府系统全面从严治党主体责任，持之以恒落实中央八项规定精神，下大力气解决“四风”问题，坚决整治形式主义、官僚主义，把政府系统党风廉政

建设和反腐败工作推向深入。大力推进审计全覆盖，拓展审计监督的广度和深度。聚焦重点领域、重要部门、关键岗位，强化廉政风险防控，健全权责清单制度，严肃整治发生在群众身边的腐败问题，深入做好市委巡视、市政府绩效考核及各类专项治理整改工作，确保各项整改任务落地落实、长效机制建立健全、政治生态向善向上，带动促进政府工作全面提升。

深入推进依法行政。认真落实区人大及其常委会的决议、决定和审议意见，主动加强与区政协的沟通协商，定期向人大报告工作，向政协通报情况，提高人大代表建议和政协委员提案办理质量。支持区监委、法院、检察院开展工作，认真听取民主党派、工商联、无党派人士的意见建议。深化双拥共建工作，做好新形势下的普法、武装、民族、宗教、外事、侨务、对台等工作，支持工会、共青团、妇联等人民团体更好发挥桥梁纽带作用。健全依法决策机制，完善区政府会议制度，继续邀请人大代表、政协委员和群众代表列席政府常务会议。做好行政复议和应诉，加强政务公开和信息公开，持续推进法治政府建设。更加积极主动接受群众监督、舆论监督。

切实强化担当作为。树立一流标准，强化全局意识、责任意识、效率意识、创新意识、服务意识，在服务首都发展中，做深做足石景山文章，把“一枝独秀”要求贯穿工作全过程。面向基层、服务基层，切实为基层减负，更好发挥基层职责作用。坚持项目化管理、清单式推进，推动各项重点工作落实落细。强化绩效考核，健全常态化督查工作机制，完善定期报告、情况通报、专项督查、约谈问责等制度，促进履职尽责。

各位代表，蓝图已绘就，扬帆正当时。让我们更加紧密地团结在以习近平同志为核心的党中央周围，在市委市政府的坚强领导下，在区委的直接领导下，紧紧依靠全区人民，锐意进取、真抓实干，高水平建设好首都城市西大门，为率先基本实现社会主义现代化而努力奋斗！

北京石景山年鉴

BEIJING SHIJINGSHAN NIANJIAN

2021

# 专 文

# 石景山区2020年国民经济和社会发展统计公报

2020年，面对新冠肺炎疫情冲击和错综复杂的国际国内形势，在区委、区政府的坚强领导下，全区上下坚持以习近平新时代中国特色社会主义思想为指导，认真贯彻落实党的十九大和十九届二中、三中、四中、五中全会精神，深入贯彻习近平总书记对北京重要讲话精神，坚决果断抗击新冠肺炎疫情造成的严重冲击，全力抓好“六稳”“六保”工作，统筹推进疫情防控和经济社会发展取得积极成效。

## 一、综合

经济增长：初步核算，全年实现地区生产总值855.5亿元，按可比价格计算，比上年增长4.7%。其中，第二产业增加值138.2亿元，增长3.5%；第三产业增加值717.3亿元，增长4.9%。第二产业和第三产业占比结构为16.2:83.8。

表1　2020年地区生产总值　单位：亿元

| 指　标 | 绝对数（亿元） | | 比重（%） | | 比上年增长（%）（不变价） |
|---|---|---|---|---|---|
| | 2020年 | 2019年 | 2020年 | 2019年 | |
| 地区生产总值 | 855.5 | 806.4 | — | — | 4.7 |
| 按产业分： | | | | | |
| 第一产业 | | | | | |
| 第二产业 | 138.2 | 134.9 | 16.2 | 16.7 | 3.5 |
| 第三产业 | 717.3 | 671.5 | 83.8 | 83.3 | 4.9 |
| 按行业分： | | | | | |
| 农、林、牧、渔业 | | | | | |
| 工业 | 48.4 | 45.8 | 5.7 | 5.7 | 4.4 |
| 建筑业 | 87.5 | 86.9 | 10.2 | 10.8 | 3.1 |
| 批发和零售业 | 43.1 | 45.0 | 5.0 | 5.6 | -3.9 |
| 交通运输、仓储和邮政业 | 2.9 | 3.4 | 0.3 | 0.4 | -8.8 |
| 住宿和餐饮业 | 6.4 | 8.5 | 0.7 | 1.1 | -24.5 |
| 信息传输、软件和信息技术服务业 | 217.4 | 177.7 | 25.4 | 22.0 | 20.5 |
| 金融业 | 172.9 | 162.8 | 20.2 | 20.2 | 2.0 |
| 房地产业 | 58.0 | 56.7 | 6.8 | 7.0 | 4.2 |
| 租赁与商务服务业 | 33.0 | 28.2 | 3.9 | 3.5 | 11.9 |
| 科学研究和技术服务业 | 48.2 | 42.8 | 5.6 | 5.3 | 7.4 |
| 水利、环境和公共设施管理业 | 6.4 | 5.8 | 0.7 | 0.7 | 5.0 |
| 居民服务、修理和其他服务业 | 9.5 | 10.9 | 1.1 | 1.4 | -11.8 |
| 教育 | 49.1 | 47.0 | 5.7 | 5.8 | -4.2 |
| 卫生和社会工作 | 25.2 | 26.4 | 2.9 | 3.3 | -7.9 |
| 文化、体育和娱乐业 | 16.9 | 21.1 | 2.0 | 2.6 | -16.0 |
| 公共管理、社会保障和社会组织 | 30.6 | 37.6 | 3.6 | 4.7 | -10.3 |

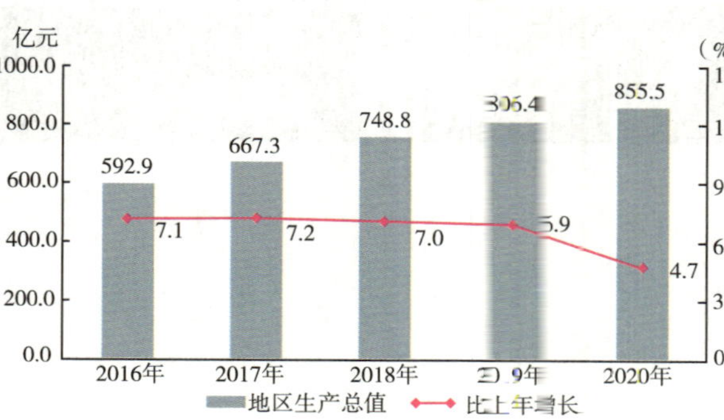


图1　2016—2020年地区生产总值及增速

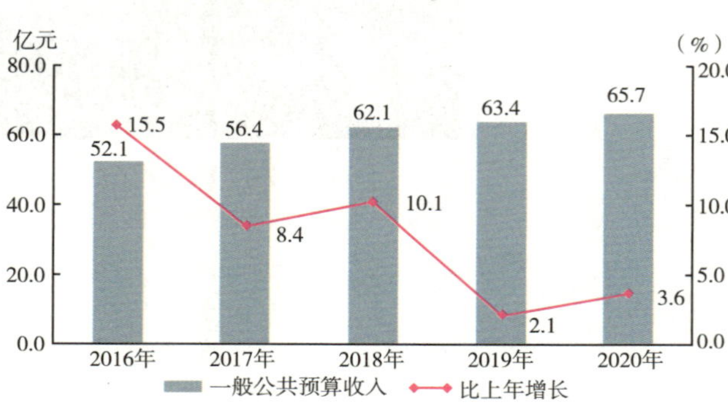


图2　2016—2020年一般公共预算收入及增速

财政收入：全区完成一般公共预算收入 65.7 亿元，比上年增长 3.6%。其中，增值税 24.8 亿元，下降 4.8%；企业所得税 10.3 亿元，下降 2.3%。

二、工业和建筑业工业：全年实现工业增加值 48.4 亿元，按可比价格计算，比上年增长 4.4%。全年规模以上工业企业实现工业总产值 254.5 亿元，比上年增长 7.7%。从主要行业看，黑色金属矿采选业增长 14.9%，通用设备制造业增长 1.1%，专用设备制造业增长 46.4%，电力、热力生产和供应业下降 5.6%。全年规模以上工业企业实现销售产值 257.4 亿元，增长 9.2%。其中，出口交货值 10.0 亿元，增长 4.2 倍。

图 3 2016—2020 年工业增加值及增速

建筑业：全年实现建筑业增加值 87.5 亿元，按可比价格计算，比上年增长 3.1%。全区具有资质等级的总承包和专业承包建筑业企业完成建筑业总产值 826.9 亿元，比上年增长 36.7%。其中，在本市完成 165.6 亿元，增长 16.2%；在外省完成 661.1 亿元，增长 44.7%。本年新签合同额 1034.8 亿元，下降 3.3%。

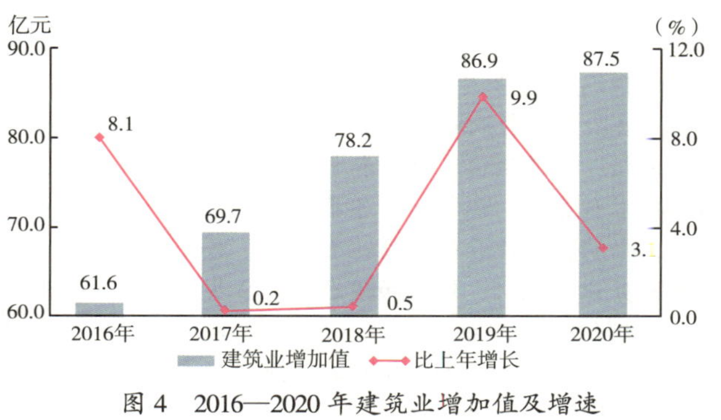


图 4 2016—2020 年建筑业增加值及增速

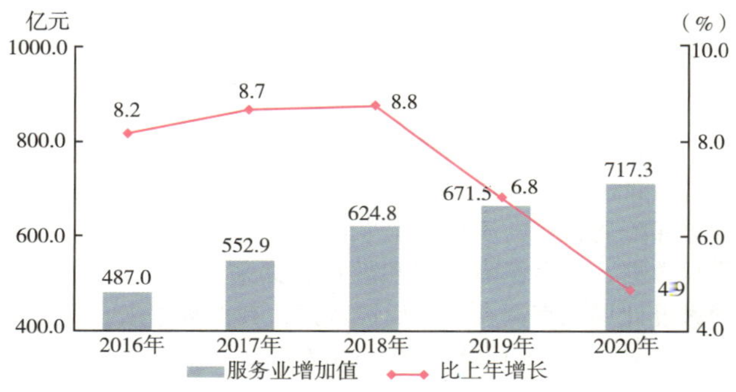


图 5 2016—2020 年服务业增加值及增速

三、服务业

全年信息传输、软件和信息技术服务业增加值 217.4 亿元，比上年增长 20.5%；金融业增加值 172.9 亿元，比上年增长 2.0%；房地产业增加值 58.0 亿元，比上年增长 4.2%；科学研究和技术服务业增加值 48.2 亿元，比上年增长 7.4%；租赁与商务服务业增加值 33.0 亿元，比上年增长 11.9%。全年规模以上服务业实现收入合计比上年增长 5.2%，利润总额下降 19.4%。

四、金融

年末全区中资银行人民币存款余额 2552.6 亿元，比年初增加 119.0 亿元。其中，单位存款 1314.4 亿元，比年初减少 50.9 亿元；个人存款 1152.2 亿元，比年初增加 164.4 亿元。年末全区中资银行人民币贷款余额 1094.8 亿元，比年初增加 75.3 亿元。其中，境内短期贷款 327.9 亿元，比年初增加 92.1 亿元；境内中长期贷款 760.9 亿元，比年初减少 19.0 亿元。

表 2 2020 年中资银行人民币存贷款余额情况

| 指标名称 | 年末数(亿元) | 比年初增减额(亿元) |
|---|---|---|
| 期末银行存款余额 | 2552.6 | 119.0 |
| 其中：单位存款 | 1314.4 | －50.9 |
| 个人存款 | 1152.2 | 164.4 |
| 其他存款 | 85.9 | 5.5 |
| 期末银行贷款余额 | 1094.8 | 75.3 |
| 其中：短期贷款 | 327.9 | 92.1 |
| 中长期贷款 | 760.9 | －19.0 |

五、固定资产投资和房地产开发

固定资产投资：全年固定资产投资（不含农户）比上年增长 20.8%。建安投资增长 8.9%。分产业看，第二产业投资增长 8.3%；第三产业投资增长 21.3%。

房地产开发：全年房地产开发投资比上年增长 36.6%。其中，商品房销售面积增长 19.8%。年末全区房屋施工面积比上年末增长 46.7%。其中，全年房屋竣工面积增长 2.3 倍。

六、市场消费

全年实现社会消费品零售总额 399.5 亿元，比上年下降 8.3%。其中，限额以上企业实现零售额为 274.2 亿元，下降 2.7%，占社会消费品零售总额的 68.6%。从主要行业看，超级市场零售业实现零售额 2.9 亿元，下降 4.8%；汽车新车零售业实现零售额 8.3 亿元，下降 0.8%；计算机、软件及辅助设备零售业实现零售额 2.2 亿元，增长 1.5 倍。

表 3 2020 年社会消费品零售额

| 指标 | 零售额(亿元) | 比上年增长(%) |
|---|---|---|
| 社会消费品零售额 | 399.5 | －8.3 |
| 按限额标准分 | | |
| 限额以上 | 274.2 | －2.7 |

续表

| 指　　标 | 零售额(亿元) | 比上年增长(%) |
|---|---|---|
| 限额以下 | 125.3 | －18.7 |
| 按行业分 | | |
| 批发业 | 67.0 | －7.6 |
| 零售业 | 318.7 | －7.4 |
| 住宿业 | 0.1 | －48.3 |
| 餐饮业 | 13.0 | －26.4 |

### 七、对外经济

全年进出口总额49.7亿元，比上年下降10.9%。其中，出口29.8亿元，下降18.7%；进口19.9亿元，增长3.8%。

### 八、人民生活和社会保障

人民生活：全年全区居民人均可支配收入为78656元，比上年增长2.2%。从四项收入构成看，居民人均工资性收入45384元，增长0.2%；人均经营净收入799元，下降7.5%；人均财产净收入8315元，下降1.2%；人均转移净收入24157元，增长7.8%。全区居民人均消费支出为40096元，比上年下降12.7%。

图6　2016—2020年人均可支配收入及增速

民生改善：全年完成一般公共预算支出113.9亿元，比上年降2.7%。其中，用于教育、社会保障和就业支出分别增长8.0%和10.9%。年末登记失业率为2.46%，比上年末增加0.59个百分点。

社会保障：年末参加企业职工基本养老保险人数为47.6万人，比上年末减少0.1万人；参加失业和工伤保险人数分别32.2万人和29.4万人，分别比上年末增加0.6万人和0.4万人。

### 九、教育

全区普通中学招生数4551人，在校生数12047人，毕业生数3630人。小学招生数4847人，在校生数24131人，毕业生数3767人。在园幼儿数15361人。特殊教育在校生数795人。中等职业教育普通中专在校生数795人。普通小学专任教师数1869人，普通初中专任教师数1052人，普通高中专任教师数567人。

### 十、能源和环境

能源：全年能源消费总量121.6万吨标准煤，比上年下降2.2%。万元地区生产总值能耗0.1421吨标准煤，按可比价格计算，比上年下降6.5%。

环境：全区细颗粒物（PM2.5）和可吸入颗粒物（PM10）年均浓度值分别为37微克/立方米和62微克/立方米，分别下降14.0%和13.9%。二氧化氮（$NO_2$）年均浓度值为31微克/立方米，下降20.5%。二氧化硫（$SO_2$）年均浓度值为4微克/立方米，与上年持平。

**公报注释：**

1. 本公报中2020年数据均为初步统计数。

2. 三次产业划分依据国家统计局2018年修订的《三次产业划分规定》（国统字〔2012〕108号），行业划分执行《国民经济行业分类》（GB/T4754－2017）。

3. 地区生产总值及其中各行业增加值增长速度均按不变价计算。

4. 规模以上工业企业是指年主营业务收入2000万元及以上的全部法人工业企业；限额以上批发和零售业单位是指年主营业务收入2000万元及以上的批发业、年主营业务收入500万元及以上的零售业单位（包括法人单位、产业活动单位和个体经营户）。

5. 规模以上服务业企业法人单位：①辖区内年营业收入2000万元及以上服务业法人单位。包括：交通运输、仓储和邮政业，信息传输、软件和信息技术服务业，水利、环境和公共设施管理业、卫生。②辖区内年营业收入1000万元及以上服务业法人单位。包括：租赁和商务服务业，科学研究和技术服务业，教育，以及物业管理、房地产中介服务、房地产租赁经营和其他房地产业。③辖区内年营业收入500万元及以上服务业法人单位。包括居民服务、修理和其他服务业，文化、体育和娱乐业，社会工作。规模以上事业单位、民间非营利组织服务业法人单位：①辖区内年营业收入1000万元及以上服务业法人单位。包括：交通运输、仓储和邮政业，信息传输、软件和信息技术服务业，租赁和商务服务业，科学研究和技术服务业，水利、环境和公共设施管理业、居民服务、修理和其他服务业，文化、体育和娱乐业，公共管理、社会保障和社会组织，以及社会工作、物业管理、房地产中介服务、房地产租赁经营和其他房地产业；②辖区内年营业收入2000万元及以上的卫生行业法人单位。

6. 公报中部分数据合计数或相对数由于计量单位取舍不同而产生的计算误差，均未作机械调整。

**资料来源：**

本公报中财政数据来自石景山区财政局；进出口数据来自石景山区商务局；就业数据来自石景山区人力资源和社会保障局；空气质量数据来自石景山区生态环境局；存贷款数据、社会保障数据和教育数据来自北京市统计局、国家统计局北京调查总队反馈数据；其他数据来自石景山区统计局、石景山区经济社会调查队。

北京石景山年鉴

BEIJING SHIJINGSHAN NIANJIAN

2021

# 大事记

## 1月

**4日**　北京首个由冬奥组委授权室外最大冬奥吉祥物雕塑——“冰墩墩”“雪容融”雕塑落户广宁街道冬奥社区。

**6日至8日**　石景山区政协十届四次会议在京燕饭店举行。会议通过十届四次会议政治决议，选举宋世媛为区政协副主席，吴涛为常务委员。

**6日至9日**　区十六届人大六次会议在万商花园酒店举行。会议听取和审议区政府工作报告；审议石景山区2019年国民经济和社会发展计划执行情况与2020年国民经济和社会发展计划草案的书面报告；审查和批准石景山区2019年国民经济和社会发展计划执行情况的报告与2020年国民经济和社会发展计划；审议石景山区2019年预算执行情况和2020年预算草案的书面报告；审查和批准石景山区2019年预算执行情况的报告和2020年预算；听取和审议区人大常委会工作报告；听取和审议区法院工作报告；听取和审议区检察院工作报告；决定设立石景山区第十六届人民代表大会社会建设委员会、变更个别专门委员会名称。会议选举李新为石景山区人民政府区长。

**10日**　石景山区“不忘初心、牢记使命”主题教育总结大会以视频会议形式召开，各街道、各单位设分会场。

**11日**　2019—2020年度中国滑冰协会俱乐部滑冰公开赛（北京站）在市民冰雪体育中心举办。

**22日**　以常卫为组长、李新为副组长的石景山区新冠肺炎疫情防控工作领导小组成立，下设1办和13个专项工作组，49家成员单位，建立每日会商、联系指导等机制，全面统筹协调疫情防控工作。

**23日**　石景山区两大庙会活动取消，同时关闭部分公共文化设施，减少人员聚集。

**24日**　区文化中心、区图书馆、少儿图书馆、第四纪冰川遗迹陈列馆、法海寺、慈善寺、田义墓，以及各街道综合文化中心、各社区文化室和图书室暂停对外开放。

**27日**　市委常委、宣传部部长杜飞进调研石景山医院、金顶街社区卫生服务中心等处新冠肺炎疫情防控工作，并看望慰问工作人员。

**28日**　北京大学首钢医院、北京康复医院、石景山医院、清华大学玉泉医院、中国中医科学院眼科医院积极报名，选派25名医护人员，参加北京市第三批援助湖北医疗队。

**1月至3月**　石景山区统筹组织50名市属单位党员干部、1130名区机关企事业单位党员干部、660名街道机关党员干部下沉到社区。150个社区3681名社区工作者奋战在防控一线，5500余名在职党员参与社区防控工作，4000多名“老街坊”党员志愿者共同为居民群众筑牢“防疫墙”。

## 2月

**4日**　区政府发布《石景山区关于共同应对新型冠状病毒感染的肺炎疫情支持企业发展的若干措施（暂行）》，支持企业发展。

**8日**　石景山区新冠肺炎疫情患者集中收治医院正式启用。

**13日**　石景山区首例新冠肺炎患者康复出院。

**18日**　石景山区与中铁建发展集团签署全面战略合作协议。

**20日**　2020年区政府全体会议召开。对当前疫情防控工作进行再强调再部署，进一步部署推动2020年政府工作。

**21日**　习近平总书记给北京大学首钢医院实习的西藏医学院学生回信。

**25日**　石景山区统筹推进新冠肺炎疫情防控和经济社会发展工作部署会议以视频会议形式召开。

**26日**　石景山区全面开展“一米线”行动。全区72家医疗机构，54家大型超市和社区菜站，40家银行网点、通信营业厅、邮政局，161栋商务楼宇等公共场所设置“一米线”8500处。

## 3月

**3日**　区委党建工作会议召开。总结部署宣传思想文化、调研和改革、政法、统战、组织和社会建设及群团工作。

**10日**　石景山区召开助力决战决胜脱贫攻坚座谈会，传达中央及北京市助力决战决胜脱贫攻坚座谈会会议精神。

**30日**　李新与中铁建发展集团有限公司总经理贾洪一行座谈。

## 4月

**1日**　石景山区完成2020年度医保协议签订工作。实际签约定点医药机构94家，其中定点医疗机构75家，定点零售药店19家。

**同日**　“防疫有我，爱卫同行，人人参与，共创文明”爱国卫生运动月主题活动启动。

**2日**　最后1名新冠肺炎患者治愈出院，石景山区确诊病例“清零”。

**4日**　石景山区“创建国家森林城，打造秀水石景山”义务植树活动开展。

**7日**　李新和中关村发展集团党委副书记、总经理宣鸿就工业互联网产业园建设进行座谈。

**11日**　蔡奇“四不两直”到八角街道公园北社区检查新冠肺炎疫情防控工作，魏小东参加检查。

**同日**　国务院联防联控机制召开新闻发布会，石景山区八角街道八角中里社区党委书记李美红介绍优化社区防控筑牢安全屏障工作情况。

**15日**　常卫、李新与北京字节跳动公司副总裁陈志峰座谈。

**23日**　石景山区深入推进疏解整治促提升促进生态文明与城市环境建设动员大会召开，部署“疏解整治促提升”专项行动、生态文明和城市环境建设2020年工作。

**29日**　中央电视台、《人民日报》、北京电视台、《新京报》等20余家媒体记者，就石景山区垃圾分类工作情况进行集中采访报道。

4月 全区累计出动各级人员约15万人次，发放宣传材料6.7万余份，整治各类市场62个，清理孳生地5000余处。平均每日固定消毒点累计2.6万处，消毒面积达到260万平方米。

## 5月

2日 位于五里坨地区的小青山公园正式开放，成为西山森林景观带建设的重要一环。

9日 石景山区首个综合管廊项目——北京·银行保险产业园地下综合管廊工程投入使用。

25日 石景山区2020年创城工作推进会暨“擦亮城市西大门，文明祥和迎冬奥”专项行动部署会召开。

同日 常卫、李新等与北京冬奥组委专职副主席兼秘书长韩子荣座谈。

同日 中央电视台社会与法频道《中国养老2020》节目，播出石景山区智慧养老体系构建的典型经验。

30日 石景山区开展基层党组织和在职党员双报到暨新时代文明实践推动日活动，全区各级党组织和在职党员们回到社区，参加主题为“垃圾分类我先行”的“双报到”活动。

## 6月

8日 石景山区经济发展推进大会召开。表彰地区纳税“百强”企业，为10位市级以上人才工程入选者发放“景贤卡”，与有关企业签署30个新引进重点项目，总投资503亿元。发布由2项指导性政策和四大类20余项产业发展政策组成的“2+N”政策体系。

9日 常卫率石景山区代表团赴河北省保定市顺平县对接对口帮扶工作。

11日 石景山区“十四五”规划编制专家咨询组成立大会暨第一次专家座谈会召开。

16日 北京启动突发公共卫生事件应急响应级别从三级提升至二级，石景山区第一时间重启机关干部下沉社区工作机制，组织安排50名市派干部、695名区派干部和975名街道干部全部返回防控岗位。

30日 北方工业大学科技园在茂华大厦揭牌。

## 7月

1日 中铁建发展集团有限公司正式迁址石景山区。该公司是中国铁建股份有限公司的全资子公司，注册资本金20亿元人民币。

同日 原由城管执法、生态环境、水务、卫生健康等4个部门五类共430项行政执法职权，自即日起正式下放至街道办事处。全区9个街道办事处综合行政执法队按照相关行政执法权限，相对集中行使行政处罚权、行政强制权及与之相关的行政检查权。

8日 蔡奇、陈吉宁到首钢鲁家山循环经济基地和石景山区调研检查生活垃圾分类工作。魏小东、崔述强、张家明、靳伟参加调研检查。

9日 石景山区分别与内蒙古自治区呼伦贝尔市莫力达瓦达斡尔族自治旗、赤峰市宁城县，召开东西部扶贫协作高层联席视频会议。

13日 石景山区与青海省玉树州称多县召开携手奔小康高层联席视频会议。

23日 常卫与市文化投资发展集团有限责任公司党委书记、董事长周茂非座谈。

25日 蔡奇、陈吉宁到六合园南社区察看楼体改造等进展，就老旧小区改造调查研究。魏小东、崔述强、隋振江、靳伟参加调研。

31日 国家重点研发计划“社区风险监测与防范关键技术研究”项目示范社区授牌仪式在八角街道建钢南里社区举办。

## 8月

5日 区政府分别与北京市首都公路发展集团有限公司、北京市建筑设计研究院有限公司签署《战略合作框架协议书》。

6日 常卫与中国邮储银行副行长、北京分行党委书记、行长杜春野座谈。

10日至11日 李新率石景山区代表团赴内蒙古自治区赤峰市宁城县对接东西部对口帮扶工作。

11日 常卫与国家体育总局冬季运动管理中心主任、党委书记倪会忠座谈。

同日 北京阳光消费金融股份有限公司正式成立，成为全国第25家、北京市第3家消费金融公司。

13日至14日 常卫率石景山区代表团赴内蒙古自治区呼伦贝尔市莫力达瓦达斡尔族自治旗对接东西部对口帮扶工作。

15日 区文化中心正式对外限流预约开放，是北京市第一家恢复开放的区级文化中心(文化馆)。

同日 北京国际电竞创新发展大会在首钢园三高炉开幕。石景山宣传部与人民体育(北京)有限公司、北京畅游时代数码技术公司分别签定《战略合作协议》《石景山区网络精品游戏研发基地合作框架协议》。

17日 常卫与中国广电党委书记、董事长宋起柱座谈。

18日至19日 李新率石景山区代表团赴青海省玉树州称多县对接携手奔小康结对帮扶工作。

26日 石景山区“景贤计划”全球发布会首场活动暨人才云聘启动仪式在首钢园三高炉举行。

27日 石景山区劳动鉴定中心首钢唐山地区工作站设立。

28日 中关村数智人工智能产业联盟成立大会在石景山区召开。

31日 北京市首个覆盖全行业的小微企业代偿补偿资金在石景山区落地。“代偿补偿资金”总计1000万元，可以撬动小微企业新增授信约3亿元。

## 9月

6日 中国国际服务贸易交易会“冬奥机遇点燃复兴之火”石景山专场

论坛在国家会议中心举行。

7日　以"赋能工业互联网,新基建锻造新生态"为主题的中关村工业互联网产业生态建设发展论坛举办。旨在推动工业互联网创新资源在石景山区集聚等。

8日　北京市扫黑除恶第二督导组进驻石景山区督导动员暨工作汇报会召开。

15日　常卫与市保障房建设投资中心党委书记、总经理金焱座谈。

16日　国家医保局会同财政部印发《关于扩大长期护理保险制度试点的指导意见》,石景山区新增为长期护理保险制度试点城市。

17日　第二届中国仿真技术应用大会(CCSAT 2020)暨创新设计北京峰会在银保建国酒店召开。周西松就石景山区产业发展环境和优势进行发言。

18日　常卫与北京建工集团党委书记、董事长樊军座谈。

25日　外资银行机构"北京行"活动到石景山区调研现代金融产业发展情况。

同日　市委常委、统战部部长齐静,到区法院立案大厅、诉讼服务大厅、民营企业产权保护调解室等场所,就民营企业产权保护工作进行调研。

28日至29日　以"开源 开发 开放"为主题的第三届"AIIA 2020人工智能开发者大会"在新首钢园区举行。李新参加开幕式。。

30日　石景山区举行烈士纪念日公祭活动。

同日　全区领导干部大会召开。

## 10月

1日　国家体育总局冬运中心在首钢园短道速滑训练馆冰场举办冰雪项目国家队训练基地公益开放活动。

同日　蔡奇到老山公交场站、石景山游乐园检查节日期间疫情防控、服务管理、安全生产等工作,陈吉宁一同检查。

同日　第九届"动漫北京"开幕式在石景山游乐园举行。

13日　市扫黑除恶专项斗争特派督导工作反馈会召开。

22日　李新参加2020金融街论坛"首都金融专场"活动。

23日　蔡奇、陈吉宁就推进新首钢地区建设发展进行调研。并在首钢陈列楼召开座谈会,崔述强、隋振江、韩子荣等参加调研。

27日　区四套班子领导集体到中国人民革命军事博物馆参观"铭记伟大胜利 捍卫和平正义——纪念中国人民志愿军抗美援朝出国作战70周年主题展览"。

29日　百城千校"画冬奥、滑冰雪、话健康"活动在北京市京源学校小学部启动。石景山区10所学校获"画冬奥、滑冰雪、话健康"首批"实验学校"牌匾。

## 11月

6日　常卫与中铁建发展集团总经理、党委副书记贾洪座谈。

11日　常卫与中国工程院院士干勇和路明集团董事长肖志国座谈。

15日　2020北京工业App和信息消费创新大赛颁奖仪式在石景山区举办。

20日　石景山区"以案为鉴、以案促改"警示教育大会召开。

23日　"在京境外商协会及意向企业石景山行"活动在石景山区举办。

同日　蔡奇围绕"学习贯彻党的十九届五中全会精神,谋划'十四五'高质量发展"主题,到石景山区调研。杜飞进、崔述强、殷勇、张家明参加调研。

25日　石景山区与国网北京市电力公司签署战略合作协议。

## 12月

3日　石景山区党政代表团赴东城区、西城区学习交流文保区改造工作。

6日　由中国虚拟现实技术与产业创新平台、石景山区政府联合主办,以"虚拟现实助力新经济"为主题的第六届中国虚拟现实产学研大会在富力万达嘉华酒店举办。

10日　石景山区与门头沟区召开协同发展工作座谈会。

11日　区委围绕"做好今年工作收官,研究制订明年工作计划"召开工作务虚会。

13日　区政府与国家体育总局冬季运动管理中心签署战略合作框架协议,建立可持续发展的战略合作伙伴关系,缔结冬季体育运动事业共同体。

16日　常卫带队赴北京广播电视台座谈。

22日　石景山区与体育总局冬运中心召开"带动三亿人参与冰雪运动"示范区创建工作协调会。

同日　集文化、体育、旅游、商业、休闲、娱乐为一体的首届"冰雪嘉年华"暨第七届快乐冰雪季在石景山体育场启动。活动为期三个月。

24日　中国金融科技创新国际论坛在北京·银行保险产业园举办。石景山区分别与中央财经大学、中国金融电子化公司签署战略合作协议。

# 中共石景山区委员会

## 综　　述

【概况】 中共北京市石景山区委员会(简称区委)是中国共产党在石景山区的领导机关。本届(第十二届)区委是在2016年12月8日召开的中共北京市石景山区第十二次代表大会产生的。区委设纪律检查委员会、办公室、组织部、宣传部、统战部、政法委员会、研究室、网络安全和信息化委员会办公室、机构编制委员会办公室、区直属机关工作委员会、巡察工作领导小组办公室、老干部局12个工作机关。2020年是全面建成小康社会和"十三五"规划收官之年,是极不平凡的一年。在市委坚强领导下,区委常委会坚持以习近平新时代中国特色社会主义思想为指导,深入贯彻党的十九大和十九届二中、三中、四中、五中全会精神,深入贯彻习近平总书记对北京重要讲话精神,认真落实市委决策部署,切实履行把方向、谋大事、抓党建、保平安职责,坚决打赢新冠肺炎疫情防控的人民战争、总体战、阻击战,全面做好"十三五"规划收官工作,精心研究编制"十四五"和中长期发展规划,全力服务保障冬奥会筹办,加快建设新时代首都城市复兴新地标,千方百计稳增长促发展,着力推进西山永定河文化带建设,扎实做好城市规划建设管理,持续提升基层治理水平,切实保障和改善民生,不断深化平安石景山建设,顺利完成全年任务。在全区各级党组织共同努力下,牢固树立抓好党建是最大政绩的理念,抓牢抓实党的政治建设,充分发挥党建引领作用,层层压实管党治党责任,不断强化各级党组织的政治功能和组织力,用党建工作新成效推动全区经济社会各项事业取得新进展、新成效。

(苏劲松)

【市委领导到区调研】 1月27日,市委常委、宣传部部长杜飞进到区检查新冠肺炎疫情防控工作,看望慰问工作人员。先后实地查看石景山医院、金顶街社区卫生服务中心等处疫情防控工作。在石景山医院,了解石景山区整体疫情防控工作,特别关注该院发热门诊每天的就医人数和筛查工作,强调要让医务人员工作时在状态,合理安排工作和休息,让具有专业素养的一线医务人员成为百姓的主心骨。在金顶街社区卫生服务中心,接受体温检测,查看服务中心口罩储备,要求属地管理部门严格落实防控责任,坚定信心,坚守岗位,坚决打赢疫情防控阻击战。9月25日,市委常委、统战部部长齐静就民营企业产权保护工作到石景山区调研,参观区法院立案大厅、诉讼服务大厅、民营企业产权保护调解室等场所,详细了解法院多元调解、诉调对接、诉讼服务设施和调解员队伍建设等情况,对石景山区率先在全市建立区级民营企业产权保护社会化服务体系给予高度评价,她强调要加强调解的执行力和约束力,有效化解涉企矛盾纠纷,扎实推进体系建设,切实维护民营企业合法权益,更好推动民营经济健康发展。

(苏劲松)

【市委书记到区调研】 年内,市委书记蔡奇6次到石景山区调研工作。4月11日,蔡奇"四不两直"到八角街道公园北社区检查新冠肺炎疫情防控工作,向坚守防疫一线的社区工作者、基层民警、下沉干部和志愿者表示感谢和慰问,魏小东参加。7月8日,蔡奇到首钢鲁家山循环经济基地和石景山区调研检查生活垃圾分类工作。以"四不两直"方式到八宝山街道四季园社区察看垃圾分类点、垃圾楼等,强调要抓紧组建业委会、物管会,把居民广泛发动起来,自己的事自己管,推动习惯养成。随后,出席座谈会并讲话。陈吉宁一同调研检查,魏小东、崔述强、张家明、靳伟参加。同月25日,蔡奇到六合园南社区察看楼体改造等进展,详细了解环境提升、电梯加装等情况,陈吉宁一同调研。蔡奇指出,老旧小区改造要注重惠民实效,坚持以居民需求为导向,突出健康安全;注重多元共担,控制成本算好账,形成多方参与、可持续发展的良性机制;注重统筹协调,形成合力,共同解决难题;注重长效治理,充分调动居民积极性,培育老旧小区自我治理的内生动力。魏小东、崔述强、隋振江、靳伟参加调研。10月1日,蔡奇到老山公交场站、石景山游乐园检查节日期间疫情防控、服务管理、安全生产等工作,向各行各业坚守在一线岗位的干部职工致以节日问候。陈吉宁一同检查。同月23日,蔡奇、陈吉宁就推进新首钢地区建设发展进行调研。在首钢陶楼座谈时蔡奇强调,要以钉钉子精神抓好规划实施。新首钢地区北区要以冬奥筹办为牵引,全力做好服务保障,汇聚全球优质资源。协同推进空间建设与产业发展,做热一片开发一片。东南区要以居住为主,加强周边交通组织和公共配套。南区要注重战略留白。推进三年行动计划和攻坚工程,把城市框架立起来。深化整体城市设计,加强建筑外形、色彩和景观视廊等管控,用好城市功能织补。强调要紧抓冬奥机遇,高水平推进软硬件建设,精心打理园区环境,培育发展"体育+"和"科技+"产业生态活化利用工业遗存,加强生态环境建设。崔述强、隋振江、韩子荣等参加调研。11月23日,蔡奇围绕"学习贯彻党的十九届五中全会精神,谋划'十四五'高质量发展"主题,到石景山区调研。察看冬季奥林匹克公园规划建设、永定河生态补水和沿线环境治理,了解苹果园综合交通枢纽、模式口大街建设情况,参观东土科技股份有限公司,并到中关村工业互联网产业园先导区,察看新技术新产品展示,还到广宁街道高井路冬奥社区,检查健身步道现状,了解电厂路小学冰雪运动开展情况,最后,出席座谈会并讲话。杜飞进、崔述强、殷勇、张家明参加调研。

(苏劲松)

## 区委重要会议

【概况】 区委重要会议包括党的代表大会及由此选举产生的区委全体委员会,以及全会选举产生的常务委员会所召开的会议。还包括区纪委全会、党建工作会、领导干部会议、月度工作点评会、新冠肺炎疫情防控工作领导小组会议等。这些会议作出的安排部署,为贯彻落实中央决策部署和市委工作要求、统筹推动全区各项工作、高水平建设好首都城市西大门提供坚强保证。

（苏劲松）

**【"不忘初心、牢记使命"主题教育总结大会】** 1月10日召开。常卫主持。会议深入学习贯彻习近平总书记在中央主题教育总结大会上的重要讲话精神，落实蔡奇在市委主题教育总结大会上的讲话要求，总结主题教育工作，巩固和拓展主题教育成果。区委书记、区委"不忘初心、牢记使命"主题教育领导小组组长常卫主持会议并讲话，市委"不忘初心、牢记使命"主题教育第四巡回指导组组长王红专讲话，市委第四巡回指导组副组长田强和全体指导组成员、全体区领导出席会议。会议以视频会议形式召开，一贯到底直接开到基层党组织。全区各单位党政正职领导、区委主题教育领导小组办公室和巡回指导组负责人以及部分机关党组织书记在主会场参会，各街道、各单位设分会场，领导班子成员和基层党组织书记在分会场参会。

（苏劲松）

**【工委书记抓基层党建述职评议会】** 2月23日召开。会议传达全市区委书记、系统党（工）委书记抓基层党建述职评议会精神，听取并点评部分工委（党委、党组）书记现场述职。常卫主持会议并讲话，市委组织部部务委员肖丹到会指导点评，区委常委、区委党建工作领导小组成员、相关工委（党委、党组）书记以及部分"两代表一委员"、基层党组织书记代表参加会议。

（苏劲松）

**【区纪委全会】** 2月26日召开。会议以习近平新时代中国特色社会主义思想为指导，全面贯彻落实党的十九大和十九届二中、三中、四中全会精神，认真学习十九届中央纪委四次全会精神，贯彻落实市纪委十二届五次全会和区委十二届十次全会工作部署。常卫通报2019年全面从严治党（党建）工作检查考核情况，明确2020年工作方向。郭鹏代表区纪委常委会向大会作工作报告，总结2019年纪检监察工作，部署2020年工作任务。

（苏劲松）

**【街道部门党（工）委、党组书记月度工作点评会】** 全年召开9次。2月29日，鲁谷街道、八角街道、住建委、商务局、园区管委会党工委、党组书记发言，常卫作集中点评。会议重点通报和点评相关单位落实新冠肺炎疫情防控和复工复产工作情况。4月1日，老山街道、金顶街街道、社会工委、财政局、城管执法局党工委、党组书记发言，常卫作集中点评。会议重点点评和部署疫情防控和经济社会发展工作。4月30日，苹果园街道、广宁街道、应急局、经信局、城管监督指挥中心党工委、党组书记发言，常卫作集中点评。会议传达蔡奇在区委书记月度工作点评会上对石景山区工作的点评精神，并围绕统筹推进疫情防控和经济社会发展工作进行点评和部署。6月1日，八宝山街道、古城街道、科委、体育局和政务服务局党工委、党组书记发言，常卫作集中点评。会议学习贯彻习近平总书记在全国"两会"期间的重要讲话精神，认真贯彻全市领导干部会议和区委书记月度工作点评会精神，对统筹推进疫情防控和经济社会发展各项重点工作进行点评和部署。7月31日，鲁谷街道、五里坨街道、退役军人局、审计局、医保局党工委、党组书记发言，常卫作集中点评。会议以统筹推进疫情防控和经济社会发展为重点内容，结合区委书记月度工作点评会进行点评。8月31日，八角街道、金顶街街道、统计局、信访办、司法局党工委、党组书记发言，常卫作集中点评。会议重点围绕疫情防控、复工达产、创建全国文明城区、全面从严治党等中心工作进行点评。10月9日，老山街道、广宁街道、西建办、人防办、外办党工委、党组书记发言，常卫作集中点评。会议重点点评疫情防控、经济社会发展、全面从严治党等工作和两个条例实施情况，通报市民热线办理情况。11月2日，八宝山街道、苹果园街道、城管委、规自分局、西山永定河文化带建设管委会党工委、党组书记发言，常卫作集中点评。会议通报上次会议点评问题整改落实情况、市民热线办理情况，点评"两条例一行动"实施情况。12月1日，古城街道、五里坨街道、住建委、集体资产监管办、生态环境局党工委、党组书记发言，常卫作集中点评。会议传达11月区委书记月度工作点评会精神，通报市民热线办理情况，点评"两条例一行动"实施情况，并就下一步工作提出要求。

（苏劲松）

**【党建工作会议】** 3月3日召开。会议部署石景山区2020年落实全面从严治党主体责任，以及宣传思想文化、调研和改革、政法、统战、组织和社会建设及群团工作，动员全区各级党组织和广大党员干部压实责任、明确任务、狠抓落实，全面加强和改进党的建设，推动全区经济社会高质量发展。常卫主持会议并讲话。李新、李文起、吴克瑞、田利群等参加会议。5月12日，石景山区召开全面从严治党（党建）工作考核反馈意见整改推进会，通报《关于石景山区落实2019年北京市全面从严治党（党建）工作考核反馈意见的整改方案》（以下简称《方案》），对检查考核和政治生态研判中指出的问题，要求各单位对照问题、强化整改、举一反三，进一步压紧压实主体责任，以久久为功的韧劲营造风清气正的政治生态，推动全面从严治党向纵深发展。区委严格按照市委整改工作要求，坚持严字当头，紧盯突出问题，先后召开区委书记专题会、区委常委会等，制定《方案》，明确"正视问题、对号入座，全面整改、举一反三"的整改思路，建立整改问题台账和任务清单，切实推动各项整改任务落实到位。为进一步提升各单位整改落实的政治自觉，石景山区坚持问题导向，紧紧咬住"责任"二字，在《方案》中逐一列明4个方面7项整改任务，明确41条整改措施，并列出责任单位、整改时限，以更大的决心和力度、更扎实的举措，推动条条有整改、件件有着落。《方案》要求，相关部门和单位要对照任务清单和整改措施，认真专题研究整改工作，聚焦突出问题，按照"逐条梳理、逐个分析、逐项落实"的原则，细化整改工作措施，逐项逐条整改销号。强化跟踪问效，反馈意见指出的具体问题要在1个月内完成整改,对“举一反三”、长期坚持的整改措施要抓紧抓细抓落实。强化对整改工作的日常监督检查,将整改落实情况纳入2020年全区全面从严治党(党建)工作考核和区委巡察重要内容,对整改不及时、搞形式、不彻底、不到位,造成不良影响的,依规依纪依法严肃追究责任。

(苏劲松)

【区委第五次政协工作会议】 3月25日召开。常卫参加会议并讲话,李新主持会议,吴克瑞就《中共北京市石景山区委关于新时代加强和改进政协工作的实施意见》主要内容及区政协贯彻落实举措作说明,李文起、田利跃参加会议。会议强调:要深入学习贯彻习近平总书记关于加强和改进人民政协工作的重要思想,落实好蔡奇书记在市委第五次政协工作会议上讲话要求,奋力开创石景山区政协事业发展新局面。会议充分肯定近年全区政协工作取得的显著成效。强调区政协要锚定使命任务,全面履行职责,更好地为石景山区的发展聚人心、添助力、增合力。会议要求:区委要把政协工作纳入重要议事日程。发挥好政协党组的领导作用,以党的政治建设为统领推进政协党的各项建设。推动人民政协制度深入人心,多角度、多形式地宣传政协工作,讲好政协故事,形成全社会支持政协工作的良好氛围。区领导柯永果、姚茂文、刘海涛、陈婷婷、唐行安、亢军、周西松、孙学伟、刘建国、岳林华、宋世媛,区“两院”领导,部分民主党派区工委主委、工商联参加会议。区有关部门、各街道主要负责人在分会场参加会议。

(苏劲松)

【常委(扩大)会议】 全年召开6次。5月18日,传达贯彻落实市委十二届十三次全会精神。7月6日,传达市委常委(扩大)会议精神。10月10日,传达中央第十一巡视组巡视北京市工作动员会议精神。同月26日,传达蔡奇、陈吉宁到新首钢地区“双调研”有关指示精神。11月24日,传达市领导围绕深入学习贯彻党的十九届五中全会精神、谋划“十四五”高质量发展主题到石景山调研有关精神。同月30日,传达北京市委十二届十五次全会精神。

(苏劲松)

【区委区政府半年工作研讨会】 7月18日召开。会议紧扣中央市委决策部署,客观总结上半年工作成绩,分析研判当前发展形势,科学谋划下半年全区发展的新思路、新举措。常卫、李新、李文起、吴克瑞参加会议,田利跃、郭鹏、姚茂文、刘海涛、邓晓兵、陈婷婷、唐行安、齐春利、亢军、左小兵、周西松、孙学伟、姜玉英作交流发言。

(苏劲松)

【十二届十一次全体会议】 7月28日召开,区委常委会主持会议。全会深入贯彻党的十九大和十九届二中、三中、四中全会精神,深入贯彻习近平总书记对北京重要讲话精神,认真落实市委十二届十四次全会精神,总结2020年上半年工作,部署下半年任务,听取并审议区委常委会工作报告。区四套班子领导,区委委员、候补委员,区纪委委员,各民主党派主委、工商联主席,各单位党政正职领导,部分市、区党代会代表参加会议。

(苏劲松)

【领导干部大会】 9月30日召开,常卫主持会议。大会部署国庆节假期新冠肺炎疫情防控、安全稳定、城市运行、市场供应、党风廉政等工作。面对国内疫情形势稳定后第一个长假,恰逢国庆中秋两节重合,会议要求认真贯彻落实蔡奇在区委书记月度点评会上对做好服务保障“两节”工作的部署要求,挖掘消费潜力确保消费供给、满足群众美好生活的期待、促进经济社会发展,从严从实从细落实秋冬季疫情防控各项举措,确保市民安全出行、市场有序回暖、城市运行平稳、社会喜庆祥和。区四套班子领导、各单位主要领导等参加会议。

(苏劲松)

【“以案为鉴、以案促改”警示教育大会】 11月20日召开。会议组织观看警示教育片,梳理分析全区主要问题,通报2019年警示教育大会以来受处分的处级干部名单。市委第一巡视组副组长张键,市纪委市监委第五监督检查室相关人员,区四套班子领导、各单位主要领导、各区管企业主要负责人在主会场出席会议。全区各单位、各街道正科职及以上干部,各区管企业领导班子成员,各街道社区书记、主任在各视频分会场参加会议。

(苏劲松)

【区委工作务虚会】 12月11日召开,常卫主持会议。会议围绕“做好今年工作收官,研究制定明年工作计划”深入研讨交流,进一步开阔思路、集思广益、统一思想、凝聚共识,为实现“十四五”规划开好局、起好步,奠定基础。会上,区领导联系各自分管领域进行系统地梳理和思考,虚实结合,既交流体会,又相互启发,特别是在一些重大问题上理清思路,形成共识。

(苏劲松)

【十二届十二次全体会议】 12月30日召开。区委常委会主持会议。全会认真贯彻党的十九届五中全会和中央经济工作会议精神,全面落实市委十二届十五次、十六次全会部署,审议并通过《中共北京市石景山区委关于制定石景山区“十四五”时期国民经济和社会发展规划和二〇三五年远景目标的建议》,总结2020年工作,研究部署2021年任务。常卫就建议(审议稿)向全会作说明,代表区委常委会作工作报告并讲话。全会听取并审议区委常委会工作报告,审议区委常委会抓党建工作情况报告,审议通过《中共北京市石景山区委第十二届委员会第十二次全体会议决议》。李新、李文起、吴克瑞、田利跃等区四套班子领导,区委委员、候补委员,区纪委委员、区监委委员,各单位党政正职领导参加会议。

(苏劲松)

【常委会会议】 年内,区委常委会着眼于抓大事、议大事、定大事,坚持科学决策、民主决策,统筹协调兼顾、合理组织安排,全年筹备召开区委常委会41次,安排常规议题185个、传达学习类议题40个。

(刘　彦　刘凯杰　熊倚熙)

表 4 区委常委会会议一览表

| 上会日期 | 单　位 | 议　题　题　目 |
|---|---|---|
| 1 月 10 日<br>2020 年第 1 次<br>(十二届 137 次) | | 传达学习习近平总书记在“不忘初心、牢记使命”主题教育总结大会上的重要讲话精神 |
| | | 传达学习习近平总书记在中央政治局“不忘初心、牢记使命”专题民主生活会上的重要讲话精神 |
| | | 传达学习习近平总书记 2020 年新年贺词 |
| | 纪　委 | 关于石景山区纪委区监委 2019 年工作总结及 2020 年工作安排的汇报 |
| | 组织部 | 关于开展 2019 年度党委(工委、党组)书记抓党建述职评议考核工作相关安排的汇报 |
| | 妇　联 | 关于开展北京市三八红旗奖章(集体)评选表彰工作情况的汇报 |
| | 发改委 | 关于 2019 年固定资产投资完成情况和 2020 年计划安排的汇报 |
| | 园林绿化局 | 关于推荐评选 2019 年度首都绿化美化先进集体(个人)的情况汇报 |
| | 规自分局 | 关于支付北京兴盛恒泰投资管理公司物业返还周转费的汇报 |
| | 组织部 | 干部任免 |
| 2 月 15 日<br>2020 年第 2 次<br>(十二届 138 次) | | 传达学习习近平总书记在中央全面深化改革委员会第十二次会议上的重要讲话精神 |
| | 区委办 | 关于区委常委会 2020 年工作要点的汇报 |
| | 区委办 | 关于区委常委会 2020 年议题计划的汇报 |
| | 宣传部 | 关于《2020 年首都意识形态领域需要关注的重点问题情况通报》和《石景山区 2019 年意识形态工作情况报告》的汇报 |
| | 应急局 | 关于北京市安全生产先进单位和先进个人评选推荐工作情况的汇报 |
| | 财政局 | 关于追加 2019 年预算有关情况的汇报 |
| | 财政局 | 关于为北京保险产业园公司申请发行 2020 年政府专项债券的汇报 |
| 2 月 19 日<br>2020 年第 3 次<br>(十二届 139 次) | 纪　委 | 关于石景山区 2019 年全面从严治党(党建)工作考核情况的汇报 |
| | 发改委 | 关于《石景山区 2020 年“疏解整治促提升”专项行动工作方案》的汇报 |
| | 财政局 | 关于 2020 年“疏解整治促提升”资金安排情况的汇报 |
| 2 月 24 日<br>2020 年第 4 次<br>(十二届 140 次) | | 传达学习中央统一战线工作领导小组有关文件精神、全国统战部长会议精神和市委统战工作领导小组全体(扩大)会议精神 |
| | | 传达市委平安北京建设领导小组 2020 年第一次全体(扩大)会议、2020 年市委政法工作会议精神 |
| | 区委办 | 关于中共北京市石景山区委 2020 年党建工作会安排意见的请示 |
| | 组织部 | 关于石景山区 2020 年组织工作要点的汇报 |
| | 宣传部 | 关于石景山区 2020 年宣传思想文化工作要点的汇报 |
| | 研究室 | 关于 2020 年调研工作要点和课题计划的汇报 |
| | 纪　委 | 关于中共北京市石景山区第十二届纪律检查委员会第八次全体会议筹备工作的汇报 |
| | 人大办 | 关于召开石景山区第十六届人大常委会第二十六次会议的汇报 |
| | 人大办 | 关于石景山区第十六届人大常委会 2020 年工作要点的汇报 |
| | 政协办 | 关于《政协石景山区第十届委员会常务委员会 2020 年工作要点》的汇报 |
| 3 月 6 日<br>2020 年第 5 次<br>(十二届 141 次) | 区委办 | 关于调整区委常委分工情况的汇报 |
| | 财政局 | 关于 2020 年区政府专项债券发行和到期债券归还情况的汇报 |
| | 生态环境局 | 关于 2020 年度大气污染防治专项资金安排有关工作的汇报 |
| | 园林绿化局 | 关于 2020 年造林绿化工作资金安排的汇报 |
| | 投促中心 | 关于落实石“惠”十五条，加快兑现企业政策支持资金的汇报 |

续表

| 上会日期 | 单　位 | 议　题　题　目 |
|---|---|---|
| 3月19日<br>2020年第6次<br>（十二届142次） | | 传达学习《党委（党组）落实全面从严治党主体责任规定》 |
| | 区委办 | 关于中共北京市石景山区委员会向市委请示报告重大事项清单的汇报 |
| | 政协办 | 关于《中共石景山区委关于新时代加强和改进政协工作的实施意见》和区委第五次政协工作会议筹备情况的汇报 |
| | 财政局 | 关于财政支持深化民营和小微企业金融服务综合改革试点城市奖励资金及配套资金分配有关工作的汇报 |
| | 信访办 | 关于2019年信访工作完成情况及2020年工作安排的汇报 |
| 4月1日<br>2020年第7次<br>（十二届143次） | | 传达学习《中共北京市纪委北京市监委关于推动监督向基层延伸的意见》 |
| | 组织部 | 关于申请“景贤计划”人才发展专项资金的汇报 |
| | 人力社保局 | 关于石景山区纳入规范管理事业单位改革过渡有关工作的汇报 |
| | 发改委 | 关于推荐石景山区参评2019年度北京市扶贫协作奖人选的汇报 |
| | 纪　委 | 关于违规代缴医保问题专项监督检查工作情况的报告 |
| 4月8日<br>2020年第8次<br>（十二届144次） | 国资委 | 关于北京保险产业园公司收购中发展集团所持京石发展公司股权的汇报 |
| | 工　会 | 关于推荐评选2020年全国和北京市劳动模范先进工作者和北京市模范集体工作情况的汇报 |
| | 组织部 | 关于开展2019年度区、处级领导班子和领导干部年度考核工作的汇报 |
| | 宣传部 | 关于《2020年区处两级理论学习中心组学习计划》的汇报 |
| | 巡察办 | 关于十二届区委第八轮巡察工作情况的汇报 |
| 4月15日<br>2020年第9次<br>（十二届145次） | | 传达《疫情防控期间首都意识形态领域需要关注的重点问题情况通报》 |
| | | 传达《关于姜国文严重违纪违法问题及其教训警示的通报》 |
| | 区委办 | 关于《区委2020年主要工作任务分解》的汇报 |
| | 人大办 | 关于区人大常委会党组2020年党建工作要点的汇报 |
| | 政协办 | 关于区政协党组2020年党建工作要点的汇报 |
| 4月22日<br>2020年第10次<br>（十二届146次） | 纪　委 | 关于石景山区2019年全面从严治党（党建）工作考核结果暨政治生态分析研判问题清单的反馈意见的通报及石景山区整改方案的汇报 |
| | 组织部 | 关于基层党建工作综合评价意见和点评问题的通报及石景山区整改措施的汇报 |
| | 宣传部 | 关于石景山区2020年未成年人思想道德建设工作要点的汇报 |
| | 政府办 | 关于石景山区政府党组2020年党建工作要点的汇报 |
| | 发改委 | 关于2020年一季度石景山区经济社会发展形势分析的汇报 |
| | 组织部 | 关于石景山区2019年度考核结果评价运用工作的汇报 |
| | 纪　委 | 关于给予傅某处分的请示 |
| 4月30日<br>2020年第11次<br>（十二届147次） | | 传达《中共北京市纪委办公厅关于2019年全市查处违反中央八项规定精神问题情况的通报》 |
| | 金融办 | 关于申请兑现2019年度现代金融产业政策支持资金的请示 |
| | 城管委 | 关于石景山区2020年河长制有关工作情况的汇报 |
| | 组织部 | 关于干部任免和相关同志任职信访核查情况的汇报 |
| 5月13日<br>2020年第12次<br>（十二届148次） | | 关于深化落实全面从严治党主体责任实施意见的汇报 |
| | 人大办 | 关于召开石景山区第十六届人大常委会第二十七次会议的汇报 |
| | 规自分局 | 关于申请2020年土地储备项目资金的汇报 |

续表

| 上会日期 | 单　位 | 议　题　题　目 |
|---|---|---|
| 5月27日<br>2020年第13次<br>（十二届149次） | | 传达学习中央、市委有关领导关于巡视巡察工作讲话精神 |
| | 纪　委 | 关于《关于推动监督向基层延伸的实施意见》的汇报 |
| | 宣传部 | 关于石景山区开展2018—2020年度首都文明单位、首都文明家庭、首都文明校园评选推荐工作的汇报 |
| | 组织部 | 干部任免 |
| 6月3日<br>2020年第14次<br>（十二届150次） | 组织部 | 通报2019年度区领导班子和领导干部考核情况 |
| | 组织部 | 关于区级干部2019年度考核等次及奖励建议情况的汇报 |
| 6月10日<br>2020年第15次<br>（十二届151次） | | 传达中央文件精神 |
| | 研究室 | 关于《2020年度石景山区委班子工作目标任务以及改进提升措施》的汇报 |
| | 区委办 | 关于持续解决困扰基层的形式主义问题为决胜全面建成小康社会提供坚强作风保证具体措施的汇报 |
| | 组织部 | 干部任免 |
| 6月24日<br>2020年第16次<br>（十二届152次） | | 传达中共中央办公厅《关于当前意识形态领域情况的通报》 |
| | 创城办 | 关于2019年创城年度测评结果分析及下一步工作安排的汇报 |
| | 统战部 | 关于《石景山区2020年政党协商计划》的汇报 |
| | 财政局 | 关于偿还到期政府一般债券的汇报 |
| 7月6日<br>2020年第17次<br>（十二届153次） | | 传达十二届市委常委会第223次会议（扩大）精神 |
| | 发改委 | 关于2020年上半年石景山区国民经济和社会发展计划执行情况的汇报 |
| | 财政局 | 关于抗疫特别国债和特殊转移支付有关情况的汇报 |
| | 禁毒办 | 关于2020年上半年石景山区禁毒工作情况的汇报 |
| 7月15日<br>2020年第18次<br>（十二届154次） | | 传达学习《中华人民共和国公职人员政务处分法》 |
| | | 传达学习《关于激励干部担当作为实施容错纠错工作办法（试行）》 |
| | | 传达学习《关于当前首都意识形态领域形势的通报》 |
| | 人大办 | 关于召开石景山区第十六届人大常委会第二十八次会议的汇报 |
| | 公安分局 | 关于申请石景山区智慧平安小区及社区防控技防设施建设经费的请示 |
| | 反恐办 | 关于2020年上半年反恐怖工作总结及下半年重点工作任务的汇报 |
| | 消防支队 | 关于2020年上半年消防安全形势分析的汇报 |
| | 投促中心 | 关于落实石"惠"十六条 兑现企业2019年度政策支持资金的请示 |
| 7月22日<br>2020年第19次<br>（十二届155次） | 区委办 | 关于区委十二届十一次全会安排意见的请示 |
| | 纪　委 | 关于《石景山区纪委区监委2020年上半年履行监督责任报告》的汇报 |
| | 文旅局 | 关于石景山区创建国家公共文化服务体系示范区有关工作的汇报 |
| | 人大办 | 关于区人大常委会党组2020年上半年工作进展情况和下半年主要工作安排的汇报 |
| | 政府办 | 关于区政府党组2020年上半年工作进展情况和下半年主要工作安排的汇报 |
| | 政协办 | 关于区政协党组2020年上半年主要工作完成情况和下半年工作安排的汇报 |
| | 组织部 | 关于区委直属党组织及党组设置调整建议的汇报 |
| | 组织部 | 干部任免 |
| 7月27日<br>2020年第20次<br>（十二届156次） | | 传达市领导围绕"抓好常态化疫情防控 加快推进老旧小区综合整治 切实保障和改善民生"主题到石景山区调研指示精神 |
| | 区委办 | 关于在区委十二届十一次全会上的《工作报告（讨论稿）》和《决议（草案）》的汇报 |
| | 组织部 | 干部任免 |

续表

| 上会日期 | 单　位 | 议　题　题　目 |
|---|---|---|
| 8月5日<br>2020年第21次<br>(十二届157次) | | 传达学习郭声琨同志在第五次新时代政法工作创新交流会上的讲话精神 |
| | 应急局 | 关于2020年上半年安全生产工作情况及下半年重点工作安排的汇报 |
| | 信访办 | 关于2020年上半年信访工作情况及下半年重点工作安排的汇报 |
| | 组织部 | 关于石景山区2019年度党(工)委书记抓党建述职评议考核工作情况的汇报 |
| | 组织部 | 关于2019年度处级干部考核等次和奖励情况的汇报 |
| | 组织部 | 干部任免 |
| 8月6日<br>2020年第22次<br>(十二届158次) | 宣传部 | 关于2020年上半年全区意识形态工作情况的汇报 |
| | 宣传部 | 关于第十五届北京市思想政治工作优秀单位、优秀思想政治工作者候选对象推荐工作情况的汇报 |
| | 组织部 | 干部任免 |
| 8月7日<br>2020年第23次<br>(十二届159次) | 团区委 | 关于贯彻落实第八次全国少代会精神的汇报 |
| | 老干部局 | 关于建议调整石景山区关心下一代工作委员会有关情况的汇报 |
| | 国资委 | 关于保险园公司与远洋集团合作参与刘娘府综合改造上市项目竞买的汇报 |
| | 投促中心 | 关于2020年上半年招商引资工作情况及下半年重点工作安排的汇报 |
| | 组织部 | 干部任免 |
| 9月2日<br>2020年第24次<br>(十二届160次) | | 传达学习中共北京市委关于深入学习贯彻习近平总书记给密云水库建设者、守护者回信精神的通知 |
| | | 传达学习蔡奇书记在首都功能核心区控制性详细规划实施动员部署大会上的讲话精神 |
| | | 传达学习蔡奇书记就生活垃圾分类工作进行拉练式检查、召开现场推进会的讲话精神 |
| | 组织部 | 关于《党建引领物业管理提高“三率”工作实施方案》的汇报 |
| | 住建委 | 关于《石景山区提升物业服务水平三年实施方案(2020—2022年)》的汇报 |
| | 经信局 | 关于石景山区大数据2020年重点任务及项目资金的汇报 |
| 9月16日<br>2020年第25次<br>(十二届161次) | | 传达学习习近平总书记在全国抗击新冠肺炎疫情表彰大会上的重要讲话精神 |
| | 巡察办 | 关于传达全市巡察工作推进会议精神及十二届区委巡察工作情况的汇报 |
| | 组织部 | 关于推进《中国共产党支部工作条例(试行)》落实的实施方案的汇报 |
| | 组织部 | 关于推荐抗击新冠肺炎疫情市级评选表彰对象情况的汇报 |
| | 人大办 | 关于召开石景山区第十六届人大常委会第三十次会议的汇报 |
| | 财政局 | 关于石景山区2020年政府性基金预算调整方案的汇报 |
| | 住建委 | 关于广宁村棚改项目周转资金的汇报 |
| 9月28日<br>2020年第26次<br>(十二届162次) | | 传达学习全市组织系统深入学习贯彻习近平总书记重要讲话精神、贯彻落实新时代党的组织路线工作会议主要精神 |
| | 人大办 | 关于补选区第十六届人民代表大会代表有关工作情况的汇报 |
| | 区委办 | 关于石景山区服务保障市委巡视组巡视工作方案的汇报 |
| | 区委办 | 关于《石景山区委工作情况汇报》材料的汇报 |
| | 纪　委 | 关于《区委关于全面从严治党工作专题汇报材料》的汇报 |
| | 组织部 | 关于《中共北京市石景山区委关于选人用人工作专题汇报》起草情况的汇报 |
| | 组织部 | 干部任免 |
| 9月30日<br>2020年第27次<br>(十二届163次) | | 传达学习北京市抗击新冠肺炎疫情表彰大会精神 |

续表

| 上会日期 | 单　位 | 议　题　题　目 |
|---|---|---|
| 10月12日<br>2020年第28次<br>（十二届164次） | | 传达学习市委第一巡视组巡视石景山区工作动员会议精神 |
| 10月15日<br>2020年第29次<br>（十二届165次） | | 传达学习习近平总书记在中央党校（国家行政学院）中青年干部培训班开班式上的重要讲话精神 |
| | | 传达学习巡视指导督导"讲师团"专题培训辅导第一期精神 |
| | | 传达学习全市扫黑除恶专项斗争推进会精神 |
| | | 传达学习建设国家服务业扩大开放综合示范区和中国（北京）自由贸易试验区动员部署大会精神 |
| | 区委办 | 关于调整区委常委分工情况的汇报 |
| | 金融办 | 关于给予邮储银行信用卡中心政策支持的汇报 |
| | 政法委 | 关于《北京市扫黑除恶第二特派督导组督导石景山区工作情况反馈》的通报 |
| | 纪　委 | 关于《中共北京市纪委办公厅关于全市人防系统腐败问题的通报》的通报 |
| 10月28日<br>2020年第30次<br>（十二届166次） | | 传达市委相关通报会精神 |
| | 人大办 | 关于召开石景山区第十六届人大常委会第三十一次会议的汇报 |
| | 发改委 | 关于2020年1—3季度石景山区经济社会发展形势分析的汇报 |
| | 生态环境局 | 关于《石景山区生态环境保护工作职责分工规定》的汇报 |
| 11月2日<br>2020年第31次<br>（十二届167次） | | 传达学习中国共产党第十九届中央委员会第五次全体会议精神 |
| | | 传达关于2020年第三季度首都意识形态领域需要关注的重点问题情况通报 |
| | 城管委 | 关于冬奥赛场周边及阜石路沿线整治提升项目二期工程工作方案及资金的汇报 |
| | 住建委 | 关于广宁村棚改项目追加资金的汇报 |
| 11月11日<br>2020年第32次<br>（十二届168次） | | 传达学习习近平总书记在党的十九届五中全会上的报告和讲话精神 |
| | | 传达学习市委关于《"十四五"时期北京面临的风险挑战和应对策略研究》文件精神 |
| | 宣传部 | 关于《石景山区学习宣传党的十九届五中全会精神工作方案》的汇报 |
| | 城管监督指挥中心 | 关于石景山区"接诉即办"工作进展及下一步重点工作的汇报 |
| | 政法委 | 关于石景山区扫黑除恶特派督导问题整改情况的汇报 |
| | 国资委 | 关于保险产业园公司转让所持爱心人寿保险股份有限公司股权的汇报 |
| | 团　委 | 关于石景山区申报市级《中长期青年发展规划》实施试点工作的汇报 |
| | 组织部 | 干部任免 |
| 11月18日<br>2020年第33次<br>（十二届169次） | | 传达学习全市"以案为鉴、以案促改"警示教育大会精神 |
| | 纪　委 | 关于召开石景山区"以案为鉴、以案促改"警示教育大会相关情况的汇报 |
| | 国资委 | 关于2020年国有企业党建工作情况的汇报 |
| | 教工委 | 关于2020年中小学校和民办学校党建工作情况的汇报 |
| | 网信办 | 关于《北京市石景山区关于加快建立网络综合治理体系的工作方案》的汇报 |
| | 组织部 | 关于第七届北京市"人民满意的公务员"和"人民满意的公务员集体"推荐情况的汇报 |
| | 残　联 | 关于2020年石景山区无障碍环境建设专项行动工作情况的汇报 |
| | 市场监管局 | 关于《石景山区关于进一步开展质量提升行动的实施方案》的汇报 |
| | 财政局 | 关于划转石景山区部分国有资本充实社保基金有关工作的汇报 |
| | 组织部 | 干部任免 |

续表

| 上会日期 | 单　位 | 议　题　题　目 |
| --- | --- | --- |
| 11月25日<br>2020年第34次<br>（十二届170次） | 人大办 | 关于《区人大常委会党组2020年落实全面从严治党主体责任工作报告》的汇报 |
| | 政府办 | 关于《区政府党组2020年落实全面从严治党主体责任工作报告》的汇报 |
| | 政协办 | 关于《区政协党组2020年落实全面从严治党主体责任工作报告》的汇报 |
| | 巡察办 | 关于十二届区委第九轮巡察工作情况的汇报 |
| | 信访办 | 关于集中治理重复信访、化解信访积案专项工作情况的汇报 |
| | 发改委 | 关于2020年部分国民经济和社会发展计划指标调整建议的汇报 |
| | 发改委 | 关于2021年拟办重要民生实事安排情况的汇报 |
| 12月2日<br>2020年第35次<br>（十二届171次） | 区委办 | 关于贯彻落实蔡奇书记调研指示精神责任分工方案的汇报 |
| | 人大办 | 关于区人大常委会工作报告、召开七次人代会、召开第三十二次人大常委会有关事项的汇报 |
| | 政协办 | 关于召开区政协十届五次会议的请示和区政协十届委员会常委会工作报告的汇报 |
| | 法院 | 关于区人民法院工作报告的汇报 |
| | 检察院 | 关于区人民检察院工作报告的汇报 |
| | 统战部 | 关于石景山区2020年民族宗教侨务工作情况的汇报 |
| | 发改委 | 关于2021年固定资产投资重点建设项目计划安排有关情况的汇报 |
| | 国资委 | 关于保险产业园公司未来2—3年融资计划的汇报 |
| 12月8日<br>2020年第36次<br>（十二届172次） | 区委办 | 关于区委书记月度工作点评会指出问题整改措施的汇报 |
| | 研究室 | 关于《中共北京市石景山区委关于制定“十四五”时期石景山区国民经济和社会发展规划和二〇三五年远景目标的建议》的汇报 |
| | 机关工委 | 关于2020年机关党建工作情况的汇报 |
| | 组织部 | 关于2020年“两新”组织党建工作情况的汇报 |
| | 党　校 | 关于市委党校督查评估我校落实“两个条例”反馈情况的汇报 |
| | 总工会 | 关于区总工会2020年工作总结及2021年重点工作任务的汇报 |
| | 团区委 | 关于团区委2020年工作总结及2021年重点工作任务的汇报 |
| | 妇　联 | 关于区妇联2020年工作总结及2021年重点工作任务的汇报 |
| | 国资委 | 关于北京石景山产业发展有限公司与中关村发展集团股份有限公司合作建设中关村工业互联网产业园的汇报 |
| 12月16日<br>2020年第37次<br>（十二届173次） | | 传达学习蔡奇书记、陈吉宁市长拉练式检查“两区”建设现场推进会暨“两区”工作领导小组第一次会议精神 |
| | 研究室 | 关于《在区委十二届十二次全会上的工作报告》的汇报 |
| | 发改委 | 关于《“十四五”时期石景山区国民经济和社会发展规划和二〇三五年远景目标纲要》的汇报 |
| | 发改委 | 关于《北京市石景山区2020年国民经济和社会发展计划执行情况与2021年国民经济和社会发展计划草案报告》的汇报 |
| | 财政局 | 关于2020年预算执行情况和2021年预算草案的汇报 |
| | 宣传部 | 关于2020年“扫黄打非”工作总结及2021年重点工作任务的汇报 |
| | 民政局 | 关于《石景山区进一步规范城市协管员队伍管理的实施方案》的汇报 |
| | 退役军人局 | 关于《石景山区2020年计划分配军转干部安置方案》的汇报 |
| | 组织部 | 关于做好石景山区社区“两委”换届工作实施意见的汇报 |

续表

| 上会日期 | 单　位 | 议　题　题　目 |
| --- | --- | --- |
| 12月23日<br>2020年第38次<br>（十二届174次） |  | 传达学习中央经济工作会议和市委常委扩大会议精神 |
|  | 区委办 | 关于区委十二届十二次全会安排意见的请示 |
|  | 研究室 | 关于区委“十四五”规划《建议》征求意见和修改情况的汇报 |
|  | 组织部 | 关于《2020年区委常委会抓党建工作情况报告》的汇报 |
|  | 纪　委 | 关于《石景山区纪委区监委2020年履行监督责任报告》的汇报 |
|  | 研究室 | 关于《2021年政府工作报告》的汇报 |
|  | 商务局 | 关于《石景山区落实北京市建设国家服务业扩大开放综合示范区和自由贸易试验区实施方案》的汇报 |
|  | 重大办 | 关于2020年重大项目完成情况及2021年工作安排的汇报 |
|  | 城管委 | 关于《北京市石景山区关于2020年度河长制工作推进落实情况的报告》的汇报 |
|  | 组织部 | 干部任免 |
| 12月25日<br>2020年第39次<br>（十二届175次） | 区委办 | 关于《石景山区关于2020年贯彻落实中央八项规定精神和市委贯彻落实办法情况的报告》的汇报 |
|  | 民政局 | 关于2020年街道工作和“吹哨报到”改革情况及2021年工作安排的汇报 |
|  | 规自分局 | 关于申请土地储备项目资金的汇报 |
|  | 妇　联 | 关于推荐全国三八红旗手候选人工作情况的汇报 |
| 12月25日<br>2020年第40次<br>（十二届176次） | 组织部 | 干部相关议题 |
| 12月30日<br>2020年第41次<br>（十二届177次） | 区委办 | 听取各组讨论情况 |

（刘　彦　刘凯杰　熊倚熙）

## 主要工作和重大活动

**【概况】** 2020年，区委牢牢把握“建设国家级产业转型发展示范区、绿色低碳的首都西部综合服务区、山水文化融合的生态宜居示范区”的功能定位，紧紧抓住北京举办2022年冬奥会冬残奥会和打造新时代首都城市复兴新地标的重大历史机遇，锚定全面建成小康社会目标任务，全力做好“十三五”规划收官工作，统筹推进新冠肺炎疫情防控和经济社会发展，加强经济运行调度，扎实做好“六稳”工作、全面落实“六保”任务，实现主要经济指标企稳回升，较好完成全年任务。

（苏劲松）

**【街道吹哨、部门报到】** 1月18日，以“文明祥和过大年”为主题开展“社区吹哨我报到、文明创建我先行”第22次集中活动，围绕迎新春重点开展传统文化宣传、文明志愿服务、走访慰问帮扶等活动，全区19个单位党组织、3106名在职党员、3198名社区“老街坊”志愿者参加。2月29日，以“志愿服务暖人心”为主题开展第23次集中活动，围绕社区新冠肺炎疫情防控重点任务，聚焦学雷锋纪念日和春季爱国卫生运动，开展家园环境清洁、社区防疫消杀、文明志愿服务和帮扶困难群众等活动，全区13个报到党组织、2329名在职党员、1495名“老街坊”志愿者参加。3月28日，以“文明扬帆再启航”为主题开展第24次集中活动，围绕社区疫情防控重点任务，开展家园环境清洁、社区防疫消杀、文明志愿服务等活动，全区23个报到党组织、1943名在职党员、2038名“老街坊”志愿者参加。4月18日，以“清洁家园守健康”为主题开展第25次集中活动，各社区按照“小规模、少聚集、分时段”的原则，组织65个报到党组织、4021名在职党员及3973名“老街坊”志愿者，开展环境卫生大扫除及开展爱国卫生宣传，同时深化“社工轮休一日”行动，加强社区疫情防控。5月30日，以“垃圾分类我先行”为主题开展第26次集中活动，结合全国文明城区创建和生活垃圾管理条例推广工作，引导广大社区居民参与，全区26家报到单位党组织、3723名在职党员、3822名社区“老街坊”志愿者参加。6月27日，以“牢记使命战疫情”为主题开展第27次集中活动，按照疫情防控期间“小规模、少聚集、分时段”的原则，各社区党组织围绕纪念建党99周年、文明创城等重点任务，采取云党课、楼门座谈、走访慰问等多种方式开展主题党日、志愿服务和困难帮扶等一系列活动，全区10

个报到党组织、2331名在职党员、3392名“老街坊”志愿者参与。7月25日,以“爱卫运动我先行”为主题开展第28次集中活动,各社区党组织围绕贯彻落实“三个条例”、文明创城等重点任务,采取专家“讲”、广场“宣”、齐手“干”等多种方式,开展爱国卫生宣传、“城市环境清洁日”和“病媒防治消杀日”等一系列活动,全区8个报到党组织、3398名在职党员、4363名“老街坊”志愿者参与。8月29日,以“社区吹哨我报到,助力创城我先行”为主题开展“新时代文明实践推动日”暨基层党组织和在职党员“双报到”第29集中活动,深入进行《北京市文明行为促进条例》《首都市民卫生健康公约》《北京市生活垃圾管理条例》《北京市物业管理条例》等宣传解读,全面清理居住小区、办公楼宇、单位大院、经营场所卫生死角,因地制宜、因事制宜开展创城攻坚宣传发动、居民楼内卫生扫除、小区公共环境美化、单位大院环境提升、重点场所环境整治等专项行动,全区87个报到党组织、3685名在职党员、4524名“老街坊”志愿者参与。9月26日,以“扮靓家园迎国庆”为主题开展“新时代文明实践推动日”暨基层党组织和在职党员“双报到”第30次集中活动,各社区党组织围绕爱国卫生运动、文明创城等重点任务,以消除安全隐患、美化社区环境、营造喜庆氛围的实际行动庆祝新中国成立71周年,全区23家基层单位党组织、2570名在职党员、3553名社区“老街坊”志愿者参加。10月31日,以“引领健康新风尚”为主题开展第31次集中活动暨“新时代文明实践推动日”,围绕“清洁家园、人人参与、健康环境、人人共建”组织开展周末大扫除,助力健康石景山建设,区四套班子全体领导均以普通党员身份前往各自联系社区,与99个报到党组织、2921名在职党员、3304名“老街坊”志愿者一起,开展卫生和健康教育宣传、单位环境卫生清理及社区卫生大扫除。11月28日,以“知法守法我带头”为主题开展第32次集中活动暨“新时代文明实践推动日”主题活动,并结合开展周末大扫除,全区124个报到党组织、2717名在职党员、3289名“老街坊”志愿者参与秋冬季疫情防控宣传、生活垃圾分类社会动员、桶前值守、冬季统一灭鼠等活动,全区各社区共清理卫生死角1224处,清理垃圾38吨,发放宣传品4582份。12月26日,以“助力冬奥齐参与、疫情防控共担责”为主题开展第33次集中活动暨“新时代文明实践推动日”,围绕“清洁家园、人人参与、健康环境、人人共建”组织开展周末大扫除,111个报到党组织、2566名在职党员、2701名“老街坊”志愿者开展社区疫情防控宣传、居民楼内卫生扫除、小区公共环境美化、单位大院环境提升、重点场所环境整治等专项行动,同时,各街道社区组织辖区居民群众开展冬奥知识讲座、冬奥知识竞赛、冰雪体验活动等,营造浓厚冰雪氛围。

(苏劲松)

**【新冠肺炎疫情防控】** 1月疫情发生后,区委第一时间成立区疫情防控工作领导小组,由区委书记和区长担任组长副组长,设立1办和13个专项工作组,49家成员单位,建立每日会商、联系指导等机制。全年召开疫情防控工作领导小组会议92次,区委常委、区四套班子成员参加会议。会议及时传达学习贯彻习近平总书记关于疫情防控工作的重要指示精神和中央、市委有关工作部署,建立健全区疫情防控工作机构和机制,研究解决重点工作和突发性事件,严格落实“四方责任”,坚持“三防”“四早”“九严格”,坚持“外方输入、内防反弹”,统筹推进全区疫情防控各项工作开展,以首善标准筑牢疫情防控的安全屏障。区领导“四不两直”密集调研,强化高位统筹,全面指挥调度。全区各街道推动社区把临时党支部设在疫情防控最前沿,凝聚力量在一线,责任落实在一线,作用发挥在一线。

(苏劲松)

**【对口支援 合作交流】** 2月7日,区扶贫协作和支援合作工作领导小组召开第一次会议。会议传达中央及北京市扶贫支援工作相关会议精神及工作要求,审议通过《石景山区2020年精准扶贫、对口协作和结对帮扶工作方案》。3月10日,区助力决战决胜脱贫攻坚座谈会召开。6月9日,常卫率石景山区代表团赴河北省保定市顺平县对接对口帮扶工作,实地察看蒲上镇西南蒲村花卉大棚、万里鞋厂、高于铺镇顺安家园易地扶贫搬迁项目,走访慰问贫困户并进行座谈。保定市委常委、副市长李强,顺平县委书记单有高等参加。8月10日至11日,李新率石景山区代表团赴内蒙古自治区赤峰市宁城县对接对口帮扶工作,实地察看大明镇易地搬迁日光温室扶贫产业园、八里罕镇万头肉牛扶贫产业园项目,慰问贫困户并进行座谈。赤峰市委常委、副市长王晓东,宁城县县委书记张恒等参加。同月13日至14日,常卫率石景山区代表团赴内蒙古自治区呼伦贝尔市莫力达瓦达斡尔族自治旗对接对口帮扶工作,实地察看丰汇达项目、福润肉类加工厂、丰华村创城菌业项目,走访慰问贫困户并进行座谈。呼伦贝尔市委副书记、市长姜宏,市委常委、常务副市长及永乾,市委常委、副市长李金克,市政协副主席、莫旗委书记田晓川等参加。同月18日至19日,李新率石景山区代表团赴青海省玉树州称多县对接携手奔小康结对帮扶工作,实地察看玉树抗震救灾纪念馆、玉树州第三民族高级中学、称文镇岗茸村饲草料基地项目,走访慰问贫困户并进行座谈。北京青海玉树指挥部党委书记、指挥、玉树州委常委、副州长袁浩宗,玉树州副州长、称多县委书记尼玛才仁,北京青海玉树指挥部办公室主任李莹,称多县委副书记、县长艾尼阿更等参加。

(苏劲松)

**【平安石景山建设】** 2月25日,区委平安石景山建设领导小组召开2020年第一次全体(扩大)会议,审议《2020年平安石景山建设工作要点》《石景山2020年政法工作要点》《石景山2020年扫黑除恶专项斗争工作要点》,常卫主持会议并讲话。12月19日,召开领导小组2020年第二次全体(扩大)会议，传达学习习近平总书记关于平安中国建设重要指示精神，同时传达平安中国建设工作会议精神、市委市政府主要领导对平安北京建设批示要求、平安北京建设工作推进会议精神，审议《石景山区开展“十大工程”、推进市域社会治理现代化试点工作实施方案》。常卫主持会议并讲话，李新参加。年内，区委牢固树立安全发展理念，深入开展扫黑除恶“六清行动”，完成“雪亮工程”和91个智慧平安小区建设，群众安全感明显提升。加强矛盾纠纷和安全风险排查化解，石景山区信访机构和责任单位群众满意率排名全市第一。严格落实安全生产责任，强化食品药品、交通消防、信息网络、金融市场安全监管，实现城市安全运行、社会平稳有序。

（苏劲松）

**【扫黑除恶专项斗争】** 2月25日，《石景山2020年扫黑除恶专项斗争工作要点》经区委平安石景山建设领导小组2020年第一次全体（扩大）会议审议通过。5月9日，召开区扫黑除恶专项斗争领导小组（扩大）会议，传达全国扫黑办、市扫黑除恶专项斗争领导小组（扩大）会议有关精神，研究部署开展扫黑除恶“六清”行动和挂账督办案件工作。常卫主持会议，区领导李新、郭鹏、刘海涛、亢军参加会议。8月19日，召开扫黑除恶专项斗争领导小组扩大会议，部署石景山区重点行业领域突出问题专项整治实施方案。常卫主持会议，区领导郭鹏、刘海涛、亢军参加会议。9月8日，召开北京市扫黑除恶第二特派督导组进驻石景山区督导动员暨工作汇报会。市第二特派督导组组长吉罗洪作特派督导工作部署安排。常卫主持会议，并代表区委区政府汇报全区扫黑除恶工作开展情况。北京市第二特派督导组副组长宋国臻，区领导郭鹏、刘海涛、亢军参加会议。10月13日，召开市扫黑除恶专项斗争特派督导工作反馈会。北京市第二特派督导组组长吉罗洪反馈市扫黑除恶特派督导石景山区工作情况，充分肯定石景山区扫黑除恶工作取得的成绩，指出存在问题，提出整改意见。常卫主持会议，北京市第二特派督导组副组长宋国臻，区领导李新、郭鹏、刘海涛、唐行安、亢军参加会议。

（苏劲松）

**【军民融合发展】** 3月23日，区委军民融合发展委员会召开第二次全体会，对新冠肺炎疫情防控和军民融合发展工作进行统筹安排，部署军民融合发展重点任务。5月7日，召开区委退役军人事务工作领导小组暨石景山区双拥工作领导小组2020年第一次全体会议，传达中央、北京市退役军人事务工作和双拥工作会议及文件精神，部署2020年退役军人事务工作及双拥工作。7月15日，召开区委第三次议军会议，听取“八一”双拥月活动安排。

（苏劲松）

**【西山永定河文化带建设】** 3月26日，石景山区推进全国文化中心建设暨西山永定河文化带建设领导小组召开第二次会议，听取西山永定河文化带建设领导小组及办公室成员调整、西山永定河文化带建设2020年工作安排和重点项目任务清单的汇报。7月30日，召开领导小组第三次会议，审议领导小组办公室成员调整方案，听取模式口历史文化街区修缮改造及环境整治项目、八大处景区提升改造工作和电竞北京2020相关活动情况和电竞产业发展情况汇报。年内，认真落实西山永定河文化带保护发展规划和五年行动计划，深化完善文化带建设管理体制和运行机制，出台促进文旅融合发展实施办法。模式口历史文化街区环境整治和修缮改造取得显著进展，八大处公园提升工程加快实施。创建国家公共文化服务体系示范区完成验收，区文化中心投入使用，获评全国“书香城市”。成功举办动漫北京、清明诗会等群众文化活动近5000场，惠及群众100余万人次。

（苏劲松）

**【服务保障冬奥筹办】** 4月14日，常卫主持召开专题研究会，研究服务保障冬奥会、冬残奥会相关工作。李新、田利跃参加会议。同月26日，区服务保障2022年北京冬奥会、冬残奥会领导小组召开第一次会议，常卫讲话。会议审议领导小组成员和工作职能调整方案，部署各项重点工作。9月21日，召开领导小组第二次会议，常卫讲话。会议听取筹办2021年世锦赛和打造“带动三亿人参与冰雪运动”示范区工作进展情况。11月5日，召开领导小组第三次会议，常卫讲话。会议听取服务保障冬奥会、冬残奥会工作总体进展情况及下一步工作安排的汇报和筹办2021年世锦赛工作情况的汇报。年内，北京冬奥会筹办进入关键阶段，石景山区作为冬奥组委机关驻地和重要赛区，服务保障冬奥筹办成为全区中心工作。石景山区牢牢把握“三区定位”，紧抓“两大机遇”，以服务保障冬奥筹办为统领，以相关重点工程为年度抓手，加速厂区融合，在服务冬奥、借势冬奥、参与冬奥上下功夫，把涉及冬奥的各项任务抓细抓实抓到位，适应新冠肺炎疫情防控常态化要求，统筹抓好疫情防控和服务保障冬奥工作。梳理今明两年与冬奥相关的重点任务和折子工程，紧抓“吃住行游购娱”全要素服务保障，制定时间表、工作路线图，做好任务分解，统筹推进市政基础设施、产业导入、环境提升、民生保障等各项任务落实。发挥领导小组和各工作组的作用，加强工作推进和调度，与日常工作、年度重点工作有机融合、一体推进，形成工作合力，为冬奥赛事提供一流的硬件设施和软件服务。

（苏劲松）

**【全国文明城区创建】** 4月23日，召开区精神文明建设委员会2020年第一次会议暨背街小巷环境精细化整治提升动员部署会议，动员部署全区精神文明建设及文明城区创建工作，安排部署背街小巷环境精细化整治提升工作。5月25日，召开区2020年创城工作推进会暨“擦亮城市西大门，文明祥和迎冬奥”专项行动部署会，印发《石景山区“擦亮城市西大门，文明祥和迎冬奥”专项行动方案》及《重点任务清单》，全面启动2020年创城工作。6月28日，召开区2020年创建全国文明城区工作推进会，通报分析2019年中央文明办测评结果，部署下一阶段工作，常卫讲话。会后，召开2020年市文明城区测评服务保障工作部署会。7月24日，召开“擦亮城市西大门，文明祥和迎冬奥”专项行动推进会，传达首都文明办讲评会议精神，通报第一轮实地检查和问卷调查情况，明确下一步工作重点，各单位围绕问题整改、常态化创建措施和测评服务保障工作进行交流讨论。7月18日至8月8日，区四套班子主要领导分别围绕“门前三包”等环境开展4次创城专项督导检查。8月17日，召开区2020年创建全国文明城区工作推进会，李新主持，田利跃部署工作，常卫讲话。同月24日，中央文明办二局局长薛松岩、处长梅锋、首都文明办主任滕盛萍到老山东里北社区、苹东果蔬菜市场，随机抽查特钢社区宏鑫家园小区实地调研，并在区政府召开由怀柔、延庆、石景山参加的创建工作座谈会，梅锋作创建工作指导，薛松岩、滕盛萍提出工作要求。李新、田利跃、姚茂文陪同调研。9月5日，召开区创城工作动员部署会。常卫作动员部署，李新主持。同月9日至12日，中央测评组对石景山区文明城区创建开展年度实地测评。10月12日至13日，首都文明办对石景山区开展2020年度创建文明城区测评问卷调查，共涉及6个街道20个社区，每个社区抽取20户，完成400份问卷。至此，石景山区完成2020年首都文明创建测评全部检查任务。12月17日，常卫主持召开区委书记专题会，研究创城中央测评反馈结果整改措施及常态化工作推进情况。2020年是第六届全国文明城市（城区）评选表彰的收官之年，创城三年来，在全区上下的顽强拼搏和不懈努力下，顺利完成中央年度测评工作。

（苏劲松）

**【疏解整治促提升】** 4月23日，石景山区召开深入推进疏解整治促提升促进城市生态环境建设动员大会。常卫讲话，李新主持会议。会议部署“疏解整治促提升”专项行动、生态文明和城市环境建设2020年工作，区四套班子领导参加会议。年内，石景山区疏整促任务全部完成，拆除违法建设15万平方米，“留白增绿”16公顷，新建生活性服务业网点66个，常住人口控制在55.3万人以内。完成第七次全国人口普查工作。市政基础设施加快建设，永引渠南路全线贯通，高井规划一路、苹果园110kV输变电工程、石景山水厂等重点项目全面实施。棚户区改造不断提速，广宁村房屋征收实现100%签约，衙门口西区安置房交付使用。18个老旧小区改造和16个有机更新项目有序推进，“首开经验”成果不断扩大。开展征收拆迁收尾专项行动，完成93个点位搬迁拆除，保障重大项目实施。加强城市精细化管理，完成4个重点区域、30条背街小巷环境整治提升，新增停车位5000余个。深入开展新时代爱国卫生运动，通过国家卫生区复审。加大环境污染防治力度，$PM_{2.5}$年均浓度38微克/立方米，同比下降11.6%，国控市控地表水考核断面稳定达标，土壤监管和修复不断强化。深化国家森林城市创建，新建改造麻峪滨河森林公园等公园绿地27处158公顷，新一轮百万亩造林绿化工程五年任务三年完成，公园绿地500米服务半径覆盖率、城市绿化覆盖率、人均公共绿地面积均排名中心城区前列，生态文明成为首都城市西大门的亮丽底色。

（苏劲松）

**【“十四五”规划纲要编制】** 5月8日，召开区委主要领导专题研究会，研究“十四五”规划编制工作。同月19日，召开区委主要领导专题研究会，研究上报市委关于“十四五”规划建议的报告，并就区委“十四五”规划编制工作进行研究。6月11日，召开区“十四五”规划编制专家咨询组成立大会暨第一次专家座谈会。8月20日，召开区“十四五”规划研究编制工作领导小组会，听取区“十四五”规划基本思路。9月2日，召开区“十四五”规划研究编制工作领导小组会，审议并通过《“十四五”时期石景山区国民经济与社会发展基本思路研究》，研究“十四五”时期全区经济社会发展基本思路，科学谋划未来五年发展目标任务。11月17日，常卫在区委理论学习中心组学习贯彻党的十九届五中全会精神进行第四季度集体学习研讨上就区委“十四五”规划建议研究工作提出要求。同月21日，召开区“十三五”规划总结评估和“十四五”规划编制专题会，审议并通过《石景山区“十三五”规划实施总结评估报告》《“十四五”时期石景山区国民经济和社会发展规划纲要》《中共北京市石景山区委关于制定“十四五”时期石景山区国民经济和社会发展规划和二〇三五年远景目标的建议》。12月30日，召开区委第十二届第十二次全体会议，审议并通过《中共北京市石景山区委关于制定“十四五”时期石景山区国民经济和社会发展规划和二〇三五年远景目标的建议》。

（苏劲松）

**【“接诉即办”改革】** 7月14日，石景山区召开考核结果评价运用工作领导小组暨“接诉即办”第四次领导小组会，传达全市纪检监察机关“接诉即办”专项监督工作推进会精神，优化完善“接诉即办”考核工作。10月23日，召开12345市民服务热线“接诉即办”鲁谷街道“双派双考”试点工作“吹哨报到”工作会。将“接诉即办”工作情况纳入街道部门党（工）委、党组书记月度工作点评会内容，常卫每月进行点评。年内，修订完善《石景山区12345市民服务热线“接诉即办”工作考核办法（试行）》，印发《石景山区12345市民服务热线“接诉即办”工作考核办法（试行）实施细则》，将“接诉即办”年度考核结果按照15%的分值权重纳入全区各街道和区直部门年度工作绩效考核。印发《关于深化“接诉即办”改革工作的实施意见》，将党的领导贯穿于“接诉即办”工作全过程。全年共受理群众诉求9.8万件，响应率始终保持100%，解决率75.80%，满意率83.41%，解决率、满意率与2019年相比分别提高0.25、4.54个百分点。

（苏劲松）

【“带动三亿人参与冰雪运动”示范区】 8月15日，石景山区与国家体育总局冬季运动管理中心召开工作对接会，研究推进“带动三亿人参与冰雪运动”示范区各项工作落实落地。9月21日，召开区服务保障冬奥会、冬残奥会领导小组第二次会议，听取筹办2021年世锦赛和打造“带动三亿人参与冰雪运动”示范区工作进展情况。12月13日，区政府与体育总局冬运中心签署战略合作框架协议，围绕“带动三亿人参与冰雪运动”示范区及冬季体育运动展开深度合作。同月22日，召开与体育总局冬季运动管理中心关于创建“带动三亿人参与冰雪运动”示范区工作协调会，加快推进相关工作，启动区2020年首届“冰雪嘉年华”暨第七届“快乐冰雪季”。

（苏劲松）

【党建工作协调委员会】 8月26日，区党建工作协调委员会召开2020年全体会议。党建工作协调委员会主任常卫参加会议并讲话，副主任李新主持会议。副主任李文起、吴克瑞参加会议，执行副主任田利跃对党建引领社会治理重点任务作说明。与会人员集体观看党建引领共建共治专题片，中科院高能物理研究所、首钢集团、搜狐畅游等3家驻区单位以及八宝山街道负责人作交流发言，与会人员围绕党建引领社会治理、推动共商共治共享进行讨论。增补北京首都开发控股（集团）有限公司、中国邮政集团有限公司北京市石景山区分公司为区党建工作协调委员会成员单位，两家单位相关党组织负责人增补为席位制委员。中部战区政治工作部、陆军政治工作部、北京军区善后工作办公室、首钢集团等42家驻区单位党组织负责人，相关党（工）委、党组和9个街道负责人参加会议。

（吴　彬　苏劲松　邢　娟）

【京西产业转型升级示范区建设】 9月14日，区推进京西产业转型升级示范区发展建设领导小组召开第一次全体会议，审议《领导小组工作规则》《领导小组办公室工作制度》《领导小组2020年工作要点》。10月25日，区政府与中交集团签订开发合作框架协议，推进京西产业转型升级示范区重点区域广宁、五里坨等西部地区开发建设，中交集团前期工作组驻场办公，启动相关地区城市更新总体策划方案编制工作。

（苏劲松）

1月8日，“奔向2022”徒步大会在石景山首钢园举办　（《石景山报》供图）

【迎接市委巡视】 10月10日，召开区委常委（扩大）会议，传达学习贯彻落实中央第十一巡视组巡视北京市工作动员会议精神。同月12日，召开市委第一巡视组巡视石景山区动员大会，常卫主持会议并讲话，市委第一巡视组组长虞宝才、副组长张键，区四套班子成员、近三年来退休的区四套班子成员、市级以上“两代表一委员”和区属委办局、街道、企事业单位负责人参加会议。12日起，市委第一巡视组对石景山区开展为期2个月左右的巡视工作。

（苏劲松）

【推进“两区”建设】 12月3日，石景山区召开研究落实建设国家服务业扩大开放综合示范区和中国（北京）自由贸易试验区动员部署大会精神相关工作专题会，深入学习贯彻习近平总书记在中国国际服务贸易交易会全球服务贸易峰会上的重要致辞精神和对自由贸易试验区建设作出的重要指示精神，贯彻市委市政府关于“两区”建设的部署要求，包括北京市建设“两区”动员部署大会精神和市委十二届十五次全会精神以及蔡奇调研石景山区指示要求。同月28日，常卫主持召开石景山区建设国家服务业扩大开放综合示范区和中国（北京）自由贸易试验区工作领导小组第一次会议。会议研究审议《领导小组工作规则》《领导小组办公室工作细则》及《下设协调工作组组成方案》。会议明确“两区”建设的主攻方向和重点任务：按照“1+4+N”工作思路，结合“产业开放+园区开放+要素供给+制度保障”四个方面重点任务，一个项目接着一个项目抓、一个节点挨着一个节点推，确保各项任务落地见效。

（苏劲松）

【建设新时代首都城市复兴新地标】 年内，石景山区落实市领导双调研新首钢地区工作要求，统筹推进首都城市复兴新地标和京西产业转型升级示范区建设，紧紧围绕三年行动计划，开展区企高层对接8次，研究解决重点难点问题48项，全力推进27项重点任务和69个重大项目。首钢北区50万平方米载体空间加快建设，国际人才社区等项目开工。东南区15个地块启动建设，南区街区层面详细规划获批。培育壮大“科技+”“体育+”产业，北京国际云转播等35家企业入驻。成功举办中国科幻大会、电竞北京等重大活动40余场，北京市电子竞技产业品牌中心、北京市游戏创新体验区落地,首钢园公共保税仓库建成,国际创忆馆、首钢极限公园等文体设施集中亮相,获评北京市体育产业示范基地。石景山区连续三次获得国务院老工业基地调整改造真抓实干成效明显通报表彰。

(苏劲松)

【开展专题调研】 年内,区委书记围绕新冠肺炎疫情防控、企业复工复产、西山永定河文化带建设、北京银行保险产业园建设、棚改安置房建设、棚户区改造、区属医疗机构工作、老旧小区更新改造和长效管理、商业提升和商圈改造、生活垃圾分类、大气污染综合治理、服务保障冬奥会项目建设及环境整治工作等开展专题调研115次。

(戚金章 糜栋炜)

## 组织建设

【概况】 中共北京市石景山区委组织部(简称区委组织部)是区委重要职能部门。设办公室、研究室、组织一科、组织二科、组织三科、干部一科、干部二科、教育培训科、干部监督科、公务员科、人才工作科、党建办秘书科,行政编制49人;下辖石景山区党员电化教育中心(加挂区干部管理信息中心牌子,事业编制15人)、石景山区国际人才服务中心(加挂海外学人中心石景山分中心牌子,事业编制12人)。年内,区委组织部坚持以习近平新时代中国特色社会主义思想为指导,全面贯彻党的十九大和十九届二中、三中、四中全会精神,深入贯彻落实新时代党的组织路线,紧紧围绕"两大机遇"和"三区定位",以社区新冠肺炎疫情防控为重中之重,基层党建工作聚焦加强组织体系建设,干部队伍建设突出提升治理能力,人才工作立足服务人才集聚发展,自身建设着力强作风作表率,为实现"一枝独秀"、高水平建设好首都城市西大门提供坚强政治和组织保证。全年刊发《石景山组工信息》正刊13期、专报1期,被《中国组织人事报》采稿5篇,被市委组织部《组工动态》采稿18篇,被《北京组工通讯》采稿10篇,被《北京信息》采用2篇,在服务领导决策、展现全区工作成效、促进工作创新上发挥作用。疫情防控期间,向市社区防控组报送信息200余篇,被《市社区防控组工作信息》采用75条,刊发专刊1期。2月3日上线运营"石景山组工"微信公众号,策划"战疫群像""学事迹,当先进"等栏目,推送组工文章680条。举办2期石景山区组工干部培训班,培训干部280余人。

(张 申)

【新冠肺炎疫情防控】 1月25日,区委组织部围绕工作机制建设,细化完善"六必三要五到位"工作流程,采取地毯式排查、疫情监测每日报告、新返京人员报告等制度,加强小区管理,完善开放小区出入口的硬质封闭工作,通过核验身份证、增设一次性当日出入证、实行出入证分色分类等措施,推动"凭证出入"再升级、再严密,着力加强居家观察人员管控,落实包人包户责任制,做好居家观察人员生活保障、情绪疏导,提升管控力度与服务温度,确保居家人员"足不出户"。年内,完成为社区疫情防控提供物资保障。在社区疫情防控期间负责物资保障相关工作,建立起整体统筹、重点调配、自主筹集的三级物资保障体系,对各类派发、募集、捐赠的防控物资,统一入库登记、统一存储调拨,定期定量向各街道、卫健委、新国展转运专班以及集中隔离点等及时调拨物资,并根据防控情况变化和基层实际需求适时调整。年内,发放64批次物资,其中各类型口罩57500只、各类型测温枪950只、消毒液11075公斤、酒精815公斤、泡腾片500盒、便携式喷雾消毒液11255瓶、一次性手套2000只,暖宝14000片、应急帐篷71顶、强光手电650只、应急灯350个、电池1950节、智能视频门铃510个、智能测温设备300个、各类宣传海报、手册、折页67600张以及各类应急食品。完成划拨党费用于支持疫情防控。下拨专项党费给9个街道、卫健委和公安分局用于支持疫情防控工作,全区各级党组织共设立专项党费用于支持疫情防控工作480.59万元,其中市区两级党费235万元。组织召开结合社区疫情防控开展基层社会治理座谈会。邀请市委组织部组织三处、区委组织部主管领导、5名街道党工委书记和4名社区党组织书记,分别从区、街道和社区层面,介绍结合社区疫情防控开展基层社会治理的经验做法。

(樊 典 高世君 陆晨方)

【提升人才服务质量】 年内,区委组织部完善党委联系人才工作机制,建立区级领导"一对一"联系人才机制,

6月,石景山区10位市级以上人才工程入选者获"景贤卡"(《石景山报》供图)

主动帮助人才解决创业、工作、生活等方面的问题。1月，区委组织部组织春节前的人才走访慰问工作，走访慰问各领域专家人才35名。做好人才引进申报工作，年内申报人才引进需求138人、申报人才引进81人。为经认定的高层次人才颁发“景贤卡”，由区内职能部门组成“管家服务团”，提供交流培训、住房保障、健康保障、子女教育保障、配偶就业支持等服务。6月，区委组织部在石景山区经济发展推进大会上为10名“景贤人才”代表颁发“景贤卡”，年内70名市级以上人才工程入选者申请“景贤卡”。

（孙晓霞　王建策）

**【“党建引领全响应”行动】**　2月1日，区委组织部下发通知在全区开展党建引领“全响应”行动，充分动员各方力量共同做好社区防控工作，全区各级党组织把社区新冠肺炎疫情防控工作作为压倒一切的头等大事，认真履行政治责任，全区共产党员发挥先锋模范作用，打好疫情防控阻击战，1500余名机关干部、9000余名在职党员、3500余名老街坊志愿者和108家驻区单位强力增援社区防控，60多家驻区企业90余项科技成果应用于抗疫一线，凝聚起“争创零感染、守护石景山”的强大能量。

（樊　典　陆晨方　代旌航）

**【党建工作领导小组会议】**　2月27日，区委党的建设工作领导小组召开2020年第一次会议，党建工作领导小组组长常卫主持会议并讲话，常务副组长田利跃，副组长郭鹏、姚茂文、唐行安以及党建工作领导小组成员出席会议，区委党建工作领导小组办公室成员参加会议，各街道党工委书记列席会议。会议听取关于2020年工作要点起草情况、党建工作领导小组及办公室成员调整情况的汇报，与会人员进行工作讨论。会议决定2020年全区党的建设工作要以习近平新时代中国特色社会主义思想为指导，紧紧围绕“两大机遇”和“三区定位”，以党的政治建设为统领，扎实推进党的各方面建设，坚决扛起打赢新冠肺炎疫情防控阻击战的重大政治责任。11月6日，区委党建工作领导小组召开2020年第二次会议，常卫主持会议并讲话，会议听取关于区委党的建设工作领导小组及办公室成员调整建议、领导小组主要职责和议事规则修订情况、《中共北京市石景山区委贯彻〈党委（党组）落实全面从严治党主体责任规定〉的分工方案》起草情况的汇报，增加区委老干部局、区政府集体资产监管办党组负责同志为领导小组成员，审议《社区党委工作规则（试行）》《社区居委会工作规则（试行）》《社区服务站工作规则（试行）》，与会同志进行工作讨论。会前，常卫到八宝山街道鲁谷住宅社区就老旧小区综合治理、物业管理工作、生活垃圾分类、楼门文化建设等情况进行现场调研。会议决定，要深入学习贯彻党的十九届五中全会精神，全力以赴推动党建引领基层治理上台阶上水平，推动全面从严治党不断向纵深发展。

（吴　彬　邢　娟）

**【防疫一线发展党员】**　2月，石景山区6名奋战在一线的“抗疫先锋”向党组织递交一份特别的入党申请书。3月6日，区委组织部组织区疾控中心的李含玉，石景山医院的何艳丽、米明长，公安分局广宁派出所的朱梦磊，八宝山街道玉泉路西社区孟飞凡，古城街道北小区社区肖娜等6名新发展党员，通过手机视频连线，在各自防疫岗位上，面对鲜红党旗，进行线上集体入党宣誓，成为全区首批在防疫一线发展的党员。全年完成3批23名党员防疫一线入党工作。

（王　佳　高世君）

**【入境进京人员全流程管理】**　自3月10日起，石景山区为有效切断境外输入性疾源，按照“全口径、全范围、全闭环”要求，严格精准、有序有力开展境外进京人员全流程管理工作，确保境外进京人员从“入境落地到集中观察”实现“点对点”“手递手”交接。制定《疫情严重国家入境人员全流程管理工作方案》，成立入境人员全流程管理工作组，明确责任分工，做好集中转运、隔离观察、服务管理、工作保障4方面任务。建立健全集中转送点现场值守机制，建立“专班—街道—社区”衔接机制，明确街道、社区专项工作负责人，做到专人专岗、及时对接，形成闭环工作链条，确保入境人员随到随运随接；建立入境人员“手递手”运送机制，根据运送目的地、运送方式等，“一人一策”确定运送方案，全程实时通报运送进程，实现“手递手”交接。成立现场值守工作组临时党支部，党员干部亮旗帜、亮身份，勇担当、有作为，带头落实落细现场登记、甄别各项工作措施。

（樊　典　代旌航）

**【公务员队伍建设】**　年内，区委组织部深入贯彻实施新修订的《公务员法》，进一步加强石景山区公务员队伍建设。3月20日，经区委组织部部务会研究同意，制定《石景山区贯彻实施公务员法建设高素质专业化公务员队伍三年行动计划（2020—2022年）》（京石组发〔2020〕8号），明确建设高素质专业化公务员队伍的总体要求、行动目标、行动举措和行动保障，力争到2022年，建设一支自觉投身新时代、践行新思想、担当新作为，主动把各方面工作做到细致精致极致，为石景山区实现“一枝独秀”，高水平建设好首都城市西大门提供坚强保证的高素质专业化公务员队伍。

（陈　鹏　李利青　王鹏坤）

**【优化人才工作体制机制】**　3月，区委组织部制定印发《关于进一步加强石景山区人才工作的意见》《石景山区吸引和鼓励高层次人才创业和工作计划实施办法（试行）》。年内，整合教育、卫生、住房保障等部门资源，出台相关服务保障实施办法，初步形成涵盖人才引育用留的“1+1+N”政策体系。在做好“十三五”时期人才终期评估和“十四五”规划前期调研的基础上，科学编制《石景山区“十四五”时期人才发展规划》。

（沈　娟　陈　山）

**【加强集中观察点管理】**　4月2日，区社区防控组组织文旅、卫健、应急、市场监管、公安、消防等集中观察点工作专班成员单位对全季麓枫酒店、京恒宾馆、7天连锁酒店古城店、万商如一酒店八角店和天沐酒店等5家集中观察点安全管理情况进行综合检查,检查组实地察看集中观察点建筑安全、消防安全、卫生安全、用餐安全等情况,了解各观察点相关制度、工作流程及应急预案等制定和落实情况,并对卫生防疫、餐饮、安全保障、消防、应急处置等方面可能存在的安全隐患进行工作提示,对于需要进一步改进完善的地方,要求迅速整改,做好后续工作。检查组强调,要高度重视安全工作,严格按照市社区防控组《关于进一步加强集中隔离医学观察点规范管理的工作要求》,加强责任落实,确保各项安全措施落实到位,严防各类事故发生。

(樊 典 代旌航)

**【党建研究会】** 4月中旬,区党建研究会克服新冠肺炎疫情影响,以通讯表决的方式召开会员大会,对部分理事、监事和秘书长等有关人事事项进行变更。年内,区党建研究会《关于落实公务员职务职级并行制度 激励公务员担当作为的思考》、区委党校《石景山区"老街坊"品牌建设研究》获市级课题立项。指导会员单位围绕14个研究方向,申报75项区级课题,组织开展69项课题成果评审工作。

(吴 彬 邢 [illegible])

**【党建述职考评】** 4月27日,区委召开2019年度党(工)委书记抓基层党建述职评议会。受新冠肺炎疫情影响,会议以视频形式开到基层一线,常卫主持并讲话,区委常委和区委党建工作领导小组成员、各党(工)委书记、副书记以及部分"两代表一委员"、基层党组织书记代表共90余人参加会议。会上,7位街道工委书记在主会场现场述职,18位工委和区委直属党委书记进行书面述职,汇报履职主要情况和特点,查摆存在主要问题,结合单位实际统筹谋划,提出前瞻性、可操作性的下一步工作思路。每位书记述职后,区委常委现场点评,既指出成绩,又点出不足和问题,对下一步工作提出明确要求。各位书记对问题主动认领、照单全收进行表态。会后,与会人员对各党(工)委书记2019年抓基层党建工作进行考核测评。

(吴 彬 陆晨方)

**【党员志愿服务】** 4月,区委组织部召开组织工作信息系统隐患排查工作会议,保障党员数据信息安全,开展内部安全测试,进行升级改造。自"一呼百应"系统运行以来,累计开展志愿活动2.4万余次,以党组织为主导开展志愿服务1.9万余次,个人开展志愿服务4000余次,服务人次达7.9万余人。9月,分别对区委宣传部的"新时代文明实践中心"系统和区经信局的"街道城市大脑"系统进行深入调研,综合研判系统用途、项目进度、数据迁移等因素,最终选定"街道城市大脑"系统进行重点对接。全年开展调研交流4次,与区经信局召开需求对接会1次,编写相关汇报材料3份,初步形成系统对接方案。

(张晓东 马 廷 梁新昊)

**【大规模核酸检测】** 6月14日起,石景山区应对新发地、玉泉东市场突发新冠肺炎疫情,坚持"应检尽检""愿检尽检",组织开展大规模核酸检测。高效完成141550名新发地、玉泉东市场涉疫人员、中高风险街道全员等"应检尽检"人员的核酸检测,推动完成13397名"愿检尽检"人员核酸检测,有序完成7577名新发地、玉泉东市场人员及共同居住人员解除前集中核酸检测,所有检测结果均为阴性。

(樊 典 代旌航)

**【垃圾分类社会动员】** 7月31日,石景山区贯彻落实《北京市生活垃圾管理条例》和全市垃圾分类社会动员工作推进会精神,印发《关于开展垃圾分类社会动员"十大专项行动"的通知》。坚持以党建引领为关键,以提升知晓率、参与率、正确投放率为目标,以抓好群众工作为重点,以共商共治为途径,整合资源力量,创新方式方法,以防疫成果助力垃圾分类,促进社会力量全发动、全响应,有力推动垃圾分类实施水平整体提升、跨越发展。

(樊 典 代旌航)

**【促进人才交流互动】** 8月,区委组织部与清华大学研工部、朝阳人才咨询服务机构协会签署战略合作协议,通过区校合作、区企合作,优势互补,进一步发挥校企优势,促进产学融合发展,加速人才引聚培养,推动产业项目落地。举办"石景山区冰雪人才沙龙"主题活动,搭建冰雪体育人才交流平台,助力首都冰雪产业高质量发展。组织外籍人才、高校人才、冰雪体育人才石景山行活动,让人才更全面了解石景山区政策和产业优势,促进人才交流互动,收到良好效果。11月,启动走进高校引才计划,组织63家用人单位走进清华、北大等十所"双一流"高校,宣介区情,开展专场招聘会,应届毕业生投递简历4000余份。

(刘 远 孙晓霞)

**【打造人才工作品牌】** 8月,区委组织部举办"景贤计划"全球发布会暨人才云聘启动仪式。采用线下专场活动、全球同步直播的方式,首次面向全球发布石景山区紧缺人才目录,公布438个紧缺人才岗位,吸引全球英才共谋区域经济发展。9月,启动"景贤人才"评审认定,围绕区域"1+3+1"高精尖产业发展需求,将高层次人才分为顶尖人才、领军人才、青年拔尖人才、工作类海外高层次人才和创业类海外高层次人才5个类别,分别明确各类人才认定标准,做到认定条件个性化、多维度。建立完善人才申报评选流程,实行线上申报、材料审核、专家评审、研究审议"四步走"工作法,全面评价人才的能力、业绩和贡献。全区203家单位372名人才进行申报,行业覆盖"1+3+1"高精尖产业及体育、文化、教育、卫生等各领域,经评审产生50名建议人选。"景贤计划"的全球亮相在社会上引起极大反响,央视、《人民日报》、北京电视台、《北京日报》《首都人才》等近60家媒介进行宣传报道,政策的知晓度和舆论效应逐步扩大。

(沈 娟 刘 远 张思牧 曾 磊)

**【推进党支部工作条例落实】** 9月18日,石景山区印发工作方案,认真贯彻落实习近平总书记关于加强党支部建设的重要指示精神。坚持"两学一做""不忘初心、牢记使命"常态化长效化,切实加强党的领导，全面落实各级党(工)委抓好党支部建设主体责任，做到“六严格一提升”，推动全面从严治党向基层延伸，不断巩固和加强党的基层基础。

（陆晨方 代旌航）

**【巩固深化主题教育成果】** 10月23日，石景山区印发“不忘初心、牢记使命”主题教育整改落实“回头看”工作方案，深入贯彻习近平新时代中国特色社会主义思想及习近平总书记在“不忘初心、牢记使命”主题教育总结大会上的重要讲话精神，进一步巩固深化全区“不忘初心、牢记使命”主题教育成果，持续开展常态化专项整治。

（陆晨方 代旌航）

**【点赞战疫英雄建设美好家园】** 11月9日，石景山区开展“点赞战疫英雄 建设美好家园”抗疫主题宣传活动。组织全区党员干部群众关注、点赞、转发载入《首都社区防疫百人访谈录》的石景山区6位人物事迹，通过传递“指尖上的正能量”，实现党员干部群众“自我受教育、感染身边人”良好宣传效果。

（吴 彬 邢 娟）

**【社区“两委一站”工作规则】** 11月18日，石景山区印发《中共北京市石景山区社区委员会工作规则(试行)》《北京市石景山区社区居民委员会工作规则(试行)》《北京市石景山区社区服务站工作规则(试行)》。坚持和加强党的全面领导，落实党要管党、全面从严治党要求，进一步规范全区社区党的委员会(以下简称社区党委)运行，巩固党在城市社区的执政基础，发挥社区党委在社区工作中领导核心作用。

（陆晨方 代旌航）

**【人民满意的公务员推选】** 年内，区委组织部根据市委组织部通知要求，做好第七届北京市“人民满意的公务员”和“人民满意的公务员集体”推荐评选工作。在对各单位申报人选、集体进行综合联审、征求纪检监察部门意见的基础上，经报区委研究决定，推荐鲁谷街道办事处张桂勇参加北京市“人民满意的公务员”评选，推荐老山街道工委参加北京市“人民满意的公务员集体”评选。12月，经市委组织部层层遴选，张桂勇获第七届北京市“人民满意的公务员”称号，老山街道工委获第七届北京市“人民满意的公务员集体”称号。

（陈 鹏 李利青 王鹏坤）

**【党员队伍情况】** 截至年底，石景山区共有各级党组织2071个，其中党委180个、党总支70个、党支部1821个。从基层组织覆盖领域来分，机关党组织300个，事业单位党组织238个，企业党组织514个(其中，公有制企业党组织64个，非公有制企业党组织448个)，社区党组织970个、社会组织党组织43个、人才交流中心党组织6个。全区党员总数为61341名，其中预备党员412名，女党员25023名，少数民族党员1938名。从年龄结构上看，全区60岁以上党员33374名，占全区党员总数的54.40%，全区35岁以下年轻党员5608名，占全部党员总数的9.14%；从文化结构看，研究生以上学历4684人，占全区党员总数的7.64%，大学本、专科学历党员28730名，占全区党员总数的46.84%，高中及中专学历党员15799名，占全区党员总数的25.76%，初中及以下学历党员12128名，占全区党员总数的19.77%；从职业结构看，公有制单位在职党员9419名，占党员总数的15.36%，非公有制单位在职党员3818名，占党员总数的6.22%，离退休党员39944名，占党员总数的65.12%，其他类型党员8160名，占党员总数的13.30%。

（高世君 郑杰尹）

**【党组织设置】** 年内，区委组织部根据《中国共产党章程》《中国共产党党组工作条例》《中国共产党党和国家机关基层组织工作条例》等有关规定，结合全区党政机关和事业单位实际，对10个相关单位党组织、党组设置及隶属关系进行调整，理顺和完善全区党组织体系。依托党员E先锋系统，对全区各级各类基层党组织的隶属关系、党组织建制、党组织类型、委员数、届任期等情况台账进行动态更新，夯实工作基础，提供决策依据。依据《中国共产党支部工作条例(试行)》和地区基层党组织换届情况台账，建立到期未换届党组织提示督办制度，对各工委、区委直属党委所辖的到期未换届和临近换届的党组织进行工作提醒和业务指导，进一步落实党内规章制度，规范辖区党组织设置。完成工委委员调整工作。根据党组织设置的整体安排以及区委对干部的调整任命情况，对区委区直机关工委、社会工委、教育工委、园区工委委员进行调整任免，使工委班子更为健全、议事决策程序更为完整规范。

（王 佳）

**【新冠肺炎疫情社区防控】** 年内，区委组织部加强党建引领，及时精准掌握疫情动态信息，指导各街道、社区做好社区防控，广泛动员群众、组织群众、凝聚群众，构建群防群治的严密防线。做好来京返京人员管控，建立人员排查管理机制，压紧压实属地主体责任，指导相关单位协同作战，形成“区—街道—社区”管理闭环，确保来返京人员管控到位。截至年底，累计排查来返京人员15.2万人次，其中湖北省来返京人员5870人次、全国其他地区来返京人员14.4万人次、境外来返京人员2190人次。严格落实中高风险人员管控，按照“不落一户”“不漏一人”“快速处置”原则，对市派一级高风险、来京就医、境外中转来京、超小区范围活动、中高风险地区来京5类重点人员开展核查、摸排和管控工作，累计核查重点人员21627人，落实管控13126人。精准对接新国展机场转运专班和北京西站转运专班，及时掌握转运人员情况，指导街道、社区、集中隔离点做好人员接送、转移、隔离等工作，确保管控到位。做好“京心相助”信息采集平台和北京市疫情跟踪数据报送系统使用管理工作，建立9个街道、153个社区、6个集中隔离点管理账号，印制告知书4600份，指导街道、社区、楼宇、集中隔离点使用平台采集信息，开展健康监测跟踪，做好舆情管理，助力复产复工。印发《关于为参与社区、楼宇等疫情防控一线社区工作者支放工作补助的通知》,指导社区、商务楼宇工作站、党群服务中心做好补助金额统计、汇总、核查等工作,分两轮启动补助发放工作,为防疫工作提供人员资金保障。

(左泽东 贠立艳)

【党建引领物业管理】 年内,区委组织部全面贯彻落实《北京市物业管理条例》,集中时间、集中力量,狠抓党建引领物业管理提升"三率"工作。坚持高位统筹,组建区级党建引领物业管理工作专班,纳入全区"吹哨报到"和加强街道工作专班运行体系。明确任务目标,印发《石景山区党建引领物业管理提高"三率"工作实施方案》《石景山区提升物业服务水平三年实施方案(2020—2022年)》,细化4个方面12类33项重点任务。健全工作机制,构建"区级—街道—社区"三级物业管理体系,建立"会议调度机制、指导检查机制、督促考评机制、信息报告机制"四大工作机制,统筹推进各项工作。融入社区治理,明确物业管理在社区治理中的角色定位和职能作用,把党建引领物业提高"三率"工作纳入城市基层党建整体统筹,推进各类社区治理主体同频共振、同向发力、深度融合。抓好长效管理,深入探索四种物业管理模式,成立石景山区物业行业协会,筹备建立物业行业协会党委,不断提升协会影响力。截至年底,业委会(物管会)组建率、物业管理覆盖率、党的组织覆盖率分别为89.6%、91.1%、95.7%,均已超额完成市、区两级任务目标。

(左泽东 贠立艳)

【"两新"组织党建】 年内,区委组织部贯彻落实中央、市委关于全面从严治党部署要求,扎实推进非公有制经济组织、社会组织(简称"两新"组织)党建迈上新台阶。坚持抓大带小,聚焦物业、互联网、律师等重点行业和规模以上企业,狠抓党组织组建,圆满完成石景山区"两新"组织"两个覆盖"指标。加强对"两新"组织党建工作领导,充分发挥"两新"组织党建联席会作用,贯彻落实市委"两新"工委成立大会暨第一次全体会议精神,筹备成立区委"两新"工委,开展"两新"组织党建大调研,把调研成果转化为有效举措。建立2000万元"两新"党建专项经费,协调财政局做好经费划拨使用工作;加强业务培训,做好145名楼宇工作站党务工作者队伍建设;建好1个区级和9个街道级党群服务中心,规范40座商务楼宇工作站建设,实现党建阵地"质""量"双提升。开展"创建零感染、守护石景山"等行动,累计摸排返京员工8万余人次,捐款4亿余元;持续创新"党建+商圈"模式,做实京西商务区党建联盟,初步形成长安金轴商务楼宇党建阵地网络。

(左泽东)

【各领域党建工作】 年内,区委组织部按照"管行业就要管党建"的要求,进一步压实各领域党建主体责任,坚持把党的领导贯彻落实到位,各领域党建工作水平持续提升。国企党建方面,指导国资委党委对照《国有企业基层组织工作条例》,梳理疑点难点问题,持续整顿软弱涣散党组织,加强国企党建。坚持以"一个引领,四个融入"为总体目标,全部完成区属12家一级监管企业党建要求进党章工作。梳理国企物业台账,指导国企物业全部建立党组织,履行国企责任。中小学校党建方面,会同教工委提前谋划党组织领导下的校长负责制工作,为推进新时代中小学教育改革发展提供坚强政治保障和组织保障。继续推进思政课授课教师培养体系建设,持续打造"红帆"党建品牌,成立8个教育集团联合党委。公立医院党建方面,指导卫健委党委落实公立医院党建意见,加强党组织规范化建设,在定点救治医院、集中隔离医学观察点、医务人员轮休点等重点部门组建3个联合党支部。梳理12家公立医院台账,贯彻执行党委领导下的院长负责制。机关党建方面,引领机关系统3563名党员在贯彻各项决策部署中走在前作表率,将"共建双承诺"融入"双报到"工作,引导党员干部在新冠肺炎疫情防控、文明创城、物业管理、垃圾分类等工作中承诺践诺。在其他重点领域党建方面,指导区司法局党组对照《律师行业党的建设工作自查重点》和全国组织部长会议、基层党建工作重点任务推进会精神,组织全区律师行业开展自查工作,总结主要做法和成效,分析存在的问题及原因,提出解决办法和建议。指导区委统战部做好新社会阶层人士党建工作,按照"党建引领统战,统战服务党建"的要求,把园区、楼宇等统战工作纳入"两新"党建工作和基层统战工作大局中总体布局,一体推进。指导区委网信办部署全区互联网企业党建工作,摸清互联网企业底数,建立互联网企业党建平台,引领互联网企业听党话跟党走。

(左泽东)

【党代表管理】 年内,区委组织部贯彻落实《中国共产党全国代表大会和地方各级代表大会代表任期制规定》相关要求,规范党代表信息变化请示报告流程;全年共安排党代表6次36人次参加区委全会、巡视动员会,以及各类征求意见会。

(王 佳)

【基层党员教育培训】 年内,区委组织部按照全年培训计划办好各类培训班次。贯彻落实中央《2019—2023年全国党员教育培训工作规划》有关要求,结合石景山区2020年组织工作要点和新冠肺炎疫情防控工作的实际情况,区委组织部创新形式,依托一呼百应志愿服务微信公众号,以线上教学的形式,以《党章》《中国共产党支部工作条例(试行)》《中国共产党党员教育管理工作条例》等近年来新出台的党内法规条例为重点,推出14期党员微党课栏目,被市委《前线》杂志社转发报道。开展为期三天的入党积极分子培训班,首次采用视频直播连线授课的方式,全区23个培训点位,近500名学员参加学习。根据中组部、市委组织部关于"党课开讲啦"活动要求,区委组织部联合区融媒体中心制作石景山区党员教育云课堂系列课程,邀请各行各业优秀党员代表,在演播室、红色教育基地和生产工作一线等地点，依托北京石景山APP直播平台和微信公众号，以“直播带课”形式带领广大党员和积极分子开展学习，全年推出13期，观看人数累计25万人次。

（王　佳　高世君）

**【发展党员】** 年内，区委组织部完成三批23名党员防疫一线入党工作。依据市委组织部《关于在新冠肺炎疫情防控工作第一线做好发展党员工作》通知精神，将新冠肺炎疫情防控期间发展党员工作与全年发展党员工作相统筹部署，严格把握口径，坚持发展标准，重点面向抗疫一线的医务人员、基层干部群众、公安民警、社区工作者等群体建立动态台账；规范发展程序，加强具体指导。区委组织部根据《中国共产党发展党员工作细则》规定和中央、市委要求，制定下发《石景山区防控一线发展党员参考流程》；及时跟进进度，注意过程管理，对于疫情防控一线入党的特殊政策，区委组织部对基层党组织进行全过程管理，做到程序正确、内容规范、程序到位；加强正面宣传，发挥引领作用，区级层面统一部署、统筹谋划，以“线上宣誓”、vlog视频短片、红色教育基地现场宣誓等形式进行宣传，发挥防疫一线入党党员的示范带头作用。科学合理调控全年发展党员指标。对“两新”组织、高知群体和中小学思政课教师等重点领域发展党员提出要求，提前对拟发展对象进行遴选和酝酿，对发展指标进行有对针对性的分配，确保按计划完成全区发展党员任务。严格发展党员联审机制，将发展党员工作纳入联审机制，由区委组织部牵头协调各部门，借助联审机制，对发展对象进行联审，稳步推进全区发展党员工作。截至年底，对全区409名发展对象进行联审，全年发展党员390名。

（王　佳　高世君）

**【党内帮扶】** 年内，区委组织部按照党内帮扶工作要求，在元旦春节、“七一”和“十一”等重要节点，分级分类做好全区困难党员、老党员的帮扶走访工作。分别制发《关于做好2020年元旦春节期间党内帮扶慰问工作的通知》（京石组发〔2019〕28号）和《关于做好“七一”期间党内帮扶慰问工作的通知》（京石组发〔2020〕14号），做好服务保障区委常委、区人大、区政协主要领导等在元旦春节和“七一”期间开展走访慰问活动。区四套班子主要领导、区委常委和各处级班子成员在元旦、春节和“七一”期间走访慰问党员1869人、防控一线基层党组织12个，划拨资金255.222万元。做到“走访一户，温暖一片”，让困难党员和群众充分感受党组织的关怀和温暖。

（王　佳　郑杰尹）

**【开展专项工作】** 年内，区委组织部以严肃党内政治生活为重点，集中开展各类专项工作。开展2019年度组织生活会和民主评议党员工作。对标新时代党的建设总要求和新时代党的组织路线，提升基层党组织组织力，对标“四讲四有”合格党员标准，强化党的观念，提高党性修养，发挥党员先锋模范作用，高质量完成2019年度组织生活会和开展民主评议党员工作。全区处级以上党员领导干部600余人次参加所在党支部组织生活会和民主评议党员。持续开展“共产党员献爱心”捐献活动。与区慈善协会合作，在全区范围内动员全体党员、入党积极分子、热心群众和社会各界人士，播撒无私大爱，汇聚爱心力量，募集爱心善款，救助困难群体，传递组织温暖。152家单位、25086名党员和2368名入党积极分子、共青团员、民主人士、社会群众共计捐款200余万元，活动参与人数和捐款总额再创新高。做好党员信息库日常维护与年度统计工作。每周对全区党员E先锋和党内信息管理系统进行定期数据更新和维护，每月对基层信息库数据质量进行核查，截至年底，核查12次，确保系统内党员党组织信息完整准确。按照市委组织部要求，组织全区各工委、直属党委以及街道、教育、国资、集体经济系统各级党组织党统干部300余人开展党统工作培训。

（王　佳　高世君）

**【加强思想淬炼】** 年内，区委组织部持续深化思想教育，始终把学习贯彻习近平新时代中国特色社会主义思想摆在干部教育培训最突出位置，牢牢把握思想建党、理论强党。持续坚持重大政治理论轮训机制，组织全区局处级干部参加全市领导干部学习贯彻党的十九届四中全会精神专题研讨班，切实强化思想理论基础。把学习贯彻习近平新时代中国特色社会主义思想作为“处级干部进修班”“第25期中青年干部培训班”和“新任职科级干部培训班”等主体班次的中心内容，引导广大干部增强“四个意识”、坚定“四个自信”、做到“两个维护”。与中国人民大学联合举办“习近平新时代中国特色社会主义思想研修班”，结合新冠肺炎疫情防控实际，组织区管干部线上参加培训。推动各单位建立学习小组和宣讲小组，增强抓好贯彻落实的思想自觉、政治自觉和行动自觉，切实用习近平新时代中国特色社会主义思想武装头脑、指导实践、推动工作。

（仲建维）

**【强化党性锤炼】** 年内，区委组织部巩固拓展“不忘初心、牢记使命”主题教育成果，深入开展党章党规党纪教育，加强党史、新中国史学习教育，引导党员干部坚定理想信念、传承红色基因，站稳政治立场、做到“两个维护”。注重在新冠肺炎疫情防控一线和接诉即办等急难险重任务中锤炼干部，加强政治训练和政治历练，着力提高政治觉悟和政治能力。部署开设周末大讲堂工作，统筹选调年轻处、科级干部隔周周六上课，以到区委党校集中培训为主，以线上教学为辅，根据干部所学专业、从事工作等情况，结合新时代新实践，有针对性开展教学，打牢年轻干部理论功底，提高政治敏锐性和政治鉴别力，增强工作的原则性、系统性和创造性。

（仲建维）

**【精准化开展培训】** 年内，区委组织部立足中心城区功能定位，聚焦中心工作、重点领域和干部短板弱项，注重培训对象的现实需求，科学设置培训内容,借助首都高校教育资源优势,与北京大学联合举办“引领经济高质量发展专题研讨班”。聚焦干部新时代新担当新作为,着力培养又博又专、底蕴深厚的复合型干部,采取“集中授课+分组交流”相结合的方式,组织开展新任处级领导干部培训班。统筹发挥区卫健委、区科委、区外事办、区司法局等部门政策专业优势,围绕重点工作任务,分别合作筹备举办“科技创新能力提升培训班”“推进健康石景山建设专题培训班”“国际交往中心功能建设专题培训班”“处级干部依法行政网上专题培训班”。

(仲建维)

**【干部教育培训改革】** 年内,区委组织部深入推进领导干部上讲台,结合常态化新冠肺炎疫情防控实际,创新开设“小班课堂”,采取“集中学习+分组交流”相结合的方式,邀请区领导围绕全区经济社会发展、领导干部党风廉政建设、领导干部经济责任等内容开展集中授课。发挥党员干部微信传播优势,为全区处级干部不定期推送“正确把握国内经济大环境”“从抗疫斗争看推进国家治理体系和治理能力现代化”“巩固抗疫成果托起白衣天使的翅膀”等专题微课。坚持在培训过程中考察识别干部,把干部教育培训期间的表现作为日常考察了解干部的重要内容。完善干部培训考核制度,强化干部评优评先与教育培训挂钩,干部培训考核不合格的,年度考核不得确定为优秀等次。

(仲建维)

**【领导干部个人有关事项报告】** 年内,区委组织部采取加密视频会议形式对全体填报人员开展远程培训,指派业务干部到区医疗定点医院、卫生系统、街道系统等防疫一线二十余家单位进行填报指导,减轻基层单位负担。对2019年以来石景山区查核比对、查核验证等工作情况开展专项整治,对存在问题坚决立行立改,长期坚持。2020年,石景山区随机抽查报告一致率达到98.25%,连续三年实现较大幅度提升。

(张 羽 苏宇明 孙晓霞)

**【配合开展巡视巡察】** 年内,区委组织部配合区纪委区监委,共同做好市委巡视迎检工作。对上次巡视以来石景山区选人用人工作及干部担当作为情况进行系统梳理,配合市委巡视组在石景山区开展选人用人专项检查。配合区委巡察工作,对25家区属单位开展选人用人专项检查及不担当不作为问题检查,指导各单位加强选人用人工作,提升工作成效。

(张 羽 苏宇明 孙晓霞)

**【开展审计监督】** 年内,区委组织部严格执行新颁发《党政主要领导干部和国有企事业单位主要领导人员经济责任审计规定》,协同区审计局开展经济责任审计和自然资源资产审计工作,2020共对5家单位8名处级干部开展经济责任审计,对1家单位2名处级干部开展自然资源资产审计,加强审计监督。

(张 羽)

**【一报告两评议】** 年内,区委组织部开展科级干部选拔任用“一报告两评议”工作,对机构改革后新的区属各单位进行全覆盖评议,先后组织90家单位2965人对2019年度提拔的139名科级干部开展相关工作,对加强选人用人监督和指导工作提供客观、全面的依据。

(张 羽 苏宇明 孙晓霞)

**【干部日常监督管理】** 年内,区委组织部加强干部日常监督管理工作,对新冠肺炎疫情防控期间干部担当作为情况加大监督力度。对各类苗头性、倾向性问题及信访举报线索及时处理,适时提醒函询,指导干部加强政治定力及官德人品修养,及时纠正潜在问题,保护干部健康成长。

(张 羽 苏宇明 孙晓霞)

**【年度考试录用公务员】** 年内,区委组织部按程序依次完成2020年度考试录用公务员笔试、资格审查、面试、体检、考察等工作。新录用公务员129人,其中定向招录优秀社区书记2人,定向招录选调生10人,定向招录退役大学生士兵3人,定向招录残疾人1人。招录过程中严格落实新冠肺炎疫情防控常态化要求,实现招录工作安全平稳运行。

(陈 鹏 李利青 王鹏坤)

**【公务员信息采集和干部统计】** 年内,区委组织部本着实事求是、精准高效的原则,对全区组工干部进行业务培训,逐个单位把关,逐步克服更换统计系统、数据交换等难题,对全区公务员数据进行更新维护、修改完善。截至年底,石景山区有公务员及参公人员3067人,其中机关公务员1973人,街道系统673人,群团系统65人,参公人员356人。

(陈 鹏 李利青 王鹏坤)

**【人才奖励】** 区委组织部自本年度起,设立每年5000万元的“景贤计划”专项资金用于奖励高层次人才和人才项目。对经认定的海内外高层次人才给予个人30万~100万元的专项奖励,并设置每人每年不超过5万元的专项服务保障资金;对紧缺急需的外籍人才,建立“一人一策”特殊支持机制;对新设立(认定)的院士工作站、博士后工作站或人才培养基地,给予设站单位最高50万元的资金支持;对在石景山区组织开展的具有全市较大影响力的人才培训、交流活动,经认定按照组织方实际支出费用给予每年不超过30万元的补贴;设立“引才伯乐奖”,对引进人才数量和质量突出的企业、中介机构给予10万~100万元的奖励,做到真金白银揽才、引才。

(沈 娟 刘 远)

**【拓展人才发展事业平台】** 年内,区委组织部围绕“一轴四园”等重点功能区建设,加大新首钢国际人才社区、北京侨梦苑、海外院士专家北京工作站等高端人才平台建设,优化创新创业环境,宣传推介主导产业,有效提升产业平台吸附力,吸引一批来自加拿大、德国、新西兰等发达国家的顶尖科学家和领军人才。围绕人才引进和人才项目落地,配套支持科研平台建设,全年新增5家科研平台。截至年底,全区拥有20家国家级创新基地,89家市级创新基地,重点实验室、企业技术中心、设计创新中心等研发机构数量质量明显提升。

(陈 山 王嘉祺)

【推动人才工作信息化】 年内,区委组织部完成人才认定及项目申报系统建设,通过系统实现“景贤计划”人才认定及人才项目申报工作。建立石景山人才微信公众号,及时更新人才工作动态,宣传石景山区人才政策,帮助人才和企业对接需求。探索搭建石景山人才工作网,形成展示区域人才政策、实现“景贤计划”在线申报、获取人才活动资讯、提供人才服务的平台。

(陈 山 孙晓霞)

【精品教学资源片建设】 年内,区委组织部加强党员教育精品课件的统筹设计,围绕全区新冠肺炎疫情防控、支援脱贫攻坚等重大题材,组织全区摄制16部电教资源片,报送北京党员教育网资源库参与专家评审,获得市级补贴经费16.1万元。向全区各优秀制片单位发放2018—2019年度区级补贴经费10.55万元。发挥远程教育在疫情防控工作中的宣传阵地作用,与市里合作拍摄《新时代新担当新作为》第二十八集,向全市宣传八角街道中里社区书记李美红的抗疫事迹,以微视频形式向市委组织部报送全区防疫先进党组织、优秀个人相关事迹,有3条被“北京长城”抖音号采用。

(侯 景 马 廷 梁新旻)

【远程教育督学促学】 年内,区委组织部与中组部党建读物出版社合作,向全区各级党组织发放300套《战“疫”一线党旗红》学习光盘,组织基层党员学习抗疫一线的先进典型和感人事迹。组织全区各基层单位参与全国“先锋印记、难忘瞬间”评选活动。更新信息台账,完成全区远教站点账号年度梳理和重新分配工作。按月度梳理分析全区各级党组织和党员在线学习数据,引导社区用好党支部月度学习专栏进行学习。

(张晓东 马 廷 梁新旻)

【夯实远程教育基础】 年内,区委组织部开展社区党员电教专线网和智能TV使用情况调研。对153个社区进行逐一摸排,会同联通公司修复因社区搬家、装修等原因中断的专线,培训指导街道社区站点管理员管好用好学习设施设备。做好党员干部现代远程教育队伍建设。结合秋冬季新冠肺炎疫情防控总体形势,采用云教学等方式,组织开展全区党员现代远程教育终端站点管理员和课件主创人员培训班,为各工委、区委直属党委(总支)的200余名电教学员授课,课程设计覆盖基础理论和实际操作,加强全区党员干部现代远程教育队伍的能力素质和业务水平。

(马 廷 梁新旻)

【“党员E先锋”助力“双报到”】 年内,区委组织部完善分级管理员工作体系和问题收集反馈机制,通过电话、微信群等多种方式实时处理解答各级党组织和党员提出的系统使用问题70余条,及时向市里反馈系统存在问题和基层推广使用情况,确保全区各级党组织和全体党员熟练使用E先锋系统,服务保障石景山区“双报到”工作顺畅开展。截至年底,全市有27371名在职党员来石景山区报到,区属在职党员报到完成率100%。

(马 廷 梁新旻)

## 宣传工作

【概况】 2020年,中共北京市石景山区委宣传部(简称区委宣传部)以习近平新时代中国特色社会主义思想为指导,深入学习贯彻党的十九大和十九届二中、三中、四中、五中全会精神,深入贯彻落实全国、全市宣传部长会议精神,围绕坚决打赢新型冠状病毒感染肺炎疫情防控的人民战争、总体战、阻击战,牢固树立“守正创新、追求卓越、培育品牌”的目标,围绕明责、扩面、提质、增效的工作思路,理论武装持续加强、意识形态工作责任制不断压实、正面宣传形成声势,宣传思想工作的引导力和影响力显著增强。

(曹 葳)

【区处两级理论学习中心组】 年内,区委宣传部聚焦学习贯彻习近平新时代中国特色社会主义思想,注重突出理论武装,发挥理论学习中心组的龙头作用。年初,研究制定《石景山区2020年区处两级理论学习中心组学习计划》,明确学习重点、时间和要求。全年参加市委理论学习8次,组织区级中心组学习17次,其中专题报告8次、宣讲5次、集中交流研讨4次。区处两级理论学习中心组学习(扩大)会议,一般以电视电话会议的形式举行,全区两级理论学习中心组成员、区直机关副处级以上干部参加学习。围绕学习贯彻习近平总书记关于做好新冠肺炎疫情防控工作和脱贫攻坚两个专题,收集整理习近平总书记重要论述及相关社论文章印制《学习资料》7期,丰富理论学习教材,采取自学与书面研讨交流、微信群交流等,确保抓疫情防控与抓理论学习两促进。

(王新立)

【十九届五中全会精神学习宣传】 年内,区委宣传部坚持把学习宣传贯彻党的十九届五中全会精神作为重要政治任务,研究制定学习宣传工作方案,采取理论学习中心组学习、组建宣讲团宣讲等多种形式。联合区委组织部下发《关于做好党的十九届五中全会学习辅导材料购买配备工作的通知》,保证《公报》单行本配发到每个党员,《〈中共中央关于制定国民经济和社会发展第十四个五年规划和二〇三五年远景目标的建议〉辅导读本》配发到各单位领导班子成员。制定印发《石景山区学习宣传党的十九届五中全会精神工作方案》《石景山区学习贯彻党的十九届五中全会精神宣讲活动工作方案》,明确总体要求、重点内容、工作安排。采取区领导带头宣讲、组建石景山区宣讲团、开展特色宣讲和百姓宣讲等,到企业、机关、校园、社区开展宣讲100余场,全面准确阐释、解读全会精神。9个街道、151个社区迅速行动,组织辖区党员收听收看会议情况,召集“老街坊”议事会,以浅显易懂的形式组织开展学习。

(王新立)

【意识形态建设和管理】 年内,区委宣传部强化做好意识形态工作的责任担当,将意识形态工作纳入党建工作要点,列入区委年度议题计划,摆在突出位置,形成鲜明政治导向。加强意识形态工作组织领导，区委常委会全年专题研究意识形态工作2次，向市委报送情况1次；通报传达学习中央和首都意识形态领域情况4次。把接受市委意识形态专项巡视作为规范推动工作落实的契机，查找10个方面问题，推动全区意识形态工作责任制落实落细。推动各类意识形态阵地健康发展，防范化解意识形态领域风险挑战。加强对各类意识形态阵地的建设和管理，强化城市公共空间艺术品的管理。

（王新立）

**【新时代文明实践中心建设】** 年内，区委宣传部结合在职党员和党组织“双报到”，坚持用活动牵引文明实践工作。全区依次组织10余次“新时代文明实践推动日”主题活动，区新时代文明实践中心、所、站结合辖区特点，推出活动千余个，直接参与人数近10万人次。新冠肺炎疫情防控期间，本着“小规模、少聚焦、分时段”原则，配合开展爱国卫生月周末卫生日活动；结合贯彻《北京市物业管理条例》《北京生活垃圾管理条例》，充分发挥新时代文明实践所（站）作用，以“垃圾分类，我们一起来”为主题，集中组织开展宣传引导。

（王新立）

**【北京市“双优”评选表彰】** 年内，区委宣传部根据市委《关于开展第十五届北京市思想政治工作优秀单位、优秀思想政治工作者评选表彰活动的通知》要求，区委成立评选表彰工作领导小组，经过自下而上层层推荐、综合把关和社会公示等程序，推荐上报工作突出、事迹过硬、影响良好的4个先进单位和4名个人。经市委批准并印发《关于表彰第十五届北京市思想政治工作优秀单位、优秀思想政治工作者的决定》，授予区法院政治部（机关党委、机关纪委）、老山街道工委、八宝山街道永乐东小区北社区党委3家单位“思想政治工作优秀单位”称号，苹果园街道党群工作办公室党支部书记代红（女）、古城街道西路北社区党委书记兼居委会主任关婷婷（女）、北京市石景山区中医医院党支部书记董汉胜3人“优秀思想政治工作者”称号。

（王新立）

**【全面建成小康社会宣传】** 年内，区委宣传部围绕“全面建成小康社会”重大主题开展宣传，坚持稳中求进、守正创新，牢牢把握正确舆论导向，精准把握时度效，统筹网上网下和内外宣媒体资源，坚持正面宣传原则，合力为建设国际一流的和谐宜居之都，高水平建设好首都城市西大门营造良好舆论氛围。来自新华社、中央电视台、北京日报、北京电视台等中央级和市属主流媒体记者深入基层一线、深入对口支援地，围绕脱贫攻坚、经济发展、民主法治、社会民生、文化领域、生态文明、党的建设等工作进行宣传报道。全年在中央和市属主流媒体刊发小康建设原创新闻稿件207篇次。其中，人民网、新华网、央广网、《人民政协报》等中央媒体播发新闻38篇次；刊发在《新京报》《北京晚报》等主流媒体一版的稿件6篇；北京电视台“北京新闻”栏目播发新闻17条；在《北京日报》《北京晚报》《北京青年报》投放专版3块。

（罗周智）

**【百姓宣讲】** 年内，区委宣传部组建“携手奔小康”“携手同心 共抗疫情”“先进榜样”3支主题百姓宣讲团，全区巡讲87场，宣讲场次和覆盖群众数量均位列全市各区第一。石景山区“共抗疫情 决胜小康”百姓宣讲团获得北京市特色宣讲团称号；微视频“一切都会好起来”被评为优秀微视频；“北京石景山”微信公众号获得北京市优秀微传播奖；刘丽、刘梅芳、白雪松、谢立军4名个人获得北京市优秀宣讲员称号；宣传科魏春艳获北京市优秀百姓宣讲组织员称号。设计发布北京市首款百姓宣讲LOGO、形象IP和宣传海报，百姓宣讲表情包腾讯审核上线。

（游京蓉）

**【节日文化活动】** 年内，石景山区举办第33届八大处重阳游山会，包括听戏曲、赏菊花、品香茗、论孝道等活动环节。组织石景山区“榜样公园”发布会暨2020年“礼遇榜样我先行”集中活动。策划抗日战争胜利75周年网络纪念活动，录制“致敬英雄”诗歌朗诵学习强国平台展示，与新京报联合推出亲手做个花篮向抗战英雄致敬活动，累计月点击量超38万。承办北京国际音乐产业高质量发展促进大会预热演出音乐转角石景山活动。隆重举行2020年烈士纪念日公祭活动，缅怀为争取民族独立、人民自由幸福、国家繁荣富强而牺牲的烈士。举办2020年首届冰雪嘉年华活动，挖掘“冰雪”文化内涵，打造具有核心竞争力的冰雪文化品牌。

（游京蓉）

**【软件正版化成果】** 年内，区委宣传部巩固软件正版化取得的工作成果，完善工作机制，加强组织协调，强化监督检查，持续推进规范化、制度化、常态化和信息化建设。开展宣传指导，利用互联网平台，进行便捷而有效的沟通，指导全区单位开展软件正版化工作。组织开展交流学习，各单位互相借鉴，取长补短，完善台账，做到账实相符，账账相符。扩大软件正版化覆盖范围，推进11家区属国企软件正版化工作，在区属一级国企中营造“拒绝盗版、使用正版”的社会氛围。

（罗周智）

**【“扫黄打非”成果】** 年内，石景山区“扫黄打非”工作以5大专项行动为抓手，将“扫黄打非”工作纳入意识形态责任制和平安石景山建设考核。全年出动执法人员5300余人次，执法车辆580余台次，检查各类经营主体4400余家次，开展联合执法130余次，收缴各类非法出版物、宣传品4700册（张）。取缔利用封建迷信从事非法活动团伙1个，关停非法点播影院3家。开展“扫黄打非”进基层示范点创建工作，强化基层工作站线索收集和情况上报，选树区级示范点2个。开展“护苗2020·开学季行动”主题宣传活动，向居民发放宣传材料和宣传品3200余份。在9个街道的80余个社区开展“扫黄打非”巡展活动。

（罗周智）

**【新闻出版审批】** 年内，区委宣传部依法受理各类公共服务事项303件。

其中出版物零售单位设立 51 件、注销 10 件、变更 30 件、补证 1 件；出版物年度核验 181 件；印刷企业年度报告 20 件；出版物企业分支机构设立 4 件；电影放映场所变更 1 件、延续 2 件、设立 1 件、注销 1 件；有线电视站、共用天线设计、安装许可证延续 1 件。全部依法办结。

（罗周智）

## 精神文明建设

【概况】 北京市石景山区精神文明建设委员会办公室（简称区文明办）是北京市石景山区精神文明建设委员会（简称区文明委）的办事机构。年内，区文明办印发《石景山区深入开展“文明有我健康行”十大行动工作方案》，开展“致敬抗‘疫’英雄”“邻里守望志愿服务”等十大主题实践活动，加强“文明健康 有你有我”公益广告宣传。弘扬广大干部群众在新冠肺炎疫情防控中展现出的良好精神风貌，深入推进新时代公民道德建设工程，深化“学榜样、我行动”活动，树立新时代引领道德风尚的精神标杆。深入开展习近平新时代中国特色社会主义思想宣传教育，培育和践行社会主义核心价值观。结合疫情防控，加强健康理念和传染病防控知识宣传教育，推动形成文明健康、绿色环保生活方式。推进礼仪、环境、秩序、服务、观赏、网络等各领域文明引导行动，动员社会力量开展示范路口创建。加强生态文明教育，引导市民树立敬畏自然、保护环境的理念。深化群众性精神文明创建活动，推动文明创建常态化。广泛开展爱国卫生运动，组织动员各级文明单位、文明家庭、文明校园打好卫生防疫和环境整治的总体战。打好创城攻坚战，实现创城惠民、创城利民。以服务保障冬奥筹办为统领，深化“擦亮行动”。做好“社会面安全防控、城市秩序、城市环境、窗口服务、宣传舆论、未成年人思想道德建设”等 6 个方面 57 项重点工作任务。以服务区域中心工作为着力点，融合创建工作合力。发挥创城在凝心聚力、铸魂育人、惠及民生、树立形象等方面的牵引作用，与各项创建融合推进，与市民热线平台、老旧小区更新改造等工作一体推进。以为民惠民靠民为宗旨，推动创建常态长效。坚持需求导向，抓好项目谋划，完善城市功能。坚持问题导向，补短板促整改，提升城市品位。坚持循序渐进，持续开展专项整治。完成全年目标任务。

（刘　彪）

【精准推进精神文明建设】 年内，区文明办在新冠肺炎疫情防控工作中精准推进精神文明建设，印发《关于在全区开展打赢疫情防控阻击战中有针对性地做好精神文明教育工作的通知》，对选树战“疫”先进典型、发挥文明单位示范引领作用，作出明确部署。制发《致各级文明单位的一封信》《共守文明一米线》等多份倡议书，号召各级各类文明单位落实“四方责任”。组织公共文明引导员参与疫情防控，740 余名引导员累计服务时长 1000 多个小时。4 月 1 日起，组织 510 名引导员在玉泉路至首钢冬奥组委会机关周边 115 个主要公交站台和 15 个路口开展文明引导，实现全市最早上岗复工。

（刘　彪）

【区文明委第一次会议】 4 月 23 日，区文明委召开 2020 年第一次会议暨背街小巷环境精细化整治提升动员部署会。会议通报石景山区第七届首都道德模范提名奖、首都背街小巷环境整治提升和深化文明创建先进典型。会议部署石景山区精神文明建设和全国文明城区创建工作、石景山区 2020—2021 年背街小巷环境精细化整治提升工作方案。

（刘　彪）

【爱国卫生运动】 年内，区文明办印发《石景山区关于在精神文明创建活动中深入开展爱国卫生运动的工作方案》，每周开展爱卫主题活动，清理垃圾 1 万余吨，清理病媒生物孳生地 10 万余处，总计 3 万余名志愿者，93 个志愿服务队，15 余万户家庭参与。

（刘　彪）

【倡导绿色环保理念】 年内，区文明办印发《关于开展倡导绿色环保理念 培育健康生活方式的通知》，开展文明餐饮推广行动，发布“公筷行动”“光盘行动”倡议书。印发《石景山区“制止餐饮浪费 践行光盘行动”专项宣传引导活动实施方案》《关于进一步深化石景山区“制止餐饮浪费 践行光盘行动”活动的行动方案》和《专项督导检查工作方案》，做好“光盘行动”牵总工作。

（刘　彪）

【文明行为促进条例宣传】 年内，区文明办印发《北京市文明行为促进条例》宣传册 5 万册，制作《画说文明》系列动画短片 9 集，媒体报道量近 70 篇次，在全市楼宇电视和户外大屏滚动

7 月 17 日，居民参加垃圾分类宣传活动　　（《石景山报》供图）

播出64054次、覆盖人群超550万人，优酷、爱奇艺、抖音等网络视频平台累计播放量近350万次。

(刘　彪)

【未成年人思想道德建设】 年内，区文明办开展“扣好人生第一粒扣子”系列主题教育实践活动，评选出10名“新时代好少年”。征集17个“童心向党”优秀歌曲视频作品。邀请26名离休老战士在线上开展6期讲述“红色基因永传承”战争故事展播活动。开展“弘扬战‘疫’正能量雷锋季”“冬奥志愿家庭”活动79次。组织开展中华美德少年行活动，征集15个优秀故事作品、5个读书分享作品，在全市展播。

(刘　彪)

【举荐宣传“榜样模范”】 年内，区文明办每月召开区级榜样评选工作会，全年推荐“中国好人”候选人23人，“北京榜样”候选人52人。其中4人荣登2020年北京榜样月榜，941路公交车乘务员李斌获得年度人物称号，其余3人获得提名奖称号，获评人数创历年新高。制作“2020北京榜样举荐榜”宣传海报11000张，在“北京青年报·社区报”刊登《因为你 疫情期间日子也美好红火》《无尽干劲 守一方健康》等文章，市级媒体专版报道李美红、诸敏、柏群、陈飞等典型人物的先进事迹。打造石景山“榜样公园”，对27名榜样模范事迹进行巡展，传递榜样力量。区文明办全年为30名各级各类道德模范先进典型人物发放慰问金3.2万元。组织全国道德模范、中国好人、北京榜样、各类志愿者、志愿组织代表等89人参加“助力冬奥走进首钢园 礼遇榜样共话石景山”新春慰问活动。邀请全国道德模范任全来等13名榜样人物参加“2020年石景山区新春团拜会暨新春民乐会”。

(刘　彪)

【学雷锋志愿服务活动】 年内，区文明办发动志愿者和志愿服务组织开展新冠肺炎疫情防控、垃圾分类、关爱特殊群体、邻里互助等志愿服务活动，1900余支志愿服务队伍和14.5万名注册志愿者参与志愿服务项目1.3万个，服务总时长达1700万小时。全面做好全国学雷锋志愿服务“四个100”先进典型暨百名疫情防控最美志愿者评选推荐工作，市检一分院车明珠获最美志愿者荣誉称号，五里坨街道陆军机关军营社区获最美志愿服务社区荣誉称号。

(刘　彪)

【首都文明称号评选推荐】 年内，区文明办完成2018—2020年度首都文明单位、文明家庭、文明校园评选推荐工作。印发评选推荐工作方案，成立区级工作领导小组，制定石景山区文明单位、文明单位(景区)、文明单位(社区)、文明家庭、文明校园5套测评体系，400余家党政机关、企事业单位、街道、社区申报创建。经综合测评、小组审议、征求意见、社会公示、区委常委会审议，推荐上报区教委等25家单位为首都文明单位标兵，区委办等156家单位为首都文明单位，姚桂红家庭等8户家庭为首都文明家庭，北京市第九中学等15所校园为首都文明校园。命名区科协等88家单位为首都文明单位(社区、景区)提名单位，命名范迪家庭等16户家庭为首都文明家庭提名家庭，命名景山学校远洋分校等25所校园为首都文明校园提名校园。

(刘　彪)

【全国文明单位、文明家庭、文明校园创建】 年内，区文明办按照首都文明委工作要求，成立区申报推荐工作领导小组，召开专题会议，对第五届全国文明单位进行全面复查。申请保留区人力社保局等8家单位“全国文明单位”荣誉称号，国网北京石景山供电公司、石景山区卫生健康监督所、石景山区八角街道公园北社区3家单位获评第六届全国文明单位，推荐姚志刚家庭获评第二届全国文明家庭，北京大学附属小学石景山学校获评第二届全国文明校园，北京市石景山区古城小学校长叶艳获评第五届全国未成年人思想道德建设工作先进工作者。

(刘　彪)

## 统一战线

【概况】 年内，中共石景山区委统一战线工作部(简称区委统战部)统筹推进新冠肺炎疫情防控和脱贫攻坚的重点任务，紧扣凝聚人心这个根本，突出思想政治引领这条主线，凝心聚力推动地区高质量发展，为高水平建设首都城市西大门贡献智慧和力量。推动全面从严治党(党建)工作检查考核整改落实，全面分析梳理3项反馈问题，制定并落实9项整改措施，重点制定新闻发言人制度，健全重大舆情风险评估机制、舆情应急处置和日常管控机制，加强对统战人士的联系服务，坚持周交谈、月访谈、季论谈、年座谈工作方法，走访党外代表人士100余人次。

(李　凯)

【服务新冠肺炎疫情防控】 年内，区委统战部为石景山区抗疫一线单位筹措防疫物资，累计捐款3730万元，捐赠口罩、防护服等物资总价值1698万元。各民主党派成员、无党派人士直接参与疫情防控和救治患者的医务工作者近40人。围绕疫情防控、复工复产等报送建言信息335篇，向各级编报98篇，针对疫情防控提出建言335篇，其中《关于我市出台抗疫一线医务人员子女入园入学升学特殊照顾政策的建议》等2篇获多位市领导批示。各统战组织支援街道社区和商务楼宇一线疫情防控2300余人次。持续做好检查指导市场、菜站、餐饮服务单位检查指导防疫和环境消杀工作，覆盖全区9个街道辖区1000余处点位，现场指导整改问题70余件。

(李　凯　王　佳)

【为统战对象办实事】 年内，区委统战部结合党外人士需要，申请专项资金200余万元落实提升宗教场所基础设施建设、宗教活动场所合同到期续租等一批实事项目。用好市区两级少数民族经济发展专项资金，拨付资金25.7万元用于清真企业、清真网点升级改造。争取北京市少数民族特困家庭帮扶资金，帮助少数民族特困家庭10户，合计1万元。结合新冠肺炎疫情实际，提供政务服务事项网上咨询、办理等“零接触、不见面”等服务。重要节日期间走访民主党派老主委10余人次，慰问生病及生活困难的党外代表人士3次、侨胞侨属2人次。

（安丹阳）

【巩固共同思想政治基础】 年内，区委统战部引导全区各民主党派、无党派人士开展“不忘合作初心，继续携手前进”“弘扬爱国奋斗精神，建功立业新时代”主题教育活动，围绕学习贯彻党的十九届四中、五中全会精神、坚定制度自信、传承多党合作光荣传统等内容，举办专题报告、交流研讨、参观见学等活动，组织学习“全面学习领会《习近平谈治国理政》（第三卷）”视频课程，与区政协联合举办“读《习近平谈治国理政》（第三卷）的学习体会”专题报告，组织民主党派、无党派人士深入学习各级“两会”精神，召开区委十二届十一次全会精神通报会，支持各民主党派开展系统学习。

（秦　岭）

【服务首都城市西大门建设】 年内，区委统战部在全区统一战线开展“我为高水平建设首都城市西大门献一策”主题建言活动，累计收到各类建言信息超200篇，采编报送60余篇。引导党外人士围绕全区重点任务，开展调研，形成44篇高质量的调研报告，多项成果实现有效转化。服务保障冬奥筹办，发挥民主党派资源优势，服务保障国家花样滑冰集训队赴燕京八绝艺术馆参访见学。支持民主党派打造与津冀合作品牌，参与脱贫攻坚工作，形成捐资助学、非遗课堂、教育结对、医疗帮扶等多个特色工作品牌。

（秦　岭）

【协助民主党派参政议政】 年内，区委统战部开展政党协商，协助区委制定实施《石景山区2020年政党协商计划》，与区委区政府研究室共同召开2020年区委区政府重点调研课题与各民主党派、工商联和无党派人士协商推荐会。围绕“提升应对突发公共卫生事件的能力，加强公共卫生应急管理体系建设”议题开展“云协商”，与区政协联合召开推进“十四五”期间高质量发展专题议政会，形成发言材料26篇。发挥民主监督效能，支持保障农工党市委对石景山区疏整促工作开展专项民主监督，协助召开工作座谈会3次，协调提供材料3次，组织实地查看多个点位建设情况，协调各有关单位召开调研座谈会汇报工作进展情况，为期3年的专项民主监督工作完成。

（王　佳）

【中国特色社会主义参政党建设】 年内，区委统战部将加强参政党建设工作纳入区委深改委全年工作要点及统一战线年度重点工作任务，在对石景山区民主党派自身建设情况及他地落实经验进行总结借鉴基础上，制定印发区委《贯彻落实〈中共中央关于加强中国特色社会主义参政党建设的意见〉及〈市委若干措施〉的实施方案》。支持民主党派加强思想政治建设，严把组织发展入口关，协助各民主党派基层支部推进换届工作，协商推荐产生各民主党派区工委代表人士名单，为民主党派开展调查研究提供支持，畅通民主党派与职能部门沟通联系的渠道。

（秦　岭）

【党外代表人士队伍建设】 年内，区委统战部做好各领域党外代表人士梳理分析，完善基础数据台账。健全完善区委组织部、区委统战部《党外干部工作联席会议制度》，定期召开联席会议，会商党外干部选育用管工作，组织召开优秀科级干部专题座谈会。落实与区政协联席会议机制，定期沟通政协委员履职情况。增进与党外代表人士沟通联系，及时了解情况，帮助解决困难。落实《社会主义学院工作条例》精神，加强社院建设，持续推动统战课程在党校班次全覆盖，举办年度党外代表人士培训班，开展统战理论研究工作，在《北京社院学报》登载文章2篇。抓住统战社团创新发展契机，引入北京知联会优势资源，共同举办工作交流会暨知友荟平台启动仪式，就推动群众参与冰雪运动开展联合调研，建立中关村石景山园新联会知联会专委会。

（王　佳）

【支持民营经济发展】 年内，区委统战部协助区委区政府统筹抓好新冠肺炎疫情防控和复工复产，调研120余家小微企业复工复产情况，形成《疫情期间区工商联会员企业复工复产情况调研报告》，为区委区政府提供决策参考。推进精准扶贫行动，指导区工商联在河北顺平县实施精准扶贫产业项目4个，投入帮扶资金472万元，受益贫困人口71人。

（杨　雯）

【新的社会阶层人士统战】 年内，区委统战部组织引导新的社会阶层人士投身新冠肺炎疫情防控，在32栋楼宇动员33家企业建立“楼长助理制”，与楼宇工作站和物业“双楼长”建立联系，协助开展值班值守、人员排查、防疫消毒、心理疏导等工作。依托微信公众号统战云课堂栏目，疫情期间开展新的社会阶层人士统战培训专题20多期。指导区新联会顺利换届。以建设社团活动站、党外人士实践锻炼点、统战成员服务站为抓手，协同相关部门、统战社团重点打造10家统战示范基地。扎实推进楼宇园区新的社会阶层人士统战工作，为全区9个街道党群服务中心和石景山科技园区党群服务中心以及40个楼宇工作站授牌成立统战工作站，提前一年实现商务楼宇和园区统战工作队伍和组织机构全覆盖。

（杨　雯）

【基层统战工作】 年内，区委统战部开展“走街道、访基层、找问题、寻对策”系列专题调研活动，明确基层统战工作要以“一变三建”（转变工作方式方法，在建体制、建机制、建网络）为重点，构建大统战工作格局，对各街道统战工作提出针对性的建议。加强基层统战干部队伍建设，依托“同心拾景”微信公众号，开设统战政策培训云课堂30期。

（杨海锋）

【侨胞统战工作】 年内，区委统战部支援海外侨胞抗击疫情，为20名区内集中隔离的返乡侨胞定制“温馨拼盘”，为海外侨胞及留学生递送400个爱心防疫包；协调指导北京侨梦苑为30个海外商协会及100位海外侨胞和专家人才递送“关爱暖心包”。维护侨胞合法权益，市人大常委会副主任李颖津到区检查“侨法实施办法”贯彻落实情况，对石景山区在维护侨益、发挥侨力等方面的工作表示充分肯定。做好政策咨询和涉侨业务办理,依法开具借读批准书等8份,解答群众咨询50余件。开展困难归侨侨眷补查,按要求为困难归侨侨眷发放慰问金。节前走访慰问侨界代表人士及困侨,推动落实老归侨临时生活补贴标准提高,开展侨法宣传。持续推动北京侨梦苑建设,建立北京侨梦苑"政协委员工作站",邀请政协委员就地区发展建设建言献策,提供新思路,做好北京侨梦苑政协提案办理回复工作。

(张　会)

## 台港澳事务

**【概况】** 2020年,中共北京市石景山区委台湾工作办公室、北京市石景山区人民政府台湾事务办公室(简称区台办)坚决贯彻中央对台工作决策部署,坚决落实市委对台工作要求,以服务中央对台工作大局、服务区域社会发展为目标,最大限度地做好对台工作。加强与驻区台胞台企联系,主动协调服务,回应关切诉求,排忧解难,主动为他们送复工复产政策、就业信息等服务,以发放口罩等新冠肺炎疫情防控物资的务实举措助力台企复工复产,做好涉台领域新冠肺炎疫情常态化防控工作。

(王杏芝)

**【走访及调研】** 1月24日,陈婷婷带队赴林献堂抗日事迹陈列馆开展涉台交流基地调研,走访慰问台籍人士林为民。春节期间,区台办深入台企和社区走访台商台胞台属,征求意见建议,送去新春祝福。

(王杏芝)

**【台港澳人士中秋联谊活动】** 9月28日,区台办举办驻区台港澳人士中秋联谊活动,开展区情宣传、沉浸式体验《飞跃中国》VR项目体验、燕京八绝艺术馆领略非遗技艺参观,工作、思想、生活动态座谈交流,引导台企融入区域发展大局,30余人参加。

(王杏芝)

**【台商参访法海寺】** 10月22日,区台办接待参加第二十三届京台科技论坛的20余名台商到法海寺参访。

(王杏芝)

**【台港澳工作培训班】** 10月28日,区委统战部、区台办在区委党校举办石景山区台港澳工作培训班,邀请中国社科院台湾研究所所长助理、研究员彭维学作台海形势报告,中国社科院美国所助理研究员张一飞作香港问题报告。区对台工作领导小组和港澳统战工作联席会成员单位主管领导、各街道主管领导、分管干部以及部分社区书记主任70人参加。

(王杏芝)

**【台生参访冬奥展示中心】** 11月13日,区台办协调接待海淀区多所高校30余名在京台生走进北京冬奥会和冬残奥会展示中心参访研学,为有意愿参加冬奥会服务的台湾青年搭建了解冬奥知识和冬奥会筹办的学习平台。

(王杏芝)

**【台港澳学生社会实践活动】** 11月至12月,区台办落实市台办、市委教工委、市教委工作部署,区委统战部、区台办组织承办2020年在京台生体验北京社会实践活动之走进冬奥组委及首钢园参访活动。分5批安排清华大学、北京大学等5所高校的200名在京台生及部分港澳学生,通过实地参观、聆听讲解、观看视频,讲解北京冬奥会、冬残奥会的申办、理念、筹备情况和新首钢高端综合产业服务区情况。

(王杏芝)

**【落实惠台措施】** 年内,区台办落实中央"31条""26条"及北京市"55条""26条"系列惠台措施,做好台企发展政策性指导和服务,优化涉台发展环境,鼓励台企抢抓机遇、化危为机,让企业感受到石景山区对台企的关怀和营商环境的持续改善,增强企业在石景山区发展的信心。

(王杏芝)

**【维护台胞权益】** 年内,区委统战部、区台办到台企和社区走访调研,加强"两岸追梦人""港澳工作"微信群维护联系,了解台港澳同胞诉求,协调办理台胞就学、就业、工作、生活等相关问题。

(王杏芝)

## 全面深化改革

**【概况】** 2020年,在市委全面深化改革委员会和区委常委会的坚强领导下,区委全面深化改革委员会坚持以习近平新时代中国特色社会主义思想为指导,深入贯彻党的十九大和十九届二中、三中、四中、五中全会精神,深入贯彻习近平总书记对北京重要讲话精神,紧紧围绕首都中心工作和地区发展大局,加强对全区改革工作的统筹谋划、重点攻坚、整体推进、督促落实,推动各领域改革纵深发展,取得新成效。全年完善改革统筹谋划和推进落实机制,制定年度改革工作要点,实施项目清单式管理,明确年度30项重点改革任务和28项深改委会议议题。强化深改委决策议事协调职能,全年召开深改委会议5次,审议议题17项,通过改革方案和文件13个。认真贯彻落实中央和市委市政府文件精神,及时对标对表,新增深改委会议议题3项,切实提高会议实效和议题质量。发挥各专项小组牵头组织协调作用,共召开会议69次。强化重点改革任务主管区领导负责制,按照专项小组工作规则的规定,对各小组组长、副组长分工进行调整,主管区领导主持召开改革专题会议13次,确保改革课题研究、方案制定、议题审议、任务督察有序推进,有力推动全区重点领域和关键环节改革取得新突破。加强对督察的全程管理,制定年度改革督察计划,重点改革任务纳入区委区政府"两办"督察,督察结果纳入全区年度考核,确保各项改革任务落实落地。

(白　洋)

**【公共卫生应急管理体系改革】** 年内,区委深改委推进公共卫生应急管理体系改革。区委、区政府制定加强公共卫生应急管理体系建设实施方案和加强公共卫生应急管理体系建设三年行动计划,全面完善公共卫生应急管理体系,提升应急响应和处置能力。同时深化食品安全工作改革,完善食品安全责任体系,提升食品安全工作水平。

(白　洋)

【优化营商环境改革】 年内，区委深改委持续推进优化营商环境改革。在全市率先出台“石惠15条”，完善制定“石惠16条”及系列惠企政策，兑现扶持资金9.5亿元，减免缓缴社保基金34亿元，融资贷款78亿元，复工达产率84.3%，排名全市前列。区委召开全区经济发展推进大会，发布“2+N”政策体系，营商环境进一步优化。行政审批告知承诺制改革全面深化，推出83项告知承诺政务服务事项，开展政务服务大厅延时服务，“石时办”APP上线运行，区级政务服务事项实现全网通办、一站式办理。深化商事制度改革等3项工作受到国务院办公厅督查激励表彰通报。创新金融服务机制，启动“石景山区小微企业金融综合服务平台”网站，打通线上融资渠道，率先设立“小微企业风险代偿补偿资金”，撬动5000万元贷款落地，成为全市首个同时支持银行贷款与担保贷款融资风险代偿的政府补偿金。深化国有企业市场化改革，组建石泰集团，收购中发展所持京石发展股权。制定“两区”建设实施方案及首批90项清单。

（白　洋）

【养老服务体制改革】 年内，区委深改委深入推进国家级居家和社区养老服务体制改革试点工作。养老服务三年行动计划和十大专项行动启动实施，家庭照护床位建设不断加快，“三边十有”养老服务体系更加完善。强化医养康养相结合，把康复辅助器具社区租赁试点项目融入全区养老服务体系，搭建一平台两中心三级服务网络，老年友善社区卫生服务中心创建和评估工作持续开展，9家街道养老照料中心和41家社区养老服务驿站建成，实现一刻钟居家养老服务全覆盖。国家级政策性长期护理保险试点全面推开，制定实施方案和实施细则，提高重度失能人员护理服务质量。

（白　洋）

【基层治理体系改革】 年内，区委制定并实施党建引领基层治理工作实施方案，深化党建引领“街乡吹哨、部门报到”改革，全面加强新时代街道工作，430项行政执法权下沉街道，全区街道执法力量占比达到85%。纵深推进“接诉即办”改革，制定并实施关于深化“接诉即办”改革工作的实施意见和考核办法，完善五大专班常态化工作体系，落实首办责任制、双派双考、三见面等工作机制，建成区级网上“12345”平台，推进高频难点事项专班常态化调度和长效化解决。拓展“石景山老街坊”社会治理品牌，建设全国社区治理和服务创新实验区。推进城市精细化管理，开展背街小巷环境精细化整治提升，人居环境显著改善。

（白　洋）

【老旧小区管理体制改革】 年内，区委深改委持续推进老旧小区综合整治和有机更新。制定并实施老旧小区综合整治和长效治理工作方案，引入社会资本，深化与首开集团、愿景集团的战略合作。18个老旧小区改造工程和16个有机更新项目有序推进，鲁谷五芳园、古城十万平等一批改造项目加快实施。同步推进区属物业改革，破解老旧小区物管难题，推进物管会向业委会过渡，提高“三率”实效，促进物业管理融入社区治理体系。

（白　洋）

【教育综合改革】 年内，教育综合改革不断深化。实施关于进一步深化集团化办学改革实施意见、关于全面深化新时代教师队伍建设改革的实施意见，推进集团化办学改革、加强教师队伍建设，教育教学质量不断提升。落实学前教育三年行动计划，普惠性幼儿园覆盖率达86%。

（白　洋）

【医药卫生体制改革】 年内，国家医共体试点和北京市紧密型医联体试点建设逐步深化，医药分开、医耗联动综合改革加快实施，基层医疗服务水平不断提升，获全国健康城市建设示范城区称号。

（白　洋）

【干部队伍及人才队伍建设改革】 年内，区委深改委聚焦建设忠诚干净担当的高素质专业化干部队伍和加大人才引聚支持力度这两项重点改革任务，协调推进相关改革。实施干部素质提升工程，落实建设高素质专业化公务员队伍三年行动计划，推进干部系统性调整，调整干部487人次，干部队伍结构显著优化。出台关于进一步加强石景山区人才工作的意见、石景山区吸引和鼓励高层次人才创业和工作计划实施办法，搭建“1+1+N”人才政策体系，实施“景贤计划”，高端人才吸引力不断提升。

（白　洋）

【文化建设改革】 年内，区委深改委推进文化领域改革。落实西山永定河文化带保护发展规划和五年行动计划，完善文化带建设管理体制和运行机制，出台促进文旅融合发展实施办法。模式口历史文化街区环境整治和修缮改造取得显著进展，八大处公园提升工程加快实施。融媒体中心、新时代文明实践中心、政务服务中心贯通融合发展，文联机构改革进一步深化。创建国家公共文化服务体系示范区完成验收，区文化中心投入使用，获评全国“书香城市”。

（白　洋）

【民主政治领域改革】 年内，区委深改委持续加强民主政治领域改革。区人大常委会印发审议意见处理办法，创新督办机制，增设会议交办，强化监督刚性。健全人大常委会组织制度和工作制度，在全市率先提出提升家站建设和工作的标准化水平，出台工作意见，规范家站关系和运行模式。深化政协委员履职评价管理，强化结果运用，增强评价工作的实效性，委员参加活动次数比往年同期有明显提高，征集提案和立案总数以及报送社情民意信息数量比去年均有所增长。持续加强参政党建设，区委印发贯彻落实《中共中央关于加强中国特色社会主义参政党建设的意见》及市委若干措施的实施办法，把加强参政党建设纳入重要议事日程。

（白　洋）

【派驻机构改革】 年内，《关于深化石景山区纪委区监委派驻机构改革的实施意见》和《关于推进石景山区区管企业纪检监察体制改革的实施办法》分别以区委办、区纪委区监委名义印发并实施,推动监督向基层延伸。

(白 洋)

## 决策研究

【概况】 中共北京市石景山区委、石景山区人民政府研究室(简称研究室)是负责全区综合性政策研究、为区委区政府科学决策服务的区委工作部门。年内,研究室围绕服务区委区政府中心任务,统筹推进全区调查研究工作,全区共完成调研报告428篇,其中北京市重点关注调研课题2个,区领导牵头的重点协作课题22个,处级党政正职领导完成调研报告84篇,编印2019年度《石景山区优秀调研报告文集》,编发《决策参考》48期。圆满完成区委全会报告、政府工作报告等重要文稿任务,全年共起草区委区政府各类综合文稿80余篇。

(王珅珅)

【区重点协作调研课题】 年内,研究室制定《石景山区2020年调研工作要点》,协调推进22个重点协作调研课题:关于把握冬奥机遇推动石景山区经济社会高质量发展的研究;关于打造新时代首都城市复兴新地标思路与路径的研究;关于石景山区推进西山永定河文化带建设情况的调查报告;关于实施"三龙经济"发展战略推动石景山区经济高质量发展的调研报告;关于石景山区"全国城市基层党建示范区"建设的研究;关于深化监督向基层延伸打通全面从严治党"最后一公里"的调研;关于充分发挥新时代文明实践中心统领作用加强志愿者队伍建设的研究;关于从预付式消费监管服务看石景山区市域社会治理现代化基层实践的调研;关于在构建新时代社会治理体系中发挥基层统战工作作用的路径探索;关于落实公务员职务与职级并行制度的思考;关于居住区有机更新和物业服务管理提升的调研;关于北京银行保险产业园发展情况的思考;关于加强企业职工队伍建设的调查与思考;关于落实《北京市街道办事处条例》的调研与思考;关于石景山区城市精细化管理的问题及对策研究;关于构建石景山特色冬奥警务模式的探索与实践;关于新冠肺炎疫情防控对完善石景山区公共卫生应急管理体系的研究;关于石景山区虚拟现实产业发展规划的研究;关于石景山区社区协商的调研报告;关于石景山区小区物业管理机制的调研报告;关于石景山古建文物保护与开发利用情况调研;关于深入推进街道执法改革构建城市基层社会治理新格局的调研。

(王珅珅)

【完成综合文稿】 研究室全年起草各类报告、讲话等综合文稿80余篇。完成区委、区政府重要指导性文件,高质量起草完成区委"十四五"规划建议,常卫在区委十二届十一次、十二次全会上的工作报告,李新在区第十六届人民代表大会第七次会议工作报告、在区政府全体会议上的讲话等重要文稿。完成区委区政府重要会议文稿服务任务,起草完成党建工作会、月度点评会、区委班子民主生活会等重要会议文稿材料。完成区委区政府交办的日常文稿任务,上级布置材料、领导调研汇报、巡查专项报告等。

(王珅珅)

【把握冬奥机遇推动石景山区经济社会高质量发展的研究】 常卫主持的《关于把握冬奥机遇推动石景山区经济社会高质量发展的研究》课题是北京市重点关注调研课题,由研究室牵头实施,形成近2万字的研究成果。该课题紧紧围绕"服务冬奥、借势冬奥、参与冬奥"这一主线,全面总结石景山区服务保障冬奥筹办工作经验和阶段成果,分析提出需要重点关注和解决的问题,并在此基础上提出下一阶段重点任务和工作建议。不断提高服务冬奥能力,加强顶层设计推动各项任务落实,完成冬奥比赛场馆和配套设施建设,完善基础设施建设和城市运行保障,增强赛事运行组织和公共服务水平。持续扩大借势冬奥效益,提升轨道交通覆盖和道路通行效率,加强生态环境建设和景观整治提升,打造冰雪产业发展生态,推进城市有机更新和市民素质提升。营造参与冬奥氛围,引进高端冰雪资源和专业指导力量,完善冰雪设施和活动供给,培育冰雪运动文化,提升运动竞技水平。随着服务保障冬奥筹办工作进入全力冲刺阶段,服务冬奥方面要增强责任感、使命感、紧迫感,坚决落实属地责任,为冬奥赛事提供一流硬件设施和软件服务,确保服务保障冬奥筹办各项任务如期保质完成。借势冬奥方面要尽最大努力充分扩大冬奥效益和冬奥成果,带动全区经济社会各方面发展实现跃升。参与冬奥方面要以创建"带动三亿人参与冰雪运动"示范区为抓手,营造浓厚冰雪运动氛围,推动形成冰雪运动蓬勃发展新局面。

(王珅珅)

【打造新时代首都城市复兴新地标思路与路径的研究】 李新主持的《关于打造新时代首都城市复兴新地标思路与路径的研究》课题是北京市重点关注调研课题,由研究室牵头实施,形成近3万字的研究成果。该课题从新时代首都城市复兴新地标建设内涵与评价标准、现实基础与突出问题、时代价值与现实意义展开研究分析,借鉴国外城市复兴评价经验,结合新时代首都城市复兴新地标建设的总体要求,坚持定量指标与定性指标相结合,提出构建由"文化复兴、产业复兴、生态复兴、活力复兴"4个一级指标、12个二级指标和39个三级指标组成的指标体系,综合评价新时代首都城市复兴新地标的建设进展与阶段性成效。围绕"四个复兴"从文化融合、特色产业、活力城市、生态环境、政策创新五个方面提出具体的实施路径,建成充分彰显"新时代高质量发展、城市治理先进理念和大国首都文化自信"的新地标,为国内外老工业区更新改造提供可复制、可推广的经验。

(王珅珅)

【优秀调研文集】 年内,研究室完成2019年度《石景山区优秀调研报告文集》编辑、印发工作。《石景山区优秀调研报告文集》收录优秀调研报告88篇,其中一等奖10篇、二等奖20篇、三等奖40篇、民主党派和工商联优秀报告18篇,同时收录区领导主持的区重点协作调研课题20篇以及当年部分重要文件。

（王珅珅）

【决策参考】 研究室全年刊发48期，向区领导提供国内经济与社会发展方面最新动态、典型经验做法以及区内各单位完成的具有探索性和有一定参考价值的调研成果，为区领导决策提供前瞻服务。

（王珅珅）

## 机构编制管理

【概况】 中共北京市石景山区委机构编制委员会办公室（简称区委编办）是区委机构编制委员会（简称区委编委）的常设办事机构，在区委编委领导下，负责本区行政管理体制和机构改革以及机构编制管理的日常工作，列入区委机关序列。2020年，区委编办紧紧抓住“两大机遇”，牢牢把握“三区定位”，着力巩固深化机构改革成果，稳步推进事业单位改革试点，创新加强体制机制建设，统筹配置机构编制资源，聚焦服务保障冬奥筹办、打造新时代首都城市复兴新地标、推动高质量发展、保障和改善民生等重点工作精准发力，为高水平建设好首都城市西大门提供坚实的机构编制服务保障。

（靳献乐）

【重新修订街道“三定”规定】 年内，区委编委落实《北京市街道党工委和办事处职责规定》，推进街道党工委、办事处依规依法履职，依据《北京市街道党工委和办事处职责规定》，结合实际，重新修订9个街道的“三定”规定，重点对街道党工委和办事处的职能定位、主要职责和内设机构职责事项进行调整，并依据新颁布的法律法规充实部分职责事项，同时对应市区级职能部门的职责事项，相应调整街道内设机构职责分布。按照北京市统一要求，新修订的街道“三定”规定自2021年1月起施行。

（靳献乐）

【经营类事业单位改革】 年内，区委编办加快推进经营类事业单位改革，推动“事企分开”，营造公平竞争市场环境、提高国有资本运营效率、强化事业单位公益属性。区属相关部门在前期已完成工作的基础上，按照“统筹兼顾、分步实施”原则，加强协作、积极推进，抓好涉改单位资产处置等重点环节，按照市委编办工作要求，于11月底前完成相关事业单位的法人注销工作，经营类事业单位转企改制任务全面完成。

（靳献乐）

【事业单位改革试点】 年内，区委编办根据北京市《关于深化区级事业单位改革试点工作的指导意见》，在系统梳理全区事业单位现状、充分结合区域工作实际基础上，严格按照改革要求和有关精简比例谋划本区事业单位优化调整措施，并于12月底前将经区委编委会审议通过的《北京市石景山区深化事业单位改革试点实施方案》报送市委编委。同时，着眼于健全完善事业单位管理制度机制，加快推进政事分开、管办分离，强化公益属性，对部分事业单位的职能设置、编制配备等进行超前研究，为下一步构建优化协同高效的公益服务体系打下坚实基础。

（靳献乐）

【助力文明城区创建】 年内，区委编办根据《北京市市、区政府部门权力清单动态管理办法》相关要求，结合创城任务分工 梳理权力清单相关事项，对涉及11个区属部门的权力清单事项进行动态调整，并及时对外公布。调整后，区政府工作部门权力清单共有事项1105项，其中：市区两级共有事项823项、区级独有事项282项。按照创城办要求完成三轮材料申报，保质保量完成机关工作任务。

（靳献乐）

【行政执法体制改革】 年内，区委编办贯彻落实《关于向街道办事处和乡镇人民政府下放部分行政执法职权并实行综合执法的决定》要求，以区政府名义印发《关于向街道办事处下放部分行政执法职权并实行综合执法工作实施方案》，将5类共430项行政执法职权下放至街道办事处并以其名义相对集中行使，明确61项区街共有职权事项的执法范围和执法权限。同时，按照北京市行政执法体制改革统一部署，完成区城管执法局机构规格和管理体制调整，人力社保、水务等领域综合执法队组建，以及应急管理、生态环保、市场监管、住房城市建设、文化市场等领域相关执法队伍执法编制核定及置换工作。

（靳献乐）

【赋予街道“六权”】 年内，区委编办将推动区级职能部门下放“六权”工作作为完善基层治理体系、提升基层治理能力的重要内容，梳理法条，明确职责履行依据，在调研基础上研究制定《关于石景山区落实赋予街道“六权”工作的实施方案（试行）》，以区街道工作和“吹哨报到”改革专班名义印发。

（靳献乐）

【街道派驻机构改革】 年内，区委编办根据市委编委印发的《关于本市乡镇机构改革的指导意见》精神，结合石景山区实际，明确将9个街道司法所、统计所的管理体制由区司法局、统计局管理调整为街道属地管理，相关职能、编制及人员整建制划转至各街道。街道司法所、统计所与街道相关内设机构综合设置，坚持以赋权、下沉、增效为重点，推动工作重心下移、权力下放、力量下沉。

（靳献乐）

【机构编制调整】 全年召开编委会5次，讨论研究涉及30个单位的机构编制事项，形成各类文件119份。重点围绕加快推进服务保障冬奥会筹办，打造新时代首都城市复兴新地标，扎实推进西山永定河文化带建设，全力推动北京？银行保险产业园等功能区建设，加强“两区”建设，落实行政执法改革要求等方面精准发力，提供有力的机构编制服务保障。同时，结合工作实际，调整部分重点领域、关键环节相关机构的职责和机构设置等，充实了疾病预防控制等民生保障等领域相关机构人员力量，提升编制资源使用效益，不断推动机构编制资源更好地保障我区经济社会高质量发展。另外，从实际需要出发，找准机构编制管理与区域经济社会发展需求的平衡点，统筹协调、动态调控，进一步盘活有限的机构编制资源,提高使用效益,着力破解严控机构编制与保障事业发展之间的矛盾,避免机构编制资源空置、低效运转。

(靳献乐)

【充实街道基层力量】 年内,区委编办贯彻落实北京市《关于加强新时代街道工作的意见》精神,加大基层一线机构编制资源倾斜力度,结合各街道常住人口、辖区面积、现有编制及工作实际,在全区编制资源非常紧张的前提下,尽最大努力把有限编制资源向街道基层一线倾斜。全年下沉各类编制158名,其中:行政编制81名、政法专项编制40名、行政执法编制37名,实现街道执法编制在本区城管执法编制总量中占比达到85%的目标,支持和保障街道开展工作。

(靳献乐)

【机构编制监督检查】 年内,区委编办会同区委办公室对涉改部门、街道"三定"规定执行情况和运行效果开展专项调研,并结合新冠肺炎疫情防控工作,对相关部门疫情防控履职情况和工作中反映的体制机制问题进行调研。圆满完成市委编办部署的区属机构超审批权限设置机构、超规格配备领导干部、自行设置领导职务等问题自查自纠工作。

(靳献乐)

【事业单位登记管理】 年内,区委编办坚持做好事业单位法人登记服务工作,提高工作效率,优化简化流程。改革事业单位登记服务流程,采取网上申请、在线受理、申报材料、EMS或政府机要信箱双向寄达的"无接触"办理方式,实现"受办不见面"和办事单位"零跑动",降低事业单位的人力资源成本。截至年底,完成事业单位法人设立登记2个,变更登记92个,注销登记4个。完成全区287家事业单位2019年度报告公示工作,年度报告率100%、合格率100%。同时,为15家区属单位办理统一社会信用代码赋码及换证工作。提供业务指导、解答咨询、远程协助等服务380余次,核查相关报告材料1400余项。

(靳献乐)

【"僵尸"事业单位清理规范】 年内,区委编办结合北京市深化事业单位改革试点,落实事业单位清理规范工作相关要求,制定实施方案,明确目标任务和责任分工,对清理规范的范围、方式、流程和时间进度进行统一安排。开展前期摸底,对所涉及的140余家事业单位历史档案进行系统梳理,掌握每个单位的实际情况,并通过"一对一"座谈沟通方式,详细了解注销中存在的困难问题,对于不能出具审计报告、印章丢失等难点,有针对性地开展指导工作,确保清理工作按期完成。

(靳献乐)

【事业单位法人事中事后监管】 截至年底,区委编办按照《事业单位登记管理暂行条例》的规定,完成98家事业单位登记事项"双公示"工作。结合各主管部门涉及的"僵尸"事业单位情况,对涉及17个部门,23家事业单位集中进行走访,适时提出整改意见并跟踪督促其落实整改,全面掌握事业单位运行状况,有效监督事业单位落实登记事项。

(靳献乐)

## 老干部管理

【概况】 中共北京市石景山区委老干部局(简称区委老干部局)是区委区政府服务管理离休和处级以上退休干部的工作部门,列入区委机关序列,归口区委组织部管理。截至2020年底,归属老干部局服务管理的离退休干部共887人,其中离休干部95人(含易地安置离休干部3人),平均年龄90.3岁;退休干部759人,平均年龄70.2岁,代管退休干部33人,平均年龄66.3岁。按离休干部参加革命时期划分(不包含易地安置离休干部):抗日战争时期19人、解放战争时期73人。按离退休干部所在单位性质划分(不包含代管退休干部):党政机关721人、事业单位95人、企业单位38人。全年去世离退休干部25人。

(汪国成 郭 维)

【走访慰问】 元旦、春节期间,区四套班子领导对52名区职离退休干部进行走访慰问,包含14级以上离休干部6人;同时各单位对887名离退休干部进行走访,实现全覆盖。开展"精准服务心连心"之"温暖相伴 共克时艰"进百家门、认百家人、知百家情、暖百家心入户走访活动,对全区离休干部、80岁以上高龄退休干部、老干部大学优秀学员共293人进行走访慰问。12月,老干部局党总支开展走访慰问活动,共走访老干部75名。全年送别25位离退休干部并慰问家属。

(蒋 航)

【老干部自管组织建设】 1月14日,区委老干部局、区老干部大学八大处军营分校老将军和石景山区离退休老领导、区老年书画研究会的30余名书法家为全区离退休干部举办专场"迎新春贺鼠岁"春联展及笔会,并为高龄离退休老同志赠送福字,此次活动展出春联500余副,福字500余幅,百余名老干部参与活动。年中,区老年书画研究会参加中国老年书画研究会组织的"纪念建党99周年·逆行中我们风雨共担2020网络书画艺术展",获得抗击新冠肺炎疫情书画创作贡献单位和网红老年书画单位。10月16日,区委老干部局举办"情满重阳 助力冬奥 建设美好石景山"重阳系列活动,包括十佳健康老人评选、健步走以及老干部自赛活动。欣苑合唱团退休干部自创《白色战袍绿军装》《英雄,白衣天使》《出征》等抗疫歌曲。其中,《白色战袍绿军装》作品,入选由北京合唱协会主办的"我们在一起"全国抗疫题材优秀原创公益歌曲。11月,欣苑合唱团参加"北京之声"第七届首都市民合唱周活动,获"原创作品优秀奖"。

(杜 群)

【组织领导】 1月21日,石景山区召开2020年老干部工作会暨老干部新春团拜会,常卫代表区四套班子向老领导、老同志发表致辞,表达新春问候。并演出由老干部自管组织及老干部大学分校共同编排《中国脊梁》等9个节目,全区约700余人参会。3月,区委全会将做好离退休干部工作纳入全区工作报告内容,以文件阅签的形式召开老干部工作领导小组会议,研究

2020年老干部工作。4月16日，以视频会议的形式召开老干部工作会，田利跃就统筹抓好新冠肺炎疫情防控和老干部工作提出具体要求，唐行安对年度老干部工作重点任务作出明确部署，老干部工作小组各成员单位立足实际，创新推动全区老干部工作。9月23日，召开区新老四套班子座谈暨情况通报会，常卫主持会议，李新通报区委十二届十一次全会精神及今年以来全区经济社会发展情况和下一阶段主要工作安排，区领导李文起、吴克瑞、姚茂文、唐行安、齐春利与区职退休老同志一同座谈。征求离退休干部在疫情防控、社区治理等方面的意见建议。将区委老干部局纳入石景山区党建工作领导小组，将老干部工作纳入社区党委职责清单，进一步强化离退休干部党建工作。

（刘馨雨）

10月，石景山区举办退休干部重阳节系列活动　（区委老干部局供图）

**【阵地建设】** 7月23日，区委老干部局与八角街道和金顶街街道党工委主要领导就推进党建引领离退休干部工作向基层延伸开展试点参观交流活动。大家参观金顶街街道综合文化中心老干部活动阵地建设情况，交流试点工作经验。金顶街街道服务辖区离退休干部，推进试点工作向基层延伸，筑牢离退休干部活动阵地，在对街道党群文化中心进行改造基础上，设立离退休干部活动中心，建设融合离退休干部党建园地、老党员先锋队展示、特色品牌建设和离退休老干部活动沙龙为一体的特色活动阵地，利用社区党校，冬奥课堂等平台开设健康养生，运动健身，刺绣，红色宣讲多主题的学习活动，丰富离退休干部的居家生活，把活动中心打造成老同志的政治涵养之家、文化传习之家、健康养生之家。并结合新冠肺炎疫情防控常态化的新形势，为离退休干部构建线上展播平台，利用网络视频，网上直播等形式，以微信公众号、微博等新媒体为载体，开展丰富多彩的线上教育活动，让老同志真正做到老有所学、老有所教、老有所为。区委老干部局、八角街道、金顶街街道相关工作人员一同参加交流活动。

（王欣　杜群）

**【党组织建设】** 年内，区委老干部局坚持把离退休干部党建工作纳入全区党建工作大局。成立离退休干部党建工作联席会，加强对全区离退休干部党建工作的统筹谋划，提高离退休干部党组织建设水平。坚持党建引领，工作下沉延伸，突出精准服务、融合共建，调动离退休干部发挥优势作用，做好“家门口”老干部工作。主动作为向前一步，为军队改革和国企改革服务，将原北京军区老干部大学发展为石景山区老干部大学八大处军营分校，促进军地离退休干部工作深度融合。建好“家门口”学习活动阵地，推动老干部党校、老干部大学社区课堂与社区市民党校统筹推进，在社区落地。结合实际规范离退休干部党支部建设，8月，区委老干部局党总支下设四个离退休干部党支部进行换届改选，选配年龄相对较小的离退休干部担任支部书记，为每个离退休干部党支部配备一名机关年轻党员担任联络员，不断增强党支部内生动力。全区离退休干部党支部、老党员认真学习《中国共产党支部工作条例（试行）》和《中国共产党党员教育管理工作条例》，通过践行组织路线图等方式规范支部生活参与新冠肺炎疫情捐款、“我为社区站班岗”等活动。根据市委老干部局统一部署，8月至10月，在离退休干部党员中开展“敢为先锋、筑梦有我”主题党日活动，激发离退休干部党员活力，展现老党员敢为人先的精神风貌，彰显老党员的责任担当。开展集中参观学习教育、走访慰问、送讲送学送关怀上门，离退休干部支部党费100%返还，支部书记上门走访老党员60余人次。结合实际创新活动形式，加强老干部自管组织功能型党支部建设。12月，开展党总支主题党日活动，组织党总支离退休党员、功能型党支部书记参观军事抗美援朝主题展览，引导广大党员不忘革命初心、永葆政治本色，传承红色基因。12月，组织召开离退休干部党支部书记座谈会，围绕组织建设、理论学习、支部活动、发挥作用等交流研讨，加强离退休干部党支部建设。

（丁　玲）

**【政治建设】** 年内，区委老干部局牢记习近平总书记关于“看北京首先要从政治上看”的要求，通过北京老干部APP、局微信公众号、老干部微信群等多形式，引导老同志采取线上、线下相结合的方式进行政治理论学习，学习领会习近平总书记关于做好新冠肺炎疫情防控工作重要讲话精神、中央和市委关于疫情防控决策部署要求，引导离退休干部不断增强“四个意识”，坚定“四个自信”，自觉做到“两个维护”。特别是在疫情防控期间，老同志们拥护和执行中央各项决策，通过各种方式表达爱党爱国热情,体现老同志的政治担当。

(王 荻)

【思想建设】 年内,区委老干部局组织引导老同志认真学习"两会"精神,开展线上学习讨论,交流学习体会感言感想;通过为全区离退休干部订阅《石景山报》《见证石景山》《特别关注·健康》,编印老干部《欣苑》专报强化引导,使老干部了解区情、紧跟形势,通过鼓励自学等形式加强思想教育和引导,老同志通过微信群转发热点时势、开展交流讨论,利用"石景山老干部"微信公众号云平台,以"铭记抗战精神,服务抗战老兵,传承家国情怀"为主题,推出系列"初心讲堂"——《红色基因 薪火相传》,通过离休干部口述亲身经历,带老干部重温那段战火纷飞的岁月,让离退休干部过好"云端上"的学习生活。组织三批共32位老干部参加市委老干部局2020年线上理论学习班,利用集中培训机会,安排老同志自学《初心讲堂》《风雨同行七十载 不忘初心再出发》。

(王 荻)

【增添正能量活动】 年内,区委老干部局坚持把老同志所能所愿与推动地区高质量发展结合起来,与深化党建引领"吹哨报到"改革结合起来,与落实街道工作条例、物业管理条例、垃圾分类条例结合起来,引导老同志围绕中心发挥作用,主动参与社区新冠肺炎疫情防控,为党和人民的事业增添正能量。在全区150个社区成立疫情防控临时党支部,"老街坊健康护卫队""方洲护花队""空巢老人帮扶队"等老党员先锋队主动发挥作用,在社区、在家门口参与社区值守、防控宣传、建言献策、助力复工复产等工作达10万余人次。广大离退休干部运用书法、绘画、诗歌等形式讴歌最美逆行者,弘扬万众一心战疫精神,区老干部大学八大处军营分校的30余位老将军和区老年书画研究会的老同志创作抗疫书画作品2000余幅,篆刻作品100余方,诗歌作品200余首。退休干部贺启公创作的《敬礼——钟南山院士》一周内点击关注人数突破千万人次,评论点赞达百万次,转载超过10万次,在全国专项排行榜上名列第二位。全区离退休干部在不同地点以不同方式踊跃捐款捐物,累计捐款捐物20余万元,离休干部田宗豪、李炳寅在社区交纳大额特殊党费;离退休干部主动参与两件"关键小事"中,以身作则、率先垂范,参与桶前值守、垃圾分类宣讲等工作,用"红色"力量引领"绿色"生活风尚。累计参与社区垃圾分类工作人数达3700余人,桶前值守达4500余人次,值守覆盖站桶数达到2072个。区老干部理论宣讲团围绕中心,针对不同受众群体提供"菜单式"服务,进社区、进学校、进机关、进军营、进楼宇宣讲49次,宣讲范围覆盖3000余人,区"五老"讲师团3次走进校园开展主题教育活动。以纪念世界反法西斯战争胜利75周年为契机,利用老干部微信公众号,面向全区广大青少年举办主题为"红色基因永传承——我的战争故事"系列展播活动,26名离休老战士在线上讲述在抗日战争、解放战争、抗美援朝战争期间的真实故事,通过"文明石景山""石景山老干部"等微信公众平台播出,共刊播5期。

(张丰泽)

【落实政策办实事】 年内,区委老干部局按照北京市要求,落实发放离休干部养老服务津贴。完善"一对一"帮扶及长效联系机制,完善解困帮扶机制,全年帮扶老干部60余人次,补助金额345642元。为离休干部发放健康疗养补助费和小帮手服务费,金额为98440元。为部分企业处级退休干部发放生活困难补助金178500元。日常看望慰问住院老干部100余人次。为全区离退休干部以每人800元标准进行健康体检,参检人数700余人。继续以每人400元标准落实"四就近"经费保障。

(蒋 航)

## 区直机关党建

【概况】 中共北京市石景山区委区直属机关工作委员会(简称区直机关工委),是区委的工作部门。编制数11人,实有11人。负责领导和管理区直属党、政、群机关基层党组织。截至年底,辖有63个区直机关基层党组织,其中党委13个,党总支11个,党支部39个,党员3563人;区直机关工会工委辖机关工会63个,会员6084人;区机关团工委辖19个团组织,团员260人。2020年,区直机关各级党组织和广大党员干部,在区委领导下,带头旗帜鲜明讲政治,围绕"两大机遇"和"三区定位",牵住机关党建责任制这个"牛鼻子",压实管党治党责任,巩固和发展"不忘初心、牢记使命"主题教育成果,坚决打赢新冠肺炎疫情防控攻坚战,扎实推进机关党建各项工作,不断增强各级党组织的创造力、凝聚力、战斗力,为高水平建设好首都城市西大门提供坚强的政治保证。

(王 涛)

【关爱帮扶】 年内,区直机关工委在元旦春节期间,慰问服务困难党员234人,合计慰问金额8.6万元。组织"七一"共产党员献爱心活动,区直机关系统61个党组织、3861人共捐款26.5万余元。做好"七一"困难党员统计上报工作,推荐1人申请市级帮扶款、26人申请区级困难帮扶款、5人申请区级一般帮扶款。根据市委组织部《关于在新冠肺炎疫情防控工作第一线做好发展党员工作的通知》精神,严格按照区委组织部《防控一线发展党员流程》,先后两批共吸收预备党员4名,完成防控一线发展党员工作。全年共发展党员16名,完成11名预备党员转正审批工作。

(王 涛)

【政治建设】 年内,区直机关工委举办基层党组织书记培训班6次,推进党建工作与中心工作深度融合,运用"一二一"工作法,推动机关系统"接诉即办"工作提升,进一步服务中心、服务大局;将"共建双承诺"融入双报到工作,引导机关党员干部在新冠肺炎疫情防控、创城、垃圾分类、光盘行动等工作中承诺践诺,参与单位和社区各项工作。

(王 涛)

【新冠肺炎疫情防控】 年内，区直机关工委严格按照中央、市委、区委关于疫情防控的部署要求，建立日报、动态管理等制度，上报各类日报510余件，对全区88家单位，约1.8万余工作人员离京返京、湖北滞留亲属等情况进行统计，落实627名机关工作人员的规范隔离。开展宣传教育，提出72字防控守则，编印刊物22期。动员党员干部1100余人下沉社区助力抗击疫情及轮岗值守。向基层党组织划拨24.86万元防疫专项资金。协调相关单位落实全区办事大厅及机关公共区域防控工作。开展集中巡查23次，提出84条整改提示。发动党员捐款54万余元，70余名机关干部参与无偿献血。举行区机关“抗疫情、聚力量、求创新、促发展”迎十一主题升国旗仪式。区直机关系统3个单位、8名个人被评为市疫情防控先进单位和先进个人，坚决打赢疫情防控攻坚战。

（王 涛）

【助力创城】 年内，区直机关工委探索“党建＋创城”的工作理念，多次召开专题会，研究部署推动创城工作。通过制发倡议书，布设宣传栏，开展“清洁卫生日”等活动，引导机关干部参与创城工作。55家单位出动万余人次承担23个交通路口，49条道路包片包点责任，其中27家单位近800人参与党员干部交通示范岗志愿保障工作。利用政务网、短信、微信等平台，在入户调查、遵守相关纪律等方面发出工作提示。成立3个检查组，对机关系统进行全点位、全覆盖检查，全面助力创城决战决胜工作。

（王 涛）

【学习活动】 年内，区直机关工委加强政治学习，制定《2020年区直机关工委理论学习中心组学习计划》。全年参加区处两级中心组学习11次，工委班子理论中心组学习12次，完成调研报告2篇，学习交流10余次。健全完善以“中心组学习”为引领、党支部“三会一课”为重点、“主题党课”为补充、多层次广覆盖的常态化理论学习制度，发挥“云课堂”“学习强国”等平台作用，坚持线上线下同步学习，把学习成果落实到做好党建事业发展上来。区直机关系统按照“每季一个专题、一堂党课、一批图书、一次书评”的要领，相继开展以“坚持制度自信，推进国家治理体系和治理能力现代化”“强化政治意识、当表率做模范”“把握机关党建规章、提高机关党建质量”“踏上新征程 勇担新使命”为主题的学习读书活动。引导各级党组织持续开展“书香机关”评书宣讲等主题活动。举办“十九届四中全会精神宣讲”“加强党的政治建设 塑造先进政治文化”和“身边榜样宣讲”党课学习，结合主题开展学习交流。严格落实意识形态工作责任制，加强对意识形态工作的领导，管好用好“石机党群”、楼层宣传展板等宣传媒体阵地。

（王 涛）

9月28日，“抗疫情、聚力量、求创新、促发展”迎国庆主题升国旗仪式

（区直机关工委供图）

【双报到】 年内，区直机关工委制发《关于做好2020年度“双报到”工作的通知》，区直机关广大在职党员主动向社区报到，勇于承担关键岗位和重要任务，协助社区开展消毒灭菌、社区值守、环境清洁、防疫宣传等新冠肺炎疫情防控工作。与区委组织部、区卫健委等单位联合发文，推进新时代爱国卫生运动，引导系统各党组织参与结对社区卫生集中扫除日活动，累计出动700余人次。指导督促各基层党组织做好党员两节期间走访慰问工作，向基层党组织下拨帮扶款20万元，各基层党组织累计开展活动63次，参加活动人数633人，投入资金近6万元，捐赠物品88件，走访慰问200人次。

（王 涛）

【党建述职考核】 年内，区直机关工委完成2019年度区直机关系统党建述职考评工作，实现基层党组织书记评议考核全覆盖。按照党建工作述评考核工作安排，在各述评考核主体述职基础上，通过互评打分，结合日常绩效考评结果，61个基层党组织中共有24个基层党组织书记和5个党组织获得满分、11个基层党组织书记和4个党组织获得95分、12个基层党组织书记和3个党组织获得90分以上的成绩，按照区委组织部要求，综合评定43名书记评为“好”等次，7名书记评为“较好”等次。

（王 涛）

【党组织设置调整】 年内，区直机关工委完成3名区直机关工委委员调整工作。完成组织部党总支成立审批工作。完成宣传部党支部、投促局党支部、行政处党总支更名及住建委、税务局、经信局等23名基层党组织委员会成员调整工作，其中党组织书记（副书记）13名，党组织委员会其他成员10

名。指导督促人力社保局、文化和旅游局机关党委对所辖支部完成换届选举工作。

(王　涛)

【纪律作风建设】　年内,区直机关工委制发《2020年度区直机关系统全面从严治党工作纪实簿》,分解全年党建工作任务,压实党建主体责任。贯彻落实区委《关于集中整治形式主义、官僚主义的通知》精神,开展形式主义、官僚主义问题查摆。开展监督检查。通过实地走访、查看账目等形式开展专项监督、检查,机关纪工委对区直机关各单位使用工委下拨党费专项防疫资金情况进行督查,确保资金足额使用到位。抓住关键时间节点,开展好节日期间廉政建设。办公会每季度审议一次党费、行政经费财务报告。

(王　涛)

【群团工作】　年内,区直机关工委统一领导机关工会、共青团、妇女组织等群团组织,组织机关优秀青年、团员参加抗"疫"青年代表线上座谈会、"青"暖石景山、携手共战"疫"学雷锋志愿服务主题活动月;批准区直机关团工委进行委员调整工作、完成机构改革后区直机关系统团组织团员划转工作,进一步夯实机关团组织基础。区直机关工会开展劳模推荐工作,经各区直机关工会推荐,将14人作为北京市先进工作者、2人作为全国劳模、将区检察院第一检察部等8个单位作为北京市模范集体推荐人选报至区总工会;组织632名院内单位科级以下干部体检;制作垃圾分类宣传袋发放给职工,宣传普及垃圾分类知识。将垃圾分类、抗击新冠肺炎疫情等市委、区委重点工作和群团工作有机结合起来,实现党建与群建工作的相互促进、统筹推进。

(王　涛)

## 党校教育

【概况】　中共北京市石景山区委党校[简称区委党校(行政学院)]是区委领导的培养党的领导干部的学校,是区委的重要部门,是培训党的各级领导干部的主渠道,是石景山区哲学社会科学研究机构和重要智库。年内,8月初恢复培训,到12月底,采用线上、线下双结合的培训方式,举办各类培训班次56期,培训学员9192人次,其中:组织部调训25期,培训学员7408人次;协助各委办局及合作办班31期,培训学员1784人次,培训总学时151.5天,月均举办11期班次、月均培训1838人次,主体班次学时占全年培训总学时的84%;把学习习近平新时代中国特色社会主义思想和党的十九届五中全会精神作为首要任务,持续深化党的理论教育和党性教育,开展"四史"教育,设置"领导干部上讲台"模块,引导学员增强"四个意识"、坚定"四个自信"、做到"两个维护"。面对新冠肺炎疫情,及时储备防疫物资、完善报备机制、把好防控细节,实现"零感染"目标。先后派出25名骨干力量下沉到5个街道、16个社区、19个点位,全程参与疫情防控。2人参加离鄂返京人员专班接送,3人获评"石景山区社区疫情防控战疫先锋",1人登"石景山区抗疫英雄谱",1名年轻同志因表现优秀被发展为预备党员。

(李嘉鹏)

【举办12期主体班】　年内,党校(行政学院)完成各类主体班培训12期,培训学员3206人次(见下表)

表5　石景山区委党校(行政学院)主体班一览表

| 序号 | 培训班次 | 日　期 | 人数 | 主办单位 |
|---|---|---|---|---|
| 1 | 新任职处级干部培训班 | 8月11日 | 98 | 区委组织部 区委党校 |
| 2 | 习近平新时代中国特色社会主义思想研修班 | 9月23日至28日 | 92 | 区委组织部 中国人民大学 区委党校 |
| 3 | 处级干部进修班 | 10月19日至11月13日 | 32 | 区委组织部 区委党校 |
| 4 | 第二十五期中青年干部培训班 | 10月19日至12月11日 | 37 | 区委组织部 区委党校 |
| 5 | 引领经济高质量发展专题研讨班 | 11月16日至20日 | 69 | 区委组织部 北京大学 区委党校 |
| 6 | 新任职科级干部培训班 | 11月16日至12月4日 | 40 | 区委组织部 区委党校 |
| 7 | 入党积极分子培训班 | 11月18日至20日 | 40 | 区委组织部 区委党校 |
| 8 | 党建引领社区常态化疫情防控培训 | 11月19日 | 25 | 区委组织部 区卫健委 区委党校 |
| 9 | 全市街道党工委书记专题培训班 | 11月23日至25日 | 6 | 区委组织部 区委党校 |
| 10 | 公务员初任培训班 | 11月30日至12月15日 | 36 | 区委组织部 区委党校 |
| 11 | 基层党组织书记培训班 | 12月11日至1月22日 | 2580 | 区委组织部 区委党校 |
| 12 | 组工干部班 | 12月21日至24日 | 151 | 区委组织部 区委党校 |

(李嘉鹏)

【科研工作】　年内,党校(行政学院)共申报课题56项,包括市级课题9项、区级课题18项、校级课题29项。其中,1项首次获得北京市党建研究会立项,1项首次参评全国统战理论政策研究和工作实践创新成果,2项获得北京市党校系统重点课题立项。市级层面获得4个奖项（北京市委党校（行政学院）系统2018—2019年度优秀科研咨询工作组织奖1项，优秀科研咨询管理工作者奖1项，优秀科研成果一等奖1项，优秀决策咨询二等奖1项），创历史新高。区级层面获得7个奖项（区级优秀课题一等奖2项、二等奖3项、三等奖2项）。《石景山区"全国城市基层党建示范区"建设的调研分析与建议》（《党校呈阅件》第7期）和《石景山区军转干部的现状与思考》（《决策咨询》第42期）均获得区领导签批。全年在市级以上刊物公开发表论文21篇，其中CSSCI核心1篇，国家级刊物6篇，市级以上普刊14篇。在区报区刊发表综合信息19篇。网媒方面，在中组部《共产党员网》刊发网评文章66篇，在"京华论坛"刊发网评文章70篇，在市委党校网站刊发综合信息18则。

（李嘉鹏）

## 党史编研

**【概况】** 2020年，区委党史研究室在全员参与新冠肺炎疫情防控工作的同时，稳步推进《中国共产党北京市石景山区历史》编修、《见证石景山》编辑和发行等业务工作。

（杜京珊）

**【编纂区史著作】** 截至12月8日，《中国共产党北京市石景山区历史》通过初审、复审、终审，进入出版环节。区委党史研究室分别从框架结构、内容补充、语言表述等方面进行调整、修改和完善，数易其稿，最终形成稿件近45万字。

（杜京珊）

**【印发区级党刊】** 区委党史研究室全年刊发《见证石景山》杂志4期，发放近7000册。主要围绕新冠肺炎疫情防控中心工作，增加"万众一心抗疫情"栏目，宣传石景山区疫情防控工作部署和安排；从区、街道、社区三个层面宣传疫情防控工作先进事迹；刊发区文联等社会组织参与疫情防控开展的各项工作，发挥党史宣教阵地作用。

（杜京珊）

## 中共北京市石景山区第十二届委员会

书　记　常　卫

副书记　李　新

　　　　田利跃

常　委　田利跃　柯永果　郭　鹏

　　　　姚茂文（土家族）　刘海涛

　　　　邓晓兵　陈婷婷（女，藏族）

　　　　唐行安　齐春利

委　员　（按姓氏笔画为序排列）

　　　　王永明　王学秀（女）　王春风

　　　　亢　军　石显富　田利跃

　　　　宁慧娟（女）　邓晓兵　刘　红（女）

　　　　孙厚义　刘海涛　齐春利

　　　　李凤莲（女）　李文起　李金克

　　　　李　新　杨文钢　杨旭东

　　　　杨京春（女）　杨贵宝　苏文颖

　　　　吴　燕（女）　吴克瑞　吴智鹏

　　　　佟纪光　张世媛（女）　张玉国

　　　　陈　伟　陈婷婷（女，藏族）

　　　　邵立文　周西松　柯永果

　　　　赵恩国（苗族）　郝显军（蒙古族）

　　　　侯宝华　姚茂文（土家族）

　　　　高　虹（女）　唐行安　郭　鹏

　　　　常　卫

候补委员　（按得票多少为序排列）

　　　　李景利　迟志禹　夏鹏程

　　　　佟建国　高春玲（女）

## 石景山区委工作机构主要负责人

区委办主任　杜　涛（4月免）

　　迟志禹（4月任）

区委组织部部长　唐行安

区委宣传部部长　姚茂文

　　分管日常工作的副部长　丁仁猛

区委统战部部长　陈婷婷（女，藏族）

　　分管日常工作的副部长　苏文颖

区委政法委书记　田利跃（1月免）

　　刘海涛（1月任）

　　分管日常工作的副书记　夏鹏程

区委区政府研究室主任　迟志禹

区委全面深化改革委员会办公室主任　姚茂文（兼，土家族）

　　分管日常工作的副主任　迟志禹（兼）

区委网信办（区网信办）主任　侯世玺

区委编办主任　徐亚玲（女）

区直属机关工委书记　李景利（7月免）

　　杨文钢（7月任）

区委巡察办主任　高　竹（女）

区委老干部局局长　王宏芬（女）

区文明办主任　杨文钢（7月免）

　　佟纪光（7月任）

区委党校（行政学院）校（院）长　田利跃（兼）

　　分管日常工作的副校（院）长　侯宝华（副区级）

区社会主义学院院长　陈婷婷（女，藏族，兼）

区委党史办主任　吕松涛（7月免）

| | |
|---|---|
| 区志办主任 | 张相明（兼，7月免） |
| 区委党史研究室、区地方志办主任 | 李月萍（女，7月任） |
| 区档案馆馆长 | 张相明 |
| 区委教工委书记 | 石显富 |
| 区委社会工委书记 | 刘吉新 |
| 区委园区工委书记 | 周西松（兼） |
| 区委园区工委分管日常工作的副书记 | 唐　铭（女） |

## 石景山区政府、党政分设工作机构党组织书记

| | |
|---|---|
| 区政府办党组书记 | 吴　燕（女） |
| 区发改委党组书记 | 李文化（女） |
| 区科委党组书记 | 郝显军 |
| 区经济和信息化局党组书记 | 田　纬（副区级） |
| 区财政局党组书记 | 陈　伟（4月免） |
|  | 杨贵宝（4月任） |
| 区人力社保局党组书记 | 齐　兵 |
| 市规自委石景山分局党组书记 | 徐咏梅（女，3月免） |
|  | 綦　晶（3月任） |
| 区生态环境局党组书记 | 张瑞龙（副区级，7月免） |
|  | 王瑞超（7月任） |
| 区住房和城市建设委党组书记 | 杨旭东 |
| 区城市管理委党组书记 | 颛孙永麒 |
| 区商务局党组书记 | 宋世媛（女，4月免） |
|  | 董湘水（4月任） |
| 区文化旅游局党组书记 | 王亚迅（7月任） |
| 区卫生健康委党组书记 | 姜　强（7月免） |
| 区卫生健康委党委书记 | 姜　强（7月任） |
| 区退役军人事务局党组书记 | 孙厚义 |
| 区应急管理局党组书记 | 张玉国（7月免） |
| 区应急管理局党委书记 | 张玉国（7月任） |
| 区市场监督管理局党组书记 | 张　伟 |
| 区审计局党组书记 | 王亚兰（女） |
| 区国资委党委书记 | 李路海 |
| 区体育局党组书记 | 任连田（7月免） |
|  | 张瑞龙（7月任） |
| 区统计局党组书记 | 王彦明 |
| 区园林绿化局党委书记 | 李元员（女，7月免） |
| 区园林绿化局党组书记 | 李元员（女，7月任） |
| 区金融办党组书记 | 杨京春（女） |
| 区政务服务局党组书记 | 孙栓柱（副区级） |
| 区机关服务中心党组书记 | 张建刚（7月任） |
| 区人防办党组书记 | 崔　泽（7月免） |
|  | 任连田（7月任） |
| 区集体资产监管办党组书记 | 蔡利全 |
| 区信访办党组书记 | 张洪江（4月免） |
|  | 徐伟超（4月任） |
| 区医保局党组书记 | 王　鑫 |
| 区城管执法局党委书记 | 张玉起（7月免） |
| 区城管执法局党组书记 | 张玉起（7月任） |
| 区西山永定河文化带管委会党组书记 | 刘云清 |
| 区西建办党组书记 | 顾京生（副区级） |
| 区投促中心党组书记 | 段京涛（7月任） |
| 区环卫中心党委书记 | 冯雅男（7月免） |
|  | 陈　鹏（8月任） |
| 区城管监督指挥中心党组书记 | 冯雅男（7月任） |
| 区公园管理中心党总支书记 | 王金兰（女） |
| 区房屋征收事务中心党组书记 | 唐　嵘（7月任） |
| 八大处公园管理处党总支书记 | 刘云清（8月免） |
|  | 王　浩（8月任） |
| 区融媒体中心党组书记 | 王国强 |
| 石景山医院党委书记 | 刘　鹏 |
| 区税务局党组书记 | 谢明江 |

# 石景山区人民代表大会

## 综 述

北京市石景山区人民代表大会常务委员会(简称区人大常委会)是本区人民代表大会的常设机关,由区人民代表大会选举产生,在区人民代表大会闭会期间,依法行使地方国家权力机关的职权,对区人民代表大会负责并报告工作。第十六届人大常委会组成人员35人,其中主任1人、副主任5人、委员29人。区人大常委会机关内设办公室(信访办公室)、代表联络室(市人大代表联络处)、研究室、财政经济办公室、预算审查办公室、法制办公室(备案审查办公室、社会建设办公室)、教科文卫体办公室、城建环保办公室等8个办事机构,行政编制38人。年内,区人大常委会坚持以习近平新时代中国特色社会主义思想为指导,学习贯彻党的十九大和十九届二中、三中、四中、五中全会精神,学习贯彻习近平总书记关于坚持和完善人民代表大会制度的重要思想,在区委领导下,依法有序履行职责,统筹推进新冠肺炎疫情防控和经济社会发展,圆满完成区十六届人大六次会议确定的各项任务。

(包和平)

## 重要会议

**【概况】** 年初,召开区第十六届人民代表大会第六次会议,落实区委十二届十二次全会精神和区委第五次人大工作会议要求,听取和审议人大常委会和"一府两院"年度工作报告,谋划2020年工作,统一思想,坚决贯彻习近平总书记关于新冠肺炎疫情防控的重要指示精神和党中央的战略部署,服从区委统一指挥,检查指导社区疫情防控工作。年内,召开人大常委会会议7次,审议54项议题,其中,听取和审议"一府一委两院"工作报告17项,作出决议、决定和审议意见书20项,开展执法检查4项、专题询问3项、视察3项,依法任免国家工作人员84人次,保障全区机构改革的顺利推进。召开人大常委会主任会议22次,研究处理人大常委会日常工作,指导和协调人大专门委员会和人大常委会工作机构开展工作。

(包和平)

**【区十六届人大六次会议】** 1月6日至9日,在万商花园酒店举行。6日下午,应到176人,代表报到160人。会议期间,全体代表听取和审议区政府工作报告;审议石景山区2019年国民经济和社会发展计划执行情况与2020年国民经济和社会发展计划草案的书面报告;审查和批准石景山区2019年国民经济和社会发展计划执行情况的报告与2020年国民经济和社会发展计划;审议石景山区2019年预算执行情况和2020年预算草案的书面报告;审查和批准石景山区2019年预算执行情况的报告和2020年预算;听取和审议区人大常委会工作报告;听取和审议区法院工作报告;听取和审议区检察院工作报告;决定设立石景山区第十六届人民代表大会社会建设委员会、变更个别专门委员会名称。在大会议案截止时间内,共收到议案18件,其中代表团提出的14件,十人以上代表联名提出的4件。按议案内容分类,属于教育、科技、文化、卫生方面的3件;属于城市建设和环境保护方面的14件;属于法制方面的1件。会议选举李新为石景山区人民政府区长,投票当日实到159人。

(包和平)

**【区人大常委会第二十六次会议】** 3月5日,在区人大常委会会议厅举行。会议审议并原则通过《石景山区人大常委会2020年工作要点》。会议听取和审议2020年重要民生实事项目安排情况的报告。会议以举手表决的方式,通过《区人大常委会关于石景山区2020年重要民生实事项目的决议》,同意区政府2020年实施3个方面36件重要民生实事项目。会议决定人事任免事项:会议以举手表决的方式,决定:接受陈婷婷辞去区人民政府副区长职务的请求,并报区人民代表大会备案。会议以无记名投票表决的方式,通过李新提请的人事任免事项。决定:任命孙学伟为石景山区人民政府副区长。免去生效友石景山区人民政府副区长职务。会议以无记名投票表决的方式,通过郭鹏提请的免职事项。会后,依法举行宪法宣誓仪式。

(包和平)

**【区人大常委会第二十七次会议】** 5月21日,在区人大常委会会议厅举行。会议传达学习市委十二届十三次全会会议精神,听取和审议关于2019年度环境状况和环境保护目标完成情况的报告,听取和审议关于以审判为中心的刑事诉讼制度改革工作情况的报告,听取区人大法制专门委员会所作的对以审判为中心的刑事诉讼制度改革工作的意见和建议。会议决定人事任免事项。会议以无记名投票表决的方式,通过李新提请的人事任免事项,决定任命姜玉英为石景山区人民政府副区长。会议还审议通过其他人事任命事项。会后,依法举行宪法宣誓仪式。

(包和平)

**【区人大常委会第二十八次会议】** 7月23日,在区人大常委会会议厅举行。会议听取和审议关于2020年上半年国民经济和社会发展计划执行情况的报告。会议听取区人大财政经济专门委员会所作的关于石景山区2020年上半年国民经济和社会发展计划执行情况的初步审查意见。会议听取和审议关于2019年决算草案情况的报告和2020年上半年预算执行情况的报告。会议听取和审议关于2019年度预算执行和其他财政收支的审计工作报告。会议听取区人大财政经济委员会所作的关于2019年决算草案的审查结果报告以及2020年上半年预算执行情况的初步审查意见。会议结合审议审计工作报告,对2019年决算草案和报告进行审查,同意区人大财政经济委员会提出的《关于石景山区2019年决算草案的审查结果报告》,决定批准2019年决算。会议听取和审议关于"引进优质教育资源、提升区域教育质量"的议案办理情况暨专项工作的报告,听取区人大教科文卫委员会所作的对区人民政府议案办理暨专项工作情况报告的意见和建议。会议表决通过《区人大常委会关于接受杨贵宝辞去区第十六届人民代表大会代表职务请求的决定》，表决通过《区人大常委会代表资格审查委员会关于个别代表的代表资格的报告》，确认柯永果、金英强、杨贵宝3名代表资格终止。区人大城建环保委员会向区人大常委会提交《关于检查〈全国人民代表大会常务委员会关于全面禁止非法野生动物交易、革除滥食野生动物陋习、切实保障人民群众生命健康安全的决定〉和〈中华人民共和国野生动物保护法〉实施情况的书面报告》。会议决定人事任免事项。会议以无记名投票表决的方式，通过李新提请的任免事项，决定：免去柯永果石景山区人民政府副区长职务。会议还审议通过区人大常委会主任会议、区人民法院院长分别提请的其他人事任命事项。

（包和平）

**【区人大常委会第二十九次会议】** 8月27日，在区人大常委会会议厅举行。会议表决通过《北京市石景山区人民代表大会常务委员会审议意见处理办法》，自通过之日起施行。会议决定人事任免事项。会议以无记名投票表决的方式，通过区人大常委会主任会议、区长、区监委主任、区法院院长、区检察院检察长分别提请的人事任免事项。会后举行宪法宣誓仪式。

（包和平）

**【区人大常委会第三十次会议】** 9月24日，在区人大常委会会议厅举行。会议听取和审议新冠肺炎疫情防控工作情况的报告。会议听取和审议关于"加强城市精细化管理工作"议案办理情况的报告，听取区人大城建环保委员会主任委员会所作的对区人民政府议案办理工作报告的意见和建议。会议听取和审议关于石景山区2020年政府性基金预算调整方案的报告。会议听取区人大财政经济委员会的关于2020年政府性基金预算调整方案的审查结果报告，对预算调整方案进行审查。会议表决通过《区人大常委会关于接受王永明等同志辞去区第十六届人民代表大会代表职务请求的决定》。会议表决通过《区人大常委会代表资格审查委员会关于个别代表的代表资格的报告》，确认赵恩国、王永明、杜立明、佟纪光4名代表资格终止。会议表决通过《北京市石景山区人民代表大会常务委员会关于补选石景山区第十六届人民代表大会代表的决定》。区人大教科文卫委员会向区人大常委会提交《关于视察我区西山永定河文化带建设情况的书面报告》。区人大城建环保委员会向区人大常委会提交《关于检查〈北京市生活垃圾管理条例〉〈北京市物业管理条例〉实施情况的书面报告》。区人大社会建设委员会向区人大常委会提交《关于检查〈北京市街道办事处条例〉实施情况的书面报告》。会议举行宪法宣誓仪式。

（包和平）

**【区人大常委会第三十一次会议】** 11月5日，在区人大常委会会议厅举行。会议听取和审议区人大常委会代表联络室的关于区第十六届人大第六次会议代表建议、批评和意见办理情况的报告和区政府办公室主任代表区政府所作的关于区第十六届人大第六次会议代表建议、批评和意见办理情况的报告，两个报告将印发区第十六届人民代表大会第七次会议，以书面形式向全体代表报告。会议听取和审议关于2019年度企业国有资产管理情况的专项报告，听取和审议关于企业国有资产管理使用情况的专项审计报告，听取区人大财政经济委员会的关于2019年度企业国有资产管理工作的意见和建议。会议表决通过关于个别代表的代表资格的报告，确认赵文侃、齐春利、李新、刘海涛、李亮、周西松、张洪江等7名同志的代表资格有效，董毅的区人大代表资格终止、区第十六届人民代表大会城市建设环境保护委员会委员职务终止。会议表决通过《关于石景山区第十六届人民代表大会第七次会议召开时间的决定》，根据表决结果，常委会决定：2021年1月6日召开区第十六届人民代表大会第七次会议。区人大城建环保委向区人大常委会提交《关于围绕衙门口棚改项目开展2020年重大项目建设与管理工作视察情况的书面报告》。区人民政府向区人大常委会提交《关于2019年度国有资产管理情况的书面综合报告》《关于2019年预算执行和其他财政收支审计查出问题整改情况的书面报告》。会议决定人事任免事项。会议以无记名投票表决的方式，通过区监委主任提请的人事任免事项。依法举行宪法宣誓仪式。

（包和平）

**【区人大常委会第三十二次会议】** 12月10日，在区人大常委会会议厅举行。会议讨论区人大常委会向区第十六届人民代表大会第七次会议所作工作报告（讨论稿），决定提交人代会审议。会议审议《区第十六届人民代表大会第七次会议议程（草案）》，议程（草案）将交各代表联组讨论，在第七次人代会预备会上交代表表决通过。会议审议《区第十六届人民代表大会第七次会议主席团和秘书长等名单（草案）》，名单（草案）将交各代表联组讨论，在第七次人代会预备会上交代表表决通过。会议同意区第十六届人民代表大会第七次会议列席人员名单。会议决定，如有变动，由区人大常委会主任会议研究确定。会议听取和审议2021年重要民生实事项目安排情况的报告。听取和审议国民经济和社会发展计划部分指标调整方案的议案。区政府向区人大常委会提交《关于2020年财政支出预算变动情况的报告（备案）》。区政府向区人大常委会提交《关于北京市优化营商环境条例落实情况专项报告（书面）》。区人大社会建设委员会向区人大常委会提交《关于视察我区深化冬奥"六进"情况的报告（书面）》。区人大各专门委员会向区人大常委会提交2020年度工作报告（书面）。区人大常委会各街工委向区人大常委会提交2020年工作报告（书面）。会议决定人事任免事项。会议以按键表决的方式，通过区人大常委会主任会议、区法院院长提请的人事任免事项。会议依法举行宪法宣誓仪式。

（包和平）

**【人大常委会主任会议】** 年内，区人大常委会召开22次主任会议，研究处理人大常委会的重要日常工作，指导和协调人大常委会工作机构开展工作。全年研究确定7次人大常委会会议召开的时间和日程安排，提出各次会议议程草案；研究讨论人大常委会年度工作要点草案及主要工作安排；研究讨论召开区第十六届人民代表大会第七次会议筹备工作方案、议程及有关名单草案、人大工作报告讨论稿；研究讨论人事任免事项；研究讨论召开人大工作研讨会事宜。

（包和平）

## 监督工作

**【督办大会议案和代表建议】** 区十六届人大六次会议期间，代表提出建议122件（含议案转建议9件），全部交区政府办理。新冠肺炎疫情防控常态化下，区人大常委会及时调整办复期限，坚持重点督办、分类督办、跟踪督办，注重整体性、系统性、协同性，完善满意度“二次评价”机制，在推动难点问题解决上提高质量，在推动同类同质问题解决上取得实效，在推动跨年度问题解决上加快步伐。截至年底，122件代表建议所提问题得到解决或部分解决78件，列入工作计划逐步解决19件，因政策、财力等原因暂不能解决向代表说明解释25件，建议办理态度和办理结果的满意及基本满意率，经两次评价均为100%，办成率达63.9%，比上年提高3.9个百分点，建议办理工作成效显著。

（包和平）

**【监督经济社会高质量发展】** 年内，区人大常委会落实新冠肺炎疫情防控常态化要求，着力推进经济平稳运行，聚焦经济社会发展重点，跟进“十三五”规划指标任务落实、“十四五”规划纲要编制工作，专题调研支持企业稳定发展的“石惠16条”政策落实情况，视察首钢园打造新时代首都城市复兴新地标建设情况。听取审议上半年国民经济和社会发展计划执行情况的报告，围绕落实主要指标、复工复产、重点项目进展等提出意见，助力做好“六稳”“六保”工作。审查批准2020年国民经济和社会发展计划部分指标调整方案。推动优化营商环境条例贯彻落实，召开企业家座谈会，调研商事制度改革工作，审议政府有关工作情况报告。持续关注北京银行保险产业园发展，重点调研银保园招商运营情况，就加强招商引资、解决资金难题、优化发展环境等提出建议，推进重点功能区高质量发展。

（包和平）

**【监督城市治理和环境保护工作】** 年内，区人大常委会成立执法检查组，对生活垃圾管理条例、物业管理条例的实施情况展开执法检查，与专题询问相结合，与建议督办相结合，与检察公益诉讼部门联动监督，创新检查方式打出“组合拳”。与市人大常委会上下联动，组织市区两级人大代表开展“身边、路边、周边”检查，查找影响条例实施、制约工作发展、损害群众利益的问题，拓展执法检查的广度深度，推动“两条例”落地落实。重点督办“关于加强我区城市精细化管理工作的议案”，结合推进分区规划落实、“两条例”执法检查，结合常态化新冠肺炎疫情防控、创建全国文明城区，加大督办工作力度，听取审议议案办理情况的报告，推动政府强化日常运行管理、加强机制保障、激发社会活力，逐步构建与中心城区功能相适应、与经济社会发展相协调的城市精细化管理体系。听取审议2019年度环境状况和环境保护目标完成情况的报告，视察国家森林城市创建、衙门口和广宁棚改等重大项目工程建设管理情况，推进地区持续提升城市环境品质。

（包和平）

**【监督民生保障和文化发展】** 年内，区人大常委会听取审议并批准2020、2021年度重要民生实事项目安排，跟踪推进普惠性、基础性、兜底性民生项目建设。重点督办“关于引进优质教育资源、提升区域教育质量的议案”，结合常态化新冠肺炎疫情防控要求，深化与业内专家、人大代表的联系沟通，召开多场督办工作座谈会，征询意见和建议，听取审议议案办理情况的报告，开展专题询问，推动政府持续加大优质教育资源供给，落实教育优先发展理念，不断满足人民群众对优质教育的需求。推动街道办事处条例在石景山区贯彻实施，坚持问题导向，围绕综合执法、社区治理等重点方面开展执法检查，邀请属地高校法学专家全程参与，探索评价法律实施效果的新形式，提高监督工作质量。视察冬奥“六进”工作，持续关注深化冬奥社区和冬奥场馆建设情况，推动政府加快冰雪运动示范区建设。

（包和平）

**【监督监察和司法工作】** 年内，区人大常委会完善人权司法保障，深化刑事审判工作监督，新冠肺炎疫情期间坚持人员零接触、监督刚性不减的工作原则，创新方式方法，通过网络视频开展专题询问，邀请法学专家参与线上调研，听取审议区法院以审判为中心的刑事诉讼制度改革工作情况的报告，推动审判机关切实担负好改革职责，推进庭审实质化建设，提高刑事案件办案质量，不断满足人民群众对司法公正的最大期待。聚焦维护国家利益和社会公共利益，跟踪监督公益诉讼检察工作，探索人大专委会与检察公益诉讼部门联动监督向执法检查工作延伸，深度融入社会治理，推动检察机关履行好检察公益诉讼职能。

（包和平）

**【强化人大备案审查职能】** 年内，区人大常委会推动中央决策部署贯彻落实，依照宪法和法律法规，密切关注政府印发的规范性文件，充分运用常委会工作机构联合审查机制，统一受理、分工负责、相互配合，依法对政府报备的10份文件进行审查，其中7件予以备案、1件因不属于规范性文件范畴予以退回，政府对2件作自行纠正，发挥法治在提升治理能力和治理水平中的重要作用。

（包和平）

**【深化预算审查监督】** 年内，区人大常委会聚焦地区应对新冠肺炎疫情、支持中小微企业发展的政策措施，督促政府提高财政政策的导向性和精准性。持续监督国有资产管理情况，跟踪行政事业性国有资产管理整改，听取审议企业国有资产管理情况的报告及其审计报告，围绕完善发展规划、深化国企改革、加大监管力度等方面提出意见，促进政府摸清企业国有资产家底，实现经营性国有资产集中统一监管，提高国有资产管理水平和效益。运用人大预算联网监督系统，增强预算审查监督时效性和透明度。听取审议2019年决算草案、预算执行及其他财政收支的审计工作报告，批准2019年决算，听取审议上半年预算执行情况、审计查出问题整改情况的报告。批准2020年政府性基金预算调整方案，促进政府完善债务管理制度体系，提升风险防控意识和依法理财水平。

（包和平）

## 国家工作人员任免和监督

【国家工作人员任免】 年内，区人大常委会坚持党管干部原则与人大常委会依法任免相统一，任免区国家工作人员84人次，按照机构改革工作部署，任命“一府一委两院”工作部门领导人员25人，保障机构改革顺利推进。严格执行颁发任命书和任职表态程序，严格执行宪法宣誓制度，增强干部依法履职和为民服务意识。

（包和平）

【监督任命干部履职情况】 年内，经区委同意，区人大常委会对区经信局、区金融办、区教委、规自分局、区民政局和区法院的领导班子，及其由常委会任命的6名领导人员开展履职监督，并向区委常委会作履职监督工作报告。

（包和平）

## 代表工作

【加强代表履职服务和管理】 年内，区人大常委会采取线上线下相结合方式服务代表履职。组织开展党的十九届五中全会精神、民法典、公益诉讼检察工作学习培训，以远程视频方式组织旁听法院公开审理案件。发挥人大街工委职能作用，用好人大代表之家和人大代表联络站，组织市、区两级人大代表参加全市“两条例”三边检查、制止餐饮浪费专题调研，参与率达99%。服务代表进“站”联系选民、听取意见、报告履职情况，更好接地气、察民情、聚民意，参与率达90%，密切市区两级代表之间、代表与人民群众的联系。拓展履职渠道，组织市人大（石景山团）代表参加会前视察调研等活动，组织区人大代表137人次列席常委会会议、参与预算审查监督、参加“一府一委两院”联系活动，较好发挥代表主力军作用，代表履职服务工作上水平、见成效。

（包和平）

## 重要工作和活动

【人大工作研讨会】 8月27日召开。会议以“推动新时代人大工作实现新作为”为主题，征集文章61篇。常委会组成人员，市、区人大代表，北方工业大学文法学院教授等10人作大会发言。会前，区人大常委会机关与北方工业大学文法学院签署共建法治智库基地协议。

（包和平）

【新冠肺炎疫情防控】 年内，区人大常委会包干负责5个街道103个社区，检查指导社区疫情防控工作，筑牢基层防疫战线。推进依法科学防控，贯彻市人大常委会关于依法防控的决定，检查督促有关部门落实决定要求，视察企业、园区、学校复工复产复学情况，听取审议政府关于新冠肺炎疫情防控工作情况的报告，推动解决公共卫生应急管理体系中的突出问题，提升依法处置重大突发事件的能力水平。检查全国人大常委会有关决定和野生动物保护法在石景山区的贯彻实施情况，用法治力量保护野生动物、防范重大公共卫生风险、保障人民群众生命健康安全。

（包和平）

## 人大专门委员会工作

【概况】 石景山区人民代表大会设有5个专门委员会：即：法制委员会、财政经济委员会、教育科技文化卫生委员会、城市建设环境保护委员会、社会建设委员会。其职责是，根据大会主席团或者常委会主任会议的交付，研究、审议有关议案，提出审议结果报告或者审议意见；研究拟订有关议案，向本级人大或者常委会提出；对属于本级人大及其常委会职权范围内同本委员会有关的问题进行调查研究，向本级人大或者常委会提出建议。在大会闭会期间，受本级人大常委会领导。

（包和平）

【人大法制委员会】 全年召开会议3次。协助区人大常委会听取和审议区法院以审判为中心的刑事诉讼制度改革工作情况报告。对区检察院落实“关于检察公益诉讼工作情况报告”的审议意见情况开展跟踪监督。对2020年政府报送备案的规范性文件进行审查，主动对区政府在新冠肺炎疫情期间印发的部分规范性文件进行审查，监督政府依法开展防疫工作，扩大备案审查范围，首次对区政府办文件开展审查。共接收报送备案审查文件10件，经审查，通过合法性审查7件，监督区政府自行纠正2件，不属于报送备案范围退回区政府办1件。组织代表参加远程视频旁听法院公开审理民事、刑事和行政案件。向政府相关部门、社区居委会等单位征求立项及法规草案等各项建议15条。加强与北方工业大学法学院的合作，吸收法治智库基地专家对规范性文件备案审查、执法检查、立法等相关工作的意见，探索人大监督理论与实践相结合的新途径新方法。

（包和平）

【人大财政经济委员会】 全年召开会议4次，完成14项法定议题的初步审查工作，提出初步审查意见2件，提交人代会审查结果报告2件；协助区人大常委会开展审议12项，提交初审意见4件，工作意见建议1件，审议意见书2件，审查结果报告3件。形成经济专题调研报告2件。通过3个“首次”，即：首次审查企业国有资产管理情况专项报告，首次审查市优化营商环境条例落实情况报告,审计报告首次提供部门预算执行审计查出问题目录清单、重大投资项目执行情况的专项审计报告,落实监督工作新要求。落实区委统筹新冠肺炎疫情防控和经济社会发展,以石"惠"十六条落实情况为切入点,开展经济监督工作。关注"十三五"规划主要指标预计完成情况、"十四五"规划编制进展情况,以及规划纲要主要思路框架、主要指标设定等情况。

(包和平)

**【人大教科文卫委员会】** 全年召开会议5次。协助区人大常委会听取并审议专项工作报告2项,开展专题询问1次,初审报告6篇,组织调研、集中视察、执法检查、建议督办等各类监督活动13次,实现教科文卫领域监督工作全覆盖。督办"关于区政府引进优质教育资源、提升区域教育质量的议案",开展专题询问,回应人民群众关切,推动区政府加大优质教育资源供给。持续关注西山永定河文化带建设情况,重点围绕历史文化遗产保护传承利用工作情况进行监督。

(包和平)

**【人大城建环保委员会】** 年内召开会议5次,审议4项议题,协助常委会听取和审议政府专项工作报告4项,常委会视察1项,执法检查2项,完成专题询问1项。督办城建环保类代表建议74件,协助人大主任、副主任牵头重点代表建议督办1件,跟踪督办区第十六届五次会议代表建议2件。组织委员、代表开展城建环保领域各类调研和座谈活动18次,600余人次代表参加。对《北京市生活垃圾管理条例》《北京市物业管理条例》进行执法检查,并开展专题询问。对《全国人民代表大会常务委员会关于全面禁止非法野生动物交易、革除滥食野生动物陋习、切实保障人民群众生命健康安全的决定》和《中华人民共和国野生动物保护法》进行执法检查。围绕"关于加强我区城市精细化管理工作"调研,服务人大常委会听取审议政府议案办理情况报告。调研2019年度环境状况和环境保护目标完成情况。围绕地区重大项目工程建设与管理工作情况组织代表开展集中视察。

(包和平)

## 石景山区第十六届人民代表大会常务委员会

主　任　李文起

副主任　刘亚泉　高洪雁(女)　朱钢银　吕秀艳(女)　马丽萍(女,回族)

委　员　马振才　王泽群　王颖玲(女)　田　勇(女)　白宏宽　许保国　范静岩(女)　杨清霞(女)　李　成　李金柱　宋　平(女)　宋竞男(女)　杨学兵　陈文彰　张　艳(女)　张　杰(女)　徐春生　岳　峰　张培莉(女)　张　清(女)　梁宗平　梁建新　黄　丹(女)　刘　红(女)　龚志彪　梁正刚　刘云艳(女)　颜海波　由燕军

## 石景山区第十六届人民代表大会专门委员会

法制委员会主任委员　张培莉(女)

副主任委员　杨清霞(女)　魏志强

财政经济委员会主任委员　田　勇(女)

副主任委员　宋　平(女)

教科文卫委员会主任委员　王颖玲(女)

副主任委员　徐春生

城建环保委员会主任委员　李金柱

副主任委员　张　艳(女)

社会建设委员会主任委员　张培莉(女)

副主任委员　刘　红(女)　刘云艳(女)

## 石景山区第十六届人大常委会工作机构负责人

办公室主任　龚志彪

研究室主任　张　清(女)

代表联络室(市人大代表联络处)主任　李　成

财政经济办公室主任　范静岩(女)

预算审查办公室主任　田　勇(女)

法制(备案审查)办公室主任　张培莉(女)

教科文卫办公室主任　王颖玲(女)

城建环保办公室主任　李金柱

# 石景山区人民政府

招商引资签约仪式
中电德瑞电子科技有限公司
北京唐智科技发展有限公司
世纪优优(天津)文化传播股份有限公司
身耕科技(北京)有限公司
石景山区经济发展推进大会

## 综　　述

【概况】 北京市石景山区人民政府(简称区政府)是北京市石景山区人民代表大会的执行机关,是石景山区国家行政机关,对本级人民代表大会及其常务委员会和上一级国家行政机关负责并报告工作。设置政府工作部门31个。2020年是"十三五"规划收官之年,是全面建成小康社会、实现第一个百年奋斗目标的决胜之年。石景山区坚持以习近平新时代中国特色社会主义思想为指导,深入贯彻党的十九大和十九届二中、三中、四中、五中全会精神,深入贯彻习近平总书记对北京重要讲话精神,坚决果断抗击新冠肺炎疫情造成的严重冲击,坚持稳中求进工作总基调,坚持新发展理念,坚持推动高质量发展,牢牢把握"建设国家级产业转型发展示范区、绿色低碳的首都西部综合服务区、山水文化融合的生态宜居示范区"的功能定位,紧紧抓住北京举办2022年冬奥会冬残奥会和打造新时代首都城市复兴新地标的重大历史机遇,全力抓好"六稳""六保"工作,顺利完成年度任务,全区经济发展、城市建设、生态文明、民生保障等各领域取得重大成果,区域全面深度转型、高端绿色发展迈上新台阶。预计地区生产总值完成830亿元,同比增长2.8%;一般公共预算收入完成64.67亿元,同比增长2%;固定资产投资完成350亿元,同比增长20.5%,其中建安投资完成120亿元,同比增长8.7%;市场总消费同比下降11%左右,降幅较上半年收窄2个百分点;居民人均可支配收入79300元,同比增长3%;万元地区生产总值能耗下降0.5%,达到市级要求。

(林迎午)

【"十三五"规划实施收官】 "十三五"时期,石景山区统筹推进国民经济和社会发展各项事业,中心城区功能持续优化提升,产业结构不断优化完善,居民人均可支配收入显著增加,城市宜居水平大幅提升,社会保持和谐稳定,全区高质量发展迈出实质性步伐。数据显示,"十三五"末石景山地区生产总值比"十二五"末增长55.9%,二三产实现从7:3到2:8的翻转,第三产业占比达84%,对经济增长贡献率超过90%,一般公共预算收入比"十二五"末增长43.4%,区域转型发展取得突破性进展。石景山区"十三五"规划实施总体顺利,重大战略任务全面落地,城市发展正在深刻转型,主要目标指标如期完成,为"十四五"规划和率先基本实现社会主义现代化开好局、起好步奠定坚实基础。

(林迎午)

## 主要工作和重大活动

【概况】 2020年是全面建成小康社会和"十三五"规划收官之年,是极不平凡的一年。面对新冠肺炎疫情迅速蔓延、经济下行压力加大的不利形势,全区上下团结一心、砥砺奋进,统筹推进疫情防控和复工达产,助力顺平、称多、宁城、莫旗贫困人口脱贫摘帽。启动建设北京冬季奥林匹克公园,打造"带动三亿人参与冰雪运动"示范区。全国唯一三次连获国务院"老工业基地调整改造真抓实干成效明显城市"表彰。获批"国家新型工业化产业示范基地"。现代金融产业主导优势明显,占高精尖产业总收入超过40%。西长安街城市森林公园群基本建成,公园绿地500米服务半径覆盖率排名全市第一。融入首都新发展格局,围绕服务保障冬奥筹办和打造新时代首都城市复兴新地标"两大机遇",高水平建设首都城市西大门,"十三五"规划主要目标任务顺利完成,以石景山全域为核心的京西产业转型升级示范区在推动城市更新、助力实现城市复兴方面取得丰硕成果。

(林迎午)

【政府常务会】 全年召开政府常务会16次(见下表)。

表6　　政府常务会一览表

| 时　间 | 名　称 | 议　　题 |
|---|---|---|
| 2月10日 | 第45次 | 关于报审石景山区污染防治攻坚战2020年行动计划的请示 |
| | | 关于报审《关于促进石景山区冰雪体育产业快速发展的若干措施》及所需资金的请示 |
| 4月2日 | 第46次 | 关于2020年区政府领导领衔办理市、区人大建议、政协提案以及区政府与区人大、区政协开展民主协商工作安排的请示 |
| | | 关于报审《石景山区全面推动服务业扩大开放三年行动计划(2019年—2021年)》的请示 |
| | | 关于石景山区2019年度环境状况和环境保护目标完成情况的请示 |
| | | 关于报审石景山区加强政府投资建设项目全过程管理办法修订草案的请示 |
| 4月17日 | 第47次 | 《北京市物业管理条例》 |
| | | 关于2020年一季度石景山区经济社会发展形势分析的汇报 |
| | | 关于石景山区2019年安全生产工作完成情况及2020年工作安排的汇报 |
| 5月26日 | 第48次 | 关于石景山区复工复产有关情况的汇报 |
| | | 关于石景山区扶贫支援工作有关情况的汇报 |

续表

| 时　间 | 名　称 | 议　　题 |
|---|---|---|
| 5月26日 | 第48次 | 关于石景山区"2+N"政策体系的汇报、关于报审《石景山区促进招商引资的支持办法》的请示、关于报审《中关村科技园区石景山园加快创新发展的支持办法》的请示、区关于报审《石景山区提升科技创新能力促进知识产权服务业发展暂行办法》的请示 |
| | | 关于12345市民服务热线"接诉即办"有关工作的汇报 |
| 7月2日 | 第49次 | 关于2020年上半年国民经济和社会发展计划执行情况的汇报 |
| | | 关于2019年预算执行和其他财政收支审计工作情况的汇报 |
| | | 关于创建"北京市生活性服务业示范区"有关工作的请示 |
| | | 关于2019年决算草案情况的汇报 |
| | | 关于2020年上半年预算执行情况的汇报 |
| | | 关于抗疫特别国债和特殊转移支付有关工作的请示 |
| | | 关于"引进优质教育资源、提升区域教育质量"议案办理情况暨专项工作报告的汇报 |
| 7月16日 | 第50次 | 关于2020年上半年市、区政府折子工程、民生实事进展情况的汇报 |
| | | 关于12345市民服务热线"接诉即办"有关工作的汇报 |
| | | 关于报审《北京市石景山区关于加强公共卫生应急管理体系建设实施方案》和《北京市石景山区加强公共卫生应急管理体系建设三年行动计划(2020—2022年)》的请示 |
| | | 关于2020年上半年污染防治攻坚战工作情况及下半年工作计划的汇报 |
| | | 关于2020年上半年食品安全工作情况及下一步工作安排的汇报 |
| | | 关于2020年汛期城市运行保障工作情况的汇报 |
| 7月28日 | 第51次 | 关于2020年上半年固定资产投资完成情况及下半年计划安排的汇报 |
| | | 关于2020年上半年扶贫支援及下半年工作安排的汇报 |
| | | 关于2020年上半年招商引资工作情况及下半年重点工作安排的汇报 |
| | | 关于2020年上半年安全生产工作情况及下半年重点工作安排的汇报 |
| | | 关于2020年上半年信访工作情况及下半年重点工作安排的汇报 |
| 9月3日 | 第52次 | 简要解读《中华人民共和国消防法》 |
| | | 关于石景山区新冠肺炎疫情防控工作情况的汇报 |
| | | 关于加强石景山区城市精细化管理工作情况的汇报 |
| | | 关于石景山区2020年政府性基金预算调整方案的汇报 |
| 9月21日 | 第53次 | 关于1—8月石景山区经济运行情况分析及形式展望的汇报、关于9月份中小微企业复工达产调查情况的汇报 |
| | | 关于2020年固定资产预计完成情况的汇报 |
| | | 关于1—8月石景山区财税收支及财源建设情况的汇报; |
| | | 关于1—8月税收收入及税源情况的汇报 |
| | | 关于1—8月石景山区新增市场主体发展情况的汇报 |
| 10月16日 | 第54次 | 《北京市没收违法建筑物处置办法(试行)》 |
| | | 关于报审《石景山区生态环境保护工作职责分工规定》的请示 |
| | | 关于报审《石景山区贯彻落实〈北京市关于深化改革加强食品安全工作的若干措施〉工作方案》的请示 |
| | | 关于作出广宁村棚户区改造房屋征收项目房屋征收决定的请示 |

续表

| 时间 | 名称 | 议题 |
| --- | --- | --- |
| 10月22日 | 第55次 | 举办冬奥会的成功要素和可持续发展 |
| | | 关于2020年市、区折子工程、民生实事及"五新"任务三季度进展情况的汇报 |
| | | 关于报审办理区第十六届人大第六次会议代表建议、批评和意见工作情况报告的请示 |
| | | 关于报审2019年度预算执行和其他财政收支审计查出问题整改情况报告的请示 |
| | | 关于报审国有企业国有资产管理使用情况专项审计报告的请示 |
| | | 关于2020年1—3季度石景山区经济社会发展形势分析的汇报 |
| | | 关于2020年1—3季度石景山区固定资产投资完成情况的汇报 |
| | | 关于报审国有资产管理情况的综合报告的请示 |
| | | 关于报审企业国有资产管理情况专项报告的请示 |
| 11月19日 | 第56次 | 关于2021年拟办重要民生实事安排情况的汇报 |
| | | 关于石景山区"十三五"规划实施总结评估的汇报 |
| | | 关于报审北京市优化营商环境条例落实情况专项报告的请示 |
| | | 关于报审2020年部分国民经济和社会发展计划指标调整建议的请示 |
| | | 关于近期新冠肺炎疫情防控重点工作的汇报 |
| | | 关于2020年财政支出预算变动情况的汇报 |
| | | 人事任免有关事项 |
| 11月27日 | 第57次 | 关于报审《"十四五"时期石景山区国民经济和社会发展规划纲要》的请示 |
| | | 关于2021年固定资产投资重点建设项目计划安排有关情况的汇报 |
| | | 关于报审《石景山区养老服务三年行动计划(2021—2023)》的请示 |
| | | 关于石景山区2020年民族宗教侨务工作情况的汇报 |
| | | 关于报审《关于深化接诉即办改革工作的实施意见》的请示 |
| | | 关于申请以区政府名义报送我区存量违法建设核查举证分类成果相关材料的请示 |
| 12月10日 | 第58次 | 关于《2021年政府工作报告》的汇报 |
| | | 关于《北京市石景山区2020年国民经济和社会发展计划执行情况与2021年国民经济和社会发展计划草案报告》的汇报 |
| | | 关于2020年"济困工程"实施情况及2021年工作安排的汇报关于报审《石景山区社区"两委"换届工作实施方案》的请示 |
| | | 关于2020年预算执行情况和2021年预算草案的汇报 |
| | | 关于12345市民服务热线"接诉即办"有关工作的汇报 |
| | | 关于报审《石景山区进一步规范城市协管员队伍管理的实施方案》的请示 |
| | | 关于申请2016—2017年度环境建设重点项目尾款资金的请示 |
| | | 关于石景山区2020年第一批老旧小区综合整治工作及相关资金的请示 |
| | | 关于报审《石景山区2020年计划分配军转干部安置方案》的请示 |
| 12月17日 | 第59次 | 持续推进法治政府建设,有效降低涉诉败诉风险 |
| | | 关于2020年重大项目完成情况及2021年工作安排的汇报 |
| | | 关于报审《北京市石景山区2020年度河长制工作推进落实情况的报告》的请示 |
| | | 关于以区政府名义与中央财经大学签订战略合作协议的请示 |
| | | 关于报审《石景山区关于实施规范公务员奖励性补贴基层倾斜工作的方案》的请示 |
| | | 关于石景山区推荐《北京市2019—2020年度接诉即办工作"先进集体"和"先进个人"》工作情况的汇报 |

续表

| 时　间 | 名　称 | 议　　题 |
|---|---|---|
| 12月24日 | 第60次 | 关于在石景山区行政区域内开展烟花爆竹禁放工作的请示 |
| | | 关于修订《石景山区便民工程管理办法》的请示 |
| | | 关于报审《石景山区关于进一步加强集体土地管理加快建立健全“村地区管”机制的指导意见》的请示 |
| | | 关于八大处门区及周边环境综合整治项目方案及资金的请示 |
| | | 关于报审《石景山区公立医院薪酬制度改革试点工作实施细则》《石景山区属公立医院绩效考核方案(试行)》的请示 |
| | | 关于申请东院配电室迁改项目所需经费的请示 |

（林迎午）

**【区长办公会】** 全年召开区长办公会39次(见下表)。

表7　区长办公会一览表

| 时　间 | 名　称 | 议　　题 |
|---|---|---|
| 1月3日 | 第103次 | 人事任免有关事项 |
| | | 关于报审《石景山区2020年“疏解整治促提升”专项行动工作方案》的请示 |
| | | 关于石景山区优化营商环境工作有关情况的汇报 |
| | | 关于民族宗教有关工作的汇报 |
| | | 关于2020年“疏解整治促提升”资金安排情况的汇报 |
| | | 关于报审《促进中关村石景山园工业互联网产业创新发展的若干措施》的请示 |
| | | 关于支付北京兴盛恒泰投资管理公司物业返还周转费的请示 |
| | | 关于申请2020年春节慰问政法单位专项经费的请示 |
| 1月19日 | 第104次 | 部署春节期间应急值守和安全生产等工作 |
| | | 关于报审《石景山区人民政府2020年折子工程》的请示 |
| | | 关于申请2020年度大气污染防治专项资金的请示 |
| | | 关于财政支持深化民营和小微企业金融服务综合改革试点城市奖励资金及配套资金分配有关工作的请示 |
| | | 关于申请发行2020年政府专项债券的请示 |
| | | 关于《优化营商环境、完善园区人才住房配套的暂行办法》及景秀园人才公租房有关工作的请示 |
| | | 关于中国光大实业(集团)有限责任公司及下属公司申请“一事一议”政策支持的请示 |
| | | 关于石景山区配售型保障房剩余房源收购转化为公租房使用及租金补贴有关工作的请示 |
| | | 关于调整石景山区公安机关公用经费保障标准所需经费的请示 |
| 2月6日 | 第105次 | 关于建立石景山区生活必需品物资储备资金的请示 |
| | | 关于石景山区2020年精准扶贫、对口协作和结对帮扶工作方案的汇报 |
| 2月10日 | 第106次 | 关于申请安装独立感烟报警装置所需资金的请示 |
| | | 关于将部分创城实事项目纳入2020年便民工程的请示 |
| 2月20日 | 第107次 | 人事任免有关事项 |
| 3月5日 | 第108次 | 关于2019年信访工作完成情况和2020年工作计划的汇报 |
| | | 关于石景山区2020年第一批老旧小区综合整治项目的请示 |
| | | 关于给予航天神禾科技(北京)有限公司等10家企业“一事一议”政策的请示 |
| | | 关于申请兑现2019年度企业部分政策支持资金的请示 |

续表

| 时间 | 名称 | 议题 |
|---|---|---|
| 3月5日 | 第108次 | 关于申请2019年度以数字创意为主的文化及相关产业发展专项资金与其他有关经费的请示 |
| | | 关于2020年区政府专项债券发行和到期债券归还情况的汇报 |
| | | 关于2019年造林绿化工作完成情况和2020年工作计划的请示 |
| | | 关于申请调整2019年绿化美化部分项目及有关资金的请示 |
| | | 关于2020年体育事业彩票公益金项目及所需资金的请示 |
| 3月13日 | 第109次 | 关于石景山区第七次全国人口普查工作安排及有关经费的请示 |
| | | 关于加快推进石景山区政务服务“网上办、掌上办、自助办”有关工作的请示 |
| | | 关于申请储备项目资金的请示 |
| | | 关于申请兑现石“惠”十五条上岗人员岗位补贴政策的请示 |
| 3月26日 | 第110次 | 关于永定河左岸京原路以南、永引渠二期、冬奥赛场周边及阜石路沿线和模式口文保区等四个重点区域综合整治提升方案的请示 |
| | | 关于申请“景贤计划”人才发展专项资金的请示 |
| | | 关于石景山区纳入规范管理事业单位改革过渡有关工作的请示 |
| | | 关于《衙门口棚户区改造房屋征收项目国有土地上非住宅房屋征收补偿方案(征求意见稿)》征求意见的请示 |
| | | 关于申请职级序列套改工资预算的请示 |
| | | 关于申请疫情防控一线社区工作者补助资金的请示 |
| | | 关于2019年度“平安石景山”建设考核工作情况的汇报 |
| 4月2日 | 第111次 | 关于石景山区2020年背街小巷环境精细化整治提升工作方案及资金的请示 |
| | | 关于“科技抗疫”项目有关工作及资金的请示 |
| | | 关于北京保险产业园公司收购中发展集团所持京石发展公司股权的请示 |
| | | 关于向北京万商投资发展集团有限公司调拨固定资产的请示 |
| | | 关于首钢幼教中心所属7所转普惠幼儿园申请区级补贴的请示 |
| 4月13日 | 第112次 | 关于报审《石景山区进一步促进新技术新产品本区落地的若干措施》(石新十二条)的请示 |
| | | 关于开展裸地绿化工作情况的汇报 |
| | | 关于八大处公园环境整治及提升项目方案和相关资金的请示 |
| | | 关于对新冠肺炎疫情防控期间政府征用酒店住宿相关费用进行结算的请示 |
| | | 关于新冠肺炎疫情防控相关经费的请示 |
| | | 关于1608街区配套学校建设及适龄儿童入学解决方案的汇报 |
| 4月17日 | 第113次 | 关于申请2020年平房区综合整治资金的请示 |
| | | 关于申请永引渠水系景观提升二期工程经费的请示 |
| 4月24日 | 第114次 | 《关于深化统计管理体制改革提高统计数据真实性的意见》及相关规定 |
| | | 关于2020年河长制有关工作及资金的请示 |
| | | 关于石景山区重大项目一季度进展情况的汇报 |
| | | 关于一季度固定资产投资完成情况的汇报 |
| | | 关于申请兑现2019年度现代金融产业政策支持资金的请示 |
| | | 关于石景山区森林消防综合应急救援队伍建设方案及资金的请示 |
| | | 关于申请新冠肺炎疫情防控期间医疗卫生机构核增一次性绩效工资总量和慰问补助资金的请示 |

续表

| 时　间 | 名　称 | 议　　题 |
|---|---|---|
| 4月28日 | 第115次 | 关于报审《石景山区关于支持中小微企业应对疫情影响保持平稳发展的若干措施》的请示 |
| | | 关于申请刘娘府综合改造、第二水泥管厂、东下庄等土地一级开发项目储备资金的请示 |
| | | 关于申请2019年度和2020年度政府绩效津贴经费的请示 |
| 5月9日 | 第116次 | 《北京市生活垃圾管理条例》 |
| | | 关于加快推进石景山区生活垃圾分类全覆盖工作及相关经费的请示 |
| | | 关于报审《石景山区2020年防汛工作方案》及有关工作的请示 |
| | | 关于12345市民服务热线"接诉即办"有关工作的汇报 |
| | | 关于报审《北京市石景山区人民政府关于向街道办事处下放部分行政执法职权并实行综合执法工作实施方案》的请示 |
| | | 关于报审衙门口棚户区改造房屋征收项目国有土地上非住宅房屋征收决定的请示 |
| | | 关于报审《石景山区促进游戏产业发展实施办法》的请示 |
| | | 关于申请新冠肺炎疫情影响损失补助的请示 |
| | | 人事任免有关事项 |
| 6月4日 | 第119次 | 关于12345市民服务热线"接诉即办"有关工作的汇报 |
| | | 关于报审《石景山区2020年交通综合治理行动计划》的请示 |
| | | 关于2020年石景山区消费季活动方案及促消费政策有关工作的请示 |
| | | 关于报审《石景山区促进楼宇经济高质量发展的若干措施》的请示 |
| | | 关于2020年市政道路通信架空线入地工作计划及资金的请示 |
| | | 关于申请集体土地委托管理2019—2020年续租租金及其他相关费用的请示 |
| | | 关于北辛安棚户区改造A区项目、B区土地开发项目剩余安置房定价的请示 |
| | | 关于推进"城市大脑"建设申请城市大数据运管中心支撑能力升级工程经费的请示 |
| | | 关于调增石景山区行政事业单位住房公积金缴存基数的请示 |
| | | 关于加快推进"石景山区现代创新产业基金"工作的汇报 |
| 6月12日 | 第120次 | 关于广宁村棚户区改造项目房屋征收补偿方案征求意见的请示 |
| | | 关于偿还到期政府一般债券的请示 |
| | | 关于申请拨付石景山区农工商总公司企业职工生活就业安置与总公司改制资金的请示 |
| 6月15日 | 第121次 | 关于《广宁村棚户区改造房屋征收项目国有土地上非住宅房屋征收补偿方案(征求意见稿)》征求意见的请示 |
| | | 关于以区政府名义与首都公路发展集团有限公司签署战略合作协议的请示 |
| | | 关于以区政府名义与北京建筑设计研究院有限公司签署战略合作协议的请示 |
| 6月24日 | 第122次 | 关于2020年1—5月一般公共预算支出进度及盘活存量情况的汇报 |
| | | 关于报审《北京市石景山区安全生产专项整治三年行动计划》的请示 |
| | | 关于石景山区根治拖欠农民工工资有关工作的汇报 |
| | | 关于给予北京中关村软件园发展有限责任公司等7家企业"一事一议"政策支持的请示 |
| | | 关于北京市十一学校石景山实验中学合作办学有关经费的请示 |
| | | 关于申请2020年教育类重要民生实事相关资金的请示 |
| 7月9日 | 第123次 | 关于12345市民服务热线"接诉即办"有关工作的汇报 |
| | | 关于2020年上半年消防安全形势分析的汇报 |
| | | 关于申请2020年创城年度测评服务保障专项经费的请示 |

续表

| 时　间 | 名　称 | 议　　题 |
|---|---|---|
| 7月9日 | 第123次 | 关于2020年石景山区创建全国文明城区主次干道宣传布置方案及资金的请示 |
| | | 关于石景山区创建国家公共文化服务体系示范区有关工作的请示 |
| | | 关于石景山区稳就业、保就业重点工作的汇报 |
| | | 关于2020年我区无障碍环境建设专项整改资金的请示 |
| | | 关于西黄村和北辛安棚改项目地下停车位租售价格有关工作的请示 |
| | | 关于2020年“八一”双拥月活动安排及资金的请示 |
| | | 关于永定河左岸京原路以南环境整治提升工程经费的请示 |
| | | 关于推进餐厨垃圾规范管理工作的请示 |
| | | 关于永定河莲石湖（麻峪——京原铁路河段）工程资金缺口的请示 |
| 7月13日 | 第124次 | 习近平总书记关于进一步做好防汛救灾工作的重要指示精神 |
| | | 关于申请石景山区智慧平安小区及社区疫情防控技防设施建设经费的请示 |
| | | 关于报审《石景山区2020年政务公开工作要点》的请示 |
| | | 关于落实石“惠”十六条兑现企业2019年度政策支持资金的请示 |
| | | 关于现代服务业平台相关情况的汇报 |
| | | 关于新安城市记忆公园记忆建筑群后续建设及有关工作的汇报 |
| | | 关于申请莲石湖公园景观提升工程资金的请示 |
| | | 关于申请道路停车电子收费2020年7月至2021年6月运营管理费用的请示 |
| | | 关于申请增加长安街石景山段整治提升景观照明工程预算资金的请示 |
| 7月22日 | 第125次 | 人事任免有关事项 |
| 7月28日 | 第126次 | 关于永定河左岸冬奥赛场周边区域坟墓迁移有关工作及资金的请示 |
| | | 关于石景山区2020年巩固“无煤化”建设成果有关工作及资金的请示 |
| | | 关于疫情期间房租减免补贴政策落实有关工作及资金的请示 |
| | | 关于北京石景山产业发展有限公司设立方案的汇报 |
| | | 关于衙门口综合场站设备升级改造及相关资金的请示 |
| | | 关于报废更新专业作业车辆及相关资金的请示 |
| | | 关于保险园公司与远洋集团合作获取刘娘府综合改造上市项目的请示 |
| | | 关于申请部分退役士兵社会保险补缴资金的请示 |
| | | 人事任免 |
| 8月4日 | 第127次 | 关于2020年上半年重大项目推进情况的汇报 |
| | | 关于报审《高层建筑消防安全三年整治计划实施方案》的请示 |
| | | 关于石景山区大数据2020年重点任务及项目资金的请示 |
| | | 关于第二批“科创28条”政策兑现工作情况及资金的请示 |
| | | 关于申请疫情防控一线社区工作者第二阶段补助资金的请示 |
| | | 关于更新购置办公家具及网络设备的请示 |
| | | 关于支付2020年度保障性住房家庭租金补贴经费的请示 |
| | | 关于申请石景山区控制性详细规划研究编制专项资金的请示 |
| | | 关于以区政府名义与北京市银保监局签订合作协议的请示 |
| | | 关于疏整促阜石路沿线整治提升资金的请示 |

续表

| 时　间 | 名　称 | 议　　　题 |
| --- | --- | --- |
| 8月21日 | 第128次 | 2020年区政府满意度评议工作情况汇报关于1—7月市政府绩效任务进展情况的汇报 |
| | | 关于12345市民服务热线“接诉即办”有关工作的汇报 |
| | | 关于报审《北京市石景山区公共安全形势分析工作管理办法》的请示 |
| | | 关于报审加快培育壮大新业态新模式促进经济高质量发展实施方案的请示 |
| | | 关于创城工作相关问题情况的汇报 |
| | | 关于申请追加2020年各街道创城测评服务保障专项经费的请示 |
| | | 关于石景山区政府中、英文版门户网站建设管理有关工作及资金的请示 |
| | | 关于2020年度以数字创意为主的文化及相关产业发展专项资金及其他有关经费的请示 |
| | | 关于对新冠肺炎疫情防控期间政府征用酒店住宿相关费用进行结算的请示 |
| | | 关于2020年新建消防站建设所需资金的请示 |
| | | 人事任免有关事项 |
| 8月28日 | 第129次 | 关于12345市民服务热线“接诉即办”有关工作的汇报 |
| | | 关于创城有关工作情况的汇报 |
| | | 关于报审《石景山区提升物业服务水平三年实施方案(2020—2022年)》的请示 |
| | | 关于报审《石景山区轨道交通与城市更新一体化专班工作方案》的请示 |
| | | 关于石景山区垃圾分类工作当前推进情况及下一步工作的汇报 |
| | | 关于综合文化活动中心建设经费的请示 |
| | | 关于申请启动实施永定河左岸公共空间提升工程的请示 |
| | | 关于报审《石景山区关于完善基层医疗卫生机构绩效工资政策保障家医签约服务工作的通知》的请示 |
| 9月3日 | 第130次 | 关于广宁村棚户区改造房屋征收项目房屋征收补偿方案修改情况的请示 |
| | | 关于广宁村棚改项目周转资金的请示 |
| | | 关于高井沟流域生态修复工程经费的请示 |
| 9月18日 | 第131次 | 关于给予北京虚拟动点科技有限公司等11家单位“一事一议”政策支持的请示 |
| | | 关于报审《石景山区阜石路1603－616(部分)地块R2二类居住用地共有产权住房项目开始申购登记公告》的请示 |
| | | 关于衙门口棚户区改造土地开发项目资金平衡测算情况的汇报 |
| | | 关于申请拨付八角社区卫生服务中心综合装修改造项目资金的请示 |
| | | 关于五里坨精神卫生专科医院新建工程项目使用林地现状调查服务费及森林植被恢复费的请示 |
| | | 关于2020年中央转移支付公共卫生体系建设和重大疫情防控救治体系建设补助资金支出和安排的请示 |
| 9月21日 | 第132次 | 关于石景山区深化放管服改革工作进展情况及下一步工作安排的汇报 |
| | | 关于12345市民服务热线接诉即办有关工作的汇报 |
| | | 关于报审《石景山区小型医疗机构专项整治行动方案》的请示 |
| | | 关于石景山区5G基础设施建设推进情况的汇报 |
| | | 关于五新政策落实情况的汇报,经信局、科委、商务局、政务服务局、园区管委会补充汇报 |
| 9月30日 | 第133次 | 关于12345市民服务热线“接诉即办”有关工作的汇报 |
| | | 关于以区政府名义与中国光大医疗健康产业有限公司、中国金融电子化公司签署合作协议的请示 |
| | | 关于给予邮储银行信用卡中心政策支持的请 |
| | | 关于以区政府名义与生态环境部环境规划院、环境工程评估中心签署合作框架协议的请示 |
| | | 关于2020年教育系统非义务教育单位绩效工资经费缺口的请示 |

续表

| 时　间 | 名　称 | 议　　题 |
|---|---|---|
| 10月16日 | 第134次 | 关于垃圾分类日常考评情况的汇报 |
| | | 关于疫情期间房租减免补贴政策落实有关工作及资金的请示 |
| 10月22日 | 第135次 | 关于石景山区2020年度防汛工作情况的汇报 |
| | | 关于2020年公开招聘社区工作者有关工作的请示 |
| | | 关于承办2020中国科幻大会相关工作及资金的请示 |
| | | 关于以区政府名义与中交集团签署开发合作框架协议的请示 |
| | | 关于以区政府名义与清华大学社会科学学院签署合作备忘录的请示 |
| | | 关于北辛安棚改项目工作进展情况的汇报 |
| 10月29日 | 第136次 | 关于12345市民服务热线“接诉即办”有关工作的汇报 |
| | | 关于落实蔡奇书记、陈吉宁市长到新首钢地区“双调研”重点任务分工方案的请示 |
| | | 关于报审《石景山区商务楼宇新型冠状病毒感染的肺炎疫情防控工作方案（修订稿）》的请示 |
| | | 关于垃圾分类硬件设施升级达标工作进展情况及工作建议的汇报 |
| | | 关于冬奥赛场周边及阜石路沿线整治提升项目二期工程工作方案及资金的请示 |
| | | 关于报审《石景山区关于加快科幻产业发展暂行办法》的请示 |
| | | 关于拨付北京市发展住房租赁市场财政专项资金的请示 |
| 11月6日 | 第137次 | 关于报审《北京市石景山区扩大长期护理保险制度试点实施方案》《北京市石景山区扩大长期护理保险制度试点实施细则》的请示 |
| | | 关于申请六一教工小区老旧小区综合整治市政专业管线改造资金的请示 |
| | | 关于保险产业园公司转让所持爱心人寿保险股份有限公司股权的请示 |
| 11月12日 | 第138次 | 关于12345市民服务热线“接诉即办”有关工作的汇报 |
| | | 关于2020年石景山区无障碍环境建设专项行动工作情况的汇报 |
| | | 关于石景山区2020年前三季度污染防治攻坚战工作情况和下一步工作安排的汇报 |
| | | 关于报审《石景山区关于进一步开展质量提升行动的实施方案》的请示 |
| | | 关于划转石景山区部分国有资本充实社保基金有关工作的请示 |
| | | 关于以区政府名义与国网北京市电力公司签订战略合作协议的请示 |
| 11月19日 | 第139次 | 关于政府投资项目开展造价咨询业务有关事项的汇报 |
| | | 关于2020年度老旧小区电力配网改造有关工作及资金的请示 |
| | | 关于保险产业园公司未来2—3年融资计划的请示 |
| 12月2日 | 第140次 | 关于石景山区2020年度1—10月份行政执法数据监测情况的汇报 |
| | | 关于石景山区根治拖欠农民工工资工作情况的汇报 |
| | | 关于近期垃圾分类工作进展情况的汇报 |
| | | 关于申请市民消防安全教育体验馆建设经费的请示 |
| | | 关于建设小型消防站和区急救分中心项目的请示 |
| | | 关于北大附中石景山学校等7个重大项目调整为前期推进项目的汇报关于报审《北京市石景山区政府债务管理办法》及《北京市石景山区政府性债务风险应急处置预案》的请示 |
| | | 关于2020年度部分污染防治资金安排的请示 |
| | | 关于新冠病毒核酸检测“应检尽检”相关费用的请示 |
| | | 关于申请储备项目资金的请示 |

续表

| 时间 | 名称 | 议题 |
|---|---|---|
| 12月7日 | 第141次 | 关于报审《石景山区落实北京市建设国家服务业扩大开放综合示范区和自由贸易试验区实施方案》的请示 |
| | | 关于冬奥餐饮服务保障资金的请示 |
| | | 关于北京石景山产业发展有限公司与中关村发展集团股份有限公司合作建设中关村工业互联网产业园的请示 |
| | | 关于申请北京阳光消费金融股份有限公司一次性开办费用补助区级承担部分资金的请示 |

（林迎午）

**【服务保障冬奥会筹办】** 1月4日，北京首个室外冬奥吉祥物雕塑落户广宁街道冬奥社区，石景山全民冰雪嘉年华活动也同步开启。作为冬奥组委机关所在地和赛事举办地，石景山区深入细致做好冬奥会筹办和赛会服务保障。年内，全区上下全面落实中央决策部署和市委市政府工作要求，围绕“服务冬奥、借势冬奥、参与冬奥”这一主线，统筹推进疫情防控和冬奥服务保障相关工作，全力保障冬奥会、冬残奥会顺利筹办。按照“一刻也不能停，一步也不能错，一天也误不起”的要求，尽职尽责落实好属地责任，各项工作取得进展。组建场馆运行和外围保障团队；加快推进68项重点任务；启动建设北京冬季奥林匹克公园，全面实施冬奥场馆周边及阜石路沿线等区域环境整治提升项目；推动中国冰雪大会总部和冰雪俱乐部联盟落户；开展冬奥“六进”工作，新增健身场地7个、健身步道5公里，举办冬奥主题活动100余场，启动创建“带动三亿人参与冰雪运动”示范区，打造具有冬奥特色的经济增长点。

（林迎午）

**【新冠肺炎疫情防控】** 1月22日，石景山区召开专题会议，研究新型冠状病毒感染的肺炎疫情防控相关工作，成立以常卫为组长、李新为副组长的新型冠状病毒感染的肺炎疫情防控工作领导小组，全面统筹协调石景山区疫情防控工作，切实把人民群众生命安全和身体健康放在第一位。23日，石景山区关闭部分公共文化设施，减少人员聚集。石景山游乐园取消原定于1月25日至31日举办的2020石景山游乐园春节庙会，八大处公园取消第七届八大处新春祈福庙会及园内佛事活动，均实行闭园管理。自24日起，区文化中心、区图书馆、少儿图书馆、第四纪冰川遗迹陈列馆、法海寺、慈善寺、田义墓，以及各街道综合文化中心、各社区文化室和图书室暂停对外开放。年内，石景山区贯彻落实习近平总书记对新冠肺炎疫情作出的重要指示精神，严格落实市委市政府的部署要求，细化措施、落实责任、严加防控。完善区级防控工作方案，形成市区上下衔接、左右协调、高效联动的工作体系。建立每日会商机制，坚持零报告制度，及时掌握各类动态数据。摸排来自疫情发源地的人员，做到底数清、情况明。全区各级医疗机构规范诊疗服务，提升综合防控能力，同时加强医务人员自身安全防护。加强统筹协调，全力保障口罩、消毒液等防控用品的市场供应。全力做好城市运行保障各项工作，切实维护地区和谐稳定。截至年底，1.6万名街道干部、社区工作者、机关干部、在职党员、“老街坊”志愿者坚守防控一线，驻区单位参与“创建零感染、守护石景山”行动，筑牢疫情防控安全屏障。全区确诊病例19人全部流调溯源，集中医学观察1533人，居家观察15万人，累计核酸检测47.15万人次，疫情防控取得重大战略成果。

（林迎午）

**【驰援武汉与丰台】** 1月28日，石景山区作为北京市援助湖北医疗队（第三批）的组成区县，5家医疗机构（北京大学首钢医院、北京康复医院、石景山医院、清华大学玉泉医院、中国中医科学院眼科医院）选派25名医护人员组成一支技术力量过硬的医疗队，时刻准备支援湖北。首都医科大学附属北京康复医院副院长公维军任领队，成员包括：呼吸科、感染性疾病科、医院感染管理科中高级职称医师6名，呼吸科、感染性疾病科专科、重症医学科护理人员10名，临床检验医技人员2人，以呼吸、感染、重症医学科一线护理人员为主的后备护理人员6名。6月26日，石景山区从中国医学科学院整形外科医院、北京康复医院、石景山医院、石景山区中医院和10余家社区卫生服务机构紧急抽调100名骨干医务人员组成6支医疗分队支持丰台区的流调、核酸检测采样工作，从接到命令到完成集结，只用短短3个小时。

（林迎午）

**【政府全体会】** 2月20日，2020年区政府全体会议召开。李新围绕做好当前工作和完成全年任务进行工作部署，提出工作要求。会议指出：突出重点，坚决打赢疫情防控的人民战争总体战阻击战。明确任务，全面推进2020年各项工作。凝心聚力，高质量完成各项任务。提振精神，以新担当实现新作为。

（林迎午）

**【完成年度医保协议签订】** 4月1日，石景山区完成2020年度医保协议签订工作。全程线上办理，医保协议通过市医疗保险信息系统下发和审核，协议确认书经电子办公邮箱传输。专人负责咨询管理，利用电话、网络等方式为定点医药机构答疑解惑。严格把关，认真核对，确保信息准确。实际签约定点医药机构94家，其中定点医疗机构75家,定点零售药店19家。

(林迎午)

【与中关村发展集团座谈】 4月7日,区政府与中关村发展集团就工业互联网产业园建设进行座谈,中关村发展集团党委副书记、总经理宣鸿,区领导李新参加座谈。李新表示,中关村工业互联网产业园建设已到关键时期,要"好事办好,好事快办",同向合脉、统一目标,加快项目推进,做好服务保障,确保项目成为中关村发展集团与北京市合作的示范项目。

(林迎午)

【区企高层对接】 4月9日,石景山区和首钢集团召开2020年第一次区企高层对接会议。贯彻落实蔡奇和陈吉宁指示要求,秉承"石景山就是新首钢、新首钢就是石景山"理念,区企紧密融合,齐心协力打造新时代首都复兴新地标。区领导常卫、李新、柯永果、齐春利、孙学伟,市发改委党组成员、一级巡视员王英建,首钢集团领导张功焰、王世忠、梁捷参加会议。年内,全力服务支持新首钢高端产业综合服务区建设,解决首钢在复工复产中面临的困难和问题,全力做好服务保障,加快"石惠15条"政策兑现、提高项目手续办理、审批效率,全面推动复工复产。加快实施新首钢建设三年行动计划和十大攻坚工程、合力推进72个重大项目建设。加强协调,推进首钢东南区土地入市、国际人才社区建设、北区产业导入等重点工作,建成首钢园公共保税仓库、首钢极限公园等,完成全年固定资产投资目标任务,共同将新首钢园区打造成为新时代首都城市复兴新地标。

(林迎午)

【生活垃圾分类全覆盖】 4月29日,来自中央电视台、《人民日报》、北京电视台、《新京报》等20余家媒体的记者,就石景山区垃圾分类进展工作情况进行集中采访报道。石景山区与东城、西城和城市副中心共同被列为垃圾分类的四个示范区之一,年内实现全区各类责任主体的垃圾分类的全覆盖。石景山区垃圾分类工作的好经验好做法,受到媒体记者的关注和好评。媒体采访团先后来到喜隆多国际购物中心垃圾分类站点、八角建钢南里社区垃圾分类驿站、区政府食堂及垃圾分类站点和老山南路垃圾楼,就石景山区大型商超、政府机关、居民小区垃圾分类工作开展情况以及垃圾收运情况进行详细了解和采访报道。5月3日,区级垃圾分类推进工作指挥部成立,李新任总指挥。石景山区在居住小区垃圾分类全覆盖的基础上,坚持以块为主、条块结合,落实组织、制度、经费等保障,由各街道牵头落实,各社区深化宣传,专业化公司加强培训指导,物业服务单位参与,自上而下形成抓实抓好垃圾分类的工作合力,形成共建共享的垃圾分类工作格局。"石分达人"线上垃圾分类互动积分平台上线试运行,6月底前实现全区覆盖。在所有居住小区建立分类投放、收集、运输体系,全区共设置240升的分类投放容器5178组16777只,服务居民25万户、近59万人。截至年底,全区372个居住小区、83家党政机关、1597家餐饮单位、95所学校、41家商超、210家医疗机构以及3万余家商户全部推行垃圾强制分类。年内,石景山区对居住小区2000余组垃圾分类桶站进行升级改造,建设暂存点300余处实现大件垃圾和装修垃圾的定点投放、规范收运;完成四分类收运车队近500辆车的分类涂装及45座密闭式清洁站的标准化升级等。利用城市腾退空间,建设1处集垃圾分类宣传、培训、参观、实践等功能于一体的"垃圾分类教育基地";推进实现生活垃圾管理与再生资源回收体系"两网融合",9个街道各建设1处再生资源中转站;建立以大数据平台为支撑的垃圾分类考核评价体系,按规定程序纳入政府绩效考核等。

(林迎午)

【3项工作受到国务院表扬】 5月8日,国务院办公厅发布《关于对2019年落实有关重大政策措施真抓实干成效明显地方予以督查激励的通报》,对2019年落实有关重大政策措施真抓实干、取得明显成效的213个地方予以督查激励,并相应采取30项奖励支持措施,其中石景山区在深化商事制度改革、促进社会投资健康发展、老工业基地调整改造3项工作成绩突出,受到表扬。石景山区作为北京市市场准入改革试点区,商事制度改革一直走在北京市的前列,高标准、高起点开展登记注册便利化改革,立足机制创新,持续推动优化营商环境政策落地。近年来,石景山区紧抓北京冬奥会筹办和打造新时代首都城市复兴新地标等重大发展机遇,拓展融资渠道,支持老工业基地调整改造,创新审批模式,为全国老工业区更新改造探索可复制、可推广的经验,石景山区也因为老工业基地调整改造力度较大,支持传统产业改造、培育新产业新业态新模式、承接产业转移和产业合作等工作中成效突出受到表扬,国家将优先支持在老工业基地振兴有关重大改革和重大政策方面先行先试,支持创建国家创新型产业集群和新型工业化产业示范基地,在安排产业转型升级示范区和重点园区建设中央预算内资金时各奖励2000万元。此外,石景山区促进社会投资健康发展、企业债券发行、债券品种创新与风险防范等工作成效明显,从2020年起两年内,对区域内企业申请企业债券实行"直通车"机制,直接向国家发改委指定的受理机构申报,实行"即报即审",审核时间由15个工作日缩短到5个工作日。

(林迎午)

【首个综合管廊项目投入使用】 5月9日,区住建委正式完成对北京·银行保险产业园地下综合管廊工程的消防验收,经综合评定、技术复核、三级审批等流程,结论合格,可以正式投入使用。该工程是石景山区首个综合管廊项目,总长度1395米,由6个标段组成,可满足园区总体定位需求,提升园区市政配套设施安全可靠性的需求,有效减少管线事故发生,提高管线运营维护水平,为京西管廊建设迈出第一步,对提高北京城市基础设施建设水平提供经验和示范。地下综合管廊,是通过将电力、通信、给水、供热、等多种管线集中设置到道路以下的同一地下空间而形成的一种现代化、科学化、集约化的城市基础设施。因其具有安全可靠、维修方便、利于统筹等优点,已在发达国家普遍应用。

(林迎午)

【智慧养老体系构建】 5月25日,中央电视台社会与法频道《中国养老2020》节目,播出石景山区智慧养老体系构建的典型经验。近年来,石景山区打造区级养老信息综合平台项目,整合24.7万条石景山区养老相关基础数据,绘制一幅囊括515家养老服务场所的"养老地图",实时监测着每一项为老服务全过程,紧密链接住老人需求、社会资源供应和政府监管三个端口,实现养老服务信息"一目了然",养老行业资源"一站获取",养老服务监管"一网覆盖",精准满足老年人个性化服务需求。"智慧养老"平台还接入一批智慧终端,"大话机"居家养老服务信息机、老年版语音APP北京通e个人、"刷脸吃饭"终端机等等,将个性化、专业化、精准化的养老服务送到老人的身边、床边、周边。自1月24日起,区民政局从疫情通报、需求收集和精神关爱3个角度,针对全区3951名巡视探访老人开展电话探访服务3.2万次,主动了解居家生活情况,受理老人基本需求,提供上门服务,同时,发挥区养老信息综合平台的大数据优势,筛查分析全区高龄、独居等特殊老年人信息,保证确有需求的老年人送菜助餐等基本生活服务持续开展。此外,石景山区为9469户高龄、独居、失能老年家庭安装的"大话机",在疫情防控期间全部派上用场,在家"一键呼叫"即可享受急救、家电维修、老年餐桌送餐,以及找居委会、卫生站、养老驿站等11项居家养老服务。疫情期间,"大话机"语音播报信息3.5万条,收听率达91%。

(林迎午)

【430项行政执法职权下放至街道】 5月,石景山区深化党建引领"街乡吹哨、部门报到"改革和综合行政执法改革,推进行政执法权限向基层延伸,向街道办事处下放部分行政执法职权并实行综合执法工作正式启动。将原由城管执法、生态环境、水务、卫生健康4个部门5类、共430项行政执法职权下放至街道办事处。主要包括:原由城管执法部门行使的市政管理、园林绿化管理、环境保护管理、施工现场管理、停车场管理、交通运输管理、食品摊贩管理等方面和对流动无照经营、违法建设、无导游证从事导游活动等行为的全部行政处罚权、行政强制权;原由城管执法部门行使的市容环境卫生管理、公用事业管理、能源运行管理等方面的部分行政处罚权、行政强制权;原由生态环境部门行使的大气、噪声污染防治方面的部分行政处罚权;原由水务部门行使的河湖保护、水土保持等方面的部分行政处罚权、行政强制权和原由卫生健康部门行使的控制吸烟、除四害等方面的全部行政处罚权。在此次行政执法职权下放过程中,石景山区坚持问题导向,聚焦社会焦点、百姓痛点、基层难点,将市容环境、扬尘治理、违建查处、河道管理等方面,违法行为易于确定,执法程序简便易行的事项的处罚权和行政强制权由职能部门下放至街道办事处,解决目前存在的一些"看得见的管不了"的问题。在执法权下放的同时,人员编制也在向基层倾斜。其中,在现有城管执法编制总量内,执法编制向街道下沉,实现街道执法编制在本区城管执法编制总量中占比达到85%的目标。区城管执法局先期与各街道精准对接,开展下沉人员工作交接和人事调动相关工作,5月底下沉人员全部到岗到位。7月1日起,全区9个街道办事处综合行政执法队按照相关法律法规规定和市政府下放的行政执法权限,相对集中行使行政处罚权、行政强制权及与之相关的行政检查权,街道办事处作为行政执法主体也将承担行政应诉、行政复议等相关工作。

(林迎午)

【经济发展推进大会】 6月8日召开。常卫和市投资促进服务中心主任周旭出席会议并讲话。李新主持会议。市级相关部门负责人,区四套班子其他领导出席会议。田利跃介绍区域经济发展情况。会议总结疫情防控工作取得的阶段性成果并播放疫情防控和经济发展专题片。表彰地区纳税"百强"和在抗击疫情过程中做出突出贡献的企业,为10位市级以上人才工程入选者发放"景贤卡"。会上,与有关企业签署30个新引进项目,涉及重大项目、招商引资、产业平台及首钢园区建设等,总投资达到503亿元。光大信用卡中心、物美、市级以上人才工程入选者、首钢集团、区发改委相关负责人进行发言。在随后召开的新闻发布会上,石景山区发布由2项指导性政策和四大类20余项产业发展政策组成的"2+N"政策体系,明确全区未来"高精尖"产业发展方向和重点培育的人才类别,对已有的优化营商环境系列政策措施进行完善和升级。

(林迎午)

【吸纳各领域专家智慧】 6月11日,石景山区召开"十四五"规划编制专家咨询组成立大会暨第一次专家座谈会。会议公布区"十四五"规划编制专家咨询组成员名单,常卫为专家颁发聘书,李新主持会议。区委区政府认真梳理各位专家的献计、献智、献策,找准定位、把准方向、定准目标、选准路径,编制一份高质量、高水平的发展规划。

(林迎午)

【扎紧社区基层防控网】 6月16日,北京启动突发公共卫生事件应急响应级别从三级提升至二级,全面进入抗击疫情的"战时状态"。石景山区第一时间重启机关干部下沉社区工作机制,在组织安排50名市派干部、695名区派干部和975名街道干部全部返回防控岗位的基础上,17日再次发出通知,号召全区广大党员、干部主动报名参加社区疫情防控工作。在各卡口推行"4+4"工作模式,按照"上午、下午、晚间、夜间"4个时段,每个时段配备下沉干部、社区工作者、物业保安、"老街坊"志愿者4名人员,严格执行测温、查证、验码、登记等措施。对中风险街道严格落实管控措施,禁止外来人员及车辆进入;其他街道按照二级防控要求,非本小区人员、生活服务行业人员在登记信息、查看健康码、测量体温后方可进入。

(林迎午)

【中铁建发展集团迁址石景山区】 7月1日,中铁建发展集团有限公司正式迁址石景山区。中铁建发展集团是中国铁建股份有限公司的全资子公司,注册资本金20亿元人民币,是中国铁建新产业、新业态、新模式的研究平台、投资平台与孵化基地,将发展成为集投融资、规划设计、建设管理、运营维护和科技支撑于一体的国内生态环保行业一流的综合服务型平台。中铁建发展集团迁址,将加速在石景山区"6+1"业务战略布局,探索生态环保、智慧城市、模块化建筑、新型建材、现代物流、新型轨道交通等领域合作,发挥其综合资源优势和协同效应,助力石景山区高水平建设好首都城市西大门。

(林迎午)

【区政府与法院2020年度联席会议】 7月2日召开,李新出席会议并讲话。亢军主持会议,区委政法委、区人大法制办、政府办等48家单位主要负责人参会。区法院通报《2019年石景山区行政案件司法审判年度报告》,区司法局通报《2019年石景山区行政复议、行政应诉案件情况》,会议围绕推进依法行政、建设法治政府等议题共同会商,形成共识。2004年,石景山区在全市首创政府法院联席会议制度,已坚持执行17年。在市委政法委推广下,全市各区相继实施联席会议制度,"石景山模式"在全市落地生根。每年的联席会议都对石景山区推进依法行政工作,提升依法行政水平发挥重要作用。

(林迎午)

【区第二届创业创新大赛】 7月12日,"中国创翼""创业北京"暨石景山区第二届创业创新大赛在区人力资源公共服务中心举办。李新鼓励选手投身石景山区创业创新工作,并在未来区域转型发展中取得更好业绩,周西松参加大赛开幕式并致辞。大赛设人工智能、文化创意、新材料等8个类别、27个项目进行角逐,并首次增设创业扶贫专项赛,构成创业项目组、创新项目组和创业扶贫专项组3个组别。经过路演和评选,有5个项目分别获得创新、创业一等奖和扶贫专项奖,并获得推荐参加北京市创业创新大赛的资格。

(林迎午)

【与市文投集团座谈】 7月23日,常卫、李新与北京市文化投资发展集团有限责任公司党委书记、董事长周茂非座谈。周茂非表示:北京文投集团作为首都文化创意产业发展重要的投融资平台、资本运作平台和重大项目投资平台,搭建起文化金融、文化内容、文化渠道等6大业务板块。集团将发挥自身资源优势,利用好石景山区老旧厂房资源,加强文化金融、产业基金、文创园建设等方面合作,助力石景山区"1+3+1"高精尖产业体系构建。

(林迎午)

【擦亮城市西大门】 7月24日下午,石景山区召开"擦亮城市西大门,文明祥和迎冬奥"专项行动推进会。会议传达市文明城区创建检查讲评会精神,对石景山区文明城区创建工作开展和下一步工作任务进行研究部署。石景山区作为北京市4个提名区中唯一一个中心城区,以推进全国文明城区创建,落实《新时代公民道德建设实施纲要》《北京市文明行为促进条例》《北京市物业管理条例》《北京市生活垃圾管理条例》等为重点,启动"擦亮城市西大门,文明祥和迎冬奥"专项行动,推进解决环境卫生、城市管理、窗口服务、学校教育、交通秩序、诚信经营、社会治安、生态环保等与群众切身利益相关的问题。

(林迎午)

【与首发集团、北京建院合作】 8月5日,石景山区与北京市首都公路发展集团有限公司(简称首发集团)、北京市建筑设计研究院有限公司(简称北京建院)分别签署《战略合作框架协议书》。常卫和市国资委党委书记、主任张贵林,首发集团党委书记、董事长张闽,北京建院党委书记、董事长、总建筑师徐全胜参加签约仪式。李新主持签约仪式。首发集团是负责北京高速公路建设、运营管理、筹融资和相关产业经营的国有大型企业,北京建院是与共和国同龄的大型国有建筑设计咨询机构。石景山区将为首发集团和北京建院在石景山发展创造有利条件,提供更加高效、便捷和优质的服务,为企业深耕石景山、高质量服务石景山奠定坚实基础。

(林迎午)

【冰雪运动示范区建设】 8月11日,常卫与国家体育总局冬季运动管理中心主任、党委书记倪会忠座谈。会议听取"带动三亿人参与冰雪运动"示范区建设、中国冰雪大会落户工作推进和国际雪联及知名冰雪机构落户石景山进展等情况。国家体育总局冬季运动管理中心领导丁东、李琰、申雪、郑良程,中国冰雪大会组委会秘书长张鸿翊参加会议。同月15日,区政府与国家体育总局冬运中心召开工作对接会,研究推进"带动三亿人参与冰雪运动"示范区各项工作落实落地。12月13日,区政府与体育总局冬季运动管理中心签署战略合作框架协议,建立可持续发展的战略合作伙伴关系,缔结冬季体育运动事业共同体。年内,石景山区主动对接冬奥组委机关,深化"双进入"工作机制,68项重点任务有序落实。北京冬奥会技术运行中心及附属通信枢纽(TOC)、注册中心及制服发放中心(UAC)建成,M11冬奥支线、苹果园综合交通枢纽、滑雪大跳台中心酒店等重大工程加快建设。冬奥场馆周边、阜石路沿线环境持续改善,北京冬季奥林匹克公园加快建设。重点区域双语标识全面规范,无障碍环境建设专项行动排名全市第一,城市运行、文化旅游、安全应急等全要素服务保障能力不断增强。出台促进冰雪体育产业快速发展若干措施,推动中国冰雪大会总部基地和冰雪俱乐部联盟落户。开展冬奥"六进"工作,深化冬奥社区建设,打造"带动三亿人参与冰雪运动"示范区。

(林迎午)

【区文化中心对外试运行】 8月15日,建筑面积4.1万平方米,涵盖区文化馆、非遗中心、博物馆等多功能为一体的石景山区文化中心正式对外限流预约开放,是北京市第一家恢复开放的区级文化中心(文化馆)。开馆第一天，区文化中心安排《小王子》《中国机长》等4场公益电影放映、“多彩非遗 美好生活”非遗主题展、冬奥主题展、北京儿童艺术剧院儿童剧《遇见·贝多芬》、光影石景山文化沙龙、“戏聚石景山——传承中华传统文化”评剧讲座、儿童创意美术、书法系列讲堂等面向全龄段人群的各类精彩活动共计14场。首都博物馆品牌活动“蓟下博谈·公众课堂”落户石景山后的首场讲座在文化中心开讲，市文物局副局长，首都博物馆党委书记白杰，首都博物馆馆长韩战明出席活动，并与石景山区签署战略合作协议，互赠图书。年内，区文旅局在严格落实疫情防控各项要求基础上，引入优质社会资源，在区文化中心重点打造“国家级艺术院团惠民公益演出季”“文博知识大讲堂”“新片观影会”“经典艺术走进石景山”等系列活动。区文化中心每周开放时间不少于72小时，平均每周活动不少于60场，提升市民文化获得感，为石景山区创建国家公共文化服务体系示范区营造良好氛围。

（林迎午）

**【“电竞北京2020”系列活动】** 8月15日，“电竞北京2020”系列活动重头戏北京国际电竞创新发展大会在首钢园三高炉开幕。作为后疫情时代北京地区首个大型活动，大会以“竞启未来”为主题，采用线上线下相结合形式举办，开启北京电竞创新发展的新纪元。大会落地石景山区网络精品游戏研发基地、北京智慧电竞赛事中心、首钢电竞产业园等项目。常卫与首钢集团党委书记、董事长张功焰，市委宣传部副部长王野霏共同为“北京市电子竞技产业品牌中心”及“北京市游戏创新体验区”揭牌；李新就《石景山区促进游戏产业发展实施办法》作政策发布，姚茂文与人民网体育部主任、人民体育董事长朱凯签订《战略合作协议》，周西松与搜狐畅游高级副总裁黄纬签订《石景山区网络精品游戏研发基地》合作协议。中宣部副部长傅华，市委常委、宣传部部长杜飞进，中宣部副秘书长、出版局局长郭义强，中宣部文改办主任张海明，市委宣传部副部长赵磊，海淀区委书记于军，北京经济技术开发区工委书记王少峰等共同见证签约仪式。15日至16日，为期两天的“电竞之光”展览交易会在首钢园三高炉及外广场同期举行，来自电竞领域的15家电竞代表企业，重点围绕5G、人工智能、沉浸式体验等技术在电竞领域的应用，集中展示引领未来电竞产业发展方向的新内容、新技术、新装备、新产品。

（林迎午）

**【面向全球招募430余名紧缺人才】** 8月26日，石景山区“景贤计划”全球发布会首场活动暨人才云聘启动仪式在新首钢3号高炉内举行。常卫、李新，市人才工作局副局长刘敏华，北京冬奥组委秘书行政部部长郭怀刚，首钢集团有限公司党委书记、董事长张功焰，中煤地质集团有限公司党委副书记、总经理刘永彬，以及高精尖企业代表200余人参加现场发布活动。此次全球发布活动是石景山区首次举办的人才政策类全球发布活动，活动现场连线美国、澳大利亚、新加坡、香港等地进行同步云直播，向全球吹响招才纳贤号角，发出引智“英雄帖”。波士顿咨询公司(Boston Consulting Group)全球资深合伙人兼董事总经理周园作《石景山区整体定位与发展策略》主题发言，政府及企业代表通过圆桌论坛形式围绕人才发展规划、发挥“景贤计划”引才聚才作用，营造人才发展良好生态等内容展开讨论。发布石景山区紧缺人才目录及438个岗位，各类型企业对技术人才和管理人才的需求度分别占到57%和29%。此次发布的“景贤计划”针对5类人才亮出一系列“王炸”级政策，这5类人才国内分为顶尖、领军、青年拔尖人才3个类别，海外分为工作类和创业类人才两个类别，按照对应的标准条件进行认定。本次“景贤计划”全球发布，体现区委区政府的战略思维和全球视野，通过国内外媒体向全球宣发近悦远来的人才政策，并依托华人经济贸易促进会、华人科技企业协会、中国旅美科技协会洛杉矶分会等海外华人专家协会向海外发出引才邀请。当天“景贤计划”全球发布会直播最终观看人数为：1507224。北京冬奥组委人力资源部副部长赵伯群，区领导刘亚泉、周西松、宋世媛，首钢集团有限公司副总经理梁捷，中铁建设集团党委副书记王宏斌参加活动。

（林迎午）

**【小微企业融资政策发布】** 8月31日，石景山区发布全市首个小微企业融资代偿补偿资金政策。区金融办、区财政局联合发布《北京市石景山区小微企业融资风险代偿补偿资金管理办法》，正式设立石景山区小微企业融资风险代偿补偿资金(以下简称“代偿补偿资金”)，由北京金控集团旗下的小微金融综合服务公司进行托管，现场开展政策解读，19家驻区银行和4家担保公司与托管机构现场签订合作协议，标志着全市首个覆盖全行业的小微企业代偿补偿资金正式落地。“代偿补偿资金”总计1000万元，预计可以撬动小微企业新增授信约3亿元。该资金覆盖企业门类全，重点支持金融机构向属于“1+3+1”的高精尖产业和民生保障企业发放信贷；针对小微企业缺乏抵质押物的融资难点，为金融机构向小微企业发放的担保贷款、信用贷款提供风险代偿支持，发挥财政资金“增信”“助贷”的作用；代偿覆盖额度高，最高提供未清偿部分50%的风险代偿补偿支持，破解金融机构“不敢担”“不敢贷”的难题。

（林迎午）

**【通过国家卫生城市复审】** 8月，全国爱卫会通报国家卫生城市(区)复审结果，石景山区再次被确认为国家卫生城市(区)。并由于在巩固国家卫生城市工作方面成效显著，在复审中成绩突出，受到通报表扬。

（林迎午）

**【服贸会石景山专场论坛】** 9月6日，2020中国国际服务贸易交易会“冬奥机遇点燃复兴之火”石景山专场论坛在国家会议中心举行，北京冬奥组委专职副主席兼秘书长韩子荣，区领导常卫参加论坛并致辞，李新以“紧抓冬奥机遇共享冰雪奇缘”为主题进行主题演讲。首钢集团副总经理梁捷、芬兰拉赫蒂市市长佩卡·蒂莫宁等4位嘉宾分别围绕“推动首钢园区高质量发展打造新时代首都城市复兴新地标”“冬奥会对举办城市的促进”作主题演讲。周西松参加“冬奥机遇下城市发展之道”圆桌论坛,就奥运和城市的关系与嘉宾进行交流分享。

(林迎午)

**【2人1集体获国家级表彰】** 9月8日上午,全国抗击新冠肺炎疫情表彰大会在北京人民大会堂隆重举行。大会对全国抗击新冠肺炎疫情先进个人、先进集体,全国优秀共产党员、全国先进基层党组织进行表彰。石景山医院心血管内科护士长何艳丽,八角街道八角中里社区党委书记、居委会主任李美红获得先进个人称号;八宝山街道党工委成为北京市唯一一个获得全国抗击新冠肺炎疫情先进集体和全国先进基层党组织两项荣誉的街道党工委。

(林迎午)

**【长期护理保险扩大试点】** 9月16日,国家医保局会同财政部印发《关于扩大长期护理保险制度试点的指导意见》。北京市石景山区、天津市、山西晋城市等14地新增为长期护理保险制度试点城市。同月22日,在市政府召开的相关工作会议上,市医保局和石景山区分别汇报长护险工作的进展和下一步工作计划,参会的委办局围绕长护险的制度完善、养老体系整合、大数据支撑等问题进行深入研讨。10月21日,市政府副秘书长陈蓓到区医保局就试点工作进行调研。市医保局和区政府分别汇报扩大长期护理保险制度试点工作进展和下一步工作计划及存在问题。参会单位就长护险政策完善、征缴系统保障、待遇政策整合、宣传途径等问题开展研讨。

(林迎午)

**【创新设计北京峰会】** 9月17日,第二届中国仿真技术应用大会(CCSAT 2020)暨创新设计北京峰会”在银保建国酒店召开。周西松就石景山区产业发展环境和优势进行发言并致辞。作为国内虚拟仿真行业规模最大、专业层次最高的专业会议之一,本届大会以“仿真赋能工业转型升级”。围绕创新设计、工业软件研发与产业应用等内容设置1主7分等8个论坛,开展圆桌论坛、奖项评审、合作签约、企业观摩等活动。

(林迎午)

**【亮相服贸会“冬季运动”专题展】** 9月,在2020年中国国际服务贸易交易会“冬季运动”专题展上,石景山区以“双奥之区”为主题再次亮相。近年来,石景山区牢牢把握北京举办2022年冬奥会和冬残奥会、打造新时代首都城市复兴新地标两大机遇,借势冬奥筹办,培育壮大区域冰雪体育产业,立争形成区域经济发展新高地。双奥之区展台约400平方米,采用流畅的线条造型,形如速滑运动员在冰面上滑过的痕迹,使用蓝白灯光追逐渐变,营造冰雪竞技的立体感和运动感,利用AR、VR场景体验技术,打造极具科技感的冰雪运动体验活动。在冰壶和滑雪真冰真雪体验板块,吸引不少参观者排队体验。展台还包含“科技+冰雪”体验区、“非遗技艺+冬奥冰雪”展示区、石景山区冰雪工作展示区和冰雪进校园成果展,现场还有“投给2022”冬奥明信片邮寄活动,不少市民写下对北京冬奥会的祝福。

(林迎午)

**【参加“首都金融专场”活动】** 10月22日,2020金融街论坛在金融街中心举办。李新做客活动现场,通过对话访谈形式,以西长安街上的“金融硅谷”“点石成金”等关键词,精准呈现石景山区现代金融产业引领和支撑区域社会经济转型和高质量发展的初步成效和特色亮点,全面展示推介石景山区现代金融产业发展优势和北京银行保险产业建设情况。本次专场活动搭建集中展现北京市金融业扩大开放丰硕成果的高端对外平台,石景山区与西城区、朝阳区、通州区、丰台区、海淀区等6区同台推介,标志着石景山区成为首都金融版图的重要组成部分,成为北京推动金融业改革创新的重要载体。

(林迎午)

**【“双报到”集中活动】** 10月31日,石景山区开展基层党组织和在职党员“双报到”集中活动暨“清洁家园、人人参与、健康环境、人人共建”周末大扫除活动。常卫、李新、李文起、吴克瑞、田利跃等区四套班子领导,均以普通党员身份到各自联系社区,与99个报到党组织、2921名在职党员、3304名“老街坊”志愿者一起,开展卫生和健康教育宣传、单位环境卫生清理及社区卫生大扫除等活动。活动当日,共计清理卫生死角2504余处,清理垃圾107.6吨,除四害消杀面积26.9万平方米,发放宣传品5449份。

(林迎午)

**【通过国家示范区验收答辩】** 11月26日,根据文化和旅游部验收工作安排,石景山区通过视频会议形式参加第四批国家公共文化服务体系示范区验收答辩。市文旅局副局长关宇,公共服务处处长刘贵民,区领导李新、周西松及区文旅局相关负责人参加答辩。李新汇报石景山区创建国家示范区工作情况,关宇汇报实地检查及指导、监督、支持石景山区创建工作情况。文旅部专家组从基层公共文化设施社会化运营发展、经费常态化保障、数字化平台建设等内容进行提问,石景山区逐一回答,完成国家示范区答辩工作。石景山区自2018年获批第四批国家公共文化服务体系示范区创建资格以来,作为北京市唯一推荐区,以创建为抓手,形成以创促建、以创提质、以创惠民的工作常态,地区公共文化建设进入快速推进、整体提升、创新发展的新阶段。

(林迎午)

**【与生态环境部环境规划院签约】** 12月4日,区政府与生态环境部环境规划院、环境工程评估中心签署战略合作框架协议。全面加强双方在生态环境保护领域科研、技术咨询、人才等方面战略合作,带动石景山区绿色高质量发展。签约仪式在区政府举行,李新、齐春利,环境规划院书记陆军、院长王金南,环境工程评估中心主任谭民强、书记刘伟生等领导参加签约仪式,周西松主持签约仪式。

(林迎午)

**【第六届中国虚拟现实产学研大会】** 12月5日至7日，在富力万达嘉华酒店举办。本届大会由区政府与中国虚拟现实技术与产业创新平台联合主办，中国产学研合作促进会、市经信局指导，以“虚拟现实助力新经济”为主题，是中国虚拟现实领域教育、科研、技术、产业、金融、商用及政府各界交融互动的年度盛会。大会由中国工程院院士、北京航空航天大学赵沁平教授，全国政协教科文卫体委员会副主任、科技部原副部长陈小娅，中国虚拟现实技术与创新平台理事长、北京师范大学周明全教授共同担任大会主席。600余名专家学者、各界人士将齐聚一堂，交流虚拟现实技术研发成果，分享虚拟现实产学研合作经验，探讨虚拟现实产业发展问题，具有非常重要的意义。同期举办第三届虚拟现实技术与应用创新大赛等。大会内容涵括产业园区、虚拟现实领域国家重点研发计划项目、科技成果转化与产业生态构建、虚拟现实技术及商业应用、产业前瞻性探究、产业投资、商业解决方案等多个主题，大会安排13场特邀报告并“虚拟仿真实验教学项目申报与案例分享”“VR/AR+智慧城市”“数字文创文博”“增强现实的发展及应用”“虚拟现实教育”等多个主题论坛、圆桌沙龙及闭门讨论等活动。

（林迎午）

**【“冰雪嘉年华”活动】** 12月22日，石景山区2020年首届“冰雪嘉年华”暨第七届快乐冰雪季启动仪式在区体育场举行。体育总局冬运中心主任倪会忠、常务副主任丁东、副主任刘长金，中国滑冰协会主席李琰，中国花滑协会主席申雪，市委宣传部副部长王杰群，北京冬奥组委文化活动部部长赵卫，新闻宣传部副部长肖峻峰，区领导常卫、李新、李文起、吴克瑞、田利跃、刘海涛、周西松参加活动。冰雪嘉年华活动集文化、体育、旅游、商业、休闲、娱乐为一体，举办冰雪文化交流、冰雪乐园体验、冰雪作品展览等十多项活动。主会场设在区体育场，分会场将设在石景山游乐园、八大处公园、首钢园、万达广场、各个街道文化广场等多个地点。区体育场内部全部改造铺设雪道和冰面，是为数不多的长安街沿线上较大的大众冰雪乐园。广宁街道冬奥社区的手绘签名墙、拍照墙均以冬奥为主题为设计元素，打造成冰雪乐园内特色冬奥网红墙，让游客感受到“我和冬奥零距离”“冬奥让生活更美好”。首钢极限公园铺设专业雪道及戏雪区域，让游客前来体验越野滑雪乐园、冰雪赛事、童趣戏雪、冰雪集市、网红拍照5个主题活动。万达广场西侧设置包括雪上冲浪、戏雪乐园、雪地摩托、雪地坦克、手拉小摩托、雪地转转、冰上乐园、冰车、趣味游览、网红打卡区、大型艺术冰雕等雪上活动，市民可以在家门口体验冰雪乐趣，参与冰雪赛事，感受冰雪文化。

（林迎午）

**【2020中国金融科技创新国际论坛】** 12月24日在北京·银行保险产业园金融文化交流中心举办。本次论坛由市地方金融监管局和区政府指导，中央财经大学主办，中央财经大学金融学院承办。论坛以“推进科技与金融深度融合，构建‘双循环’新发展格局”为主题，来自政府部门、金融机构、高校、企业的200余名代表齐聚石景山区，研讨探索新时期中国金融业发展面临的新机遇、新挑战，为金融供给侧结构性改革、服务经济高质量发展建言献策。原保监会副主席魏迎宁、中国银行原行长李礼辉等嘉宾出席，李新发表开幕致辞。中国社会科学院学部委员、国家金融与发展实验室理事长李扬，2014年诺贝尔经济学奖得主让·梯若尔教授，北京大学国家发展研究院副院长黄益平等10余名专家学者发表主旨演讲。以论坛为契机，石景山区分别与中央财经大学、中国金融电子化公司签署战略合作协议，将在银保园设立金融科技“园中园”，建设国家级金融科技实验室，推动银保园打造首都金融科技创新高地。市金融局、区政府和中央财经大学领导、金融机构和企业集团代表、金融领域知名专家学者和中央财经大学师生共200余人出席论坛。同时，论坛由多家财经媒体平台同步在线直播，观看人次突破40万。

（林迎午）

**【投资额全市第一】** 12月，北京市面向“十四五”时期首都新发展，向社会公开推介95个对经济社会长远发展具有重大支撑的项目，总投资1060亿元。项目涵盖科技创新、新型基础设施建设、智能制造、金融业、文化旅游、商务服务业、基础设施、健康养老、住房保障等9个重点领域。其中，石景山区推介13个项目，主要围绕在科技创新、金融业、商务服务业、住房保障4个方面，项目总投资357亿元，投资额全市第一。包括科技创新项目2个：金府春秋科技中心项目和双创园项目，总投资共35亿元；金融项目5个：北京银行保险产业园金融文化交流中心项目、北京银行保险产业园研发设计中心项目等5个项目，总投资共120亿元；商务服务业项目5个：古城南街东侧（首钢园区东南区）1612－769、775等地块项目，古城南街东侧（首钢园区东南区）1612－778、779、783、784、786等地块项目，大正创想广场项目，点石商务公园项目，优地中心项目5个项目，总投资共78.12亿元；住房保障项目1个：新首钢国际人才社区（核心区南区）项目，总投资共124亿元。

（林迎午）

**【“一半山水一半城”初显】** 年内，石景山区全面落实国家森林城市建设总体规划，新建改造公园绿地27处，新增绿化面积129.6公顷，超额完成新一轮百万亩造林绿化任务，实现“五年任务三年完成”。同时，完成“留白增绿”绿化15.79公顷、“战略留白”临时绿化任务8公顷、城乡结合部绿化30公顷等三项市级任务；按照环保要求全面完成裸地治理工作。截至年底，全区公园绿地500米服务半径覆盖率全市第一，基本实现全覆盖，城市绿化覆盖率达到52.74%，人均公共绿地面积22.81平方米，均位于中心城区前列。石景山区深入贯彻绿色发展理念，推动自然禀赋的山水文化与古今辉映的城市风貌和谐统一，“一半山水一半城”的美丽姿态初步显现。冬奥场馆周边国际一流水准的城市绿色空间日益完备。古城南街、北辛安路和永引渠南路等冬奥保障重要交通线路景观焕然一新。西长安街沿线城市森林公园群基本建成;麻峪滨河森林公园和炮山城市森林等重点景观项目相继建设,城市生态绿色空间布局逐步优化,"山、河、轴、链、园"生态格局进一步完善。全区借助"留白增绿"绿化、"战略留白"绿化和小微绿地建设新增社区公园绿地26.67公顷,新增五里坨社区绿地、山姆店北侧口袋公园、西黄村三角地口袋公园、酒吧街小微绿地等13处社区公园、口袋公园和小微绿地。同时,深入推进国家森林城市创建工作,31项指标中26项已达标,达标率达到84%。

(林迎千)

【率先实现信用就医服务】 年内,石景山区在首钢医院推行市级"信用+医疗"创新试点,率先实现"先诊疗后付费"的信用就医服务。该试点创新引入"信用+保险"手段,对于逾期未缴费的情况,由保险公司先行向医院进行赔偿,解决医院后顾之忧;对于逾期后多次提醒仍未缴费的情况,则取消信用就医资格,并将信用数据归集至市区两级公共信用信息服务平台;对于履约状况良好的市民,通过持续提升额度、开启住院免押金等惠民服务,彰显守信激励作用。

(林迎千)

## 退役军人事务

【概况】 北京市石景山区退役军人事务局(简称区退役军人事务局)是负责石景山区退役军人事务工作的区政府工作部门。年内,按照区委区政府工作要求,抓住"两大机遇",把握"三区定位",以创建全国双拥模范城和全国文明城区为总牵引,以深入开展"思想政治工作年"和"基层基础基本建设年"活动为总抓手,坚持常态化疫情防控,践行新时代"枫桥经验",狠抓中心工作落实,完成区委区政府交给的各项工作任务。石景山区获"全国双拥模范城"和"北京市双拥模范区"荣誉称号,其中"全国双拥模范城"实现"八连冠"(由上届的第12名上升到新一届的第7名)。先后涌现出"北京榜样"冯玉林、"北京十大军休榜样"韩瑞芬;12个"首都拥军优属拥政爱民模范单位"、13名"首都拥军优属拥政爱民模范个人";6名"北京市优秀退役军人"、2个"北京市退役军人工作先进集体"、8名"北京市退役军人工作先进个人"等典型。鲁谷街道党工委书记李先侠获2020年度全国退役军人服务中心(站)"百名优秀主任(站长)"称号。

(李亚楠)

【走访慰问和困难帮扶】 元旦、春节、"八一"期间,区退役军人事务局走访慰问退役军人409人,其中大病医疗困难人员7人,生活困难人员8人,实现100%全员精准帮扶。中秋、"十一"两节,对25名常态化联系退役军人进行走访慰问。完成"全国困难退役军人帮扶援助服务系统"96名困难退役军人的信息审核,做到长期未帮扶人员"清零"目标,全年发放慰问金和慰问品126240元。受理退休企业军转干部生活补助申请30人,失业企业军转干部生活补助申请1人。各街道、社区普遍走访退役军人6612人次,帮扶解困556人,发放慰问金及慰问品96万元。

(李 东)

【新冠肺炎疫情防控】 年内,区退役军人事务局坚持党建引领,注重行业管理,压实"四方"责任,2100余名军休干部实现"零感染"目标。先后抽调50余名干部下沉社区支援一线,累计执勤值守1500余人次。成立军休干部、退役军人和军嫂志愿者服务队,主动参加社区防控。为驻区部队紧急筹措防疫物资,慰问抗疫一线军人家庭,扎实推进军地联防联控。宣传退役军人抗击疫情典型事迹,编辑出版《战"疫"集结再冲锋》进行学习宣传。

(李亚楠)

【服务保障体系建设】 年内,区退役军人事务局开展"思想政治工作年""基层基础基本建设年"等活动,提升全区退役军人服务保障领域治理能力和服务保障水平,服务保障体系实现"五有""全覆盖"和"实体化"运行。以"硬件有标杆,软件有特色"为目标,做到"有人员做事、有条件办事、有具体任务、有工作台账"。区退役军人服务中心和9个街道退役军人服务站被评为全国示范型退役军人服务站。八宝山街道、八角街道、鲁谷街道退役军人服务站被推荐为"标杆型"服务站。成立186支"首都老兵"志愿服务队,退役军人志愿者3000余人,参与疫情防控、社区治理和文明城区创建活动。全市在鲁谷街道召开现场经验交流活动,全国省及地级市退役军人服务中心负责人培训班学员参观八宝山街道沁山水南社区"老兵之家",退役军人服务保障体系标准化建设走在全市前列。

(李亚楠)

【优抚工作】 年内,区退役军人事务局采集各类退役军人信息27745条,审核通过27745人,信息采集审核通过率100%。为烈属、军属和退役军人等家庭悬挂光荣牌27451块,悬挂率为99%。为747名优抚对象进行抚恤补助金的调标。为15名残疾军人办理换证、补证;为10名残疾军人、伤残人民警察评定残疾等级;为47名病故军人遗属发放一次性抚恤金23803172.5元;全年发放各类定期抚恤补助金16715841元。为61户在乡和非在乡优抚对象发放集中供热采暖补助10.6万元;走访慰问143名应征入伍新兵。先后完成中央、北京市、区军地领导重点走访及普遍慰问优抚对象1250户次,发放慰问金91.2万元。

(陈瑞飞)

【褒扬纪念】 年内,区退役军人事务局完成166名参战老兵"中国人民志愿军抗美援朝出国作战70周年"纪念章颁赠,为荣立三等功现役军人家庭送喜报。围绕中国人民抗日战争暨世界反法西斯战争胜利75周年和9·30烈士公祭日,组织开展"讲英烈故事,唱英烈赞歌""2020清明祭英烈""老干部讲党课"等红色纪念活动。

(陈瑞飞)

【军转干部安置】 区退役军人事务局按照市局下达石景山区的安置计划,

全年接收安置军转干部 20 人，其中行政团职 3 人，营连职及专业技术干部 17 人。行政团职干部由区委组织部根据干部级别、任职经历等情况，确定安置岗位。行政营连职和专业技术干部按照市局统一笔试考试成绩与档案赋分相加的成绩确定排名。组织召开军转干部和接收单位双向选择会，接收单位根据军转干部经历特长与军转干部面对面交谈，按照岗位匹配度确定接收单位。20 名军转干部安排到行政单位 9 人，安排到规范事业单位 5 人，其他事业单位 6 人。

（郑东民）

**【退役士兵安置】** 年内，石景山区接收退役士兵 127 人，其中自主就业退役士兵 113 人，政府安排工作退役士兵 14 人。为自主就业退役士兵发放自主就业经济补助金 1052.56 万元，并完成全员适应性培训。14 名符合政府安排工作条件的退役士兵采取量化打分、考试考核、座谈征求意见、参加中央企业、市属单位网上选签会等方式，2 人安置到中央、市属事业单位；4 人安置到中央企业和市属企业；8 人安置到区属事业单位。

（王　颖）

**【自主择业管理服务】** 年内，石景山区新接收自主择业军转干部 102 人，累计接收自主择业军转干部 1048 人，现有 1036 人（11 人去世，1 人重返部队）。参加基本医疗保险 833 人，参加企业医疗保险 125 人，办理医疗退休 75 人。为 871 名符合住房补贴发放条件的自主择业军转干部发放住房补贴 3546.65 万元。为 929 人发放 2019—2020 年度冬季取暖费 238.38 万元。完成 1033 名自主择业军转干部的退役金结构调整工作，补发退役金 3766.6 万元，全年退役金发放准确率达 100%。

（李　东）

**【社会保险接续】** 年内，区退役军人事务局按照中央和北京市工作部署，制定《石景山区解决部分退役士兵社会保险接续工作实施方案》和《防化风险预案》。编印《部分退役士兵社会保险补缴政策解答》发放 153 个社区；发布《退役士兵保险补缴办理公告》，在区有线电视台以滚动字幕的形式进行播放；将《政府安置退役士兵补缴保险工作一封信》和《告知书》发给存在保险断缴、欠缴情况的退役士兵。截至年底，政策咨询 2400 余人，受理 665 人，为 568 人补缴保险 1063.32 万元，在全市率先完成补缴任务。

（王　颖）

**【退役军人创业创新大赛】** 年内，区退役军人事务局按照退役军人事务部《关于举办全国退役军人创业创新大赛的通知》及市退役军人事务局《关于举办“2020 年北京市退役军人创业创新大赛选拔赛”的通知》要求，展示石景山区退役军人创业创新风采，引导更多退役军人开展创业实践，组织辖区退役军人参加北京市及全国退役军人创业创新大赛选拔赛，有 5 个项目报名参赛，最终北京爱宾果科技有限公司的智能幼教服务机器人及 AI 测评体系项目代表石景山区参加北京市比赛，获得创新组三等奖。

（王　颖）

**【就业创业】** 年内，区退役军人事务局组织退役军人适应性、个性化和职业技能等实用性培训 238 人，有效提高退役军人的适应能力、就业所需知识和业务技能。联合区人力社保局举办多次随军家属专场招聘会，33 家用工企业参会，提供 36 个职位，569 个岗位。面向自主就业退役士兵和随军家属开展招聘活动，提供 16 个社会岗位和 4 个商务楼宇工作岗位。利用工作调度微信群及电话、短信、宣传栏等渠道，组织退役军人参加北京市举办的专场招聘会、网络招聘会 3 场。

（李　东）

**【随军家属调京】** 年内，区退役军人事务局对到区属国有企业工作的或单位委托区公服存档或自由职业、灵活就业需在区公服机构存档的随军家属调京，通过审核档案等相关材料，向市局出具《石景山区退役军人事务局军人随军调京接收函》19 份。经市局审批通过后，为随军家属开具《石景山区退役军人事务局存档介绍信》10 份。

（王　颖）

**【依法行政】** 年内，区退役军人事务局对接收单位完成退役士兵安置任务、与退役士兵签订劳动合同和是否与残疾退役士兵解除劳动关系或者人事关系等相关情况开展行政执法检查。全年检查 115 人，检查中未发现问题，检查结果全部合格。

（赵松涛）

**【矛盾问题攻坚化解】** 年内，区退役军人事务局学习推广新时代“枫桥经验”，将矛盾排查化解与 12345“接诉即办”结合，落实“一人一策”和“三见面”制度，排查信访积案 33 件，接办信访案件 28 批次 33 人，回复答复意见书 9 件，办理接诉即办 72 件，满意率 100%。形成“小事不出科室、大事不出局、矛盾不上交”的工作局面。经验做法在全市退役军人事务系统学习推广新时代“枫桥经验”工作推进会上做交流。

（徐念之）

**【军休干部接收安置】** 年内，区退役军人事务局新接收安置军休干部 58 人。历年累计接收军休干部 2873 人，现有 2146 人，其中离休干部 108 人，退休干部 2038 人。

（任诗楠）

**【无军籍职工管理】** 石景山区历年累计接收无军籍职工 1917 人，现有 1595 人，其中离休职工 9 人，退休职工 1586 人，由 8 个街道负责管理。年内，组织 584 人次无军籍职工分批开展“寻找初心，缅怀先烈”红色主题教育活动。

（任诗楠）

**【军休干部服务管理】** 年内，军休各部门举办新春团拜会、京剧演出、诗词沙龙、各类比赛、集体生日会、金婚钻石婚庆典、知识讲座、文体培训等 76 场，参与人数 3700 余人次。为 85 名参加抗美援朝出国作战军休干部颁发抗美援朝出国作战 70 周年纪念章。购置 3.9 万余个医用口罩、340 公斤医用酒精、1130 公斤 84 消毒液等防疫物资发放给军休干部。

（任诗楠）

**【军休党委建设】** 截至年底，军休党委有党员 2135 人，其中军休干部党员 2070 人，在职党员 65 人。军休各级党组织开展党日活动38次,集中学习32次,主题党课30场,“送学上门”3200人次,组织收听收看百姓宣讲、党员教育云课堂14场。下拨42680元新冠肺炎疫情防控工作专项党费,支持基层党组织开展疫情防控工作。1832名军休党员响应号召捐款377463元支持疫情防控。1331名军休党员和群众参加“共产党员献爱心”活动,捐款198890元。军休干部韩瑞芬被评为第五届“北京军休榜样”。军休干部李德海获得首都精神文明建设奖。

(任诗楠)

## 双拥工作

**【概况】** 年内,区委、区政府深入贯彻习近平总书记强军思想,坚定支持服务国防和军队改革大局,全力解决驻区部队官兵“三急”(改革急需、战备急用、官兵急盼)、“三后”(后院、后路、后代)问题,确保“三优”(军人优先、英烈优抚、军属优待)各项政策待遇落实,为广大官兵投身练兵备战和推进改革强军提供稳固后方。全区军民以全国双拥模范城“八连冠”为契机,充分发扬石景山区“同呼吸、共命运,军民一家亲”的优良传统,坚持首善标准,戮力同心、携手奋进,实现党在新时代的强军目标。

(王晓芳)

**【军政座谈谋发展】** 1月21日,区四套班子领导与中部战区及北京军区善后办分别举行2020年春节军政座谈会,共叙军民鱼水情深,共商区域发展大计。

(王晓芳)

**【军地联合送温暖】** 春节期间,驻区部队首长与区四套班子领导,分四组走访慰问8户优抚对象代表,为每户送去2000元慰问金和慰问品,切实让他们感受到党和政府的关怀与温暖,共享改革发展成果,不断提升人民群众幸福感。

(王晓芳)

**【深入驻地送关怀】** 春节期间,区四套班子领导带着全区人民的深情厚谊,分四路到驻区部队走访慰问,向驻区官兵致以亲切问候并送上慰问品。向困难战士发放救助金,看望生病住院的军休干部、抗美援朝老战士等优抚对象代表。同时,对部分困难退役军人进行帮扶。在第93个八一建军节来临之际,区领导走访区人武部等10余支驻区基层部队,向官兵致以节日问候,表示崇高敬意和衷心感谢,并向部队赠送慰问品。

(王晓芳)

**【双拥宣传】** 年内,石景山区举办网上清明红色祭扫、烈士公祭日活动,弘扬红色基因、传承红色记忆,培育和践行社会主义核心价值观。组织开展以“奋进新时代,聚力强军梦”为主题的全民国防教育日活动,开展国防教育进机关、进企业、进校园、进社区、进家庭等“五进”工作。

(王晓芳)

**【服务部队办实事】** 八一前夕,石景山区举办第38次“区长进军营”现场办公活动,该活动持续28年38次从未间断。区委、区政府创新“区长进军营现场办公”活动形式,坚持双向支持,军地互办实事32项,投入710万余元帮助部队解决战备训练、基础设施升级改造、区域环境整治等实际问题。全区各委办局根据新冠肺炎疫情防控形势,开展“助力随军家属就业网上招聘会”“冬奥知识进军营”“政务服务进军营社区”等双拥共建活动。

(王晓芳)

**【全国双拥模范城创建】** 年内,全国双拥工作领导小组、退役军人事务部、中央军委政治工作部决定,授予石景山区“全国双拥模范城”荣誉称号,这是石景山区连续第八次获此称号。经市委、市政府批准,授予石景山区“北京市双拥模范区”荣誉称号,授予苹果园街道办事处、五里坨街道办事处、区民政局、区教委、区直机关工委、区退役军人服务中心、中延联科技(北京)有限责任公司、区城管委、中关村科技园区石景山园管委会、区司法局、区统计局、区妇联等12个单位为“首都拥军优属拥政爱民模范单位”称号,授予刘敬民、郭子健、张肖、宁丽娟、王晓芳、董嘉、田伟、张志宏、武侠、朱洁、郑志伟、张晨、张继武13人“首都拥军优属拥政爱民模范个人”称号。

(王晓芳)

**【解决“三后”问题】** 年内,安置转业干部19人,接收自主择业干部102人;接收退役士兵113人,安置士官14人。接收安置随军家属23人,面向随军家属专项招录社区工作者10名,为97名随军家属发放自谋职业补助金291万元,联合区人力社保局举办“稳就业政策助力、保就业服务筑桥”——退役军人及随军家属专场招聘会。办理军人子女优待入园入学137人。

(王晓芳)

**【双拥在基层活动】** 年内,石景山区深入开展政策拥军、法律拥军、文化拥军、科技拥军、医疗拥军、教育拥军和“爱心献功臣”等形式多样的拥军活动,创新推动社区和“两新”组织双拥服务网络发展,各双拥成员单位开展“军地青年鹊桥联谊搭建工程”“双拥杯体育比赛”“万册图书进军营”“传统文化进军营”“红色诗歌军地诵”等具有浓厚地方特色的双拥共建活动。

(王晓芳)

**【品牌工程持续发力】** 年内,石景山区开展“情系边海防官兵”走访慰问活动,对9名边海防现役官兵家庭进行逐一走访慰问,发放慰问信和慰问金,建立常态化联系机制,并对官兵的子女教育优待、家属就业扶持、家庭困难照顾等实际需求建立台账。开展“强军爱兵暖心工程”,对驻区部队24名家庭困难官兵开展慈善救助,发放救助金10万元。开展参军报国安心工程,慰问2020年入伍新兵,发放慰问金139000元。

(王晓芳)

**【新冠疫情联防联控】** 年内,石景山区建立健全军地疫情防控联络机制,全力打赢疫情防控阻击战。明确军人军属疫情处理程序和步骤,明确驻区部队及政府疫情防控工作联络人,严格落实“日报告、零报告”“信息互通”“技术共享”等制度。向驻区部队赠送口罩、电动喷雾器、民用防护服、84消毒液原液、医用一次性手套、护目镜、电子体温枪等防疫物资。走访慰问驰援湖北一线抗击疫情的7名军人家属，建立联系卡、发送慰问信、赠送拥军包、解决实际困难，把党和政府对军人军属的关怀送到军人军属的心坎里，让抗疫一线官兵无后顾之忧。

（王晓芳）

**【拥政爱民宗旨更加彰显】** 年内，驻区部队官兵时刻牢记人民军队的宗旨，以石景山区为第二故乡，在脱贫攻坚、疫情防控、抢险救灾、全国文明城区和全国双拥模范城创建等方面作出突出贡献，是石景山区经济建设、政治建设、文化建设、社会建设和生态文明建设的一支重要力量，为石景山区全面发展提供有力支撑，赢得区委区政府的信赖和广大人民群众的拥护爱戴。军地联防联控新冠肺炎效果突出。联合老街坊和社区志愿者，参加石景山区创建全国文明城市和"社区吹哨我报到"活动，以实际行动践行宗旨意识和群众观念，共建共治共享社会治理新格局。武警执勤第六支队组织60余名官兵参加献血，展示驻区官兵血浓于水的第二故乡情。

（王晓芳）

## 政务服务

**【概况】** 北京市石景山区政务服务管理局（简称区政务服务局），主要负责统筹推进本区简政放权、放管结合、优化服务改革和行政审批制度改革工作；负责协调推进本区、街道、社区三级政务服务体系的建设、管理、指导、规范、监督和服务方式创新工作；负责本区"互联网＋政务服务"工作，统筹做好政务服务"一张网"建设；负责本区政务服务中心建设、运行和管理；负责推进、指导、协调、监督本区政府信息公开和政务公开工作；负责推进、指导、监督本区政府网站内容信息管理和监督工作；协调、指导、督促、检查相关部门简政放权、放管结合、优化服务改革和行政审批制度改革工作等。年内，区政务服务局贯彻落实区委区政府各项决策部署，牢牢把握稳中求进、争创一流工作总基调，加大力度推动"放管服"改革、加快推进政务服务体系建设，以落实"一网、一窗、一门、一次"政务服务改革为抓手，全力推动利企便民，优化石景山区营商环境，各项工作取得新进展新成效。

（刘　燕）

**【办理政务服务事项】** 2020年，石景山区政务服务系统共办理政务服务事项790648件（其中现场办理598159件，不见面审批形式办理165000件，延时服务办理27489件），全年人流量74.32万人次，其中，区级政务大厅中交通支队大厅、社保中心、税务局办税大厅和政务服务中心办理量和人流量较大；街道政务中心中八角街道、苹果园街道办理量和人流量较大。

（刘　燕）

**【推进"放、管、服"改革】** 年内，区政务服务局切实加强组织领导，统筹推进全区"放、管、服"改革工作。推行告知承诺制，制定《石景山区推行告知承诺审批工作方案》，推出涉及14个部门83项告知承诺事项。承担全市企业开办告知承诺试点任务，市场主体登记审批时间缩减70%，实现登记"秒批"；推行"三区五办"服务模式，以"减环节、缩时限、降成本"为落脚点，大幅提高企业开办效率，获得落实国务院重大措施真抓实干成效明显的督查激励和表彰；推出一批"办好一件事"引导式主题服务，围绕企业投资、社会保障、医疗卫生等民生领域，推出线下249个、线上205个主题事项。

（刘　燕）

**【"全程网办"科技化】** 年内，区政务服务局推动"全程网办"科技化应用，助力复工复产。推行"不见面审批"，聚焦"六稳六保"，在投资、金融等领域加快政务服务事项审批，推出微信视频、开通专用报件邮箱、增加网办渠道、推广自助办、掌上办等形式多样的"非接触"办事方式，减少企业、群众的跑动次数，避免人员在各政务大厅内聚集，保障人民群众在疫情期间快速办、方便办，全年采取不见面审批形式办理16.5万件。加快政务服务线上一体化建设。建设线上线下一体化综窗接件平台，升级"石景山区行政审批平台"，推动政务服务大数据平台建设，实现与"首都之窗"和北京市政务服务数据无缝对接和数据共享。打造"石时办"APP，实现政务服务中心与区融媒体中心、新时代文明实践中心"三中心融合"，区级政务服务事项全部在线可查、可询、可约，1000余事项可在线办理。同时运用大数据等技术建设智能掌办平台，实现50个事项智能填报、智能组档、智能审批。加快政务服务自助圈建设。在各街道部署政务服务自助一体机和自助柜，800余项区级政务服务事项提供7×24小时智能自助服务，在全市率先建成24小时"政务服务自助圈"。同时，将自助圈范围向冬奥组委、中部战区机关、陆军总部机关周边一体推进。率先增设小微企业房租减免申报综合窗口，接待咨询1800余人次，受理材料600份，为企业减免房租约3000万元，补贴约900万元。

（刘　燕）

**【提升协同增效】** 年内，区政务服务局推进政务服务事项规范化标准化建设，持续开展政务服务事项标准化录入、填报、更新工作，截至年底，共有依申请政务服务事项1942项，进驻区政务服务中心1571项，进驻率80.9%，进驻专业大厅362项，占18.6%，事项进厅率全市排名靠前。开展延时服务，确定区街944项延时服务事项清单，除全市税务系统有特殊要求外，区属各大厅全面实施"早晚延时办、中午不休息、周六不打烊"延时服务，在全市率先试点街道政务服务中心周日预约办事，全年延时服务办理27489件。全面规范统一政务服务标志，完成全区政务大厅统一标志标识、门楣铭牌规范设置，区政务服务中心、各街道政务服务中心（除古城街道和广宁街道待搬迁改造外）全部完成装修改造，为办事人提供温馨、优质、舒适的办事环境，各街道大厅软硬件水平位于全市前列。建设区级政务大厅手语远程服务系统，实现办事人和窗口人员无障碍交流，中央、北京市8家媒体进行报道。推进印章电子化。完成32个部门112枚电子印章"应刻尽刻"。同时开展系统对接和应用测试，实现区级行政审批系统电子印章数据与市级对接。

(刘　燕)

**【推进全程网办、一网通办】** 年内,区政务服务局全力推进政务服务事项全程网办、一网通办。推动解决网办事项系统“二次录入”问题,涉及区政务服务中心的16个网办事项、街道的29个网办事项实现区综合窗口政务服务平台和市级业务系统的全面贯通。督促落实石景山区政务服务领域审批电子印章刻制工作,提高网办率,实现更多政务服务事项全程网办。按照国家和北京市的印章管理规定以及市政务局通知要求,在石景山区涉及政务服务事项单位全面开展电子印章刻制工作,能自主完成的29个单位均完成电子印章刻制和委托存储工作。

(刘　燕)

**【“好差评”系统建设】** 年内,区政务服务局落实市政府加快推进全市“一网通办”工作部署会要求,完成区政务服务中心、各街道政务服务中心、不动产交易中心、医保中心、人保局社保中心、公服中心、公安出入境大厅、婚姻登记大厅、交通支队和税务大厅的“好差评”建设,完成窗口评价器与市“好差评”系统对接和数据汇聚。

(刘　燕)

**【优化营商环境】** 年内,区政务服务局落实优化营商环境改革政策。加强无障碍环境建设,对全区专业大厅和街道政务服务中心无障碍建设工作进行摸底,做好数据归纳、建账及数据报送,督促落实。抓好新政策培训,按照区委、区政府关于优化营商环境的工作部署,对标对表优化营商环境3.0版政策,各级政务服务大厅及行政审批部门持续加强政策学习培训。制作高频事项微信单,针对大厅1000余项事项,梳理出72项高频事项,按照办事主题和范围分类,制作相应二维码,并印制高频事项微信单放置大厅,办事人一单在手即可查询72个高频事项办理流程。率先推出第一批告知承诺制办理的政务服务事项,制定《石景山区依申请政务服务事项推行告知承诺审批工作方案》,并协调市场监管局、人力社保局等部门首批推出69项告知承诺事项,涉及企业开办、人力社保等6大领域,全年共办理涉企事项3000余项。加快推进“一网通办”,利用大数据、5G等新技术,完善综合窗口服务平台,搭建政务服务掌上办平台,启动区、街、冬奥组委周边布设“一网通办”自助机终端布设工作。建设“新闻+政务+服务”统一的“北京石景山”APP,推动媒体和政务信息整合共享,推动实现新闻内容统一指挥、统一发布,政务服务事项网上统一预约、统一办理,全面优化营商环境。

(刘　燕)

**【“接诉即办”工作】** 年内,区政务服务局快速响应12345非紧急救助热线反映问题。制定《优化提升市民热线反映问题“接诉即办”工作实施方案》,规范热线接诉即办程序,做到接单、批办、办理、结转、反馈环环相扣。解决群众诉求刻不容缓,接到12345热线派发任务,第一时间了解情况,沟通协调解决问题直至办事人表示满意,并做好事后跟踪。截至年底,共处理完成12345非紧急救助热线转办事项36件,响应率、解决率、群众满意率均为100%,其中表扬类5件,投诉建议类27件,政策咨询类4件。

(刘　燕)

**【政府信息和政务公开】** 年内,政务服务局全面贯彻落实《中华人民共和国政府信息公开条例》要求,持续推进政府信息公开各项工作深入有序开展。印发《石景山区2020年政务公开工作要点》,细化公开任务,明确公开主体,为“五公开”落实打牢制度基础。完成全区46家信息公开主体全清单编制工作,保障群众获取政府信息的权利。全年区政府门户网站“政府信息公开专栏”共发布信息9424条;“政务公开”专栏发布信息8024条。做好政策解读,区政府门户网站对30余个政策文件开展图文并茂解读,正确传递政策意图。扩大公众参与,畅通网民留言“我要写信”受理、转办和反馈机制,全年受理643件,办结638件。规范受理、登记、答复、归档等工作环节,确实保障群众、法人及社会组织获取政府信息的权益。全区共受理政府信息依申请公开申请653件,其中区政府本级195件,全部办结。开展政策性文件意见征集和调查问卷意见征集,其中,“调查征集”栏目先后开展问卷调查、意见征集21次,调查结果已按期公布。全年对31个文件开展意见征集,并将意见征集结果在区政府门户网站进行公示。

(刘　燕)

**【政府网站内容监管】** 年内,政务服务局加大政府网站监管工作力度,加强政府门户网站通知公告信息审核管理,全面推进政府门户网站建设。印发《石景山区政府门户网站建设管理办法》,进一步规范区政府门户网站建设,有效保障数据集约共享,确保网站建设以人为本。制定《石景山区政府门户网站栏目任务分解表》,明确5个一级栏目、77个二级栏目的信息发布责任单位、考评标准和信息更新时限要求,实现动态要闻每日更新、政策文件按时发布、领导信息和机构职能及时更新。推进区级政府信息公开平台上线,组织对石景山区36232条政府信息资源进行全面梳理、整合,促进政府信息资源有效利用。推进“政务公开”栏目改版,增设“最新公开”“回应关切”“年度重点任务”“决策预公开”等群众关注度高栏目,增强政府信息主动公开力度。增加“政务公开惠民便民地图”“我要找政策”等服务栏目,推进政府信息便民利企。增加“政府信息公开机构导航”,为区政府系统40家单位、9个街道分别开通“政务公开”专题页面,实现各单位信息分类集中展示,进一步增强各单位信息展示效果。做好政府网站、政府系统新媒体安全保障工作,组织政府系统各单位强化落实政府网站和政务新媒体信息公开保密审核机制。

(刘　燕)

**【推进政府对外联系电话自查整改】** 年内,政务服务局按照《北京市政府对外联系电话管理办法》,对区政府对外联系电话开展月度测评。通过模拟用户电话测评,全区各单位一次接通率由9月的88.54%提升至94.51%;三次接通率两个月保持在100%。与此同时，加强各单位接听人员回复规范性，提升政府对外联系电话实用性，提高政府对外联系电话接听效率，为企业群众提供更优质的电话端服务。

（刘　燕）

## 外　事

【概况】 2020年，北京市石景山区人民政府外事办公室（简称区政府外办）以涉外新冠肺炎疫情防控为重中之重，坚持服务北京国际交往中心建设，提升外事服务和管理水平，加快推进石景山区国际化建设，推动对外工作更好地服务经济社会高质量发展。

（周　杰）

【涉外安全服务保障】 年内，区政府外办完成全国“两会”、斋月、元旦、春节、清明、五一、端午、中秋、国庆等重要会议活动和重要时间节点涉外安全工作任务。做好服贸会、中关村论坛、中国科幻大会、京港洽谈会等活动的涉外服务保障。全力保障“2021世锦赛”首钢滑雪大跳台二次塑形外籍专家聘用工作。

（周　杰）

【友好城市交往】 1月21日，英国苏格兰东邓巴顿郡市长艾伦·布朗一行访问石景山区，石景山区与东邓巴顿郡市正式建立友好联系。2月10日至21日，石景山区居民友好交流摄影展在日本东京都板桥区举办，展出石景山区居民拍摄作品30余幅。同月20日，石景山区收到韩国首尔特别市麻浦区捐赠的49箱医用防疫物资，并举办简短接收仪式，李新出席接收仪式并讲话。3月19日，石景山区向韩国首尔特别市麻浦区捐赠包括医用N95口罩、医用一次性外科口罩、医用一次性乳胶手套、医用隔离服、KF94民用口罩、民用一次性乳胶手套等价值30万元的防疫物资，支持麻浦区新冠肺炎疫情防控工作。李新为捐赠物资贴上“道不远人、人无异国”“二十四载友谊历久弥坚，愿我们两区携手同心，共盼春来”的中文、韩语字句。同月25日，该批物资抵达麻浦区，麻浦区区厅长庾东均致信表示诚挚感谢，当地新闻媒体亚洲经济日报网站对此进行专题报道。4月10日，石景山区向日本东京都墨田区捐赠医用一次性外科口罩2万个，支持墨田区新冠肺炎疫情防控工作。李新为捐赠物资贴上“一衣带水同舟渡，簇簇樱花话田中”的字句。同月16日，该批物资抵达墨田区，墨田区长山本亨代表墨田区全体居民接收物资并对石景山区的无私援助表示感谢，墨田区政府网站及当地媒体对此进行报道。5月，俄罗斯赤塔市在线举办庆祝建市367周年活动，李新专门录制祝贺视频为赤塔市“城市日”送上诚挚祝语。同月28日，石景山区向芬兰梅恩泰—维尔普拉市捐赠医用防护口罩3000个，支持该市新冠肺炎疫情防控工作。李新为捐赠物资贴上“相知无远近，万里尚为邻”的中英文字句。7月2日，石景山区向俄罗斯赤塔市捐赠医用一次性外科口罩、医用手套等防疫物资，支持该市新冠肺炎疫情防控工作。李新为捐赠物资贴上“山河相辉，友谊长存”的中俄文字句。12月11日，区妇联、区政府外办“云”参加由俄罗斯后贝加尔边疆区妇联主办的“女性改变世界”线上交流活动，探索开展“云外事”，助力城市国际友好交流。

（周　杰）

【国际语言环境建设】 4月10日，区政府外办联合区应急局，对西山枫林1区南侧绿地、石景山雕塑公园、古城公园、石景山体育场4个应急避难场所59块双语标识牌外文规范译法进行检查。同月20日，柯永果主持召开石景山区国际语言环境建设工作部署会，会议通过并印发《石景山区关于推进2020—2022年国际语言环境建设的实施意见》《2020年石景山区国际语言环境建设工作要点》《2020年石景山区外语标识核查纠错实施方案》，要求各单位明确职责，严格落实区政府折子工程和重点民生实事任务，推进北京国际交往中心建设，服务保障北京冬奥会、冬残奥会筹办，促进石景山区国际化发展，开展重点涉外、涉冬奥区域场所外语标识规范和市民讲外语工作。5月22日，会同广宁街道办事处，对高井路冬奥社区辖区范围内的外语标识牌英文译法进行检查和规范。6月4日，会同区公园管理中心对北京国际雕塑园外语标识进行检查和规范。同月15日，会同区卫健委、首钢总公司外办，对冬奥会定点保障医院北京大学首钢医院英文标识规范工作开展现场调研并进行检查指导。16日，会同区政协委员李海英调研首钢园区外语标识规范设置和使用情况。10月21日，对石景山游乐园外语标识整改情况进行现场检查指导。11月6日，联合区城管执法局对广宁街道冬奥社区、首钢园区、首钢工舍假日酒店外语标识整改规范情况进行督导检查。全年对区内34个应急避难场所、商务楼宇、商业服务、医疗机构、文化旅游体育、公园景区等重点涉外、涉冬奥场所以及古城、广宁街道等6个重点涉外、涉冬奥街区（包括冬奥社区）英文标识开展地毯式摸排，采集英文标识信息9371条，对其中的3178条不规范信息逐一整改规范；对新增设的464条英文标识及1.8万余字英文内容进行前置审核和规范，确保内容零差错。

（周　杰）

【涉外新冠肺炎疫情防控】 年内，区政府外办专门成立涉外工作组，制定涉外疫情防控总体工作方案和两个分类应急处置预案，明确总体工作要求和各职能部门工作职责，为处置涉外疫情事件做好应急准备。加强与市委外办、市政府外办沟通协调，畅通市、区、街道、社区四级快速响应渠道。与相关职能部门紧密协调配合，加强涉外情况摸排管控，做到底数清、情况明。在社区及驻区涉外单位张贴防控知识宣传品，利用微信公众号刊发相关政策，开展疫情防控双语宣传。以街道社区、行业主管部门、驻区涉外单位、集中隔离观察酒店为重点，督促各涉外单位压实防控主体责任，落实常态化精准防控措施。市外办领导在北京市新冠疫情防控工作新闻发布会上专门介绍并肯定石景山区涉外疫情防控的做法。主动为外籍人士做好健康管理、语言服务和相关政策解释，回应关切问题。3月7日，常卫等到八宝山街道沁山水南社区、玉泉西里中社区，古城街道金禧公馆社区等外籍人员较集中的社区就疫情防控工作进行调研。12日，柯永果到北方工业大学国际学院对疫情防控工作进行调研并代表区委区政府发放口罩、手套和消毒液等疫情防控物资。18日，区政府外办为中国科学院高能物理研究所、中国科学院大学玉泉路校区及中央广播电视总台鲁谷办公区等3家驻区涉外单位发放口罩、橡胶手套、消毒水等防疫物资。4月3日，区政府外办为冬奥组委机关、首钢园区、北京银行保险产业园、北京职业技术学校等涉外单位发放口罩等防疫物资。同月15日，中央广播电视总台国际交流局副局长余艳芝代表中央广播电视总台专程给区委、区政府送来感谢信，就疫情防控期间石景山区对该单位涉外疫情防控工作给予的支持和帮助表示感谢。

（周　杰）

**【服务保障冬奥筹办】** 年内，区政府外办配合完成"2021世锦赛"英文服务保障方案答辩及专家聘用相关工作，为冬奥筹办提供高质量外事服务保障。争取市政府外办、市友协、北京奥运城市发展促进中心的资源支持，拓展石景山区冰雪运动及产业领域对外交流与合作，深化国际国内冰雪合作交流，拓宽冬奥文化推广渠道。统筹石景山区推进国际交往中心功能建设，提升体育产业现代化、国际化发展水平。在"石景山外事"微信公众号开设"冬奥有我"专栏。支持广宁街道冬奥社区建设，利用"石景山外事"微信公众号转载冬奥社区歌曲发布活动、冬奥社区标识系统发布活动及冬奥社区新闻动态等，提升冬奥社区知名度和影响力。对接北京奥运城市发展促进中心、市政府外办，牵线搭桥，争取在展览内容、文化体育、奥运知识普及、青少年奥林匹克教育等方面整合资源，助力和支持冬奥社区建设。开展窗口行业和属地街道双语标识规范和市民讲外语活动，为冬奥筹办营造良好的国际语言环境。

（周　杰）

**【助力涉外企业复工复产】** 年内，区政府外办印刷400套共2000张中英文双语版《新型冠状病毒肺炎防控知识》双语宣传海报和500份宣传折页，在涉外街道社区、酒店、楼宇企业、涉外单位内部进行张贴、宣传。制定面向驻石景山区外籍人士的中英文温馨提示，利用微信公众号刊发相关政策，推送权威信息，通过公众号、微信群等方式转发多语种疫情防控政策、防护知识和疫情相关信息，引导外籍人士正确认识并配合做好疫情防控工作。在外籍人士中推广"健康宝"英文版—"Health kit"小程序及使用方法。制发相关工作流程，累计提供政策咨询200余次，严格把握"确属当前必要"原则，为8家企业26人次办理入境返京签证手续，并要求企业单位落实疫情防控主体责任，杜绝"境外输入"风险。

（周　杰）

**【因公出国(境)管理】** 年内，区政府外办面对新冠肺炎疫情影响，坚决落实市外办"非必要、不出访"工作要求，做好因公出访计划调整，规范音视频等形式的线上交流活动管理。对全区因公普通护照等证件进行全面清点核对，对近年来因公出访团组报告进行整理归档。

（周　杰）

**【领事保护】** 年内，区政府外办要求区属各相关单位、部门按照"谁派出、谁负责"和"属人管理、属地管理"原则，结合实际统计动态报送全区滞留境外人员和在境外人员情况，对石景山区境外人员进行底数摸排，推动解决滞留海外师生回国问题，维护石景山区在境外人员的人身安全和合法权益。为帮助居民及在区重点涉外企业了解境外领事保护相关政策、知识，提高境外安全意识和风险防范能力，联合区工商联和首钢集团外办，先后赴公安分局出入境接待大厅、北京首钢建设集团有限公司和北京丽贝亚建筑装饰工程有限公司开展领事保护工作调研与宣传活动。借助市政府外办"领保进万家"活动资源，发放《出行海外八个怎么办》《出国留学早知道》《出国务工早知道》《疫情期间出行手册》等宣传册2000份，同时通过"石景山外事"微信公众号转发宣传外交部"领事直通车"、市外办"北京外事""领保进万家"中预防性领事保护知识和重要提醒，宣传领事保护和境外科学防疫知识，提升石景山区企业及留学生和市民等相关群体海外自我安全意识和风险防范能力。

（周　杰）

**【APEC商务旅行卡办理】** 年内，区政府外办落实"互联网+政务服务"要求，根据市外办工作要求，重新梳理并制定《石景山区办理APEC商务旅行卡工作指南》，利用网站、微信公众号广泛开展宣传和推介，提升知晓率和覆盖面，不断提高服务质量，优化营商环境。开展APEC商务旅行卡申办，累计为全区34家企业76人办理APEC商务旅行卡。

（周　杰）

## 信　访

**【概况】** 2020年，北京市石景山区信访办公室(简称区信访办)，坚决贯彻落实习近平总书记关于疫情防控工作的一系列重要指示批示精神，坚持以人民为中心，围绕区委区政府中心工作，抓紧抓细抓实各项防控措施，全力处置涉疫情信访工作，做好法律服务等工作，及时化解合同履约、企业债务、劳资关系等纠纷。全面排查化解疫情防控期间各领域风险隐患，全力维护首都安全稳定。全力做好疫情防控常态化下的信访服务保障工作，全年共受理群众信访2806批9009人次。接待群众来访1082批次3724人次，受理群众来信1724件5285人次，区领导阅批群众来信96件。年内，石景山区信访各项工作成效突出，排名2020年度信访工作考核全市第一，"三三"工作机制品牌在全市推广，"石时解纷"信访服务平台成为新时代网上"枫桥经验"北京实践的新名片，并作为北京市网上信访典型经验上报国家信访局。集中治理重复信访、化解信访积案专项工作排名全市前列。推进信访制度各项改革措施落实，发挥信访代理制度优势，在更深层次上做好"群众动嘴、干部跑腿”工作，全面推进让群众“最多访一次”，加强与12345市民服务热线的联动互通。

（王　鑫）

**【新时代网上枫桥经验】** 4月29日，国务院副秘书长、国家信访局局长李文章到区信访办、苹果园街道和八角街道中里社区调研，并与常卫等区领导座谈交流，听取意见建议，并对做好疫情防控常态化期间和全国“两会”信访工作提出要求。区信访办贯彻落实李文章调研石景山区讲话精神，进一步深化信访工作机制改革，适应群众新需要、体现信访时代新特征，打造“石时解纷”信访服务平台。建立“一网、三通、六保障”线上分类化解机制，实现多渠道贯穿联通、线上分类化解，确保各项功能高效运转、群众诉求解决渠道畅通。截至年底，平台拥有200名信访代理员、17名律师，308名调解员；累计发放“石时解纷”宣传折页50000余份，平台累计访问量已突破430000人次，用户注册量10000余人次，案件总量25757件，调解成功24件，260件，成功率达94.3%。

（王　鑫）

**【新冠肺炎疫情防控】** 4月，信访办接待大厅及接谈室升级改造。加装新风系统，增设安检门、体温监测点、1米线，分散就座，避免拥挤。加强来访群众登记管理，掌握人员流动及健康情况。制定《区信访办疫情防控工作安排和个人防护要求》和《石景山区大规模人员聚集处置、发热咳嗽来访人员处置》等应急预案，联合区卫健委对各成员单位接待场所进行实地检查指导，确保各项疫情防控措施落实到位，来访接待场所“零感染、无扩散”。

（王　鑫）

**【信访条例宣传】** 5月29日，石景山区以线上活动为主，现场活动为辅，开展《信访条例》修订实施十五周年集中宣传活动。通过区融媒体中心在石景山官网、石景山区微信公众号、信访办微信公众号、今日头条等途径陆续发布“《信访条例》图解、网上信访倡议书”和宣传片等宣传内容，引导更多群众变来信、来访为网访，提高信访工作效率。年内，主流媒体广泛报道石景山区信访工作成果，人民信访、国家信访局官微、《法治日报》和学习强国等中央级媒体刊登共12篇，《北京日报》、北京信访官微等市级媒体刊登共27篇。

（王　鑫）

**【无障碍设施升级】** 5月开始，区信访办持续对接待大厅无障碍卫生间、指引标识、低位服务台等无障碍设施进行升级，同时通过邀请残障人士体验，加装方便残障人士（肢体残疾）使用的精细化设施，将最初较为简单的无障碍设施改造方向更加精细化、个性化的服务，提升其满意度和幸福感。9月7日，市残联党组书记检查后对区信访办无障碍设施改造表示满意。

（王　鑫）

**【市领导接访】** 10月12日，市委常委、宣传部长杜飞进到八角南里22号楼现场进行实地调研，面对面倾听群众反映的老旧小区雨水倒灌等相关问题。随后召开调度会，与相关部门进行分析研究，要求各单位拿出切实可行的办法，找准症结、排查隐患，从根本上解决群众反映的雨水倒灌问题。常卫、孙学清及区信访办、八角街道、区住建委、规自分局、区国资委主要领导参加接访活动。

（王　鑫）

**【区领导接访】** 10月20日，常卫到金顶街街道接待来访群众代表，听取群众关于噪音扰民、扬尘超标、出行不便等问题的反映，边详细记录边与群众进行交流。随后召集首钢集团、区住建委、金顶街街道等单位召开调度会进行分析研究，要求施工单位要认真听取群众的意见建议，主动加强与群众沟通交流，了解群众的实际困难，切实为他们解决现实问题，要做实做细，把工作做到群众的心坎上。同月28日，李新到八宝山街道开展接访下访活动，热情接待来访群众，针对群众反映远洋山水小区车位远远满足不了需求，李新认真倾听并与群众互动交流后，组织相关部门专题研究群众提出的远洋山水小区停车难问题。

（王　鑫）

**【大督查大接访大调研】** 11月25日，市信访办党组成员、副主任申泽宝到苹果园街道接待来访群众，面对面倾听群众代表反映西山奥园H区通邮问题的诉求，现场召集相关单位进行集体会商，研究解决问题，明确时间和路径。接访后，申泽宝到区信访办与区信访联席会议召集人刘海涛，信访办班子成员及科室负责人座谈交流，听取石景山区信访工作情况，并对石景山区信访工作创新发展提出建议。

（王　鑫）

**【矛盾纠纷排查化解】** 区信访办全年排查重点矛盾纠纷43件，重点人36名，其逐一登记在册、研究解决方案、落实领导包案、加强督查督办，推进矛盾化解和稳控。国家信访局“四大攻坚战”信访件2件和市级积案15件全部办结。公安分局加大对缠访闹访、恶意煽动群众集体上访等违法行为的打击教育力度。

（王　鑫）

**【人民建议征集】** 年内，区信访办方便群众提出意见、建议、诉求，更好做到“问政于民、问需于民、问计于民”。在“石时解纷”平台增设人民建议征集模块，收集群众身边事、关心事、挠头事，让这些事在没有上升为信访问题时，就得到有关部门的关注和解决。区信访办办理国家信访局、市信访办和特邀建议人提交的建议共42件，推动成果转化8件，有市级媒体做相关报道。

（王　鑫）

**【复查复核】** 年内，石景山区复查复核委员会办公室召开信访复查会议11次，合计处理信访复查复核事项123件，其中石景山区复查102件，北京市复核21件。

（王　鑫）

## 石景山区人民政府区长、副区长

区　长　李　新

副区长　柯永果(7月免)　陈婷婷(女,藏族,3月免)　亢　军　齐春利　左小兵　周西松　生效友(3月免)　孙学伟(3月任)　姜玉英(5月任)

## 石景山区人民政府工作机构主要负责人

区政府办主任　吴　燕(女)
区发改委主任　李文化(女)
区教委主任　李秀兰(女)
区政府教育督导室主任　李秀兰(女)
区科委主任　郝显军(蒙古族)
区大数据管理局局长　王晓华
区经济和信息化局局长　王晓华
区民政局局长　刘言新
区财政局局长　陈　伟(5月免)
　杨景宝(5月任)
区人力社保局局长　产　兵
市规自委石景山分局局长　徐咏梅(女,3月免)
　蔡　晶(3月任)
区生态环境局局长　王瑞超
区住房和城市建设委主任　杨旭东
区房屋征收办公室主任　杨旭东
区住房保障办公室主任　杨旭东
区城市管理委主任　颛孙永麒
区城市环境建设管理委员会办公室主任　颛孙永麒
区水务局局长　颛孙永麒
区交通委主任　颛孙永麒
区商务局局长　宋世媛(女,7月免)
　吕松涛(7月任)
区文化旅游局局长　王亚迅
区卫生健康委主任　葛　强
区退役军人事务局局长　孙厚义
区应急管理局局长　张玉国
区突发事件应急委员会办公室主任　张玉国
区市场监督管理局局长　张　伟
区食品药品安全委员会办公室主任　张　伟
区知识产权局局长　张　伟
区审计局局长　王亚兰(女)
区外事办主任　斯琴格日勒(女,蒙古族)
区国资委主任　李路海
区体育局局长　李劲挺
区统计局局长　王彦明
区园林绿化局局长　毛　轩
区绿化委员会办公室主任　毛　轩
区金融办主任　杨京春(女)
区政务服务局局长　孙明磊
区人防办主任　崔　泽(7月免)
　任连田(7月任)
区集体资产监管办主任　马四虎(5月免)
　蔡利全(5月任)
区信访办主任　张洪江(5月免)
　徐伟超(4月任)
区医保局局长　李凤芹(女,5月任)
区民族宗教侨务办公室主任　高国强(5月免)
　苏文颖(7月任)
园区管委会主任　唐　铭(女)
区西山永定河文化带管委会主任　刘云清
区西部建设办主任　齐春利(7月任)
区城管执法局局长　梁锁生
区地震局局长　毕晓梅(女)
区投促局局长　唐　铭(女,8月免)
区投促中心主任　段京涛(8月任)
区机关行政处处长　张建刚(7月免)
区机关服务中心主任　张建刚(7月任)
八大处公园管理处主任　刘云清(8月免)
　王　浩(8月任)
区环卫中心主任　冯雅男(8月免)
　陈　鹏(8月任)
区城管监督指挥中心主任　冯雅男(8月任)
区融媒体中心主任　王国强
公园管理中心主任　王金兰(女)
区房屋征收事务中心主任　唐　嵘
石景山医院院长　刘　鹏
区税务局局长　谢明江
区气象局局长　朱　立

# 政协石景山区委员会

## 综　述

中国人民政治协商会议北京市石景山区委员会(简称区政协),是中国人民政治协商会议北京市石景山区地方组织。区第十届政协常委会组成人员33人,其中主席1人、副主席6人、秘书长1人、常委25人。下设办公室、研究室、专委会工作一室、专委会工作二室、专委会工作三室、专委会工作四室、专委会工作五室、专委会工作六室8个办事机构。区政协的主要职能是政治协商和民主监督,组织参加政协的各党派、团体和各族各界人士参政议政。年内,在中共石景山区委领导和市政协指导下,在区政府和社会各界大力支持下,区政协常委会深入学习贯彻习近平总书记关于加强和改进人民政协工作的重要思想,立足首都职责使命,坚持以首善标准做好新时代政协工作。牢牢把握团结和民主两大主题,充分依靠各界委员,紧紧围绕全区中心任务,认真履行各项职能,圆满完成十届四次会议部署的各项任务。区政协始终坚持党对政协工作的全面领导,推进政协各项建设。加强学习宣传,发挥联系广泛、资源丰富的优势,动员广大委员投入到抗疫一线中,凝聚强大合力,坚决打赢疫情防控的人民战争。

(樊　华)

## 政治协商

**【概况】** 政治协商是对石景山区政治、经济、文化和社会生活中的重要问题在决策之前进行协商和就决策执行过程中的重要问题进行协商。从程序上讲,区政协可根据区委、区人大、区政府、民主党派、人民团体的提议,举行有各党派、团体的负责人和各族各界的代表参加的会议进行协商,也可建议上列单位将有关重要问题提交政协协商。政治协商的主要形式有:政协的全体会议,常委会议,主席会议,专题协商会,各专门委员会会议等。区政协的重要会议包括政协全会、常务委员会议、主席会议。区政协在区委领导下,牢牢把握团结和民主两大主题,紧密团结各界委员,认真履行政治协商、民主监督、参政议政职能,围绕中心服务大局,勇于创新、求真务实,为推动经济社会发展做出新贡献。

(樊　华)

**【区政协十届四次会议】** 1月6日至8日在京燕饭店开幕。市政协副主席林抚生,区领导常卫、李新、李文起、田利跃出席大会开幕式,吴克瑞作政协北京市石景山区第十届委员会常务委员会工作报告,刘建国作提案工作报告,高杰宣读区政协2019年表彰决定。8日,区政协提案委员会主任于惠兰作政协北京市石景山区第十届委员会第四次会议期间提案审查情况报告,会议通过中国人民政治协商会议北京市石景山区第十届委员会第四次会议政治决议,会议选举宋世媛为区政协副主席,吴涛为常务委员。区政协十届四次会议在圆满完成各项议程后闭幕。

(樊　华)

**【常务委员会会议】** 年内,共召开4次常务委员会会议。区政协十届十五次常委会于1月8日召开,会议审议政协石景山区第十届委员会常务委员会2020年工作要点(草案)。区政协十届十六次常委会于4月28日召开,会议听取区发改委《关于石景山区"十四五"规划研究编制有关情况的汇报》;听取石景山区党风廉政建设情况通报。区政协十届十七次常委会于9月4日召开,会议学习蔡奇就生活垃圾分类工作进行拉练式检查、召开现场推进会的讲话精神和蔡奇在首都功能核心区控制性详细规划实施动员部署大会上的讲话精神;审议2020年区政协常委会调研报告和建议案。区政协十届十八次常委会于12月15日召开,会议进行2020年区政协常委会建议案答复;传达学习中共十九届五中全会精神;审议常委会工作报告;审议提案工作条例;审议区政协对区属党政部门履职情况开展民主监督与评议的报告。

(樊　华)

**【主席会议】** 年内,共召开4次主席会议。3月12日,区政协第十届委员会召开第十八次主席会议。会议审议区委关于新时代加强和改进政协工作的实施意见(讨论稿),审议区政协2020年主席、副主席、秘书长督办的重点提案,审议区政协各专委会2020年工作计划。7月29日,区政协第十届委员会召开第十九次主席会议,会议审议区政协各专委会2020年调研报告和建议案。11月26日,区政协第十届委员会召开第二十次主席会议。会议进行2020年主席会4个建议案集中答复:《关于深入推进街道执法改革构建城市基层社会治理新格局的建议案》《关于我区小区物业管理机制的建议案》《关于疫情后,进一步提升我区公共卫生应急服务能力的建议案》《关于燕都第一仙山——石景山古建文物保护与开发利用情况的建议案》;会议审议2020年区政协对区属党政部门履职情况开展民主监督与评议工作情况的报告。12月3日,区政协第十届委员会召开第二十一次主席会议。会议审议常委会工作报告、提案工作报告、提案工作条例;审议财政预算民主监督小组、社会管理综合治理民主监督小组和城市管理民主监督小组评议报告;审议十届五次会议相关文件;审议区政协2020年优秀提案、优秀调研报告、优秀社情民意和委员履职先进个人名单;审议区政协2021年常委会工作要点;审议区政协第18次常委会议程。

(樊　华)

**【检查指导新冠肺炎疫情防控】** 1月至6月,区疫情防控工作第二指导组组长吴克瑞、副组长刘建国、岳林华、宋世媛等分别到八宝山、老山、五里坨、苹果园及广宁街道,全面了解街道疫情防控工作落实情况,实地检查指导社区疫情防控工作并看望慰问在一线的社区工作人员。2月5日,区政协党组召开扩大会,传达学习习近平总书记关于疫情防控工作的重要讲话精神和党中央决策部署,以及市委、区委有关工作要求,通报区政协机关就防控新型肺炎疫情开展的工作,并号召全体委员发挥自身优势，多渠道筹措抗击疫情物资。同月26日，吴克瑞主持召开政协委员企业复工复产座谈会，听取委员企业代表就做好企业疫情防控工作和复工复产过程中的建议和问题，并通过社情民意的形式上报区委区政府。3月11日和18日，吴克瑞还分别到中国铁建电气化局集团有限公司和永辉超市，调研企业复工复产和疫情防控工作。查看超市重点区域卫生消毒、进出人员佩戴口罩、体温检测、信息登记等防控保障措施落实情况以及超市产品供应情况。

（樊 华）

**【专题协商会】** 5月20日，区政府领导与政协委员围绕“十四五”时期提升石景山区经济高质量发展召开专题协商会。8位政协委员从“完善硬件设施，优化营商软环境”“高质量高效率发展打造石景山区名片”“提升专业能力加速金融和产业对接融合”“抓紧战略机遇期打造新经济模式”和“打造工业互联网集聚区”等方面，对“十四五”期间提升地区经济高质量发展建诤言、献良策，李新、吴克瑞参加会议，并与参会人员进行深入座谈交流。

（樊 华）

**【政协工作理论研讨会召开】** 9月4日，区政协召开第29次政协工作理论研讨会暨推进“十四五”期间石景山区高质量发展专题议政会。吴克瑞主持会议，常卫、李新参加会议并讲话。研讨会以“推进‘十四五’期间我区高质量发展”为主题，与会政协常委、各民主党派代表和部分委员进行主题发言，共形成发言材料26篇。

（樊 华）

**【北京西山永定河发展论坛】** 12月19日，主题为“文化传承新高地，产业复兴新地标——聚焦京西十四五文化发展”的2020年第二届北京西山永定河发展论坛在区文化中心举办。全国政协常委、中国民主建国会中央委员会副主席兼秘书长李世杰参加论坛，并对论坛的举办表示祝贺。吴克瑞代表区政协欢迎各位领导专家、工艺大师共聚石景山，为石景山区更好的推进西山永定河文化带建设出谋划策。他表示，石景山区历史文化荟萃凝聚、自然山水灵秀天成，是首都文化的重要组成部分，是京西文化的璀璨明珠。要充分发挥政协作用，广泛凝聚智慧，创新协商形式，增添政协工作生机活力，围绕提升“十四五”时期西山永定河高质量发展主题，打造专题议政协商平台，共同助力石景山区“十四五”时期开好局、起好步。论坛期间举行签约仪式。北京盛世顺景文化传媒有限公司与上海美术电影制片厂、北京电影学院等签约，联合研创第二部8K影片《立秋》；丰宁满族自治县第一中学与北京燕京八绝协会签约，推进对丰宁满族自治县的文化帮扶。

（樊 华）

## 民主监督

**【概况】** 作为石景山区政协特色工作，民主监督与评议工作已经开展5年，在各民主党派、各界别代表人士的支持和参与下，区政协对国家宪法、法律和法规的实施，重大方针政策的贯彻执行，国家机关及其工作人员的工作，通过建议和批评进行监督，持续为区域经济和社会发展献计献策，有力推动地区民主政治建设发展。民主监督的主要形式有：政协的全体会议、常委会议或主席会议向区委、区政府提出建议案，各专门委员会提出建议或有关报告，委员视察，委员提案，或以其他形式提出建议。

（樊 华）

**【民主监督与评议】** 年内，继续开展对区属党政部门履职情况的民主监督与评议工作，进一步完善民主监督与评议工作内容和形式。7月21日，区政协召开2020年对区属党政部门履职情况开展民主监督与评议工作动员部署会。会议听取工作动员部署以及被评议部门、评议小组成员代表表态发言。会议要求，被评议单位迅速传达部署，与评议工作小组沟通协调，按照评议工作要求完善和改进工作，增强自觉接受民主监督的意识，做好相关工作。要把民主监督与评议工作做出实效。各评议小组认真谋划思考，细化工作目标和工作任务，在提升监督效果和监督质量上下功夫，认真帮助被评议单位查摆问题，促进各部门工作再上新台阶。

（樊 华）

**【政协委员工作站全覆盖】** 7月22日，石景山区首家“政协委员工作站”在八宝山街道沁山水南社区成立。到年底，实现全区9个街道全覆盖，帮助委员有议即提、有难即解、有事即做，更好地联系群众、服务群众、参政议政。针对政协委员点多人散、集中不便的问题，区政协制定《关于建立政协委员工作站（室）的实施方案》，由政协领导包片联系各街道委员工作站和委员工作室，由各委室做好委员工作站（室）的日常联系和管理工作，依托全区9个街道开设委员工作站，并在特色园区及商务楼宇也设立工作站，让政协工作向基层延伸、向群众靠近，发挥好“小空间”的大作用。政协委员工作站成立后，通过三级委员联动、线上线下结合的方式，摸实情、提实议、做实事。“一对一帮扶企业”成为工作站在常态化疫情防控中助力复工复产的一项重要活动。工作站还开展“与社区居民面对面交流”活动征求民意，区政协委员分别带队到五里坨街道南宫嘉园社区和其他街道社区了解社情民意，征集提案线索，听取居民代表对本区市政建设、交通出行、城区环境优化和商业发展等问题发表意见和建议，形成各种提案。

（樊 华）

## 参政议政

**【概况】** 年内，区政协围绕中心开展协商议政。完善协商内容、创新协商方式、提高协商实效，围绕全区大事和工作重点，选准切入点、着力点，制定协商计划，扎实开展协商议政活动。

（樊 华）

**【健全会议协商机制】** 年内，区政协落实好全体会议、常委会会议、专题研讨会等会议协商制度，完善调研、视察、座谈和研讨等工作协调机制，搭建好专题协商、对口协商、界别协商和提案办理协商等多种协商平台,增加协商频次和协商密度。在办好理论研讨会暨常委会专题协商会基础上,探索实践政府与企业家协商座谈会、民生专题协商会等协商形式,打造具有政协特色、石景山区特点的协商议事品牌。

(樊 华)

**【健全党派交流机制】** 年内,区政协建立健全各党派参加政协工作的共同性事务情况交流机制,支持各民主党派和无党派人士参与政协协商讨论、提出提案、提交大会发言、反映社情民意信息、开展民主监督,对各民主党派以本党派名义在政协发表意见、提出建议作出制度性安排。更好把党外知识分子、少数民族界和宗教界代表人士、新社会阶层人士团结凝聚到党的周围。加强与少数民族界和宗教界代表人士、新的社会阶层人士委员的联系,开展团结联谊活动。建立谈心谈话制度,在一些敏感点、风险点、关切点问题上充分交换看法、加强思想沟通,形成共识。

(樊 华)

**【健全委员联系群众机制】** 年内,区政协开展委员"走基层、察民情、建真言、惠民生"活动,联系和动员各界群众,坚持让政协走进群众、让群众走进政协。持续深化委员工作站建设,推动委员讲堂、委员读书、委员议事等活动的开展,面向社会传播共识,反映群众意见,把凝心聚力工作做到一线,把群众利益落到实处。

(樊 华)

## 专委会工作

**【概况】** 根据政协章程规定和石景山区政协工作实际,十届区政协设有经济科技委员会、社会法制与民族宗教委员会、城建环保委员会、教文卫体委员会、提案委员会、学习与文史委员会6个专门委员会。专门委员会工作是政协工作的重要基础,是政协履行职能的重要方式。各专委会根据中国人民政治协商会议章程的要求,从实际出发开展工作。组织委员认真学习、宣传国家的方针政策和法律;就本区政治、经济、文化和社会生活中的重要问题,人民群众普遍关心的问题,选择其中具有综合性、全局性、前瞻性的课题,深入开展调查研究,提出意见、建议和提案;团结和联系委员及各族各界人士,反映社情民意;组织各种活动,为委员知情出力、履行职责创造条件。

(樊 华)

**【经济科技委员会】** 年内,经济科技委员会号召委员主动关注一线抗击新冠肺炎疫情工作,经济、科技和工商联界别21名委员响应,开展"抗击疫情,大爱有我——政协委员在行动"系列活动,捐赠食品和各类防护物资。开展"走基层、察民情、建真言、惠民生"活动,开展"走察建惠"活动8次,针对优化与提升营商环境开展3次,结合抗击新冠肺炎疫情和复工复产工作开展3次,结合政协委员工作站开展活动2次,委员参与60余人次。经济科技委员会开展关于推动地区经济高质量发展的调研工作,调研组先后与区发改委等11个政府部门和创业公社等5家驻区企业开展一系列调研活动,共组织开展专题研讨3次、调研视察4次、意见征询会3次,提出《关于实施"三龙经济"发展战略,推动我区经济高质量发展的调研报告》,并形成区政协常委会建议案报区委、区政府做决策参考。全年共组织开展界别活动4次,委员参与49人次。在苹果园街道金苹果活动中心和中关村科技园石景山园创建2个政协委员工作站。十届四次会议以来,累计提交提案88件,立案88件。全年组织各类活动40余次,委员参加活动380余人次。委员对区金融办开展民主监督与评议工作,开展垃圾分类专项监督活动,组织区政协财政预算民主监督小组开展专项评议活动。

(樊 华)

**【社会法制与民族宗教委员会】** 年内,社会法制与民族宗教委员会共计开展各类活动47次,委员出席337人次。其中政协及专委会组织学习31次,视察、协商活动4次,委员工作站活动4次,界别活动2次,其它活动2次,政协专题活动4次。提交提案39件、报送社情民意43件,走访委员5人次。社会法制与民族宗教委员会号召委员主动履职、发挥作用,积极投身疫情防控阻击战。委员共向各级政府提交合理化建议14篇,捐款168万余元,捐赠医用物资100余万元,为驰援武汉医务工作者捐赠保险1000余万元,参加社区、区集中隔离点值守180余次,提供法律援助50余次,开展健康讲座12场,为复工复产解决近百件各类问题。委员视察万达广场、金铸阳光苑生活垃圾分类工作,举办垃圾分类知识讲座;联合民革区工委、致公党区工委开展《深入推进街道执法改革构建城市基层社会治理新格局》调研;对检察院公益诉讼工作开展视察,开展"推动我区城市基层新格局构建"专题协商;对区残联开展民主监督与评议工作。围绕《北京市生活垃圾管理条例》执行情况,组织政法界别小组成员开展"全体委员齐参与,助力分类新时尚"专项民主监督活动。组织社会治安综合治理民主监督小组,听取区政法委关于年度平安石景山建设工作开展情况专题报告,形成年度综治工作评议报告。

(樊 华)

**【城建环保委员会】** 年内,城建环保委先后组织各类考察、视察、调研、参观、座谈、讨论等活动32次,149人次参加活动。鼓励和号召委员积极参加疫情防控阻击战,全体委员组织、指导并参加本单位和下属基层单位疫情防控工作;有8位委员作为志愿者参加社区疫情防控;有5位委员专程向有关机构捐赠防疫物资和款项;有4位委员围绕疫情防控及相关问题进行调研并撰写社情民意。组织经济、科技、工商联界别委员围绕复工复产发展经济,开展讨论、提出建议;围绕创建全国文明城区、垃圾分类和物业管理两个条例落实,先后对城管委等部门开展提案督办、调研视察和座谈交流等活动;依托政协委员工作站开展"让委员走入基层,居民代表走进政协"活动;对区环卫中心开展民主监督,发挥城市管理民主监督小组作用,就城市管理、城市基础设施建设等重点问题进行讨论沟通。围绕城建环保委调研课题"物业管理机制研究",深入街道社区以及行业主管部门开展调研协商,高质量完成重点调研课题,形成主席会建议案。城建环保委共提交各类提案71件,立案67件。先后邀请委员列席区委、区政府会议,监督各类重大决策及民生保障工程评审、评议、摇号等活动12次,到街道社区、基层站所队调研6次,提交社情民意8篇。针对交通管理、绿化美化等方面问题,城建环保委对区城管委、区城管监督指挥中心等单位,开展实地调研、专题协商、视察督办。

(樊　华)

**【教文卫体委员会】** 年内,教文卫体委员会组织委员开展和参加各种会议、学习、考察调研等活动58次,委员参加236余人次。动员委员立足岗位全力投身和支援新冠肺炎疫情防控工作,捐款捐物,提供抗疫物资采购渠道。深入街道、社区等重点单位检查指导疫情防控工作,21名委员参加一线防控工作,围绕疫情防控撰写社情民意9篇。落实区创城工作推进大会精神,按照创城测评指标体系和包片包点责任制清单,宋世媛带队到包片街道社区等实地考察点位进行督导检查15余次。与农工党区工委联合,围绕"新冠疫情后,提升石景山区公共卫生应急服务能力"专题开展调研;以"完善重大疫情防控体制机制、健全石景山区公共卫生应急管理体系"为主题开展协商议政;着眼"五育并举",推进素质教育深入发展,与提案委、教育界别小组联合对石景山区中小学生近视、肥胖防控等身体健康素质教育工作开展专题协商。就提高群众健康水平,满足群众美好生活需要,助推地区体育事业建设和发展,对社区体育设施建设和管理以及冬奥社区建设发展情况开展视察,组织协商视察活动7次。在金顶街街道金一区社区和鲁谷街道七星园北社区建立政协委员工作站,组织活动7次。对区体育局履职工作情况开展民主监督与评议。

(樊　华)

11月10日,区政协调研广宁棚改房屋征收工作　(区政协供图)

**【提案委员会】** 年内,提案委员会组织开展活动27次,委员出席126人次,其中政协专题活动8次,专委会活动11次,界别协商2次,民主监督6次。区政协十届四次会议以来,共收到提案233件。经审查,立案227件,会议提案223件,平日提案4件。其中委员提案201件,各民主党派区工委、区工商联提案17件,政协专门委员会提案4件,界别提案5件。在立案的提案中,经济科技类39件,社法民宗类39件,城建环保类91件,教卫体类47件,文化文史类11件。未予立案的提案6件。未立案的提案部分转社情民意反映,市政协委员向市政协会议提交提案9件。立案的227件提案全部办理完成,8件重点督办提案全部办结。提案委员会召开提案工作征求意见座谈会;参加市政协提案办理工作座谈会;围绕创城开展B类提案督办;重新修订提案工作条例。围绕创城,继续开展提案委委员"随手拍"。联合无党派界别、教育界别部分委员,同区教委领导、中小学生保健所所长和中小学校长代表,对提高中小学生身体素质以及防控近视、肥胖的情况进行座谈协商;实地察看12345市民服务热线和网格化城市管理融合平台运行情况,并与区城管监督指挥中心就"接诉即办"开展座谈协商。在古城街道西路北社区和老山街道东里北社区建立政协委员工作站,在古城西路北社区开展社保、医保政策知识讲座,在老山东里北社区开展血管疾病健康知识讲座和应急急救知识讲座。围绕生活垃圾管理条例实施开展专项民主监督活动;与广宁街道开展民主监督与评议工作。

(樊　华)

**【学习与文史委员会】** 年内,学习与文史委员会围绕石景山古建筑群及周边地域保护开发利用开展专题调研,形成《关于燕都第一仙山——石景山古建文物保护与开发利用情况》调研报告;召开《关于借冬奥火种点亮石景山区的"工业遗产和山水"文化的建议》专题协商会;编辑出版发行《石景山文史资料》(第26辑);开展对西山永定河管委会的民主监督与评议。区政协对外友好界别组召开界别工作会并组织考察地区西部建设情况。区政协文化艺术界别委员召开工作会,开展以区政协迎新春联欢会、下工地送春联、以艺抗疫、以及"迎冬奥,促创城"书画笔会等活动。举办"迎冬奥,促创城"书画笔会——暨石景山区政协委员工作站活动;举行政协委员工作站"一对一"企业政策帮扶现场会活动。学习与文史委员会全年共组织活动28次,参加委员248人次。共提出提案

32件，社情民意26篇。加强专委会党支部建设，加强党支部理论学习，发挥党员委员的带头作用。政协全会期间，号召中共党员主动参加大会、小组讨论及主动撰写提案等大会活动；疫情期间，在党支部群里转发抗疫倡议书，号召党员委员在防疫工作中做表率；组织中共党员委员参加所在居住小区“双报到”活动（新时代文明实践推动日“主题活动。

（樊　华）

## 中国人民政治协商会议北京市石景山区第十届委员会

主　　席　吴克瑞
常务副主席　刘建国
副 主 席　岳林华　宋世媛（女，1月任）
　　　　　赵继新　高　杰　于秀云（女）
秘 书 长　刘福利
副秘书长　程伯静（女）　苏文颖　李凤芹（女）
　　　　　毛　轩　李鸿泓　刘东晖
常务委员　王亚迅　毛　轩　白德骏
　　　　　仲达文　刘　嵘（女）　刘东晖
　　　　　刘吉新　苏文颖　李凤芹（女）
　　　　　李鸿泓　李智勇　李路海
　　　　　吴　瑕　吴　涛（1月任）　何云飞
　　　　　汪礼俊　张　钢　陈有忠
　　　　　赵建平　秦玉山　彭　飞
　　　　　蒋志谋　释常藏　焦彦生
　　　　　戴　兵（女）

## 石景山区政协专门委员会负责人

经济科技委员会主任　刘卫东
社会法制与民族宗教委员会主任　韩　冰（女）
城建环保委员会主任　李元涛
教文卫体委员会主任　杨玉玲（女）
提案委员会主任　于惠兰（女）
学习与文史委员会主任　蒙树红（女）

## 石景山区政协工作机构负责人

区政协党组成员、秘书长　刘福利
区政协党组成员、办公室主任　程伯静（女）
区政协研究室主任　刘　威
区政协专委会工作一室主任　刘卫东
区政协专委会工作二室主任　韩　冰（女）
区政协专委会工作三室主任　李元涛
区政协专委会工作四室主任　杨玉玲（女）
区政协专委会工作五室主任　于惠兰（女）
区政协专委会工作六室主任　蒙树红（女）

# 纪检 监察

## 综　述

【概况】 中国共产党北京市石景山区纪律检查委员会、北京市石景山区监察委员会(简称区纪委区监委)下设16个内设机构、11个联合派驻纪检监察组、1个规范工资事业单位,在全区9个街道派出纪工委监察组,在区直机关工委派出纪检监察工委,在全区10家区管企业设监察专员办公室,与纪委合署办公。年内,全区各级纪检监察组织增强"四个意识",坚定"四个自信",做到"两个维护",忠实履行党章和宪法赋予的职责,坚持"严"的主基调不动摇,发挥监督保障执行、促进完善发展作用,助推新冠肺炎疫情防控和经济社会统筹发展,一体推进不敢腐、不能腐、不想腐,推动新时代纪检监察工作高质量发展。

(李蕊君)

【区纪委十二届八次全体会议】 2月26日召开。会议以习近平新时代中国特色社会主义思想为指导,全面贯彻落实党的十九大和十九届二中、三中、四中全会精神,认真学习十九届中央纪委四次全会精神,贯彻落实市纪委十二届五次全会和区委十二届十次全会工作部署。常卫通报2019年全面从严治党(党建)工作检查考核情况,明确2020年工作方向。郭鹏代表区纪委常委会向大会作工作报告,总结2019年纪检监察工作,部署2020年工作任务。

(李蕊君)

【深化改革】 8月,区委办印发《关于深化石景山区纪委区监委派驻机构改革的实施意见》,从全面加强对派驻机构的领导、推动驻在部门党组织担负起全面从严治党政治责任、明确派驻机构权责等方面,对深化派驻机构改革作出具体安排。区纪委区监委印发《关于推进石景山区区管企业纪检监察体制改革的实施办法》,对区管企业纪检监察机构的领导体制、职责权限等进行明确和细化。10家设立党委的区管企业纪委书记选任到位,纪委书记任命为监察专员,设立监察专员办公室,与纪委合署办公,行使纪检监察职责,赋予相应权限。区管企业纪检监察机构设专职副书记,配备专职工作人员。

(张　蕾)

## 监督工作

【概况】 区纪委区监委牢牢守住监督第一职责,坚持把监督挺在前面,紧紧围绕中心、服务大局,突出监督重点、精准监督措施,发挥监督保障执行、促进完善发展作用,把制度优势转化为治理效能。

(李蕊君)

【全面从严治党(党建)工作考核】 2月,区纪委区监委牵头完成2019年全面从严治党(党建)工作检查考核暨动态抽查工作,检查考核情况在区纪委八次全会上通报,并向各单位逐一书面反馈,将检查发现的243个问题的整改情况纳入日常监督重点,对检查考核结果较差、反馈意见整改落实不力的单位主要领导进行约谈。10月,组织开展2020年全面从严治党(党建)工作考核,印发《2020年石景山区全面从严治党(党建)工作考核实施方案》《动态抽查工作方案》,明确47项具体任务,通过日常评估、动态抽查、区领导带队督查、民意调查等方式,对全区77家单位进行检查考核。对除第九、十轮被巡察单位以外的51家单位进行两轮动态抽查,发现问题248个。

(雷雨晨)

【北京冬奥会、冬残奥会专项监督】 5月,区纪委区监委成立石景山区服务保障冬奥会和冬残奥会领导小组纪律督察组,制定专项监督检查方案,统筹监督力量,对于承担大部分冬奥服务保障任务的单位统一划归第二监督检查室协调联系。发挥派驻监督"贴身"作用,强化街道社区一线监督,健全冬奥监督格局。紧盯冬奥场馆建设、赛场周边区域环境整治提升等重点领域和关键环节开展监督检查。11月,督促完成首钢滑雪大跳台中心项目阶段性完工验收等安全质量监管工作,保障项目顺利落地。全方位跟进监督广宁村棚户区改造房屋征收项目,严查严办违规违纪问题线索,确保冬奥组委驻地周边工程项目高质量完成。全年开展监督检查151次,发现问题106个,全部督促整改完毕,定期向市冬奥监察专员办、区冬奥办作专题汇报18次。

(洪　杰)

【监督向基层延伸】 6月,区纪委区监委按照"在职社工+居民党员"模式,完成298名社区监察信息员的选聘,将监督延伸到"最后一公里"。创新监督机制,在街道层面东、西两个片区联合工作组的基础上,成立社区层面"监督协作组",定期组织跨区域的明察暗访、交叉检查。建设石景山"e监督"信息化平台,实现监督要求实时部署、监督信息实时上报、社情民意实时收集,提升监督质效。全年到街道、社区走访调研40余次,召开街道层面工作推进会10余次。将监督向基层延伸工作形成经验做法,先后在中国纪检监察报、中央纪委国家监察网站、市纪委刊物上刊登。

(刘畅达)

【12345市民服务热线"接诉即办"监督】 7月,区纪委区监委印发《关于加强12345市民服务热线"接诉即办"监督工作的十项措施》,加强与区委督查室、区政府督查室、区城市管理指挥中心的沟通联系,完善信息共享、分析研判、问题移送等工作机制,重点围绕涉及反复投诉、长期投诉、集中投诉、群众满意率低、挂账多、长期挂账等问题,加大问题线索移送力度。全年筛查重点工单1121件,核查属实1044件,督促整改1043件,以强有力监督推动"接诉即办"工作落地。

(胡　林)

【以案为鉴、以案促改】 11月20日,石景山区召开"以案为鉴、以案促改"警示教育大会,梳理全区全面从严治党方面存在的问题,通报去年警示教育大会以来受处分的处级干部名单。拍摄制作警示教育片《扭曲的追求》,组织全区党员干部观看。坚持通报曝光"常态化",全年集中通报2期。将全区各单位开展"以案为鉴、以案促改"警示教育工作情况纳入全面从严治党(党建)工作检查考核,年底进行全面检查,查摆出的问题向区委常委会作专题报告。

（陈庆尧）

【新冠肺炎疫情防控监督】　年内，区纪委区监委科学精准稳慎开展疫情防控监督工作，构建由领导班子牵头总领，各监督室协调联动，全委响应落实的“1＋3＋N”疫情防控监督体系。组建单项监督组，聚焦疫情防控监督“靶点”，紧盯院感防控、社区防控、境外输入等关键环节进行攻坚克难，对“石惠十五条”惠企措施落实情况开展监督检查，确保审批“绿色通道”、租金减免、创新帮扶等政策落实落地。全年发现问题876个，约谈18人，通报批评3人，下发监察建议书1份、提醒函2份，组织处理2人。

（王剑飞　李　娟）

【扶贫领域监督执纪问责】　年内，区纪委区监委制定《石景山区纪委区监委关于加强2020年深化扶贫领域腐败和作风问题专项治理工作的实施方案》，深化跟进式监督、靶向监督，排查梳理帮扶工作不精准、不聚焦、不到位问题，确保各项任务顺利完成，为决战决胜脱贫攻坚提供坚强纪律保障。聚焦扶贫支援工作，梳理80余项重点任务，推进“清单式管理、常态化监督”机制，到对口受援地区河北顺平开展实地监督，加强两地协作配合。聚焦社会救助工作，围绕7个监督重点开展专项检查，发挥社区监察信息员“前哨”作用，通过“四查”方式核对343户困难家庭情况。

（李　娟）

【扫黑除恶专项斗争监督执纪问责】　年内，区纪委区监委聚焦“六清”（线索清仓、黑财清底、逃犯清零、案件清结、行业清源、伞网清除）行动目标任务，强化全区扫黑除恶专项斗争监督执纪问责工作。对670件次信访举报进行初筛，对373件次问题线索背后是否存在黑、恶、乱及“保护伞”等问题进行重点研判。配合做好市扫黑除恶特派督导工作，抓好督导整改。强化社区“两委”换届纪律监督，严格联审工作，坚决防止黑恶势力把持基层政权、干扰破坏基层换届选举的情况发生。继续将扫黑除恶专项斗争工作纳入巡察及全面从严治党（党建）工作考核内容，对21家单位落实相关工作情况开展动态抽查。

（李　娟）

【制止餐饮浪费专项监督】　年内，区纪委区监委把制止餐饮浪费作为纠治“四风”的重要内容，紧盯重要时间节点，对党政机关、事业单位、国有企业，本级及下级单位内部餐饮场所开展专项监督。同时将其纳入全面从严治党（党建）工作考核内容，从是否进行部署落实、是否张贴提示语或标识进行提醒、食堂供应是否制定节约措施、就餐人员是否存在浪费现象等方面对33家单位进行抽查。督促机关事务、市场监管、商务、发展改革等部门共同发力，在加强公务活动用餐管理、推进机关食堂节约用餐、引导消费者节约用餐等方面加大监管。

（薛　枫）

【整治形式主义、官僚主义】　年内，区纪委区监委将疫情防控中的形式主义、官僚主义问题作为监督重点，严格落实“五个精准，一个严防”工作要求，紧盯社区表格填报、补助发放、抗疫提拔表彰等工作，及时跟进督查，严肃查处“填表抗疫”、跟风表彰、突击提拔等突出问题，为基层减负。

（刘月明）

【落实中央八项规定精神】　年内，区纪委区监委聚焦违规收受礼品礼金、违规发放津补贴等老问题，深挖细查改头换面、隐形变异等新问题，持续保持严查严管的高压态势，给予党纪处分7人，全部进行通报曝光。不定期在区委常委会、政府常务会上通报全区查处违反中央八项规定精神情况和“四风”问题新动向，持续形成震慑，营造从严查处氛围。

（薛　枫）

【规划和自然资源领域专项治理】　年内，区纪委区监委组织相关监督检查室和派驻纪检监察组联合开展监督检查，采取明察暗访、调研督导、约谈提醒等方式督促相关单位认真履职、按期整改。全年参加会议40余次，开展专题调研23次，实地督导检查60余次，下发纪律检查建议1份，督促问题整改到位。

（赵　亮）

【创建文明城区监督】　年内，区纪委区监委发挥“1＋9＋11”全覆盖监督作用，对全区各街道社区及涉及创城工作的相关单位、部门开展全程监督、跟进监督和精准监督，督促落实各项要求和任务指标。紧盯环境治理、公共卫生、交通安全等领域，及时纠错防偏强化整改。全年各级纪检监察组织开展创城监督检查400余次，发现统筹协调不够、整改不到位等问题568个，提出整改建议480余条。

（赵　亮）

【人防系统腐败问题调查整顿】　年内，区纪委区监委针对监督检查中发现的问题和薄弱环节，重点抓好“回头看”工作，及时督促区人防办查漏补缺、补齐短板，督促区人防办对制度规定进行全面梳理排查。召开区人防系统腐败问题专项治理工作专题研讨会，推动制定《关于持续深入推进人防系统腐败问题专项治理的工作措施》，细化工作举措，明确工作任务。

（姚　薇）

【廉政宣传教育】　区纪委区监委全年在《中国纪检监察报》、中央纪委国家监委网站等“国”字号媒体发稿14篇，部分稿件实现“报网同发”。在中央纪委国家监委网站“头图”栏目发布视频，展示纪检监察干部下沉社区、坚守防控一线的事迹。中央电视台对区纪委区监委精准监督抓实抓细疫情防控责任和餐饮浪费监督检查的工作分别进行报道。在北京纪检监察网和《北京日报》清风北京栏目刊发新闻稿件100余篇，播出各类专题视频3期。石景山纪检监察网发布信息74篇，“方圆石景山”微信公众号推送信息85期200余条。配合区委组织部做好“党员教育云课堂”，录制“廉政教育”主题课程，对全区党员干部开展“全覆盖”警示教育。组织全区105名处级干部、210名科级干部进行任职前廉政法规知识测试，助力以考促学、以考促廉。

（陈庆尧）

【纪检监察干部监督】　年内，区纪委区监委持续加强对纪检监察权力运行的制约和监督,动态更新纪检监察干部廉政档案,推进纪检监察干部监督专项检查整改,推动纪检监察工作规范化。保持清理门户的高压态势,对反映纪检监察干部和巡察干部的信访举报和问题线索认真核查,受理针对纪检监察干部和巡察干部的信访件及问题线索13件次,均严格按照规定作出相应处置。

(李 萌)

## 审查调查

【概况】 年内,区纪委区监委始终保持反腐败高压态势,将审查调查作为最强有力的监督,强化不敢腐的震慑,扎牢不能腐的笼子,增强不想腐的自觉,提高腐败治理效能。

(李蕊君)

【信访举报】 全年,区纪委区监委受理信访举报671件次(含重复件237件次),同比上升8.5%。保持"正金字塔"的良性信访格局,越级访全市最少。每季度形成信访分析报告,向区委主要领导汇报。制定《石景山区纪检监察机关信访举报答复工作办法》,探索开展匿名举报答复工作,建立实名举报保护机制,做到信访举报件件有着落、事事有回音。

(胡国栋)

【监督执纪"四种形态"】 年内,区纪委区监委运用监督执纪"四种形态"处理133人次,其中第一种形态82人次,占61.7%;第二种形态34人次,占25.5%;第三种形态7人次,占5.3%;第四种形态10人次,占7.5%。

(赵 颖)

【调查处置】 全年,区纪委区监委处置问题线索174件次,初核137件,新立案64件(其中处级11件,乡科级6件),同比下降22.9%。审结案件59件,给予党纪处分52人、政务处分4人,涉嫌职务犯罪移送审查起诉5人。从党纪处分情况看,党内警告25人、党内严重警告11人、党内严重警告(影响期二年)3人、留党察看处分2人、开除党籍11人。从政务处分情况看,记过1人、撤职2人、开除公职1人。从行政级别看,正厅级1人、正处级及相当正处级2人、副处级及相当副处级7人、正科级及相当正科级13人、副科级及相当副科级2人、科员及以下34人。

(赵 颖 刘婧妮)

【信息保障】 年内,区纪委区监委完成检举举报平台、综合办案系统、网上审批系统等多个业务应用系统的联合部署测试,全面覆盖业务工作,实现全流程线上办理和审批。建设石景山"e监督"平台,构建多层级基层监督体系。使用同步录音录像工作台及便携式设备对执纪监督过程进行同步记录,加强过程监督,促进审查调查行为规范。使用取证航母进行手机取证和外出现场取证,收集办案证据。运用公共信息核查系统,构建办案全流程保障体系。提升信息化运维水平,夯实信息化建设基础,确保日常办公办案的稳步开展。

(刘兴港 许 辰 廖 慧)

## 巡察工作

【概况】 年内,区委巡察机构突出政治巡察定位,精准落实政治巡视巡察要求,有效发挥巡察的政治监督功能,探索完善巡察工作机制和监督格局,推进巡察工作高质量发展。

(李蕊君)

【政治巡察】年内,区委巡察机构严格落实中央、市委、区委巡视巡察工作要求,坚持问题导向,紧扣"三个聚焦、一个整改",紧盯被巡察党组织职责使命,精准开展巡察监督,巡察内容更全面、重点更聚焦、成效更明显。完成三轮对28个单位党组织、124个社区党组织的巡察工作,发现问题1005个,问题线索22个。对区属单位党组织巡察覆盖率为83%,对社区党组织实现巡察全覆盖。

(杨水泉)

【巡察"后半篇文章"】年内,区委巡察机构把巡察整改监督作为践行"两个维护"的具体行动,做好问题及问题线索移交工作,确保全部从严处置到位。建立巡察发现问题"一张清单到底"和区委书记专题会点人点事台账督办机制,加强定期分析研判,压实巡察工作主体责任。推行巡察问题整改台账化,将巡察发现问题和整改情况列入台账管理,督促被巡察党组织制定任务清单、责任清单,确保巡察整改不漏项、全见底。

(杨水泉)

【规范化建设】年内,区委巡察办修订《巡察工作规程》,对涉及20余项制度规定进行调整完善,形成第四版《巡察工作操作文件汇编》。建立"四大清单"即常规巡察监督清单、社区党组织问题表现清单、意识形态专项检查清单、选人用专项检查清单,确保监督内容聚焦聚神,政治巡察一以贯之。制定《关于建立区委巡察工作协作机制的办法》《关于建立健全区委巡察机构与区纪委区监委有关部门协作配合机制构建闭环监督体系的意见》,推进巡察监督与其他监督贯通融合、协调发展。

(杨水泉)

## 中共北京市石景山区第十二届纪律检查委员会

书 记 郭 鹏

副书记 韩孟荣 仲长军(女) 田成立

常 委 李月根 牛秋娟(女) 张 莉(女) 赵雁军(女) 李永祥

## 北京市石景山区监察委员会

主 任 郭 鹏

副主任 韩孟荣 仲长军(女) 田成立

委 员 李月根 牛秋娟(女) 张 莉(女) 郭淑丽(女)

# 民主党派

## 综　述

【概况】 石景山区有中国国民党革命委员会北京市委员会石景山区工作委员会(简称民革石景山区工委)、中国民主同盟北京市委员会石景山区工作委员会(简称民盟石景山区工委)、中国民主建国会北京市委员会石景山区工作委员会(简称民建石景山区工委)、中国民主促进会北京市石景山区工作委员会(简称民进石景山区工委)、中国农工民主党北京市委员会石景山区工作委员会(简称农工党石景山区工委)、中国致公党北京市委员会石景山区工作委员会(简称致公党石景山区工委)、九三学社北京市委员会石景山区工作委员会(简称九三学社石景山区工委)。7个民主党派有基层支部45个,民主党派成员1605人,同比增长4.8%。年内,各民主党派牢牢把握中国特色社会主义参政党这一政治定位,深入贯彻落实中央《关于加强中国特色社会主义参政党建设的意见》精神和市委部署要求,以“四新三好”为目标,持续推进“五大建设”,提升政治把握能力、参政议政能力、组织领导能力、合作共事能力、解决自身问题能力,团结带领各自成员,发挥特色优势,认真履行参政议政、民主监督、参加中国共产党领导的政治协商基本职能,取得较好的履职成绩。以思想建设为核心,开展“不忘合作初心,继续携手前进”主题教育,组织开展一系列丰富多彩、特色鲜明的学习教育活动,广大成员理论水平、思想自觉持续提升。以参政议政为重点,紧紧围绕首都城市西大门建设、2022年冬奥筹办、全国文明城区创建、城市精细化治理等中心工作,深入开展调查研究,建言献策,形成一批高水平的参政议政成果,为中共区委、区政府科学决策提供重要智力支持。以组织建设为根本,探索加强组织建设的新举措、新方法,为成员成长锻炼搭台子、竖梯子、铺路子,组织工作机制更加健全,活动形式内容更加丰富,党派界别特色愈发凸显,组织凝聚力和向心力持续增强。以社会服务为依托,将社会服务作为展示自我形象的重要窗口,调动和激发广大成员的参与热情,整合优势资源,深入基层一线和贫困地区,开展文化讲堂、医疗帮扶、法律援助、扶贫助学等系列公益活动,擦亮民主党派社会服务品牌,获得社会各界广泛好评和赞誉。特别是面对新冠肺炎疫情,各民主党派靠前站位,组织各自成员投入疫情防控工作,在直接参与患者救治,围绕疫情防控、复工复产等议政建言,参与社区防控值守,捐款捐物,加强抗疫政策宣传等多个方面,为抗疫工作提供助力,体现中国特色社会主义参政党的使命和担当。

(秦　岭)

【调研课题推荐】 4月24日,区委研究室与统战部联合召开区委区政府重点调研课题与各民主党派、工商联和无党派人士协商推荐会,向各民主党派主委、工商联负责人和无党派人士代表针对年度重点课题进行协商推荐。柯永果、陈婷婷出席会议。

(秦　岭)

【党外人士座谈会】 12月21日召开,常卫主持。座谈会上,各民主党派、工商联负责人和无党派人士代表围绕“中共石景山区委‘十四五’规划建议”和区委工作报告提出意见和建议。常卫对大家为石景山未来发展建言献策表示感谢,要求逐条梳理、认真研究,完善规划。区领导李新、田利跃、陈婷婷参加会议。

(秦　岭)

## 民革石景山区工委

【概况】 民革石景山区工委共有7个支部,党员180人,其中大学以上学历120人,占比67%;女性69人,占比38%。平均年龄50岁。党员中有市人大代表1人,市政协委员3人,区人大常委会副主任1人,区人大常委1人,区人大代表1人,区政协常委3人,区政协委员7人。

(吴伟兴)

【思想建设】 8月28日,民革石景山区工委组织部分骨干党员赴北京金隅·智造工场开展“制度自信”专题教育活动,参观中国科学院科技创新发展中心(北京分院)和海淀区合作共建的“中科智汇工场”,围绕“制度自信”专题教育活动进行座谈。8月28日至29日,民革石景山区工委在北京会议中心举办2020年暑期学习班,总结上半年工作特别是新冠肺炎疫情防控工作情况,学习贯彻《习近平谈治国理政》(第三卷)以及习近平总书记在党外人士座谈会上的重要讲话精神,30余人参加。10月30日,民革石景山区工委传达学习中共十九届五中全会精神,区工委委员和新当选的各支部班子成员参加会议。与会党员围绕十九届五中全会会议公报、民革组织建设、示范支部建设和年度调研情况等问题进行研讨交流。

(吴伟兴)

【社会服务】 年内,民革石景山区工委携手区残联,与八宝山街道结对子,参与扶残项目,为残疾学生捐赠款项,资助他们完成学业。动员党员企业安排解决残障人士的工作和生活问题。重阳节,区工委举办敬老爱老活动,组织20名老党员参观国家冬训中心(国家短道速滑、花样滑冰、冰壶和冰球馆训练馆)。12月5日,区工委举办“同心协力,共绘蓝图——民革石景山区工委书画下基层笔会活动”。

(吴伟兴)

【捐款捐物】 年内,民革石景山区工委组织党员为石景山区协调购买口罩近30万只,捐赠食品价值1.5万元,捐赠N95口罩6700只,捐赠新鲜蔬菜37吨,捐赠医疗物资1105.6万元。协调有关组织及人士捐款1.2亿元。台湾人士、华灿工场总经理李伟国率团队通过民革石景山区工委捐款10万元。

(吴伟兴)

【参政议政】 年内,民革石景山区工委完成《“十四五”期间加强首钢园与石景山区“城园一体”建设的建议》等8篇调研报告,1篇调研报告转化为石景山议政会发言材料,2篇报告转化为石景山区政协大会提案。其中《关于深入推进街道执法改革,构建城市基层社会治理新格局的调研报告》《关于打造石景山区营商环境4.0版，推动高质量发展的调研报告》《关于燕都第一仙山——石景山古建文物保护与开发利用的调研报告》被石景山区政协评为优秀调研报告，《关于以"接诉即办"为抓手提升我区基层治理水平的建议》被评为优秀提案。民革党员围绕北京市及全国疫情防控的难点重点问题，先后报送"公共场所加强新型冠状病毒防控宣传的建议"等100多条社情民意信息，其中40余条信息得到民革中央、北京市政协、石景山区政协、石景山区委统战部等单位采用。

（吴伟兴）

【组织建设】 年内，民革石景山区工委发展党员2人，转入党员1人，无转出党员。各支部完成换届工作，调整优化支部班子的年龄结构和知识结构，支部班子成员平均年龄47岁，大学以上学历占比91%。新成立第七支部，主要由媒体宣传、社会法治领域党员组成。

（吴伟兴）

12月1日，"民盟先贤肖像巡回展"首次走进石景山区活动

（民盟石景山区工委供图）

## 民盟石景山区工委

【概况】 民盟石景山区工委有9个支部，盟员405人，其中女盟员187人。在职盟员333人，占82.22%。平均年龄50.28岁。高级职称（正高和副高）149人，占36.79%；中级职称106人，占26.17%。盟员中有现任区政协副主席1人，区政协常委1人，区政协委员7人，区人大代表2人。年内，区工委获民盟中央盟务工作先进基层组织、思想政治建设和宣传工作先进集体等称号；卫生健康支部获民盟市委"优秀支部"、社会服务先进集体等称号；经济支部获民盟市委"活力支部"称号，王健作为全市代表在民盟北京市委基层组织建设暨社会服务工作总结表彰大会上发言；综合支部盟员孙莹获民盟中央思想政治建设和宣传工作先进个人；经济支部盟员王铁铮获2019年度民盟中央社情民意先进个人；工委委员、科技支部主委祝智军获民盟中央社会服务工作先进个人、民盟北京市委社会服务先进个人等称号。区工委表彰3个"组织建设"先进集体、2个"参政议政"先进集体，2个"活力支部"先进集体；35名优秀盟员，27名思想宣传之星，33名参政议政之星，42名社会服务之星，共计137人。

（刘 芳）

【思想宣传】 年内，民盟石景山区工委将制度自信教育明确为思想政治建设工作重点。带领9个支部坚持把思想政治建设摆在首要位置，深化固化"不忘合作初心，继续携手前进"主题教育活动成果，加强理论研究、盟章盟史和优良传统的学习教育活动。开展各种形式的主题教育活动40余次。开展"导师制"学习型支部建设重点工作。9个支部在组织力量上相互配合、在活动资源上相互融合，通过开展"学盟史 学盟章 做合格盟员""关爱老盟员"暖心行动等一系列内容丰富、形式多样的活动，弘扬民盟优良传统，传承民盟先贤精神，坚定信念跟党走。组织盟员60余人次参加民盟北京市委举办、协办的各类主题活动。承办"民盟先贤肖像巡回展"首次走进石景山区，面向全区社会各界盟员、群众展出。提交7篇高质量、高水平的统战理论研究文章。

（刘 芳）

【抗击新冠肺炎疫情】 疫情暴发后，民盟石景山区工委主动作为，成立防控领导小组，认真贯彻落实中共市委、民盟市委、中共石景山区委的相关要求，实现防控工作全面覆盖。将思想和行动统一到中共中央和中共北京市委的决策部署上来。缴纳特殊盟费，伸出援助之手。以组织形式发出倡议，9个支部迅速响应，集结盟费，疫情期间民盟石景山区工委下属支部和盟员共捐款22万元，为古城、八角、鲁谷、苹果园、五里坨5个街道提供6万余元的口罩、消毒液、护目镜、食品等物资支持。2月27日始，34名盟员直接参与到20个社区疫情防控工作中，累计参加社区值守、入户调查、疫情宣传等活动130余次。面对突如其来的疫情，卫生健康支部数十名盟员迅速投入到抗击疫情、救治患者的一线工作中，多名盟员报名援鄂医疗队。王昀带领老山社区卫生服务中心医务人员，对确诊病例密切接触者进行流行性病学调查；首钢医院赵长坡为保障医院2000余名工作人员医疗物资供应殚精竭虑；苹果园社区卫生服务中心袁媛作为中心防控组成员多次参与应急事件处理，管理高危密接者384人。科技支部盟员吕新军发起在线公益培训，为500多家中小企业复工复产提供线上指导。科技支部唐丹天创新消毒设备防控公共空间聚集性感染。科技支部姚鲁南获航空工业“新冠”防控三等功等。北京工业职业技术学院支部盟员魏臻参与心理援助,为百余人提供心理辅导。

(刘 芳)

【参政议政】 区“两会”期间,民盟石景山区工委领导参加中共石景山区委、区政府组织的政党协商,就中共区委全会工作报告、政府工作报告以及石景山区“十四五”规划纲要等问题提出重要的意见建议。在区政协十届五次会议上,提交两件党派提案,21件个人提案。区工委完成的“关于提高石景山区‘十四五’期间集体经济增长质量的调研报告”获优秀调研报告奖,提交的党派提案“关于加快老旧小区有机更新提升民众幸福感的建议”获得优秀提案奖。持续关注老旧小区有机更新问题,围绕生活垃圾分类、地区产业升级转型、区域经济发展以及夯实基层治理基础等中共区委、区政府的中心工作,将调查研究做深、做细、做实,履行参政议政、民主监督职能。北方工业大学支部盟员、区工委原主委赵继新,盟员纪雪洪和教育支部盟员吴坚围绕硕士研究生教育的提案被民盟中央采用;首钢工学院支部主委徐励牵头完成生活垃圾分类调研;工业支部主委谷雪彦牵头完成加大石景山区人才引聚扶持力度的调研;科技支部围绕完善接诉即办工作机制等各方面问题认真调查研究,形成调研报告。全年向中共区委提交高质量调研报告4篇,承接盟市委调研课题3项。

(刘 芳)

【支部建设】 年内,民盟石景山区工委9个支部开展50余次活动。北方工大支部组织的“为祖国祝福”支部线上会议、支援湖北购买湖北特产活动;科技支部与民盟湖州市委横向联谊;经济支部与综合支部联合举办“现场急救技术和装备使用”知识讲座等多项形式多样的支部活动。在民盟市委“基层组织建设年”活动的第二年,9个支部整体活力继续提升,实现“四个一规范支部”达标率77.8%。6月,在首钢·侨梦苑“与梦想书店”承办中共市委统战部与民盟市委联合举办的首期代表人士“新·好时政漫谈”活动,民盟市委主委程红为北京市首个线上“盟员之家”——石景山“盟员e家”授牌,并对其的创立和发展给予高度评价。年内,区工委成立6个“盟员之家”,截至年底,已有8个支部成立“盟员之家”,基本实现“盟员之家”在支部中的全覆盖。

(刘 芳)

【组织建设】 年内,民盟石景山区工委发展盟员30人,完成年度组织发展工作计划。其中,大学以上人员占比100%,硕士以上14人,占比47.7%。高级职称8人,占比26.7%;教育界7人,占比23.3%。继续开展“双培”计划,各支部探索新盟员培养、教育和管理的有效途径,全区盟员立足本职工作,强化使命担当,在各自的行业和岗位上均取得丰硕的成果。北方工业大学盟员陈强华获批国家级、省部级项目各1项。盟员纪雪洪主持中国工程院委托“粤港澳大湾区智能汽车和智慧出行融合发展政策研究”项目。卫生健康支部新盟员杨学民,响应国家号召,赴青海省医疗扶贫。

(刘 芳)

【社情民意】 年内,民盟石景山区工委搭建平台,建立参政议政案例及信息共享交流机制,在基层组织继续开展“人人都是信息员”活动,调动盟员撰写社情民意信息的主动性,做好建言献策和凝聚共识的双向发力。全年提交102篇社情民意信息,被民盟中央、市区两级有关部门采用70余篇,多篇信息为相关决策工作提供重要参考。经济支部盟员王锦雷提交的信息《关于加快推进我国超快激光装备产业集群发展的建议》获民盟中央采用,经济支部盟员王铁铮报送北京疫情期间经济发展建议转化为民盟北京市委建言专报,得到领导批示。

(刘 芳)

【社会服务】 年内,民盟石景山区工委以传递爱心、正能量作为社会服务的重点和核心,打造有追求、有作为、有温度的党派组织。为响应党中央和国务院关于深入开展消费扶贫助力打赢脱贫攻坚战的号召,贯彻落实《民盟北京市委关于开展消费扶贫助力打赢脱贫攻坚战工作的通知》,民盟石景山区工委会与门头沟区工委开展对口马栏村、龙王村帮扶工作,带领各支部在消费扶贫中深入挖掘自身潜力,鼓励盟员主动参与消费扶贫工作。组织盟员开展“垃圾分类从我做起,争做文明市民”生活垃圾分类宣传活动。携手“安馨养老”到门头沟区爱暮家老年养护中心开展新春电影送“福”活动,赴老山积善之家养老照料中心写福字、书春联送温暖。

(刘 芳)

【建言献策】 年内,民盟石景山区工委就新冠肺炎疫情防控及有序推动复工复产的重难点问题,集合盟员的智慧向民盟市委、区委统战部、区政协报送相关综合建议50余条,涉及武汉疫情防控、防疫物资配置、复工复产、社区防疫、外防输入5个方面。其中4篇成果被采用。

(刘 芳)

## 民建石景山区工委

【概况】 民建石景山区工委现有基层支部7个,分别是工商支部、经法支部、科教支部、综合支部、退休支部、直属支部、家访支部。其中直属支部是新会员支部。截至年底,有会员288人。会员平均年龄53岁,其中男性会员176人,女性会员112人;大学本科学历159人,硕士研究生55人,博士研究生11人;中高级职称119人。民建北京市委主委1人,常委1人,委员1人;全国政协委员1人,市政协常委1人,市政协委员1人;区人大代表3人,其中常委1人;区政协委员14人,其中副秘书长1人,常委2人。年内,民建石景山区工委获民建中央授予的“民建全国先进集体”称号;副主委柏群、委员刘东晖获“民建全国优秀会员”称号;柏群、陈飞获“第七届首都道德模范提名奖”;陈飞获“北京市劳动模范”称号。

(黄 玥)

【组织建设】 年内,民建石景山区工委形成“政协委员联络制”“会员培养导师制”“不忘初心薪火相传”等一系列具体举措，改进工作作风。11月4日，民建石景山区工委第一个“会员之家”建成，定位为“企业之家”，以独具特色的产品展示墙，宣传石景山会员企业的风采。全年发展会员13名，平均年龄38岁。其中硕士研究生5名；高级职称1名；经济界人士占92%。基本形成会员培养梯级制。直属支部继续承担对新会员和会友的培养工作，年内8名会员毕业。

（黄　玥）

【北京西山永定河发展论坛】　12月19日，民建石景山区工委举办“2020第二届北京西山永定河发展论坛”，民建中央副主席兼秘书长李世杰、中共北京市委统战部副部长严卫群、市人大财经委主任张伯旭、民建北京市委主委司马红、区政协主席吴克瑞、中共区统战部部长陈婷婷、区人大常委会副主任吕秀艳、副区长周西松等领导出席论坛。北京电视台等20余家媒体进行报道。

（黄　玥）

【社会服务】　年内，民建石景山区工委承接民建市委帮扶门头沟“8+1”工作对接的两个项目。工商、经法、科教、综合4个支部继续落实“名誉户主”工作，做到“帮扶虽完成，慰问长坚持”。第四年参与石景山区残联的助残日活动，资助5个残疾人家庭，每个家庭资助2000元。举办第八届“爱心照亮希望”活动，捐赠价值4.2万元的学习用品。组织九期“果香寄情敬老活动”。在河北乐亭任田村小学建成“暖心书香”活动第一个“抱一书屋”。“不忘初心薪火相传”活动正式成立工作小组，全年组织10期活动。开启“企业小课堂1+1”，通过网络直播就数字经济、知识成果转化、文化创意产业发展、企业跨部门协作等内容，举办4期讲座，6000余人同时在线。发动会员向中华思源扶贫基金会“北京民建公益基金”专项账户捐款2.1万元，组织会员购买湖北、内蒙古等地滞销农产品近8000元。新冠肺炎疫情期间，94名会员累计捐款112.77万元、价值118.96万元物资。12月，民建石景山区工委和工商支部获民建市委抗击疫情“先进集体”，张春景、魏征、李文明等8名会员获“先进个人”。

（黄　玥）

【思想建设】　年内，民建石景山区工委采取线下学习与线上学习相结合的方式，领导班子带头学，将理论学习作为每次会议的重要内容。全年组织会员学习《习近平谈治国理政》（第三卷）、十九届五中全会精神、习近平总书记重要讲话精神、全国两会精神等重要精神。按照民建市委制度自信专题教育活动工作部署，工委和各支部组织7期制度自信专题学习会。科教支部开创“线上打卡”学习模式，分享学习体会，形成文章《石景山民建人打卡制度自信》，得到民建市委的表扬。

（黄　玥）

【参政议政】　年内，民建石景山区工委形成调研报告14篇，其中《关于进一步推进北京银行保险产业园发展的调研报告》被区政协评为2020年度优秀调研报告；《关于推进我区城市治理体系和治理能力现代化的建议》被列为政协会一号提案。向各级单位报送社情民意信息173篇，其中2篇被全国政协采用，3篇被市政协采用。

（黄　玥）

【理论研究】　年内，民建石景山区工委高质量完成民建中央重点理论课题，熊婧伊撰写的《民主党派对政府专项民主监督总结与思考》被民建市委采用，报送北京市政协。

（黄　玥）

【支部换届】　年内，民建石景山区工委各支部换届工作完成。民建石景山区工委举办“新一届支部委员学习会”，下发《支部工作指南》，年终启动各支部主委、副主委的述职考核工作。

（黄　玥）

【民建成立75周年纪念活动】　年内，民建石景山区工委各专委会和支部举办民建成立75周年纪念活动。工商支部以“关爱老会员”活动传承民建优良传统；文化委员会和科教支部发起“抄写民建会章”活动，重温入会初心；综合支部承办“会史问答定向打卡活动”，寓教于乐；各支部联合推出祝福视频拍摄活动，以会员自编自排的舞蹈“共圆中国梦”为载体。

（黄　玥）

## 民进石景山区工委

【概况】　截至年底，民进石景山区工委有会员215人，支部8个，分别是北京九中支部、教育分院支部、金苹支部、古东支部、古西支部，经济支部、退休支部和北方之星青年支部。工作委员会由主委1名、副主委4名，委员8名组成。会员中有民进市委常委1名、市政协委员1名、区人大代表3名（其中常委1名），区政协委员11名（其中副主席1名，常委1名），第五届区青联委员2名。于书江获“民进全国会史工作先进个人”称号。

（杨朝红）

【社会服务】　春节前，响应民进中央、民进市委“春联万家”活动，连续第六年组织书法家走进苹果园街道第一社区为居民送福字和春联。主动与共建单位苹果园街道取得联系，共同研讨参与社区基层新冠肺炎疫情防控的可行性及具体措施，向各支部发出号召，动员会员下沉社区为基层一线疫情防控做贡献。12月14日，民进区工委、区慈善协会和弘毅基金会向培智学校捐赠仪式。此次捐赠善款用于学生到“宋庆龄青少年科技文化交流中心”参与社会实践活动、购买智能屏音响等学习用品以及为新生定制校服，区工委副主委宋竞男家庭与弘毅基金会共同捐助。

（杨朝红）

【思想建设】　年内，民进石景山区工委第一时间成立以主委于秀云为组长的新冠肺炎疫情防控工作组，线上及时传达和发布疫情防控相关信息，号召广大会员学习中央、北京市疫情防控工作的精神。组织青年会员参加民进北京市委以“正道笃行 首善致远”为主题的庆祝中国民主促进会成立75周年、北京市民进组织成立70周年会史会章会务知识竞赛并获得优秀奖；8月30日，暑期学习班首次采用线上视频会议形式举办，于秀云带领大家认真学习领会《习近平谈治国理政》（第三卷），副主委仲达文作民进会史专题讲座。工委班子成员、各支部主委、副主委及支部委员、老龄委主任、青委会主任、骨干会员及新会员等60余人参加学习班。9月25日至26日，在北京香山饭店召开2020年工作研讨会，与会同志对各支部调研报告进行集思广益、就调研选题、调研方法以及未来的工作方向等方面提出许多建设性的修改意见，为各支部继续修改完善调研报告提供有益的参考。区工委主委、副主委、工委委员、各支部主委、青委会主任及联络员20余人参加会议。10月30日，工委组织召开学习中共十九届五中全会精神座谈会。

（杨朝红）

【组织建设】 年内，民进石景山区工委提升组织建设能力，使组织更有凝聚力、会员更有积极性。9月6日，纪念北京市民进组织成立70周年纪念大会召开，古东永乐支部获优秀支部称号，丁永红、于书江、宋竞男、郑苹、肖莉、郭宗旺、高笑旭、莘赞梅8名会员获优秀会员称号；工委及各支部创新活动形式，以腾讯视频会议形式开展内容丰富的线上活动。年内，发展新会员5名；完成基层支部换届工作。

（杨朝红）

【参政议政】 年内，民进石景山区工委及广大会员围绕新冠肺炎疫情防控、创建全国文明城区、城市治理、服务保障冬奥会等重点工作，开展调查研究，全年报送社情民意信息60多篇、调研报告7篇，为中共石景山区委区政府决策和施策提供重要参考。其中，于秀云撰写的《关于尽快出台全国抗疫一线医务人员子女入园入学升学给予特殊照顾政策的建议》被市委统战部采用上报后，被中共北京市委办公厅信息刊物《信息专报》采用，得到中共北京市委主要领导的批示；郭宗旺老师撰写的《关于"善待蝙蝠"的建议》被市政协采用。

（杨朝红）

## 农工党石景山区工委

【概况】 农工党石景山区工委有基层支部5个，党员总数184人。70%的党员来自医药卫生界，平均年龄57岁。其中男68人，女116人。在职人员131人，退休人员53人。硕士研究生以上学历49人，占党员总数30%；大学学历（含大专）130人，占67%；中专以下学历7人，占3%。高级职称的75人，占41%。区人大代表2人，其中区人大常委1人；北京市政协委员1人，区政协委员8人，其中区政协常委2人。担任区政府特约监察员4人。担任农工党市委常委1人，担任农工党市委专委会成员9人。在中国农工党成立90周年之际，区工委被农工党中央授予全国先进集体称号，1名党员获北京市抗击新冠疫情先进个人。2名党员被农工党中央授予"农工党抗击新冠肺炎疫情先进个人"称号。农工党石景山区工委、古城地区支部委员会被农工党北京市委授予"农工党北京市抗击新冠肺炎疫情先进个人"称号；23名党员被评为先进个人。

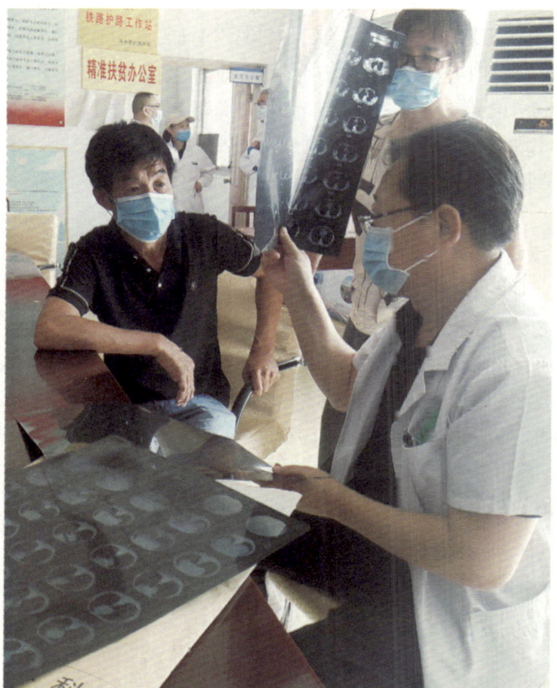


6月7日，农工党石景山区工委到保定市涞水县刘家河村开展健康扶贫活动

（农工党石景山区工委供图）

（高春菊）

【社会服务】 年初，农工党石景山区工委各支部捐赠5万元和物资价值近4万元；工委班子成员及委员捐款2万元送至因病去世的党员家属手中；部分党员义务长期值守在社区，成为志愿者。6月，区工委由社会服务专委会牵头组织骨干党员、入党积极分子和当地志愿者组成的"爱心行"团队，会同涞水县三坡镇医院到刘家村开展巡诊、义诊及医疗技术帮扶等活动。义买村民家中的土特产品约7000元。

（高春菊）

【思想建设】 年内，农工党石景山区工委全年组织参加各级各类线上学习培训活动110余人次。以农工党成立90周年为契机，为深入理解和贯彻落实党的十九届四中全会精神，提高石景山区农工骨干党员的参政议政能力，增加组织凝聚力。8月22日，农工党石景山区工委举办骨干党员暑期培训班，近40名农工党员参加培训。

（高春菊）

【组织建设】 9月底，农工党石景山区工委4个支部的换届工作圆满完成。全年共发展新党员11名，7名同志列为入党积极分子。

（高春菊）

【参政议政】 年内，农工党石景山区工委提交的2份党派提案《关于推动我区中医药事业快速发展》《关于进一步缓解石景山区民营企业融资难的建议》和1份个人提案《关于助力"创城"大力提升我区城市精细化管理水平的建议》，作为优秀提案报区政协。

（高春菊）

【社情民意】 年内，农工党石景山区工委收到各类信息52篇，其中农工党北京市委采纳5篇，区委统战部采纳14篇。张紫波撰写的《关于进一步做好非法集资处置工作的几点建议》，以全国政协农工党界别的名义，被全国政协十三届三次大会采纳，得到中国银保监会的现场会议答复和书面答复;张紫波撰写的《关于规范和创新监管执法,进一步优化营商环境的建议》和《关于金融支持养老产业发展的几点建议》,被农工党中央《信息专报》及全国政协采纳。

(高春菊)

【民主监督】 年内,农工党石景山区工委部分区政协委员、优秀党员代表参与区属党政部门和社区服务中心的民主监督评议工作,针对困难和问题,提出中肯务实的对策建议,发挥民主党派政治协商和民主监督的作用。区工委配合农工党市委开展"疏解整治促提升"专项民主监督工作,对3年工作进行总结评估,提出可行性建议。

(高春菊)

## 致公党石景山区工委

【概况】 致公党石景山区工委有3个支部,党员95人。其中男党员51人,女党员44人;少数民族4人;归侨、侨属、侨眷、留学归国人员68人。其中全国政协委员1人、区政协副主席1人、区政协委员12人、区青联委员2人。

(刘 可)

【抗击新冠肺炎疫情】 年内,致公党石景山区工委第一时间制定并实施《致公党石景山区工委抗击疫情工作方案》。参与致公党中央关爱海外侨胞抗击新冠肺炎疫情专项行动。先后组织开展"致公爱心小包裹"快递海外侨胞活动和海外留学生爱心健康包申领工作。2月,参与"8+1"行动,组织力量筹措到口罩220只,第一时间送到门头沟区。参加致公市委爱心倡议系列活动,组织党员捐款3000元。3月,对接金顶街街道,筹措到口罩100只捐赠给街道办事处;为朝阳医院京西院区医护工作者赠送价值1.8万元的食品;为北京大学首钢医院捐赠口罩1000只、隔离衣60套、防护面屏100件,总价值1.7万元。组织3个基层支部分别对接3个社区,筹措并捐赠口罩8000个,"84消毒液"喷洒用具共1.8万元。4月始,组织20名党员开展执勤值守,值守总时间近200天。

(刘 可)

【"双创园"挂牌成立】 5月19日,致公党石景山区工委作为第一承办方,助力河北行唐县独羊岗乡残疾人"双创园"挂牌成立。该园区占地面积20亩,是集残疾人就业创业和残疾人康复服务于一体的综合型园区。园区分内园区、外园区两大部分,解决残疾人和贫困户"两无"(无业可扶、无力脱贫)的问题。

(刘 可)

【服务社会】 年内,致公党石景山区工委开展以"关心弱势群体 关爱残疾家庭"为主题的系列助残活动,打造"扶残助残"服务品牌。慰问古城街道南路社区10户残疾人特困家庭。5月,与石景山区10户残疾人家庭签订帮扶协议并捐赠助学款1万元。联合内蒙古宁城县残联、扶贫办,首都医科大学附属北京康复医院启动"宁城县定点康复机构医护人员第二期培训"活动,完成对宁城县3个康复机构、34所乡镇卫生院、赤峰市2所市级医院、周边"三旗"相关医疗康复机构180余名医护人员的培训,惠及宁城、赤峰等地区残障患者万人次。

(刘 可)

【理论学习】 年内,致公党石景山区工委以"不忘合作初心,继续携手前进"主题教育活动为主线,通过视频和电话会议的方式开展"全国两会"理论和时政学习,开展"五中全会"视频学习班和组织培训。参观中国人民革命军事博物馆"铭记伟大胜利 捍卫和平正义——纪念中国人民志愿军抗美援朝出国作战70周年"主题展览活动。派党员参加致公市委全委(扩大)会、民主党派区级组织负责人培训班、组工干部培训班、新党员学习班、区组织联席会、专委会工作培训班、北京市民主党派中青年骨干培训班等学习培训活动。派党员参加石景山区党外代表人士培训班、政协委员和党派骨干培训班、专题报告会等学习活动。

(刘 可)

【参政议政】 年内,致公党石景山区工委召开市、区各级调研课题选题会,明确调研方向和内容。联合致公党东城区委组织赴地铁S1磁悬浮线路指挥中心的调研工作。开展赴冬奥组委、首钢产业园区的调研活动。开展"同心拾景 创城有我"主题活动,通过共建座谈会、监督协商会、建言议政会等形式,开展一系列工作,突出"文明风景随手拍""文明监督及时报""文明点子随时提"等工作方针,撰写报告并拍摄大量视频资料。撰写《关于开发利用新首钢大桥,打造京西网红新地标》《关于加大信息化智能化产业布局,助推我区"十四五"高质量发展》《关于城市外来流动青年生存状况与社会需求研究》《关于建立全国性AMC化解城投存量债务》等调研报告。其中,《增强冬奥冰雪科技元素,提升首钢工业文化遗产内涵的调研报告》获市委年度优秀调研报告。

(刘 可)

【海外联络】 年内,致公党石景山区工委发挥致公党"侨·海"特色,协办致公党市委"国庆系列接待活动"。筹办致公党市委专委会赴石景山区侨梦苑、北京冬奥组委等地的考察活动。依托工委党员在外国主持成立的"致公协会",开展各项工作。

(刘 可)

## 九三学社石景山区工委

【概况】 截至年底,九三学社石景山区工委有6个支社,社员204人。其中男性100人,女性104人;高级职称122人,占59.8%。有北京市政协委员2人,区政协委员12人,区人大代表3人。年内,1名社员被社中央评为抗疫先进个人,1名社员被社中央评为湖北抗疫一线优秀社员,九三学社石景山区工委被社中央评为2016—2020年社会服务先进集体。

(赵军民)

【思想建设】 年内,九三学社石景山区工委采取多种方式教育引导广大社员把思想和行动统一到党中央国务院决策部署上来,坚信党中央的正确领导,坚定必胜信念,为打赢新冠肺炎疫情阻击战营造良好的舆论氛围。在社北京市委和中共北京市委统战部号召下,全体社员捐款捐物为抗击疫情做贡献,有

75名社员为九三王选关怀基金会和北京慈善协会抗击疫情专项基金捐款37550元，另有6人通过其他渠道捐款4550元，捐赠口罩1600个。开展"我为疫情防控出献计出力"活动，社员中的医护人员践行"医者仁心"的崇高精神，挺身奋战在疫情防控一线。张黎明响应号召奔赴武汉，在危重病房连续奋战1个多月；坚守各自岗位的医护人员听招呼、顾大局，奋战在隔离病房、发热门诊等防疫一线。其他岗位的社员除捐款捐物外，还身体力行参加社区疫情防控工作，赴社区监控点值守，清理小区卫生，帮助科普宣传。在做好疫情防控同时，持续开展"不忘合作初心，继续携手前进"主题教育活动。

（赵军民）

**【社会服务】** 11月1日，九三学社石景山区工委组织8名医疗专家赴韩村河镇东南章村举办"健康行"义诊活动，为村民提供义诊咨询服务。使村民在家门口享受到三级医院专家优质的医疗卫生服务，普及一些常见疾病预防常识，缓解当地村民看病难问题。"首都最美志愿者"张家敏带领"粉红丝带"志愿服务队开通志愿服务微信热线，通过微信、短信、语音、视频与患者进行交流，帮助他们消除恐慌情绪，保持心态平和，为国分忧，共渡难关。参加社北京市委开展的"京鄂合作，助力疫后重建"健康帮扶项目，把九三人的"粉红丝带"精品公益项目延伸到武汉三家医院和其他城市，并赠送书籍"粉红相伴"260本。

（赵军民）

**【组织建设】** 年内，九三学社石景山区工委继续贯彻落实"三个文件"精神，提高领导班子的"五种能力"。坚持组织生活制度，贯彻民主集中制，落实各项制度，营造团结务实、民主和谐、干事创业的政治氛围。年内安排9名新社员参加社北京市委组织的培训。推进"人才强社"战略，有序做好组织发展工作。年内发展社员16人，平均年龄37.4岁，其中，博士3人，占18.8%；硕士12人，占75%；高级职称3人，占18.8%。

（赵军民）

**【参政议政】** 年内，九三学社石景山区工委围绕十四五规划制定、推进治理体系和治理能力现代化，汇聚智慧，参与政党协商。发挥协商和监督职能。组织学习中共石景山区委全会工作报告、《政府工作报告》征求意见稿和十四五规划《纲要》，组织研究讨论，从加强民生工程提高人民群众获得感、创新产业布局、冬奥遗产可持续利用、网络安全等方面提出意见建议。多次参加中共石景山区委、区政府、区政协组织的政党协商会，在经济社会建设形势分析、政协委员人大代表补选、机构改革和人事任免等重大问题上进行政治协商和民主监督，履行党派职能。发挥九三专业优势，参加区政协组织的各类培训会、研讨会、重点提案督办会、协商座谈会、议政会等30余人次，为石景山区高质量发展建言献策。在政协十届五次会议上，区工委提交的3篇调研报告被区政协评为2020年优秀调研报告。党派提案《关于做好我区"十四五"规划编制的几点建议》和李海英、胡卓群的个人提案被评为优秀提案。吴瑕、胡卓群、陈延清各有一篇信息被评为优秀社情民意信息，刘铁军、钱世崇、李海英被评为石景山区政协2020年委员履职先进个人。吴瑕代表九三学社做《关于加快推动石景山创建"带动三亿人参与冰雪运动"示范区的建议》的党派发言，区工委共提交党派提案2件，个人提案18件。陈文彰、包曹欣、吴建荣作为人大代表参加区人大第十六届七次会议。抓住十四五规划制定、服务保障冬奥、道路交通治理、治理能力现代化等重点工作，根据中共区委协商选题安排，做好调研工作。年内形成5项调研成果上报区政协和区委统战部。在区政协十届五次会议上，2项调研成果转化为大会发言和党派提案，2项转化为个人提案。

（赵军民）

**【社情民意】** 年内，九三学社石景山区工委通过发现培育新人、挖掘资源的方法壮大参政议政人才队伍，使队伍年轻化，结构更加合理。采取线上培训交流、主动实践的途径提高参政议政能力水平，适时组织信息工作讲评和经验交流，成效明显。坚持把日常信息工作作为社员参与社务工作的一项重要内容，多方发动社员撰写信息。响应区委统战部开展的"我为高水平建设首都城市西大门献一策"主题建言活动，利用各种交流平台及时向社员发布信息征集要点，调动参政议政的积极性和主动性。全年采编上报各类社情民意信息97篇，人均上报率在社北京市委19个二级组织中名列第二，10篇信息被社中央、市政协、市委统战部采用，1篇信息被市委办公厅采用，49篇被社北京市委采用。

（赵军民）

## 石景山区各民主党派负责人

| | | | |
|---|---|---|---|
| 民革石景山区工委 | 李凤芹(女) | 农工党石景山区工委 | 李鸿泓 |
| 民盟石景山区工委 | 毛　轩 | 致公党石景山区工委 | 高　杰 |
| 民建石景山区工委 | 汪礼俊 | 九三学社石景山区工委 | 左小兵 |
| 民进石景山区工委 | 于秀云(女) | | |

# 人民团体

## 综　述

【概况】 石景山区人民团体主要有石景山区总工会(简称区总工会)、共产主义青年团石景山区委员会(简称团区委)、石景山区妇女联合会(简称区妇联)、石景山区科学技术协会(简称区科协)、石景山区工商业联合会(简称区工商联)、石景山区残疾人联合会(简称区残联,详见社会建设编)、石景山区归国华侨联合会(简称区侨联)、石景山区文学艺术界联合会(简称区文联,详见文化编)等。年内,这些团体结合自身特点和专长优势,发挥党与群众联系的桥梁和纽带作用,团结带领全区广大职工群众,团员青年,各界妇女,科学技术人员,工商界人士,残疾人,侨界和文艺界人士等,统筹推进疫情防控和经济社会发展,坚决打赢疫情防控的人民战争、总体战、阻击战,全力做好"十三五"收官工作,高水平建设好首都城市西大门。

(张耀中)

【工青妇志愿服务月】 8月1日上午,"扮靓石景山 创城志愿行"工青妇志愿服务月启动仪式在石景山万达北广场举行。此次活动由区总工会、团区委、区妇联联合开展,旨在广泛发动全区干部职工、团员青年、妇女群众共同行动起来,引领全区各界群众清洁环境、维护秩序、文明宣传,进一步倡导文明新风尚、擦亮城市西大门,高质量推进创建全国文明城区工作。启动仪式上,劳模志愿者代表向广大志愿者发出倡议,职工志愿者、青年志愿者和最美家庭志愿者代表分别发言,号召人人参与创城、全民支持创城。启动仪式后,区领导姚茂文、唐行安、高洪雁和志愿者们一起走上街头,整理乱停放自行车,参与志愿活动。职工、劳模、青年、巾帼等各志愿服务队伍代表及工、青、妇机关干部400余人参加志愿服务。"扮靓石景山 创城志愿行"志愿服务月自8月1日至9月中旬,通过广泛发动职工、劳模、青年、巾帼等志愿者,带动全区各界群众,利用工作间隙、节假日等,实现服务月内"周周有活动、人人勇当先"。具体内容包括:开展创城文明宣传、文明交通引导、捡拾公共区域垃圾、规范共享单车停放等活动;推广"分小萌"垃圾分类志愿服务引导示范站,推进团员回社区报到参与垃圾桶站值守,动员区域化团建单位参与社区共治;发挥"最美家庭""冬奥志愿家庭"示范引领作用,在社区广泛开展"美丽庭院·美丽阳台""垃圾要回家,请您帮助它""大手拉小手,共创文明城"等活动。

(张效铭)

## 石景山区总工会

【概况】 2020年,区总工会在市总工会和区委领导下,以习近平新时代中国特色社会主义思想为指导,以党建为统领,以增强工会组织的政治性、先进性、群众性为着力点,围绕中心服务大局,聚焦主责主业积极担当作为。严格程序、严格条件、严格标准,充分考虑奋战在新冠肺炎疫情防控一线表现突出的医务工作者和社区工作者,坚持公平公正公开的原则,在全区范围内自下而上、层层选拔、好中选优。石景山区共推荐评选2名全国劳动模范和先进工作者、19名北京市劳动模范和先进工作者、3个北京市模范集体。全国劳模赵星、杨华清受到党中央国务院表彰。

(王　薇)

【劳模的各项待遇落实】 "两节"期间,为139名市级劳模发放市级春节慰问金13.9万元;为9名全国劳模发放市级春节慰问金2.7万元;为148名劳模发放区总工会春节慰问金14.8万元。为2名全国劳模发放困难补助金10.2万元;为2名全国特殊困难劳模发放补助金6.04万元;为12名市级退休劳模发放困难补助金共计10.3万元;为15名退休特殊困难劳模发放补助金18.2万元。累计发放金额约76万元,对劳模进行全覆盖帮扶。全年慰问抚恤去世劳模家属0.6万元。

(王　薇)

【送温暖精准帮扶】 "两节"期间,区四套班子及工会领导走访慰问民政局福利院员工130人、城市监督管理指挥中心83人,送去慰问金42387元。召开26名石景山区在外地挂职干部座谈会,并送上节日慰问品9100元。围绕新冠肺炎疫情防控、创城、区域建设等重点工作任务,开展慰问一线职工送清凉活动。区总工会为衙门口棚改项目、M11号线及环卫、园林、保安、建筑公司等6家单位7个作业点的露天作业人员送去5000斤"消费扶贫消暑绿豆"及700箱矿泉水;为全区150个社区新冠肺炎疫情防控一线工作人员送去1500箱消暑饮品;为"七小"非公服务型企业中已入会的1428个企业、4055名工会会员,发放具有清瘟、祛毒、防蚊功能的"防控清凉包",总计53余万元。

(王　薇)

【女职工工作】 年内,区总工会开展北京市三八红旗集体和三八红旗奖章的推选申报工作,北京康复医院康复诊疗中心、北京合康科技有限公司工会主席潘军分获先进集体和个人奖项。"三八"节期间,转发市总女工委《关于开展"凝聚巾帼力量 助力打赢疫情防控阻击战"主题活动的通知》,梳理石景山区疫情期间女职工慰问及经费使用情况,了解部分一线女职工的工作情况,撰写相关情况汇报上报市总工会。慰问单亲困难女职工1人,发放慰问金300元。继续开展母婴关爱室的申报工作,明确申报标准和条件,为已建立的母婴关爱室配发湿巾。

(王　薇)

【劳动争议调解】 3月,建立新冠肺炎疫情期间劳动争议调解制度,完善信访、接诉即办等制度。组织专业律师为企业开展"劳动用工法治体检",培育助推企业建立规范化用工管理模式。推进劳动争议调解与法律援助工作,全年调解劳动争议案件1160件,调解成功201件,实施法律援助328件,涉及金额2300余万元。

(王　薇)

【困难职工精准脱贫】 年内,区总工会为银建1名职工发放新冠肺炎疫情慰问金2000元;为10名已脱困职工发放疫情专项慰问金1000元；为3名在档困难职工每人发放疫情慰问金2500元及口罩。慰问疫情期间19名因公负伤人员，每人500元。

（王　薇）

【普惠职工服务项目】　年内，区总工会开展“2020年石景山区总工会扶贫协作再牵手 欢度中秋与国庆”活动，为全区职工免费提供7000份农产品；为会员提供京卡就医免挂号费活动。开展幸福馒头庆吉祥活动，为全区职工免费提供8000份馒头。

（王　薇）

【职工互助保险】　全年，石景山区六项（住院医疗、住院津贴、女工特殊疾病、重大疾病、在职意外、子女意外）保费式保险，参保28236人，保费收入共4316270元，同期增长746396元，增长率为21%，其中住院医疗保费1180144元；住院津贴保费946980元；女工特疾保费270650元；重大疾病保费1179520元；在职意外保费689026元；子女意外保费49950元。截至10月底，受益得到赔付1468人，赔付金额1787446.91元，其中住院医疗赔付1107409.57元，受益744人；住院津贴赔付245720元，受益640人；女工特疾保费赔付30400元，受益6人；重大疾病赔付330500元，受益26人；在职意外赔付62117.34元，受益33人；子女意外赔付500元，受益1人；非公意外赔付10800元，受益18人。另外，对48人不够理赔标准的职工送去69728元的慰问金。

（王　薇）

【推进工会建会】　年内，区总工会规范6个已建立的工会组织名称，新建4个工会联合会、2个联合工会。截至年底，6个工会组织名称完成规范；全区已建立楼宇联合工会9家、工会联合会6家、独立工会8家，覆盖楼宇114个。全年新建独立基层工会26家。

（王　薇）

【工会经费税务代收工作】　截至年底，全区缴费单位共429家，新增缴费单位16家，其中区总工会直属4家，园区5家，鲁谷街道2家、古城街道1家、八角街道2家、金顶街街道1家，五里坨街道1家。收缴工会经费6136万元，同比2019年的5411万元增长725万元，增长率为11.8%。缴费单位申报率77.9%，零申报率5.2%，缴款户率97.5%。工会经费税务代收工作保持稳步发展。

（王　薇）

【专项温暖基金】　年内，区总工会捐至石景山区职工帮扶专项基金账户35.4万元，账户共466168.66元。职工帮扶专项基金全年共救助34人，救助金额133500元。

（王　薇）

【支援基层新冠肺炎疫情防控】　截至年底，区总工会设立5大类208万元疫情防控专项资金。设立一线防控单位专项慰问资金。为石景山医院、朝阳医院京西院区、卫健委等7家单位和9个街道拨付95万元，用于疫情防控相关工作。设立防控物资采购专项资金。采购77.75万元防疫物资，筹措14.15万只口罩和5.5万双防护手套，累计慰问区内复工复产企业职工6万人次。采购620箱各类防暑降温饮品，慰问一线医护人员及核酸检测工作人员。设立困难职工帮扶慰问专项资金。慰问在库困难职工、因疫生困职工及上年度脱困职工，为勇于担当、因公负伤的19名社区防控一线工作人员送上慰问信及慰问金。设立防控宣传专项资金。开展全区会员职工防疫宣传，编制、推广《石景山区职工抗疫健身操》。设立工会机关防控专项资金。

（王　薇）

【支持企业复工复产】　年内，区总工会围绕全区重点工程，投入53万元开展“暑期防控送清凉”系列活动，为衙门口棚改项目、M11号线及环卫、园林、保安等露天作业人员送去消暑慰问品。慰问全区150个社区防控一线工作人员。为1428个“七小”非公服务型企业4055名工会会员，发放清瘟、祛毒、防疫功能的“防控清凉包”。

（王　薇）

【工资集体协商】　截至年底，全区634家企业签订工资专项协议，覆盖职工5万余人，签订率达到86%，签订区域工资集体合同113份。巩固百人以上企业开展工资集体协商的成果，协商达到90%以上。发挥劳动关系三方协调作用。将“保企业保就业保稳定”作为集体协商工作的主线，指导企业工会开展新冠肺炎疫情防控期间协商工作。组织实施“培育助推和谐劳动关系企业共同行动”，多次向助推企业派出集体协商指导员实地开展一对一协商指导，帮助企业建立健全集体协商制度。开展全区百人以上集体协商建制企业质效评估工作。组织开展集体协商专题培训2次，开展模拟协商活动3次。

（王　薇）

【厂务公开民主管理】　截至年底，石景山区公有制企事业单位职代会建制率和实行厂务公开率均为100%；非公有制企业职代会建制率为88%，实行厂务公开率90%；建立区域性职代会130个。公司制企业职工董事、职工监事制度建制率达到42%以上。

（王　薇）

【法律服务】　年内，区总工会调解中心受理劳动争议案件1160件，调解成功196件，其中集体案件33件，涉及金额664.27余万元；法律援助案件387件，涉及金额1670余万元。根据全国总工会及市总工会要求，完成企业样本点的数据报送工作，做好工会劳动关系发展态势监测和分析研判。组织专业律师开展“劳动用工法治体检”工作，帮助培育助推企业建立规范化用工管理模式。

（王　薇）

【农民工专项工作】　年内，区总工会开展“尊法守法·携手筑梦”服务农民工公益法律服务行动。组织律师开展法律讲座10余场次，发放宣传材料1500余份，重点围绕农民工常遇到的劳动合同签订、工资支付、劳动保护等突出问题，为600余人次职工（农民工）提供免费法律咨询服务。保障农民工工资支付权益，发挥工会职能作用，配合做好农民工工资支付工作。加大为农民工公益法律服务力度，认行法律援助职责，开展农民工维权专项工作。

（王　薇）

【基层工会组织建设】 年内,区总工会指导石景山区消防支队、北京康复医院、京石园景公司等单位完成工会组建、筹备换届、届中补选等工作,依照程序给予批复;指导物美集团、保险产业园、集体经济办等工会做好换届的筹备工作,为基层工会更好地发挥作用提供组织保障。根据区委组织部对部分单位党组织关系的调整,变更工会的隶属关系,即:卫健委工会由区直机关直属变更为区总工会直属,城管执法局、城管指挥中心、八大处公园、园林局4家单位由区总工会直属变更为区直机关所属。

(王 薇)

【创新工作室】 年内,区总工会申报"景贤计划"高层次人才认定候选人1名,"景贤计划"项目一个。对2019—2020年度全区基层工会上报的14家区级创新工作室候选单位进行评选。计划评选3~5家区级创新工作室,并对评选出的创新工作室给予资金支持,助力进行创新项目成果转化。最终评选出7家在各行业领域内具有代表性的单位。

(王 薇)

【劳模的社公益事业】 年内,区总工会搭建社会公益活动平台,组织劳模志愿服务队参与公益事业。开展垃圾分类志愿宣传,对垃圾分类的目的、意义、方法等向社区居民进行解读;分发垃圾分类宣传册;现场指导居民对各项生活垃圾进行分类。引导广大社区居民认清垃圾分类对生态文明及宜居环境建设的重要性,提高居民参与支持垃圾分类的自觉性,形成垃圾分类"眼睛看得到、耳朵听得到,街头巷尾议得到"的全方位、多角度宣传氛围。劳模志愿服务队还定期开展创城志愿、文明交通、法律援助、医疗卫生、生态保护、居民服务等方面的志愿服务活动。

(王 薇)

【会员管理京卡服务】 年内,区总工会开展会员管理系统的录入工作。会同基层建设部共同完成会员库的整理工作,全区在库会员总数为70636人,转入会员人次3218人;转出会员人次3687人。12351接单并结案98件,满意率100%。

(王 薇)

【志愿者服务活动】 年内,区总工会打造职工志愿者队伍,成立石景山区首家建筑工人志愿者服务队,新招募安全生产志愿者313人,总登记在册人数7666人。开展"暖心伴考"志愿服务活动,侧重防疫一线,为石景山医院的考生家长发放"暖心伴考应援包"。组织约800人次参加2022北京冬奥会、冬残奥会线上知识培训、喜迎冬奥会倒计时500天健步走等。

(王 薇)

【职工之家暖心驿站建设】 年内,区总工会以职工心灵驿站为依托,在环卫中心工会、物美工会、八角街道总工会等建成142家职工暖心驿站。北京央务恒远保安服务有限公司被推选参评"全国模范职工小家"。

(王 薇)

【工会经费审查】 年内,区总工会对全区55家直属基层工会的2020年上半年预算执行情况和2019年度财务收支情况进行工会经费集中审计。开展对下级工会经费收、管、用情况的审计和各项资金使用情况的审计,搞好计拨工会经费审计及检查力度,确保基层工会上解和划拨足额到位。

(王 薇)

## 共青团石景山区委员会

【概况】 截至2020年底,石景山区有基层团组织702个。其中,团区委派出机构团工委13个,团区委直属二级团组织27个,包括团委6个,团总支5个,团支部3个。有1354名团干部,其中专职团干部43人;兼职团干部1311人。有4787名团员,全年43名团员被推优入党(含征求团组织意见)。

(吕佳奇)

【"两节"送温暖】 "两节"期间,团区委结合市、区两级帮扶项目,开展"青春助跑·传递温暖"工作,包括节前入户慰问、自护安全教育、冬令营招募等各项活动,为区域的困境青少年送去新年的祝福与温暖,为区内300余户困境青少年家庭送去米、油、牛奶和新春福袋。1月15日,团区委联合区残联开展新春走访,到老山街道慰问困境青少年,为家庭送去新春祝福和慰问品。

(吕佳奇)

【社区青年汇帮扶】 3月12日,阳光地带社区青年汇社工为每个个案帮扶的家庭送去生活物资,保证其基本生活需求。阳光地带社区青年汇持续关心关爱帮扶的重点青少年,采用线上工作模式,通过电话、微信、语音和视频等多种方式与帮扶的个案青少年及其家庭保持着良好的联系,通过新冠肺炎疫情知识宣传、心理咨询、心理援助服务等巩固社会工作者与案主之间的专业关系。

(吕佳奇)

【无偿献血活动】 3月27日,团区委联合区卫健委、区直机关工会工委开展"热血战疫,为爱逆行"无偿献血活动,全区140余名机关干部、青联委员、团员青年踊跃报名参加,其中,85名党团员青年共献血19400cc。

(吕佳奇)

【困境青少年帮扶】 4月1日,团区委采取电话、微信等线上方式对辖区内困境家庭的生活困难情况逐一进行摸底,实时掌握困境动态,开展针对性的系列帮扶工作。开展"同舟共济 青春偕进"关爱帮扶受新冠肺炎疫情直接影响的青少年帮扶行动,帮助区域低保重残青少年13人申请救助金。自主设计开展"'青'暖石景山,宅家爱不停"关爱石景山区困境青少年帮扶计划,为区内50户困境青少年家庭送去1000个口罩、防疫消毒物资和生活慰问品,总价值近万元。提供线上助学、疫情防控宣传、心理疏导等服务,组织高校志愿者以课业辅导的方式陪伴成长,组织阳光地带社区青年汇普及防疫宣传及12355常见心理问答知识。

(吕佳奇)

【清明红色祭扫】 清明节期间,团区委避免集体祭扫和户外祭扫引发人流聚集,错峰于清明节前后开展"忆满京城 情思华夏——红色祭扫悼先烈,英雄精神共传承"系列线上主题活动,通过多种形式缅怀革命先烈,传承红色基因。

（吕佳奇）

【新时代青年参与社会治理论坛】 4月29日，2020年五四青年节《战“疫”先锋——新时代青年参与社会治理论坛》在区融媒体中心举行。团市委副书记毛晓刚，十二届全国青联常委、中国青少年研究会副会长、中国青年志愿者协会副会长、对外经贸大学教授廉思，美团政府事务部总监李育刚等出席论坛。本次论坛由北大援鄂医疗队90后成员郭辅政、美团骑手常凯、网络文化工作者张春景、苹果园街道东下庄社区书记李晓萌、科技工作者毕严先、北二外大学生志愿者王欣宇等各战线的抗“疫”青年依次分享，围绕新时代青年参与社会治理，廉思教授与观看直播的北京大学社会学系研究生团支部、石景山区古城街道青年代表进行互动交流，解答新时代青年如何理解和认识社会治理、社会服务和社会参与的关系，以及如何在社区防疫中调动和发挥群防群治力量等问题。本次论坛在快手、今日头条等网络平台面向全市团员青年直播，论坛直播累计浏览量50万人。

（吕佳奇）

【参与新冠肺炎疫情防控】 截至5月13日，团区委组织社区青年志愿服务队开展联防联控、防护宣传、便民服务、防疫消杀、心理援助、社区排查等疫情防控工作，开展战疫志愿项目143个，招募团员青年志愿者689人，记录志愿服务时长7336.5小时。

（吕佳奇）

【冬奥少年星火计划】 6月14日，团区委和区委教育工委联合开展的石景山区“冬奥少年星火计划”启动。截至年底，孵化培育62户“冬奥志愿家庭”，配套线上专题培训、文明风采展示、垃圾分类实践、“光盘行动”“中华美德少年行”等专项活动，以志愿服务实践促进志愿服务力提升。

（吕佳奇）

【垃圾分类志愿服务】 7月25日至12月31日，团区委集中开展“垃圾分类桶前值守行动”志愿服务项目。动员大中学生团员、在职团员回社区报到，活动期间招募志愿者5000余人，记录志愿服务时长约63000小时。

（吕佳奇）

【文明交通引导志愿服务】 8月1日至9月15日，团区委开展“创城齐动员 文明青先行”文明交通引导志愿服务活动。动员辖区中煤地质集团、华夏信用卡中心、中铁二十二局集团、北京保障房中心等9家区域化团建单位参与文明交通引导志愿服务，百余名企业青年在主要交通路口志愿服务296人次，累计志愿服务时长578小时，维护辖区早晚高峰交通秩序和出行安全。

（吕佳奇）

【榜样选树】 8月15日，团区委举办“‘团’聚青年榜样 争当创城先锋2020年石景山青年榜样发布暨宣讲实践启动会”，同步组建“青春美景讲师团”并进行首次宣讲，会后组织“石景山青年榜样”前往社区开展垃圾分类桶前值守志愿服务。80余名石景山青年榜样、集体负责人参加。

（吕佳奇）

【青年交友】 8月25日，由区委宣传部、区总工会、团区委、区妇联及首创郎园、百合网团委等联合开展的“爱满京城，相约幸福”——2020年“文明同携手·情定石景山”七夕青年交友联谊活动在郎园Park兰境艺术中心成功举办。活动采用“线上＋线下”结合的形式进行，240余名来自驻区党政机关、企事业单位青年参加。

（吕佳奇）

【法治副校长换届】 9月14日，石景山区召开第九届法治副校长换届大会。全区法治副校（园）长，各中小学校德育主任、相关幼儿园园长120余人参加会议。随后，与会领导一同向第九届新任法治副校（园）长代表颁发聘书。区法院、公安分局法治副校长代表进行交流分享。

（吕佳奇）

【冬奥城市志愿者招募】 9月21日，石景山区正式启动冬奥城市志愿者招募工作，面向本区和首都高校学生招募不少于2000人的冬奥城市志愿者，建立石景山区冬奥城市志愿者资源储备库。

（吕佳奇）

【服务人工智能开发者大会】 9月28日至29日，2020年人工智能开发者大会于首钢园举办，团区委通过石景山区冬奥城市志愿服务队北方工业大学分队定向招募35名志愿者，服务岗位涉及主会场、多个分会场、媒体接待室、园区餐厅、主干道、进出口等地近20个岗位。

（吕佳奇）

【服务中国科幻大会】 11月1日至2日，2020中国科幻大会于首钢园举办，来自石景山区冬奥城市志愿服务队北方工业大学分队40名高校志愿者和北京首钢园分队的40名企业青年志愿者提供志愿服务。

（吕佳奇）

【青年工作联席会议】 11月26日，区青年工作联席会议召开第一次全体会议。会议听取联席会议制度修订情况、成员单位调整更新情况，申报市级《中长期青年发展规划》实施试点工作情况，以及“十四五”时期青少年事业发展规划制定与落实的单位职责分工情况。联席会议召集人唐行安出席并讲话，联席会议召集人孙学伟主持会议，各成员单位主管领导参加会议。

（吕佳奇）

【人大代表、政协委员面对面】 12月17日，团区委召开2020年“共青团与人大代表、政协委员面对面”座谈会，邀请区人大代表、政协委员出席活动，与各行业优秀青年代表等20余人进行“面对面”交流，围绕“聚焦服务保障2022年北京冬奥会冬残奥会，动员广大青年参与新时代社会建设”主题进行座谈研讨。

（吕佳奇）

【团校培训】 年内，团区委举办两期团校青年骨干培训班。培训班以“不忘初心担使命·绽放青春勇作为”“不忘初心跟党走、牢记使命勇担当”为主题，采取素质拓展、专题讲座、观影及专题讨论等方式，全区各基层团组织的团干部、青年骨干以及驻区单位的团干部170余人次参加培训。

（吕佳奇）

## 石景山区妇女联合会

**【概况】** 截至2020年底，石景山区有街道妇女联合会9个，社区妇联150个，机关企事业妇委会16个，企业女职工委员会221个，区级妇女工作研究机构2个，区级妇女工作领域社会组织11个。年内，区妇联以“巾帼心向党·建功新时代”为主题，开展“巾帼心向党”“巾帼建新功”“巾帼暖人心”系列行动，凝聚全区广大妇女群众的智慧和力量，推动新时代妇女工作再上新台阶。

（张效铭）

**【慰问战疫一线女性及其家庭】** “三八”国际妇女节期间，区妇联开展关心关爱基层防疫一线女性慰问活动，向街道、社区女干部和女医务工作者送去共6万余元慰问品。5月28日，区妇联开展关心关爱儿童慰问活动，为医务工作者和社区防疫一线人员家庭的孩子送去共10万余元的慰问品。6月18日，区妇联慰问核酸检测露天采样点女医务工作者，送去防暑降温饮料和牛奶等慰问物品，表达妇联“娘家人”的关心和感谢。

（张效铭）

**【“十四五”妇女、儿童发展规划编制】** 3月，区妇联征求各成员单位意见，形成“十四五”妇女、儿童规划编制工作方案、规划框架。6月，召开承担任务指标多的成员单位座谈会，吸纳意见建议，制定并提交“十四五”妇女、儿童规划初稿。7月，召开“十四五”各领域专家研讨会，对规划初稿进行论证研讨。9月至10月，与北京师范大学专家召开座谈会，以项目合作的方式推动妇女、儿童规划编制工作。12月，在向全区各成员单位征求意见的基础上，形成提交“十四五”妇女、儿童规划征求意见稿。

（张效铭）

**【召开八届五次执委会议】** 6月23日，区妇联召开八届五次执委会议。会议深入学习贯彻习近平新时代中国特色社会主义思想和党的十九大、十九届二中、三中、四中全会精神，总结2019年、2020年上半年全区妇女工作，部署2020年下半年重点工作任务，替补张帆、张芳、李颖3人为区妇联第八届执委会委员，选举张帆为区妇联主席。本次选举应到执委39名，实到执委24名，委托他人投票执委12名。

（张效铭）

**【全区首家妇女议事会成立】** 8月11日，老山街道东里北社区召开妇女议事会成立大会暨第一次议事会议。会议介绍成立社区妇女议事会的目的、工作职责、议事程序等内容，并推选出议事会成员12名。妇女议事会成员由政治素质高、群众基础好、热心妇女事业、有较高威信和影响力的妇女群众代表组成。大家围绕如何做好垃圾分类，助力全国文明城区创建开展讨论，纷纷建言献策。此次议事活动收集的意见建议，提交社区“两委”报备。社区妇女议事会成为了解妇女心声的渠道、民主协调议事的平台、有效解决问题的机制、汇聚巾帼力量的纽带。

（张效铭）

**【参加市第三届妇女创新创意大赛】** 10月23日，北京市第三届妇女创新创意大赛暨手工技能大赛刺绣初赛在石景山区图书馆多功能厅举行。此次比赛由市妇联主办、北京巧娘手工艺发展促进会、区妇联、北京依文服饰股份有限公司共同承办，全市42名巧娘参加比赛。本次大赛以“不负韶华，巧手筑梦”为主题，以初赛和决赛两个竞赛级别进行，竞赛全过程融合“创新性”“传承性”“环保性”“艺术性”“实用性”等考核指标，注重通过手工艺传承与创新效果，选拔新型技术人才。为保证大赛的专业性和公正性，邀请北京服装学院、北京巧娘手工艺发展促进会等3位评委，对参赛作品进行现场评审。前10名选手晋级决赛，王禹茗在决赛中获得二等奖。

（张效铭）

**【性别平等宣讲走进区委党校主体班】** 10月27日，男女平等基本国策宣讲首次正式走进干部教育培训主体班。中华女子学院教授、联合国有关驻华机构性别专家刘伯红从性别平等主流化的基本概念、促进妇女全面发展进而将男女平等纳入中国特色社会主义建设总体布局等方面进行系统阐述，通过大量典型实例，生动地讲解男女平等的定义、社会性别平等的基本概念、如何实现性别平等主流化等问题。

（张效铭）

**【新增“两癌”妇女人道关爱项目款发放】** 12月10日，区妇联、区红十字会共同举办新增“两癌”妇女人道关爱项目款发放仪式，为6名患病妇女代表发放救助资金，让患病妇女在寒冷的冬季感受到党和政府的温暖。年内，区妇联为44名新增“两癌”妇女争取到88000元人道关爱项目救助款。

（张效铭）

**【“女性改变世界”线上交流活动】** 12月11日，区妇联应石景山区国际友好交流城市俄罗斯后贝加尔边疆区首府赤塔市邀请，区妇联、区政府外办“云”参加由后贝加尔边疆区妇联主办的“女性改变世界”线上交流活动，探索开展“云外事”，助力城市国际友好交流。区妇联党组书记、主席张帆通过视频致辞，祝贺交流活动顺利开展。会上分享石景山区社会组织参与社会服务的优秀成功案例。

（张效铭）

**【走访慰问贫困妇女】** 年内，区妇联走访慰问贫困家庭、困境儿童等困难群体35户，联合区民政局、慈善协会对26名单亲贫困母亲给予10万元的资金帮扶。

（张效铭）

**【“一站式”婚登婚检服务】** 年内，在石景山区婚姻登记处打造婚前医学检查、孕前优生健康检查、婚姻登记、优生咨询指导“一站式”婚登婚检服务。婚检率由2015年的8.49%提高到2020年的52.80%，增长44.31%。

（张效铭）

**【“十三五”妇女儿童发展规划终期评估】** 年内，区妇联成立终期评估工作领导小组、统计监测组和规划实施评估组，印发石景山区“十三五”时期妇女、儿童发展规划终期评估方案。截至年底，“十三五”时期妇女、儿童发展规划中重点监测的30项指标，均已完成，达标率100%。

（张效铭）

【选树最美家庭】 年内，区妇联开展“讲述家风好故事”“最美家庭云宣讲”“践行垃圾分类，争做绿色环保家庭”活动，培育好家风，传承好家训。建立寻找“最美家庭”活动常态化机制，推荐全国文明家庭1户、全国最美家庭1户、首都文明家庭8户、首都最美家庭9户。揭晓2020年度石景山区“最美家庭”230户。

（张效铭）

【就业技能培训】 年内，区妇联指导区巧娘手工艺发展促进会申报市巧娘素质提升项目，申请批复项目资金6.5万元，开展4个长期培训课程，进行40期720人次的课程培训，组织巧娘参加区“创业创新”大赛，其中，布贴画老师赵梓立获大赛三等奖，推荐巧娘“钱均岭——京绣（石景山分支）项目”申报石景山区第六批非遗，协助拍摄申报片。谋划“互联网+培训”工作，通过区妇儿中心女性素质提升线上培训项目投入2.52万元，开展7种类56期840余人次的网络直播培训课程。

（张效铭）

## 石景山区科学技术协会

【概况】 截至2020年底，石景山区有区属学（协）会5个、街道科协9个，民非社会组织2个。年内，全区具备科学素质公民比例达到18.8%，完成“十三五”发展目标，位于北京市前列。区科协组织参加国家和市区举办的科技比赛，共获得各类奖项361项。动员组织全区科技工作者进行学术交流，组织开展全国科技工作者日活动；组织社会组织及科普志愿者进社区、进学校开展科技周、科普之夏、科普日等大型科普益民服务活动；组织青少年科技创新大赛、机器人大赛等活动。区科协获2020年全国科普日活动优秀组织奖等荣誉。

（黄　亮）

【全国科技工作者日】 5月29日，以“科技为民 奋斗有我”为主题，区科协、区卫健委联合组织开展2020年石景山区“全国科技工作者日”活动。区科协、卫建委领导慰问来自石景山医院、首钢医院、朝阳医院等驻区13家单位的20多名医疗战线的科技工作者代表。

（黄　亮）

【申报重点科普项目】 6月，区科协召开评审会，对参加北京市基层科普行动计划项目申报的14个项目进行评审，向市科协推荐申报社区科普益民计划项目4个，基层科普品牌活动支持计划项目1个，2个项目通过最终评审，获得市级专项资助35万。

（黄　亮）

【全国科普日】 9月17日，区科协与区委宣传部、区教委、区科委、区卫健委、区应急局在苹果园街道综合文化中心联合举行“决胜全面小康 践行科技为民——2020石景山区全国科普日主场活动”，邀请庞之浩、凌晨、吴宝俊做演讲，现场80多名群众，网络上万人次观看。此外区科协借助区广电中心、科协微信平台等媒体形式开展科普宣传，发放科普日宣传材料、宣传海报500余份。

（黄　亮）

【扶贫扶智】 9月和11月，区科协将“扶贫”与“扶智”相融合，分两批次向河北省顺平县北神南小学捐赠科普宣传资料、学习用品8000份，价值约4万元，改善学校基础设施薄弱、物资紧缺的实际困难。

（黄　亮）

【新冠肺炎疫情防控】 年内，区科协通过“科协微科普”微信公众号发布疫情防控科普信息98条；编辑制作关于疫情防控知识宣传普及科素读本1万册；争取中国科协、市科协科普资源（防疫挂图、折页、资源包）3000份。组织发动党员干部下沉八角街道景阳第一社区、老山街道东里65南社区、十一号院社区、翠谷玉景园社区等，抓好疫情防控值守工作。1名人员参加在鄂石景山区人员接返工作，完成在鄂石景山人员的接收、转运、安置等各项工作。

（黄　亮）

【青少年科技教育】 年内，区科协组织开展第40届北京市青少年科技创新大赛项目申报，进行“少年同行 共战疫情”专题少年儿童科学幻想绘画作品比赛。参加第二十届北京青少年机器人竞赛创意项目比赛，开展2020年“非常小答客”青少年科普知识竞答活动，组织学校参加市科技人才项目申报工作，指导各学校开展2020年北京地区全国青少年人工智能和航天科普。组织参加第三届青少年创客国际展示活动，第十届北京国际电影节青少年科学影像单元暨第二届北京国际青少年科学影像展评展映活动。

（黄　亮）

【服务科技工作者】 年内，区科协组织第24届北京优秀青年工程师评选，6人获选。开展2020年青年北京学者候选人的推荐工作，进行2020年石景山区“景贤计划”申报评选认定审核工作，联系企业参加“景贤计划”全球发布会暨人才云聘启动仪式。完成第九届北京市优秀青年人才评选表彰，第二十三届茅以升北京青年科技奖评选工作，石景山区“高校人才引进宣讲招聘会”岗位申报等工作。组织完成中国科协关于人才发展，科技工作者健康状况和人才计划，科技工作者的科研伦理意识，职称改革政策在科技工作者群体中的实施成效和获得感4次专项调查。完成两个学会和两个民非企业的年度审查，督促做好“党建入章”工作。指导企业科协开展工作，组织申报2020年市科协金桥工程种子资金，有3个企业6个项目参与申报。

（黄　亮）

## 石景山区归国华侨联合会

【概况】 截至年底，石景山区有街道基层侨联组织9个。石景山区第三届侨联委员会委员共23人，其中常委9人、主席1人、副主席3人、秘书长1人。

（蔡　琳）

【新冠肺炎疫情防控】 疫情初期，区侨联筹措防疫物资，向区疾控中心提供医用口罩10000个，摸排海外侨界群众数量，全力做好稳在当地的工作，加强与海外侨胞的联系，了解海外侨情舆情和需求，启动“石侨·乡情”爱心防疫包领寄项目，助力海外侨胞对抗疫情。项目共筹集400个防疫“爱心包”,每个“爱心包”里有40个一次性医用口罩、100只一次性手套、3盒连花清瘟胶囊、3张石景山区风景明信片以及一封家书,由国内亲属申领后邮寄到海外侨胞手中。作为石景山区疫情防控工作领导小组市场防疫组成员,对古城街道辖区内所有零售商超、餐饮店、菜站、单位食堂等防疫措施落实情况进行全面不间断检查,督促其落实市场防疫主体责任,严格落实对顾客扫码测温、对店员每日测温、对店面及餐具每日消杀、严把进货渠道等防疫措施。

(蔡 琳)

【依法维护侨益】 年内,区侨联向归侨侨眷宣传各项新冠肺炎疫情防控政策,向困难归侨侨眷发放防疫物资、防疫汤药等,对境外归国隔离期的归侨侨眷开展慰问,为其发放健身弹力绳、心理书籍等。开展“送温暖”活动,元旦、春节和中秋、国庆“两节”走访,全区侨联系统共惠及归侨侨眷40户、100余人次,为他们送去慰问品,并通过他们转达党和政府对海外亲人的惦念。为纪念《中华人民共和国归侨侨眷保护法》颁布30周年,开展“侨法宣传月暨志愿服务周”活动,各基层侨联组织通过举办侨法宣传活动、参加中国侨联主办的侨法答题竞赛活动、微信群积极转发纪念侨法颁布30周年主题宣传活动等,掀起学习侨法,宣传侨法的热潮。

(蔡 琳)

【公益活动】 年内,区侨联启动“侨界空巢家庭陪伴计划”,完成困侨和空巢家庭摸底工作,为全区140户侨界空巢老人发放“小度在家”智能陪伴机,为侨界空巢老人居家生活提供暖心陪伴。发挥侨联志愿者作用,建立一支200余人的侨联志愿者队伍并配发志愿者马甲,各基层侨联志愿者服务队积极参与疫情防控、垃圾分类、创建文明城区等重点活动,为石景山区发展贡献侨界力量。响应北京市侨联“京侨帮扶,双百行动”扶贫捐款活动,号召广大归侨侨眷捐款10090元,上交到北京市华侨事业基金会,用于开展扶贫活动。

(蔡 琳)

## 石景山区工商业联合会

【概况】 区工商联全年开展服务活动40余场,推送纾困惠企政策信息百余次,帮助20余家会员企业申请贷款超过6.96亿元,调研走访基层商会、会员企业120余家,指导6家基层商会完成组建、调整和换届工作,形成有质量有分量的调研报告11份。年内,开展线上服务为主的第九届石景山区企业服务季活动,通过微信、QQ群聊推送关于法律、金融、人才、就业等方面的扶持政策。区工商联会员企业累计为抗击新冠肺炎疫情捐赠现金和物资1700多万元,参与疫情防控志愿活动千余人次,在精准扶贫方面投入资金2326.81万元。区工商联在全国、市区媒体刊登宣传稿件200余篇,其中《中华工商时报》、中华工商网等全国媒体6篇,“首都民营企业之家”、市工商联、市委统战部专刊等市级媒体50余篇,石景山区有线电视台专访两次。

(张 振)

【课题调研】 2月始,区工商联领导班子带队实地走访近20家基层商协会、孵化器及重点企业,工作人员线上征集调查近百家小微企业的经营状况。聚焦企业反映的房租减免、用工成本、融资难等5个方面的问题,向上级提交《疫情期间区工商联会员企业复工复产情况调研报告》。向区工商联执常委企业下发《关于报送2020年调研课题的通知》,动员企业履行执常委职责,发挥参政议政作用,为促进区域经济社会发展建设建言献策,提交10份调研报告。召开“在商研政”暨知识产权调研报告座谈会,围绕调研报告、知识产权保护工作,邀请区市场监管局、区法院同5家文化创意会员企业交流研讨。

(张 振)

【民营企业产权保护社会化服务体系】 4月29日起,区工商联在全市率先建立起区级民营企业产权保护社会化服务体系。区工商联陆续与区法院、区检察院、区司法局、区发改委、区市场监管局、公安分局、区律协等单位签署战略合作协议,并举办产权保护调解室揭牌仪式。联合区法院开展三期线上法律讲座,配合区司法局推动法律三进、法治体检工作;在区律协设置搭建法律服务平台,7月31日,举行石景山区民营企业维权服务平台暨基层商会法律服务工作站揭牌仪式,在9个街道商会设置法律服务工作站,为9家律所颁发“街道商会法律服务工作站”牌匾,各街道商会与指定的律所分别签订服务协议,实现维权服务街道商会全覆盖。各工作站通过微信工作群,每周定期推送法律知识和典型案例,提升企业学法、守法、用法的法治意识,累计推送200余次。古城、八宝山、八角、鲁谷、苹果园、五里坨等工作站开展劳动法、公司法、合同法等企业刑事风险防范为主题的法律培训20余场。各工作站借助商会力量,搭建企业与律师交流、与同行沟通的平台,通过座谈研讨、走访调研等形式,进行互动交流、答疑解惑。年内,9个工作站累计完成各类服务专场30余场次,惠及企业近千家。

(张 振)

【非公经济人士教育活动】 4月,区工商联同中国人民大学中国经济改革与发展研究院协调沟通,向全体会员推出“汇贤学堂”公益直播课,线上邀请各界名师针对企业关注的热点问题做精彩解析。区工商联还依托“民企学堂”“企业家充电站”等培训平台,开辟企业与名师、专家交流沟通的线上渠道,根据企业需求,有针对性的进行精准培训活动。倡导引领各基层商会、会员企业,做好“门前三包”,爱护市容环境,参与志愿服务活动,发挥示范引领作用,建立优秀的企业文化,共同创造整洁优美、文明有序的城市环境。组织基层商会、企业下载北京石景山APP,观看主题宣传短视频、直播宣讲会、参与问卷调查。11月17日,区工商联组织开展理想信念教育实践专题活动,组织各基层商会、会员企业代表50余人学习贯彻十九届五中全会精神。下发《党的十九届五中全会公报》

读本，领学公报要点，邀请中国人民大学教授讲授《后疫情时代的中国宏观经济》，为到场企业生动讲解国家近期的经济发展形势和未来的发展方向。区工商联以“深入学习宣传习近平法治思想 大力弘扬宪法精神”为主题，开展“12·4”国家宪法日暨宪法宣传周系列宣传活动。12月22日，区工商联联合区委统战部、区对外文化交流促进会举办“学习企业家张謇精神报告会”，各街道基层商会、青年企业家商会等商会会长、理事、企业家代表40余人参加活动。宣传先进典型，把先进经验转化为引导非公有制经济人士坚定“四信”的示范能量。

（张 振）

**【商会活动】** 7月16日，金顶街街道商会第二次会员代表大会在承恩寺举行。相关区领导及50余家会员企业代表出席会议。同月26日，财智谷商会红色星期六读书会举办学习7.21习近平总书记《在企业家座谈会上的讲话》专题交流活动。财智谷商会、财智谷党支部、红色星期六智慧公益联盟等百名会员自发通过腾讯网络视频会议系统参加学习交流。8月12日，老山街道商会邀请北京恒顿律师事务所屈献庄进行第一次法律咨询服务活动。9月中旬，金顶街商会在喜隆多国际购物中心举办“痕玉技艺匠心传承”文化交流活动，近距离感受博大精深的“京作”宫廷艺术。10月26日，八角街道商会第三次会员代表大会召开，八角商会会员代表50余人参加会议，出席领导为新当选的理事和领导班子颁发证书，为新一届商会授牌。同月30日，老山街道商会组织开展《劳动合同法》专题知识讲座活动，10家会员单位的12名企业代表参加讲座。11月13日，青年企业家商会第一次会员代表大会召开，商会会员代表40余人参加会议，出席领导为新当选的理事和领导班子颁发证书，为商会授牌。同月16日，青年企业家商会召开第一届理事会第二次会议，11位理事出席，讨论通过11项商会工作制度。12月4日，广宁街道商会与希仁律所组织宪法宣传活动，开展“深入学习宣传习近平总书记全面依法治国新理念新思想新战略大力弘扬宪法精神”主题宣传。

（张 振）

**【上规模民企调研及百强申报】** 7月，区工商联结合市联2020年北京民营企业百强调研与发布工作动员部署会精神，迅速落实辖区民营企业百强调研工作。10月，在2020北京民营企业百强发布会上，全区13家民营企业登上北京市民营企业百强、科技创新百强、文化产业百强、社会责任百强榜单。物美科技集团有限公司、北京永辉超市有限公司、北京畅游时代数码技术有限公司、锡华实业投资集团有限公司、北京爱依养老科技发展股份有限公司连续多年榜上有名。

（张 振）

**【民营企业家座谈会】** 10月29日，区委区政府组织召开石景山区民营企业家座谈会，区领导及区19个相关职能部门负责人参加座谈。12家企业负责人围绕当前企业发展、纾困惠企政策、优化营商环境、推进“十四五”发展等方面提出意见建议。常卫听取企业家代表发言，就有关问题进行解答，并发表重要讲话。

（张 振）

**【精准扶贫】** 年初，区工商联联系区发改委、顺平县挂职干部及当地相关部门，通过微信、电话等方式了解当地新冠肺炎疫情对扶贫工作开展的影响、扶贫项目情况、项目推进预期时间等问题，商议扶贫工作方案，谋划精准帮扶项目。年中，两次赴顺平县考察调研2018年至2020年的6个扶贫产业项目，通过组织对接，在顺平县实施产业项目4个，投入区级财政资金472万元，受益贫困人口71人。白羽鸡生态养殖扶贫示范园项目、南伍侯村蔬菜瓜果交易市场项目完工。实施蒲上镇西南蒲村花卉大棚扩建项目和常大村“832”电商平台消费扶贫项目，10月底完工验收。推进“万企帮万村”行动。鼓励和动员已复工复产的会员企业，通过注册中国社会扶贫网爱心人士、购买受援地特色扶贫产品、资助因残致贫的贫困户、捐资助学等多种形式参与精准帮扶工作。4家结对企业资助新华村8户因残致贫的贫困户，每户1000元；2家企业与常大村结对，并采购富硒西瓜250箱，合计18000元；1家企业与常大村结对，并资助1名贫困生。同时梳理近年来参与扶贫的企业名单，跟踪巩固2018年扶贫项目，13家结对企业参与的8个扶贫项目运行良好。

（张 振）

**【法律服务】** 年内，区工商联发挥长效机制作用，落实民营企业“服务包”制度，为基层商会组织、会员企业提供系列新冠肺炎疫情防控和复工复产相关法律服务工作。开通线上法律服务，利用近20个商会会员工作微信群时时更新相关法律知识及政策信息，为企业关注的热点难点问题提供坚实的法治保障。将原有经典品牌法律服务日活动升级为线上线下法律联合服务。在原有线下法律服务日免费咨询活动与线上答疑相结合，以腾讯会议APP的形式通过专业律师团队在线解答会员企业在经营中遇到的法律问题及因疫情影响产生的劳动争议和社会矛盾，从专业角度提出合规应对措施或合理化建议。打造新的服务平台。依托石景山区民营企业产权保护社会化服务体系作用，应对疫情防控期间驻区民营企业复工复产阶段不断增长的法律服务需求。

（张 振）

**【光彩公益】** 年内，区工商联号召基层商会、企业党组织发挥战斗堡垒作用，开展新冠肺炎疫情防控工作，动员会员企业、员工结合自身实际情况，按照基层党组织的统一安排和调度，到企业所在社区（楼宇、园区）报到，参与所在社区（楼宇、园区）人员排查、巡逻值守和环境整治等工作。古城街道商会、八宝山街道商会、鲁谷街道商会等商会第一时间为支持新冠肺炎疫情防控捐款捐物，党员企业家参与社区值守。物美集团、永辉超市调配物流及配送人员，发挥线上线下优势，保障居民生活需求；丽贝亚集团、锡华集团、京师律师事务所、在线途游等企业捐款；瀚海控股集团、猎户星空、沃捷传媒等企业想方设法在国内外筹集隔离服、呼吸机等医疗器械，将物资第一时间捐赠给湖北武汉等地最需要的一线医院；康乐伴、智达基业等企业为防疫一线的社区工作者捐赠食品、防护用品；万达广场石景山店、喜隆多新国际购物中心等主动减免租金。

（张　振）

**【金融服务】** 年内，区工商联联合金融办，为受新冠肺炎疫情影响的会员企业提供金融服务，组织诚安堂、资旗源、智博堂、颉墨、诚彬科技等有融资需求企业填报信息统计表，对接金融机构服务资源；帮助捷速风行、华盛博瑞、一品百佳、天河智造等多家会员向金融办及北京、宁波等银行申请贷款、融资服务；推荐创业公社等5家孵化器企业参与国家金融扶持政策；在各微信群推广全联“无接触贷款”措施，推送市联支持民企抗疫复产线上银企对接系列服务信息，发布建设银行、农商银行、厦门国际银行等金融机构的服务信息，帮助会员对接贷款融资需求；与北京银行和厦门国际银行开展座谈，研讨疫情后金融服务工作计划，组织会员企业进行小微企业金融综合服务平台信息登记、填报新三板挂牌上市需求及融资需求等。疫情期间，物美、诚安堂、众谱达、智博堂、天河智造、捷速风行等20余家会员企业，通过北京、建设、邮储、农商、宁波等银行申请贷款超过6.96亿元，截至年底，物美等6家企业完成审批或得到放款5.53亿元。

（张　振）

**【人才及就业服务】** 年内，区工商联组织会员参与2020年市级人才工程申报、“景贤计划”申报评选及“景贤计划”全球发布会、百千万人才工程市级人选推荐和资助工作、2020年度高层次留学人才回国资助试点工作和北京市留学人员回国创业启动支持计划申报工作及政府特殊津贴人员候选人推荐，石景山区2020年青年北京学者候选人及全国优秀农民工和农民工工作先进集体评选，参与实施“培育助推和谐劳动关系企业共同行动”。组织会员开展人才引进需求、毕业生就业岗位和“高校人才引进宣讲招聘会”岗位需求申报，收看“保就业九大惠企新政”公益直播，参加2020年北京地区毕业生春季网络招聘月等活动。联合区人保局、区总工会、区投促局开展培育助推企业座谈会、“民企学堂”2020年第一期线上分享活动，为会员提供职业技能培训咨询服务和免费线上职业技能培训资源。对接区住保办协助企业申请西黄村人才租赁住房；协助京汉及元昊东方两家会员公司办理高管的工作居住证。

（张　振）

**【其他服务】** 年内，区工商联配合市联开展2020年引导民营企业创新驱动发展科技综合服务工作，动员百余家会员企业参与2020年北京民营企业百强调研并组织上榜10余家企业参加百强发布会。通过线上形式组织会员参加“2020年中国民营企业500强峰会”、民营经济领域标准化工作推进会。推荐4名企业家担任社会监督员，并参加市联优化营商环境社会监督员成立大会，组织开展创新型、成长型民营中小企业发掘培育推荐工作，组织企业参与区金秋体育盛会相关赛事等。

（张　振）

**【优秀会员企业】** 年内，区工商联会员企业北京丽贝亚投资控股有限公司、北京市盈科律师事务所获抗击新冠肺炎疫情先进民营企业称号。工商联会员企业物美科技集团有限公司创始人、董事长张文中、锡华实业投资集团有限公司董事长张杰庭获全国抗击新冠肺炎疫情民营经济先进个人荣誉。区食品药品行业联盟获2019—2020年度全国“四好”商会称号。区工商联会员企业北京物美商业集团、一夫唐人爱心社主任魏征分别获北京市扶贫协作先进集体和先进个人。

（张　振）

## 石景山区人民团体、群众团体负责人

| 职务 | 姓名 | 职务 | 姓名 |
|---|---|---|---|
| 总工会主席 | 高洪雁（兼） | 区科协主席 | 宋菁慧（女） |
| 常务副主席 | 蒋志谋（7月免） | 区侨联党组书记 | 安宝喜 |
| 分管日常工作的副主席 | 曹俊房（7月任） | 区工商联主席 | 马丽萍（女，回族） |
| 党组书记 | 高洪雁（7月免） | 党组书记 | 赵世英 |
|  | 曹俊房（7月任） | 区文联主席 | 董聪慧（女，6月任） |
| 团区委书记 | 贾　曦 | 区残联理事长 | 栾伟宏 |
| 区妇联主席 | 刘　红（女，6月免） | 党组书记 | 栾伟宏 |
|  | 张　帆（女，6月任） | 区红十字会会长 | 左小兵（兼） |
| 党组书记 | 刘　红（女，4月免） | 党组书记 | 柏　静（女） |
|  | 张　帆（女，4月任） | 分管日常工作副会长 | 柏　静（女） |

北京石景山年鉴

BEIJING SHIJINGSHAN NIANJIAN

2021

# 法　治

## 政法委与综治

【概况】 2020年,中共北京市石景山区委政法委员会(简称区委政法委)在中央、市委和区委区政府领导下,全区政法系统坚持以习近平新时代中国特色社会主义思想为指导,围绕平安石景山建设这条主线,以争创全国市域社会治理现代化试点工作为抓手,统筹推进智能化、信息化防控体系建设,全力以赴做好新冠肺炎疫情防控工作,持续深入推进扫黑除恶专项斗争,圆满完成全国"两会"、服贸会、五中全会等重点节点及市委巡视组入驻期间各项安保维稳工作,强化区域经济社会发展的法治保障能力,维护全区政治安全和社会稳定,为高水平建设好首都城市西大门做出应有的贡献。

(郝 山)

【新冠肺炎疫情防控】 年内,区委政法委牵头,第一时间成立社会稳定组,建立问题调度"直通车"每日会商,迅速形成严管严控社会面的工作格局。扎实做好人员排查和数据统计工作,制定全区"一表制"排查统计表,完成全区24.5万户、近60万人的摸排任务,统计报表1000余份,形成"数据整理、派转、核查、汇总、反馈"的工作闭环,为区领导决策提供客观详尽的数据支撑。统筹政法单位,发动群防群治力量,加强对全区医疗场所、医学集中观察点、集中核酸检测点和校园及周边等重点部位的秩序维护以及小区封闭管理工作,确保社会面秩序良好。坚决依法严厉打击涉疫情违法犯罪活动,依法查处全市首例网络散布疫情谣言等涉疫案件30件30人。

(郝 山)

【各项安保维稳任务】 年内,区委政法委研究制定2020年度各重大活动、重要敏感节点维稳安保工作方案。全年召开13次工作部署会议,对各节点的维稳安保工作进行动员部署,统筹协调各安保成员单位开展社会矛盾纠纷摸排化解、突发事件应急处置、社会面等级防控、督查督导等工作。按照"早计划、早部署、早落实"的原则,及时启动情报信息战时会商、社会矛盾排查化解、突发事件应急处置、社会面等级防控、督查督导等工作机制,加强组织领导,统筹公安、安全、信访、网信、交通、消防等职能部门和属地街道,做好全国"两会"、清明、服贸会、创城测评、市委巡视组入驻期间、十九届五中全会等重大活动、重要节点的安保维稳工作,确保地区政治绝对安全和社会持续稳定,实现"大事没出、小事也没出"的最佳安保效果。推进碣石坪社区"四米路"历史遗留纠纷的化解,依法妥善处置隆恩寺拆迁群体、十万平小区居民集体访等一批涉稳突发事件。开展社会稳定风险评估工作,落实评估事项报备和分级分类评估制度,组织完成对广宁棚户区改造、北重厂热网工程、八大处路、北辛安二街等9个与群众利益密切相关的项目社会稳定风险评估审核报备工作。全年,累计启动战时情报信息会商机制110余天,启动二级以上防控等级130余天,发动群防群治力量300余万人次。

(郝 山)

【维护国家政治安全】 年内,区委政法委强化涉政治类情报信息搜集研判工作,坚持"以专对专、一案一策"工作机制,加强敏感节点、重大活动期间统筹调度,坚决维护地区政治安全。分析研究反邪教斗争形势,强化对各类政治重点人的动态评估、实时掌控和依法打击,开展重点人教育转化工程,开展警示教育宣传活动,确保全国"两会""4·25"等重大活动、敏感节点平稳度过。全年收缴、查扣涉案物品书籍类200余本,反宣品3000余份。区反恐办按照"六住""八控"工作要求,持续强化对关注群体动态摸排,及时进行数据采集,逐人开展风险评估、分析研判,并纳入"社会治安防控一体化平台"常态监管。严格落实危险物品和敏感行业严管严控,强化反恐重点部位三防建设,督促指导全区82处反恐重点目标单位更新完善档案台账,规范防范制度措施。

(郝 山)

【维护地区安全稳定】 年内,区委政法委对可能影响重大活动安全的"人、地、事、物、组织"等基础要素,由区信访联席办牵头,政法委会同公安分局、区金融办、区司法局、区民政局以及各街道等单位开展8次矛盾纠纷和重点人员摸排工作,对所有矛盾纠纷和各类重点人员,特别是受疫情影响可能引发的矛盾纠纷,采取"管控、监控、动态掌握"分级防控措施,加强统筹协调,强化责任落实,切实做到"不漏管、不失控"。

(郝 山)

【扫黑除恶专项斗争】 年内,区扫黑办建立健全"三书一函"信息数据台账,加大线索核查力度,围绕的社会治安、社区治理、金融放贷等十大重点行业领域牵头开展专项整治行动。累计开展各行业领域专项行动1683次,排查问题242个,立行立改188个。做好市扫黑除恶特派督导组驻区督导迎检工作,得到特派督导组高度肯定。

(郝 山)

【智能化、信息化建设】 年内,区委政法委牵头公安分局研究制定《石景山区智慧平安小区建设工作方案》《智慧平安小区建设指南》,组织对304个居民小区进行情况摸底、实地踏勘,加大需求调研,完善建设方案,稳步推进智慧平安小区建设。持续推进雪亮工程建设,在全市率先实现公共区域安全视频监控建设联网应用100%全覆盖,"数据赋能"引领实战应用的作用显现。牵头研究制定《石景山区政法单位推进实施办案智能管理系统试点运用工作方案》,推进公检法司案件信息互联互通、数据共享的政法单位办案智能管理系统应用试点工作。

(郝 山)

【司法服务保障】 年内,区委政法委统筹政法单位主动对接有关行政部门,梳理汇总法治需求,搭建信息通报平台,抽调专班力量参与,为违建别墅清查整治、浅山区违法占地违法建设、绿地认建认养、生态环保法治服务保障、十万平老旧小区综合整治、广宁棚户区改造等专项工作提供法治服务保障。开展依法治区司法协调工作,牵头组织司法执行联动工作,制定印发《解决执行难问题工作措施》等文件,在涉重点工程、民生保障、疏整促专项工作等重点领域强化统筹协调职能，通过执行联动共办结案件161件。

（郝　山）

**【“平安石景山”建设】** 年内，区委政法委启动市域社会治理现代化试点工作，组建试点工作协调指导组，研究确定以党建引领基层治理为中心点，以“一办十组”任务分工制牵动“十大工程”任务的分解为发力点，以建设区维稳指挥智能化平台为支撑点的工作思路。开发建设全市首个“预付式消费信用监管和服务平台”，打造让消费者放心的“预付式消费”信用场景。加强立体化防控体系建设，推进雪亮工程、智慧平安小区建设工程，以“数据赋能”引领实战应用。做好社会矛盾预防化解工作，对敏感风险源、可能触发的问题矛盾上账上册，实施动态监管。通过社会稳定风险评估，预防和减少可能影响安全稳定的群体性事件。

（郝　山）

**【冬奥筹办安全保障】** 年内，区委政法委牵头冬奥安保工作，起草制定《北京冬奥会石景山地区安保分指挥部组建方案》，落实各单位实名制主责领导和联络员制度，强化组织领导，明确组织架构和任务分工。统筹公安分局、消防支队等政法单位，强化对涉冬奥区域开展安全隐患摸排，发现并整改隐患8处。针对首钢园区道路交通管理责任区分不明确、道路建设软硬件设施标准不统一等问题，统筹交通支队、区城管委、首钢集团开展专题研究，解决相关问题。

（郝　山）

**【重点地区重点问题排查整治】** 年内，八角街道被列为市级社会治安重点挂牌挂账整治地区，区委政法委牵头公安、消防、应急、属地街道等部门，通过持续开展攻坚整治专项行动，社会治安环境明显得到提升。组建平安石景山平安铁路专项领导小组，持续推进铁路沿线安全隐患治理，区护路办协调北京铁路局北京西工务段、区属职能部门和属地街道，坚持以京广铁路、京门线为重点开展铁路沿线安全治理。针对全区医疗机构、集中隔离点、观察点和中小学校园周边治安秩序，区委政法委统筹公安、交通、属地街道多措并举综合施策，强化巡逻防控、秩序整治，确保重点点位和校园周边安全管理到位。

（郝　山）

**【服务保障区域经济发展】** 年内，区委政法委统筹政法单位主动对接有关行政部门，为违建别墅清查整治、浅山区违法占地违法建设、绿地认建认养、生态环保法治服务保障、十万平老旧小区综合整治、广宁棚户区改造等提供法治服务保障。牵头区重大项目征收拆迁收尾专项行动，依法拆除乐活酒店、西井10号院、西黄村棚改项目、北辛安棚改项目等点位，西黄村、北辛安棚改地块房屋征收工作全部清零，为区域经济社会发展营造和谐有序的环境。严格落实政法委、金融办双牵头的专班工作机制，健全完善人民调解、行政调解、司法调解衔接联动机制，持续强化对P2P网贷整治力度。

（郝　山）

**【特殊人群服务管理】** 年内，区委政法委牵头卫健委、各街道对全区在册重症精神障碍患者采取入户探视、评估管理和免费服药等措施，并加强对病情较重患者收院治疗力度。加强各类重点人员教育管理工作。按照定期评估风险，动态更新完善的工作措施，实时掌握各类重点人员底数和基础信息，坚持“一人一案、一人一策”，分级分类分层落实教育转化、跟进稳控、依法打击措施。

（郝　山）

## 公　安

**【概况】** 2020年，北京市公安局石景山分局（简称公安分局）专班精准支撑全区新冠肺炎疫情防控，依法查处涉疫案件28起32人，快速处置区内涉疫突发事件，组织完成各类勤务190起，妥善处置警情6.2万件；零差错、零失误完成警卫勤务98起，确保领导同志在区绝对安全。率先成立“冬奥情报专班”，开展情报会商55次，抓获全国在逃、一级临控人员210人。破获刑事案件1580起，抓获违法犯罪嫌疑人2070名；命案、涉枪涉爆、“两抢”等重大敏感案件破案率保持100%；查处治安案件1.8万起，同比上升30%。110刑事、治安、秩序类警情同比分别下降2□%、51%和8%。依托“7×24小时”社区值守等机制，严格落实入户走访、重点管控、宣传防范、涉外管理、群防群治等各项措施。公共关系品牌影响力不断增强，“石警官”微信公众号策划推文260余篇，中央电视台等央属、市属媒体开展专题宣传报道210余次，“平安石景山”警务头条号成功入围北京政法矩阵前五名。加大警务保障力度，石景山路派出所新址装修改造等18项重点基建工程竣工。完成第七次全国人口普查户口清理整顿工作，累计核准户籍人口389678人，服务全区人口规模调控。准确运用监督执纪“四种形态”，始终保持队伍违纪违规“零容忍”。通报表彰集体33个次、民警53人次，为3个集体、49名个人记功嘉奖，推树“杰出青年卫士”10名、“优秀突击队员”5名。八角派出所民警唐世岩等6名同志获评国家级、省部级抗疫先进个人，八角派出所民警安胜军当选“首都最美志愿者”，老山派出所民警邓照军家庭当选“首都最美家庭”，刑侦支队民警金鹏上榜首都最美警察，法制支队民警任楠获评首都公安“法制之星”，鲁谷派出所民警刘征获评第四届首都公安勤廉标兵，苹果园派出所民警刘炳旺、广宁派出所民警白雪松入选区“众志成城共抗疫情”百姓宣讲团。

（申小荣）

**【迁安矿区派出所揭牌】** 4月28日，公安分局召开迁安矿区派出所揭牌仪式暨领导干部会议。市局办公室、区域警务合作处，首钢集团有限公司，分局相关职能部门领导以及迁安矿区派出所的领导班子和全体民警参加会议。

（申小荣）

**【反诈联盟启动仪式】** 9月4日，公安分局鲁谷派出所、八宝山派出所、老山派出所在富力万达嘉华酒店报告厅联合举办东部片区“云上山谷”反诈联盟启动仪式。指挥处、刑侦支队、人口基

9 月 28 日,“全民反诈 APP”宣传　　(《石景山报》供图)

层大队、内保大队和各派出所主要领导,辖区 88 家企事业单位代表、140 名社会各界人士参加活动。

(申小荣)

【反恐综合处突演练】 11 月 26 日,公安分局在首钢滑雪大跳台组织开展反恐综合处突演练。公安分局指挥处、刑侦、治安、反特巡支队、内保大队、10 个派出所,以及区卫健委、应急管理局、生态环境局、消防救援支队、古城街道以及首钢集团等单位 600 余人参加演练。

(申小荣)

【抓实反恐防恐】 年内,公安分局坚持“六住”标准,发挥区反恐办牵动职能,设立反恐督察专员,“反恐怖工作十大体系”建设稳步推进,区内关注群体全部纳入视线,重点目标、重点行业场所全部常态管控;组织 2.3 万人次开展“五进”反恐宣传培训活动、实战演练 98 次,奖励举报涉恐线索 9 件,反恐行政处罚 3 起 6 万元,依法拘留传播暴恐音视频 3 人,坚决守住绝不能发生暴恐活动的底线。

(申小荣)

【“扫黑除恶”专项斗争】 年内,公安分局推进“平安行动”、扫黑除恶 7 号、8 号行动,九类涉恶因素案件破案排名全市第一,打掉黑窝点 174 个、黑作坊 10 个,“六清”任务顺利完成,建立健全涉黑涉恶线索核查、案件侦办、幕后深挖等制度机制 9 项。

(申小荣)

【打击破案】 年内,公安分局坚持系统牵动、刑所联动、整体推动,全年破案 1580 起,抓获违法犯罪嫌疑人 2070 名;命案、涉枪涉爆、“两抢”等重大敏感案件破案率保持 100%;“云剑行动”成功破获 20 年以上命案积案 7 起、抓获逃犯 8 名,破案追逃完成率排名全市第二;全链条打击治理电信网络诈骗,破案、抓人同比分别上升 40.7% 和 106.3%,反诈中心预警拦截 2.13 万人次,直接止损 1.14 亿元;破获经济案件同比上升 1.76 倍;缉毒会战抓获涉毒人员 219 名,收缴各类毒品 5.9 公斤,打击常量完成率保持市局前列。

(申小荣)

【治安整治】 年内,公安分局查处治安案件 1.8 万起,结案率位居全市前列。打击处理涉黄、涉赌、“盗非”违法犯罪嫌疑人 629 名,三类警情同比分别下降 47.1%、33.5% 和 35.4%;“环食药旅”打击有力,成功破获“8·25”特大假酒案和“4·28”特大涉医涉旅诈骗案,保障石景山顺利通过中央环保督察验收;黑车治理持续巩固,查处黑车黑摩的 100 辆,治拘 5 人,“12345”黑车投诉保持“零接报”;养犬管理“五创”工作法和执法对象教育转化制度全面落实,市养犬办通报表彰,市局领导批示肯定。

(申小荣)

【社会面防控】 年内,公安分局依托片区组合巡逻防控、公安武警联勤联动、“7×24 小时”社区值守等机制,严格落实入户走访、重点管控、宣传防范、涉外管理、群防群治等各项措施,全年清查流动人口 10.5 万人次、出租房屋 3.2 万间次,查处群租房 364 户、日租房 66 户,处罚违法出租房主 312 人,出租房屋自主申报率排名全市第二;查处涉外案事件 26 起,查获“三非”外国人 19 名,遣送出境 7 名。

(申小荣)

【公共安全管理】 年内,公安分局完成“清明”等重大安保工作,确保“中国科幻大会”“北京动漫节”等 16 项 54 场次大型活动安全顺利;全区重要基础设施、金融、教育、医疗等列管单位持续安全稳定。缉枪治爆收缴枪支 77 支、子弹 5668 发、液化气钢瓶 90 个,监管冬奥支线爆破工程炸药 8.2 吨、雷管 1.6 万发,实现“不打响、不炸响”刚性目标。

(申小荣)

【“冬奥警务”新模式】 年内,公安分局每月统筹调度、推动落实冬奥筹备安保账单,牵头组建区冬奥安保分指挥部,“一办 17 组”高效运转,“两纵三横”整体联动,冬奥警务工作站规范运行,冬奥安保警力测算、竞赛场馆勤务组织、涉奥专项摸排整治、“一馆一策”科技建设等重点工作有序推进,安保经费预算编制方案被市局作为样板全局交流借鉴,《树立“冬奥警务”理念打造“冬奥警务”品牌实施方案》被市局专刊转发,市局主要领导批示肯定。

(申小荣)

【法治建设】 年内,公安分局严格落实全链条、闭环式监督管理机制,完成执法办案管理中心升级改造,“一站式”服务向基层延伸,细化完善执法办案监督、涉案财物管理等制度规范、汇编指引 35 项,智慧办案各项指标位居市局前列,“牢记法治之责、强化使命担当”专项教育“三巧、三了、三强”自选动作得到市局肯定,执法规范化建设成果被《人民公安报》专题报道,来信来访全部“定纷止争、案结事了”,分局被公安部授予全国公安机关执法示范单位。

（申小荣）

**【改革创新】** 年内，公安分局固化完善指挥、情报、网安、视频、通信、公关一体化运行机制，优化规范警情处置、等级防控、警力调度、常态备勤等工作流程，提升合成指挥科学化、规范化水平，全年组织完成各类勤务190起，妥善处置警情6.2万件；精简派出所填报表格为基层减负专项整治工作，推动综合指挥室规范运行、全面达标，110出警时间保持市局前列；迁安矿区派出所挂牌成立，签订石景山迁安区域警务协作框架协议，区域警务合作开创新局面。

（申小荣）

**【全警实战大练兵】** 年内，公安分局完善练兵办统筹牵动、各警种专业培训、科所队岗位练兵的实战教训体系，形成分工明确、上下衔接、网上网下、互为补充的二、三级实战练兵格局。组织开展二级培训46期，受训3380余人次，推出网上精品课程35期，受训4.6万人次，健全完善领导干部上讲台、每周训练日、冬奥安保轮值轮训、社区警务轮岗交流等常态练兵机制，队伍专业素养和实战能力提升，在警保、网安系统市局技能比武中取得佳绩。

（申小荣）

## 检　察

**【概况】** 2020年，北京市石景山区人民检察院（简称区检察院）统筹推进疫情防控和各项检察工作，坚持公平正义的执法理念，充分履行检察职能。依法惩治各类刑事犯罪，受理审查逮捕案件285件357人，批准逮捕213件267人，受理审查起诉案件368件429人，提起公诉301件346人。确保防疫措施落紧落实，办理涉疫案件15件，对涉嫌销售伪劣口罩的1件2人，建议区市场监管部门移送公安机关立案侦查。扎实推进反腐败斗争，办理监察机关移送的职务犯罪案件5件5人。严惩金融等经济类犯罪案件，办理非法集资以及其他经济类犯罪案件76件90人。护航民营经济发展，办理侵犯知识产权及非法经营犯罪案件11件16人。维护人民群众“舌尖上的安全”，依法办理食药、环境污染类案件7件8人。持续推进“一号检察建议”落实，办理各类涉未成年人刑事案件19件23人。公诉案件认罪认罚适用率84.6%，较2019年提升28.3个百分点。助推市域治理现代化，开展“十进百家、千人普法”活动36场次，受众7600余人。制发各类检察建议19份，促进相关部门完善管理规范。采取多种形式接受群众来信来访，接听来电145人次、接待来访153批次193人次，办理来信412件。年内，区检察院被最高检评为“法治进校园”全国巡讲活动表现突出单位；获评市级检察系统“十进百家、千人普法”主题活动先进院，其中“青春护航”法治宣传教育团队、张云波办案组、许冬莹办案组获评先进团队，李鹏宇、杨秀莉、李杉杉获评先进个人，“扫黑除恶扬正气共建平安石景山”主题宣讲等8个活动获得精品普法活动荣誉。区检察院第一检察部获“北京市模范集体”称号。2名干警分别获评全国检察宣传先进个人、北京市“三八”红旗奖章，3名干警登“北京榜样”月度推荐榜。区检察院办理的焦某某社区矫正监督案获评最高检精品案，办理的侵犯科技企业著作权案，获评北京市检察机关首批保护知识产权典型案例。

（侍玉铭）

**【涉新冠肺炎疫情犯罪案件办理】** 年内，区检察院成立“涉疫情刑事案件专业化办案组”，办理涉疫案件15件，逐案提前介入引导侦查取证，批准逮捕6件6人、提起公诉6件7人。加强涉疫案件行刑衔接工作，对涉嫌销售伪劣口罩的1件2人，建议区市场监管部门移送公安机关立案侦查。办理的疫情期间销售伪劣口罩案，6天完成批捕、起诉工作。该案正值疫情初始，销售“一次性医用口罩”的犯罪行为尚无统一证据标准，经多方调研，准确把握法律政策，保障涉案人员诉讼权利，此案获评北京市检察机关认罪认罚优秀典型案例。

（侍玉铭）

**【审查办理各类刑事犯罪】** 年内，区检察院受理审查逮捕案件285件357人，批准逮捕213件267人，受理审查起诉案件368件429人，提起公诉301件346人。依法严惩危害国家政治安全、公共安全和严重危害人民群众人身财产安全的暴力犯罪，提起公诉66件68人。办理一批重大敏感、社会关注度高的刑事案件，如“5·9”专案、涉政治敏感信息的网络寻衅滋事案、保险产业园内放火案、西五环高速追逐竞驶案、多起“套路贷”诈骗案以及涉境外网络赌博案。

（侍玉铭）

**【试点全国检察业务统一应用系统2.0版】** [illegible]月1日至11月14日，区检察院作为全市第一批三家试点单位之一，进行为期两周的统一业务应用系统2.0版上线试点工作。按照“能试尽试、尽量全面”的要求进行上线试点，上报试点问题日报9份，涉及各类问题、解决方案及工作建议65个，为全市检察机关2.0上线提供石景山经验。

（侍玉铭）

**【首次举行拟不起诉案件公开听证】** 11月[illegible]日，区检察院按照《人民检察院审查案件听证工作规定》举行首次拟不起诉案件公开听证。侦查机关代表、犯罪嫌疑人分别就听证事由阐述意见后，3名听证员进行提问、评议、表决，并最终形成听证评议意见。区检察院当场宣布听证结果，对刘某某做出不起诉的决定。

（侍玉铭）

**【民事诉讼监督案件公开听证】** 12月3日，区检察院首次对民事诉讼监督案件组织公开听证。该案是一起涉民营企业股东损害公司债权人利益责任纠纷申请监督案。区人大代表、北方工业大学法学教授、区工商联干部受邀担任听证员，区检察院检察官办案组、申请人及其诉讼代理人、其他当事人诉讼代理人等参加听证会。

（侍玉铭）

**【反腐败斗争】** 年内，区检察院办理监察机关移送的职务犯罪案件5件5人，与区纪委监委等部门建立常态化沟通机制，就职务犯罪案件补充侦查工作开展课题调研。11月,区检察院办理的延庆监狱3名民警涉嫌滥用职权、玩忽职守案获区法院有罪判决。该案系《中华人民共和国刑事诉讼法》修改赋予检察机关部分职务犯罪侦查权后,北京市检察机关首次自行侦查的职务犯罪案件,该案获评全市职务犯罪检察工作"服务保障大局"精品案件。12月29日,区检察院第二检察部办理的王某某贪污、受贿案入选2020年度全国检察机关职务犯罪检察精品案例。

(侍玉铭)

**【扫黑除恶专项斗争】** 年内,区检察院围绕"六清"行动持续发力,在看守所加强扫黑除恶普法宣传,拓宽涉黑涉恶线索来源,对内构建专项斗争上下一体工作机制,对外建立信息互通、提前介入分层会商等机制。

(侍玉铭)

**【办理经济类犯罪案件】** 年内,区检察院牵头制定《石景山区办理非法集资刑事案件指引》,办理非法集资以及其他经济类犯罪案件76件90人。办理的手投网2.9亿元非法吸收公共存款案,获法院生效判决;办理的涉案金额上亿、涉及投资人400余人的集资诈骗案,提起公诉。

(侍玉铭)

**【案件办理质效】** 年内,区检察院推进"案-件比"质效评价制度,运用统计分析,将办案数据、质效指标细化到每一名检察官,做到月通报、月评价。刑事检察"案-件比"由1:2.54下降至1:1.64,办案效率提高1倍。

(侍玉铭)

**【未成年人检察工作】** 年内,区检察院推进"一号检察建议"落实,办理各类涉未刑事案件19件23人。贯彻新修订的《未成年人保护法》精神,推进未成年人犯罪预防向未成年人保护社会化治理方向转变。以未成年人互动体验式法治教育中心为平台,首次举办线上亲子参观活动,多家新媒体平台全程直播,277万人次观看。法治副校长开展网络安全普法,向全区中小学生在线推送。

(侍玉铭)

**【适用认罪认罚从宽制度】** 年内,区检察院公诉案件认罪认罚适用率84.6%,同比提升28.3个百分点。量刑建议提出率81.4%,其中确定刑量刑建议提出率76.8%,法院采纳率90.98%。适用简易程序审理占61.4%,适用速裁程序审理占30.5%。

(侍玉铭)

**【发挥审前程序的主导作用】** 年内,区检察院指控证明犯罪主导责任,少捕慎诉。不批准逮捕72件90人,不起诉58件73人,其中对情节轻微不批捕34件47人,占比47.2%;不起诉51件64人,占比87.9%。

(侍玉铭)

**【开展羁押必要性审查】** 年内,区检察院对捕后案件羁押必要性全部进行初审,努力减少审前羁押。受理羁押必要性审查案件22件,变更强制措施6人。

(侍玉铭)

**【侦查活动监督】** 年内,区检察院受理立案监督11件,监督立案3件。受理撤案监督29件,撤案25件。受理侦查活动监督案件38件,同步审查提请逮捕案件260余件,发出侦查活动监督通知书24份、季度侦查活动质量通报3期,发出纠正违法通知书6份,均获回复。受理行刑衔接案件6件,建议移送5件,立案5件,已获有罪生效判决1件。

(侍玉铭)

**【刑事执行检察】** 年内,区检察院办理在押人员控告申诉案件3件,办理社区矫正监督案件31件,发出纠正违法通知书4份、检察建议书4份,均已回函。办理全市首例剥夺政治权利脱管并重新犯罪案件,开展财产刑执行、检察规范化问题的调研与监督。针对执行费收取不规范等问题,发出检察建议。规范逮捕案件备案审查,对批准逮捕和不批准逮捕案件备案审查285件357人。

(侍玉铭)

**【刑事申诉、审判监督】** 年内,区检察院立案复查不服法院生效刑事判决申诉案件1件1人;对法院作出的252份刑事判决、18份刑事裁定、1份强制医疗决定开展同步审查。注重刑事申诉案件调查核实程序,对申诉理由逐条审核。受理司法救助案件2件2人,通过办理司法救助案件,初步探索出"调查核实+精准对接+请示指导+集体讨论+释法说理"五步司法救助案件工作法。

(侍玉铭)

**【民事检察】** 年内,区检察院办理民事诉讼监督案件20件。制发审判程序监督、执行活动监督检察建议4份。主动依职权开展监督案件11件,占受案总数的55%。针对审限扣除不规范

12月4日,带领学生参加人民检察博物馆活动 (区检察院供图)

问题开展专项监督，制发类案检察建议，督促整改。

（侍玉铭）

【行政检察】　年内，区检察院列席区政府与区法院联席会议，听取区法院《2019年行政案件司法审判年度报告》，区司法局《2019年石景山区行政复议、行政应诉案件情况通报》，结合案件特点，发挥行政检察一手托两家的职能作用。以“加强行政检察监督促进行政争议实质性化解”专项活动为契机，与区法院共同做好行政争议化解工作。

（侍玉铭）

【公益诉讼检察】　年内，区检察院初查公益诉讼案件线索8件，立案8件，其中行政公益诉讼案件6件，刑事附带民事公益诉讼案件1件，支持行政机关开展生态环境损害赔偿案件1件。截至年底，发出刑事附带民事公益诉讼公告1件、诉前检察建议3件，均收到回函。与北京军事检察院赴革命公墓开展英雄烈士纪念设施保护专项活动，针对隆恩寺塘坝北岸污水直流问题，共同立案共同调查。针对非法采矿案，支持相关部门开展生态环境损害赔偿，做好引导取证、法律支持工作。

（侍玉铭）

## 法　院

【概况】　北京市石景山区人民法院（简称区法院）40岁以下青年干警132人，占全院在编干警的70%；研究生以上学历139人，占74%；人员结构呈现“年轻化、高学历”的特点。法官员额67个，现有员额法官61人。全年坚持新冠肺炎疫情防控与审执工作同步推进，网上登记立案5362件、跨域立案33件。新收各类案件32513件，同比下降28.14%，已结32644件，结案率93.67%，结收比100.4%。法官人均结案数553.29件，结收比和法官人均结案数均位居全市基层法院第二。石景山法院未成年人综合审判团队被评为北京市法院“模范审判团队”，“青春护航基地”获评2020年度首都未成年人思想道德建设创新案例提名奖。速执团队团队长赵蕾获评“北京市三八红旗奖章”。

（邢　星）

【未成年人保护工程建设】　年内，区法院审结涉未成年人案件89件。坚持依法惩治和教育管束并重，严厉制裁未成年人恶性犯罪，发挥司法威慑作用。推动社工介入未成年人犯罪审前调查及判后帮教，坚持法庭教育、法官寄语等特色审判机制。加强与北方工业大学合作共建青少年犯罪预防与传统文化研究中心，培育青少年犯罪预防司法实务研究成果。依法从重打击性侵未成年人犯罪，定期向团区委、区妇联、区教委及区各中小学校通报涉未成年人案件审理情况，依托“相伴青春法官工作室”健全校园伤害防控机制，采取“云上看法”形式开展“法护童行”系列法治宣传教育。

（邢　星）

【特色执行工作机制】　年内，区法院以“切实解决执行难”为主线，强化集约机制、信息化手段与执行工作深度融合，建立超期未结案件逐案督办、信访案件协助接待、案款发还每周通报工作机制，运用法官会议机制强化执行监督管理，保持“3+1”核心指标常态化高标准运行。全年执结案件12587件，结收比100.5%，执行到位金额9.24亿元。稳妥执结涉颐养年养老院等涉民生案件，高效执结涉市、区重点工程案件20件，使用VR技术、直播看样等方式开展司法拍卖活动。

（邢　星）

【扫黑除恶专项斗争】　年内，区法院健全完善“3+1+7”长效工作机制，落实督导反馈意见，完成“六清”工作要求。健全内部线索会商机制，联动摸排核查线索，实现线索闭环管理。围绕长效常治目标，制定出台扫黑除恶规范性文件6份，推进专项斗争常态化、制度化。创新“微动漫”“微视频”法治宣传教育形式，推进扫黑除恶专项斗争与禁毒、防范非法集资、未成年人司法保护深度融合。围绕“行业清源”发出司法建议并坚持跟踪回访，督促相关单位积极整改，推进社会综合治理。

（邢　星）

【营造法治化营商环境】　年内，区法院建立审判管理“三例会”机制提升审判管理精细化水平，加强立审执有效衔接，推广网上立案、电子送达，压缩商事案件审判执行周期。举办“优化营商环境云沙龙”活动，线上线下相结合开展政策宣讲、法律指导，惠及全区90余家企业、50余家律师事务所。与区工商联建立民营企业产权保护社会化服务体系合作机制，设立民营企业产权保护调解室，受到市委统战部及区委主要领导肯定。

（邢　星）

【助力复工复产】　年内，区法院梳理分析新冠肺炎疫情可能引发的企业经营风险、商业交易风险，完成疫情涉法涉诉相关法律问题专项调研信息41篇。围绕区域重点工程建设项目，调研区国资委及11家国资委监管企业司法需求，开展订单式、定制化指导。举办线上法律实务座谈38次，为驻区160余家企业430余名企业代表解答咨询，帮助企业提振信心。开展“发挥执行职能、做好‘六稳’工作落实‘六保’任务”专项执行行动，高效执结拖欠中小企业债务案件676件，完善立审执协调联动，畅通审查解除诉讼保全快速办理渠道，纾解企业困境。

（邢　星）

【服务保障冬奥筹办】　年内，区法院选派资深法官、调解员开展重点民生项目诉前调解、法律解答。区法院牵头与中国司法大数据研究院联合开展“大型体育赛事法律风险防范”专项调研获2020年全国法院司法大数据专题协作研究特等奖。

（邢　星）

【矛盾纠纷多元化解机制】　年内，区法院充实多元调解力量，强化诉调对接统一管理，推进调解及司法确认程序向线上移转，立案庭（诉讼服务中心）牵头构建“诉源治理联动链”、参与“石时解纷”平台建设并举办新闻通报会，获得社会好评。推进民事诉讼程序繁简分流改革试点，强化小额诉讼程序、简易程序在速裁前端应用，完善

9月，区法院举办“法护童行”之法治进校园活动　　（区法院供图）

“前端速裁、后端精审”审判格局。

（邢　星）

**【打造立体化诉讼服务体系】**　年内，区法院提供“非接触式”诉讼服务，加强一站式多元解纷和诉讼服务体系建设，落实“接诉即答”“接单即办”工作要求，确保当场解答法律咨询、24小时内办结工单，联系法官到位率及事项办结率均达100%。

（邢　星）

**【普法责任制】**　区法院全年庭审直播案件9642件，应当公开的裁判文书全部网上公开，汇编近5年新闻发布实录，召开“网络社交引发犯罪风险提示与防范”等主题新闻通报会5次，自媒体平台发布短视频、普法信息等3018条。将“法律十进”与疫情防控、诉源治理、优化营商环境及助力复工复产相融合，线上线下举行“京法巡回讲堂”79次、普法受众达434.65万人次，开通官方短视频号发布普法微视频132条、83万余人次观看。

（邢　星）

## 司法行政

**【概况】**　石景山区司法机构包括：1个直属司法所，1个参照公务员法管理事业单位（法律援助中心），1个纳入规范管理事业单位（阳光中途之家），1个自收自支事业单位（北京市燕京公证处），3家司法鉴定机构，53家律师事务所。年内，北京市石景山区司法局（简称区司法局）抽调专人全程参与区级重点棚户区房屋征收项目专班工作。新冠肺炎疫情期间制作疫情防控宣传折页12万册、制作疫情防护小视频，做好全局内部安全防控并先后选派干警100余人次支援社区防控，完成全市部分湖北籍刑满释放人员疫情防控期间临时安置任务，开展助企惠民春季行动。重要活动及敏感节日期间全区各级人民调解组织开展矛盾纠纷排查工作。会同区法院、区公安分局依法依规开展人民陪审员选任工作。开展“12·4”宪法宣传周系列活动。持续推进扫黑除恶专项斗争，加强对律师行业执业监管；石景山区律师行业召开新的社会阶层人士联谊会。年内，区司法局被评为首都文明单位标兵、首都拥军优属拥政爱民模范单位，余尘获司法部全国优秀律师称号，法律援助中心主任马清明获“北京市先进工作者”称号。

（王　蕊　马　欣）

**【法律援助】**　年内，调整线上、线下及电话预约等法律援助受理方式，建立专门微信工作群实现法律援助服务24小时“不打烊”，通过视频远程为4起案件提供法律帮助。继续推行“当日受理、当日审批”制度，确保受援人利益最大化。畅通农民工维权“绿色通道”，通过微信远程受理解决新冠肺炎疫情期间农民工无法现场申请援助的问题。5月5日，中央电视台社会与法频道“热线12”栏目刊播石景山区法律服务助力疫情防控及农民工维权专题节目，报道4月下旬区法律援助中心在19小时内完成法律援助，助力农民工赵某成功讨薪事件。针对行动不便的困难群众，实现一次上门完成全部受理审批手续；动态调整值班律师工作模式，应用微信视频、云法庭、远程视频等现代技术手段提供法律帮助；开展“法援惠民生 扶贫奔小康”品牌系列专项宣传活动，为维护和保障民生、打赢脱贫攻坚战和全面建成小康社会提供法律支持。全年，受理法律援助民事案件248件，刑事案件56件，接待来访咨询9328人次，来电咨询15111人次。

（王　蕊　马　欣）

**【“1+1”法律援疆】**　9月29日，“1+1”法律援助委派1名律师历时15个月（自2019年），完成法律援疆工作任务返京。累计帮助当地政府化解4件拆迁信访类案件，所涉案值600余万元；化解各类矛盾纠纷48件，涉及106人，为受援群众挽回直接经济损失1000余万元，获援助对象赠送锦旗12面。

（王　蕊　马　欣）

**【人民陪审员选任】**　年内，区司法局会同区法院、区公安分局依法依规开展人民陪审员选任工作，11月20日，随机抽选出的100位人民陪审员拟任人选名单向社会予以公示。

（王　蕊　马　欣）

**【“12·4”国家宪法日宣传】**　12月4日，石景山区依法治区委员会守法普法协调小组、区委宣传部、区司法局、八角街道办事处联合在八角街道文化广场举办“12·4”宪法日集中宣传活动。区委、区人大、区政府各相关部门、区法院、区检察院及驻区单位20余家单位参加。活动设置数十个展台，现场发放近3000份宣传资料，累计为300余名现场群众提供义务法律宣传和业务咨询服务。律师、公证员、法律援助、行政复议等专业人士解答法律问题超过150人次。宣传周期间，全区范围累计举办活动70余场，发放宣传资料10万余份，线上线下受众人数超30万人次。

（王 蕊 马 欣）

【区律师行业新联会成立】 12月18日，石景山区律师行业新的社会阶层人士联谊会（简称"新联会"）在区司法局召开成立大会。会上通报新联会筹备情况，宣读成立新联会的决定，与会领导为新联会授牌、为委员代表颁发证书。会员30人。

（王 蕊 马 欣）

【人民调解】 年内，区司法局围绕新冠肺炎疫情防控、全国"两会"、服贸会等重要活动，组织各级人民调解组织开展矛盾纠纷排查14442人次，调解纠纷3587件，成功3187件，涉及金额24609.67万元。开展2019年度人民调解卷宗评查工作，指导各级调解组织提升卷宗制作水平。推进三级公共法律服务平台建设，完善街道社区公服站点一站式接待、服务项目公示、案件办理流转、业务能力提升等多项制度。

（王 蕊 马 欣）

【社区矫正和安置帮教】 年内，区司法局开展社区矫正居住地核实和社会调查74次，开展执法督察245次，发现解决隐患问题60余个。完成全市部分湖北籍刑满释放人员新冠肺炎疫情防控期间临时安置任务。全年组织各司法所开展对刑满释放和社区矫正个别谈话教育4112人次，走访3954人次，组织社区矫正教育学习1080人次。

（王 蕊 马 欣）

【助企惠民春季行动】 年内，区司法局组织召开民营企业复工复产公共法律服务调研座谈会，与区工商联、区律协签订"建立石景山区产权保护社会化服务体系战略合作协议"和"组建律师团队服务石景山区民营企业战略合作协议"。搭建服务平台，做好"法治体检"，从各律师党支部中选拔有能力有经验的党员律师组建法律服务团队46个，为88家企业进行"法治体检"，开展法律咨询368次，开展业务培训140人次，减免律师服务费56万元。

（王 蕊 马 欣）

【公证工作】 年内，燕京公证处开展公证惠企，实行"容缺受理"，全年办理公证8800余件，为企业复产复工类事项出具公证书500余份。参与石景山区教育考试中心开展2020年石景山区义务教育阶段初中入学全区派位、公办寄宿、民办学校电脑派位工作并进行现场公证。依托本市公共法律服务平台北京法律服务网，对遗嘱公证、小额继承公证等民生类事项提供线上预约咨询服务。

（王 蕊 马 欣）

【棚改征收】 年内，区司法局抽调专人全程参与广宁棚户区房屋征收项目专班工作，参与重大项目征收拆迁收尾、高井规划一路、环保督查等重点工作推进；参加部署会、专题会、研讨会等100余次；就重要疑难问题研提法律意见，防控法律风险。组织公证人员对北辛安棚改区域及苹果园南路东口相关建筑拆前清点、造册的过程进行监督，为广宁棚改前期征求居民意见、推选听证代表、依法拆除违法建设等提供公证法律服务。指派调解员入驻广宁棚改项目及衙门口回迁安置房交付现场。

（王 蕊 马 欣）

【扫黑除恶】 年内，区司法局部署开展扫黑除恶专项斗争执法办案规范化自查自改、"六清"行动。配合开展扫黄打非专项斗争，对在册"两类人员"开展涉黄涉非排查，延续"清源2019""净空2019"等专项行动效果。加强律师行业执业监管，对重点所和重点人做好教育引导和管控，收到律师代理涉黑涉恶案件报备12件，派人到法院监管律师代理涉恶案件开庭1件。处理律师重点人舆情6件，与重点律师开展电话约谈32次。接到扫黑除恶报备13件，到法院监管律师代理"涉黑涉恶"案件开庭1件。

（王 蕊 马 欣）

【普法宣传与依法治理】 年内，区司法局组织开展"七五"普法自查整改、实地检查、问卷调查和验收汇报，推动"七五"普法工作收官。与区委宣传部联合组织区委理论中心组学习《民法典》辅导报告会。组织召开守法普法协调小组第二次会议，制发全年普法工作要点和责任制清单（第三批）。向全区相关机关、企业发放各类法律书籍1万余册，制作宣传折页10万张。利用新媒体进行普法宣传，石景山普法微信公众号阅读量89488次，转发量356[illegible]次。微博点击量843610次，转发量7[illegible]50次。在全区范围开展《民法典》《北京市生活垃圾管理条例》等法律法规宣传，制作垃圾分类等主题公益宣传片，制作"文明迎冬奥"主题普法宣传动漫。

（王 蕊 马 欣）

【律师管理】 年内，区司法局完成对律师事务所年度检查考核工作，考核全区50家律师事务所301名律师。全年办理律师类行政许可、备案事项149项，开展许可检查5次，约谈13次。每月对律师事务所和律师进行抽查执法检查，开展律师类检查256次。推进社区公益法律服务工作，完成社区公益律师新一轮签约。

（王 蕊 马 欣）

## 法治政府建设

【概况】 年内，区司法局发挥法治建设统筹作用，规范依法治区工作制度、运行机制。强化行政执法监督规范行政执法行为。配合做好向街道下放部分行政执法职权。加大文件备案审查力度，健全依法科学民主决策机制。发挥行政复议化解行政争议主渠道作用，依法高效办理行政复议、行政诉讼案件。积极推行行政机关负责人出庭应诉，建立行政执法与司法审判的良性互动机制。

（王 蕊 马 欣）

【行政复议与行政应诉】 年内，区司法局组织召开区政府与区法院联席会议，通报《2019年行政案件司法审判年度报告》和《2019年全年行政审判与行政复议、应诉工作情况》，围绕推进依法行政、建设法治政府等议题共同会商，建立行政执法与司法审判的良性互动机制。全年接待行政复议申请189人次，收案审查113件，受理88件，办结91件。以区政府为被告提起的行政应诉案件42件。9月18日，区长在市一中院公开开庭审理的宋某诉区人民政府、区公安分局行政纠纷二审案件中出庭应诉，对行政争议的实质性化解起到推动作用。

（王 蕊 马 欣）

**【政府职能转变】** 年内，石景山区完成向街道办事处下放部分行政执法职权并实行综合执法工作；完成全市企业开办告知承诺试点任务，推出2批83项区级告知承诺事项，在全国率先推出工业构筑物审批流程。实行“一企一策”，为158家企业送出“服务包”；区级公共信用信息平台已归集法人各类信用信息13万余条，联合奖惩案例8千余条，市级“信用就医”试点首批落地石景山。深化“老街坊”品牌，以政府购买服务方式培育孵化1366个社区社会组织参与社区治理。

（王 蕊 马 欣）

**【“双随机一公开”检查】** 年内，区委依法治区委执法协调小组牵头开展复工复产新冠肺炎疫情防控重点执法检查。全区执法单位采取“双随机一公开”（即：执法人员及被检查对象随机，检查结果公开）等方式，对新开复工、问题未整改到位、市民投诉、媒体曝光等有防疫风险的“五类场所”“七小门店”重点部位开展专项执法检查，检查全区防控场所18702个次，楼宇2002个次，商超1644个次，餐馆（食堂）6151个次，“七小门店”8905个次，累计发现并整改问题803起。

（王 蕊 马 欣）

**【依法行政】** 年内，区政府采取政府常务会、办公会与会前学法相结合的模式，突出《北京市物业管理条例》《北京市生活垃圾管理条例》等新法学习，提高领导干部依法行政意识和能力。联合区委组织部举办2020年处级干部依法行政专题研讨班，全区近100名处级以上领导干部参加培训。

（王 蕊 马 欣）

**【规范行政执法行为】** 年内，依托北京市行政执法信息服务平台强化对区属行政执法部门执法绩效任务指标完成情况的监测评价。区司法局牵头起草《2020年石景山区推进法治政府建设工作要点》和《持续深化法治政府建设示范项目创建评审活动的通知》，构建内外监督、统筹协调的制度体系。

（王 蕊 马 欣）

**【规范性文件审查】** 年内，区司法局联合区政府办对重大行政决策程序执行情况进行清单管理、跟踪指导，组织参加重大行政决策案例评审。发挥政府法律顾问的“智库”作用，完成新一届政府法律顾问换届。修订《北京市石景山区行政规范性文件管理办法》，确保规范性文件制发管理工作规范有序。全年完成规范性文件审查28件，文件合法性审查119件，完成市级有关法律法规及区内单位发文征求意见54件。

（王 蕊 马 欣）

## 石景山区政法部门负责人

北京市公安局石景山分局局长 亢 军
政委 龚嘉明（7月免）
人民检察院党组书记、检察长 王春风
人民法院党组书记、院长 高 虹（女）
区司法局党组书记 高维华
局长 倪斐远

# 军　事

## 人民武装

【概况】 中国人民解放军北京市石景山区人民武装部(简称区人武部)下辖17个基层武装部,有专兼职武装干部40余人。区武装部内设军事科、政治工作科、保障科。年内,坚持以习近平新时代中国特色社会主义思想为指导,全面贯彻习主席强军思想,围绕习主席视察卫戍区重要讲话精神,按照卫戍区党委举旗铸魂、聚焦打赢、依法治理、强基固本、创新推动、坚强核心"六句话"抓建工作思路和"五部"新职能新定位,坚持以党建为引领狠抓全面建设,各项工作有序推进,各项任务圆满完成。

(何竹青 王文俊)

【民兵组织整顿】 2月至4月,区人武部针对区域经济转型、新兴企业增多的实际,在军委国动部下发新的民兵整组系统后,组织全体区人武部机关和专武干部搞好业务培训,按照"编得实、召得来、稳得住"的要求,创新编组方法、拓宽编兵渠道,持续推进由户籍地编兵向属地编兵拓展,由传统领域编兵向高新产业领域编兵拓展,由单纯人员编组向人装结合编组拓展。

(何竹青 王文俊)

【战备训练执勤】 年内,区人武部贯彻军委军事工作会议精神,突出战备要素规范,重点围绕情况设想、组织指挥、兵力使用等6个方面进行细化修改,修订完善应急维稳、抗洪抢险、山林灭火等15个战备方案,补充配齐战备库室器材物资,规范战备值班秩序。学习贯彻新条令新大纲,高标准组织官兵参加定级考评;依托首钢、北重机械厂、京西电厂等5个企业和区属9个街道,组建100人的民兵应急队伍,指导各企业和街道搞好前期分散自训。"两会""五一""十一"安排400余人次民兵执勤。

(何竹青 王文俊)

【双拥共建】 年内,区人武部以创建全国双拥模范城"八连冠"为目标,开展"八一"双拥月活动。实施"强军育才接力工程",为驻区部队免费培训专门人才;实施"强军爱兵救助暖心工程",用于救助部队家庭遇有特殊困难的驻区现役官兵;实施"军营社区共建共治"活动,把城市建设机制引入军营,建立军营社区。解决好优抚对象的生活、住房、医疗保障等问题,拿出10万元慰问优秀现役石景山籍困难官兵家庭。解决军人子女上学183人,进入优质学校比例100%;安置转业干部,公务员比例达70%,安置率100%。接收退役士兵131人。安置随军家属17人,为67名随军家属发放自谋职业补助金201万元;为自主择业军人组织适应性培训2次。

(何竹青 王文俊)

【国防教育宣传】 年内,区人武部坚持把专武干部纳入党政干部管理范围,组织全区48名专武干部集训,把专武干部建设成为基层武装工作的骨干力量。8月20日,邀请军事科学院教授以视频会议形式为区处两级干部以"我国面临的机遇与挑战"为题进行国防形势授课辅导。利用香山革命纪念地、八宝山革命烈士陵园等爱国主义教育场所,组织祭扫、宣誓、瞻仰等传统教育活动,开展"我和我的祖国"群众性主题宣传教育活动。创作西山永定河文化带系列丛书、《模式口红色记忆》等文艺作品,做好军事文化保护传承与利用。全区51所少年军校长期与部队开展"结对子"活动,树立国防教育从娃娃抓起、从学生抓起的责任意识。结合"征兵宣传月"活动,开展国防教育进校园、进企业、进社区等系列活动,学习贯彻《国防教育法》《北京市国防教育条例》等法律法规。

(何竹青 王文俊)

【党管武装工作】 年内,区人武部自觉把党管武装工作摆上突出位置,推动经济社会建设和国防建设协调发展。学习贯彻习近平强军思想,按照全市党管武装工作会议精神,认识新形势下加强党管武装的重大意义,履行好党管武装的政治责任,把党管武装工作纳入发展规划和议事日程,把国防后备力量建设的财力保障纳入年度财政预算。注重把军事法规和有关文件纳入区委理论中心组学习内容,召开区委议军会研究解决国防后备力量建设矛盾问题,过"军事日"体验军营生活,按时组织述职接受人民监督。召开区党管武装工作会议,总结上年度党管武装工作,部署本年度党管武装工作,并对上年度武装工作先进单位和个人进行表彰。常卫等区领导和各街道党工委书记、办事处主任,驻区企业和高校主管领导,相关委办局、区国防动员委员会办公室成员,全体专武干部和民兵干部代表约100余人参加。

(何竹青 王文俊)

【民兵政治教育】 年内,区人武部结合民兵整组、集训,在民兵队伍中开展"改革强军"教育。利用民兵整组、民兵

12月1日,民兵训练 (区人武部供图)

应急分队训练期间，在参训民兵中开展思想政治教育及形势任务专题教育。以青年民兵之家为载体，指导基层民兵营连开展各种形式的教育活动，利用《中国民兵》《国防》《国防教育》等杂志进行刊授教育。

（何竹青　王文俊）

【国防动员】　年内，区人武部贯彻卫戍区人武部建设会议精神，按照北京市国动委《通知》要求，规范区国动委组成及机构设置，组织相关成员单位，召开国防动员潜力统计调查任务传达部署会，区分后备力量、国民经济、交通运输等9大领域，在做好国防动员潜力数据普查核准的基础上，抓好网络安全和信息通信资源、新兴领域资源、特殊人才资源等7大类重点数据的核准、更新和补采工作，完成本区国防动员潜力数据核查统计和备报工作，为实施国防动员准备工作打牢坚实基础。

（何竹青　王文俊）

【征兵工作】　年内，区人武部依托区属征兵宣传专栏，在学校、社区、公交和地铁站张贴征兵海报，开展“征兵宣传教育进社区、进学校”等系列活动。会同区委宣传部研究征兵宣传方案，发挥好有线电视、报刊和新媒体的作用，要求相关单位严把体检、政审、学历认证关口，保证为部队输送合格优质兵员。组织预征青年完成役前训练，确保“准新兵”顺利向军营生活过渡，提高入伍训练起点，圆满完成征兵任务，大学生入伍率100%，并做到零退兵。

（何竹青　王文俊）

【军民融合】　年内，区人武部落实区委区政府与驻区大单位联合出台的《石景山区与驻军积极推进军民融合发展国家战略实施意见》，把军民融合发展列为部队主官工程和区委区政府“一把手”工程。依托区委军民融合发展委员会，研究党政机关在军民融合协调中的职能定位、机构设置、责任分工和运行机制。发挥人武部桥梁纽带作用，以首善标准探索军民融合、寓军于民的新思路新办法新举措。建立军民融合发展军地定期沟通协调、需求研判、实施清单、任务落实、环境保障等长效机制。利用中关村石景山园优秀企业资源，开展科技拥军、智力拥军和社会化拥军活动，实施一批军转民、民参军示范项目，从基础设施设备维护升级改造到高新技术资源共享，从人才队伍培育到后勤服务保障，军民资源实现共建共享共赢。

（何竹青　王文俊）

10月15日，武器拆解训练　（区人武部供图）

## 人民防空

【概况】　石景山区人民防空办公室（简称区人防办）负责全区人民防空指挥通信建设与管理、人防工程建设管理与开发利用、人民防空知识宣传教育、人防专业队伍建设、人防志愿者队伍建设；承担区政府赋予的应急指挥保障、公用人防工程安全管理等任务。年内，全面落实“长期准备，重点建设，平战结合”的方针，认真履行“战时防空、平时服务、应急支援”职能使命，人防组织指挥、目标防护、人员防护、专业力量和支撑保障五大体系建设取得新成绩。

（崔建国）

【指挥通信建设】　年内，区人防办落实防空警报设施社会化管理和高点监控信息化升级改造，明确设施维护的主体责任。组织街道人防干部、首钢人防办及其他警报器设点单位60人参加业务培训，邀请专家讲授防空警报器操作要领及应急操作措施。加强防空警报执法检查力度，确保全区防空警报系统始终处于良好的战备状态。修订完善突发事件应急通信保障预案，完成元旦、除夕、清明、五一、国庆、中秋、“两会”等重要节日、重大活动的应急保障工作。完成区防空防灾指挥中心中控室与市级人防部门音视频联调及视频会议82次。配合区应急办完成会议搬迁的前期调研、光缆敷设、路由选择等工作。配合区信息中心完成政府专网光缆敷设任务。完成4次短波电台、12次手持机等京津冀一体化训练任务。

（崔建国）

【专项整治】　年内，区人防办开展今冬明春、“两节”、“两会”期间社会面火灾防控等专项消防行动、人防工程安全隐患治理三年行动、城乡结合部安全生产有限空间安全作业、安全生产月等专项行动，出动检查人员650余人次，查处违法案件5件，其中：警告4件、处罚1件、罚款1万元，确保全区人防工程安全无事故。

（崔建国）

【防空警报试鸣】　4月4日，区人防办哀悼抗击新冠肺炎疫情斗争中牺牲的烈士和逝世同胞，组织开展防空警报鸣响,全区警报完好率达100%,音响覆盖率99%以上。9月19日,石景山区完成五环外38台防空警报器试鸣、指挥所开设等任务,警报鸣响率100%,音响覆盖率100%。

(崔建国)

【人防进社区】 5月12日,区人防办召开社区人防建设调研推进会,邀请北京人防浩天志愿者救援队、各街道人防干部围绕"十三五"期间社区人防建设有关经验做法、志愿者参加社区救援和公益活动遇到问题等进行交流研讨。走访调查136个社区,实地了解掌握社区人防建设现状,做好人防进社区配套保障工作,为10个社区安装12个防空防灾应急亭。

(崔建国)

【疫情防控】 疫情期间,区人防办落实"四方责任",建立健全疫情防控工作机制,向人防车库使用单位传达疫情防控要求,定期对人防工程进行通风、消杀;对进出人员、车辆做好登记、测温;暂停关闭用于宣教基地、人员活动室等人员聚集场所的人防工程。采取"四不两直"方式,出动人员120人次,检查人防工程,全区人防工程内无疫情发生。

(崔建国)

【人防工程防汛】 年内,区人防办组建1支防汛应急抢险队,24小时电话保持通讯畅通。购置50台小型潜水泵、4000个防汛沙袋及雨伞、雨鞋、强光手电等防汛物资,将防汛沙袋提前码放在人防工程口部,做好应对汛期极端天气的物资保障。专人负责防汛800兆手台的呼叫和管理,提高应急抢险反应处置能力。严格执行防汛值守制度,接到雨情预警后由处级领导在岗带班,科级以上干部值班,应急抢险人员在岗在位,确保应急处置迅速启动。与区防汛指挥部、区气象局建立雨情沟通制度,利用短信群发系统,及时向工程管理单位发布雨前预警,确保人防工程安全度汛。

(崔建国)

【设施维护管理】 年内,区人防办按照人防工程维护维修预算定额、标准和技术规程,经第三方前期施工量测量、控制价编制、社会公开招投标、签订审计、监理和施工协议等程序,对人防工程设备设施进行维护,全区人防工程平战转换功能提高。

(崔建国)

北京石景山年鉴

BEIJING SHIJINGSHAN NIANJIAN

2021

# 应急管理

## 综　述

【概况】 2020年,石景山区应急管理局(简称区应急局)以习近平新时代中国特色社会主义思想为指引,深入贯彻落实党的十九大和十九届二中、三中、四中、五中全会精神,坚决贯彻落实市委市政府、区委区政府关于应急管理工作各项决策部署,克服新冠肺炎疫情不利影响,完善应急管理机制,推进应急管理、防灾减灾、安全生产等各项工作,为推动全区复工达产,促进区域经济平稳运行营造良好安全环境。安全生产责任体系不断完善,将区委、区政府领导班子及其成员和各级党政领导干部在安全生产工作中的履职尽责情况纳入领导干部年度考核和履职述职内容,强化《北京市党政领导干部安全生产责任实施细则》的贯彻落实。健全完善属地安全监管责任制,区级层面由区委常委、常务副区长分管安全生产工作;9个街道办事处全部落实街道党(工)委委员分管安全生产工作;12家区属国有企业全部建立安全生产专职管理部门,配备安全管理专职人员,逐级明确安全管理责任。“党政同责、一岗双责”要求在全局得到较好落实。强化安全监管推动提质增效。按照年度安全生产监督检查计划,坚持“一手抓疫情防控、一手抓复工复产”,依法有效惩治违法行为,依法维护社会正常的生产生活秩序,依法保障企业有序复工复产。安全隐患排查整治不断深入,在12个重点领域深入开展城市安全隐患治理“三年行动”,全面排查治理消除各类安全隐患,预防各类安全事故,促进辖区安全形势持续稳定好转,为“创城”和“冬奥”营造良好安全生产环境。全年共检查生产经营单位6673家,人均执法检查426件,行政处罚372起,罚款267.31万元,行政执法检查工作位居全市同系统第一。634家企业完成“一企一标准、一岗一清单”编制工作,辖区重点监管企业(A、B库)覆盖率达到10.4%。企业通过隐患排查系统开展隐患排查使用率达到96.5%以上。推进市委市政府2019年安全生产督察反馈问题整改,5类45项98个问题全部整改完成。

(颜惠军)

【完成城市安全隐患治理“三年行动”】 5月,按照市委、市政府决策部署和《石景山区城市安全隐患治理“三年行动”》方案要求,石景山区高效完成城市安全隐患治理三年行动。自2018年9月至2020年5月,各相关单位共检查生产经营单位8695家次,排查录入隐患747项,市级挂账隐患387项,已整改销账387项,整改率100%,提前完成市政府要求整改率达到90%的任务目标。此次安全隐患排查治理的范围是全区内各行业(领域)的企业和单位。按照“全行业覆盖、重点行业突破”的原则,各单位依据职责,结合实际,明确本单位的隐患排查治理重点,全面排查,建立台账,治理隐患,防止事故发生。在全面排查治理各类安全隐患的基础上,突出重点地区、重点行业(领域)和重大隐患的排查治理,主要在消防、道路交通、建设领域、城市运行、危险化学品、工业企业、矿山、重点人员密集场所、特种设备、地下空间、食品药品、有限空间等领域深入推进各类安全隐患排查治理。

(颜惠军)

【完成城市安全发展评价】 9月22日,按照全市统一部署,城市安全发展评价专家组对石景山区开展城市安全发展评价工作。区应急局对标各项评价指标,围绕城市安全发展工作开展情况进行汇报,并与评价工作组专家进行交流讨论。专家对照评价指标各项标准认真查阅文件资料,了解石景山区城市安全发展创建概况。并查看应急指挥平台、隐患排查治理系统等信息应用管理系统,了解应急信息化能力建设现状。同时,专家还对应急、消防、建筑施工、社区、人员密集场所等多个领域进行实地抽查,并就现场情况与随同人员进行沟通反馈。年内,区应急局继续以安全发展示范城市创建为目标,以城市安全风险评估与企业双重预防机制建设为抓手,对照“标准”强化弱项。

(颜惠军)

## 综合管理

【概况】 2020年,综合应急管理职能较好发挥。石景山区建立健全由区政府主要领导主持的公共安全形势分析机制,主动做好各类突发公共事件防控工作,实现公共安全分析研判工作常态化,完善应急管理指挥机制。下发《石景山区应急委关于调整领导成员和组成人员及领导分工的通知》,区专项应急指挥部从19个增加至21个,明确各专项指挥部工作职责。

(颜惠军)

【春节期间应急管理】 1月20日,陈婷婷主持会议,贯彻市2020年春节及全国“两会”期间应急管理和安全生产工作会议精神,对全区春节期间安全监管和应急管理工作进行全面部署。区安委会39个成员单位的主管领导参加会议。会议要求,结合春节期间行业和属地的监管实际,党政主要领导对春节期间的安全监管工作要亲自部署、亲自检查、亲自督查;加强冬季防火、防煤气中毒、春节烟花燃放、春节庙会安全的宣传,特别关于烟花禁放的宣传工作;发挥行业和属地的监管职能作用,加强协同配合,形成监管合力。会议强调,要深入研判形势,完善防范措施,突出监管重点,特别要做好人员密集场所、城市运行、防火安全、建筑施工、烟花爆竹、食品卫生等领域安全监管,防范和坚决遏制各类安全生产事故发生。

(颜惠军)

【研究部署年度安全生产工作】 4月17日,李新主持召开第47次区政府常务会,听取2019年安全生产工作完成情况和2020年重点工作安排的汇报,围绕贯彻落实全国和全市安全生产工作电视电话会议精神,对2020年安全生产工作进行研究部署。2019年各部门牢固树立“生命至上、安全第一”和依法治安理念,紧紧抓住“两大机遇”,牢牢把握“三区定位”,安全生产基层基础不断夯实,年度各项工作任务较好完成，取得“北京市安全生产工作优秀单位”“安全生产工作重大进步单位”和“消防工作管理创新单位”的好成绩。会议强调，各单位要坚决贯彻落实习近平总书记和李克强总理关于安全生产工作的指示批示精神，按照全国和北京市安全生产工作的部署，围绕落实全国安全生产整治三年行动计划，强化落实安全生产责任，推进安全隐患排查治理，做好推进改革、压实责任、隐患治理、重点整治、夯实基础和宣传教育6个方面40项重点工作，落实各项安全措施，抓好风险隐患防控，扎实推进监督检查专业化建设，压减安全生产事故，维护辖区安全生产形势稳定。

（颜惠军）

**【检查防汛工作】** 5月28日，常卫、李新带队对水泥厂社区、永定河左堤、麻峪泵站防汛准备工作进行检查，并召开专题会议研究部署防汛工作。田利跃、齐春利、孙学伟陪同检查。北京排水集团董事长郑江参加检查。检查结束后，常卫主持召开专题会议研究部署防汛工作。会议听取区应急局对全区防汛准备工作情况汇报。

（颜惠军）

**【书记会专题部署安全生产】** 10月29日，常卫组织召开专题会，研究部署安全生产工作。会议听取挂账隐患问题整改工作情况汇报，研究部署第四季度和今冬明春的安全生产工作。会议要求，各单位要坚决贯彻落实习近平总书记关于安全生产工作的一系列重要指示精神和李克强总理的重要批示要求，贯彻党中央决策部署和市委市政府工作要求，牢固树立安全发展理念，不断强化安全生产责任落实。

（颜惠军）

**【安全生产专项整治“三年行动”】** 年内，区应急局按照全市安全生产专项整治三年行动计划的总体部署，结合辖区实际，确定“1+3+9”的专项整治总体布局，成立“一办八组”工作专班，以安委会文件下发1个总体方案、3个专题实施方案、9个专项整治实施方案，先后6次召开区级工作推进会，推进专项整治工作开展。年度159项目标任务全部完成、71项挂账隐患全部整改销账，“两个清单”完成率均实现100%。

（颜惠军）

**【城市安全隐患治理“三年行动”】** 年内，区应急局按照《石景山区城市安全隐患治理“三年行动”》的部署要求，推进“三年行动”专项治理工作。全年各相关单位共检查生产经营单位4793家次，排查隐患2655项，系统挂账隐患71项，已完成整改销账71项，销账率100%。

（颜惠军）

**【“十四五”应急管理体系规划编制】** 年内，区应急局委托北方工业大学新兴风险学院成立专业工作小组，组织应急领域专家执行编制工作，采集全区各相关单位实施“十三五”应急专项规划的措施、成效、存在的问题及建议，开展“十三五”应急体系发展规划监测评估，拟定“十四五”期间的目标任务。截至年底，完成《“十三五”应急体系发展规划监测评估》《规划实施计划文本》编制和《解决措施清单表》，完成《规划（初稿）》编制工作。

（颜惠军）

**【安全生产大培训】** 年内，区应急局按照市安委会统一部署及《石景山区2018年至2020年生产经营单位主要负责人和安全生产管理人员安全生产培训考核工作方案》要求，开展2020年安全生产大培训工作。完成2018—2020年生产经营单位主要负责人和安全生产管理人员安全生产培训工作，培训4000余人，推动企业安全生产主体责任落实。

（颜惠军）

**【生产安全事故调查处理】** 石景山区全年发生一般生产安全事故4起，亡4人。区应急局相关科室立足本职，开展事故调查处理工作。事故调查期间，调查询问生产经营单位17家，制作询问笔录57份，依法处理相关责任单位7家，行政处罚150万元。

（颜惠军）

**【企业安全生产标准化建设】** 年内，区应急局按照市局关于企业安全生产标准化创建任务指标，结合新冠肺炎疫情防控要求，转变工作模式，部署石景山区企业安全生产标准化建设工作，将北京市下达石景山区的指标分解到部分行业和街道办事处，并按计划推动安全生产标准化创建工作。全区222家企业完成达标创建工作，其中三级27家，小微195家。

（颜惠军）

## 应急救援

**【概况】** 年内，区应急局有效应对各类突发事件，突出AI智能赋能，建立科学、实用、有效的应急值守系统，实现数据汇聚、态势分析、指挥部署、动态跟踪一张图，综合展示、信息汇总、辅助研判一张屏，实现上下联动、指挥调度、协同会商一张网。区应急指挥中心全年妥善处置应对各类突发事件和突出情况275起，其中社会安全131起、自然灾害64起、事故灾难72起、公共卫生8起，各类突发事件均得到妥善处理，均未引发任何次生、衍生灾害和不良的社会舆情。

（颜惠军）

**【开展防汛综合演练】** 7月22日，区防汛指挥部进行2020年防汛应急综合演练。演练以城区持续出现强降雨，金安桥地区发生道路积水，人员车辆被困为背景，采取桌面推演与实地操作演练相结合的方式，模拟区防汛指挥部启动Ⅳ级防汛应急响应，各防汛单位按照预案做好突发事件应急抢险处置。区应急局、区城管委、区气象局、交通支队、快轨公司、北排四分公司、森防大队等单位参加演练。市应急局派出评估组观摩演练。

（颜惠军）

**【及时发布气象灾害预警】** 年内，区气象灾害预警中心及时发布灾害性天气预警信号，大风61期（蓝53、黄8）、雷电31期（蓝16、黄15）、沙尘4期（蓝）、道路结冰8期（黄）、寒潮3期（蓝）、高温4期（蓝3、黄1）、暴雨9期（蓝5、黄2、橙2）、大雾5期（黄）、冰雹1期（黄）、持续低温1期（蓝）。全年向石景山区政府及公众发送气象预报预警短信115万余条，发布微博、电子显示

7月29日,召开石景山区安全生产专项整治"三年行动"工作推进会

(区应急局供图)

屏、微信(16个决策服务群组、对象)、邮件、QQ等预警信息各127期。

(霍东晴)

【新冠肺炎疫情防控保障】 年内,区应急局针对常态化疫情防控工作特点,协调区商务局,调拨救灾物资14批,其中棉帐篷92顶、单帐篷32顶、手电筒650个、1号碱性电池1950节、吊挂式应急灯350盏、塑料折叠桌凳60张、毛巾被40床,做好疫情防控物资保障工作。

(颜惠军)

【有效应对汛期降雨】 年内,区应急局成功应对7·31、8·12和8·23三场强降雨。主汛期内严密部署,加强协调,提前组织布控,加强应急值守,做好对易积水点平房区、道路和地质灾害点的检查巡察,汛期内启动Ⅲ级防汛应急响应3次,Ⅳ级防汛应急响应3次,组织预警传播、抢险救援、居民自救互救、群众避险转移等演练25场次,汛期全区准备防汛抢险队伍总人数约4500人,各类物资约25000件。

(颜惠军)

## 防灾减灾救灾

【概况】 年内,区应急局妥善处置各类突发事件和突出情况。接报各类突出情况191起,妥善处置"1·22"燃气爆燃事故;防汛期间,发布灾害性天气预警66期,积极应对降雨防汛44次,组织约1.2万人的各类防汛抢险应急处置力量加强金安桥、衙门口桥和水泥厂社区等城市内涝严重地区进行抢险排水作业,实现"不死人、少伤人、少损失"的防汛工作目标。充分发挥森林消防综合应急救援队伍机动灵活的优势,靠前部署驻防力量,协助有林单位加大林区检查管控力度。期间,派出森防人员5155人次,设置检查哨卡20余个,出动各类消防车辆901台次,巡护里程达9000余千米,制止野外违规用火行为(吸烟)22次,做到严防死守,实现连续19个防火期未发生重大森林火灾火险的工作目标。

(颜惠军)

【森林火灾防治】 清明期间,区森林防火指挥部办公室(简称区森防办)成立清明期间森林防火联合检查组,组织开展对有林单位为期4天的专项执法检查行动,确保各项森防工作无死角、无盲区。联合检查组对西山试验林场黑石头分场、福寿岭分场等周边重点林区,以及红光山、天泰山、慈善寺文保区等重点地区散坟祭扫管理情况进行重点排查检查,有森防任务的相关街道按照职责,加强森林防火管控及宣传。各级森林消防力量保持24小时全员到岗在位,森林消防大队严密部署靠前驻防力量,每天加强对重点地区的巡防巡护力量,严防死守,严防森林火灾发生。协同区公园管理中心,对法海寺、模式口防火道两侧林区,组织开展为期两天的喷淋洒水降湿作业,共出动人员100人次、车辆8台次,作业防火公路7千米,面积约30万平方米。每日对黑石头、法海寺、八大处等重点林区部署靠前驻防力量,重点加强清明节、"五一"劳动节前的巡查巡护工作,出动森林消防队员414人次、森林灭火设施414组、车辆69台次。安排部署森林消防大队与区消防支队组织开展森林火灾专项演练,切实增强应急处置能力。区森防办全年组织区森林防火指挥部成员单位、区有林单位召开森林防灭火工作部署会议6次,保持24小时全员到岗在位,坚持部署靠前驻防力量。针对重点防火期,区森林消防大队每日对黑石头、法海寺、八大处等重点林区、景区部署靠前驻防力量,重点加强巡查巡护工作,共出动森林消防队员870人次、森林灭火设施870组、车辆145台次,确保辖区平稳度过森林防火期。

(颜惠军)

【防灾减灾宣传】 5月12日,区应急局开展以"提升基层应急能力,筑牢防灾减灾救灾的人民防线"为主题的系列宣传活动,首次实现现场与市应急局指挥中心视频连线直播互动。在活动现场,展示防洪涝灾害、防火救火、防抗震救灾等宣传展板、宣传海报、宣传折页,委托防灾减灾联盟制作一套200分钟的宣讲课件发到各街道,共计发放宣传材料16000份,发放印有防灾减灾救灾折扇、急救包、手持式喊话器、布袋等相关宣传品。区应急局下发《关于开展2020年防汛减灾宣传活动的通知》,确保各街道做好5.12防灾减灾宣传活动。区应急管理局续推动防灾减灾活动进机关、进社区、进学校、进企业、进家庭、进公共场所等"六进"活动,打牢防灾减灾工作基础。

(颜惠军)

【防汛动员部署会】 5月29日召开。

会议由齐春利主持，区防汛指挥部各成员单位领导参加。会上，观看2019年防汛工作总结纪实片，区气象局对当年汛期气候趋势进行分析预测，李新传达常卫在28日全区防汛专题会上的讲话精神，会议对2020年防汛工作进行部署。

（颜惠军）

**【检查8·12强降雨应对】** 8月12日，常卫带队检查重点部位应对强降雨各项准备工作。常卫一行先后对永定河京原闸堵口点、广宁街道麻峪村平房区、五里坨街道浅山区、金安桥区易积水点和西黄村积水道路5个重点部位进行检查，听取相关单位的随行汇报，重点询问应对强降雨准备各项措施的落实情况，提出相关要求。同日，李新带队检查古城街道水泥厂社区、八角街道南山1号院、老山街道玉泉路11号院、老山街道梁公庵地区强降雨应对工作。对水泥厂社区新建雨水泵站、梁公庵临时雨水泵站运行情况，平房区低洼院落、积水点位处置情况进行了解，慰问防汛一线工作人员，实地查看居民汛期房屋居住情况。

（颜惠军）

**【检查首钢集团矿业公司】** 8月27日至28日，齐春利带队到河北迁安检查首钢集团矿业公司安全生产及防汛工作。检查组一行首先参观首钢集团矿业公司文化中心，听取首钢集团矿业公司关于非煤矿山安全管理情况的工作汇报，对大石河铁矿孟家冲尾矿库和水厂铁矿的安全现状、安全生产责任制落实情况、重点部位的应急保障等情况进行现场检查。

（颜惠军）

## 安全监管

**【概况】** 年内，区应急局按照年初制定的年度安全生产监督检查计划，克服新冠肺炎疫情不利因素影响，持续加大执法检查力度。全年共检查生产经营单位6673家，人均执法检查426件，行政处罚372起，罚款267.31万元，行政执法检查工作位居全市同系统第一。

（颜惠军）

**【烟花爆竹安全管理检查】** 1月24日，常卫带队检查烟花爆竹零售网点安全管理工作。区应急局、公安分局、消防救援支队、交通支队、五里坨街道主要领导陪同检查。常卫听取企业负责人关于节日期间烟花爆竹销售安全管理工作的汇报，现场询问了解烟花爆竹零售网点设置、教育宣传以及安全管理情况，对从业人员持证上岗，实名制登记，企业负责人带班值守等规章制度执行落实进行检查。要求高度重视，强化主体责任，严格落实实名登记制度，加强周边巡视看护；要落实制度规定，强化安全管理，落实各项安全管理措施，加大检查力度，及时消除安全隐患；要严格值班值守，强化应急工作，烟花爆竹零售点确保24小时值守，突发情况及时上报，确保2020年春节期间烟花爆竹销售安全。

（颜惠军）

**【“五一”期间安全生产检查】** 5月1日，李新带队对物美超市西黄村二店、苹果园交通枢纽建设项目、莲石湖生态公园和松林公园进行检查。在物美超市西黄村二店，李新强调，要牢固树立安全第一理念，把安全生产红线意识落实到企业安全管理的各个环节；要高度关注食品卫生安全和物价稳定，做到在新冠肺炎疫情防控的条件下，商场超市安全运行、商品食品安全供应。在苹果园交通枢纽建设项目，李新要求工程建设单位和监理单位要认真分析研究疫情常态化条件下施工现场的安全管理工作，要科学有序组织安全生产，既要保障工程进度，又要保证工程质量；要高度关注工地环保工作，强化防尘降尘措施落实；要严格落实各项安全管理制度，加强安全隐患排查，防范安全生产事故。在莲石湖生态公园，李新要求公园管理单位要加强园区内人员流量的调控、宣传和疏导工作，引导市民文明游园；要加强危险地段的安全警戒、巡查和巡视，防止发生溺溺事故；要加强应急救援人员、车辆和物资的准备，确保突发情况及时处置。

（颜惠军）

**【检查督导新冠肺炎疫情防控】** 6月17日，齐春利对危化经营企业和八宝山集体租赁保障房项目工地检查督导疫情防控和安全生产工作。检查组采取“四不两直”的方式，对三海加油站内部人员管理、疫情防疫制度落实以及近期去往重点地区人员排查情况进行检查。在检查建筑施工工地现场，听取该企业负责人疫情防控工作汇报，逐项查看该企业疫情防控各类统计台账，工人个人防护装备配备落实情况，并提出要求。9月29日，齐春利带队对喜隆多国际购物广场和苹果园交通枢纽建筑工地的安全工作进行检查。在喜隆多国际购物广场及永辉超市，齐春利查看人员密集场所的安全防护措施、监控视频、安全指示标识等设备设施，详细询问了解企业开展安全培训和开展应急演练等情况。在苹果园交通枢纽建筑工地，检查现场的施工设备、建材存放、人员持证和防火设施等情况。

（颜惠军）

**【加强“六小场所”检查】** 7月，随着复产复工企业不断增多，为预防麻痹思想带来安全隐患，区应急局执法人员加强“六小场所”（小歌厅、小餐饮、小网吧、小洗浴、小旅馆、小市场）安全检查。重点检查从业人员的安全教育培训情况，同时对经营场所配电设施、电源线路、消防器材、安全出口等部位进行检查，对检查中发现的安全隐患问题要求各单位立即进行整改，严格落实企业安全生产主体责任，做好隐患自查工作，坚决遏制安全生产事故的发生。

（颜惠军）

**【第四季度公共安全形势分析会】** 9月27日召开。会议通报第三季度公共安全总体情况和重点安全风险防控措施落实情况，对第四季度公共安全形势进行预测和分析，部署重点安全风险防控的对策与主要措施以及中秋、国庆两节期间安全检查和应急值守工作。齐春利就加强应急值守和公共安全形势分析以及落实安全主体责任进行强调。

（颜惠军）

**【国庆期间安全生产检查】** 9月30

日，李新带队对石景山游乐园、石景山当代商城和苹果园综合交通枢纽工程—南区标段的安全保障和安生产工作进行检查。在石景山游乐园，李新要求政府相关部门、游乐园和游园活动承办单位一定要加强人员出入口的安全检查，严密组织节日期间的各项活动，加强安全应急疏散演练，注重安全隐患排查，确保游园活动安全，切实将文化和旅游两者深度融合，促进石景山区文化及旅游产业发展。在当代商城，李新叮嘱商场负责人一定要强化新冠肺炎疫情防控意识，牢固树立安全第一理念，要把安全生产红线意识落实到企业安全管理的各个环节。在苹果园综合交通枢纽工程—南区标段，李新要求工程建设单位和监理单位要认真分析研究疫情常态化条件下施工现场的安全管理工作，要科学有序组织安全生产，既要保障工程进度，又要保证工程质量；要高度关注工地环保工作，强化防尘降尘措施落实；要严格落实各项安全管理制度，加强安全隐患排查，防范安全生产事故。

（颜惠军）

【节后安全管理落实情况进行检查】 10月10日，区应急局主管领导带领相关科室执法人员，集中对辖区内危险化学品经营企业安全管理落实情况进行执法检查。执法检查采取“四不两直”的方式，对区内加油站点进行抽查检查，执法人员在现场分别查看加油站设施设备、值班值守、教育培训、应急预案制定、隐患排查治理等安全制度和规定落实情况，对检查中发现的问题要求企业立即限时整改，并做好迎接上级督导检查的准备工作。要求辖区内各危险化学品企业必须组织召开一次安全生产经营专题会议，周密部署好安全生产经营管理工作；必须制定科学的安全管理工作方案，逐级落实安全工作责任制；必须组织开展好安全检查，全面排查治理隐患，企业主要负责人和安全管理负责人要带队检查，督促抓好隐患整治；必须制定有针对性的应急处置方案，严格落实危险区域、危险工艺、重要部位和薄弱环节的安全防范措施，强化应急处置工作，确保企业生产和经营安全。

（颜惠军）

【有限空间作业监管】 年内，区应急局加强有限空间作业安全生产监管工作。结合新冠肺炎疫情防控，协调各行业部门，开展工贸企业有限空间作业专项治理安全检查，区应急局、各街道安全生产检查队等有关部门共出动执法检查人员682人次，检查企业574家次，共发现事故隐患55项，行政处罚55起。全面开展工业企业有限空间作业“双防一推进”专项执法检查行动。集中60天时间，汇集区、街道安全生产执法检查力量，根据市疫情防控领导小组复工复产组提出的“疫情防控监督检查一周一覆盖”的工作要求，全面开展有限空间作业“双防一推进”专项执法检查行动，督促工业企业加强有限空间作业的安全管理，防范有限空间事故发生。共出动执法人员562人次，检查场所266家次，检查发现隐患14项，行政处罚5起，处罚人民币4.2万元。

（颜惠军）

【安全生产专职安全员队伍建设】 年内，区应急局持续加大专职安全员队伍建设力度。截至年底，有专职安全员成立的督查检查队20支、214人，其中9个街道9支队伍共150人，18个职能部门11支队伍64人。按照“统一管理、集中使用、分片负责”的原则，经过近几年专职安全员队伍规范化达标建设，9个街道安全生产检查队分别设有独立办公场所及办公设施设备，具体工作由所在街道社区平安建设部，按照市区两级年度工作部署及要求抓好安全生产检查工作落实及日常管理。按照市局关于加强专职安全员队伍规范化建设文件要求，对9个街道安全生产检查队进行星级标准评定。依据评定标准组织筛选，上报苹果园、五里坨和老山街道安全生产检查队3家单位，完成市局专家组现场核查。

（颜惠军）

# 新首钢高端产业综合服务区与首钢集团

## 综　述

新首钢高端产业综合服务区(简称首钢园区)紧临永定河,背靠石景山,是北京市城六区唯一集中连片的开发区域,是长安街金轴的西部起点,西山永定河文化带的重要组成部分,也是新版北京城市总规重要的区域功能节点。在地理区位、空间资源、历史文化、生态环境上,首钢园区具有独特优势,是落实首都功能定位的重要支撑。

年内,《新首钢高端产业综合服务区南区详细规划(街区层面)》取得市规划和国土资源委批复。首钢园区规划及建设成果达到国际先进水平,获得第七届 Construction21 国际"既有建筑绿色改造解决方案奖国际特别提名奖",首钢老工业区改造西十冬奥广场项目获得国家优质工程奖,获评 2020 年度北京市级文化产业园区。首钢园区被纳入国家首批城区老工业区改造试点、国家服务业综合改革试点区、国家可持续发展实验区、中关村国家自主创新示范区、国家级智慧城市试点、北京市绿色生态示范区,成为国内首个 C40 正气候样板区。10 月 23 日,市领导就推进新首钢地区建设发展调查研究时指出,新首钢地区已成为北京城市深度转型的重要标志。"十四五"时期是新首钢地区发展的新起点。首钢园区按照北京城市总体规划和市委市政府提出的新首钢地区"打造新时代首都城市复兴新地标"的总体要求,以"三年行动计划"为工作主线,全力服务保障冬奥会筹办,持续推动园区开发建设和运营管理取得新进展。在空间建设方面,冬奥办公区、冬训中心、首钢工舍、运动员公寓、秀池酒店等重点场馆设施高标准交付使用;首钢滑雪大跳台正式交付使用;顺利完成脱硫车间改造;石景山景观公园、厂东门广场、群明湖、绿轴景观、三高炉广场、高线公园(群明湖北段、绿轴西段)、极限运动公园、长安街西延景观提升等特色景观基本完成改造并交付运营,山 - 水 - 工业遗存特色景观体系初步形成。在招商运营方面,园满举办北京 2022 年冬奥会和冬残奥会赛会志愿者全球招募启动仪式、2019 年沸雪北京国际雪联单板及自由式滑雪大跳台世界杯比赛、冬奥会吉祥物发布会、2020 和 2021 北京新年倒计时、京交会、抖 in 北京、2020 首钢园环境舞蹈展演、冰壶世界杯、KHL 冰球联赛、2020 第十四届全国冬季运动会短道速滑少年组比赛、2020 北京时装周等重要赛事活动,不断提升园区国际国内影响力。立体布局、精准招商,园区业态日趋完善。

(马　晓)

## 新首钢高端产业综合服务区

**【概况】** 截至年底,腾讯体育、泰山体育、全民畅读、优必选、新石器等 25 家企业及品牌商户入驻园区,包括体育类 6 家、科技类 8 家、文化类 6 家、高端商务服务 5 家,推动奥运 TOC 技术中心落户首钢园区。在产业规划方面,遵循市委市政府对首钢园区"传统工业绿色转型升级示范区、京西高端产业创新高地、后工业文化体育创意基地"的定位,规划建设体育 + 、数字智能、文化创意三个主导产业,消费升级、智慧场景、绿色金融服务三个产业生态和首钢国际人才社区在内的"三产三态一社区"的产业体系。抓住冬奥历史性机遇,加快北京老工业区崛起。遵循城市"新总规",依托"长安金轴",集区位优势、空间资源、创新要素于一身,实施三年行动计划,大力推进文化复兴、生态复兴、产业复兴和活力复兴,努力打造新时代首都城市复兴新地标。

(马　晓)

**【冬运会短道速滑少年组比赛】** 1 月 14 日至 15 日,第十四届全国冬季运动会短道速滑少年组比赛,在首钢园区运动中心短道速滑馆举行。全国冬季运动会是国内规模最大、级别最高的冬季综合性体育赛事,每四年举办一次。为承办好此次赛事,首钢园区运动中心成立临时协调部,并制定详细的赛事场地执行方案,从接待、媒体、财务、医疗、场地、安保、交通、后勤、协调等各个方面分工部署,保障赛事顺利举办。来自全国的 16 支代表队,运动员年龄为 13 至 14 周岁的 67 名运动员,分别参加男女 500 米和 1000 米单项比赛角逐。

(马　晓)

**【极限运动公园主体竣工】** 2 月,首钢园区内的极限运动公园攀岩区、滑板区主体施工告竣。首钢极限运动公园位于首钢园区北区北端,临近 S1 号线与阜石路,与冬奥组委地块相隔一条晾水池东路。占地面积 17913 平方米,共分为轮滑、攀岩、休闲三个区域。其中,轮滑区具有碗池、街式比赛功能,攀岩区具有难度攀岩、速度攀岩、抱石攀岩、干式攀冰等比赛及群众性运动功能。

(马　晓)

**【腾讯演播厅主体结构封顶】** 6 月 5 日,首钢园区南区 D 号楼氧气厂 3350 车间改造实现单体主体结构封顶。项目分为 A、B 两个区,A 区老厂房改造保留原厂房的框架和红砖外墙,对原结构加固处理,新增楼层板和窗户洞口,保留老厂房的原汁原味和遗存的工业风格,建筑面积 8173.9 平方米,建筑高度 18.1 米。B 区建筑面积 9135.55 平方米,建筑高度 30 米,新建的大、中、小演播厅,建筑面积分别为 1800 平方米、800 平方米、380 平方米,采用圆弧墙设计,极具美学动感效果。年初,首钢与腾讯达成协议,将氧气厂 3350 车间改造成为专业演播厅及配套空间,借助 PCG 事业群吸引更多腾讯电竞、科幻等业务板块和文化传媒产业在园区聚集。

(马　晓)

**【香格里拉酒店主体结构封顶】** 6 月 30 日,首钢园区香格里拉酒店项目完成主体结构封顶。该项目是"北京 2022 年冬奥会官方接待饭店"之一,是首钢滑雪大跳台的配套项目。项目包含 A、B、C 楼三个单体,A 栋楼和 B 栋楼前身为首钢自备热电站主厂房,经过改造成为酒店大堂。设计保留原结构框架以及内部三组汽轮发电机基础,营造一个工业风特色酒店大堂。B 栋楼为原有建筑拆除后复建而成,具有泳池、餐厅、健身等功能。C 栋楼为新建建筑，作为酒店客房楼。首钢园区香格里拉酒店项目在保留工业遗存与历史传承的同时，采用现代化风格，体现绿色可持续理念。由意大利知名建筑设计大师 lissoni 设计，具有浓浓的工业风，个性鲜明。

（马　晓）

**【数字圆明园光影感映展】** 7月11日至11月30日，每周二至周日，由 RE睿·国际创忆馆运用现代科技手段演绎“重返·万园之园”——数字圆明园光影感映展在首钢园区北区4号筒举行。感映展通过高画质、高清晰度等人工智能设备技术，将富有动感和视觉冲击力的画面呈现在观众面前，打造出全新的视觉文化盛宴。感映展由清华大学研究20年，从史料、图档、考古发掘现场、老照片、铜版画等错综复杂的历史线索中构建还原圆明园的历史原貌，有中国、美国、法国、英国等地区的百余件圆明园珍贵史料图档，包含圆明园的设计图纸、老照片、数字流散文物等，其中包括世界独一无二的彩色铜版画，通过数字技术将圆明园消失的50余处美景重现。这是该项成果首次在社会展示。

（马　晓）

**【首钢极限公园开放】** 8月8日，市体育局结合全民健身活动，与首钢园区运动中心、京东集团等企业，在首钢极限运动公园，联合举办首届“8·8北京体育消费节”活动。活动通过组织线上线下体育消费活动，打造具有体育行业特色的全民体育嘉年华。该次活动是首钢极限运动公园首次向公众开放，吸引百余位滑板运动爱好者参与。首钢极限运动公园由中国轮滑协会、中国登山协会与首钢合作，利用老工业遗存改造而成充满工业风与动感时尚风、极具硬核魅力的潮酷运动公园，包含滑板场、攀岩场、休闲区三个部分，占地面积1.79万平方米，是北京最独特（工业特色融合极限运动）、最大（北京市最大户外极限场地）、最专业（可满足国际级专业赛事）的以极限运动为主题的户外体育场地。

（马　晓）

**【市领导到首钢园区调研】** 8月18日，陈吉宁到首钢园区调研，察看工业空间改造利用情况，走访入驻企业，并主持召开新首钢高端产业综合服务区发展建设领导小组会议。陈吉宁强调，新首钢地区要进一步深化区域控制性详规，创新体制机制，完善区企合作建设发展模式，发挥区域优势，举办吸引力强、热度高的活动，吸引优质项目落地，培育高质量发展动能，加快打造新时代首都城市复兴新地标。陈吉宁要求首钢要坚持高质量发展定位，创新园区开发和招商体制机制，营造良好发展环境，深化活动内容、增加活动频次，打造区域热点，积极吸引符合发展定位的创新创业企业入驻，形成聚集发展优势。要把握新首钢园区转型发展重要历史机遇，统筹资源、精准谋划、综合施策，创新开发建设和产业培育模式。要完善区企合作建设发展模式，强化协同对接，明确管理职责。要精选项目重点培育，打造特色品牌，吸引要素聚集，完善创新和产业生态，不断夯实高质量发展基础。

（马　晓）

**【园区获市级文化产业园区】** 8月21日，首钢文化产业园获评2020年度北京市级文化产业园区。首钢园区是西山永定河文化带的重要组成部分，也是新版北京城市总规重要的区域功能节点，在地理区位、空间资源、历史文化、生态环境上具有独特优势，是落实首都功能定位的重要支撑。首钢园区结合冬奥赛事及其带动聚集的国际资源，融合发展数字传媒、体育传媒、互联网内容；利用三高炉等特色工业载体打造全球首发中心；中关村（首钢）人工智能创新应用产业园、电子竞技产业园等相继成立；打造北京市电子竞技产业品牌中心，建成北京市游戏创新体验区，与行业头部资源共同设立北京市电子竞技产业发展协会，成为北京发展“一都五中心”（即围绕建成“国际网络游戏之都”总目标，在北京建设精品游戏研发中心、网络新技术应用中心、游戏社会应用推进中心、游戏理论研究中心、电子竞技产业品牌中心）的重要节点和新的文化地标。

（马　晓）

**【北京时装周在首钢园区启幕】** 9月15日晚，由北京服装纺织行业协会、北京时尚控股有限责任公司联合举办，首钢园区提供全方位服务，以“追光”为主题的2020北京时装周在首钢园三高炉开幕。首钢三高炉工业感的建筑结构和风格，与前卫时尚的时装周活动融合，形成工业风视觉盛宴。北京时装周始创于2016年，曾在故宫、国家博物馆、王府井、水立方等首都文化地标举行，致力于“给中国品牌一个把握时尚话语权的机会”。4月，北京时装周纳入全国文化中心建设未来15年规划。

（马　晓）

**【2020首钢园环境舞蹈展演】** 9月19日至22日，2020中国舞蹈家协会首钢园环境舞蹈展演再度入驻首钢园区。活动由中国文联、首钢集团、中国舞蹈家协会主办，中国文联舞蹈艺术中心、首钢园共同承办，并在中国舞协微信服务号“舞蹈 PLUS”、中国舞蹈家协会官方微博等平台对公众同步进行线上直播。展演以群明湖、秀池、三高炉为创作和表演地点，呈现48个舞蹈作品，4天时间进行7场展演。中央民族大学舞蹈学院、中国交响乐团、北京舞蹈学院、北京歌剧舞剧院、北方昆曲剧院、江西省舞蹈家协会、中国舞蹈家协会街舞委员会、东北师范大学音乐系舞蹈团等单位参与演出。

（马　晓）

**【全民畅读艺术书店落户】** 10月，首钢园区三高炉一层的全民畅读艺术书店正式开放。全民畅读是以设计为驱动力，通过空间运营不断向用户给出优质文化生活方式的创业公司，以文化生活空间运营的新零售模式为基础，以互联网书店为依托，运用大数据、人工智能等手段重塑业态结构，采用线上服务、线下体验以及深度融合的零售新模式，阅读环境极大融入艺术人文主题。该全民畅读艺术书店占地面积约2000平方米，涵盖书籍、艺术、展览、市集、科技、生活及书店商学院7大运营板块，在打造潮、酷、科技的同时，将高炉内原有设施最大程度保留，局部加以异形钢结构书架，中间穿插轻质彩色玻璃空间,如同时空穿梭一般游走于历史与未来。

(马　晓)

【2020中国科幻大会】 11月1日,2020主题为“科学梦想 创造未来”的中国科幻大会在首钢园区三高炉开幕。大会采取线上线下相结合方式进行,中国科技界、科幻界、影视界和科幻爱好者等代表300多人与会,10余位来自美国、英国、日本等国科学家、科幻作家、科幻界和全球科幻机构及组织代表通过线上参会交流。中国科协党组书记、常务副主席、书记处第一书记怀进鹏,市领导陈吉宁出席开幕式并致辞,并为首钢北京园区科幻产业集聚区揭牌。同时,中国科协科技传播与影视融合办公室和全国科幻科普电影放映联盟揭牌,中国科协与市政府签订促进北京科幻产业发展战略合作协议。其间,举办全国科幻科普电影放映联盟研讨会、科幻电影产业发展论坛、“科幻+科技创新”主题论坛等多项专题论坛;举办科幻影视创投会、晨星高校科幻辩论赛、青少年未来科学梦想教育课、科幻之夜等活动;同时面向广大公众举办平行宇宙科幻主题展、科技创新新技术新产品展、科幻艺术展等展览展示活动。

(马　晓)

【园区产业集聚效应初现】 年内,首钢紧抓北京冬奥筹办契机,瞄准科技与文化融合、高端商务配套、未来城市示范等产业方向,加速推进首钢园区冬奥广场等片区50万平方米空间开工建设,高质量发展园区150万平方米产业空间,年内完成投资近百亿元,一系列新项目、新业态在园区落地。园区产业集聚效应初现,建成空间企业入驻率达92%。首钢园区陆续与腾讯演播厅、冬奥云转播中心、当红齐天幻真乐园、香格里拉啤酒坊、全民畅读艺术书店、亚太文融、墨甲音乐机器人、美团无人超市等10余个新项目完成签约。依托冬奥窗口期带动特色项目入驻,25家企业及品牌商户入驻园区,包括体育类6家、科技类8家、文化类6家、高端商务服务类5家。

(马　晓)

## 首钢集团

【概况】 首钢集团有限公司(简称首钢),总部在北京,隶属于市国资委。百年首钢积淀丰厚的历史文化底蕴,是中国冶金工业发展的缩影、工业企业改革的一面旗帜、中国第一个由中心城市搬迁调整向沿海发展的钢铁企业、京津冀协同发展的先锋队。首钢是跨行业、跨地区、跨所有制、跨国经营的综合性企业集团,全资、控股、参股企业600余家,总资产5000多亿元,职工近9万人。首钢自2011年以来九次跻身美国《财富》杂志公布的世界500强企业。2020年,面对突如其来的新冠肺炎疫情,坚持疫情防控和生产经营建设“两手抓、两不误”,创造营业收入、利润同比双增长的经营业绩,实现“十三五”圆满收官,营业收入2142亿元,实现利润48.8亿元,处理历史遗留问题后报表利润29.6亿元,超额完成预算任务。铁钢材产量分别达到3125万吨、3396万吨、3233万吨,钢和钢材产量创历史最好水平。钢铁业实物劳产率达到982吨钢/人·年,同比提高18.2%。

(马　晓)

【获国际“绿色解决方案奖”】 1月,第七届Construction21国际“绿色解决方案奖”颁奖典礼在法国建筑博览会Batimat展厅举办。经健康建筑联盟国内外专家联合评审,首钢老工业区西十冬奥广场改造项目获得“既有建筑绿色改造解决方案奖国际特别提名奖”。改造项目围绕保护风貌、传承文化、激发新动能总目标,着力推进老工业区的改造建设和转型发展,针对规划设计、智能应用、建设施工,在绿色智能化改造建设上不断实践,达到预期目标。最终获得“既有建筑绿色改造解决方案奖国际特别提名奖”。Construction21国际举办的年度“绿色解决方案奖”已召开六届,来自37个国家的192个项目参与申报绿色解决方案奖。

(马　晓)

【绿色节能钢结构住宅技术攻关】 4月,北京首钢建设集团有限公司、北京首钢国际工程有限公司、首钢技术研究院、北京首钢房地产有限公司、北京首钢自动化信息技术有限公司共同完成《绿色装配式框架抗侧力高层钢结构住宅产业化设计与建造综合技术》,大幅度减少木模板和脚手架,节材、节水、节能,是一项绿色节能技术。高层钢结构住宅设计及建造施工技术简洁,造价低、好落地,提高工程的质量和标准,通过智能家居优化,提升用户生活品质,符合国家建筑产业发展方向。钢结构住宅国外主要是低层,国内刚刚起步,首钢攻关团队,研发出一整套高层装配式钢框架抗侧力设计施工集成技术体系,攻克围护结构气密性、水密性、防开裂的关键技术,解决外墙开裂、露梁露柱、防腐防火等一系列难题,并首次采用低功耗Zigbee无线组网技术将智能家居通信系统成功应用于钢结构住宅上。

(马　晓)

【新首钢大桥铭牌LOGO亮相】 5月9日,位于新首钢大桥东侧路北的桥梁铭牌LOGO安装完毕,这一地标桥梁的标志成为长安街沿线上的亮丽点缀。“新首钢大桥”铭牌采用白色几何体造型,采用桥梁钢板制成,长10.5米,宽0.8米,最高点2.4米,总重4.5吨。“新首钢大桥”LOGO标志,具有文字发光和时间控制功能,夜间点亮红色字体,铭牌背面镌刻新首钢大桥介绍,整体采用防腐喷涂设计,可保持10年不褪色不变色。

(马　晓)

【首钢获“最具成长性奖”】 5月,在中国重型机械工业协会停车设备工作委员会、中国城市公共交通协会联合主办的以“新停车、新基建、新格局”为主题的第四届中国城市停车大会上,北京首钢城运控股有限公司获中国停车设备行业“2019年度机械式停车设备最具成长性奖”。该公司是可提供集智能(机械式)立体车库投资、研发、设计、生产、建设、运营的一站式专业服务公司,具有机械式停车设备制造、安装改造维修资质,是国内最早获得公交车机械式立体车库特种设备制造许可证的企业,也是唯一一家有第二代产品的企业。大会以网络直播的形式召开，国家相关部委、科研机构、行业协会和666家生产企业代表参加。

（马 晓）

【市领导调研首钢】 7月8日，蔡奇、陈吉宁等市领导到首钢鲁家山循环经济基地调研检查生活垃圾分类工作。要求坚持问题导向，与疫情防控有机结合，推动垃圾分类成为社会新时尚。10月23日，蔡奇、陈吉宁等就推进新首钢地区建设发展开展实地调查研究。蔡奇强调，新首钢地区已成为北京城市深度转型的重要标志。“十四五”时期是新首钢地区发展的新起点。要牢固树立新发展理念，聚焦文化、生态、产业、活力“四个复兴”，建设好新首钢地区，着力打造新时代首都城市复兴新地标，在构建新发展格局中展现新形象。在“十三五”收官、系统谋划“十四五”，开启百年首钢新征程的关键时期。

（马 晓）

【第九次跻身世界五百强】 8月10日，《财富》官方APP全球同步发布最新的《财富》世界500强排行榜。首钢以29273.6百万美元的营业收入列第429位，这是首钢自2011年以来第九次上榜。排行榜中，中国大陆（含香港）公司数量达到124家，历史上第一次超过美国（121家）。加上台湾地区企业，中国有133家公司上榜。

（马 晓）

【制作安装国庆主题花坛】 9月22日，首钢完成国庆天安门广场主题花坛钢结构构件组拼任务，交付市花木公司进入插花工序。花坛采用模块化设计，现场全螺栓连接，花坛由1个直径38米、高2米的底盘，1个直径4.2米、高4.9米的篮肚，1个直径11.5米的篮盘和1个高10.7米的篮芯组成，整体高度18米，总重250吨。这是北京首钢建设集团有限公司钢构分公司连续13年承担完成国庆天安门主题景观花坛的制作安装任务。

（马 晓）

【三项成果获市科学技术奖】 9月，在北京市科学技术奖励大会上，首钢三项成果获北京市科学技术奖。其中“高性能低合金耐蚀钢系列钢种研制及应用成套技术”获技术发明奖一等奖，“高纯净铸造高温合金母合金关键技术及产业化研究”和“高混杂建筑废弃物全资源化利用关键技术及产业化应用”获科学技术进步奖二等奖。首钢“高性能低合金耐蚀钢系列钢种研制及应用成套技术”项目历经十余年，在国家973和北京市项目支持下，建立先进的耐蚀调控理论和评价技术，研制系列钢种及配套技术，实现低合金耐蚀钢升级换代、重大工程示范和产业化，获得国际腐蚀工程师协会最高研究奖和技术贡献奖。成果应用于集装箱、造船、海上风电和高铁等领域24个重点工程，为北京成为国家级腐蚀科学数据中心和高精尖耐蚀新材料研发中心奠定基础。

（马 晓）

【BIBF国际插画奖颁奖盛典】 10月16日，首钢园区旗舰品牌发布会暨BIBF菠萝圈儿国际插画奖颁奖盛典在三高炉举办，对BIBF菠萝圈儿国际插画奖进行颁奖。BIBF菠萝圈儿作为北京国际图书博览会的官方插画展，其影响力与日俱增，不仅是极具创意与美感的视觉体验文化盛宴，也是助力首钢园区实现文化复兴、产业复兴、生态复兴、活力复兴的生动实践。该次BIBF菠萝圈儿国际插画展作品在全民畅读艺术书店（首钢园区）中展出，将文化艺术灵魂完美注入工业遗存，打造出一个可以穿越历史、感知未来、多元文化、跨界融合的潮酷科技时尚空间，工业遗存的力量感与现代设计的生命力在刚柔并济间给人独特的阅读体验，给用户带来书店文化空间的全新体验。

（马 晓）

【最in青年计划】 10月17至18日，由首钢基金与36氪联手打造的首钢园最in青年计划在三高炉南广场展现。广场内设立LiveHouse、改装集装箱、开放式酒吧台等七大潮玩专区，有最in的市集、最in的品牌、最in的灯光，以及嗨爆全场的音乐等。铂德电子烟、包大师、懒人便利商店、Igetcoffee、NOLOVR、有鱼猫粮、朕宅ZHAIFOOD、ZDEER左点、织点智能等众多年轻人追捧的品牌参与。

（马 晓）

【与欧力士发起成立合作链接平台】 11月5日至10日，在第三届中国国际进口博览会举行的智慧供应链专业委员会大会暨企业成果签约大会上，首钢基金与日本欧力士、中国建筑国际签订共同发起成立中日产业合作链接平台的框架合作协议，开展全方位合作，实现共同长期可持续发展。根据框架合作协议，未来三方将充分发挥在全球金融、产业、投资等方面的优

2020年，首钢滑雪大跳台竣工 （首钢集团供图）

势,在中日产业超级链接平台建设、中日产业园合作运营、TOD综合开发、环保新能源、医疗大健康、金融合作等领域开展合作,通过资本合作强化各方战略合作强度,实现强强合作,通过"金融+产业+投资"的一体化综合业务,推动中日产业落地实施。三方将打造中日合作TOD地标项目及国际化创新、龙头企业集聚的国际化创新公园社区,作为中日合作的新载体承接金融服务、高端研发、科技等产业打造独具特色的中日合作示范项目。

(马　晓)

**【获中国企业文化建设旗帜奖】** 11月,首钢获中国企业文化研究会授予"十三五"中国企业文化建设行业旗帜奖,并受到表彰。中国企业文化研究会确定"行业表现优异、影响持久深远、基层组织活跃、全员广泛参与、经验做法鲜明、发挥示范作用"的评选标准。学术专家组认为,百年首钢砥砺奋进不断壮大,企业文化底蕴深厚历久弥新,特别是"十三五"时期,首钢成为北京市唯一国企深改综合试点企业,入选国务院国企改革"双百企业",坚定战略定力,加快转型发展,做优做强主业,服务保障冬奥,打造新时代首都城市复兴新地标,软硬实力持续提升,创新成果十分显著。同时,首钢题为《坚定文化自信推进文化创新在高质量发展中实现企业文化升级》的企业文化建设实践成果,入编中国企业文化研究会编著的《"十三五"中国企业文化建设优秀成果文集》。

(马　晓)

**【首钢获钢铁企业A+评级】** 12月21日,在中国和全球钢铁需求预测研究成果、钢铁企业发展质量暨综合竞争力评估发布会上,冶金工业规划研究院最新发布"钢铁企业发展质量暨综合竞争力评估(2020)"。首钢等国内15家钢企获得A+(极强)评级。经过与韩国浦项、日本制铁、JFE、安塞乐米塔尔等世界钢铁强企进行对比分析,首钢等8家钢企的发展质量(暨综合竞争力)达到世界一流。本年度钢铁企业发展质量(暨综合竞争力)评估分3大板块、13项要素和22个指标,构建标准指标体系框架,评估要素框架体系分为3个板块,分别是企业基础竞争力、企业发展竞争力和企业绩效竞争力。采用综合指标排序,结合专家研判,对钢铁企业发展质量(暨综合竞争力)进行评估。

(马　晓)

**【西十冬奥获国家优质工程奖】** 12月,中国施工企业管理协会公布2020—2021年度第一批国家优质工程奖评选结果,首钢老工业区改造西十冬奥广场项目获国家优质工程奖。这是首钢在民用工程领域首次获得国家级优质工程的奖项。西十冬奥广场位于首钢老工业区西北角,占地13.3公顷。将旧有炼铁原料系统3.5万平方米的筒仓、料仓、通廊、转运站及空压机房等工业设施,改造为9.8万平方米,容纳三千人办公的创意办公园区,形成十二组主要单体,为冬奥组委提供国际化的办公、会议、餐饮、住宿、停车和新闻发布等综合服务。"国家优质工程奖"由中国施工企业管理协会组织实施,是经国务院确认的中国工程建设领域设立最早、规格最高、跨行业跨专业的国家级质量奖,是中国工程建设质量方面的最高荣誉。

(马　晓)

**【企业改革】** 年内,首钢推进"双百行动"计划和改革综合试点工作,贯彻国企改革三年行动方案,坚持问题导向、目标导向、结果导向,企业改革持续深化。科学编制"十四五"规划,确定"1+4+N"规划体系。针对首钢高质量发展面临的主要矛盾和突出问题,组织专题研究近30次,三上三下形成规划初稿,并经董事会审议通过。加大企业退出力度,全年退出70家,连续五年被评为北京市国资委专项工作优秀企业和工作成绩突出单位。推进"三供一业"(即企业的供水、供电、供热和物业管理)移交后续工作,完成北京地区首钢家属区供水供电移交。

(马　晓)

**【三年行动计划】** 年内,首钢落实市委、市政府提出的三年行动计划,坚持挂图作战,加快首钢北京园区开发建设步伐,园区环境风貌明显改善,产业生态逐步形成,区域活力得到释放,成为北京城市深度转型的重要标志。重大项目全力推进。电厂酒店、制氧厂、五一剧场、金安桥一体化等重点项目完成主体结构施工,脱硫车间、极限运动公园等项目交付投用。冬奥技术运行中心南区交付联通进行设备安装,为服务保障冬奥测试赛奠定基础。产业生态呈现新活力。腾讯科技、亚太文融、武界体育等企业入驻,获市级文化产业园、体育产业示范基地、电子竞技产业品牌中心、科幻产业集聚区等授牌,初步形成"体育+""科技+"的产业氛围。园区自主品牌"荼钢儿"联手京东无人超市,美团全国首家智慧门店开业,全民畅读艺术书店、香啤坊等多种业态在三高炉及秀池区域汇聚,工业遗存焕发新生机。完成中国科幻大会、人工智能开发者大会、BTV跨年晚会等大型活动服务保障,首钢北京园区承载重大活动的能力进一步得到检验。

(马　晓)

**【精准扶贫】** 年内,首钢推进产业扶贫项目2个,投资2420万元,建立扶贫车间1个,带动当地就业300人,其中建档立卡贫困人员14人。在北京市对口帮扶地区采购钢铁原辅料44万吨,3.2亿元;在北京市消费扶贫产业双创中心采购69万元工会福利用品,在结对帮扶低收入村采购农产品52万元;首钢技师学院深入贫困地区招收学生45人,其中建档立卡学生10人;结合大学生招聘计划招收建档立卡应届大学生24人;开展多种形式捐赠、慰问81万元。

(马　晓)

# 经济管理

石景山区经济发展推进大会
"2+N"政策新闻发布会
中共北京市石景山区委员会
北京市石景山区人民政府
2020年6月8日
北京日报
经济日报
央广电台

## 综合调控

【概况】 石景山区发展和改革委员会(简称区发改委)是负责辖区国民经济和社会发展统筹协调、经济体制改革综合协调的区政府组成部门。2020年,区发改委认真贯彻区委、区政府决策部署,统筹推进新冠肺炎疫情防控和经济社会发展,全面落实"六稳""六保"任务,积极做好稳增长、育产业、疏功能、抓项目、优环境、惠民生等各项工作,切实发挥参谋助手作用,全力保障经济社会平稳运行。全年经济呈现稳步回升向好态势,地区生产总值完成855.5亿元,同比增长4.7%,增速位居城六区第二;一般公共预算收入完成65.7亿元,同比增长3.6%,增速位居城六区第二;固定资产投资和建安投资分别完成350.7亿元和120.3亿元,同比分别增长20.8%和8.9%,两项指标全年均保持正增长态势;市场总消费同比下降8.3%,社会消费品零售额完成399.5亿元,同比下降8.3%,增速位居城六区第二;工业总产值完成254.5亿元,同比增长7.7%,增速位居城六区第二;居民人均可支配收入实现78656元,同比增长2.2%;登记失业率为2.46%;$PM_{2.5}$年均浓度37微克/立方米,同比下降14%;单位地区生产总值能耗降幅为2.16%,达到市级要求。

(周 彪)

【获国务院3项表彰】 5月,国务院办公厅发布《关于对2019年落实有关重大政策措施真抓实干成效明显地方予以督查激励的通报》,石景山区因老工业基地调整改造、深化商事制度改革和促进社会投资健康发展成效显著,获得3项表彰。表彰自2016年国务院开展老工业城市(全国95个地级市)调整改造真抓实干成效明显表彰以来,石景山区第3次获此荣誉(全国仅4家),也是调整评审规则后唯一一家连续获批的城市,更是在同一年度唯一获得3项表彰奖励的地区。

(邓 磊)

【重大项目建设】 年内,石景山区共安排产业培育、市政基础设施、能源和生态环境、社会公益、民生保障、土地入市6大类112项重点建设项目。截至年底,广宁村棚户区改造、西黄村1606-646地块、首钢东南区1612-769等地块、首钢东南区1612-778等地块重点项目取得市发改委立项批复;北辛安路南段、锅炉厂南路、高井规划一路、西黄村1606-641等地块、首钢东南区1612-761等地块、首钢铸一区共有产权房等一批重点项目开工建设。争取市政府固定资产投资资金23.84亿元,包括衙门口城市森林公园、高井规划一路、儿童福利院及救助站等26项。通过重大项目支撑带动,投资实现逆势增长。全年全区完成建安投资120.3亿元,同比增长8.9%,增速城六区排名第一,全市排名第三;完成固定资产投资350.7亿元,同比增长20.8%,增速城六区排名第二、全市排名第四。

(张 萌)

【"十四五"规划研究编制】 年内,区发改委作为"十四五"规划研究编制工作领导小组办公室,组织起草《石景山区"十四五"时期国民经济和社会发展规划和二〇三五年远景目标纲要》(以下简称《纲要》),统筹推进全区专项规划研究编制工作。《纲要》历经前期研究、编制起草、规划衔接、意见征集、修改完善等阶段,经区政府常务会、区委常委会审议通过。《纲要》正文共9章、42节,4.9万余字。第一章主要是总结"十三五"时期发展成就,把握发展新阶段新形势新要求,提出二〇三五年远景目标,明确"十四五"时期经济社会发展指导思想、基本要求、主要目标等,确立创新发展、绿色发展、共享发展、减量发展、安全稳定五大类24项指标。第二章至第八章从落实首都城市战略定位、推动高质量发展、建设生态和谐宜居家园、彰显西山永定河文化带特色魅力、全面增进民生福祉、完善城市治理能力、全面深化改革开放七个方面部署"十四五"时期发展任务。第九章提出保障措施。同时,《纲要》附有主要指标、名词解释两个附件。

(周静雯)

【经济运行分析】 年内,区发改委发挥区新冠肺炎疫情防控情况下经济稳定和发展工作专班办公室统筹作用,分析研判疫情对经济社会发展影响,制定稳经济工作方案,出台服务保障重大工程等26项举措,编制印发经济简报99期。撰写完成四个季度国民经济和社会发展计划执行情况报告,当好区域发展"晴雨表",为区委决策提供服务。

(周 彪)

【疫情防控与复工复产】 年内,石景山区成立区复工复产组,建立工作日报、执法对接、督查督办等六项机制,确保复工复产新冠肺炎疫情防控高效运行。成立区重大投资项目建设工作领导小组,建立区领导定期调度机制,协调解决项目推进和复工复产重大问题。编制《石景山区复工复产组工作日报》120期,建设中小微企业数据分析平台,为中小微企业提供精准服务,推动企业有序复工复产。搭建商务出差人员核酸检测绿色通道,制定印发《关于常态化疫情防控条件下重点人群及环境核酸检测抽样检查工作方案》,对潜在风险早发现、早介入和早控制,保障经济社会恢复正常秩序和复工复产人员安全。截至年底,全区商务楼宇、工地、工业企业、超市、餐饮全面复工;商务楼宇企业人员到岗率100%。

(邓 磊)

【营商环境改革】 年内,区发改委制定发布《石景山区2020年优化营商环境工作安排》,明确年度重点任务。制定迎接世行评价工作方案,加强工作调度,加大督查暗访力度,狠抓整改落实,推行"综合窗口"无差别受理等便利化政务服务措施,推动形成一批典型案例,圆满完成世界银行及国家营商环境评价迎检任务。定期编制营商环境工作简报,共编制简报12期。加强宣传培训,做好政策宣贯,共组织培训89场、培训3.6万人次,组织宣传活动逾210次,覆盖企业1.5万家。

(邓 磊)

【构建高精尖经济结构】 年内,区发改委完成双奥之区与石景山区高端绿色转型课题研究，为石景山区产业体系、人才吸引、城市优化、政策突破研提发展战略。启动新一轮高精尖行动计划研究，精准评估石景山区高精尖产业发展情况，系统研究高精尖产业发展细分领域、重点任务和具体措施。制定发布《石景山区关于加快培育壮大新业态新模式促进经济高质量发展的实施方案》，加快培育壮大新业态新模式，促进高质量发展。全年高精尖产业收入2069.5亿元，同比增长16.3%。

（邓　磊）

**【公共服务领域重点项目建设】** 年内，区发改委加大统筹协调力度，加快推进前期手续办理，力促公共服务领域重点项目落地。金顶街小学、区儿童福利院及救助站和4个城市公共空间改造提升项目取得市发展改革委立项批复，顺利实现开工；区政务服务中心和档案馆项目完成初步设计概算批复，五里坨精神卫生专科医院、北京市十一学校石景山学校、北大附中石景山学校完成项目评审。

（郭　茜）

**【完成53项便民工程】** 年内，区发改委修定出台《石景山区便民工程管理办法（试行）》，进一步规范便民工程建设管理，提高政府资金使用效益。坚持“严格审核把关、强化资金保障、加强统筹调度”原则，完成便民工程项目备案和实施方案审批，安排建设资金4898万元，督促各建设单位加快工程进度，53项便民工程全部提前完工。

（郭　茜）

**【“疏解整治促提升”专项行动】** 年内，区发改委在深化疏解、强化整治、优化提升方面持续发力，一体谋划推进。压缩培训机构1家；拆除违法建设15.19万平方米，腾退土地2.36公顷；开展麻峪北社区城乡结合部整治，流动人口比2019年底下降11.7%；治理违法群租房252户，立案处罚占道经营行为1402起，新生违法建设等16个专项任务保持“动态清零”。模式口历史文化保护区、冬奥赛场周边、永定河左岸、永引渠周边等4个重点区域整治提升任务均完成年度目标。完成“留白增绿”15.96公顷；“战略留白”临时绿化8公顷；城乡结合部改造绿化30公顷；广宁村棚户区改造住宅签约率100%；背街小巷环境精细化整治提升30条；3个老旧小区综合整治市级任务完成年度目标；新建提升生活性服务业功能网点66个。

（马　岩）

**【受援地全面脱贫】** 年内，石景山区投入区级财政资金4520万元，统筹市级财政资金1.3亿元，带动社会帮扶资金2726万元（含市级），实施脱贫攻坚项目87项、指标任务191项，助力顺平县、宁城县、莫力达瓦达斡尔族自治旗、称多县全面打赢脱贫攻坚战，3.2万户、9.1万名贫困人口全部实现脱贫。

（徐　琦）

**【依法行政】** 年内，区发改委研究制定《公平竞争审查制度》，并完成公平竞争审查6项。全年开展双随机行政执法检查176项，各领域执法检查达到全覆盖要求。

（张　青）

**【承办提议案满意率100%】** 年内，区发改委承办市、区人大政协提议案39件，其中市级提案1件（会办），区人大代表建议案6件（主办2件、会办4件）；区政协委员提案32件（主办7件、会办25件）。主办件全部为A类，市区提议案委员、代表满意率及人大代表二次评价均为100%。

（张　青）

**【政务工作】** 年内，区发改委完成北京市公共资源交易平台石景山分平台网络对接及系统升级，实现与市级综合交易系统对接和远程异地评标；开展2次全区各预算单位线上公共资源交易进场政策宣讲和业务培训，实现《北京市公共资源交易目录》内各类公共资源全部进场交易；完成《关于深化石景山区公共资源交易分平台整合共享工作有关事项的请示》，并报请区政府批准，推进分平台整合工作。全年受理公民依申请公开13件，协助市区相关单位办理依申请公开7件。对外公开信息134条。

（张　青）

**【价格监测预警】** 年内，区发改委对全区蔬菜、副食品价格和居民服务、医疗、机动车停车收费等10类527个品种开展市场监测，落实价格预测预警机制，提出政策建议。面对新冠肺炎疫情，一是启动价格监测预警机制，建立日报制度。增加监测频次，做好价格形势分析，对口罩、消毒用品、预防类药品等防疫用品，蔬菜、肉类等生活必需品实行“日监测、日报告、日分析”，及时上报市场动态。二是加强市场巡视，提高生活必需品市场巡视频率。每日至少巡视1家超市、农贸市场或社区菜店，确保及时发现新情况、解决新问题。三是提升数据质量，加强数据审核。严格把关监测数据代表性、准确性、及时性，对异常波动的价格数据及时监测，确保数出有据。密切关注居民生活必需品价格变动情况，深入研判及时上报信息，全年上报各类价格监测信息361条，被区委、区政府信息及《国家发展改革委价格监测中心地方工作动态》《北京市价格早报》采用123条。

（王学谦）

**【价格管理】** 年内，区发改委落实景区门票价格管理。以“服务决策、服务民生、服务社会”原则，开展群众关心的热点、重点价格问题调查，按照国家及北京市关于完善国有景区门票价格形成机制，降低重点国有景区门票价格工作要求，对北京国际雕塑公园、慈善寺文物保管所、田义墓等3家国有景区（3A以下）开展成本监审，梳理景区门票价格执行情况、收支情况及国家发展改革委要求落实情况，维护旅游市场价格秩序。强化宣传，狠抓消费引导。高度关注学校复课、复工复产等因素对市场供求影响，增强对短期价格运行趋势的分析，引导市民理性消费，为企业和市民提供价格服务。加强对阶段性降低企业用电用气价格等惠民惠企政策执行情况宣传，加强复工复产涉企收费优惠政策发布，确保价格优惠政策落地落实，减轻企业负担，助力复工复产。

（王学谦）

**【价格调控】** 年内，区发改委按照市保供稳价总体部署和市、区新冠肺炎疫情防控要求，多措并举开展保供稳价工作。及时响应，统筹开展疫情防控期间价格应急监测。自1月20日开始，将口罩、消毒液等疫情防控用品纳入应急监测范围，开展疫情应急价格监测。不断采取措施丰富应急监测内涵，提升应急监测质量。强化核查，扎实做好疫情期间生活必需品政府储备工作。按照北京市生活必需品供应保障专班要求，努力实现疫情防控期间保供稳价目标，确保区级政府储备关键时刻调得动、用得上、补得齐。规范管理，持续强化日常价格调控工作。及时与商务部门和流通企业了解产供销情况，督促商家拓展供货渠道，维持区域主要生活物资、重要商品和防疫物资价格总体运行平稳。

（王学谦）

【接诉即办】 年内，区发改委收到12345市民服务热线20件。其中，不属于职能范畴6件，转至相关部门处理。属于职能范畴14件，包括停车收费政策类问题12件，占比85.72%；供暖收费政策类问题1件，占比7.14%；电力收费政策类问题1件，占比7.14%。处理响应率、满意率、解决率均为100%。

（王志鹏）

## 财　　政

【概况】 石景山区财政局（简称区财政局）是主管全区财政收支、财税政策、会计管理和财政、财务监督管理工作的区政府职能部门。全局设办公室（主体责任办）、人事教育科、预算科、国库科、行政政法科、教科文科、社会保障科、城建科、综合计划科、会计科、政府采购管理科、法制监督科、绩效评价科、行政科共14个行政科室；下属石景山区财政局预算编审中心、石景山区财政局国库收付中心、石景山区财政局绩效考评中心、石景山区财政监督检查所、石景山区财政局财政所、北京中华会计函授学校石景山区分校6个事业单位。2020年，区财政局以积极有为的财政政策对冲新冠肺炎疫情影响，加强财政收支管理，落实“六稳”（即稳就业、稳金融、稳外贸、稳外资、稳投资、稳预期）“六保”（即保居民就业、保基本民生、保市场主体、保粮食能源安全、保产业链供应链稳定、保基层运转）工作，为促进全区经济社会平稳运行奠定基础。经中央精神文明建设指导委员会复查合格，年度区财政局继续保留“全国文明单位”荣誉称号。

（胡　艳）

【财政收支平衡】 年内，一般公共预算收入完成656837万元，增长3.6%，完成年初预算101.57%；一般性转移支付366097万元，专项转移支付139712万元，上年结余47859万元，调入资金69525万元，一般公共预算总收入1280030万元。一般公共预算支出完成1139295万元，下降2.7%，完成调整预算97.5%；上解支出98984万元，预算稳定调节基金10394万元，一般公共预算财政收支相抵，本年结余31357万元。政府性基金预算收入完成1199769万元，市下达专项转移支付68149万元，上年结余32831万元，地方政府新增债券250000万元，调入资金500423万元，政府性基金预算总收入2051172万元。政府性基金预算支出完成1535353万元，专项债券还本付息及手续费上解等专项上解支出500423万元，政府性基金预算财政收支相抵，本年结余15396万元。国有资本经营预算收入完成1600万元，完成预算100%，市下专项转移支付301万元，国有资本经营预算总收入1901万元。国有资本经营预算支出完成1421万元，调入一般公共预算资金480万元，国有资本经营预算总支出1901万元，实现国有资本经营预算收支平衡。社会保险基金预算收入完成4296万元，上年结余4409万元，社会保险基金预算总收入8705万元。社会保险基金预算支出完成5367万元，上解上级支出3338万元，社会保险基金预算总支出8705万元，社会保险基金预算收支平衡。

（胡　艳）

【重点投入】 年内，石景山区投入新冠肺炎疫情防控资金58570万元，为全区抗击疫情提供支撑。投入重点项目建设资金505944万元，全力保障北京冬奥组委和冬奥场馆周边环境整治、“创城”“创森”“疏整促”等工作。投入生态环境建设资金104189万元，全面推进垃圾分类；落实河长制；提前完成新一轮百万亩造林任务；开展第二次全国污染源普查。投入教育资金206306万元，保障教师绩效工资改革的资金需要；推进学前教育三年行动计划；引进优质教育资源。投入文化、体育资金31845万元，保障国家公共文化服务体系示范区建设。参展冬博会，推动冰雪体育“六进”（即进机关、进部队、进校园、进企业、进社区、进家庭）活动。投入社会保障资金321618万元，保障民生家园、为民办实事和济困工程的资金投入。投入精准扶贫和对口协作资金6129万元，重点用于推进东西部扶贫协作、对口支援、对口协作和结对帮扶。

（胡　艳）

【财源建设】 年内，区财政局成立财源建设专班，制定《石景山区财源建设工作方案》，优化财源生态建设。持续优化营商环境，推进经济转型发展。深化“放管服”改革，全面落实北京市“9+N”政策3.0版、石景山区“2+N”政策体系和优化营商环境三年行动计划，提高纳税便利度。招优引强，构建高精尖经济结构。投入支持经济发展资金近10亿元，搭建联合招商平台，支持主导产业发展以及高端人才引进。向市财政申请京西产业转型升级示范区专项引导资金每年8亿元，重点支持“1+3+1”高精尖产业及“一轴四园”重点功能区建设。

（胡　艳）

【预算编制与执行】 年内，区财政局编制2020年部门预算，完善公用定额标准，细化项目内容，确保市、区年度重点工作所需资金全部纳入预算管理。2020年部门预算共安排759989万元，为新冠肺炎疫情防控等各项重点工作的顺利推进提供保障。牢固树立过“紧日子”思想，优化支出结构，压缩行政运行成本。严控“三公经费”等一般性支出。2020年部门预算基本支出中一般性支出及“三公经费”预算压减10%，对非重点、非刚性的项目支出，结合上年度预算执行情况进一步压减。加强支出进度管理，超额完成市对区各重要节点支出进度绩效考核任务。

（胡 艳）

**【国库集中收付】** 年内，区财政局召开授权支付电子化推进会，正式启动预算单位授权支付电子化改革工作。持续深化公务卡结算制度改革和精细化管理，动态监控公务卡强制结算目录的执行，保障财政资金安全，规范预算单位现金使用，为新冠肺炎疫情期间预算单位用款提供方便。截至年底，预算单位提取现金金额486万元，同比减少34%。

（胡 艳）

**【债务管理】** 年内，区财政局加修订《石景山区政府性债务管理办法》，制定《石景山区政府性债务风险应急处置预案》，规范政府债券“借、用、管、还”等环节，完善债务信息统计报告制度，加强债务风险指标预警机制，化解政府隐性债务。

（胡 艳）

**【预算绩效管理】** 年内，区财政局完善财政评审机制，扩大评审范围，规范业务流程，全年完成财政投资评审项目202个。其中，概、预算项目160个，结算项目42个，涉及工程修缮、改造类102个，活动类29个，环境综合整治类20个，信息化建设类25个，购置类10个，其他类16个（含设施运维、推广宣传等）。项目报审总额171610万元，审定额158316万元，节约财政资金13294万元，审减率7.7%。

（胡 艳）

**【国有资产管理】** 年内，区财政局加强行政事业单位资产管理。按照“按制度，严审批、全监管”的管理方式，规范行政事业单位国有资产处置。全年处置资产原值7022.1万元，资产数量3.65万件。

（胡 艳）

**【政府采购】** 年内，区财政局严格落实各项政府采购政策，完成新冠肺炎疫情防控相关工作。开放绿色通道，推进疫情防控采购便利化。全年采购绿色通道涉及总金额5901.86万元。全年政府采购合同授予中小微企业的采购金额118625.54万元，占全年政府采购规模比重的84.26%。

（胡 艳）

**【财政监督管理】** 年内，区财政局开展会计监督检查，发现17项违规问题，涉及会计基础规范、合同管理、支出核算、资产管理、采购过程5个方面，涉及单位7家。相关单位全部进行整改。

（胡 艳）

## 税 务

**【概况】** 国家税务总局北京市石景山区税务局（以下简称区税务局）隶属国家税务总局北京市税务局（以下简称市税务局），设有征收管理科等18个科室、2个事业单位、11个税务所。干部职工525人，科级以上领导130人，党员388人，团员35人，本科以上466人，占总人数的89%，有注册会计师、注册税务师、律师证书43人，获提升“115”工程专业骨干9人、岗位能手26人。主要负责增值税、消费税、企业所得税、个人所得税、房产税、城镇土地使用税、印花税、环保税、资源税、车船税、契税、文化事业建设费、残疾人就业保障金、城市维护建设税、耕地占用税、教育费附加、地方教育附加、文化事业建设费、残疾人就业保障金、成人高考招生经费、社会保险费的征收及国家电影事业发展专项资金和工会经费等有关非税收入的代征工作。有税源登记44539户。其中，正常状态41116户，非正常状态3378户，清算状态95户；内资企业36740户，个体经营6596户，非企业单位783户（其中国家机关35户、事业单位368户），港、澳、台商投资企业216户，外商投资企业208户，其他46户。增值税纳税人39441户。其中，增值税一般纳税人10896户、小规模纳税人28545户。消费税纳税人121户，企业所得税纳税人31603户，个人所得税纳税人39084户。年内，区税务局积极应对新冠肺炎疫情和复杂国内国际形势造成的不利影响，围绕组收中心任务，强化税收大数据应用，开展463户重点税源企业复工复产分析，提高税收经济分析质效和组收科学指导性，落实各项减税降费政策，优化营商环境。累计完成各项税费收入250.7亿元（含社保费），同比增收16.4亿元，增长7%；完成地方一般公共预算收入120.8亿元，同比增收0.9亿元，增长0.7%；完成区级收入62.4亿元，同比增收6.1亿元，增长10.9%。

（杜志刚）

**【电子税务局】** 3月，在区财政支持下，辖区纳税人“票e送”、发票邮寄代开、UKEY邮寄实施免邮费政策。全年3.4万户次纳税人享受免费“票e送”业务，领用发票596.9万张，占到发票领用总业务量的93.2%；2.4万户次纳税人享受免费发票邮寄代开业务，代开发票2.5万张，占企业代开发票总业务量的99.3%。成立15人组成的“非接触式”电子税务局运维专班，落实市税务局“及时受理率、不予受理率、业务平均办结时长、纳税人满意度”四项考核指标。电子税务局年受理业务221.2万户次，实体办税厅受理1.8万户次，电子税务局工作量占总工作量99.2%。其中新冠肺炎疫情期间非申报类事项电子税务局网上办理率99.1%，较全市平均值高0.4%。

（杜志刚）

**【税收收入特点】** 年内，石景山区税收呈现三个特点：一是受预算分配比例调整因素影响，市级收入向区级收入倾斜，两级收入差距明显加大，市级收入降幅8.3%，区级收入增幅10.9%，预算分配比例调整为区级收入增收4.2亿元。二是新冠肺炎疫情影响逐渐减弱，税收增幅触底反弹。2月至3月疫情形势严峻，税收收入增幅下滑至最低点—27.3%，随疫情有效控制和6月企业所得税汇算清缴拉动，税收呈现正增长态势。三是主体税种呈两减一增态势。增值税、企业所得税、个人所得税为三大主体税种，累计入库188.4亿元，同比减收5.1亿元,下降 2.6%。其中,增值税入库 99.1 亿元,下降 4.9%,企业所得税入库 53.7 亿元,下降 3.6%。个人所得税入库 35.6 亿元,增长 6.1%。

(杜志刚)

【增值税管理】 年内,区税务局落实增值税发票分类分级管理,统筹做好组收、新冠肺炎疫情防控、复工复产、“六保六稳”减税降费等工作。全年审核即征即退退税 1534 户次,涉及税款 1.97 亿元;审核多缴误收退税 1254 户次,涉及税款 6061.39 万元;审核增值税留抵退税 82 户次,涉及税款 7.37 亿元;审核出口退(免)税 112 户次,退税额 1.07 亿元;审核免抵调库 2 批,调库税额 2.06 亿元。落实疫情期间增值税优惠政策,享受免征增值税优惠的一般纳税人免税销售额 387.64 亿元,免税额 22.04 亿元,其中疫情期间优惠政策免税销售额 45.03 亿元,免税额 2.65 亿元;小规模纳税人免税销售额 28.71 亿元,免税额 8361.45 万元,其中疫情期间优惠政策免税销售额 2.57 亿元,免税额 749 万元。享受 3% 减按 1% 征收增值税优惠的小规模纳税人实际抵减税额 7696 万元。享受普惠性小微企业免税政策的小规模纳税人免税销售额 20.61 亿元,免税额 6010.92 万元。通过分类分批、微信公众号等非接触方式向 13.56 万户次纳税人宣传税收优惠政策。完成市税务局派发的 1394 户次疑点纳税人和 1355 条异常开票、申报数据核查。制定《石景山区税务局增值税专用发票电子化试点工作方案》,加强宣传引导、基础准备、流程制定,完善资源保障,做好增值税电子发票公共服务平台推行,平台上线发行 1602 块 ukey。重新修订增值税发票分类分级管理办法及操作规程,加强全员培训,实时对发票审批及事前核查业务监控。11 月 1 日新办法实施,受理发票审批申请 2834 条、需事前核查 725 条。有序开展风险管理工作,根据市税务局清册,向管理所推送 3000 余条比对异常数据核实;承接市税务局下发各类风控工作 40 项,涉及石景山局 1230 户次纳税人,经核实,有问题 162 户次,补缴税款 185 万元。

(杜志刚)

【所得税管理】 年内,区税务局完善企业所得税管理。完成 30585 户企业 2019 年度汇算清缴工作,汇算清缴入库 13.33 亿元。落实小微企业税收政策,企业所得税纳税申报户数 30557 户,小型微利企业 28924 户,实际享受小微企业税收政策 2752 户,减免所得税额 1.53 亿元。享受小型微利企业缓缴所得税政策 1808 户,缓缴所得税金额 3100.26 万元。落实新冠肺炎疫情防控重点保障物资生产企业新购设备一次性扣除优惠政策 3 户,减免金额 739.6 万元;14 户企业落实疫情捐赠扣除优惠政策,涉税金额 2.04 亿元。做好清理 2017 年至 2019 年度企业所得税汇算清缴应退未退数据,对 309 户企业逐户核实,清理 298 户,退税 4205.56 万元。落实 2019 年度研发费用加计扣除政策企业 777 户,加计扣除金额 64 亿元,户数同比增长 25.73%,加计扣除额增长 21.97%,其中高新技术企业享受率 70%。依托企业所得税预缴政策风险提示系统,做好企业所得税后续管理,向 2360 户纳税人提供 3696 次风险提示,核实申报数据异常纳税人 604 户。完善收入分析机制,对 62 户按月预缴企业建立每月收入监控台账,确保重点税源企业入库。

(杜志刚)

【个人所得税管理】 年内,区税务局做好个人所得税(以下简称个税)首次汇算清缴工作。建立重点企业长效辅导机制,前期通过“腾讯远程会议”方式为首钢集团及其下属成员单位举办个税汇算清缴专场线上辅导,设专人“点对点”对接,实时解决个税汇算中的问题;落实汇算“四分”引导方案,实施科所协同严把退税审核关。做好汇算清缴后续管理工作,对测算数据和实际申报数据差异较大、大额退税办理等特殊情况进行核实。个税首次年度汇算申报 18.09 万人,涉及 9310 个扣缴单位。其中,申报补税 2.43 万人,补税金额 1.45 亿元;非豁免补税 1.61 万人,非豁免补税 1.43 亿元;申报退税 8.6 万人,退税金额 0.96 亿元;申报不补不退 7.06 万人。全年个人所得税入库 35.6 亿元,同比增加 2.17 亿元,增长 6.1%。落实支持疫情防控个人所得税政策,8610 名医务和防役人员发放的临时性工作补助免征个人所得税,总额 5672.62 万元,人均 6588.41 元,减免税额 3.8 万元。

(杜志刚)

【国际税收管理】 年内,区税务局严格落实国际税收政策,采取内外政策培训、“一对一”企业政策辅导及通过电子税务局向 315 户外商投资企业推送辅导政策。办理协定待遇申报 57 户次,其中非居民企业 30 户次、非居民个人 27 人次,享受减免税 515.04 万元。办理非居民享受递延纳税备案 1 件,为境外投资者以分配利润对境内企业增资暂不征收预提所得税备案,涉及分配利润金额 3098.03 万元,享受递延纳税 309.8 万元。做好 75 户关联申报及同期资料审核,其中石景山局企业 26 户、其它局企业 49 户。

(杜志刚)

【社会保险和非税收入管理】 年内,区税务局围绕多项社会保险费和非税收入政策出台,落实阶段性减免社会保险费政策,抓好疫情防控优惠政策落实,推进社保费和非税收入征收划转工作。社保费征收方面:在原征收机关事业单位社保费基础上,5 月新增城乡居民基本养老保险费的征收,10 月新增城乡居民基本医疗保险费的征收,11 月新增企业社保费和灵活就业人员社保费征收。成立社保费征收划转工作领导小组,与区人力社保局、区医保局建立联合机制,设立局、科室、窗口三方三级会商机制,充实征收窗口专业人员,采取“以科代所”模式,保障缴费人“无感过渡”。年累计征收社会保险费 24.92 亿元。其中,机关事业单位基本养老保险费 5.37 亿元,企业职工基本养老保险费 7.88 亿元,基本医疗保险费 10.88 亿元,工伤保险费 1435 万元,失业保险费 4268 万元,城乡居民基本养老保险费 115 万元,城乡居民基本医疗保险费 2121 万元。累计征收职业年金(机关事业单位)2.59 亿元。

10月，石景山区税务局组织开展社保费划转工作培训会（区税务局供图）

非税收入征收方面：推进水土保持补偿费和防空地下室易地建设费非税收入划转工作，落实减税降费优惠政策，做好相关非税收入征收管理。累计征收非税收入6.56亿元，同比减少15.8%。其中，教育费附加3.11亿元，地方教育附加2.07亿元，文化事业建设费214万元，残疾人就业保障金1.36亿元，成人高考招生经费13万元。累计代征非税收入2.6亿元，同比增加17.15%。其中，工会经费2.59亿元、电影事业发展专项资金50万元。缴费人享受非税收入减免17.84万户次，减免费额2.2亿元。其中，教育费附加减免7.74万户次，金额4775万元；地方教育附加减免7.84万户次，金额3097万元；文化事业建设费减免1834户次，金额3309万元；残疾人就业保障金减免20777户次，金额1.08亿元。

（杜志刚）

【财产和行为税管理】 年内，区税务局坚持应收尽收原则，结合财产和行为税特点做好组收工作。入库29.95亿元，同比增加4.54亿元，增长17.89%。受新冠肺炎疫情影响，城市维护建设税、车船使用税呈负增长。土地增值税入库8.97亿元，同比增加3.69亿元，增长70%；印花税增4261万元、同比增长17.6%；其他税种基本持平。落实普惠性减税降费政策，为纳税人减免税款4715.35万元。其中，城建税1075.25万元，房产税2591.34万元，城镇土地使用税73.77万元、印花税721.17万元，耕地占用税253.82万元。开展"立享未享"核实退税，完成退税91户次，退税193.54万元。开展增值税期末留抵退税涉及附加税费计征依据扣除管理，为纳税人附加税费计税依据扣除2.77亿元，减免城建税1936万元。做好阶段性减税政策落实，为受疫情影响的84户纳税人减收租金1.12亿元，减免房产税1338.32万元；减免城市维护建设税1352万元。依托电子税务局、网上银行系统等网络平台，助力房产税纳税人远程申报缴税。完善土地增值税税源信息，加强精细化、专业化管理，完成5个长期未清项目清算，入库1777万元。加大可清项目清算力度，审核完成北京金石融景房地产开发有限公司京西商务中心项目和北京融科景元房地产开发有限公司石景山区八角地区商业金融项目，其中京西商务中心项目入库2.48亿元。实施税源台账式管理，摸清辖区现有43个土地增值税项目的基本信息及销售情况。科所配合，推进房地产一体化管理。编写《房屋交易办税指导手册》，便于房屋交易人了解。科所联动完成交通运输部等13家单位、1000余套房房产历史遗留涉税事项的办理。

（杜志刚）

【冬奥服务】 年内，区税务局落实新冠肺炎疫情防控要求，做好服务冬奥组委各项工作。制定"非接触式"办税服务方案，安排专人对接北京冬奥组委，利用微信"点对点"进行"远程＋线上"服务。设立"冬奥"个税汇缴咨询专线服务，解决冬奥组委会员工个性问题40余件，确保冬奥组委会员工顺利完成个税汇算。落实税收优惠政策，为北京冬奥组委减免增值税4646.78万元，涉奥非居民企业减免所得税1748.92万元、增值税1049.35万元。

（杜志刚）

【减税降费政策】 年内，区税务局全面落实国家各项减税降费政策，累计新增减税降费13.77亿元（不含社保费）。其中，本年度出台支持新冠肺炎疫情防控和经济社会发展税费优惠政策新增减税降费4.12亿元；上年出台政策在本年翘尾新增减税降费9.65亿元。免征增值税优惠一般纳税人、小规模纳税人免税额分别为22.04亿元、8361.45万元，个体工商户享受增值税减免税款570万元。落实普惠性政策减免，5952户小微企业享受减免企业所得税2.69亿元；享受缓缴政策1808户，缓缴税款3100.26万元。

（杜志刚）

【信息化建设】 年内，区税务局做好疫情期间办税服务厅信息支撑，对外窗口调整设备32台次，做好系统用户的使用管理。完成个人所得税改革专厅配置设备12台次，测试个税系统功能378项，上报测试问题7条。完成电子发票公共平台上线前税务UKEY发行工作，发行税务UKEY 10块，领取纳税人UKEY 1500余块。完成数据需求分析430次，提供数据3738.7万条。完成软硬件维护1916次，视频联调116次。完成630台次计算机软件正版化检查和升级。

（杜志刚）

## 金　融

【概况】 石景山区金融服务办公室（简称区金融办）是区政府下属的正处

级职能部门，主要职责是贯彻落实党中央关于金融工作的方针政策、决策部署和市委、区委有关工作要求，在履行职责过程中坚持和加强党对金融工作的集中统一领导。区金融办内设综合科（主体责任办公室）、金融发展科、金融服务科、金融稳定科共4个科室。年内，区金融办深入贯彻落实区委区政府各项工作部署，坚持统筹新冠肺炎疫情防控与金融业发展，基本建成北京银行保险产业园核心区，推动长安金轴高品质发展，金融服务实体经济成效显著，网贷风险整治取得阶段性成果。全年金融业增加值达到172.9亿元，同比增长2%，占地区生产总值20.2%；全年实现收入850亿元，同比增长6%；实现税收66亿元，同比增长3%。现代金融业在全区"高精尖"主导产业中的"龙头"地位进一步巩固。

（邵　彬）

【区政府与中铁建集团签约】 1月13日，区政府与中铁建发展集团举行全面战略合作签约仪式。双方整合各自资源优势，共同探索在生态环保、智慧城市、基础设施建设、文化旅游等领域合作，实现共赢发展。中铁建发展集团是中国铁建公司新产业、新业态和新模式的研究平台、投资平台与孵化基地，是聚集中国铁建公司内外部优质资源、创新产业发展的重要载体。此次全面战略合作协议的签署，标志着石景山区与中铁建发展集团进入合作全面升级新阶段。

（邵　彬）

【全市首家合资消费金融公司成立】 8月11日，北京阳光消费金融股份有限公司正式成立。成为全国第25家、北京市第3家消费金融公司，也是北京市第一家合资消费金融公司，石景山区首家持牌外资法人金融机构。北京阳光消费金融有限公司是由光大银行、中青旅集团、台湾王道银行共同发起设立的中外合资金融机构，注册资本金10亿元，主要从事发放个人消费贷款等业务。该公司自2016年启动筹备以来，石景山区组建工作专班，指定专门"服务管家"，根据其发展需求量身定制"服务包"，为推动批筹批设提供一站式、全方位服务，协调解决各种问题和困难。该公司的正式成立是石景山区深耕光大系优质资源的又一重要成果，对地区更好发展普惠金融、服务实体经济、助力经济转型升级发挥积极作用。

（邵　彬）

【外资银行机构"北京行"活动】 9月25日，外资银行机构"北京行"活动到区调研石景山区现代金融产业发展情况。中国银保监委国际部副主任方立明、中国银行业协会副秘书长周更强，北京银保监局一级巡视员吴静春，市地方金融监督管理局局长霍学文，区领导齐春利、姜玉英参加活动。会上，向与会嘉宾介绍石景山区现代金融产业和北京银行保险产业园发展情况，并就办公用房、税收奖励、人才引进、产业培育等企业关心的金融产业政策进行重点推介。活动邀请东亚银行、汇丰银行、渣打银行、花旗银行、三菱东京日联银行、恒生银行等涉及11个国家和地区的20余家外资银行机构、70余位负责人参加，实地考察新首钢冬奥场馆和北京银行保险产业园建设情况。

（邵　彬）

【新冠肺炎疫情防控】 年初，新冠肺炎疫情暴发以来，区金融办主动发挥行业主管部门作用，第一时间成立"区金融办应对新型冠状病毒感染疫情工作领导小组"，建立"金融业防疫工作专班"，全面压实疫情防控主体责任。通过多种途径发布《致全区离、退休朋友们的一封信》，引导广大市民错峰前往银行网点办理业务，避免人员聚集增加交叉感染风险。为40余家驻区金融机构发放防疫物资服务包，提供口罩3万余只，并定期对驻区金融机构防疫情况进行检查督导。

（邵　彬）

【金融保障】 年内，区金融办开通金融服务"绿色通道"和"贷款直通车"，为石景山区重点疫情防控企业提供500万元贷款授信，推动全区第一条口罩生产线快速投产。梳理驻区企业金融需求，推动34家企业获得专项再贷款、再贴现资金支持。出台"金惠三条"政策和《申报指南》，为12家企业发放贷款贴息和担保补贴。引导驻区保险机构为一线医护人员、社区工作人员免费投保，通过一系列金融保障措施和精准服务为战"疫"保驾护航。

（邵　彬）

【14家金融机构入驻】 年内，区金融办新引进现代金融机构14家。"长安金轴"龙头机构—北京阳光消费金融股份有限公司获批开业，成为北京市首家合资消费金融公司，也是石景山

1月18日，区政府与中铁建发展集团有限公司举行全面战略合作签约仪式

（区金融办供图）

区首家持牌外资法人金融机构；从深圳市引进华夏银行金融科技子公司，为北京市财源建设作出贡献；中国银保信公司设立全资金融科技子公司、中国西电集团设立资产管理公司、中铁建发展集团迁址落户，持续扩大国有央企金融板块在区内布局，为金融业发展注入新活力。

（邵　彬）

【北京银行保险产业园建设】　年内，石景山区推动北京银保监局、市地方金融监管局和人民银行营管部领导先后到银保园实地考察，为园区发展出谋划策。制定《北京银行保险产业园工作领导小组工作规则》和《北京银行保险产业园工作领导小组办公室工作制度》，明确《北京银行保险产业园产业方向和准入标准》。聚焦高端金融产业资源，全年对接重点项目 30 余个，推动北京小微金融服务公司等重点机构落户。截至年末，主园区 54 万平方米载体建成投用，30 余家金融科技企业落户。“中国银行保险业保单登记管理信息平台”“国家金融 IC 卡安全检测实验室”等金融行业重要基础设施设立。光大银行和华夏银行旗下的金融科技子公司、中车集团设立的供应链金融服务平台集聚，成为首都金融科技版图中举足轻重的力量。

（邵　彬）

【优化营商环境】　年内，区金融办修订完善《石景山区促进北京银行保险产业园创新发展暂行办法实施细则》，在全市首发金融高管补贴政策，给予 19 家重点金融机构的 33 名高管人才政策资金支持。强化“管家式”服务，为 24 名重点金融机构高端人才子女提供入园入学服务，为 16 家驻区重点金融机构提供 76 套人才公租房保障，为 12 名重点金融机构人才协调办理工作居住证，助力金融机构在辖区健康快速发展。

（邵　彬）

【金融服务推动企业发展】　年内，区金融办上线石景山区小微企业金融综合服务平台，实现企业贷款即报即审、审毕即贷。以民营和小微企业金融服务综合改革试点为牵引，制定并发布《北京市石景山区小微企业融资风险代偿补偿资金管理办法》，在全市率先设立 1000 万元的“石景山区小微企业融资风险代偿补偿资金”，建立 1500 万元“石景山区民营和小微企业贴息专项资金”，推动 19 家驻区银行和 4 家担保公司与托管机构签订合作协议。建立“一对一”企业上市服务管家，针对“卡脖子”问题，协调出具各类函件，打通痛点堵点，推动辖区企业“试水”多层次资本市场。

（邵　彬）

【金融风险防范】　年内，区金融办强化辖区打非小组和金融风险处置专班管理体制。印发《石景山区金融风险应急处置预案》，建立金融风险应急处置机制；制定《非法集资案件办案指引》，提高刑事打击对非法集资企业的震慑作用；引入“冒烟指数”等技术手段，创新金融风险监测预警机制。持续加大 P2P 网贷风险处置力度。截至年末，全区被纳入 P2P 网贷风险专项整治的机构降至 22 家。

（邵　彬）

【金融安全宣传】　年内，区金融办在全区 9 个街道组织开展金融安全宣传活动 19 次，引导 17 家石景山区打非小组成员单位参与金融安全宣传工作。宣传内容包括介绍非法集资特征、手段和防范方法，累计发放宣传材料万余份，有效提升群众防范金融风险的意识。

（邵　彬）

【文明城区创建】　年内，区金融办制定《区金融办 2020 年创城工作暨“擦亮城市西大门 文明祥和迎冬奥”专项工作方案》，对全区 45 家重点银行网点开展 20 轮次实地走访检查，先后迎接区创城办实地暗访 16 次、首都文明办实地暗访 1 次、区发改委专项检查 3 次，有效处理突发事件 2 起，完成驻区金融机构所有点位中央测评服务保障工作任务。

（邵　彬）

【光大信用卡启动“天使计划”】　年内，新冠肺炎疫情全面暴发，按照光大集团和光大银行总行党委的统一部署，光大银行信用卡中心启动天使信用卡项目，上线“天使专区”医护专享服务。截至年末，光大天使信用卡发卡量累计超过 14.3 万张，累计提供贷款金额突破 21 亿元。

（李　晴）

【华夏信用卡推动科技创新】　年内，华夏银行信用卡中心落实数字化银行转型，加快融合线上、线下两个服务渠道，将数据和智能技术嵌入到产品和服务中，打造“1＋1＋3”的全面数字化转型体系（即“1 个中心、1 大理念、3 条主线”），提高信息科技自主开发能力。坚持推动科技引领，将科技深入业务全过程，逐步形成业务和科技双向协同机制，统筹项目管理、优化组织结构、量化优先级顺序，提升信息科技服务水平和服务效率。

（孙　静）

【中国银行服务冬奥会筹办】　年内，作为冬奥组委金融服务落地支行，中国银行北京石景山支行秉承服务冬奥、助力冰雪的理念，不断拓展金融服务范围，满足冬奥组委各项金融服务需求。冬奥支行网点坚持每日上门提前审核单据预处理，发挥中国银行全球服务优势，保证各类外币库存充足，满足冬奥组委紧急用汇需求，实时解答各类外汇专业问题；定期组织学习英语及其他常用小语种的问候语，确保与外籍客户顺畅交流，使中国银行成为展现中国国际形象与大国风范的窗口。

（崔　超）

【建行培育住房租赁新模式】　年内，建设银行北京石景山支行聚焦高端人才租赁住房需求的痛点，与区住房城乡建设委等部门加强合作，按照房源收持、标准装修、四方会议、摇号配租等工作流程，将房源纳入“安居北京”平台，成为北京市住房城乡建设委首批列入采购名单的非政府房源。通过为驻区重点企业提供高品质租赁住房，探索出一条政府主导、银行开拓、专业机构提供后续服务的住房租赁新模式。

（苗一聪）

【农业银行“扶贫商城”建设】　年内，农业银行北京石景山支行推进“扶贫商城"建设，设立合作单位消费扶贫专区13个，涉及国贫县50余个，扶贫商户600余户，全年实现合计交易量33.65万笔，交易额1825万元。

(陈 晨)

**【中荷人寿北分公司赠送保险】** 年内，面对突如其来的疫情，中荷人寿北京分公司发挥保险保障作用，为石景山区奋战在社区防控一线的1441名社区工作者和协管员免费投保，赠送因感染新型冠状病毒肺炎导致的身故和残疾保障责任，保障额度人均20万元，保障期限6个月，为社区一线防控人员保驾护航。

(万桂江)

**【北京小微金服公司获奖项】** 年内，北京小微企业金融综合服务有限公司获批设立园区类博士后科研工作站，获"2020中国金融创新奖—十佳小微企业金融科技服务创新奖""2020年度金融创新榜样案例""第七届金融企业社会责任峰会优秀案例普惠之星"等奖项。

(赵林禹)

**【百融云创登30强榜单】** 年内，百融云创专注于使用数据和算法来提高金融行业的效率，基于人工智能核心技术的研发优势和对金融业务的深刻理解，自主研发"百小融"智能语音机器人、"百小渔"自动机器学习平台，成为助力金融机构提升业务能力的利器。12月17日，百融云创荣登"2020中关村金融科技30强榜单"。

(林 芸)

**【首届"光大杯"创新创意大赛】** 年内，光大科技公司举办以"创新、协同、发展"为主题的首届"光大杯"创意创新大赛。创意创新大赛历经8个月，收到创新项目449个，其中215个项目登记立项并入孵创新中心。15支优秀创新项目团队参与，最终决出"金孵奖"特等奖一名、一等奖二名、二等奖五名及三等奖七名。光大银行的"万橙式医疗健康生态圈"获特等奖，光大环境的"垃圾焚烧灰渣等离子熔融技术及产业化"和光大银行的"公共资源交易中心综合金融解决方案"获一等奖，特等奖获得者张硕坪现场被授予中国金融工会五一劳动奖章。

(罗佳宁)

## 审 计

**【概况】** 石景山区审计局(简称区审计局)是承担全区财政收支和法律法规规定属于审计监督范围的财务收支的真实、合法和效益进行审计监督，维护财政经济秩序，提高财政资金使用效益，促进廉政建设，保障石景山区经济社会健康发展等职能的区政府职能部门。在编公务员38名，事业人员11名，工勤人员1名。设有办公室(主体责任办公室)、综合法规审理科(审计委员会办公室秘书科)、内部审计指导监督科、电子数据审计科、财政审计科、固定资产投资审计科、经济责任审计科、行政事业审计科、企业审计科。下设经济责任审计中心、内部审计指导中心2个事业单位。年内，区审计局完成审计32个，其中审计项目27个、专项审计调查5个，查出主要问题金额28015.17万元，其中违规金额81.53万元、损失浪费金额0.8万元、管理不规范金额27932.84万元；非金额计量问题199个；损益(收支)不实金额4554.81元；出具审计报告和审计调查报告32篇，被批示36篇次。审计处理处罚金额9793.27万元，其中应上缴财政1169.04万元、应归还原渠道3865.01万元、应调账处理4759.22万元；移送有关部门处理事项1件，金额295.52万元。审计促进整改落实有关问题资金10590.56万元；审计后挽回(避免)损失1945.03万元。审计提出建议175条，被采纳136条；推动被审计单位制定整改措施52项；促进被审计单位建立、健全规章制度28项；提交审计信息248篇，被采用129篇次。3篇审计宣传稿件被《中国审计报》刊登，3篇审计宣传稿件被《中国审计》杂志采用；1篇审计宣传稿件被《北京审计》杂志采用。向社会公告审计结果15篇，并首次配备公告解读，增强报告的可读性，以推动政务信息更为公开化、透明化。《北京市石景山区园林绿化局2018年度预算执行和决算草案审计》《石景山区中小学内部控制制度建立和执行绩效情况专项审计调查》获得市审计局优秀审计项目三等奖。《关于我区政府购买服务开展情况的研究与思考》《关于我区行政事业性国有资产管理和使用情况的问题及建议》分别获得石景山区优秀调研报告二等奖、三等奖。被首都精神文明建设委员会办公室评为"首都文明单位"。

(黄 铮 吉香伊)

**【区委审计委员会会议】** 1月2日，区委审计委员会办公室、区审计局召开区委审计委员会第三次会议，会议审

12月22日，审计局召开区经济责任审计工作联席会议 (区审计局供图)

议通过《2019年审计工作情况及2020年审计项目计划安排》、调整区经济责任审计工作联席会议机构设置。7月17日,召开区委审计委员会第四次会议,会议审议通过《石景山区2019年区级预算执行和其他财政支出情况审计报告》《关于调整2020年度审计项目计划的请示》。

(黄 铮 吉香伊)

**【新冠肺炎疫情防控审计】** 年内,区审计局按照审计署和市局统一要求,快速部署新冠肺炎疫情防控资金审计,成立专项审计工作领导小组,统一领导疫情防控专项审计工作。对15家单位进行现场检查,重点审计疫情防控资金、物资分配使用情况,并按要求上报审计快报3期、阶段性审计报告1份。

(黄 铮 吉香伊)

**【政策审计】** 年内,区审计局根据审计署和市局相关要求,重点审计减税降费、减免社会保险、落实过“紧日子”要求、清理民营企业中小企业欠款等重大政策措施落实情况,重点关注执行进度、政策实施效果等情况,并按照要求上报季度跟踪审计结果。

(黄 铮 吉香伊)

**【财政审计】** 年内,区审计局开展区级预算执行和其他财政收支审计。按照“统一制定方案、统一管理数据、统一建立模型、统一调配资源”的组织原则,利用大数据对全部一级预算单位预算执行和决算草案情况开展审计,利用广泛积累的大数据审计方法,以数据审计筛查疑点为基础,对12个部门开展重点现场审计,提高审计监督效能。7月23日,区审计局代政府向区人大常委会汇报《2019年度预算执行和其他财政收支审计工作报告》;11月5日,区审计局代政府向区人大常委会汇报《2019年度预算执行和其他财政收支审计查出问题整改报告》。并对预算执行审计发现的普遍性或者个别的苗头性、倾向性问题开展警示通报,下发《关于2019年度部门预算执行和决算草案审计发现问题的情况通报》。

(黄 铮 吉香伊)

**【领导责任审计】** 年内,区审计局根据年度项目计划安排,坚持党政同责、同责同审,开展鲁谷街道、区国资委等5个单位8位处级领导干部经济责任审计,其中包括7名党政领导干部和1名国有企业领导干部,重点关注领导干部贯彻执行有关方针政策和决策部署情况、重大经济事项决策及执行、财政财务管理等内容,以推动权力规范运行和领导干部廉洁从政。结合石景山区创森工作和区域自然资源资产禀赋,对区园林绿化局主要领导开展自然资源资产审计,重点关注领导干部落实中央和市区重大决策部署、履行自然资源资产管理责任、绿化任务实施绩效等情况。

(黄 铮 吉香伊)

**【政府投资审计】** 年内,区审计局根据年度项目计划安排和石景山区创森工作部署,以重大项目资金保障落实、提高资金使用绩效为目标,对区绿化项目资金管理使用绩效情况开展专项审计调查。重点关注工作任务落实、项目实施、资金管理等情况,查处绿化工程建设领域重大违法违规、损失浪费问题。组织全体审计干部认真学习审计署关于政府投资审计转型新要求,严格按新要求制定年度投资审计项目计划并组织实施。

(黄 铮 吉香伊)

**【企业审计】** 年内,区审计局对区属国有企业国有资产管理情况开展专项审计调查。11月5日,代政府向区人大常委会汇报《关于企业国有资产管理情况的专项审计报告》;对1家区属国有企业开展财务收支审计,结合国有企业主要领导经济责任审计,重点关注国有企业财务的真实、合法、效益等情况。

(黄 铮 吉香伊)

**【专项审计调查】** 年内,区审计局为推动进一步做好“六稳”(指稳就业、稳金融、稳外贸、稳外资、稳投资、稳预期工作)工作落实“六保”(指保居民就业、保基本民生、保市场主体、保粮食能源安全、保产业链供应链稳定、保基层运转)任务,围绕促进民生政策落实,保障惠民利民实效,开展包括扶贫专项资金、养老和救助专项、基层治理等5项民生领域专项资金审计调查。

(黄 铮 吉香伊)

**【重点建设项目监督】** 年内,区审计局对老旧小区综合整治、广宁棚户区改造等90个政府投资重点建设项目开展监督检查;向区委区政府上报15个投资项目监督检查结果,对监督过程中发现的问题要求相关主责单位及时整改到位。

(黄 铮 吉香伊)

**【重大事项请示报告】** 年内,区审计局严格落实重大事项请示报告制度,向区委审计委员会报送审计报告35份、简报快报5份、重大事项请示9份,以文件审签方式报送审计整改报告、国有企业专项审计报告。

(黄 铮 吉香伊)

**【内部审计】** 年内,区审计局向全区下发《石景山区2020年内部审计指导意见》;通过法制宣传日、新任职领导培训、入户审计、区两会等契机,加大《北京市内部审计规定》宣传力度;利用市级内审平台对全区内审人员开展业务培训;采取单位自查和现场重点检查相结合的方式,组织开展全区各单位内部审计工作质量检查,对4家重点单位开展现场检查,并就发现的问题形成质量检查报告。

(黄 铮 吉香伊)

## 统　计

**【概述】** 石景山区统计局、石景山区经济社会调查队(简称区统计局、调查队)是区政府负责综合统计和国民经济核算的职能部门,受区政府和北京市统计局双重领导。局队机关设办公室、综合科、人事教育法规科(主体责任办)、数据中心、宣传科、执法队、工业城建和能源统计科、服务业统计科、商贸统计科、人口就业统计科、社会科技统计科、价格和住户调查科、专项调查科、普查中心、产业调查科。年内,区统计局、调查队面对新冠肺炎疫情下复杂严峻的经济形势,坚守经济监测主阵地,及时跟踪反映疫情影响。注重需求导向,提升调研分析水平和统计产品质量,深化宣传平台建设。加强数据解读力度,支撑

"十四五"规划编制。第七次全国人口普查取得阶段性重要成果。打造统计调查"石景山样板",加强人口监测。开展住户收支、价格等调查,服务保障全区民生改善。稳步推进政府统计系统机构改革,加强统计数据质量管控,强化统计法治保障。开展普法宣传,筑牢防惩统计造假弄虚作假的思想防线。获评"第四次全国经济普查先进集体"。在北京市政府统计系统综合考评中获得优秀等次。积极撰写统计分析,获区领导批示59次。着力开展课题研究,在2020年度市调研评比中,1篇获二等奖、2篇获三等奖;在区调研评比中,3篇获一等奖,2篇获二等奖,2篇获三等奖。

(张　霞　谭召辉)

**【第七次全国人口普查登记】** 4月,按照国务院和北京市统一部署,石景山区成立第七次全国人口普查领导小组及办公室,成员单位34家,各街道及首钢集团组建普查机构。登记阶段包括前期准备、普查试点、户口整顿、入户摸底、普查登记、比对复查、事后质量抽查等工作。一是建立健全《领导小组办公室工作制度》《专项经费管理办法》《突发事件应急预案》等10余项工作制度,与区公安分局联合印发《北京市石景山区第七次全国人口普查户口整顿方案》,制定《石景山区第七次全国人口普查实施方案》及摸底、登记、比对复查、质量控制各项工作实施细则。二是通过政府购买服务方式选聘3700余名普查人员,涉及范围全区9个街道150个社区和迁安矿区,共划分3420个普查小区,标绘建筑物14449个,住房单元29.7万个。此外,迁安矿区划分106个普查小区,标绘建筑物1394个,住房单元1.04万个。普查员全部使用电子采集设备(PAD)进行入户登记,实时上传数据。三是在老山街道翠谷玉景苑社区和苹果园街道西黄新村西里社区分别开展市级登记方式专项和区级全流程综合试点。四是按照点面结合、全面覆盖的原则,创新宣传手段,联动线上线下,开展"云端"统计开放日活动,自主开发宣传产品;在《中国信息报》刊登稿件2篇,在《石景山报》等纸媒刊发2期工作专版,在石景山统计公众号上连载七人普专题推送信息54篇,在市人普专网刊登稿件62篇,宣传普查动态及先进事迹;利用公交候车亭站牌、易拉宝、彩色折页等多种宣传载体,开展人普进社区、进学校等宣传活动,为普查工作造声势、强氛围。

(孔凤英)

**【统计宣传】** 年内,区统计局、调查队充分发挥各级各类新闻媒体的作用,多角度、多层次的开展宣传工作,多项措施奠定宣传基础。制定落实《2020年石景山局队信息工作计划》,加大业务技能的培训学习,充分利用市区学习平台和学习渠道,依托局队宣传微信工作群及时发布市区稿件需求、采稿情况,建立实时学习研讨共享平台,编印《石景山区统计调研分析信息宣传汇编》,落实好年度考核奖励机制,激发干部信息写作积极性。全年市统计局信息采稿305篇,区委办政府办采稿139篇,其中26篇被新冠肺炎疫情简报刊登。对外宣传亮点频现。积极策划、征集信息稿件,深入挖掘信息点和宣传亮点,在支援疫情防控、人口普查推广、统计数据深度解读、统计文化交流等各方面撰写报送稿件,全年局队在《中国信息报》累计刊登稿件24篇;《石景山报》刊登稿件11篇。国家及北京市统计微信公众号采用10条。石景山统计微信公众平台全年累计推送内容210期247条内容,总阅读量59821人,总分享量10299人。与区委宣传部联合印发《石景山区第七次全国人口普查宣传工作方案》。首次在云端组织开展"统计心系民生共创美好生活"2020年统计开放日暨"七人普"宣传月启动仪式,制发以"七人普"为主题的系列宣传片,联动区属各媒体平台同步推广,连续3天开展有奖竞答活动,参加活动达到76215人次。在全区投放公交候车亭、楼宇电梯宣传广告,在社区张贴宣传海报、悬挂横幅、摆放易拉宝、派发折页,利用楼宇、社区显示屏播放宣传标语、宣传片。设立石景山区七人普网页,在"石景山统计"微信公众号上连载七人普专题,在《石景山报》刊发2期工作专版,在市人普专网刊登稿件62篇。利用网站、微信群、公众号、小视频等移动载体发布宣传产品,跟踪报道区主要领导参与普查、视察普查工作活动,尝试先进人物代言普查宣传,持续扩大七人普的社会影响。

(范一帆)

**【信息化建设】** 年内,区统计局、调查队完成2019年年报和年定报采集平台维护工作,包括建立区级工作组71个、所级工作组20个,分配报表160余张,汇总表1000余张;负责两级业务人员

9月1日,石景山召开第七次全国人口普查综合业务培训会

(区统计局供图)

管辖表的调整；两级业务人员的添加、删除；为企业重置密码；对业务人员操作进行指导；设置两级汇总表权限；对平台出现的问题及时向市局反馈。

（冯　涛）

【统计执法】 年内，区统计局、调查队完成执法任务360家（区内常规检查57家，专项查询检查243家，催报60家），完成全年执法任务。立案155家，其中一般程序立案47家，简易程序108家，全年处罚金额15.8万元，均为一般程序处罚。2起行政复议案处罚决定得到维持，1起行政诉讼案一审、二审均维持区统计局处罚决定。诉讼案中，常务副区长和区统计局、司法局局长同时出庭应诉，区人大代表和全市统计系统代表参加旁听，在全市率先以案释法、宣传统计执法，获得良好社会效应。

（张雪萌）

【专项调查】 年内，区统计局、调查队先后组织完成市统计局、国家统计局北京调查总队部署及部门委托的《北京市城乡居民垃圾分类意识及现状调查》《后疫情时代北京百姓健康生活调查》《疫情期间小微企业生产经营状况调查》《中小微企业监测调查5月—12月》《中小微企业融资调查》《重要民生实事项目线索调查》《防疫工作期间企业生产经营情况调查》《石景山区政府2020年度绩效管理公众满意度调查》《2020年石景山区群众安全感调查》《石景山区2020年全面从严治党（党建）工作考核民意调查》《新型冠状病毒感染的肺炎疫情居民认知和需求调查》《2020年石景山区经常锻炼体育人口普查项目调查》《2020年国有企业全面从严治党民意调查》和《北京市2020年社会心态调查》等14项调查，调查结果成为有关部门进行决策的依据。

（龙奕彤）

【统计调研】 年内，区统计局、调查队围绕石景山高质量发展、重点领域监测、疫情影响分析、生活性服务业等方面开展课题研究。完成3项市级课题和12项区级课题。其中，《以产业功能区建设为抓手推动石景山高质量发展——北京石景山区重点产业功能区监测及发展趋势探析》获得2019年度北京市优秀统计分析报告评比二等奖，同时《疫情对石景山区经济发展影响分析》《高端绿色启新程 砥砺前行再出发——石景山区“十三五”经济发展回顾和“十四五”展望》获得三等奖。撰写的《释放经济新动能 打造幸福生活圈——石景山区生活性服务业发展现状研究》《北京石景山区重点产业功能区监测及发展趋势探析》《中关村石景山园经济发展监测评价研究》等5篇调研分析刊发在区内参《决策参考》上，均获领导批示。

（范春丽）

【折子工程】 年内，区统计局、调查队承担区政府折子工程中涉及地区生产总值、固定资产投资、建安投资、社会消费品零售额、常住人口、城镇居民人均可支配收入和万元地区生产总值能耗下降率等主要经济指标7项统计工作。全部按时限完成，为辖区经济社会发展提供统计支撑。

（范春丽）

【统计服务】 年内，区统计局、调查队完成第七次全国人口普查。面对“疏整促专项行动”下人口规模结构发生较大变化、新发地批发市场聚集性疫情暴发等困难和挑战，区各级普查机构6000余名普查人员，严格执行普查方案，完成区划绘图、户口整顿、“两员”选聘培训、入户摸底、全面登记等各阶段工作，数据质量得到市人普办充分认可。开展全区自然资源资产负债表编制工作，探索建立石景山“一轴四园”功能区建设、中关村石景山园、集团企业等统计监测体系，开展新兴经济发展监测分析形成专题报告，与首钢集团合作推进新首钢地区评价指标体系研究，完成新首钢北京园区年度评价工作，助力打造新时代首都城市复兴新地标。持续开展“1+3+1”高精尖产业、民营经济和中小微企业监测，助推营商环境不断优化。面对疫情下复杂严峻的经济形势，局队及时跟踪反映疫情影响。第一时间启动疫情期间经济运行监测机制。报送《疫情对石景山区经济发展影响分析》《疫情期间中小微企业生产经营情况调查简析》等统计专报，有效服务区委区政府精准施策，推动助企纾困政策落地见效。加强人口监测，开发人口动态监测大数据手机APP系统，构建调查数据、通信数据与部门数据“三位一体”的人口监测模式。对“七有”“五性”监测结果进行深度解读，开展住户收支调查、价格监测和妇女儿童发展统计监测，服务保障全区民生改善。与区政法委、体育局合作开展群众安全感和经常锻炼体育人口普查项目调查，开展新冠肺炎疫情居民认知和需求、2021年的重要民生实事项目线索等多项快速调查，为提升城市治理水平提供重要参考。编印《石景山区统计调研分析信息宣传汇编（2019年度）》，提供《石景山区经济发展统计月报》手册、《统计年鉴》等详实统计数据资料。数据服务笔数呈每年递增状态，提供数据服务20余万笔。

（范春丽）

【统计年报】 年内，区统计局、调查队完成当年年报及下年定期统计培训、布置和统计工作。根据市委市政府和区委区政府关于疫情防控的工作要求，通过线上培训完成2020年统计年报和2021年统计定报，涉及人员3000余人次。

（范春丽）

【名录库管理维护】 年内，区统计局、调查队扩大准规模调查范围，严格执行“四上”（规模以上工业企业、资质等级建筑业企业、限额以上批零住餐企业、规模以上服务业企业等四类规模以上企业的统称）单位审批工作相关的规定，全年核查准规模单位1331家；新纳入定期统计单位107家，退出131家。

（隗京华）

【居民生活状况】 2020年石景山区科学统筹推进疫情防控和经济社会发展，果断抗击新冠肺炎疫情造成的严重冲击，扎实做好“六稳”工作，落实“六保”任务，始终坚持以人民为中心，推动百姓收入增长，保障民生福祉不受影响。疫情期间，居民外出旅游、聚餐、购物娱乐等消费活动减少，人均消费支出出现负增长。2020年全区居民人均可支配收入 78656 元,同比增长 2.2%;人均消费支出 40096 元,同比下降 12.7%。

(王　娟)

**【居民收入】** 全年居民人均可支配收入 78656 元,同比增长 2.2%。四项收入呈现“两升两降”特点。其中:工资性收入比重最大,占比为 57.7%;转移净收入增速最高,同比增长 7.8%。

**表 8　2020 年石景山区居民人均可支配收入情况表**

| 收入项目 | 金额(元) | 同比(%) | 构成(%) |
|---|---|---|---|
| 可支配收入 | 78656 | 2.2 | 100 |
| 工资性收入 | 45384 | 0.2 | 57.7 |
| 经营净收入 | 799 | -7.5 | 1.0 |
| 财产净收入 | 8315 | -1.2 | 10.6 |
| 转移净收入 | 24157 | 7.8 | 30.7 |

(王　娟)

**【消费支出】** 全年居民人均消费支出 40096 元,同比减少 12.7%,其中八大类消费支出呈现“一增七降”态势。

**表 9　2020 年石景山区居民消费支出增长及构成**

| 消费项目 | 金额(元) | 同比(%) | 构成(%) |
|---|---|---|---|
| 消费支出 | 40095 | -12.7 | 100 |
| 食品烟酒 | 9098 | -1.5 | 22.7 |
| 衣着 | 2139 | -18.7 | 5.3 |
| 居住 | 13035 | -0.6 | 32.5 |
| 生活用品及服务 | 2645 | 2.4 | 6.6 |
| 交通和通信 | 4525 | -24.8 | 11.3 |
| 教育、文化和娱乐 | 3023 | -43.2 | 7.5 |
| 医疗保健 | 4636 | -18.4 | 11.6 |
| 其他用品及服务 | 994 | -25.4 | 2.5 |

(王　娟)

**【百户耐用消费品拥有量】** 年内,全区居民家庭每百户耐用消费品拥有量最高为移动电话,拥有量为 218.9 部;最低为摩托车,拥有量为 0.9 台。

**表 10　2020 年每百户耐用消费品拥有量**

| 项目 | 单位 | 数量 |
|---|---|---|
| 家用汽车 | 辆 | 51.1 |
| 摩托车 | 辆 | 0.9 |
| 助力车 | 台 | 10.9 |
| 洗衣机 | 台 | 98.2 |
| 电冰箱(柜) | 台 | 102.0 |
| 微波炉 | 台 | 84.9 |
| 彩色电视机 | 台 | 122.1 |
| 空调 | 台 | 180.1 |
| 热水器 | 台 | 99.9 |
| 洗碗机 | 台 | 2.4 |
| 排油烟机 | 台 | 97.1 |
| 固定电话 | 线 | 37.1 |
| 移动电话 | 部 | 218.9 |
| 其中:接入互联网 | 部 | 200.6 |
| 计算机 | 台 | 97.6 |
| 其中:接入互联网 | 台 | 89.8 |
| 照相机 | 台 | 39.4 |
| 中高档乐器 | 架 | 8.4 |
| 健身器材 | 台 | 8.0 |
| 空气净化器(含新风系统) | 台 | 30.6 |
| 吸尘器 | 台 | 25.7 |

(王　娟)

## 市场监管

**【概况】** 石景山区市场监督管理局(简称区市场监管局)是辖区市场综合监督管理的工作部门,负责辖区市场主体统一登记注册、组织和指导市场监管综合执法、监督管理、市场秩序以及产品质量安全、特种设备安全、食品药品安全监督管理和宏观质量管理、计量、标准化、检验检测、知识产权管理、价格监督检查等工作。设有 23 个内设科室、9 个街道所、8 个事业单位,1 个市场监管综合执法大队(包含 12 个内设机构)。年内,区市场监管局统筹推进新冠肺炎疫情防控与各项任务落实,逐步实现疫情防控稳中向好,复工复产推进有力,营商环境不断优化、安全形势平稳有序、竞争秩序持续规范、质量提升高位推进、监管机制更加健全的良好局面。截至 12 月,石景山区实有市场主体 45354 户,同比减少 -3.34%。其中,实有企业 38017 户,同比减少 -2.27%;实有个体工商户 7236 户,同比减少 -8.48%。注册资本 5000 万元以上企业 2054 户,同比增长 0.39%,占全区实有企业总量 5.4%。新设立市场主体 3095 户,同比减少 -8.54%。其中,新设立企业 2775 户,同比减少 -8.48%;新设立企业注册资本总额 467 亿元,同比增长 37.57%。新设立个体工商户 317 户,同比减少 -8.65%。食品药品监管主体 7356 家。其中,食品生产企业 5 家,食品经营主体 2992 家,餐饮服务有效主体 1556 家;医疗器械生产主体 22 家,特殊食品经营主体 584 家,化妆品经营企业 973 家。在用特种设备 8417 台,其中锅炉 150 台,压力容器 1412

1 月 14 日,区市场监管局开展节前专项大检查　　(《石景山报》供图)

台，压力管道62条，电梯5841台，起重机械861台，厂内机动车124辆，大型游乐设施28台，客运索道1条。辖区有认证机构3家。检验检测机构30家，其中国家级检测机构3家，共9个国家检测中心；市级检测机构27家。

（刘洪杰　吴　瑶）

【新冠肺炎疫情防控】　年内，区市场监管局开展专项排查，消除风险隐患，完成食品流通领域从业人员及共同居住者核酸咽拭子采样、集中处置相关食品及核酸检测工作。抓好常态化预警监测，对餐饮、商超、冷链食品等重点行业从业人员、经营环境和食品开展核酸检测。完成核酸检测35164件，其中从业人员及其共同居住者5163件，经营环境25570件，重点物品4431件，检测结果全部为阴性。加强执法监管力度，做好疫情常态化防控。加强药品使用环节监管，对辖区医院、社区卫生服务站等医疗机构开展现场检查。加强防控产品质量监管，对石景山区新建口罩厂开展帮扶和质量指导，开展质量检测14批次，助推7天出成品，12天口罩投入市场销售。开展常态化疫情防控大检查，对“五类”（即商务楼宇、商场、餐馆、工业企业和建筑工程参建单位）以外市场主体落实疫情防控措施情况进行检查，检查经营主体46840户次，并公示屡次查出问题的企业，督促整改。拓宽口罩、防护服、护目镜、红外测温仪及抗病毒药品等相关医用防控物资的国内外采购渠道，为辖区联系采购各类医用物资19种、100余万件。督促药品零售企业发挥疫情哨点作用，收集反馈采购止咳、退热和抗感染类药品的人群数据。疫情期间，创新审批方式，新增62家经营和疫情防控相关产品企业获得二类医疗器械经营备案凭证，132家企业完成新增经营范围等变更。

（刘洪杰　吴　瑶）

【冬奥筹办服务保障】　年内，区市场监管局成立冬奥食品安全保障专班，组织全局40岁以下干部进行大型活动食品安全保障知识技能培训和闭卷考试。加强与冬奥组委相关部门工作对接，按照“双进入”（即奥组委和场馆负责人进入石景山冬奥工作专班，石景山区工作人员也进入赛场）工作模式，派驻执法人员进入赛场参与服务保障。强化冬奥组委机关驻地及周边餐饮单位的食品安全监管和阳光餐饮品质示范店的建设，制定《石景山区重大活动供餐单位加工制作重点环节操作规范》。加强冬奥比赛场地特种设备安全保障工作，督促相关单位落实质量安全主体责任。将冬奥组委机关驻地及比赛场馆周边列为重点监管范围，对重点监管区域内的经营主体确定监管台账、划分监管风险级别，建立以信用系统、风险洞察系统为依托的信息化体系，开展多元化监督管理。

（刘洪杰　吴　瑶）

【文明城区创建】　年内，区市场监管局制定创城迎检工作方案，量化指标任务，责任明确到人。60余名机关干部率先下沉一线，300余名干部全程参与，针对1259处规模以下餐饮单位、8个农贸市场、2部热线电话、1条重点大街、50所校园周边等重要点位开展测评服务保障工作。在重点督查期间，收集汇总创建问题18项，全部整改落实。在测评期间，按照计划实现指标问题全面清零。

（刘洪杰　吴　瑶）

【“疏整促”专项行动】　年内，区市场监管局牵头组织全区各街道及相关职能部门开展无证无照经营和“开墙打洞”专项整治行动工作，建立联席会议制度，制定专项整治行动工作方案。在“无证无照”方面，加强防反弹核验力度，加强源头管控、强化综合治理、严控反弹新生，对无证无照经营滋生聚集和反弹高发地区加强核查加强防反弹核验力度，保持动态清零。在“开墙打洞”方面，坚持封堵与美化、整治与便民并重，落实好防反弹工作责任制，立查立办，严防“开墙打洞”反弹回潮，保持动态清零。

（刘洪杰　吴　瑶）

【生态环境污染防治】　年内，区市场监管局落实污染防治攻坚战2020年行动计划和北京市及石景山区生态环境污染治理相关工作任务，建立油品、车用尿素、油漆涂料等市场主体经营台账。对辖区油站和车用尿素销售单位开展执法检查9家次，完成辖区内5家内部加油站、15家经营性加油站共39组油品的抽样检测工作，检验结果均为合格。配合中央环保督查组调查辖区内部加油站油品质量，环保VOC治理情况等相关工作，受到环保督察组的肯定。

（刘洪杰　吴　瑶）

【实施垃圾分类】　年内，区市场监管局制定贯彻落实北京市生活垃圾分类工作实施方案，加强宣传动员，营造良好氛围。向相关经营主体发送宣传垃圾分类工作短信4万条，向经营主体发放印制塑料袋等宣传材料1200余份，组织辖区内市场开展垃圾分类集中宣传活动，向集贸市场和小商超发放《关于严格执行“限塑令”的承诺书》。对大型连锁超市进行行政约谈，要求企业不得生产、销售、使用超薄塑料袋。对辖区内15家塑料购物袋使用单位和1家塑料袋生产企业开展专项检查和抽查，抽检合格率100%。累计检查零售场所1665家次，责令改正2起，对违法行为立案1起，当场处罚1起。

（刘洪杰　吴　瑶）

【规范直销】　年内，区市场监管局对直销企业、分支机构、服务网点、经销商等主体建立台账，实施现场检查，检查重点许可资格、人员招募、直销培训、经营活动、计酬行为、服务网点、登记注册信息、守法经营等情况。加强消费风险排查，妥善处置各类投诉举报信访线索，查处相关涉及的预付费式消费违法行为，年内未发生直销违法事件。

（刘洪杰　吴　瑶）

【打击传销】　年内，区市场监管局利用社区宣传、培训教育和网络媒体等多种形式，多层面广泛开展打击传销宣传，提高全区无传销覆盖面。对宾馆、快捷酒店、餐饮、出租房屋等业主及服务人员加大宣传教育力度，向房屋产权单位、使用人发放宣传材料，引导各单位拒绝传销、抵制传销、举报传销，有效遏制传销活动的渗透。开展“无传销社区”“无传销网络平台”创建工作。按照社会治安综合治理、创建平安社区的要求，推进“无传销社区”创建活动。加强对居民开展打击传销宣传活动，增强社区居民防范传销意识和打击传销的参与能力。在扎实开展“无传销社区”创建的基础上，深入开展“无传销网络平台”创建，引导平台企业加强自律，净化网络空间。

（刘洪杰　吴　瑶）

**【年度荣誉】** 年内，石景山区在国务院办公厅关于对2019年落实有关重大政策措施真抓实干成效明显地方予以督查激励的通报中，被评为深化商事制度改革成效显著、落实事中事后监管等相关政策措施社会反映好的地方；市药监局、市卫健委对2019年度药械化妆品不良反应监测工作的通报中，区市场监管局被评选为北京市药品、化妆品不良反应监测工作先进单位；国家市场监管总局授予孙锡晓“全国市场监管系统抗击新冠肺炎疫情先进个人”荣誉称号；市政府授予齐磊“北京市抗击新冠肺炎先进个人”荣誉称号；市委、市政府授予郑博“北京市安全生产先进个人”荣誉称号；市委全面深化改革委“接诉即办”改革专项小组授予屈向东“‘接诉即办’改革工作先进个人”荣誉称号；市政务服务管理局授予孙小革2020年度政务服务“贴心服务标兵”荣誉称号。

（刘洪杰　吴　瑶）

**【试点登记告知承诺制度】** 年内，石景山区作为全市实行主体告知承诺制试点七个区之一，在工作中加强前端指导，优化审批流程，强化事中事后监管，搭建“信用承诺、即时审批、精准监管”的闭环式工作模式。前端指导“双签字、双提交”，推进三种承诺方式的落实，确保承诺覆盖率和有效性。推广企业变更、注销和个体工商户登记全程电子化，实现登记审批“零见面”。对线上和线下受理的各类型企业登记申请，提供“一时代”办理服务，做到即审即核，即批即领，市场主体实现“秒批”。截至年末，12640户企业在设立、变更、注销等业务时享受到政策便利，告知承诺率100%。

（刘洪杰　吴　瑶）

**【登管衔接和信用监管】** 年内，区市场监管局建立“三管一惩戒”（即通过“双随机、一公开”提高抽查比例，实行日常监管；接受公民、法人和其他组织的举报，实行核查监管；强化部门协同，形成合力，实行综合监管）监管机制，实现闭环衔接和精准监管。开展双随机抽查48批次，完成2428户市场主体检查。牵头市场监管领域部门联合双随机工作，组织参与6次部门联合双随机抽查任务，共计检查市场主体418户。夯实企业信用监管基础，2019年度企业年报公示率93.68%，高出全市平均年报率（92.16%）1.52%。与区税务部门联合开展吊销清理工作，清理吊销长期停业未经营1772户市场主体。列入企业经营异常名录2215户，列入严重违法企业538户。

（刘洪杰　吴　瑶）

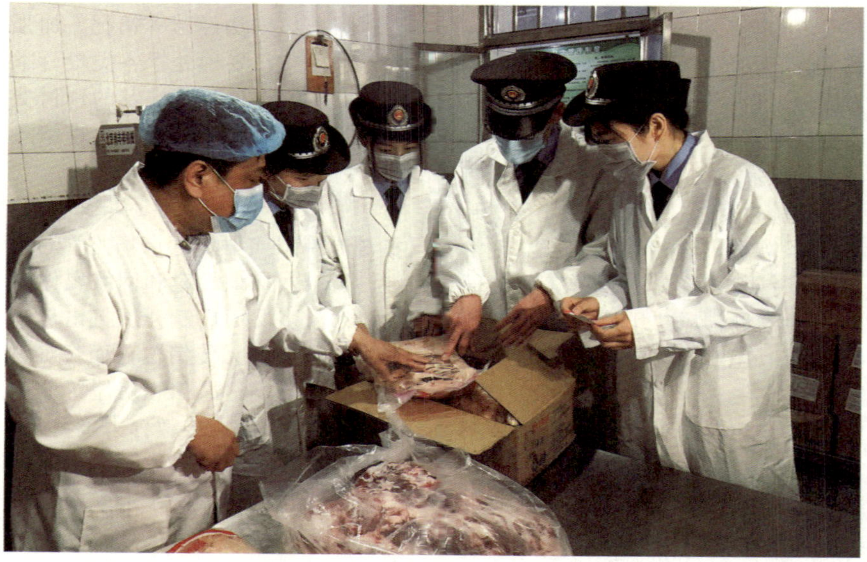

9月25日，区市场监管局开展质量月宣传活动　（区市场监管局供图）

**【12345“接诉即办”】** 年内，区市场监管局以“接诉即办”工单数据分析为问题导向，聚焦网络交易、校外教育培训机构等突出问题，发挥机制优势，精准靶向治理。将接诉即办的群众诉求作为执法依据，各部门开展校外教育培训市场主体、互联网交易等执法整治，立案76起，罚没款242.84万元，力争做到解决一类工单，规范一类行业。全年接收接诉即办工单20860件，原始满意率92.09%，原始解决率79.23%。

（刘洪杰　吴　瑶）

**【广告监管】** 年内，区市场监管局强化广告导向监管，完善广告监测机制，聚焦野生动物、新冠肺炎疫情相关、药品、医疗、保健食品、金融投资等重点领域，加大广告案件查办力度，推进互联网广告整治。对区域重点电商企业进行行政约谈，提示企业增强广告发布的责任意识，把好广告发布前的内部审查关，从源头杜绝违法行为的出现。全年监测广告1689条，发现违法广告线索103条。结合“网络交易诉求突出问题专项整治”工作，开展电视购物频道广告整治，夯实电视购物频道运营主体责任，立案19起，结案14起，罚款24.55万元。开展“百日行动”虚假违法广告专项整治，维护良好广告市场秩序，联合开展校外培训机构、口罩等防护用品广告、“软色情”等多项整治工作。做好广告违法线索和投诉举报处理工作，处理广告违法线索151条、信访件10件；立案82件，结案78件（其中不予处罚14件），罚没款131.35万元。

（刘洪杰　吴　瑶）

**【网络市场监管】** 年内，区市场监管局落实网络交易诉求突出问题专项整治工作，协调区公安分局网安部门提供辖区网站数据，对591个已备案网站逐一梳理、筛查，将符合条件的网站纳入辖区电子商务经营者名录，完善辖区重点涉网企业名单。对投诉举报量相对集中的多点平台加大指导力度，通过线上约谈、集中约谈、“6·18”大促前走访指导等形式，实现平台稳步降诉。建立网络交易诉求数据月流转台账制，运用分析结果有针对性的加强对重点平台和重点电商企业的指导，提升诉求解决效率和满意度，加大对涉诉涉举报多主体的重点检查，严肃查办各类网络交易违法行为。针对网络违法行为，结案 53 起，罚没款 180.32 余万元。

（刘洪杰　吴　瑶）

**【价格监管】** 年内，区市场监管局强化重点价格执法，营造公平市场环境。加大对肉蛋奶粮油蔬菜等民生领域价格的执法力度。密切关注低价药、常用药等药品市场价格情况，持续加大对“保健”、互联网等领域的违法行为查处力度。对房屋租赁市场，对水、电、气、运等价格领域实施严格价格监管。对中央和地方出台的各类涉企收费行为开展专项检查。聚焦重点领域和重点行业，严厉查处哄抬价格、囤积居奇、搭车收费、擅自设立服务项目等违法行为，维护价格平稳有序，确保市场公平发展。

（刘洪杰　吴　瑶）

**【法制建设】** 年内，区市场监管局落实《重大执法决定法制审核制度》《行政执法公示制度》《执法全过程记录制度》三项制度，在局官网设立执法公示栏目，向社会公示行政执法相关基础信息。为全体执法人员补充配备执法记录仪，要求执法环节全过程记录。梳理制定依法行政相关制度 11 项，推进依法行政工作制度化管理。全局办理行政处罚案件 2360 件，罚没款 1380 万元，其中成批吊销案件 1798 件。办理疫情相关案件 35 件，全部按时结案。移送公安部门 1 件，且已执行刑事判决。实施行政执法检查 20574 件，人均执法量 186.53 件。触发职权 1691 项，职权履职率 93.89%。全年办理复议诉讼案件 79 件，其中诉讼案件 12 件，复议案件 67 件。

（刘洪杰　吴　瑶）

**【创建北京市食品安全示范区】** 年内，区市场监管局按照“四个最严”（最严谨的标准、最严格的监管、最严厉的处罚、最严肃的问责）要求，落实“四有两责”（四有：即有责、有岗、有人、有手段；两责：即切实履行监管职责和检验职责），做好食品药品安全工作，守住食品药品安全底线。组织落实食品检验任务及不合格食品、问题食品的核查处置工作，全年重点食品安全监测抽查合格率 98.64%、药品 99.6%。北京市食药安办于 3 月正式命名石景山区为“北京市食品安全示范区”。

（刘洪杰　吴　瑶）

**【餐饮品质提升】** 年内，区市场监管局申报的 100 家品质餐饮示范店及 1 条阳光餐饮示范街区全部通过市级验收。截至年末，石景山区有 486 家餐饮单位获北京市品质餐饮示范店，6 条街区获北京市“阳光餐饮示范街区”。

（刘洪杰　吴　瑶）

**【特种设备安全保障】** 年内，区市场监管局以全国“两会”代表驻地、冬奥组委驻地、密集场所等为监管重点，加强大型游乐设施、客运索道等社会面特种设备安全隐患排查和治理。加强高风险电梯隐患治理工作，配合市局确定全区 263 台电梯评估点位，实现超期未检动态清零，无特种设备安全事件和特种设备安全事故。

（刘洪杰　吴　瑶）

**【民生计量监管服务】** 年内，区市场监管局落实计量器具首检负责制，保证计量器具在资质范围内的无拒收、拒检现象。推进计量器具强制检定“互联网 + 政务服务”建设，完善强检计量器具网上申报工作。对辖区内涉及民生计量的监管工作进行专项检查，开展诚信计量示范单位创建活动，营造诚信放心的计量消费环境。年度完成计量器具强制检定 12899 台件。

（刘洪杰　吴　瑶）

**【标准创制】** 年内，区市场监管局引领企业在高精尖产业、城市治理、社会管理、服务业等领域开展标准攻关，推进应急处置、公共服务、产业链配套设备、城市管理等领域的标准制修订。完成 2019 年 11 家企业、179.3 万元标准化补助资金的发放。完成年度北京市技术标准制修订补助资金申报受理工作，全区 9 家企业、23 项标准通过初审，入围企业和标准较去年有大幅增加。

（刘洪杰　吴　瑶）

**【知识产权公共服务】** 年内，区市场监管局优化促进知识产权发展的政策体系，制定与知识产权发展相适应的促进政策，印发《石景山区提升科技创新能力促进知识产权服务业发展暂行办法》。创新“互联网 + ”知识产权服务

2 月 15 日，区市场监管局检查特种设备设施安全情况（区市场监管局供图）

1月9日,石景山区召开企业代表座谈会　　(区投促中心供图)

模式,联合首都知识产权志愿服务者和知识产权代理服务机构开设云课堂。根据区域产业定位、资源优势和知识产权工作实际,挖掘辖区工业互联网知识产权优质资源,完成《北京市石景山区工业互联网产业集聚发展专利导航分析报告》。全年石景山区专利申请量6976件,同比增长10.5%;专利授权量3839件,同比增长48.6%;有效发明专利拥有量5448件,每万人发明专利拥有量95.6件;PCT国际专利申请量722件。商标有效注册量61471件。

(刘洪杰　吴　瑶)

## 招商引资

**【概况】** 石景山区投资促进服务中心(简称区投促中心)是区政府直属负责组织、管理、协调、指导全区招商引资工作的职能部门,属公益一类事业单位,机构规格为正处级。下设六部一室(投资信息部、投资公关部、投资服务部、投资项目部、市场运营部、投资发展部和办公室)。年内,区投促中心牢牢把握"三区定位",紧紧抓住"两大机遇",突出抓好"两个关键",认真履行职能职责,统筹开展疫情防控、招商引资和优化营商环境等相关工作,为区域经济高质量发展提供有力支撑。全年新增注册资金5000万元以上企业96户,累计注册资金384.6亿元,占新引进企业注册资金的83.1%。迁入企业1064户,累计注册资金300亿元,其中诚通资产管理公司、光大实业集团、中铁建发展集团、国际电气工程公司、司法大数据研究院等优质企业纷纷落户,为促进区域经济高质量发展提供有力支撑。

(郭　强)

**【企业代表座谈会召开】** 1月9日,石景山区召开全区企业代表座谈会,区委区政府相关领导与驻区67家企业代表座谈交流。区领导介绍2019年区域经济社会发展情况及2020年重点工作;光大信用卡中心、华夏信用卡中心等20家企业代表围绕经营情况、遇到问题及对区域经济发展的意见建议等作交流发言。石景山区委区政府坚持区领导联系服务企业,持续开展早餐会、直通车等政企交流活动,企业有事不撒手、企业无事不插手,全力为企业解忧纾困。

(郭　强)

**【递送关爱暖心包】** 4月17日,北京侨梦苑向海外商协会和专家人才递送关爱暖心包启动仪式在首创郎园park兰境艺术中心举行。新冠肺炎疫情期间,北京侨梦苑发挥资源优势,主动对接签约及联系的海外商协会及专家人才,为支援海外侨胞搭建起渠道畅通的平台。"关爱暖心包"以EMS形式向海外16个国家的30个海外商协会及100位海外侨胞和专家人才递送。

(郭　强)

**【区经济发展推进大会召开】** 6月8日,区经济发展推进大会在北京银行保险产业园召开。10家驻区重点企业代表、2家高校代表,以及2019年度纳税"百强企业"和在抗击新冠肺炎疫情中作出突出贡献的单位代表、首批获得"景贤卡"的专家人才、新入驻企业代表等174人参加会议。大会对辖区疫情防控和经济发展工作情况进行回顾,对20家"2019年纳税百强企业"和10家抗击疫情突出贡献单位代表进行表彰,为10位首批人才代表颁授"景贤卡",并与年内落地重大项目中的50个项目进行签约,投资金额超过500亿元。会后,组织召开"2+N"政策新闻发布会,进一步满足企业发展需求,加快构建高精尖产业结构,推动经济高质量发展。

(郭　强)

**【惠企纾困政策出台】** 年内,区投促中心为深入贯彻落实国家、北京市关于新冠肺炎疫情防控工作部署,有效缓解疫情对企业造成的影响,统筹出台"石惠15条""石惠16条",重点从房租补贴、金融服务、人才服务、科技转化、城市运营、商务服务、政务服务支持等方面给予支持。同时,开通政策申报渠道,开展政策落实成效评估,全年累计拨付企业政策支持资金1.59亿元,为967企业和46名个人进行房租补贴1273万元,精准帮扶企业纾困解难。

(郭　强)

**【新冠肺炎疫情物资平台搭建】** 年内,区投促中心及时了解企业疫情防控需求,整合信息资源,为驻区69个楼宇、450多家中小企业解决口罩69.3万只、测温枪220台等防疫物资,助力企业复工复产。组织召开"北京侨梦苑向海外商协会和专家人才递送关爱暖心包启动仪式",向18个国家的24个商协会及83位海外侨胞和专家人才递送防疫物资和关爱暖心包。联合"服务管家",走访慰问光大信用卡中心、中科院物理研究所等19家驻区重点企业,赠送防疫物资口罩1万只。

(郭　强)

**【楼宇新冠肺炎疫情防控】** 年内,区投促中心根据全区疫情防控统一部署和要求，抽调5名骨干力量，成立重点商务楼宇疫情防控工作组，负责长城大厦、燕保大厦等35座商务楼宇的疫情防控工作。通过建立“楼长”责任制和线上线下联系机制，及时掌握各楼宇防疫防控工作情况、企业复工情况，确保商务楼宇防疫防控工作“无死角”。

（郭　强）

**【招商引资】** 年内，石景山区新增注册资金5000万元以上企业96户，累计注册资金384.6亿元，占新引进企业注册资金的83.1%。迁入企业1064户，累计注册资金300亿元。对标“两区”建设任务，吸引斯堪维亚、鹰腾京西等外资企业入驻；依托北京侨梦苑，吸引140余家侨资企业落户。加强与首建投和首钢基金联动，吸引国际云转播等公司落户新首钢园区。围绕银保产业园的定位，推进创业黑马、中化学建投等公司将相关业务板块落地。推进大正创想广场项目建设，吸引AI、VR及新能源等新兴高新技术企业落户。

（郭　强）

**【优化营商环境】** 年内，石景山区树立全区“一盘棋”思想。统筹完成“2+N”政策体系修订，举办“2+N”政策新闻发布会。依托AI石景山融媒矩阵，宣传推广区域环境，讲好产业高质量发展的石景山故事。各平台累计订阅用户3.9万余人，阅读量502万余次，视频累计浏览量194万余次，策划专题宣传软文1320余篇，设计宣传信息图、长漫图鉴、插图800余幅，拍摄制作宣传短视频85期。深化“服务包”制度落实，坚持走访企业常态化机制，为158家企业送出“服务包”，制定解决服务措施283项。召开招商引资领导小组会5次、企业座谈会2次、培训会1次，畅通政企沟通渠道，提升企业幸福感。参加京港会、服贸会、进博会等大型活动，举办在京境外商协会走进石景山行等活动，提升国家级产业转型发展示范区的知名度和影响力。

（郭　强）

## 国有资产监管

**【概况】** 石景山区政府国有资产监督管理委员会（简称区国资委）围绕2020年政府工作报告提出的中心任务和重点工作，立足部门职责，科学统筹疫情防控和生产经营，努力克服新冠肺炎疫情影响，围绕加强党的建设、深化国资国企改革、完善监管体制、服务中心大局四个方面，不断提升区属国有经济的竞争力、创新力、影响力、抗风险能力。全区各级次国有企业72家，其中一级企业12家，二级及以下企业60家。截至年末，全区国有企业资产总额648.8亿元，同比增长14.1%；负债总额437.2亿元，同比增长15.2%；所有者权益211.6亿元，同比增长11.8%，企业平均资产负债率67.4%。全年累计实现营业收入19.6亿元，实现利润总额0.6亿元，上缴税金1.9亿元，上缴国有资本经营预算收益1600万元。

（魏　然　裴　培）

6月8日，区经济发展大会上重大项目签约仪式环节　（赵　昂　摄）

**【国企改革】** 年内，区国资委持续推进国企改革。一是推进整合重组。石泰等4家企业整合重组工作取得重要进展，顺利完成保险园公司收购中发展集团所持京石发展公司股权工作，同步开展京石投资公司无偿划转至石泰集团工作。二是推进转企改制。顺利开展房管中心与石房公司资产划转，会同区财政局、区人保局，研究解决原区房管中心差额拨款事业编退休人员待遇差额问题。三是做好转企划拨工作。琅山苗圃转企改制后划转石景山区，组建成为北京京石园景有限公司。四是完善公司治理结构。完成石国投公司等5家全民所有制企业公司制改革，完成6家企业名称变更。

（山　杉）

**【国有资产管理】** 年内，区国资委不断完善监管措施，抓实做细国有资产管理。开展国资委系统企业产权管理综合检查。通过专业机构检查企业在产权登记、资产评估、资产核销方面的执行落实情况，进一步规范产权管理，明晰国有产权主体和分布，落实监管责任。开展国有资本布局和产业链水平情况摸底调查。按照国务院国资委关于开展全国国资监管系统企业国有资本布局和产业链水平情况摸底调查的要求，组织系统企业摸底国有资本布局和产业链水平情况。推进区域重点项目资产整合和提升。推进古城南路步行街和模式口大街文保区相关区属企事业单位资产划转，推进实兴集团金鼎时代广场升级改造。进一步规范完善经营性房屋管理。结合平台试运行情况，督促企业及时修改完善信息，优化调整系统功能。

（周济杰　原　晶）

**【疏解整治促提升】** 年内，区国资委持续开展国资委系统"疏整促"工作。制定国资委系统"疏整促"专项行动方案,开展系统经营性房屋环境综合整治,全年系统巡查抽检出租房屋和治乱疏解点位1364点次,无新生违法建设,完成"动态清零"工作目标。推进完成各项专项工作。按照违法建设管控城乡建设用地减量等工作部署,开展房屋普查、集体土地委托管理、户外设施和牌匾标识安全生产隐患排查治理等。协调推进游乐园西南门停车场改造提升。对停车场原有地面及疏解腾退出的裸露地面进行硬化处理,重新规划增加停车位,同时加强绿化美化,使停车场周边景观与八角东街景观风格统一。

(原　晶)

**【国有资本投资运营】** 年内,区国资委发挥国有资本导向作用,北京石景山产业发展有限公司联手中关村发展集团股份有限公司打造中关村工业互联网产业园,旨在以工业互联网为核心、以生产性服务业为基础,营造全产业链、全生命周期生态体系。石景山区国有资本投资有限公司出资设立北京国石智达科技产业优选基金,重点投向新一代信息技术、人工智能等符合北京市十大高精尖产业战略领域,发挥国有企业资金带动作用,优化国有资本在战略新兴产业的布局,促进国有企业创新发展,提升核心竞争力。

(山　杉)

**【国有资本经营预算】** 年内,区国资委根据《石景山区国有资本经营预算管理暂行办法》《石景山区国有资本收益收缴管理暂行办法》和区财政局《关于编报国有资本经营预算的通知》要求,在系统全面开展国有资本经营预算收益收缴各项工作。全年辖区国有资本经营预算收入执行收缴1600万元、国有资本经营预算支出安排1120万元,上缴一般公共财政预算共计480万元,全部用于民生项目、解决历史遗留问题、加强国资监管等。

(裴　培)

**【服务保障民生】** 年内,区国资委以"接诉即办"为重要抓手。将办理市民诉求作为系统各单位和全体干部职工的"应尽之责、分内之事、务实之举、常态工作",全力提高工作水平。对新冠肺炎疫情类诉求,提高响应速度和解决力度,协调相关企业解决市民反映的问题,耐心向市民解释相关政策。面对垃圾分类相关诉求,进一步压实责任,形成特有的办理流程,逐个解决。以《北京市物业管理条例》《北京市生活垃圾管理条例》实施为契机,提升物业服务水平,通过资金投入、设备购置、人员部署等,进一步推进区属物业企业服务小区有机更新。同时,区属物业企业严格落实疫情期间社区防控工作责任,加大管控力度,加强与属地街道、社区的协同联动,在疫情防控工作中发挥示范带头作用。

(魏　然)

**【重大建设项目】** 年内,区国资委扎实推进冬奥服务保障,完成冬奥组委周边地铁M11线、S1线、北辛安北段道路工程拆迁工作,确保轨道交通项目顺利开工。助力西山永定河文化带建设,深入开展模式口文保区修缮改造及环境整治工作,完成周边排水工程、电信工程、支线管道等市政基础设施建设。加快推进衙门口棚改项目建设,推动完成剩余拆迁征地工作,集地非宅地上建筑物累计拆除92.43万平方米、完成率99.14%。

(魏　然)

**【国有资本划转】** 年内,区国资委贯彻落实北京市划转部分国有资本充实社保基金工作要求,结合区属国有企业实际情况,深入政策分析研究,强化部门协同配合,稳步推进国有资本划转工作。截至年底,经区委区政府审批通过,完成纳入划转范围的3家企业产权变更登记,3家企业国有股东所持股权的10%划转至承接主体北京市财政局,完成辖区部分国有资本充实社保基金划转工作。

(周济杰)

## 国有资产经营

**【概况】** 石景山区国有资本投资有限公司(简称石国投公司)有出资企业22家,其中全资子公司10家,控股子公司4家,参股子公司8家。公司下设资本运营部(基金管理部)、资产管理部、资产经营部、财务部、人力资源部、审计部、办公室(安全生产部)、党委办公室、纪检监察办公室9个职能部门。主要职能定位以国有资本投资、产业促进、融资服务为主。年内,石国投公司按照区委区政府及区国资委的要求,攻坚克难,锐意创新,在新冠肺炎疫情防控战、脱贫攻坚战、创建全国文明城区等重点工作中为石景山区作出重要贡献,助推区域经济社会健康发展。全年实现资产总额140.79亿元,负债总额50.56亿元,所有者权益90.23亿元,收入总额12837.55万元,利润总额2090.46万元。

(贾艳丽)

**【助推重点项目建设】** 年内,石国投公司发挥区投融资平台的职能作用,为区域重大项目建设和主导产业培育提供资金支持。为保险产业园公司10亿元银行抵押贷款提供担保,支持保险产业园项目建设。为降低融资成本,完成公司主体信用等级由AA提升至AA+工作。同时,加大与金融机构及其他企业的合作力度,创新融资方式,全面提供高水平的融资服务。

(贾艳丽)

**【促进产业布局建设】** 年内,石国投公司出资1亿元设立北京石景山产业发展有限公司,围绕高精尖经济结构,设立北京国石智达投资基金管理有限公司,开展市场化的基金投资和管理活动,向区内载体输送优质企业,促进产业聚集。同时,石景山产业发展有限公司与中关村发展集团股份有限公司组成的联合体,以17.55亿元成功竞买石景山区中关村产业园石景山园北Ⅱ区西井地块土地一级开发项目1606-034地块B1商业用地,并进入建设阶段。

(贾艳丽)

**【区属企业股权管理】** 年内,石国投公司完成北京融科鼎盛投资有限公司股权退出工作,实现超过50%的自有资金投资收益,形成10倍以上的放大规模,为石景山区基金产业发展做出良好示范。完成将北京京石科园投资发展有限公司无偿划转给北京石泰集团有限公司，并协助北京保险产业园投资控股有限责任公司完成收购中关村石景山园发展公司股权，实现同业整合，做大做强区属企业。同时，完成北京燕金源置业有限公司由原来区国资委监管的一级企业变更为石国投公司的二级子公司，并制定北京燕金源置业有限公司管理方案，为加快推进苹果园交通枢纽商务区项目建设打下基础。

（贾艳丽）

**【公司制改革】** 年内，石国投公司完成公司制改革工作，公司名称从北京市石景山区国有资产经营公司变更为北京市石景山区国有资本投资有限公司（简称石国投公司），并确定国有资本投资、产业促进、融资服务为公司主要职能定位。公司未来的发展方向是，围绕区委区政府的中心工作，坚持创新驱动、产融结合、优化国有资本布局的发展战略，打造与区域经济发展方向相适应的、具有较强实力的专业化、市场化、规模化、证券化的新型国有资本投资运营平台。同时，配合实兴集团公司、游乐园公司、区建筑公司完成公司制改革工作。

（贾艳丽）

**【新冠肺炎疫情防控保障】** 年内，石国投公司落实四方责任，发挥国企的担当精神，守护国有资产安全稳定。加强防疫应急响应，召开防疫工作会议18次，设立AB角轮岗组、社区支援组、后勤保障组，制定完成《疫情防控工作方案》《经营性资产防控工作方案》《进一步压实疫情防控责任的方案》等，始终坚持把疫情防控工作作为最重要的工作来抓。同时，石国投公司按照北京市及石景山区“石惠十五条”政策，第一时间向写字楼承租企业发布《减免房租的告知函》，共为19家企业减免租金308万元，切实减轻疫情对企业生存发展的不利影响。

（贾艳丽）

**【全国文明城区创建】** 年内，石国投公司落实区委区政府关于创城工作的总体要求，组建工作专班，明确测评标准和任务分工。对门前三包、垃圾分类、建筑工地、公益广告宣传等重点点位进行现场督察调研，层层压实责任。围绕“擦亮城市西大门，文明祥和迎冬奥”专项行动要求，完成八角中里锅炉房的环境整治工作。“12345市民热线”接诉即办工作的响应率、解决率、满意率均达到100%。将创城指标融入公司各项工作之中，做到同部署同落实，确保抓有实效。

（贾艳丽）

**【对口扶贫收尾】** 年内，石国投公司对内蒙古自治区宁城县右北平镇大黑石村开展消费扶贫工作，从当地购买小米、红豆等扶贫产品1210公斤共4892.8元，解决农副产品滞销难题。为大黑石村提供6.225万元资金支持，购置铲车1辆、垃圾清运车1辆，助力大黑石村提升村容村貌。向红十字会捐赠500万元，支持内蒙古莫旗奎勒河镇食品深加工项目。并与莫旗哈列图村结成帮扶对子，提供4.37万元资金支持，为村内幼儿园购置教具、图书等，解决当地学龄前儿童教育及脑瘫儿童看护难题。向大黑石村捐赠口罩、防护服、测温枪等两批防疫物资，及时解决防疫难题。

（贾艳丽）

## 集体经济

**【概况】** 石景山区政府集体资产监督管理办公室（简称区政府集体资产监管办）是负责统筹协调辖区集体经济发展的区政府工作部门。内设党建办公室、行政办公室、改革发展科（信访办公室）、集体资产监管科、财务审计科、人事权益科、综合管理科7个科室。年内，区政府集体资产监管办主要围绕新冠肺炎疫情防控、接诉即办、精准扶贫、石景山区农工商总公司改制、集体租赁房项目建设、集体资产监督管理、综治维稳和依法行政等工作，保障集体经济系统平稳健康发展。全年系统总收入16.23亿元，同比增长10%；应上缴税金1.74亿元，同比增长12.3%；利润总额19573.6万元，同比增长1.9倍。

（卢　靖）

**【新冠肺炎疫情防控】** 年内，区政府集体资产监管办建立组织领导体系，压实“四方责任”（即属地、部门、单位和个人的责任），召开疫情防控领导小组调度会议30余次，全面加强系统所属机关、楼宇、物业、工地等疫情防控。建立健全各项防控制度，实施处级领导分片包干措施，进行现场检查150余次，涉及点位200余个，协调筹措测温仪100余个，口罩5万余只。贯彻落实“石惠十五条”，累计减免租金6793万元，支持企业复工复产。

（卢　靖）

**【农工商总公司改制】** 年内，区政府集体资产监管办完成总公司产权制度改革成员劳龄鉴定及三榜公示工作，涉及4531名成员总劳龄年59000年。持续梳理解决“悬空户”及原始股金清退等历史遗留问题。出台《北京市石景山区农工商总公司产权制度改革资产处置办法》，12月初启动总公司原成员兑现工作。

（卢　靖）

**【集体租赁房项目建设】** 年内，区政府集体资产监管办推进集体土地租赁住房项目建设，其中古城租赁房项目完成二次结构施工和样板层施工，样板间装修方案通过专家评审，进入全面装修阶段。八宝山租赁房项目完成主体结构封顶。五里坨租赁房项目完成全部地下及部分地上基础施工。

（卢　靖）

**【参与区域重点项目】** 年内，区政府集体资产监管办协同推进S1线、锅炉厂南路、高井规划一路道路工程、政务中心和档案馆新建工程等区域重点项目。按照全区拆违工作任务要求，系统13个收尾“拔钉子”点位全部清零。推动集体土地委托管理，协调推进资金落实。与国资委联合发文，协调华美天祥公司和保险产业园落实刘娘府地区物业返还，实现保险产业园7万平方米物业还建项目正式移交。

（卢　靖）

**【综治维稳】** 年内，区政府集体资产监管办接待群众来访共计42批、71人。办理网上信访件21件，涉及人数29人。出具受理告知书13份，办理纪委业务范围外信件3件,完成复查复核材料7份。做好重点矛盾纠纷、重点人员排查工作;抓好“接诉即办”工作,建立“接诉即办”工作专班,压紧压实部门科室、基层公司工作责任。办理涉及多部门职责交叉和历史遗留问题的诉求。全年接办工单379件,其中解决124件、满意228件;抓好安全监管工作,加强对安全生产重点单位、部位的督查检查,做好汛期安全生产,做好重大节假日、全国“两会”等重大活动期间的安全服务保障。

(卢　靖)

【就业安置和专项补贴】 年内,区政府集体资产监管办全系统农转居劳动力总数3415人,就业率100%。规范做好农转居“老人老办法”人员专项补贴工作。及时完成农转居“老人老办法”人员及未办理超转人员等5大项、1077余万元经费的统计核算发放。

(卢　靖)

## 烟草专卖

【概况】 石景山区烟草专卖局(公司)(简称区烟草专卖局<公司>)实行“统一领导、垂直管理、专卖专营”的经营管理体制,承担全区烟草经营业务、净化卷烟市场、规范烟草经营秩序、对辖区烟草专卖品经营企业实施全面监管职责。内设8个科室,有职工56名,其中处级干部6名,高级政工师1名,科级干部14名,党员29名。年内,区烟草专卖局(公司)销售卷烟1.75万箱,同比下降1.61%;实现税利1.15亿元,同比增长6.43%;单箱销售额3.53万元,同比增长5.36%。区烟草专卖局(公司)被授予2019年度纳税百强单位;QC课题《提高财务报销一次性通过率》获北京烟草QC成果鼓励奖;OPL一点课《提高政务信息图片质量》和《示范店经验分享会》均获北京烟草“十佳”精益改善课题;论文《烟草专卖行政主管部门电子烟监管问题研究》获北京烟草学会2020年度学术论文鼓励奖。

(王　伟)

【工商零网络交流平台搭建】 3月9日,区烟草专卖局(公司)营销网建科全体人员与辖区10余名卷烟零售客户及云南中烟工业代表进行视频会议交流,通过线上直播、平台PPT展示、在线答疑等方式开展营销工作交流,力促“工商零”(即工商零指卷烟工业公司、卷烟商业公司和卷烟零售客户)三方互利共赢。

(王　伟)

【许可证集中换发611个】 4月起,区烟草专卖局(公司)根据最新《烟草专卖品生产经营活动及许可范围对照表》相关内容,集中开展辖区零售户许可证换发工作。专卖部门提前部署、积极应对,临时加派人员协助办理,协调市场监管员入户送达,保障集中换证工作高效推进。全年换发许可证611个。

(王　伟)

【“4·15”普法宣传】 4月,区烟草专卖局(公司)开展“4·15”全民国家安全教育日普法宣传活动,结合新冠肺炎疫情防控要求创新宣传形式,在线上学习基础上,以科室为单位开展制作手抄报活动,调动员工参与普法宣传活动的积极性,营造浓厚的法制氛围。

(王　伟)

【文明吸烟环境建设验收】 4月,区烟草专卖局(公司)对冬奥组委所在地首钢园区的75个吸烟设施、中关村科技园区石景山园的25个吸烟设施进行验收,同属地管理部门签署吸烟设施管理维护协议,完成2019年度文明吸烟环境建设工作。

(王　伟)

【样品烟专项治理】 4月,区烟草专卖局(公司)组织开展样品烟专项治理,全体执法人员通过突击检查、夜间巡查等方式,对辖区零售户开展地毯式全覆盖检查。期间出动执法人员60人次,检查零售户534户。同时将样品烟检查纳入日常监管范畴,形成常态化工作机制。

(王　伟)

【电子烟治理】 7月,区烟草专卖局(公司)开展电子烟专项治理工作,对辖区所有持证户及无证户进行逐户摸排。期间走访、检查持证商户604户、无证商户27户,结合实际情况建立辖区电子烟商户档案,对相关商户进行动态管理。

(王　伟)

【示范店成果展暨经验分享】 8月10日,区烟草专卖局(公司)正式启动诚信互助小组活动,举办“示范终端靓丽起航”成果展暨经验分享会,邀请辖区300余名卷烟零售客户分批参加。分享会以“为什么建示范店”、“怎样建示范店”及“示范店建设成效”三方面内容为主题,展示近三年辖区121家示范店的改造历程,有效激发客户改造意愿,吸引其主动参与店面形象提升工程,发挥示范店带动作用。

(王　伟)

8月10日,石景山烟草举办示范店成果暨经验分享会　(石景山烟草供图)

【品牌分享会】 8月21日，区烟草专卖局（公司）邀请工业企业代表和辖区30余名优质客户开展品牌分享会，通过品牌知识培训和销售经验介绍，持续强化“工商零”三方协作，推动品牌建设，增强培育成效。

（王　伟）

【查获无证运输大案】 9月，区烟草专卖局（公司）与交通执法部门通力合作，查处一起违法运输案件，查获违法卷烟4.28万支，案值11.51万元，该案涉及执法配合、案件交接、信息传递等多个方面，是联合执法的全新尝试，为两部门加强协作奠定基础。

（王　伟）

【资金支出风险把控】 10月，区烟草专卖局（公司）接受市局（公司）资金安全飞行检查，涉及制度建设、银行账户管理、资金内控及制度执行、“小金库”等五个方面63项内容，未发现资金支出风险。

（王　伟）

【质量体系内审】 10月，区烟草专卖局（公司）正式启动诚信互助小组活动，组织开展年度内审工作，审核事实项642项，发现问题项0项，改进建议项4项，文件执行率100%，最终得分211.4分。

（王　伟）

【示范店建设】 年内，区烟草专卖局（公司）打造卷烟零售示范店173户，占实际经营户的31%，客户自主更换柜体1153组，整店改造43户，累计投入171万元，全面实现从“要我投入”到“我要投入”的有效转变。

（王　伟）

【案件查办】 年内，区烟草专卖局（公司）查获涉烟案件73起，其中5万元以上案件6起；查获违法卷烟178.91万支，其中查获假私烟34.4万支。

（王　伟）

【市场监管】 年内，区烟草专卖局（公司）根据防疫形势灵活调整走访频次，有序推进“双随机、一公开”监管工作。通过专卖监督管理信息系统相关模块分析、圈定重点监管户，适当提高重点监管户走访频次，加大监管力度。全年开展市场检查2542户次，其中“双随机、一公开”监管检查196户，开展联合执法19次，集中整治10次，处理举报投诉58起。

（王　伟）

【精益管理】 年内，区烟草专卖局（公司）组织开展精益管理工作，通过“问题导向”清单查漏补缺、找准课题方向，明确各类课题的解决思路和改善形式。全年完成各类课题18项，其中精益管理项目2个，QC课题4个，OPL一点课4个，一页纸6个，合理化建议2个。

（王　伟）

【目标管理】 年内，区烟草专卖局（公司）开展目标管理工作，结合实际制定共性目标和个性目标共计53个，明确目标值、统计口径、测量周期、责任人等内容，形成“公司、部门、岗位”三级目标体系。

（王　伟）

【6S现场管理】 年内，区烟草专卖局（公司）开展6S现场管理，每月对办公区域及公共场所进行集中检查，及时通报检查过程中发现的问题及优秀做法，形成常态化6S管理模式，提升企业基础管理水平。

（王　伟）

【安全检查培训】 年内，区烟草专卖局（公司）组织安全检查212次，其中日常检查176次，机动车安全检查12次，卫生检查24次。全年组织安全培训15次，利用OA、宣传栏、QQ、微信等平台宣传消防安全知识，发放防震、防汛等知识问卷108份。

（王　伟）

## 经济和信息化

【概况】 石景山区经济和信息化局（简称区经济和信息化局），加挂石景山区大数据管理局（简称区大数据局）牌子。负责指导辖区工业、软件和信息服务业发展，统筹协调信息化工作，促进中小企业发展的政府工作部门，同时，履行区信息化工作领导小组办公室、通信保障和信息安全应急指挥部办公室的职能。年内，区经济和信息化局贯彻落实区委区政府各项决策部署，坚持稳中求进工作总基调，紧紧抓住“两大机遇”，牢牢把握“三区定位”，充分发挥职能作用，坚持服务大局、勇于担当、主动作为，坚持一手抓新冠肺炎疫情防控，一手抓经济发展。在确保疫情防控扎实开展的前提下，稳步有序推进企业复工复产，全力构建“高精尖”产业结构，致力打造智能化城市大脑、统筹推进社会信用体系建设，坚定不移高标准防范抵御各类风险隐患，圆满完成重大活动服务保障工作。

（张　洋）

【政府门户网站改版上线】 3月，新版区政府门户网站上线。本次改版以《北京市政府网站页面设计统一规范》为标杆，实现三个优化。一是页面设计优化。页面采用“中国红”主色调，实现页面框架、头尾标识、字体字号、颜色搭配等规范统一。二是栏目设置优化。新版网站依据网民浏览习惯，优化版块分布，围绕信息门户、政务公开、办事服务、互动交流四大定位，将一级栏目优化调整为5个，即“要闻动态、政务公开、政务服务、政民互动、石景山风采”。三是网站功能优化。新版网站注重用户体验，强化网站功能，实现用户中心、智能问答、繁/简体转换、手机端、无障碍浏览等功能，实现“搜本站”和全市“一网通查”功能切换，实现石景山区微信、微博公众号等新媒体渠道接入，提升公众浏览体验。

（王继广）

【信息化工作培训】 7月22日，区经济和信息化局组织召开全区线上信息化工作培训，全区74个单位共120余人参加。培训重点讲解信息化项目管理、等级安全保护相关规定、协同办公平台新功能等。

（王宇寰）

【首届创新创业大赛举办】 7月，区经济和信息化局与区人力资源社会保障局、区科委等部门举办首届石景山区“创客北京2020”创新创业大赛复赛。向北京市组委会推荐14个项目，其中4家企业进入北京市150强，4家企业获得首届“创客中国”京津冀中小企业创新创业大赛三等奖。

（李雅娜）

【信用环境监测报送培训会】 9月28日，区经济和信息化局组织召开信用工作线上培训会。结合各区优化营商环境城市信用监测指标报送工作最新要求，解读2020年版北京市信用环境状况监测指标，并明确具体报送事项。结合市级相关要求，就行政许可和行政处罚"双公示"工作开展培训，针对常见问题进行分析，强调信息在7个工作日内及时报送，做到"全覆盖、无遗漏"。会议充分发挥互联网资源，通过安全高效的方式取得良好成效，49家相关单位共计70人参加培训。

(张 钦)

【入选国家信用建设观摩资格】 10月14日，区经济和信息化局代表石景山区参加2020年北京市区级信用信息共享平台和信用门户网站建设观摩活动，展示石景山区公共信用信息平台和信用石景山网站建设成果，获得市经济和信息化局领导和专家认可，被选为北京市区级平台代表参与国家信用门户网站建设观摩活动。

(张 钦)

【第六届中国虚拟现实大会】 12月5日至7日，由区政府、中国虚拟现实技术与产业创新平台联合主办的第六届中国虚拟现实产学研大会在石景山区富力万达嘉华酒店举办。会议由中国产学研合作促进会、北京市经济和信息化局指导，以"虚拟现实助力新经济"为主题，交流虚拟现实技术研发成果，分享虚拟现实产学研合作经验，探讨虚拟现实产业发展问题。大会安排13场特邀报告及"虚拟仿真实验教学项目申报与案例分享""VR/AR+智慧城市""数字文创文博""增强现实的发展及应用""虚拟现实教育"等多个主题论坛、圆桌沙龙及闭门讨论等活动。中国虚拟现实技术与产业创新平台与石景山区政府，就"北京市虚拟现实协同创新中心""虚拟现实领域国家重点研发计划项目""虚拟现实产业投融资协作平台"签订合作框架协议。中国工程院、中国产学研合作促进会、中国虚拟现实技术与创新平台、市经济和信息化局、中关村管委会及高校、科研、企业、投资机构、新闻媒体等各界代表600余人参会。

(王 闪)

【公益性信用修复会召开】 12月24日，区经济和信息化局举办石景山区线上公益性信用修复培训会，针对"市场主体如何开展信用修复"开展专题培训。培训提升企业的社会诚信意识，引导企业有效修复失信行为。全区10多个重点领域100多家企业参加培训。

(张 钦)

【门户网站信息无障碍改造】 12月，石景山区完成政府门户网站信息无障碍改造验收。改造后的网站实现三项优化升级。实现使用便利性优化。在区政府门户网站首页建立"无障碍通道"，编制网站无障碍功能介绍、功能操作说明，在所有无障碍页面抬头建设醒目的操作功能菜单，提升无障碍操作便利性。实现功能升级改造。网站所有栏目内容均可通过电脑键盘实现鼠标指读、访问操作、栏目跳转、区域跳转等功能，全面提升信息无障碍服务能力。实现服务人群扩大。在原有的服务色盲、弱视、老花等部分视障残疾人群基础上，特别为光敏视障者、低视力、老年人和盲人等障碍群体在网站架构、页面布局设计上进行适应性改造。

(王继广)

【新冠肺炎疫情防控系统上线】 年初，区经济和信息化局联合北京城市大数据研究院紧急开发"石景山区疫情防控系统"小程序，并根据疫情防控需要，不断丰富系统功能，充分发挥信息化在疫情防控工作中的支撑作用。楼宇管理功能在全区173个楼宇推广使用。通过采集进出楼宇人员信息，筛查密接人员、未满隔离期人员名单，有效提高商务楼宇疫情防控力度。工地管理功能实现工地线上填报人员基本信息，系统自动生成人员和防控物资情况日报表，减轻填报统计报表工作量。工业管理功能在全区四类25个工业企业推广使用。企业员工登记个人信息，系统与国家"密切接触者测量仪"密接人员数据比对后生成"三色健康卡"，并对发热人员、密接人员进行标记，大幅降低复工企业的聚集性传染风险。商务零售信息填报功能可一站式采集12个大型连锁商超品牌的销售数据和客流信息，为监测防疫类商品和生活必需品供应情况提供精准数据支撑。口罩预约功能实现"线上预约、线下购买"，避免现场排队。新型冠状病毒核酸检测预约服务功能实现居民线上提前登记个人信息，缩短核酸检测现场登记与确认时间，降低人群聚集风险。

(邱 君)

【政务外网核心网络升级改造】 年内，区经济和信息化局完成区核心机房网络设备升级改造。将原有千兆设备升级为万兆设备，提高区政务核心网络整体交换及转发性能，改善网络处理能力，完成国密算法改造工作。完成20个重要节点单位边界设备升级工作，带宽由100兆扩容至400兆，进一步为各单位日常办公及业务系统运行提供支持。

(许致远)

【公共卫生平台建设】 年内，区经济和信息化局为全面提升应对突发公共卫生事件水平，强化公共卫生科技支撑，提升流行病学调查溯源技术及重大突发公共卫生事件应对能力，推进石景山区公共卫生服务平台的建设工作。12月，开发完成石景山区传染病监测及流调单兵指挥模块研发工作，并投入使用。

(许致远)

【视频共享服务平台升级改造】 年内，区经济和信息化局完成区视频共享服务平台二期升级改造。完成路视频接入能力、平台转发视频流能力、移动端APP高清视频接入能力提升。整合各委办局自建图像资源，升级改造后接入能力从3000路提升至7000路，转发能力从5个业务系统提升至15个业务系统。

(张 媛)

【协同办公平台一体化建设】 年内，区协同办公平台采用全区统筹建设、统一部署、分层推进、分步实施。全年平台处理各类办公数据20万余件。

同时平台根据各部门的业务需求统筹建设审计预警、信息化项目评审、人大政协建议提案、人大代表活动、档案管理等业务系统，并将政务邮件、短信等及时通信方式纳入协同办公平台管理，提高工作效率，避免各部门各自重复建设，节约信息化建设资金。

（张　媛）

【工业和软件信息服务业】　年内，石景山区规模以上工业总产值完成254.5亿元，同比增长7.7%。实现工业增加值48.4亿元，同比增长4.4%；全区信息传输、软件和信息技术服务业实现收入702.9亿元，同比增长44.1%；实现增加值217.4亿元，同比增长20.5%。

（赵　鹏）

【疏解整治促提升】　年内，区经济和信息化局本着“疏堵并进，加快产业疏解退出”的原则，严格落实《北京市新增产业的禁止和限制目录》，确保不符合首都城市战略定位的工业企业按期退出。按照《关于组织开展“疏解整治促提升”专项行动（2017—2020）的实施意见》和石景山区《2020年石景山区一般制造业疏解“动态清零”工作方案》要求，实现“动态清零”，保成果、防反弹。全年无退出企业反弹，亦无新增制造环节发生。

（代　蓉）

【疫情防控和复工复产】　年内，区经济和信息化局严格落实“四方责任”，进一步推动全区工业领域安全生产和工业企业复工复产防疫防控工作。落实“一方案、一报备、两承诺”，对楼宇以外的规模以上工业和软件信息服务业企业逐一进行督促指导。要求制定疫情防控工作方案，做到一企一策，严格企业开复工报备制度，要求企业出具承诺书，切实压实企业疫情防控主体责任。按时向市区两级报送新冠肺炎疫情防控信息和复工复产数据。为保障区内机关企事业单位复产复工和居民防护需求，助力7天时间建成北京华瑞康盛科技有限公司口罩生产线，并批量生产。帮扶企业复工复产，为企业协调解决复工必需的防控物资，为重点企业开复工送上“服务包”，累计为40余家重点企业协调解决口罩23万个，消毒液1600公斤，测温枪20把。并先后为62家重点企业免费发放口罩近3万只。

（赵　鹏）

【工业企业安全生产零事故】　年内，区经济和信息化局按照“管行业必须管安全”的原则，加强全区工业行业的安全生产管理工作，严格落实《北京市党政领导干部安全生产责任制实施细则》要求，推进企业主体责任和经信部门安全生产指导职责落实，注重基层基础，强化安全生产指导作用，实现生产零事故。做好重大会议和节假日期间安全保障工作，全年实地指导企业100多家（次）。

（代　蓉）

【工业企业环保】　年内，区经济和信息化局落实《北京市空气重污染应急预案》要求，在空气重污染期间监督检查区内相关工业企业停限产应急措施落实情况，并督促企业做好工业源“一厂一策”更新备案。严格执行新增产业的禁止和限制目录要求，实现高污染企业零准入。向企业相关负责人宣传国家鼓励的有毒有害原料（产品）替代品目录，引导企业持续开发、使用低毒低害和无毒无害原料，减少产品中有毒有害物质含量，从源头削减或避免污染物产生。对区内企业内部非道路移动机械使用情况进行摸排并建立台账，督促企业做好网上备案登记，严格使用符合排放标准的非道路移动机械，确保排放达标。

（李奕信）

【新一代信息技术产业】　年内，区经济和信息化局加快推进工业互联网产业发展，发布《北京市石景山区工业互联网产业发展规划（2020—2025）》。坚持政策驱动，抢抓“新基建”风口，正式出台《石景山区加快“新基建”促进新一代信息技术产业发展暂行办法》。获批工信部国家新型工业化产业示范基地（工业互联网方向），并完成年度评价。围绕主导产业，石景山区引进北京理工大学工业互联网实训基地项目，共同打造工业互联网产学研平台，建设工业互联网人才培养高地。汇聚创新智慧，成功举办2020北京工业APP和信息消费创新大赛，促进新一代信息技术向消费领域广泛渗透以新业态新模式促进新型消费快速发展。

（王　闪）

【信用修复】　年内，区经济和信息化局落实《北京市优化营商环境条例》，建立信用修复申请快速响应机制，设专人负责信用修复区级初审工作，于3个工作日内受理完成材料初审。全年完成信用修复初审400余次，累计服务指导申请对象100余次。运用“信用石景山”网站，推送“信用中国”网站

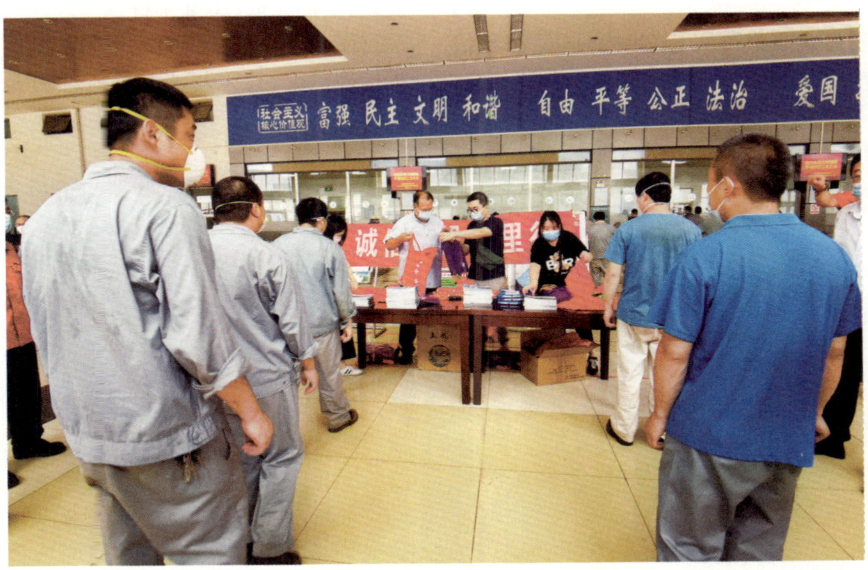


8月11日，区经信局到巴威公司进行诚信宣传　（区经信局供图）

信用修复公益性在线培训等相关信息,引导失信主体开展信用修复。依规对完成信用修复行政处罚信息及时撤销公示,保障市场主体权益。

(陈 璐)

【市级“信用+医疗”创新试点】 年内,石景山区在首钢医院推行市级“信用+医疗”创新试点,通过引入信用承诺和保险机制,通过优化就医流程,将个人信用嵌入“先看病后付费”医疗服务模式,有效提升公众就医获得感,《北京信息》《北京日报》等市级媒体进行专题报道。石景山医院和多家社区卫生服务中心的“信用就医”试点工作同步启动,营造诚实守信的良好社会风尚。

(赵文慧)

【推进诚信宣传】 年内,区经济和信息化局稳步推进诚信宣传工作。出台诚信宣传方案。明确部门分工,落实责任,为宣传工作的顺利开展提供组织保障。征集正向信息和诚信典型。收集16家单位正向信息397项,典型案例25人,并通过融媒体中心对外宣传,树立新时代诚信榜样。开展诚信活动。9个街道开展诚信活动35次覆盖全区3000余人次。区商务局、区市场监管局、区经济和信息化局在各行业开展诚信活动10余次,覆盖企业500余家,并组织企业签订守信承诺书100余份。

(于 欢)

【惠企政策落实】 年内,区经济和信息化局针对符合首都城市战略定位、不在疏解整治范围内且经营困难的中小微企业进行租金减免政策宣传,落实城镇集体企业新冠肺炎疫情防控期间减免租金工作,帮助3家企业申请相关补贴,涉及租金减免金额153.8万元。通过实地走访、电话联络、微信宣传等手段,联络中小微企业500余家,加大对科技创新、城市运行保障、生活性服务业等重点行业中小微企业援企稳岗政策宣传力度,帮助符合条件的63家中小微企业申报市级以训稳岗补贴、12家中小微企业申报市级以工代训补贴政策。

(李雅娜)

【优化营商环境】 年内,区经济和信息化局提升城市信用环境。出台《2020年石景山区社会信用体系建设重点工作任务》等制度文件,按月组织信用建设联席会议成员单位报送“优化营商环境城市信用监测表”,累计归集报送红黑名单、奖惩案例、信用修复信息7500余条,结合区级公共信用信息服务平台,在政策兑现、评优选拔等方面应用833条次。提升工业互联网产业发展环境。年内陆续出台《北京市石景山区工业互联网产业发展规划(2020—2025)》和《石景山区加快“新基建”促进新一代信息技术产业发展暂行办法》,助力辖区工业互联网产业实现高质量跨越式发展。提升大数据发展水平。大力推进区域经济运行平台建设,编制完成《2020年石景山区经济运行平台建设方案》,完成企业基础数据梳理汇聚,共涉及5大类别、7万余条数据信息。

(赵文慧)

【5G全年建设任务完成】 截至年末,全区新开通5G基站142座,提前完成北京市通信管理局下发的年度基站建设计划。至此,全区共建设5G基站397座,实现主要道路、旅游景区、交通枢纽、冬奥场馆、园区等重要场所覆盖的目标。

(王宇寰)

【信息化建设管理】 年末,区经济和信息化局完成47个信息化项目技术审查,助力全区大数据工作深入推进。织密制度防护网。堵住制度执行漏洞,把信息化项目评审制度与立项审批、区政府常务会议、区长办公会议制度有效衔接。聚焦“四个原则”,突出“三个重点”。严格遵循统筹集约、互联互通、资源共享、安全保密原则,重点对建设必要性、技术合理性和可行性开展审查,在避免财政重复投资、减少“数据烟囱”“信息孤岛”、强化政务数据汇聚共享等方面严格把关。引入专家,强化专业力量。聘请信息化领域技术专家对项目材料进行审查,针对存在的问题提供专业技术指导,协助项目申报部门调整优化方案直至通过技术评审。推进跨部门联合评审常态化。强化与业务职能部门协作,重点与图像办在公共区域视频监控、机要局在政务内网、保密局在涉密信息系统建设方面,形成评审工作合力。

(王继广)

北京石景山年鉴

BEIJING SHIJINGSHAN NIANJIAN

2021

# 商务

## 综　述

【概况】 2020年,石景山区通过多方筹措、多措并举,建立较为稳定的物资储备体系,有效保障全区城市运行、复工达产对物资的需求;完成生活必需品政府储备,同时落实行业主管部门防控职责,督促各项防控措施落实到位,有序组织商业、服务、快递等行业人员核酸检测、疫苗接种工作。牵头制定《落实"两区"建设实施方案》《领导小组工作规则》《办公室工作细则》《下设协调工作组组成方案》等一系列重要文件,理顺体制机制,举办"两区"建设宣传推介会,并组织15个重点项目签约,加快构建开放型服务经济发展新格局。下大力气推进商业提升项目,加大招商推介力度,大力发展夜间经济,组织开展北京消费季系列活动,完善总消费工作调度机制,加大财政资金支持,促进消费扩容提质。作为全市首个启动创建生活性服务业示范区的城区,相关方案和体制机制进一步健全完善,"区—街道—社区"三级基本便民商业服务促进体系基本建立,便民商业连锁化水平和商务领域营商环境持续提升。全年实现社会消费品零售总额399.5亿元,同比下降8.3%,高于全市0.6个百分点,位列城六区第二。全区新批外资企业30家,实现投资额2.3亿美元,合同外资9264.9万美元。

(刘斌宗喆)

【新冠肺炎疫情防控】 年内,区商务局全面抓好行业疫情防控基础工作。强化责任落实,先后制定三版"四方责任"工作方案,形成"七小门店""大人流应对"等具体措施,扎实推进疫情防控工作开展。细致摸排人员情况,建立动态报告机制,排查企业返京人员情况,建立台账。摸排返京人员865人,摸排涉及新发地、玉泉东市场重点人员44人。发布商务行业指引,将市级发布的十项行业指引综合成商业防疫指引汇编向企业下发。加大宣传引导力度,向企业下发购物预防常识、购物倡议提示等海报、宣传板2000余张,制作农贸市场消杀指引视频并广泛推广,引导消费者安全购物。落实应检尽检,组织行业从业人员15840人开展核酸检测工作。加强督导检查力度,疫情暴发以来,累计检查行业经营场所1046家次,发现主要问题为生鲜员工未规范佩戴手套、部分员工未规范佩戴口罩、消杀配比超标、局部区域人员聚集、测温和核验健康宝信息不严格等问题,全部要求现场整改,整改率100%。

(刘颖)

【商务行业创城】 年内,区商务局坚持"创建为民,创建惠民"为原则开展工作。有序推动社会面宣传工作。努力营造文明宣传氛围,构建多维度、立体式、全覆盖的"大宣传"格局,累计规范设置海报、台卡、嵌入广告等宣传品万余份;在商务行业深入开展秩序整治,深化落实"共建、共治、共享"的"并肩治乱"工作机制,督促企业落实"门前三包"责任制,整治非机动车乱停乱放,保障商业场所环境卫生干净整洁,推动商场超市、餐饮企业垃圾分类,营造干净整洁、文明有序的商业环境;部分大型商场超市的母婴室和无障碍卫生间进行新建和改造12处,万达广场周边、北京台湾街修补破损地面70余处;联合城管委开展3次垃圾分类培训,打造喜隆多、眉州东坡垃圾分类示范点位,各企业新配备分类垃圾桶千余对,为垃圾分类工作奠定基础;张贴禁烟标识1000多处,增加吸烟柱50余处,加强巡检力度,商业场所吸烟现象明显改善;营造诚信守法的经商氛围,定期组织商业企业开展以诚信为主题的宣传活动,宣传贯彻诚信经营理念,杜绝商业欺诈、虚假广告等失信行为。组织开展石景山区商业行业"服务之星"评选活动。利用各店原有服务台、会员中心新建学雷锋志愿服务站17个,在服务台等处张贴行业规范,规范服务行为,提供便民服务措施,要求服务人员微笑服务、仪容仪表整洁,提升服务意识。

(刘颖)

【行业安全生产监管】 年内,区商务局履行"党政同责、一岗双责",按照"管行业必须管安全"的要求,制定并下发《2020年石景山区商务行业安全生产、消防及公共安全工作要点》,定期组织研究行业安全生产、消防安全、反恐防暴、扫黑除恶等各项工作,严格落实行业安全管理责任,克服困难,持续加大行业安全管理力度,夯实行业安全管理工作基础,完成"全国两会""十九届五中全会"等重大活动保障任务。深入开展安全隐患排查治理,制定《商务行业安全生产专项整治三年行动实施方案》,持续推动燃气、消防、安全生产、城乡结合部等专项隐患治理,制定年度检查计划,定期更新检查情况,检查企业282家次,发现问题94处,全部整改;开展安全教育培训,结合疫情防控特点,采取线上、线下多种培训方式,提高企业消防、安全生产、反恐防暴等基础常识;发挥保险的社会管理和风险防控功能,持续完善企业发生生产安全事故后的经济保障机制,引导企业积极投保安责险,实现降低事故损失、事后救济的功效;建立内部制度、教育培训、演练处突等内容反恐防暴十大体系;持续开展扫黑除恶专项斗争,征集"扫黑除恶"信息线索,实现行业清源。

(刘颖)

## 商务服务业

【概况】 石景山区商务局(简称区商务局)是负责辖区内外贸易和对外经济合作的区政府工作部门。2020年,是全面建成小康社会和"十三五"规划收官之年,是极不平凡的一年,区商务局努力克服新冠肺炎疫情对经济发展和商务工作带来的不利影响,主动应对复杂多变的市场环境和经济下行压力,积极适应新发展阶段的新形势新要求,一手抓疫情防控,一手抓复工达产,扎实落实"六稳""六保"相关任务,最大限度挖潜增效,保质保量完成各项任务,有效推动石景山区商务经济发展实现新突破。

(刘斌宗喆)

【北京消费季石景山开幕式】 6月6日,石景山区配合全市"一主多辅"的形式,在郎园Park户外交互广场,石景山游乐园西园星座广场同步举行北京消费季石景山开幕式，区领导周西松、宋世媛参加活动。当晚，新首钢大桥、万达广场、喜隆多、台湾街等石景山区夜经济地标、商圈、生活圈在重点时段推出灯光秀活动，点亮长安街。区商务局推出"京彩""京券""京品""京韵""京味""京炫"6大板块活动，开展为期4个月的时尚消费盛宴，集购物、休闲、美食、娱乐于一体，包括百余场具有冬奥特色、区域特色的文体活动，以及惠民促销、直播带货、首发首秀、京西消费节等商业促销活动，加速促进消费人气回暖、消费信心回升、消费市场回补，扩大石景山区消费影响力。

（刘　斌　宗　喆）

**【消费市场运行稳定】** 年内，区商务局强化总消费调度机制，策划推出"炫彩生活月""京西消费节"等北京消费季系列活动200余场，推动消费市场企暖回升。加快推进商业提升项目，高位调度推进今鼎时代广场商圈升级改造，在苹果汇项目试点"散租散售"商业整合升级，推进食宝街落位。制定《石景山区项目招商推荐报告》，提前谋划新增商业载体业态落位。出台2020年促消费奖励办法及促进夜间经济、首店经济和老字号鼓励办法，支持企业平稳发展。全年辖区总消费同比下降8.3%；累计实现社会消费品零售总额399.5亿元，同比下降8.3%，高于全市0.6个百分点，位列城六区第二。

（刘　斌　宗　喆）

**【商务服务业发展平稳有序】** 年内，石景山区商务服务业收入合计273.1亿元，同比增幅14.5%。全区商务服务业结构不断优化，产业规模和效益明显提升，广告、人力资源、咨询与调查三大行业收入约占全区商务服务业收入总额八成以上，重点行业领域发展特色不断凸显。

（马　宁　刘　斌）

**【消费扶贫】** 年内，区商务局牵头制定全区消费扶贫实施方案，与各成员单位建立对接机制，推动30余项工作落实落细。探索建立1个消费扶贫分中心加7个专区加130台智能专柜运营模式，支持举办莫旗农特产品推介、消费扶贫月、国庆游园会、重阳游山会等活动。建立滞销预警机制，协助顺平、宁城等受援地销售滞销农产品，全年采购受援地农特产品辖区直接销售额达1000余万元。

（刘　斌　宗　喆）

**【便民网点实现社区全覆盖】** 年内，区商务局完成市级生活性服务业功能网点建设任务66个，完成全年市级任务的110%。石景山区共有便民商业网点1756个，较2019年增加101个，店面连锁化率达55%，较2019年提升2.4个百分点，基本实现八项基本便民服务功能社区全覆盖。

（张　然　滕小宇）

**【古城南路步行街项目建设】** 年内，区商务局以"北京市生活性服务业示范街区"为目标，推动古城南路步行街项目建设。协调各有关部门，加快项目施工及业态调整进度。依托整体商业环境提升，加快小型商业业态调整，重点引入连锁型、品质型、特色型商家，打造满足消费者多元化需求的商业街区。年底，完成街区工程建设改造，引入10余家连锁品牌进驻，涵盖餐饮、美容美发、洗染等多个行业。

（张　然　滕小宇）

**【西山奥园配套商业建设】** 年内，区商务局以"北京保障房小区配套商业的典范"为目标，推进西山奥园配套商业建设。聘请专业团队，按照"北京市生活性服务业示范街区"要求，高标准打造配套商业并推动运行管理。入驻商家20余户，连锁化率达到70%。"优味田园"作为配套菜市场于年初率先开业，有效解决该地区居民的日常采买需求。UCC国际洗衣、菜鸟驿站、爱依家政、巧厨原味等8项"保基本"生活性服务业态稳定运营。在"保基本"前提下，进一步"提品质"引入连锁书店、健康服务等功能。

（张　然　滕小宇）

**【区级储备粮增储任务完成】** 年内，区商务局根据市政府办公厅《关于下达疫情期间本市生活必需品区级储备计划的通知》要求，以买断粮权形式共存储区级储备成品粮650吨，其中小麦粉450吨、粳米200吨。同时，参照市储备粮相关规定对区储成品粮管理，定期库存检查，确保区级储备成品粮安全。

（张　然　滕小宇）

**【区级救灾物资管理】** 年内，区商务局完善救灾物资管理机制，与区应急局、区财政局联合下发《石景山区应急救灾物资管理办法（试行）》，从购置和经费保障、储备管理、调拨管理、使用回收、报废管理等方面完善和细化调拨和回收程序，落实各部门责任，有序完成各项调拨任务。按照区应急局调用指令全年累计调拨物资14批。

（张　然　滕小宇）

2月15日，石景山区各大商超增设"一米安全线　（《石景山报》供图）

**【稳岗补贴政策】** 年内,区商务局出台并兑现新冠肺炎疫情期间稳岗补贴政策。根据"石'惠'十五条"政策,牵头研究并落实上岗人员岗位补贴政策,鼓励生活性服务业企业共同应对疫情,支持企业稳定发展,受理企业申报材料99份,实际拨付85家企业补贴资金957.05万元。

(张　然　滕小宇)

**【生活必需品市场保障】** 年内,区商务局完善应急保障体系,建立石景山生活必需品政府储备库,新冠肺炎疫情防控期间,调配应急保障车辆全天备勤,确保1小时内将物资调配至所需社区。建立点对点补货机制,引导连锁商超利用网点优势,快速调用自有库存和同城集团资源进行补货,鼓励非连锁门店利用周边大型连锁门店调补货源。创新商品配送模式,与物美多点联合推出"社区抗疫服务站",支持大型连锁超市提供无接触配送服务,开通蔬菜直通车并提供网上团购、集中配送服务。强化市场供应监测,联合多部门成立保供稳价工作专班,建立生活必需品市场监测日报机制,掌握市场供应及价格变动情况。

(刘　斌　宗　喆)

## 对外经贸

**【概况】** 2020年,石景山区外经贸应对新冠肺炎疫情和世界经济深度衰退等冲击,落实"六稳""六保"工作要求,用好中央、市委支持企业政策,服务推动企业复产复工;紧抓中央支持北京市建设国家服务业扩大开放综合示范区和自由贸易试验区的契机,用好服贸会、进博会平台,持续推进高水平的开放,深层次落实"稳外资""稳外贸"工作。

(刘　珊　王凯蒂)

**【外贸进出口】** 截至年末,全区有对外贸易经营者备案企业1540家。全区完成外贸进出口总额49.7亿元人民币,同比下降10.9%,全市占比0.2%。其中出口总额29.8亿元人民币,同比下降18.7%,全市占比0.6%;进口总额19.9亿元人民币,同比增长3.8%,全市占比0.1%。出口商品主要以机械设备和工业产品为主,出口国包括美国、欧洲、日本等。

(刘　珊　王凯蒂)

**【外商投资】** 年内,全区新批外资企业30家,实现投资额2.3亿美元,合同外资9264.9万美元,其中外商独资企业13家,中外合资企业16家,合伙企业1家,企业平均投资规模783.2万美元。开业外商投资企业增资17家,实现投资额3亿美元,合同外资2.3亿美元。全年实际利用外资3.9亿美元,同比下降6.4%。

(刘　珊　王凯蒂)

**【稳外资外贸】** 年内,区商务局应对新冠肺炎疫情影响,加强外资大项目跟踪服务,推动外资外贸企业复工复产。加强与海关协同合作,开展防疫物资通关、关税减免等政策宣传和服务,组织线上政策宣讲17场次;开展企业订单情况、融资需求等专项调查18次;推动中国北方车辆有限公司获得海关AEO高级认证;联合中国信保开展小额统保进大厅活动,推动28家中小微外贸企业投保政策性出口信用保险;用好北京市外经贸发展专项资金,指导21家企业申报开拓国际市场项目100个,涉及金额206.63万元。成立稳外资工作专班,用好潜在外商投资项目、合同外资项目和招商推介项目三本台账,协调推动外资项目、资金双落地。

(刘　珊　王凯蒂)

**【"两区"建设】** 年内,区商务局印发《石景山区落实北京市建设国家服务业综合示范区和自由贸易试验区实施方案》,确定2020—2021年度90项重点任务,明确"1+4+N"工作思路。成立"两区"建设工作领导小组,下设"一办十二组",构建"产业+园区+要素供给+制度保障"全方位开放工作推进体系。强化"三单"管理,围绕政策、空间资源和目标企业三张清单,梳理涉及人才、行业培育、财税支持等方面17项政策,超过280万平方米的招商引资载体资源,对照GaWC和世界500强等国际权威榜单和行业具有领先优势的企业,圈定"目标企业清单"。以"三单管理"和"一库四机制"为抓手,推进项目储备和落地。

(刘　珊　王凯蒂)

**【参加服贸会】** 年内,石景山区深度参与2020年中国国际服务贸易交易会(简称"服贸会"),主办"冬奥机遇点燃复兴之火""赋能工业互联网,新基建锻造新生态"两场主题论坛,组织一个虚拟现实主题线上展、冬季运动、文化服务、旅游服务和金融服务四个专题的六个线下展及首钢园招商考察接待等多场配套活动。"冬奥机遇点燃复兴之火"专场论坛受到广泛关注,线上直播各平台点击观看人数达到312万人次。参加"北京日"金融开放主题推介,全方位展示石景山区借势冬奥转型开放发展的成果。

(刘　珊　王凯蒂)

**【参加进博会】** 年内,石景山区组建区交易分团赴上海参加第三届进口博览会,完成各项到会组织、洽谈采购、招商引资任务。石景山区交易分团共41家企事业单位、149名专业观众注册参团。展会期间,物美分别与VICI Group、月影酒庄等展商达成采购意向,北京铁矿石交易中心与淡水河谷举办谅解备忘录签署仪式。同时,交易分团走访对接展商企业30余家,开展推介招商活动。

(刘　珊　王凯蒂)

# 旅　游

## 综 述

【概况】 2020年,石景山区共有A级旅游景区3家,其中AAAA级景区2家,AAA级景区1家;星级饭店5家,其中五星级饭店1家,四星级饭店1家,三星级饭店2家,二星级饭店1家。年内,是“十三五”收官之年,也是文旅全面融合的关键一年。面对新冠肺炎疫情的突然暴发,在区委、区政府的领导下,石景山区旅游行业一手抓疫情防控,一手抓复工复产,积极落实市级政策,利用北京市对区旅游发展补助资金帮扶文旅企业共渡难关。指导中小微企业参加市级技能提升项目,支持企业在困境中谋发展。加大旅游宣传营销,拍摄文旅宣传片,编制旅游手册、地图等宣传品,组织冰雪文旅欢乐游活动,推介区域文旅资源。推进西山永定河文化带建设,对多个景区(点)旅游配套设施进行升级完善。做好服务保障冬奥筹办工作,推进首钢香格里拉酒店建设进程。编制“十四五”文化和旅游发展规划,出台《关于促进石景山区文化和旅游融合发展的实施方案》,开发旅游线路,不断推进文化和旅游高质量发展。

(李振平)

【申报旅游商品扶持资金项目】 3月,区文旅局推荐区内企业申报北京旅游商品扶持资金支持项目。组织企业进行线上咨询和指导培训,按照扶持范围有针对性地帮助申报企业提升旅游商品内涵,提升扶持资金申请的专业性。石景山区申报的“中国风创意居家伴手礼系列”等4个项目获得支持资金37.78万元。

(李振平)

【旅游发展补助资金管理办法】 5月13日,区文旅局为规范北京市对区旅游发展补助资金管理和使用,提高资金使用效益,制定《石景山区市对区旅游发展补助资金管理办法(试行)》。该办法分五章、二十四条,包括总则补助资金支持方向、支持方式和支持范围,管理机构和职责等内容。

(李振平)

【参展2020服贸会旅游专题展】 9月5日至9日,区文旅局汇聚资源、精心筹备,周密组织,以“京西石景山 一半山水一半城”为主题,以特装展台形式参加2020年中国国际服务贸易交易会。通过传统文化与现代科技相结合,动态体验与静态展示相结合、线上直播与线下推介相结合的方式,集中展示石景山区西山永定河文化带建设,服务保障冬奥会、冬残奥会等文旅项目成果。展台共接待观展及互动嘉宾3万余人次,发放宣传资料2万余份、扶贫产品5000余份。展会期间人民网、搜狐网、北京日报客户端、北京晚报官网、北京青年报北青网、北京新闻广播、中央广播电视总台、文旅中国客户端等多家媒体陆续来到现场进行报道,展台热点频现,引起社会各界高度关注。区文旅局获2020年服贸会北京国际旅游博览会文旅融合创新奖、最佳创意奖和最佳人气奖三个奖项。

(李振平)

【旅游景区、星级饭店复核】 11月2日至12月15日,区文旅局组织专家及相关专业技术人员对红色旅游景区(首钢工业遗址公园、八宝山革命公墓、石景山区档案馆、北京市永定河休闲森林公园)、A级景区(首钢工业文化旅游区、石景山游乐园)、星级宾馆(京燕饭店、首钢工舍智选假日酒店、红楼迎宾馆、中科院高能物理研究所专家招待所、富力万达嘉华酒店、万商花园美居酒店)开展质量评价及复核工作,形成《石景山区旅游景区、星级饭店复核报告》。该复核报告包括两部分,第一部分介绍评审工作准备,评审工作方式及主要过程,项目现场检查及整改意见出具,项目工作报告撰写。第二部分为复核具体工作情况。按照《北京市红色旅游景区(点)评定规范》《旅游景区质量等级评定与划分》《旅游饭店星级的划分与评定》等相关规范文件的要求,复核工作小组对每家旅游景区、星级酒店的情况进行复核,并分别提出项目整改意见。通过开展复核工作发现问题,督促整改,促使旅游景区、星级酒店更好地发展。本次辖区旅游景区、星级饭店复核全部合格。

(李振平)

【“融画·卷轴发热画”获金奖】 年内,由区文旅局选送的特色旅游商品“融画·卷轴发热画”从全国上万件参赛作品中脱颖而出获得金奖。这幅发热画,重850克,厚0.63毫米,背景为山水。产品尺寸为宽62厘米、长152厘米、厚0.63毫米,净重850克。接通电源后画面部分开始加热,60秒内画面表面温度即达到80度,每小时耗电0.7度。发热画是北京冬日唤阳科技有限责任公司独立研发并拥有自主知识产权的高科技文创产品。

(李振平)

【促进文旅融合实施立案出台】 年内,区文旅局根据《关于推进北京市文化和旅游融合发展的意见》精神,制定《关于促进石景山区文化和旅游融合发展的实施方案》,5月27日经区委全面深化改革委员会第六次会议审议通过,于6月15日对外正式印发。该《实施方案》分为指导思想和重点任务两部分,重点任务主要涉及构建产业体系、公共服务、产品业态、产业体系、对外交流、市场监管等领域,共分20条。

(李振平)

【编制区“十四五”文旅规划】 年内,区文旅局按照区“十四五”规划研究编制工作领导小组办公室安排,启动编制《石景山区“十四五”时期文化和旅游发展规划》,经过前期调研、召开专家座谈会,对接《石景山区分区规划(2017年—2035年)》《石景山区“十四五”时期国民经济和社会发展规划和二〇三五年远景目标纲要》,并衔接其他各领域专项规划,经多次征求意见、修改,12月底形成《石景山区“十四五”时期文化和旅游发展规划(征求意见稿)》。包括四部分,第一部分为发展基础和面临形势,概述“十三五”时期文化和旅游发展取得的成绩以及存在问题,简要分析“十四五”时期文化和旅游发展面临的形势;第二部分为指导思想、基本原则和发展目标,明确“十四五”时期文化和旅游发展规划的指导思想、基本原则、发展目标、发展战略和空间布局;第三部分为主要任务，提出“十四五”时期文化和旅游发展的六大任务；第四部分为保障措施。

（李振平）

**【编制多种旅游宣传资料】** 年内，区文旅局拍摄制作一部文旅宣传片，编辑旅游手册一种、印制5000册，编辑宣传折页4种、制作12000册，编辑冰雪文旅欢乐游手册一种、印制1000册，制作石景山旅游手绘地图一种、印制5000册，设计手提袋（纸质、布质）2种、共制作10000个，方便展会、交流、推介使用。

（李振平）

**【帮扶企业275.7万元资金支持】** 年内，区文旅局制定《使用2020年旅游发展补助资金支持文旅行业共渡难关的实施方案》，方案分为总则、支持范围、分配方法、管理和使用四个部分，为使用旅游发展补助资金帮扶企业提供依据。按照实施方案对区内58家宾馆酒店、7家旅游景区（点）、15家旅行社给予275.7万元资金支持。

（李振平）

**【旅游扶贫】** 年内，区文旅局通过搭建“线上+线下”宣传推介平台，制定对口地区景区资源和特色产品宣传计划，举办对口帮扶地区旅游资源推介会，集中展示对口帮扶地区热门景区、精品线路、宾馆酒店、旅游攻略，特色旅游产品等，扩大对口帮扶地区旅游品牌影响力。开展各种专题展会推介活动，拓展线下消费扶贫途径。与各类消费主体对接，共参加主题现场推介会12次，在2020年中国国际服务贸易交易会旅游板块扶贫推介专场获最佳人气奖。携手宁城扶贫办研究制定旅游扶贫扶持政策，拓宽特色产品销售渠道，对进京销售的旅游产品给予物流补贴、宣传推介，提高宁城旅游知名度和影响力。结合消费扶贫“六进”活动，解决旅游扶贫产品销售难的问题，帮助贫困户稳定增收。

（李振平）

## 旅游活动

**【HI ICE冰雪文旅欢乐游活动】** 1月19日，区文旅局支持，北京启迪宏奥体育文化发展有限公司主办的“启迪冰之舞——新年音乐会”在石景山市民冰雪体育中心举行，来自各地的体育冰雪爱好者共700余人参加。12月，组织开展冰雪文旅欢乐游线上摄影大赛，并分别在国家体育总局全民健身基地（老山）、首钢园开展冰雪文旅欢乐游主题宣传活动。

（李振平）

**【第九届“动漫北京”活动】** 10月1日至8日，由市文旅局、区政府主办，北京动漫游戏产业协会承办的第九届“动漫北京”活动在石景山游乐园举办。区文旅局负责活动统筹协调等工作。本届活动以石景山游乐园为主办场地，将动漫文化和北京特色旅游资源紧密结合，坚持以文促旅、以旅彰文、和合共生的理念，将文化和旅游两者深度融合，对北京市文化及旅游产业的融合发展起到促进作用。期间，举办签售、赛事、国风演唱会、电音节等50多场活动，全场交易额1000多万元，入园人数达到15万人次。国际影漫游版权交易峰会环节有近200家国内外企业参会，达成意向合作金额5300余万元。首创数娱平台、北京视博云科技有限公司、河南蓝轩信息科技有限公司等多家机构进行产品发布和项目签约。

（李振平）

**【北京网红打卡地榜单发布会】** 11月18日，市文旅局在石景山郎园Park·兰境艺术中心举办“夜赏北京文化之美暨2020首届北京网红打卡地榜单发布会”。此次评选活动受到社会高度关注。期间，投票活动参与数近742万人次，最高票数近12万票。经过网络征集海选、专家咨询指导、网络投票等阶段，最终评出100个北京网红打卡地推荐名单和97个提名推荐，并根据入选打卡地的性质分为七大类主题榜单，包括自然景区类、人文景观类、文化艺术类、阅读空间类、街区园区类、餐饮及创新零售类、住宿类。石景山游乐园、首钢园滑雪大跳台、三高炉入选首届北京网红打卡地。

（李振平）

**【首钢新年倒计时活动】** 12月31日晚，由市文旅局与北京冬奥组委文化活动部共同主办的2020北京新年倒计时活动暨第四届北京冰雪文化旅游节在首钢园举行，活动以“冰火之约京彩飞扬”为主题，通过百年首钢冰与火的传奇变迁，展现新时代北京城市转型、产业升级和高质量创新发展的勃勃生机，展示首都人民为2020年全面建成小康社会而努力奔跑的激情和风采。区文旅局通过搭建宣传展台，播放“秀水石景山”“一半山水一半城”的宣传片，发放宣传资料，向各使领馆外宾以及参加活动的各位嘉宾推介石景山区文旅资源，并组织文旅企事业单

10月，第九届“动漫北京”在石景山游乐园举行　（游乐园供图）

位100余名员工参观,突出石景山区冬奥主题元素、彰显石景山双奥之区的独特魅力。

(李振平)

## 旅游管理

【概况】 2020年,石景山区旅游行业面对突如其来的新冠肺炎疫情,较好的完成旅游行业"十三五"规划主要目标和任务,从提高政治站位压实安全责任、健全安全监管机制、规范安全主产责任体系、营造安全法治氛围、安全隐患排查治理、主体责任规范、春季防火、汛期安全、疫情防控、复工复产、强化"两会"等重大活动和法定假日安全保障等方面扎实开展工作,聚焦旅游行业安全隐患风险防控,应对旅游行业各项安全风险挑战,切实夯实旅游行业安全生产基础,有效预防和遏制旅游安全事故,旅游行业未发生安全责任事故,未造成人员伤亡和财产损失,全区旅游行业总体稳定,有力保障石景山区旅游市场安全平稳、健康有序发展。

(张术瑞)

【石景山游乐园复工复产】 5月28日,石景山游乐园恢复对外开放,实行网上预约无接触购票,设立1米线方便游客保持安全距离。在各项游艺项目处配备免洗洗手液,方便游客乘坐前进行洗手消毒,同时安排工作人员不间断提示游客需佩戴口罩、分散错位乘坐各项游艺项目。区文旅局助力石景山游乐园复工复产,指导其完善方案,严格落实防疫各项措施,执行"限量、预约、错峰"开放原则,完善各项应急预案,提高应急能力。市、区文旅局联合区卫健委、应急局、市场监管局、治安支队、消防救援支队,对即将恢复的部分室外游乐项目进行疫情防控和安全保障工作检查,并动态监管石景山游乐园对外开放情况。

(张术瑞)

【安全应急演练活动】 7月30日,以"消除事故隐患,筑牢安全防线""垃圾要分类,资源要利用"为主题的防灾减灾防汛抢险、消防安全应急演练暨安全生产咨询和垃圾分类宣传活动在八大处公园举办。活动由区文旅局、反恐办、防汛办、城管委、应急局、气象局、消防救援支队、八大处公园联合举办,石景山游乐园、富力万达嘉华酒店、万商花园美居酒店、湾仔歌厅等文化旅游经营单位全程参与。演练过程在旅游景区应急指挥部统一指挥下,紧急启动应急预案,抢险组、疏散组、保障组、救护组、报道组等职能组有序开展应急广播、疏导游客、安全保卫、调集物资、现场救护和信息报送等行动。安全生产咨询和垃圾分类宣传活动为现场游客和从业人员发放《旅游法》《反恐怖主义法》《公民预防恐怖活动行为指引》《食品安全法》《北京市旅游条例》《气象灾害预警信号与防御指南》《消防安全知识手册》《旅游安全便民手册》,反恐防暴、公众防汛、垃圾分类管理、创建文明城区海报,旅游地图等宣传材料8000多份,展出《旅游法》《北京市旅游条例》《北京市文化娱乐场所经营单位安全生产规定》《北京市宾馆饭店生活垃圾分类实施标准》《北京市等级景区生活垃圾分类实施标准》《石景山区居民生活垃圾分类及投放指南》展板60多块,接受从业人员和广大游客咨询2000余人次。

(张术瑞)

【备战冬奥·素质提升培训班】 11月13日至17日,区文旅局在万商花园美居酒店举办"备战冬奥·2020年石景山区文化和旅游行业从业人员素质提升培训班"。邀请北京第二外国语学院旅游科学学院知名教授和专业人员作为授课老师,重点讲解酒店接待标准、市场营销策略、酒店企业文化、酒店员工管理以及消防安全与应急救护知识等。全区等级旅游景区、星级酒店、社会旅馆、歌厅、网吧、影剧院、实体书店等文化和旅游经营单位管理人员和一线从业人员900余人参加培训。

(张术瑞)

【帮扶企业复工复产】 年内,区文旅局筹措资金,帮助企业复工复产。截至5月24日16时,全区95家住宿经营单位中,69家恢复正常营业。正常营业的住宿经营单位中,到岗职工1383人。对58家宾馆酒店、7家旅游景区(点)、15家旅行社进行资金支持,支持金额275.7万元。

(张术瑞)

【生活垃圾强制分类】 年内,区文旅局开展生活垃圾强制分类工作,印发《石景山区旅游景区、宾馆实施生活垃圾强制分类工作方案》,广泛宣传动员,明确工作目标,迅速对标整改,全面深入推动。落实市文化和旅游局制定的等级旅游景区、宾馆饭店垃圾分类标准,分类分区,先易后难,逐项推动。突出"两会"住地垃圾分类强制先行,坚持首善标准,压实主体责任,强制实行分类标准,逐项落实到每个岗位和每名责任人。贯彻执行市城管委、市商务局、市文旅局、市市场监管局联合印发的《北京市餐饮服务不得主动提供的一次性餐具目录》《北京市宾馆不得主动提供的一次性用品目录》通知要求,不主动提供一次性用品、一次性餐具。坚持问题导向,把准问题关节点和要害处抓落实,并结合疫情防控,加强指导服务和督查检查。

(张术瑞)

## 北京石景山游乐园

【概况】 北京石景山游乐园(简称游乐园)占地面积35万平方米,拥有大中型主题游艺项目40余项,国家AAAA级旅游区(点)。2020年,石景山游乐园将党的领导融入企业治理各环节,大力实施"全面深度转型、高端绿色发展"战略,加快完善管理制度、拓宽发展思路、创新经营模式、整体提升品牌价值、全面落实安全生产责任制,确保各项经营工作安全、有序、平稳进行,最大限度地保证企业经济效益。获得"全国模范劳动关系和谐企业""北京市安全文化建设示范企业""北京市构建和谐劳动关系先进单位"称号。全年接待游客51万人次,综合经营收入4525万元。

(于梦晨)

【出台《防控新冠病毒工作方案》】 1月下旬,新冠肺炎疫情暴发期间游乐园制定并出台《北京石景山游乐园有限公司防控新型冠状病毒工作方案》，并成立疫情防控工作领导小组，全面落实各项疫情防控措施。

（于梦晨）

【智慧景区系统开发】 4月，游乐园建设智慧景区系统。从后台管理、游客服务、支持保障三大方面对整个园区进行系统架构梳理。系统共分为办公系统、财务资产系统、运营系统、基础设备管理系统，并于8月与石基环企软件（苏州）有限公司签订软件开发合同。同时推出线上官方小程序。

（于梦晨）

【游客中心升级改造】 5月28日，游乐园游客中心进行全面升级改造。升级后的游客中心位置由东园内移至南门外下沉广场东侧，并承担北京旅游资讯站的功能，面向市民开放。游客中心包含三个区域：游客咨询区、展览展示区、后勤功能区。增加前台区域内弧形前台、旋转资料架；展示区域宣传屏；医务室配套设施。配备充电宝、自助咖啡售卖机、饮水机等设备，并免费提供婴儿车、轮椅的借用服务。

（于梦晨）

【"狂欢之夏"游园会】 8月8日至31日，游乐园举办以"浪漫星光，酷爽一夏"为主题的"狂欢之夏"游园会，活动历时24天。游园会推出星光乐园打卡游、游艺项目狂欢、美食嘉年华等活动。活动期间，对考生及医护人员实行免票政策。期间，接待游客63873人次，实现经营收入726.73万元。

（于梦晨）

【七夕"爱情摩天轮"活动】 8月25日，游乐园在摩天轮广场举办七夕"爱情摩天轮"活动。活动当日20时整，摩天轮42座轿厢转动，42对幸运情侣专享节日浪漫，每一座轿厢成为每一对情侣甜蜜爱情的见证。

（于梦晨）

【景观升级一期工程】 8月27日，游乐园开始景观升级一期工程。东园区域结合核心运营项目进行空间与动线重组，修建爱情大道、音乐大道、东西园区连接道路。景观环境结合多龄化休闲、多维度商业运营理念，定位为南欧风情风格。西园区域对园区多功能休闲空间进行提升改造，通过植物景观群落、环境小品营造，打造氛围一致、谐趣开放、布局合理的休闲场所。音乐大道工程于9月25日竣工，摩天轮下沉广场工程于9月30日竣工，东西园连接道路工程于11月30日竣工。

（于梦晨）

【"欢聚摩天轮，情暖教师节"主题活动】 9月4日至30日，游乐园联合石景山区教委共同举办"欢聚摩天轮，情暖教师节"主题活动。活动期间执行大、中、小学生及教师免门票优惠政策。9月10日活动当晚，摩天轮亮起"教师节快乐"字样。活动当日邀请石景山区50位优秀教师家庭参与活动。

（于梦晨）

【"欢乐金秋"暨"动漫北京"活动】 10月1日至8日，游乐园举办国庆双节"欢乐金秋"游园会暨第九届"动漫北京"潮流动漫展活动。1日，市委书记蔡奇来游乐园视察，并表示，此活动是传统文化与时尚文化的展示舞台，要求加强组织，提高活动参与感、互动性，让大家放松心情过假期。活动内容包括祝福祖国主题灯光秀、"动漫北京"潮流动漫展、二次元文化艺术节、乐享游艺大狂欢、畅享金秋缤纷美食汇。期间，接待游客12.5万人次，经营收入2600万元。

（于梦晨）

【第二届"职工嘉年华"活动】 10月30日至11月1日，北京公交集团第二届"职工嘉年华"活动在游乐园举办，活动接待游客1.18万人，经营收入103.85万元。

（于梦晨）

【摩天轮被评为首届北京网红打卡地】 11月18日，游乐园摩天轮上榜"人文景观类"2020首届北京网红打卡地榜单。本次榜单发布活动由市文旅局、市商务局、市委网信办、北京广播电视台指导，北京市旅游行业协会、北京演出行业协会、北京动漫游戏产业协会主办。

（于梦晨）

【提示信息】 入园开放时间10月1日至3月31日平日9:00—16:30，节假日9:00—17:00；4月1日至6月30日平日9:00—17:00，节假日9:00—18:00；7月1日至9月30日每周二、三、四14:30—21:30，每周五、六、日14:30—22:00；全面实行周一闭园。持老干部离休证、65岁（含）以上老年证、军官证、士兵证、残疾证；作家、摄影家协会会员、6岁（含）以下凭有效证件和1.2米（含）以下儿童免门票入园。持全日制大学本科及以下学历学生凭本人身份证或《学生证》、60岁至65岁（不含）老年人凭有效证件购买门票享受半价优惠。本年度执行医护人员免费，并增加摄影协会会员免费。

（于梦晨）

9月10日，庆祝教师节摩天轮夜景　（游乐园供图）

9月27日,“八大处红色电波”展馆揭牌 (王少卿 摄)

## 八大处公园

【概况】 八大处公园是国家AAAA级景区、北京市一级一类公园,位于石景山区西北部,是由一组佛教古建筑群组成的山地寺庙园林。年内,八大处公园围绕区委区政府的中心任务和重点工作,对标对表折子工程及各项指标,团结带领广大干部职工努力同心,共克时艰,公园建设呈现稳步提升的良好态势。受新冠肺炎疫情及闭园影响,全年接待游客146.6万人次,同比下降46.3%;门票收入824万元,同比下降50.2%;综合经营收入1908万元,同比减少37.1%。

(王少卿)

【消除电力隐患项目】 3月,八大处公园消除电力隐患项目建设工程开工。工程包括对一处配电室增容升级改造,增加变压器安装容量,更换所有用电设备,升级供电电源。总投资3285.9万元。至年底,完成新建箱式变压器、电力管井、分界室、高压电缆敷设、高压设备安装等。

(王少卿)

【环境整治及提升项目】 8月,八大处公园环境整治及提升项目开工。主要建设内容包括:八大处大门区、七处平台绿化及景观提升;八大处门区至七处车行道、游客登山步道两条道路绿化及景观提升;清凉寺、证果寺院落、周边绿化及景观提升。总投资3631万元。至年底,完成场地清理、种植土更换、给水灌溉敷设、景石摆放、部分花卉及绿植种植等。

(王少卿)

【“八大处红色电波”展馆揭牌】 9月27日,“八大处红色电波”革命教育展馆,在公园二处灵光寺南院揭牌。展览展示新中国成立前期,军委三局率军委无线电总台进驻西山八大处的这一段红色历史。

(王少卿)

【重阳游山会】 10月25日,八大处公园举办主题为“孝满京城·德润人心”的第33届北京八大处重阳游山会。活动分为“欢乐重阳”“感恩重阳”“青春重阳”三部分。其中“欢乐重阳”包括:“庆重阳忆青春”主题文艺演出、“拼搏重阳”登山友谊赛、“重阳小调”民乐演奏、八大处传说展演;“关爱重阳”包括:“孝老爱亲”北京榜样集中展示、“守护健康”老年人专家义诊、“感恩重阳”为老人赠福、“感恩重阳”书写“福”“寿”;“青春重阳”包括:“重阳彩叶色愈浓”最美八大处美术写生展览、“传承红色基因”八大处红色电波主题展、“忠厚家风永流传”《弟子规》传颂活动。

(王少卿)

北京石景山年鉴

BEIJING SHIJINGSHAN NIANJIAN

2021

# 城市规划与建设

## 规划与国土资源管理

**【概况】** 北京市规划和自然资源委员会石景山分局(简称市规划自然资源委石景山分局)实行市、区双重管理体制,既作为市规划自然资源委的派出机构,同时也作为区政府工作部门。内设办公室、法制科(信访与信息公开科)、规划编制与城市设计科、规划实施科、市政交通科、综合审批科(规划土地核验科)、自然资源调查监测科、自然资源所有者权益科(自然资源开发利用科)、国土空间生态修复科(矿产资源管理科)、财务科、机关党委(党建工作科、人事科)、纪检办公室12个机关科室。所属副处级行政执法机构石景山区规划和自然资源执法队,下设石景山区规划和国土资源管理所(区规划和国土资源执法分队)。分局下设3个事业单位:石景山区不动产登记事务中心(参公管理)、北京市土地整理储备中心石景山区分中心、石景山区城市建设档案信息中心。代区政府管理事业单位石景山区土地一级开发管理中心。年内,市规划自然资源委石景山分局深入落实新版北京城市总体规划,推动详细规划和综合实施方案编制,持续优化营商环境,建立健全责任规划师工作体系,推动重点项目落地。

(刘羽忱　杨晓彤)

**【详细规划街区指引】** 年内,市规划自然资源委石景山分局编制完成《石景山区详细规划街区指引(2017年—2035年)》,并上报至市规划自然资源委备案。街区指引包括街区划定、土地资源梳理、规模指标分解、空间底线约束、品质精细管控等工作内容。街区指引为街区控规的编制管理提供参考依据。

(张　悦)

**【街区控制性详细规划】** 年内,市规划自然资源委石景山分局编制完成《石景山区SS00－1601－1603街区控制性详细规划(街区层面)》,1601－1603三个街区总用地约1341.6公顷,规划人口6.96万人,规划建筑规模约669.8万平方米。

(张　悦)

**【地名规划】** 年内,市规划自然资源委石景山分局编制完成SS00－1601－1603街区地名规划、衙门口棚改地区地名规划,并根据《地名管理条例》进行上报,苹果园交通枢纽及周边的地名规划工作形成初稿。

(梁　月)

**【无障碍环境街道创建】** 年内,石景山区无障碍环境街道创建工作被评为全国无障碍环境示范市县村镇。市规划自然资源委石景山分局成立工作专班,定期召开联席会议,针对重点、难点问题,及时进行会商研究,提出处置意见,制定工作方案和保障措施,做好准备工作。委托专业团队开展调研,梳理现状典型问题,对无障碍设施的设置要点及无障碍环境发展提出建议,形成八角街道、古城街道无障碍环境建设调研分析报告,为创建无障碍环境提供基础和依据。聘请专家顾问,在建设和改造过程中,提供专业技术服务和项目化管理,通过"事前专项培训、事中现场指导、事后检查体验",开展全程跟踪指导,协助做好无障碍环境建设工作。

(李丹丹)

**【建立责任规划师工作体系】** 年内,市规划自然资源委石景山分局全面实施《北京城市总体规划(2016年—2035年)》,努力提升城市规划设计水平和精细化治理能力。按照市委、市政府《关于加强新时代街道工作的意见》,结合实际在全区9个街道配备责任规划师团队,全面深入参与各街道的街区更新、城市建设相关工作。贯彻共同缔造理念,完成老山东里北社区小微空间改造相关工作。全年9个团队配合各街道进行老旧小区改造提升项目26个;配合公共空间提升项目25个;配合进行背街小巷或景观提升项目44个;开展相关调研118次;提供专业咨询75次;组织相关活动33次。

(李　翌)

**【城市体检评估报告完成】** 年内,市规划自然资源委石景山分局编制完成《2019年石景山区城市体检评估报告》,并报送区委区政府相关会议审议。报告主要内容包括:落实总体战略定位,中心城区功能全面提升;高精尖产业体系初步构建,首都城市复兴地标建设有序推进;加快非首都功能疏解,有序推进提质减量;三生空间持续优化,绿化建设成效显著;三大设施稳步推进,城市人居环境品质提升;城市治理与精细化管理进一步加强。

(梁　月)

**【土地供应计划编制完成】** 年内,市规划自然资源委石景山分局编制完成石景山区2020年度建设用地供应计划。全区计划供应13个项目,供地总量50.05公顷,实际完成供地49.65公顷。

(许　多)

**【用地减量0.37平方公里】** 年内,市规划自然资源委石景山分局结合实际情况,制定与"疏整促"拆违工作精准结合的减量实施年度工作方案,推进年度减量工作顺利开展。2020年净减量任务0.2平方公里,新增城乡建设用地约0.15平方公里,城乡建设用地减量任务0.35平方公里,确定上报年度减量地块0.37平方公里,完成年度减量工作任务。

(黄　卉)

**【"多规合一"协同平台】** 年内,市规划自然资源委石景山分局办理完成刘娘府综合改造A2地块、衙门口棚户区改造土地开发项目多地块、中关村科技园石景山园北Ⅱ区西井地块土地一级开发供地项目"多规合一"协同平台供审意见,用地面积约23.5公顷,地上建筑规模约57.35万平方米。办理完成北辛安棚户区改造B区多地块、铸造村共有产权房项目、首钢园区东南区一级开发上市地块等9个项目"多规合一"协同平台综合会商意见,方案审定建筑规模约93.35万平方米。

(黄　卉　许　多)

**【规划综合实施方案】** 年内,市规划自然资源委石景山分局办理完成广宁村棚户区改造项目规划综合实施方案编制工作,与SS00－1601－1603街区试点单元控规编制工作高效融合,深化城市设计、公服配套、市政基础、路网优化等各项工作，保障规划顺利实施。结合项目实际，针对棚户区改造项目、土地一级开发项目、老工业厂区更新改造项目等，分类细化，精准研究，统筹推进黄庄43号院棚户区改造项目、巴威·北锅、北重西厂更新改造项目、玉泉路11号院土地一级开发项目等规划综合实施方案研究工作。

（曲　欣）

【医疗卫生设施研究】　年内，市规划自然资源委石景山分局办理完成五里坨精神卫生专科医院综合会商意见。开展朝阳医院京西院区、玉泉医院、北京大学首钢医院、中医眼科医院等规划方案研究工作。

（曲　欣）

【优化土地管理】　年内，市规划自然资源委石景山分局建立健全石景山区土地利用动态巡查工作机制和土地收益催缴工作机制。加强国有建设用地批后监管，推进闲置土地处置，提高供地率。加强土地利用动态巡查，区土地动态巡查率达76.39%，全市排名第二；提高批而未供处置率，合计处置15.36公顷，处置率3.64%，全市排名第三；做好供应保障工作，批而未供存量用地较少，在中心城区排名第一；提升闲置土地处置率，2020年自然资源部通报中石景山区闲置土地基数62公顷。截至年末，处置闲置土地50.3公顷，处置率85.4%，全市排名第三。

（吕卫豪）

【优化营商环境】　年内，石景山区社会投资简易低风险工程建设项目形成有效案例28例，全流程案例1例，简易低风险工程建设工程规划许可证平均用时1.5个工作日。同时强化建设项目优化营商新政宣传，召集区发改委、住建委、各街道办事处、辖区企业共45家，共同学习讨论新政策。制作一图读懂和宣传折页，摆放在政务服务中心等公众场合，方便群众翻阅。

（成　卓）

【完成历史代征道路移交】　年内，市规划自然资源委石景山分局制定区历史代征道路移交方案，选聘测绘单位对68条代征道路进行测绘，向市规划自然资源委上报《北京市石景山区人民政府关于报送〈石景山区代征道路用地调查核准目录〉和〈2020年拟移交接收代征道路任务清单〉的函》，按照《2020年拟移交接收代征道路任务清单》向区城管委移交首批31条道路。10月11日，市交通综合治理领导小组办公室第九次会议认可区2020年移交率为100%。

（成　卓）

【保障制度项目建设】　年内，市规划自然资源委石景山分局完成审批建设工程规划许可证（城镇建筑工程）44个，建筑面积253.44万平方米；临时建设工程规划许可证（城镇建筑工程）39个，建筑面积13.05万平方米；简易低风险工程建设工程规划许可证17个，建筑面积4849平方米；建设工程规划许可证（市政类）84个，管线长度7.69万米；核验备案（验收）11个，验收长度5002.31米；规划核验（验收）35个，验收面积120.12万平方米；建筑物命名12个；地名命名3个；建设项目选址意见书和用地预审合并（城镇建筑工程）5个，用地面积11.08公顷；选址意见书和用地预审合并（市政）9个，用地面积81.44公顷，国有土地划拨决定书11件，划拨供地面积27.67公顷。

（成　卓）

【国有自然资源报告】　年内，市规划自然资源委石景山分局对全区土地、矿产、水、森林等自然资源的基本情况、管理体制、制度建立、管理成效、存在问题及下一步改进措施展开详细研究，完成区2019年度国有自然资源资产管理情况专项报告。报告主要内容包括：石景山区自然资源总量、优化国土空间开发格局、改善生态环境质量、推进生态文明建设等相关重大制度建设，以及自然资源保护与利用等情况的汇总分析。

（崔茜倩）

【集体土地征收】　年内，市规划自然资源委石景山分局完成石景山区政务服务中心和档案馆新建工程项目的集体土地征收初审上报工作，征收集体土地面积2.03公顷。

（张庆祯）

【土地权属审查】　年内，市规划自然资源委石景山分局完成五里坨建设组团土地一级开发项目1602－001、1602－054地块，北辛安1608－673等上市地块，首钢冬季训练中心，五里坨精神卫生院，首钢人才社区北区035、036地块等26个项目的土地权属审查工作。

（李　涵）

【全国国土调查】　年内，市规划自然资源委石景山分局完成第三次全国国土调查内外业调查、更新数据100%自查、成果报送、市级和国家级核查及整改等多环节工作。经调查，全区总面积84.38平方公里，共计5289个调查图斑，3万余张举证照片；共有3118宗地，其中国有土地2941宗，集体土地177宗。2017年底，区三调办组织专业力量，历时三年，在“三调”初始调查基础上开展统一时点（2019年12月31日）更新调查工作。

（李　涵）

【基础数据保障】　年内，市规划自然资源委石景山分局协助区园林绿化局、区城管委和区水务局等单位，开展森林督察、永定河滨水公共空间提升工程、区属河道水生态空间管控规划编制等专项工作，提供权属、地类等基础数据，涉密敏感数据签订涉密数据使用承诺书和数据交接登记单。

（李　涵）

【土地权属纠纷调处】　年内，市规划自然资源委石景山分局推进解决历时八年的北京京西发电有限责任公司和大唐国际发电股份有限公司北京高井热电厂土地争议案件。截至年底，争议双方达成一致，签订《土地权属争议调解书》。

（李　涵）

【涉密敏感数据保密管理】　年内，市规划自然资源委石景山分局为强化调查监测类涉密和敏感信息管理，《关于规范分局涉密敏感数据交接登记（调查监测类）手续的请示》经分局局长办公会讨论通过，形成制式文件和办理要求，以《数据交接登记单》和《数据使用承诺书》方式，向单位内、外部提供自然资源调查监测类数据，进一步完善保密管理工作。

（李　涵）

【推进依法行政】 年内,市规划自然资源委石景山分局制定《北京市规划和自然资源委员会石景山分局进一步深化12345市民服务热线"接诉即办"工作实施方案》,成立"接诉即办"工作专班,定期组织推进会和会商会,研判工作形势,讨论化解方案。全年受理群众诉求951件。组织"接诉即办"工作推进会10次、工作会商会12次、月度调度会4次。信访诉求依法分类处理,全年接收网信34件、来信94件、来访14件、局长信箱11件,共计153件信访件。成立行政复议和行政诉讼工作领导小组,制定行政复议和行政诉讼工作整改方案,全年受理行政复议案件9件,受理行政应诉案件13件,分局领导出庭应诉2件。规范信息公开工作流程和督办,全年受理信息公开申请103件,各类咨询电话、现场咨询90余件。

(翟晓旋)

【地质矿产】 年内,市规划自然资源委石景山分局探明石景山区域矿产资源有无烟煤、凝灰岩、陶粒岩、铸石辉绿岩、砂石、矿泉水、地热等矿产资源。由于产业政策调整,区域固体矿山全部关闭。3家矿泉水企业《采矿许可证》到期注销,1家矿泉水企业地热井因规划道路回填。完成年度矿产资源数据更新统计上报自然资源部工作,矿泉水企业实施网上公示。配合市规自委落实矿产储量地勘等地质矿产有关工作。

(赵晓宾)

【地质灾害防治】 年内,经专家评审,市规划自然资源委石景山分局确定石景山区域地质灾害隐患点28处,涉及金顶街、广宁、苹果园、五里坨4个街道,及八大处公园,隐患点多为人工削坡违法建房形成人工边坡造成隐患。其中实现治理、或消除隐患25处。汛期及时发布地灾气象风险预警,2020年安全渡汛。配合市规自委开展区域道路地质灾害隐患点调查工作。完成地质灾害防治日常各项工作。

(赵晓宾)

【成立轨道交通与城市更新专班】 年内,石景山区成立轨道交通与城市更新一体化专班(以下简称"专班")。专班办公室设在市规划自然资源委石景山分局,专班成员包含市规划自然资源委石景山分局、区城管委、重大办、发改委、财政局、住建委、园林局、人防办、退役军人事务局9个职能部门及八宝山、古城、苹果园、金顶街、鲁谷5个街道办事处。工作方案将石景山区的轨道交通工作分为4大部分12项任务,按照牵头部门、责任部门、实施主体和技术支撑划分工作职责。

(李　博)

【违建别墅问题清查整治】 年内,市规划自然资源委石景山分局贯彻落实"国务院违建别墅问题清查整治专项行动部署",石景山区成立违建别墅问题清查整治专项行动工作领导小组、专班,确定《石景山区关于违建别墅问题清查整治专项行动的工作方案》。全区共清查19处392个点位。经甄别,违建别墅类1处为南马场水库周边12幢建筑,2019年6月底,完成整治,恢复原绿地状态,消除水源地污染隐患。2020年9月通过市工作专班验收。

(陈　莹)

【落实市委巡视整改工作】 年内,市规划自然资源委石景山分局落实市委专项巡视巡察涉及石景山案件1宗,为八大处公园56个商服和9个仓储问题。按照区政府《关于八大处公园内违法用地违法建设整治情况的函》确定的拆除整治方案,6月完成整治工作,并通过专项巡视组验收。

(陈　莹)

【不动产登记业务】 年内,市规划自然资源委石景山分局不动产登记中心累计接待80716人次,共受理不动产登记业务31026件,登簿30448件,办结28022件。其中,办结不动产证书21183件,不动产证明6839件;房屋首次登记82件,土地首次登记29件,土地注销登记6件,房屋注销登记43件,受理权籍调查145件,完成133件,回复地籍科权属复函7件;行政诉讼6件,行政复议2件,信访28件,信息公开6件,办理12345接诉即办212件;档案查询17353人次,借阅档案21187卷,对外预约34400号,2台自助查询机全年打印1550次,登录1768次。

(胡晓明)

【优化营商环境】 年内,市规划自然资源委石景山分局围绕"群众为先,服务至上"的为民服务宗旨,落实优化营商环境3.0版要求,全面开展延时服务,并以此为契机,简化业务流程,提高服务效能。全面推行不动产抵押贷款和登记"一次办";企业间非住宅一网通办,为企解忧,从"最多跑一次"升级为"一次不用跑";同时提高人员业

9月9日,区不动产登记延时服务,图为第一份延时服务领取的不动产登记证书

(李文明　摄)

务技能和服务质量。8月24日起，不动产登记中心实现“早晚弹性办”“午间不间断”和“周末不休息”的延时服务，是全区第三个开展延时服务的单位，是第一个推行延时服务期间办理全部业务的单位。

（郗惠娟）

**【档案专项检查问题整改】** 年内，市规划自然资源委石景山分局依照市不动产登记中心欠缴土地收益追缴程序向欠缴人发送《通知书》11份，新增2户完成整改。12月10日，整改完成的13卷档案通过市中心整改复核审查。在2018年6月石景山不动产登记中心共汇总上报问题案卷23件中，年内完成整改14件。其中：核实无误5件；经济适用住房上市未缴纳综合地价款，更正为经济适用住房的1件；补交登记费7件，共计3390元；补交房改房“标改成”6%土地出让金1件，补交5766元。

（胡晓明）

**【公示收费文件及标准】** 年内，市规划自然资源委石景山分局在大厅公示收费文件及标准，各综合服务窗口和收费窗口严格按照收费标准执行，更换窗口收费财务专用章10枚，开展小微企业登记费清退工作。共收缴各类费用14327.4万元，其中：登记费346.8万元，其他费用13980.6万元。

（胡晓明）

**【“六合园”历史遗留问题获得突破】** 年内，为解决六合园3栋住宅楼历史遗留问题，市规划自然资源委石景山分局牵头组织区信访办、区住房城乡建设委、区国资委、鲁谷街道、万商公司、西城金融街公司组成工作专班，分工配合制定工作方案。区不动产登记中心通过开展前期调研、部门协调、业务办理等各项工作，共完成516套房屋转移登记和发证工作，并组织“六合园项目”第一批60件房改售房登记发证。此项工作获得北京日报、石景山周刊等多家媒体报道。1994年，原石景山区城市建设开发公司开发建设六合园20号、21号、22号楼，并将其出售给西单商业区建设开发公司（现北京金融街资本运营中心）。因该地块并未办理相关土地使用证，故两家公司未办房屋过户手续。获得房产之后，北京金融街资本运营中心将该房产用于安置拆迁居民，400余户居民由此与运营中心签定房屋租赁合同，并按期缴纳房租。住户居住20多年，始终未能取得房产证。

（郗惠娟）

**【土地储备开发】** 年内，石景山区完成土地入库面积约47公顷，完成土地上市面积约22公顷。其中：商品住宅地块土地上市面积约19公顷，商业地块土地上市面积约3公顷。土地开发成本约134.57亿元，实现政府土地收益约26.22亿元。

（贾世海）

年末，六合园首批居民拿到房产证　（《石景山报》供图）

## 建设管理

**【概况】** 石景山区住房和城乡建设委员会（简称区住房城乡建设委）是负责辖区住房和城乡建设行政管理的区政府工作部门。年内，石景山区开工各类政策性住房7540套，竣工各类政策性住房5144套。共为27656户次家庭，发放补贴4558.25万元。其中为716户次廉租家庭发放租金补贴64.1万元，为14113户次公租房补贴家庭发放补贴2434.47万元，为12827户次市场租赁补贴家庭发放补贴2059.68万元。

（田梦　柳楠）

**【北辛安回迁安置房688地块交付入住】** 8月27日，北辛安回迁安置房688地块举行交房仪式，交付入住工作正式启动。按照交房计划，本次交付房源865套，5天左右交付完毕。区住房城乡建设委、古城街道办事处共同牵头制订北辛安回迁安置房交付工作保障方案，指导各相关单位有序开展工作。实施主体安泰兴业公司采用“一站式”服务，配备接待、验房、快修等各类保障人员约400人，做到便捷有序交房。在交房现场，区住房城乡建设委、古城街道、房屋征收事务中心、教委、规自分局、法院、司法局、公证处等部门联合为居民进行咨询答疑；公安分局、属地派出所安排专门人员协助维护现场秩序，及时应对突发情况；区网信办、信访办、监督指挥中心及时掌握舆情热点，做好舆论引导。

（田梦）

**【保障性住房管理】** 年内，区住房城乡建设委全年共审核保障房申请家庭1671户，入住签约、续签合同前对保障房家庭进行资格复核以及市场租房补贴资格复核144批次5314户，取消2381户家庭的保障房资格，受理审核资格变更家庭1924户；办理经适房上市前回购意见228份；受理跨区变更业务29户；协助开发建设单位办理开网签约347户（其中定向安置房336

套）；8月27日至28日，组织“2019年公租房专项配租”家庭选房，425户家庭参加选房，辖区2017年底前备案的低保、低收入轮候家庭的住房困难问题得到全面解决。12月8日至10日，由燕景保障性住房投资中心组织“石景山区2020年公共租赁住房专项配租”家庭选房，选出房源418套；同月29日由燕景保障性住房投资中心再次组织“石景山区低保等特殊困难家庭进行快速专项配租”，选出房源42套。实现辖区2019年底前备案的低保、低收入、重残、大病轮候家庭的住房困难问题得到全面解决。完成金顶阳光等4个廉租房项目人脸识别及监控升级改造工程；为方便群众出行，在站前小区加装电梯。组织物业企业对问题房屋共计580个点位进行维修，对保障房小区进行日常巡查350余人次，清退不符合资格家庭（廉租户）4户，廉租住房收缴租金140余万元，拨付廉租住房管理经费199余万元。

（王 鹏 柳 楠 潘丹丹）

**【政策性住房建设】** 年内，区住房城乡建设委落实各类政策性住房建设工作。开工各类政策性住房7540套，其中北辛安棚户区改造A区项目安置房1531套，建筑面积11.6万平方米；北辛安棚户区改造B区土地开发项目安置房1967套，建筑面积14.3万平方米；衙门口棚户区改造土地开发项目安置房3622套，建筑面积27.8万平方米；阜石路1603－616（部分）地块R2二类居住用地项目共有产权住房420套，建筑面积3.7万平方米。竣工各类政策性住房5144套，其中北辛安棚户区改造B区土地开发项目安置房4264套，建筑面积32.4万平方米；衙门口棚户区改造土地开发项目（1612－731地块）安置房880套，建筑面积8.2万平方米。完成年度开、竣工任务指标。

（田 梦 梁 超）

**【棚户区改造】** 年内，区住房城乡建设委统筹推进西黄村、北辛安、衙门口、广宁村棚户区项目改造进度，加快房屋征收、安置房建设、土地入市回笼资金等工作。截至年底，完成石景山区800户棚户区改造和环境整治市级任务；西黄村项目完成全部地上物拆除，实现净地；北辛安项目B区8万平方米、1096套安置房竣工交付，658、676、673－B地块完成入市交易；衙门口项目西区15万平方米、1806套安置房竣工交付；广宁棚改房屋征收项目签约期内住宅签约率100%。

（张 明 王晓楠）

**【老旧小区长效管理】** 年内，石景山区老旧小区共177个、建筑面积约813.2万平方米，占全区现有住宅小区数量的一半以上，大部分为房改房小区或以房改房为主的多产权混合小区。4月30日，辖区各街道分别与首开集团下属首华物业、物业一分公司签订老旧小区长效管理协议，物业按照“四有”标准提供服务管理，属地街道按照协议内容对物业企业日常管理情况进行监管测评。

（朱宝星 袁 丽）

**【专项维修资金审核】** 年内，区住房城乡建设委在遵循原有审核流程和标准的基础上，优化审理流程，对申请材料真实性详细复核，提升专项维修资金审核工作的工作效率和使用安全。全年共审核维修项目99笔，涉及金额2564万余元。其中应急支取项目22笔，涉及金额1059万余元；非应急支取项目77笔，涉及金额1505万余元。维修项目主要为消防、防水、电梯、二次供水四项。

（朱宝星 佟志刚）

**【房改售房】** 年内，区住房城乡建设委完成核准批复房改售房方案7件。对49个单位次的房改售（调）房进行审核备案，共售156套，约1.22万平方米。其中：央产8个单位次售108套，8385.67平方米；市属17个单位次售98套，8625.45平方米；区属7个单位次售84套，5743.16平方米。办理调房17个单位次售90套，共7251.38平方米。办理回购住房11个单位次、35套，共2514.1平方米。

（王 佳 李 瑾）

**【住房补贴和专项维修资金】** 年内，区住房城乡建设委做好住房补贴审核、备案及核发工作，全年累计审核23个单位共计金额2966406.06元的级差、差额补贴。审核通过1个单位支取售后公有住房专项维修资金97.49万元；审核通过7个单位共计336.3万元售房款用于售后公有住宅楼房的维修费用。

（王 佳 李 瑾）

**【征收拆迁】** 年内，区住房城乡建设委启动广宁村棚户区改造项目房屋征收工作，共涉及住宅房屋1596户、非住宅产权单位12家，于签约期内全部完成签约。同时，区重大项目征收拆迁攻坚收尾专班累计牵头完成98个点位中93个点位的搬迁拆除工作，实现西黄村、

12月，衙门口回迁安置房交房现场 （《石景山报》供图）

北辛安棚户区改造项目"清零"。

（武　月　石　云）

【房屋登记管理】　年内，区住房城乡建设委共审核房产实测绘备案项目23件，审核通过23件，建筑面积1049834.3平方米。

（关　鑫）

【房屋交易与资金监管】　年内，区住房城乡建设委受理预售许可20件，监管预售资金总额33.36亿元，商品房签约量6213套。二手房购房人资格核验受理6625件，购房资格核验复核165件，存量房网签4298件，二手房全区成交5423套，成交总面积40.61万平方米；二手房资金监管0.16亿元。

（果雪梅　冯艳萍）

【工程建设招标投标】　年内，区住房城乡建设委共办理建设工程施工招标35项，招标工程建筑面积227497平方米，中标价273992.08万元；办理建设工程监理招标18项，中标监理费4191.19万元。

（高相波）

【房产经纪机构管理】　年内，全区房地产经纪(分支)机构、租赁企业登记备案数量为226家(经纪机构83家、分支机构117家、租房租赁企业26家)。因受新冠肺炎疫情影响，各房地产经纪行业都遭受到严重冲击，导致各类矛盾纠纷激增，区住建委全年受理涉及房地产经纪行业的"12345"市民服务热线、信访投诉等共404件。办理住房租赁服务企业备案27件，变更备案3件。对辖区各房地产经纪行业开展日常巡检782家次，对35家存在违规行为的房地产经纪行业发送责令改正通知书，约谈房地产经纪行业110家次，处罚房地产经纪行业4家，罚款12万元。

（李红印　董　静）

【普通地下室管理】　年内，石景山区普通地下室点位共计1130处，总建筑面积约161万平方米。完成共计143处散租住人点位的清理和环境整治提升任务。全年联合属地街道等相关单位和部门共出动检查人员1818人次，处罚2处，罚款0.15万元。同时，强化接诉即办工作，共受理"12345"市民服务热线、信访投诉等共80件，均妥善处理；普通地下室散租住人保持"动态清零"状态。全年完成普通地下室新增备案登记47处。推进普通地下室腾退再利用1处。

（李红印　王绍华）

【非居住房屋租赁备案管理】　年内，区住房城乡建设委办理非居住房屋租赁登记备案6件，处理涉及非居住房屋租赁登记备案"12345"便民电话转办单1件。

（李红印　董　静）

【劳务管理】　年内，区住房城乡建设委落实人员管控，强化现场劳务管理，在新冠肺炎疫情防控工作前提下，严格落实施工现场封闭化管理，人员进场提供核酸检测证明并进行实名制登记，加强日常检查和重大日期的隐患排查，联合区人力社保局定期开展联合检查，及时消除农民工讨薪隐患。截至年底，在监在建项目共计183个，累计使用农民工3万余人，开展工地劳务日常检查274次，开展多部门联合检查8次；组织农民工参与石景山区建筑工程安全及新冠肺炎疫情防控知识竞赛，累计参加10000余人；共受理并解决农民工讨薪和工程款纠纷案件174次，涉及人数1713人。

（曹　宇　赵　伟）

【建筑节能和建筑材料监管】　年内，区住房城乡建设委落实新建建筑节能标准，开展市区两级建筑节能及建材专项检查，强化事中事后监管；推进绿色建筑及装配式建筑，履行工作联席会议职责，发挥指导组织协调作用，加强建设环节监管。全年新增17个项目取得绿色建筑二星、三星级设计标识，建筑面积248.39万平方米。北京远奥置业建设的天著春秋项目取得二星级运行标识，建筑面积6.25万平方米。全年新增装配式建筑项目25个，实施装配式建筑面积195.3万平方米，占新建建筑面积的53%，完成年度达到30%以上的目标；完成北京市地方标准《既有工业建筑绿色改造评价标准》的编制工作，是国内首部针对既有工业建筑民用化绿色改造的评价标准；开展公共建筑电耗限额管理和公共建筑节能绿色化改造验收工作，组织京燕饭店、万达嘉华酒店节能绿色化改造项目现场综合验收，通过节能技术改造与节能运行管理，两项目总体节能率达到18.5%。

（王丽波　杨慧宇）

【房地产企业资质管理】　年内，区住房城乡建设委共办理50家房地产开发企业开发资质升级、延续、变更等手续。截至年底，全区共有房地产开发企业82家。其中一级资质5家、二级资质3家、三级资质2家、四级资质54家、暂定资质企业18家。

（倪跃龙　贾　洁）

【建筑业企业资质管理】　年内，区住房城乡建设委全年受理建筑业企业资质审批申请105件，其中升级4件，增项33件，首次申请资质13件，变更35件，主动申请注销资质1件，资质延续5件，建筑企业全资子公司间重组、分立及国有企业改制重组分类申请14件。完成二级建造师业务515人，其中初始注册82人，注销95人，变更注册108人，延期注册145人，遗失补办0人，增项注册9人，重新注册76人。

（曹　宇　吴　琨）

## 重点工程

【刘娘府H1住宅楼等9项竣工】 2014年6月28日开工，2020年8月13日竣工。工程位于刘娘府，包括H1住宅楼至H5住宅楼、H6配套公建、地下车库、配电室、热力站。工程规模61470.99平方米。H1住宅楼地下1层，地上21层；H2住宅楼地下2层，地上21层；H3住宅楼地下1层，地上21层；H4住宅楼地下1层，地上10层；H5住宅楼地下1层，地上6层；H6配套公建地下1层，地上2层；地下车库地下1层；配电室地上1层；热力站地下1层。剪力墙结构，工程总造价19800万元。北京中关村石景山园发展有限公司建设，北京中环世纪工程设计有限责任公司设计，保定建业集团有限公司施工，北京建宇工程管理股份有限公司监理。

（何　为　王　蕊）

【交通枢纽商务区 F 地块项目竣工】 2016 年 8 月 8 日开工,2020 年 7 月 15 日竣工。工程位于苹果园,包括商业办公楼。工程规模 69021.76 平方米。商业办公楼地下 4 层,地上 13 层。框剪结构,工程总造价 23476.61 万元。北京住总骏洋时代置业有限公司建设,北京市住宅建筑设计研究院有限公司设计,北京市石景山区建筑公司施工,北京燕京工程管理有限公司负责监理。

(何　为　王　蕊)

【1 号办公楼等 2 项竣工】 2016 年 12 月 2 日开工,2020 年 10 月 27 日竣工。工程位于石景山区古城,包括 1 号办公楼、地下室及人防出入口。工程规模 69768 平方米。1 号办公楼地上 19 层;地下室及人防出入口地上 1 层,地下 3 层。框剪结构,工程总造价 26762.13 万元。北京中海金石房地产开发有限公司建设,北京市建筑设计研究院有限公司设计,中建国际建设有限公司施工,北京帕克国际工程咨询股份有限公司监理。

(何　为　王　蕊)

【区文化中心建设工程竣工】 2017 年 2 月 23 日开工,2020 年 1 月 13 日竣工。工程位于苹果园南路东口。工程规模 41232.63 平方米。地下 3 层,地上 8 层。剪力墙结构,工程总造价 23819.31 万元。石景山区文化委员会建设,北京建院约翰马丁国际建筑设计有限公司设计,中国新兴建设开发总公司施工,北京兴电国际工程管理有限公司监理。

(何　为　王　蕊)

【北辛安地下车库等工程竣工】 2017 年 12 月 25 日开工,2020 年 9 月 24 日竣工。工程位于北辛安,包括地下车库、住宅区域地下四层地下室。工程规模 53927.54 平方米。框架结构,工程总造价 24404.13 万元。北京安泰兴业置业有限公司建设,中国建筑设计院有限公司设计,石景山区建筑公司施工,北京思创建设监理有限责任公司监理。

(何　为　王　蕊)

【北辛安 A 区项目 1608－668 地块竣工】 2018 年 7 月 12 日开工,2020 年 9 月 24 日竣工。工程位于北辛安,包括 A 号办公楼至 C 号办公楼、地下室。工程规模 172868.13 平方米。A 号办公楼至 C 号办公楼地上 19 层;地下室地上 1 层,地下 4 层。框架结构,工程总造价 84885.40 万元。北京安泰兴业置业有限公司建设,中国建筑设计院有限公司设计,北京韩建集团有限公司施工,北京思创建设监理有限责任公司监理。

(何　为　王　蕊)

【玉泉西一路 X－18160 地块竣工】 2018 年 7 月 25 日开工,2020 年 12 月 28 日竣工。工程位于玉泉西街 7 号,包括 1 号住宅楼至 13 号住宅楼、14 号楼、15 号变配电室、16 号热交换站、17 号消防水池、K－1 号汽车库。工程规模 95909 平方米。1 号住宅楼地上 6 层,地下 3 层;2 号住宅楼地上 6 层,地下 2 层;3 号住宅楼至 13 号住宅楼地上 6 层,地下 3 层;14 号楼地上 6 层,地下 2 层;15 号变配电室地下 1 层;16 号热交换站地下 1 层;17 号消防水池地下 1 层;K－1 号汽车库地上 1 层,地下 3 层。剪力墙结构,工程总造价 32617.02 万元。北京中实置业有限公司建设,北京伯尔明建筑工程设计有限公司设计,中铁二十二局集团有限公司施工,北京铁城建设监理有限责任公司监理。

(何　为　王　蕊)

【北辛安 1608－675 地块(4 号楼等)竣工】 2018 年 7 月 30 日开工,2020 年 10 月 26 日竣工。工程位于北辛安,包括 4 号楼至 9 号楼。工程规模 74193.13 平方米。4 号楼至 5 号楼地上 26 层;6 号楼地上 12 层;7 号楼地上 26 层;8 号楼地上 13 层;9 号楼地上 26 层。剪力墙结构,工程总造价 30000 万元。北京安泰兴业置业有限公司建设,中外建工程设计与顾问有限公司设计,中建国际建设有限公司施工,北京中城建建设监理有限公司监理。

(何　为　王　蕊)

【北辛安 1608－675 地块(地下车库)竣工】 2018 年 7 月 30 日开工,2020 年 10 月 26 日竣工。工程位于北辛安,包括地下车库及设备配套。工程规模 53057.89 平方米。地下车库及设备配套地上 1 层,地下 2 层。框架结构,工程总造价 25000 万元。北京安泰兴业置业有限公司建设,中外建工程设计与顾问有限公司设计,中建国际建设有限公司施工,北京中城建建设监理有限公司监理。

(何　为　王　蕊)

【1601－038 地块 F1 住宅混合公建竣工】 2018 年 8 月 24 日开工,2020 年 12 月 4 日竣工。工程位于五里坨,包括 38－S1 号商业、办公、配套服务楼。工程规模 19355.97 平方米。38－S1 号

9 月 18 日,广宁棚改房屋征收预签约工作启动　　(《石景山报》供图)

商业、办公、配套服务楼地上6层。钢结构,工程总造价7068.55万元。北京景西房地产开发有限公司建设,中外建工程设计与顾问有限公司设计,中建二局第三建筑工程有限公司施工,中国建筑设计咨询有限公司监理。

(何　为　王　蕊)

**【北辛安1608－675地块(1号楼等)竣工】** 2018年9月19日开工,2020年10月26日竣工。工程位于北辛安,包括1号楼至3号楼、S－1号至S－6号楼。工程规模44308.05平方米。1号楼地上18层;2号楼至3号楼地上26层;S－1号楼至S－4号地上1层;S－5号楼地上2层,地下1层;S－6号楼地上1层。剪力墙结构,工程总造价20116.20万元。北京安泰兴业置业有限公司建设,中外建工程设计与顾问有限公司设计,中建国际建设有限公司施工,北京中城建建设监理有限公司监理。

(何　为　王　蕊)

**【铸造村集资建房遗留项目竣工】** 2018年12月7日开工,2020年3月13日竣工。工程位于铸造村,包括9号住宅楼。工程规模18105平方米。9号住宅楼地下2层,地上15层。剪力墙结构,工程总造价3952.43万元。首钢集团有限公司建设,北京首钢国际工程技术有限公司设计,北京大龙建设集团有限公司施工,北京诚信工程监理有限公司监理。

(何　为　王　蕊)

**【北辛安1608－688地块1号楼等竣工】** 2018年12月10日开工,2020年8月14日竣工。工程位于北辛安路,包括1号楼至7号楼、S－1号楼至S－7号楼、地下车库及设备配套。工程规模131229.85平方米。1号楼地上24层;2号楼地上27层;3号楼地上26层;4号楼地上9层;5号楼地上26层;6号楼地上24层;7号楼地上27层;S－1号楼地上2层;S－2号楼至S－3号楼地上1层;S－4号楼地上1层,地下1层;S－5号楼地上1层;S－6号楼地上2层;S－7号楼地上1层,地下1层;地下车库及设备配套地上1层,地下3层。剪力墙结构,工程总造价60394.63万元。北京安泰兴业置业有限公司建设,北京市天地都市建筑设计有限公司设计,中建国际建设有限公司施工,建研凯勃建设工程咨询有限公司监理。

(何　为　王　蕊)

**【1601－103地块103－1号楼等2项竣工】** 2019年1月28日开工,2020年12月25日竣工。工程位于五里坨西路,包括103－1号、地库。工程规模30831平方米。103－1号地上11层;地库地上1层,地下2层。框架结构,工程总造价10516.35万元。北京景西房地产开发有限公司建设,中外建工程设计与顾问有限公司设计,中建二局第三建筑工程有限公司施工,中国建筑设计咨询有限公司监理。

(何　为　王　蕊)

**【1612－813地块(1号楼等7项)竣工】** 2019年3月18日开工,2020年12月22日竣工。工程位于古城南街东侧,包括1号楼至7号楼。工程规模38344.02平方米。1号楼至7号楼地上8层。剪力墙结构,工程总造价14100万元。北京金安兴业房地产开发有限公司建设,天津中机建设工程设计有限公司设计,中北华宇建筑工程公司施工,北京五环国际工程管理有限公司监理。

(何　为　王　蕊)

**【1612－813地块(地下车库等)竣工】** 2019年3月18日开工,2020年12月22日竣工。工程位于古城南街东侧,包括地下车库及设备配套。工程规模26431.4平方米。地下车库及设备配套地上1层,地下2层。框剪结构,工程总造价8100万元。北京金安兴业房地产开发有限公司建设,天津中机建设工程设计有限公司设计,中北华宇建筑工程公司施工,北京五环国际工程管理有限公司监理。

(何　为　王　蕊)

**【首钢脱硫车间改造项目竣工】** 2019年8月5日开工,2020年9月21日竣工。工程位于石景山区新首钢高端产业综合服务区,包括首钢脱硫车间。工程规模12120平方米。首钢脱硫车间地上6层,地下1层。钢结构,工程总造价17757.21万元。北京首钢建设投资有限公司建设,北京中筑天和建筑设计有限公司设计,北京首钢建设集团有限公司施工,北京诚信工程监理有限公司监理。

(何　为　王　蕊)

## 西部建设

**【概况】** 石景山区西部建设办公室(简称西建办),区政府派出机构,行政编制12名,内设综合办公室、规划发展科、项目推进科(挂工程管理办公室牌子)。实有人员11人,其中,党组书记1名(副区级待遇),党组副书记、分管日常工作的副主任1名(正处级),党组成员、副主任1名(副处级),科级干部(含非领导职务)8人。年内,西建办以习近平新时代中国特色社会主义思想为指导,认真贯彻落实区委、区政府决策部署,按照党要管党全面从严治党要求,着力加强党的政治、思想、组织、作风、反腐倡廉和制度建设,重点打好疫情防控阻击战,统筹推进广宁、五里坨等西部地区和新首钢高端产业综合服务区规划建设,协调做好京西八大厂产业转型升级相关工作,各项工作进展顺利,为高质量建设首都城市西大门,推进京西产业转型升级示范区建设作出贡献。

(张路平)

**【职能调整完成】** 7月,区委编委会印发《关于为区西部建设办重新核定领导职数增加工作职责并与新首钢协调服务科暂实行融合的通知》,重新核定西建办领导职数为:主任1名(由主管城市建设的副区长兼任),分管日常工作的副主任1名(正处级),副主任2名。增加以下工作职责:会同区发展改革委新首钢协调服务科推动新首钢地区项目审批、基础设施建设、土地开发利用、公共服务配套、产业发展等工作,并做好区委区政府及石景山区推进北京京西产业转型升级示范区发展建设领导小组及其办公室交办的工作。8月底,完成区西部建设办和区发展改革委首钢科机构合并和人员融合。

(张路平)

**【打造新时代首都城市复兴新地标】** 年内，西建办加快实施新首钢建设三年行动计划和十大攻坚工程，制定2020年工作方案，全力推进27项重点任务和69个重大项目，首钢滑雪大跳台中心电厂酒店、五一剧场制粉车间改造等项目加快实施，新首钢国际人才社区等项目开工。制定落实市领导“双调研”重点任务分工方案，明确26项重点任务，抓好督查督办，将“双调研”精神落到实处。开展区企高层对接会3次、专题调度会5次，研究解决48项重点难点问题。

（张路平）

**【广宁、五里坨西部地区建设】** 年内，西建办加快广宁、五里坨西部地区建设进度。加速推进石府路道路工程建设，完成80%路面底油敷设，管线工程完成95%。推进黑石头村路北段大修、五里坨路、新隆恩寺路等道路工程竣工决算工作。广宁村棚户区改造房屋征收项目签约率达100%。五里坨26万平方米的商业返建项目8万方平米基本完工。广宁街道冬奥社区文化健身广场改造工程项目主体完成。残疾人职业康复中心一期工程主体结构及内部装修工作完成。与中交集团签署开发合作框架协议，借助其雄厚资源打造区域产业发展高地。

（张路平）

**【八大厂老旧厂房改造利用】** 年内，区委区政府将统筹推进京西八大厂产业转型升级的工作任务赋予西建办。西建办着重推动北重、京能石热、北锅—巴威等老旧厂房利用和产业转型升级。北重完成治理结构调整、一般制造环节停产退出，打造“北重科技文创园”。京能石热产业园完成建筑面积1.14万平方米的北京冬奥会制服和注册中心（UAC）项目建设，启动规划编制，加快推进项目合作方遴选和设备拆除工作。北锅－巴威启动制造环节搬迁疏解，在曹妃甸开工建设北京巴威高端装备制造新基地，为企业搬迁做准备。

（张路平）

**【新冠肺炎疫情防控】** 年内，西建办制定《石景山区西部建设办公室疫情防控工作方案》，明确3个方面、14条防控任务，努力把疫情影响降到最低。主动与属地街道联防联动，抽调多名党员干部支援社区疫情防控，2名全职下沉干部被评为“战疫先锋”，1名干部事迹被推荐到“北京榜样”举荐榜。重点做好石府路和首钢厂区内外商务楼宇疫情防控工作，实现入驻企业全部复工复产。将疫情防控工作纳入党组织服务项目库，开展“党员冲锋在疫线”、共建双承诺、“双报到”等系列活动。

（张路平）

# 城市管理

## 综　　述

【概况】　石景山区城市管理委员会(区环境建设办、区水务局、区交通委)是负责辖区城市环境建设、城市管理的综合协调以及市政基础设施、市政公用事业、市容环境卫生、能源日常运行、水务、交通等管理工作的区政府工作部门,设14个内设机构。年内,区城市管理委员会(简称区城市管理委)以服务保障冬奥筹办为统领,全面推进中心任务圆满完成,城市管理各项工作取得新的进展。落实主体责任,营造风清气正的干事创业氛围。全力以赴狠抓创城工作,加大力度治理城市管理热点、难点问题。强化"服务冬奥"理念,为全力保障2022北京冬奥会、冬残奥会,继续推进冬奥赛场周边及阜石路沿线整治提升工作,加快推进涉奥项目建设。成立精细化管理工作专班,统筹谋划城市精细化管理重点工作,聚焦快递网点、商户门前等重要节点的环境秩序问题,开展"微治理"系列整治行动。加快推进市政、市容、水务等城市管理领域数据融合汇总,"门前三包"管理、背街小巷智能巡查、渣土车运输管理、老旧小区公共区域市政管线管理、道路挖掘施工巡查提示、垃圾分类等场景应用实现运行。建立道路挖掘巡查机制,规范沿街商户门前秩序,规范快递车、外卖车停放秩序,合理优化"城市家具",精细管理过街天桥日常保洁,整治高架桥下乱停车现象。建立区城管委"十四五"规划研究编制工作专题会议机制,领导小组对课题研究情况进行统筹指导,积极推进"十四五"时期石景山区构建有效城市治理体系、综合交通体系前期课题研究,高质量编制"十四五"时期石景山区水务发展规划、城市基础设施建设规划、城市精细化管理规划。

(王　璐)

【12345"接诉即办"】　年内,区城市管理委12345平台接收案件4587件。其中市政交通工作2911件,水务工作1078件,市容环境工作369件,供热燃气工作148件,电力工作81件。涉及停车类、道路设施类、市容环境类、供水、供电、供暖等多个方面,100%办理完成。

(石　硕)

【人大建议政协提案办理】　年内,区城市管理委承办人大建议、政协提案125件,其中全国政协提案会办1件,市级建议提案4件(主办2件、会办2件),区级建议提案120件(主办64件、会办56件),主要涉及精细化管理、市政交通、水环境治理、景观提升、环境整治等方面,全部按期办结。

(于思昂)

【安全生产督查】　年内,区城市管理委检查相关企业196次。涉及市政工程、道路交通施工、电力改造(三供一业)、水利工程和景观提升、供热燃气安全、重大节日和重点时期的安全检查。11月至12月,集中开展建筑工地领域专项整治。专项整治对管辖的43家施工企业进行安全检查,其中水务4家、市政工程11家、电力(三供一业)施工23家、景观2家、交通1家、供热燃气1家、供排水1家,共检查出隐患67处,全部整改完毕。

(杜连明)

## 城市环境建设管理

【概况】　年内,区城市管理委以创城工作为牵引,加大力度治理城市管理热点、难点问题,建立健全生活垃圾分类管理标准,完善生活垃圾分类投放、收集、运输体系,全区升级达标分类驿站28处,规范再生资源回收点9个,增设大件垃圾、装修垃圾暂存点284处,升级桶站3072处,密闭式清洁站及运输车辆涂装率达100%。广泛开展动员推动居民习惯养成,全面开展桶前值守专项行动,全区桶前值守覆盖率达97%。通过开发"石分达人"小程序,鼓励居民养成垃圾分类生活习惯,注册用户数16.7万。深化道路清扫保洁等级管理,城市道路机械清扫保洁组合工艺作业率97%(全市要求92%以上),机扫率99%(全市要求92%以上),全区道路尘土残存量和积尘负荷明显下降。开展打击建筑垃圾违规消纳专项行动,每月制定联合执法安排。深化开展渣土运输车辆源头治理,采取"人防+技防"方式,在具备条件的出土工地进出口处安装视频监控,对不具备安装视频监控的出土工地,每天安排安保人员进行监管。提升公厕品质,改造全区79座高类别公厕无障碍设施、安装130根公厕指示牌。拓展具有石景山特色的"门前三包3+3"新内涵(即包市容环境、包设施环境、包秩序环境、包公共安全、包环保排放、包垃圾分类),研发"门前三包"数字化移动管理系统。每周对全区街巷长巡查情况进行梳理汇总,招募"小巷管家"3595名,组织270人次进行培训,上岗"小巷管家"累计处理各类事件30180件。完成阜石路沿线建筑立面改造、景观小品设置、市政设施提升改造、M6号线站点非机动车停放设施建设、绿化景观提升等冬奥组委周边及阜石路沿线环境整治提升工程。围绕长安街及冬奥赛场周边30条背街小巷环境进行精细化整治提升,并对其中13条街巷开展架空线规范梳理。户外广告管理与"门前三包"二维码结合,提供查询备案服务近200余件,拆除山寨指示牌50余处,受理临时标语宣传品行政许可4件。对全区166座附有景观照明设施的楼宇进行安全检查,消除安全隐患35处。

(王　璐)

【创建全国文明城区】　年内,区城市管理委成立"擦亮城市西大门,文明祥和迎冬奥"城市环境整治专项行动组,制定《城市管理委2020年度创建全国文明城区暨"擦亮城市西大门,文明祥和迎冬奥"专项行动工作方案》。开展48条主次干道及340余条背街小巷全覆盖检查15次,维修主次干道沥青路面和人行步道,巡修故障路灯、整治共享单车停放秩序、增加共享单车停放处、清理小广告、安装公厕指示牌、开展垃圾分类检查、完成主次干道、公交车身、地铁站内各类创城公益广告宣传品布设。在测评服务保障中,建立统一调度协调、分层分片保障、应急保障、后勤保障、工作信息报送等机制,全委170余名干部职工走街巷,全天在岗，保障48条主次干道、190余条重点背街小巷、辖区内河湖河道及重点点位的环境秩序，及时清理烟头、小广告，维护宣传布设、果皮箱垃圾分类及共享自行车秩序等问题。

（靳文静）

【餐厨垃圾规范管理】 年内，区城市管理委持续强化对餐饮服务单位的日常检查，检查过程中发现问题及时督促整改。全年共开展检查5415次，发现问题10722个。新冠肺炎疫情期间，全力保障医疗机构餐厨垃圾收运工作，每日安排专人、专车收运21家医疗机构产生的餐厨垃圾，确保“日产日清”。

（田 锦）

【垃圾分类管理】 年内，区城市管理委完善生活垃圾分类投放、收集、运输体系，建立健全生活垃圾分类管理标准，全区共升级桶站3072处，升级达标分类驿站98处，规范再生资源回收点9个，增设大件垃圾、装修垃圾暂存收集点284处。组织开展大型垃圾分类宣传活动，带动社区居民垃圾分类日常习惯养成。全面开展桶前值守专项行动，全区桶前值守覆盖率达97%。开发“石分达人”居民垃圾分类互动小程序，通过手机在线打卡奖励方式进一步提升居民生活垃圾分类参与率。截至年末，“石分达人”微信小程序注册用户达16.7万人，每日活跃人数近2万人。规范居住小区其他垃圾收集车辆，完成89辆厨余、其他、可回收、大件等垃圾运输车和288辆小型其他垃圾收集车涂装改造工作。推进生活垃圾分类排放登记系统建设工作，打造石景山区生活垃圾分类指挥调度监测平台，构建全区生活垃圾产生、投放、运输、转运于一体的全流程管理体系。

（田 锦）

【大件垃圾规范收运】 年内，区城市管理委继续抓好大件垃圾规范收运工作，为各街道制作配发“石景山区大件垃圾清运消纳通行证”115张。协调各街道设立居住小区大件垃圾暂存点247处、公示牌247块，督促各街道及时收集清运。全年收集处置大件垃圾1.76万立方米。

（赵艳涛）

【环境建设专项检查】 年内，区城市管理委专门成立环境建设工作领导小组，制定《2020年石景山区环境建设月考评工作方案》。区环境办以各月市级问题台账为基础，建立月度台账“预检和复检”机制并与区级考评挂钩。截至年末，全区市级上账647处，均按时限完成整治工作，整改率100%。全年区环境办针对市级点位及辖区内同类问题共实施“预检、复检”1146处，同时排查处理周边和沿线问题1286处，全部完成整改治理。受新冠疫情影响，2、3、4、6月份首环办每月专项检查由集中检查变为随机抽检。石景山区首环办月检查工作中5、7、11月获得中心城区组第一名，8月获得中心城区组第二名，环境建设管理水平稳步提升。

（王文昌）

【“门前三包”规范管理】 年内，区城市管理委为深入贯彻落实《关于加强城市精细化管理工作的意见》和《关于印发2020年推进城市精细化管理工作方案的通知》要求，专门成立精细化管理工作专班，推进各项制度落实。结合创城、冬奥保障等重大活动，组织沿街入户走访登记，采集4597户基础信息，摸清街面商户、餐饮单位、社会单位底数，明确责任主体和联系方式，建立《石景山区“门前三包”基础台账》。同时，健全信息更新机制，发现转租、商户责任主体变更、牌匾更换等情况，及时核实情况和录入信息。并研发《石景山区“门前三包”规范管理信息系统》，统一制作张贴《石景山区“门前三包”责任区公示牌》，调整原“门前三包”涵盖包卫生、包绿化和包秩序三项内容，提出“门前三包3+3”新内涵，即“包市容环境、包设施环境、包秩序环境和包公共安全、包环保排放、包垃圾分类”，真正实现商户管理规范化、“门前三包”共治化、基础台账信息化、解决问题便捷化。

（王文昌）

【背街小巷环境整治提升】 年内，区城市管理委完成环卫中心南侧路等30条精治类背街小巷环境精细化整治提升任务，共计完成新增及规范机动车停车位317，清理私装地锁75个，完善无障碍设施77处，修复盲道1306米，修复缘石坡道44处，增加绿化植被130平方米，拆除违法建设39平方米，整修粉饰立面4681平方米，清理堆物堆料41.9吨，整修道路19221平方米，规范公共服务设施407件，通信架空线入地1264米、桥架160米、捆扎1807米。完成全区36条维护类背街小巷通信架空线规范梳理工作，梳理通信架空线9500余米。完成精细化整治提升的街巷按照相应标准要求列入日

5月，升级后的社区垃圾分类驿站 （区城市管理委供图）

常维护管理。

(马长兴)

【冬奥周边及阜石路沿线整治】 年内,石景山区开展冬奥赛场周边及阜石路沿线整治提升疏整促项目。项目分为5项,分别是对阜石路沿线建筑立面进行改造、对花语公园及晋元桥区域进行绿化景观提升、进行冬奥元素景观小品设置、进行市政设施提升改造、建设地铁M6号线站前自行车亭放设施。截至年末,完成总体项目进度的50%。

(梁　涛)

【主次干道宣传布设与巡查】 年内,区城市管理委依据区创建全国文明城区工作指挥部办公室下发的《石景山区创建全国文明城区宣传工作导则(2020年)》,按照《石景山区"擦亮城市西大门,文明祥和迎冬奥"专项行动方案》要求,本着"融合性、创新性、结合性"原则,在石景山路、阜石路、广宁路、石门路等16条主干道,以及银河大街、八角西街、鲁谷大街、五里坨西街等32条次干道,进行宣传布设。完成安装景观节点102处;悬挂硬质横幅33块,精致金属雕花横幅3块;完成征用公交站亭402个、投放公益宣传广告804幅;完成征用市属2处、区属11处单立柱式户外广告设施,张贴创城宣传公益广告30幅;悬挂围墙创城宣传画面59块;协调北京市城市照明中心,在长安街延长线景观灯杆上加设公益宣传广告画面175处、350幅;张贴果皮箱公益宣传贴纸800张;布置地插式公益提示牌820个;更换自行车临时停放点围挡画面365平方米;基本实现主次干道"举足即观,抬眼可见"的宣传布设效果。

(张　楠)

## 市政基础设施建设

【概况】 年内,区城市管理委强化电、气、暖供应保障。完成2019年至2020年采暖季供热运行保障,做好2020年夏季检修,普及应用96069供热信息技术平台,推广"掌上热力"应用。积极推进老旧小区管线改造提升工程,先后启动32个"三供一业"小区电力设施、31个小区热力管网及西井地区燃气管线改造工程,部分老旧小区地下管线运载力得到有力提升。有效应对降雪、大风、暴雨等极端天气,及时处理各类城市运行突发问题139起,城市运行安全平稳有序,圆满完成五一、"两会"、十一等重大节日、活动期间的城市运行保障任务。

(王　璐)

【管网改造】 年内,区城市管理委对各供热单位上个供暖季发现的老旧管网问题进行解决,进行消隐及管网改造大、中、小检修2655项。完成八角北里东侧路二次线及阀门改造、模式口南里站二次线改造、西井锅炉房站乙9号楼二次线改造、特钢小区3至4号楼楼底盘管大修、苹果园二区20号院6至7号楼楼底盘改造、金隅加气混凝土小区4号至5号腿子管更换大修等47项检修技改项目。消隐工程涉及15个小区,管线全长70.6公里。

(范立堂)

【整治集中投诉小区】 年内,区城市管理委对1个供暖季低温区整改项8项,整改进度为100%;6个集中投诉小区整改项54项,整改进度为100%;35个热点小区整改项230项,整改进度为100%;对上个采暖季投诉高的7个重点小区,从人员保障、新冠肺炎防疫保障、运行保障、应急保障、服务保障五个方面制定专属的2020年至2021年采暖季供热服务保障方案,并在试运行期间对上述小区上个采暖季报修集中的楼宇组织入户走访,提升服务。

(范立堂)

【燃气管线消隐工程】 年内,区城市管理委通过精密仪器对5万余公里管线运行情况进行检测分析,进行17次燃气抢修,改造引入口440个,户内用户设备设施改造3960户,调压箱改造7座,重点对首钢、鲁谷、青塔、万商及苹果园等老旧小区进行管线检测。对西井小区燃气管线进行技改更换,小区管线改造4560米,资金投入1120万元。

(赵青松)

【重要活动电力保障】 年内,区城市管理委在国庆、春节、"两会"等重要节点,派专人现场24小时驻守,协调供电公司派驻专业人员、应急车辆等在现场附近持续巡逻。从预警、预案、预控和综合调节上入手,督促电力企业加强对重点电力设备和线路的持续巡查,及时协调处置电力隐患,全力确保活动和节日期间电力运行安全稳定。

(杨　晨)

【新冠肺炎疫情期间电力保障】 年内,区城市管理委为做好新冠肺炎疫情下城市电力运行保障工作,确保期间电力运行平稳安全,与电网企业加大协调沟通,从预警、预案、预控和综合调节上入手,到行业企业一线进行

11月,石景山区完成主次干道宣传布设与巡查　　(区城市管理委供图)

工作对接沟通，全力确保疫情防控期间电力运行稳定、安全。落实市、区要求的30项疫情防控举措，按照要求做好疫情监测、排查、预警以及供电保障等各项工作，全面助力复工复产和地方经济发展。并全力配合开展疫情防控相关工作，对区域内重点防控单位石景山医院、区疾控中心、联科肾病医院、北京双鹭药业等进行全方位供电保障，在抗疫工作中发挥重要作用。

（杨　晨）

**【变电站投运】** 年内，石景山区5个输变电工程取得重要进展。其中，刘娘府110千伏、炼钢110千伏输变电工程运行投产。完成主体工程，并进行投产前调试。苹果园110千伏输变电工程完成前期手续办理工作，取得建筑工程规划许可证和施工许可证，实现进场施工。北辛安110千伏输变电工程完成初设、立项等前期手续。通过各项输变电建设工程的实施，进一步优化地区电网网架结构及变电站电源布点，从根本改变原电源点偏少难以支撑地区经济发展的短板，为区内各重点项目的投产提供电力能源保障，提高供电可靠性。

（杨　晨）

**【“三供一业”小区电力改造】** 年内，区城市管理委完成32个家属区“三供一业”（指企业的供水、供电、供热和物业管理）配电设施及外电源改造工程。工程涉及首钢集团、中国新兴建筑工程总公司、中国航天科工集团有限公司、中国电子信息产业集团、中国交通建设集团有限公司5家企业。

（杨　晨）

## 交　通

**【概况】** 北京市公安局公安交通管理局石景山交通支队（简称区交通支队）是区道路交通的管理机关，主要职能是对道路交通依法进行管理。截至上年年底，在编干警179人，支队下属7个职能科室，1个执勤大队。年内，区交通支队立足“四个中心”战略定位，全面夯实交管工作基础，持续提升交通治理能力，在业务工作和队伍建设上取得新成绩，实现新进步。区交通委完善城市路网体系，拓展城市发展空间，制定《石景山区2020年交通综合治理行动计划》，完成10所学校及3个医院周边交通综合治理、5项区级常规疏堵工程、41条道路停车电子收费二期高位视频建设、B+R换乘系统建设、31条历史遗留代征道路用地移交等年度任务。对鲁谷路沿线进行慢行系统改造，开展北京银行保险产业园周边慢行系统接驳融合示范区建设，推动蓝网河道、园林绿道、观景廊道、市政道路“四道连通”。完成万达商圈、京西商务中心、北京银行保险产业园3处共享单车电子围栏“入栏结算”试点区域建设。统筹推进全区停车设施项目建设，新增停车位5000余个。实施上庄大街、老山南路等25条通信架空线入地及规范梳理工程和阜石路电力架空线入地工程。完成黑石头路中修，八角东街北段、时代花园北路人行步道改造，隆恩寺路、苹果园大街、八大处路、城兴街、玉泉西街、衙门口北街、永引渠北街等20条道路的保养小修。结合现有台账、道路名牌、道路接养等内容，对道路属性逐一查对，做好道路数据更新工作。年末，区属道路171条，总长度129公里，总面积249.4万平方米。

（王　璐　石荣军）

**【电子收费高位视频二期建设】** 11月22日，区交通委完成道路停车电子收费高位视频二期建设，共41条道路、2561个车位上线运营，借杆85根，立杆357根，市电电源36处，路灯电源9处。工程于2019年10月16日开工。

（韩振杰）

**【新冠肺炎疫情服务保障】** 年内，区交通支队在疫情防控期间，对内强化人员管理和住地防控，建台账、整内务、强教育、勤消杀，实现“零感染、零失控”工作目标。对外强化服务意识，办公大厅严格管控、窗口单位严防死守，严格落实“一米线”、测温、扫码、登记、消杀等制度，确保人员安全。日均为1200余人办理交管业务。全力保障中、高考顺利进行，在全区各考点设立“交警服务站”，发放口罩800余个，铅笔、橡皮等考试用品900余套。完成疫情期间医疗物资押运任务，在4个定点医院、2个核酸监测点、1个隔离观察点周边，先后投入警力800余人次，维护交通秩序，果断应对大人流、大车流等突发情况，确保全区防疫重点部位交通秩序安全有序、57万人核酸检测顺利完成。

（曹世兴）

**【秩序整治】** 年内，区交通支队贯彻落实市政府“慢行优先、公交优先、绿色优先”出行理念，以服务创城为契机，

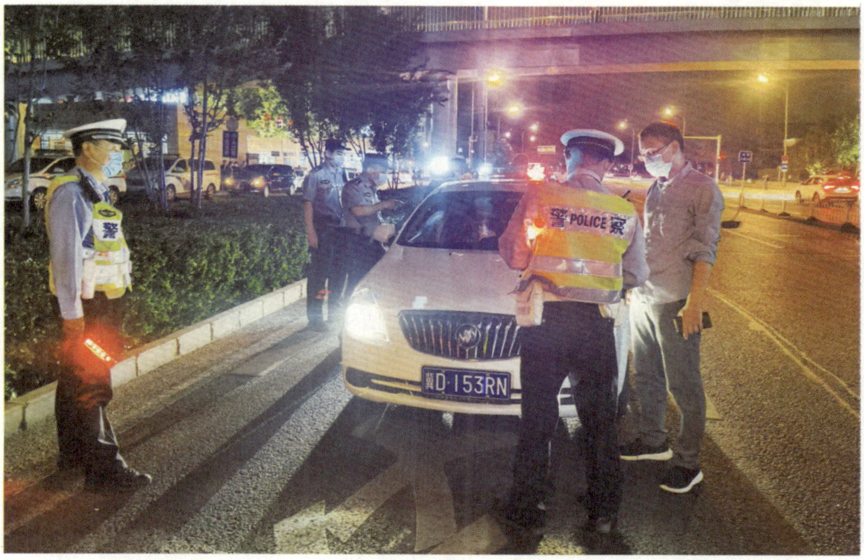


5月20日，区交通支队多警联动开展社会面集中清查行动

（区交通支队供图）

1月10日，区交通支队开展2020年春运启动日集中宣传活动

（区交通支队供图）

深入推进“蓝天保卫战”“四道（应急车道、公交车道、非机动车道和行人步道）整治”等重点任务，联合区公安分局、生态环境局、城管执法局、区住房建设委等各方力量深化“并肩治乱”，治理交通乱点。特别是结合12345和网络舆情，围绕首钢大桥和古城南路，组织开展摩托车、渣土车联合打击行动，多家媒体进行报道，首钢大桥整治抖音视频55万人点赞。

（曹世兴　郝　炘）

【科技建设】　年内，区交通支队完成石景山路、广宁路16处路口信号灯绿波带调试工作，道路通行效率提升35%。推进自建交通信号灯移交工作，纳入统一管理，提高信号灯故障维修效率。同时依托公安分局雪亮工程，将52处治安探头接入交通支队“平安城市管理平台”拍摄交通违法，阜石路公交道违法抓拍覆盖率达到70%，有效提高科技执法水平。

（郝　炘）

【交通宣传】　年内，区交通支队推进事故预防“减量控大”等工作，在全区开展“一盔一带”（指安全头盔、安全带）交通安全宣传，组织民警深入社区、交通枢纽、广场、公园等开展宣传活动120场次，讲授交通安全课75场次，发放宣传品4.6万余份，引导群众自觉抵制交通违法行为陋习，争做文明交通参与者。

（曲守全）

【城市道路建设】　年内，区交通委完成高井规划一路桥梁桩基承台、墩柱及承台等结构施工。根据2020年北京市交通综合治理行动计划，完成石景山园北Ⅰ区一号路、刘娘府二号路和刘娘府三号路3条次干路、支路建设任务。

（张　亮）

【道路养护管理】　年内，区交通委完成黑石头路中修工程，工程包括维修沥青路面1543.6平方米，翻建人行步道922平方米，更换路缘石279米。完成八角东街北段、时代花园北路两条道路的步道专项整治工程，工程包括维修人行步道6137.46平方米，更换树池口318座，砌筑路缘石225米。完成保养小修及街巷道路养护工程，工程包括维修沥青路面17803.72平方米、人行步道12718.72平方米，路面检查井加固167座。

（彭　鹏）

【区级疏堵工程】　年内，区交通委实施金顶北路赵山小区公交站改造、鲁谷路南侧鲁谷西公交站改造、鲁谷南路北侧人行道改造、实兴西街和实兴东街打通断头路、鲁谷大街路口步道拓宽、田村路路口改造等7项区级疏堵工程。

（彭　鹏）

【自行车道整治】　年内，区交通委完成鲁谷路沿线慢行系统改造，在鲁谷路沿线通过增设过街安全岛、行人闯红灯语音提示桩、智慧道钉、规范停车开门线、安装固化隔离桩、修复彩色铺装等措施优化慢行交通系统。完成保险产业园接驳融合慢行系统示范区建设，将产业园内慢行交通、空中景观廊道与周边永引渠滨水河道、公园园林步道、城市慢行步道进行“融、通、连”，以景观廊道为轴线，作为贯通城市文化与休闲慢行的桥梁，强化城市空间意向；以城市步道为脉络，建设12.4千米的休闲散步慢行区。

（彭　鹏）

【市政道路无障碍改造】　年内，区交通委根据市残联专班工作部署，对市政道路上存在的盲道断头不连续、被占压未改道、提示盲道接驳不标准、路口无障碍坡化过高或应设未设无障碍坡化等问题进行改造。共修改问题点位1217处，维修人行步道3062.2平方米、沥青路面94.44平方米、路缘石155米。

（彭　鹏）

【制定交通综合治理行动计划】　年内，区交通委按照《2020年北京市交通综合治理行动计划》和《2020年北京市交通综合治理行动计划任务书》要求，会同区交通工作领导小组成员单位研究制定《石景山区2020年交通综合治理行动计划》，并于6月28日印发。

（崔玲霞）

【学校医院周边交通综合治理】　年内，区交通委结合学校医院周边交通综合治理方案，联合区教委、卫健委、交通支队，完善市级重点监测的京源学校莲石湖分校、石景山区师范学校附属小学、景山远洋分校和中国中医科学院眼科医院周边交通设施设备。在12月2日市交通综合治理领导小组办公室印发的《2020年10月交通综合治理工作进展情况的通报》中，石景山区3所学校周边交通综合治理评价整体成绩在城六区列入重点监测的17所学校中分别位第一、五、六名，眼科医院周边交通综合治理评价情况在城六区列入重点监测的20所医院中位居第一名。

（崔玲霞）

**【石门路潮汐车道交通工程】** 年内，区交通委会同区交通支队在石门路（高井路至黑石头路）实施潮汐车道交通工程。工程设有5处龙门架，按约200米一处的标准设置，第一处龙门架位于高井路口向西265米处。每一处龙门架均设有2套LED红叉交通信号灯、2套LED可变车道标志牌，中间三处龙门架分别安装2套车辆抓拍系统，全程共安装15块潮汐车道告知标志牌，中间车道施划潮汐车道标线（双黄色线），潮汐车道两端设置活动护栏。通过车道灯指示方向变化，控制车道行驶方向，00：00－12：00为进京方向、12：00－24：00为出京方向，同时采用视频一体化采集单元配合抓拍补光、数据传输等辅助设施，全时检测区域内车辆违章行为并进行自动记录。

（崔玲霞）

**【共享单车“电子围栏”试点建设】** 年内，区交通委完成万达商圈、京西商务中心和北京银行保险产业园三个区域作为“电子围栏”试点区，共设置35处点位，对共享单车进行实时入栏结算。万达商圈安装21处嗅探，蓝牙道钉485个；京西商务中心安装11处嗅探，蓝牙道钉190余个；北京银行保险产业园安装3处嗅探，蓝牙道钉100余个。设备开通后，共享单车停放秩序较开通前有较大改观，初步达到规范目的。

（翟鲁敏）

**【新冠肺炎疫情防控】** 年内，区交通委针对公共交通领域的场、站等区域，建立大客流“日巡检”机制，并按计划开展工作，共检查200余次，报送每日信息140期。协调市交通委、市交管局，配合区商务局、区卫健委等单位履行疫情防控物资交通运输保障职责，全年完成15次防疫物资交通运输保障任务。

（李　辰）

**【创推“铁皮阿蓝”交通播报】** 年内，区交通委依托交通出行数据，对每周交通领域运行情况进行科学分析，实时播报近期路况、车况及轨道交通拥挤情况，并对下周相关领域的出行进行预测研判，为市民出行提供参考。全年推送47期“阿蓝交通播报”。

（崔玲霞）

## 水　务

**【概况】** 11月，根据石编委文件通知，以石景山区水政监察大队为基础，整合石景山区水利工程质量监督站的执法职责，组建石景山区水务综合执法队，为区城管委所属相当正科级公益一类事业单位，核定财政补助事业编制16名，科级领导职数1正2副，不再保留石景山区水政监察大队。石景山区水务工程管理所（石景山区水利工程质量监督站）财政补助事业编制核减至12名，科级领导职数核定为1正1副。年内，区水务综合执法队打造“秀水石景山”，提升永定河、永引渠水系环境。永定河滨水公共空间提升、永定河左岸京原路以南环境整治提升、莲石湖公园景观提升、高井沟流域生态修复、永引渠水系景观提升二期等5项工程方案确定。印发《石景山区2020年河长制工作方案》《关于深入推进河湖“清四乱”常态化规范化的方案》等文件，组织督促各级河长完成巡河任务，累计出动巡查1208人次，巡河3703.49公里，“四乱”台账问题及小微水体均做到有管护无反弹，新增0处。消除排污点位4处，清运河道垃圾近6立方米。开展3次引导市民安全文明游河专项行动，现场制止违法行为600余起。加强对南马场水库关键节点的安全管控，对环库道路、紧要路口、大坝坝顶路、大坝下游、水库岸坡等区域进行24小时实时监控，发现危险情况及时处置，切实保障游客生命财产安全。强化有水河道水质维护，保障河湖生态环境。完成莲石湖养护、石府沟（永引渠至石门路段）清淤整治、高井沟（高井村段）污水点整治、陈家沟村污水治理、双泉寺村污水治理等工程。根据国考、市考断面水质维护工作要求，建立“日巡查、周检测、月达标”的水质维护机制，实现水质考核全部达标目标。立足节约环保，高效开展节水工作。完成937个用水户计划用水指标的下达，62所学校和300户居民的节水器具随访和回访，27262套节水器具换装，62所学校节水龙头换装，385个节水单位创建。对洗车店的用水情况开展检查，处罚13家违法洗车店，规范47家洗车行业洗车和商业用水指标，统一安装远传水表。推进海绵城市建设，完成松林公园、旺景公园、京西景园滨水城市森林建设、麻峪村背街小巷路面硬化、麻峪北社区西柳路道路两侧路面改造等建设，达到建成区的20.1%的面积70%雨水就地消纳与利用。

（王　璐　郝　丽）

**【区水务志通过终审】** 9月24日，《石景山区水务志》终审会召开。经专家评议，一致认为，该志书编写规范，内容完整，资料详实，具有地方志书特色，符合志书质量要求，同意通过终审。全书设置8篇、19章、53节，有35张彩图、36幅插图和35张表格，共计211页、16.37万字。志书全面系统记述1991年至2010年石景山区水务领域“事、物”情况，包括石景山区水资源和水环境、水旱灾害与防汛抗旱、水利工程建设、城乡供水、城乡排水及污水处理、节约用水、水务科技与水文化、水务管理等内容。

（张　庆）

**【“河长＋检长＋警长”工作机制】** 年内，区水务综合执法队为进一步夯实“河长制”工作，助力石景山“河长＋检长＋警长”制度建设，实现“有机制、有行动、有效果”的工作目标。首先执行“河长＋检长＋警长”联席会议制度。区公安分局在区河长制办公室设置警务工作站，区检察院定期参加河长制工作会议，固化“三长”联席会议机制。区公安分局派驻骨干民警1名常驻河长制警务工作站，专职负责河长制日常巡查工作，累计开展联合检查巡查10余次；区检察院主管副检察长及相关检察官多次随区河长办开展河道巡查，累计出动检察官8人次，协助推进工作落实。梳理河道易发问题点位清单，记录重点关注点位20余处，并与公安部门和检察院进行对接。

(张　庆)

**【建立机井"一井一卷"制度】** 年底，石景山区核查完成区管机井信息采集工作，并建立机井"一井一卷"制度。从机井位置坐标、产权单位及联系人、成井时间、井深、井性质、机井类别等方面进行统一档案管理，机井信息完成情况达到100%。

(张　庆)

**【水体水质等级提升至Ⅲ类】** 年内，石景山区有考核断面3处，分别为国控考核断面莲石湖南大荒桥，市控考核断面新开渠玉泉路桥和高井沟麻峪村桥。自实施断面水体水质维护以来，石景山区不断加强投入，并保持与生态环境局定期沟通对接，依托河长制月度工作例会机制，建立生态环境联席会议制度，每月对水质考核情况进行会商。每日巡查落实到位、每周检测组织有序、每月达标坚决有力，突发事件处理及时恰当，实现断面水体水质等级从劣Ⅴ类稳步提升至Ⅲ类工作目标。

(张　庆)

**【老旧小区供水管网改造】** 年内，石景山区老旧小区供水管网改造进场80个小区，竣工验收16个小区，施工99021米，完成总进度的51%。

(杨文君　史　磊)

**【节水型社会建设】** 年内，区城市管理委严格用水总量控制，新水总量控制5908万立方米以内。开展用水户信息调查。对975个非居民用水户开展"六要素"调查。完成27262套节水器具换装工作，其中为石景山区6个街道涉及11899户老旧小区居民换装23798套节水起泡器，为62所学校换装3464套节水龙头，提高节水器具普及率。完成385个(其中市级50个、区级335个)单位创建工作，提高节水型企业(单位)覆盖率。全面节水教育宣传工作。利用"世界水日、中国水周""全国城市节水宣传周"等时间节点，推进节水工作"进机关、进部队、进企业、进校园、进社区、进家庭"活动。组织各学校开展线上活动，给各街道、群众共发放各类宣传品3000多套。针对全区洗车行开展精细化规范化管理工作。对47家洗车行进行台账、资料整理归档，资料包括洗车商户信息调查表、用水指标分配建议、洗车行现场调查照片。47家洗车单位全部重新核算洗车和商业用水指标。对未实现分表计量的单位进行报装，分表后统一换装远传水表。对所有洗车行洗车进行循环水设施备案。

(杨文君　王艳平　吕春华)

**【污水管线建设】** 年内，区城市管理委先后制定《石景山区进一步加快推进城乡水环境治理工作三年行动方案(2019年7月—2022年6月)》和《石景山区2020年清管行动工作方案》，共完成雨污水错接混接治理19处，全区基本实现污水收集处理设施全覆盖，污水处理率99.3%。

(杨文君　张　洋)

12月12日，石景山区召开节水型创建工作验收考评会

(区城市管理委供图)

## 市容环境

**【概况】** 石景山区环境卫生服务中心(简称区环卫中心)是区政府直属财政补助事业单位，承担全区环境卫生方面的技术性、服务性、事务性工作，主要根据区政府下达的环境卫生作业任务、指标和要求，组织专业单位作业，并对其实施监督、检查和管理；负责全区主要道路以及部分街巷道路清扫保洁作业；全区环卫产权清洁站管理及垃圾清运，区内环卫产权公厕管理、粪便清运与消纳；环卫设施规划提出和实施，环卫经费、单位国有资产管理和使用；全区重大活动、重点节假日环境卫生保障和特殊天气条件下环境卫生应急保障。年内，区环卫中心完成专业清扫保洁总面积472.4万平方米(含街巷道路29.9万平方米)，可机械化作业面积295.8万平方米，其中，机扫率、机保率、新工艺率达到99%，超额完成市级机扫率92%、区级新工艺率97%目标，实现可实施范围全覆盖；生活垃圾日产日清，全年完成2500组果皮箱清理、45座清洁站、109个垃圾桶站、64个垃圾箱站及181座环卫产权公厕清运维护及服务保洁，全年清掏粪便11.5万吨，清运转运其他垃圾13.4万吨。做好全区厨余分类小区的垃圾密闭清运和6座分类清洁站收集管理，处理及清运厨余垃圾1.1万吨。协调收运系统各环节有序衔接，确保垃圾、粪便100%无害化处理。

(黄　芪)

**【重要节点环卫保障】** 年内，区环卫中心针对春节、五一等节假日及全国两会、领导视察等重大活动，提前制定预案，完成环境卫生保障任务。春节期间，全区清理烟花爆竹残屑10.2吨；两会期间，为委员驻地清运生活垃

5月8日，区环卫中心开展推水作业　（区环卫中心供图）

圾30吨。清明节和国庆节期间，做好重点地区周边道路清扫降尘、公厕保洁，设施维护，顺利完成保障任务。应急处理突发情况，及时出动人员、车辆，有效清理道路遗撒、乱倒和黄带。全年出动应急人员2541人次、726车次，清理渣土448.95吨。对区政府督办单和环境建设办的脏乱点整治及领导视察、重要活动应急保障，出动人员8446人次、车辆1844台次，清理垃圾、渣土284.55吨。

（黄　芪）

**【专项应急保障任务】** 年内，区环卫中心根据季节特点和天气状况调整作业模式，在低温情况下调整融雪剂的使用方式，改善道路湿滑状况，确保居民雪后出行顺畅安全。出动作业人员5215人次，作业车辆1001车次，使用融雪剂391吨、融雪液7430吨。针对春季大风、扬沙及杨柳絮飘浮等天气，恢复新工艺清洗、道路冲刷和日间中心线水冲等工艺，加强人工清扫保洁和机械捡拾作业，完成道路遗撒和污染物清理，减少扩散。应对雨季防汛，提前筹措，加强设施安全防护，各类物资储备到位，雨前做好雨篦清理，雨后及时开展推水作业。发挥信息化平台智慧大脑作用，在多次暴雨天气保障中实现科学指挥调度，快速完成雨后环境恢复，确保市民正常出行，中心基础设施安全度汛。

（黄　芪）

**【专业作业】** 年内，区环卫中心根据年度环境卫生重点指标及区政府绩效重点任务要求，调整作业方式，完成专业清扫保洁总面积472.4万平方米（含街巷道路29.9万平方米），可机械化作业面积295.8万平方米，其中，机扫率、机保率、新工艺率达到99%，超额完成市级机扫率92%、区级新工艺率97%目标，实现可实施范围全覆盖；推进机械化作业进街巷，运用大、小型车辆实施机械化作业8条，小型机械化强化城市道路边线保洁作业73条，对大型车辆作业不到的辅路、井窝、停车带间隙进行弥补，水冲步道59.7万平方米，覆盖率达到59%；责任城市道路机械化作业全部执行一级作业标准，每日进行二次保洁，以机械清洗方式代替机械保洁，实现作业范围和工艺双提升。用小型步道清扫设备，逐步替代人工大扫帚，机械捡拾和应急双班作业，街巷非法广告清理58.3公里，清理乱倒垃圾，提升市容环境整体洁净程度；生活垃圾日产日清，粪便抽运规范处理，垃圾、粪便无害化处理率为100%无害化处理；完成2500组果皮箱清理、45座清洁站、109个垃圾桶站、64个垃圾箱站及181座环卫产权公厕清运维护及服务保洁工作，全年清掏粪便11.5万吨，清运转运其他垃圾13.4万吨；做好全区厨余分类小区的垃圾密闭清运和6座分类清洁站收集管理工作，就地处理及清运厨余垃圾1.1万吨，推进垃圾减量化。

（黄　芪）

**【创城工作】** 年内，区环卫中心制定创城工作方案，组织人员到其他城区实地考察，学习先进经验，提升精细化作业标准，建立长效机制；配合蓝天保卫战，提升路面洁净度；为中心产权71座不具备加装无障碍设施的公厕，全部配备可移动无障碍坡道。维护垃圾转运设备，确保垃圾转运工作顺利运行，保证全区生活垃圾日产日清。联合区创城办、区工会、街道等单位，整合资源，建设综合性、共享性的“老街坊”暖心互助站，为城市一线户外工作者和周边群众提供服务，成为全区“创城”工作中的亮点，被评选为区“老街坊”社会治理“特色品牌”；测评期间，加强一线作业，管理岗位人员全部参与一线值守，对全区48条主要道路和19个重点路口进行全天候巡检，配合一线作业人员查漏补缺，完成迎检任务。

（黄　芪）

**【推进垃圾分类】** 年内，区环卫中心按照市区生活垃圾分类工作部署，分批次对垃圾清运作业车辆及收集设施进行标识喷涂，主动接受社会监督；5月1日起，中心启动实施新版《北京市生活垃圾管理条例》，规范作业，做好监督、杜绝混装，违规拒收、及时反馈；在2019年试点推进沿街个体商户垃圾上门回收的基础上，5月1日实现此项作业模式在全区3000余家沿街个体商户全覆盖，减少沿街商户乱丢乱弃垃圾现象，形成石景山垃圾分类特色管理模式；做好老山密闭式清洁站试点配建小型处理设备运行工作，探索实现厨余垃圾就地处理，加快智能化管控系统建设，有效识别垃圾来源，实时计量称重，掌握动态数据，为推进垃圾减量化提供重要数据支撑。

（黄　芪）

**【热线办理】** 年内，区环卫中心根据市区要求，第一时间修订“接诉即办”工作方案，形成中心主要领导负总责、分管领导具体抓、责任科室全面落实的工作机制,落实“三见面”、传附件要求,保证“接诉即办”工作顺畅开展;建立响应机制,把及时处理群众对涉及环卫工作的诉求和建议,作为提高环卫工作的重要途径,基本实现由“接诉即办”向“未诉先办”的转变。特别是群众反应强烈影响环卫工作的短板弱项,分门别类列入党委会、主任办公会或者“12345”例会,保证所有合理诉求圆满落实。全年考核期共办理权属工单660余件,解决率90.12%,满意率92.09%,响应率100%。

(黄 芪)

**【道路积尘负荷监测市排第七】** 年内,区环卫中心成立专项工作组,针对提高全区空气质量,降低道路积尘负荷、尘土残存量,结合重点任务和接诉即办群众诉求,分区域进行调研,逐条块解决,在道路常规作业基础上,二次保洁由一级城市道路扩大至全部城市道路,并结合季节变化采取“夏季清洗为主保洁为辅,冬季吸尘保洁相配合”的方式,科学调配作业资源,新购小型步道清扫、冲洗设备和肩背式吸尘器,对易形成积尘的道路边线和人行步道实施强化作业,显著提高降尘、吸污效果;对国控和市控子站周边2公里范围内的176万平方米城市道路,每日日间开展二遍次机械洒水,作业方式严格执行低压、后喷、小幅度的规范要求,对道路湿化降尘,降低对居民出行的影响。重污染天气及时启动应急预案,强化重点道路作业;与区生态环境局、区城市管理委和区城乡建设委加强联动,对违规施工、运输行为进行监督和反馈。全年增派作业车辆4520车次、作业人员8460人次,处置黄带等污染。截至年底,全区道路尘土残存量监测均值由去年5.61克/平方米降至4.69克/平方米,完成10克/平方米的目标任务,成为城六区均值最优区;在全市年环保通报的道路积尘负荷监测情况中,石景山区平均值为0.56克/平方米,在全市十六区及经济开发区中排名第七,道路洁净程度持续提高。

(黄 芪)

**【设施设备更新升级】** 年内,区环卫中心对设备设施及车辆进行升级改造。完成2019年度两个批次共计85台车辆和2020年48台作业车辆的招标采购工作;按照市生态环境局要求,年底前为73台重型柴油车辆加装环保在线监测设备;对小型、维修类工程引入第三方进行全过程监督,规范基层单位工程发包、质量监理、资金审核、验收结算等各项工作管理;完成衙门口粪便排放站汽修间改造方案和新建调节池建设方案;引入智能控制系统下的臭氧除臭技术应用,减少垃圾臭味对职工及周边环境的影响。

(黄 芪)

7月31日,区环卫中心开展降低积尘负荷作业 (区环卫中心供图)

**【安全生产管理】** 年内,区环卫中心开展“全国安全生产专项整治三年行动”,坚持“党政同责,一岗双责,齐抓共管、失职追责”的原则,制定应急预案,健全外来职工政审备案制度,实行政审备案管理;开展新冠肺炎疫情防控、用电消防、交通安全等综合检查89次、281处点位,存在安全隐患282项,均整改完毕;专项检查消防器材32次,确保中心火情零指标;建立健全车辆台账,全年为340辆车投保161万元;投入3万余元为基层单位配备灭火毯、水基灭火器等7类消防器材。协助粪便消纳站设备间、实验室安装空调、排风扇,消除夏季室内温度过高的安全隐患;全年评选出474名安全驾驶员和180名安全管理人员奖励68万余元。

(黄 芪)

**【重点工程建设】** 年内,区环卫中心推进各项重点工程建设。完成衙门口生活垃圾转运站设备升级改造财政评审工作及推进垃圾压缩设备、密闭负压除尘除臭设备、渗沥液处理设备政府采购工作;针对区环卫中心公厕无障碍改造工程项目,梳理出近900个问题进行台账登记统一整改,区财政预算资金投入247万元;推进杏石口场站、景阳东街西侧用地、衙门口综合场站方案调整编制工作。

(黄 芪)

**【信息化平台建设】** 年内,区环卫中心全力推进信息化建设步伐。通过大数据的采集和应用,实现集作业车辆定位、车辆油耗管理、作业异常报警、作业全过程可视化实时管理于一体,成为中心将新技术应用于作业管理的成功实践,在协助“12345”便民热线了解市民投诉实地情况及垃圾混装现象中,发挥突出作用,充分体现平台高效、清晰、详实的优势。平台建设成果获得各级领导和专业部门的充分肯定,被列为全区3个优秀信息化项目之一在相关网站上展演,多项建设内容以及一体化思路在行业内处于领先水平。

(黄 芪)

**【新冠肺炎疫情防控】** 年内,区环卫中心成立新冠肺炎疫情防控工作领导小组，制定下发《关于加强新型冠状病毒感染的肺炎疫情防控工作的通知》《关于新冠肺炎疫情防控期间加强队伍建设强化人员管理的通知》《关于在疫情防控阻击战中加强领导班子和各级干部考察识别工作的通知》及成立5个专项工作组，落实“四方责任”；为保障区疫情定点医院改建，集中作业3天，清掏医院化粪池10个，对整个院区和4000平方米的医院楼开展清理消毒，确保定点医院如期启用。

（黄　芪）

## 园林绿化

【概况】　石景山区园林绿化局（简称区园林局）成立于2009年8月31日，挂北京市石景山区绿化委员会办公室（简称区绿化办）牌子，是负责辖区园林绿化工作的区政府工作部门。主要承担城市园林绿化、林业行政管理职责和森林防火职责。年内，区园林局有综合办公室（主体责任办公室）、绿化发展科、规划审批科（法制科）、建设管理科（林业有害生物防疫检疫科）、资源执法科、财务审计科等6个内设机构，行政编制23名。下设绿化工程一队、绿化工程二队、玉泉花圃、园林设计所、森林消防大队等5个全额拨款事业单位，共有干部、职工110人，其中行政编制人员22人，事业编制人员88人。2020年，是石景山区创森攻坚之年，也是新一轮百万亩造林绿化“五年任务三年完成”的收官之年。石景山区全年新建改造公园绿地27处，新增绿化面积129.6公顷，进一步完善“山、河、轴、链、园”生态格局。创森工作稳步推进。全年完成新一轮百万亩造林绿化102.7公顷，进场率及栽植率均排名全市第一；三年合计完成造林绿化223.7公顷，全面实现区委、区政府“五年任务三年完成”战略要求，创造石景山区年度新增面积最高纪录。公园绿地普惠化建设全市领先，相继建成社区公园、口袋公园和小微绿地13处、26.67公顷，完成裸地绿化8.39公顷，全区公园绿地500米服务半径覆盖率达到99.32%。绿化养护达到精细化标准，全年新升级特级绿地7处、8.9公顷，一级绿地2处、6.1公顷；为全区3万余株杨柳树注射“抑花一号”，有效抑制飞絮污染；组织开展古树核查，摸清全区古树底数并落实古树管护职责；强化林地绿地资源保护管理，严格林木绿地资源行政许可与批后监督，开展林地保护执法行动，加大涉林案件查处力度。对非法捕猎或经营野生鸟类及动物制品行为加大打击力度并建立长效机制。灾情防控工作做到零事故，通过广泛宣传、全面检测、执法检查、实地演练等方式，全年未发生危险性林木有害生物疫情。

（郑文靖）

【区绿化委员会调整】　3月，石景山区完成区绿化委员成员调整工作，李新任主任，齐春利、张亚骏（北京军区善后工作办公室政治工作局副主任）、李春（陆军政治工作部群工联络局副局长）、蒋艳玥（中部战区联合参谋部直属工作局副局长）、胡雄光（首钢公司副总经理）任副主任。区政府各委、办、局、处，各街道办事处，各人民团体，驻区有关单位主要领导为委员，成员共计45人。

（郑文靖）

【病虫害防治】　春季，石景山区开展越冬基数调查和春季病虫害监测工作，主要调查虫种为美国白蛾、春尺蠖、国槐尺蠖等食叶类害虫。调查采取林分及小班周边重点线路及路段的踏查方式，调查采用数据采集的方法，能更准确预测辖区虫害的发生规律。监测针对早春常发生的春尺蠖及草履蚧等害虫，采取样地监测办法。

（尹　赫）

【线上“云植树”活动】　4月1日至6日，区绿化办在“石景山创森”微信公众号推出“云植树”活动。市民可参与线上浇水和每日打卡积累能量值，通过能量值兑换和抽奖的方式获得盆栽植物、花卉种子、园艺工具及认养树木的机会。活动因4月4日全国默哀日暂停一天，实际开展五天。活动期间，网上点击量达到4000余人次，参与人数1200人以上。区绿化办为获奖者特别设计制作明信片风格的《来自春天的一封信》连同奖品一同寄出。在西长安文化艺术公园内为获得认养树木奖励的获奖人悬挂树木认养牌，并通过公众号向获奖人发送树木点位照片。

（黄　乐）

【首都全民义务植树日活动】　4月4日，区绿化办在衙门口城市森林公园组织主题为“创建国家森林城，打造秀水石景山”的义务植树活动。活动严格按照新冠肺炎疫情防控要求组织开展，区四套班子领导、驻区部队有关领导、首钢集团领导以及区绿委委员、驻区单位80余人参加活动，共栽植树木100余株。

（黄　乐）

【涉绿简易低风险审批】　年内，区园林局推出新举措完成辖区首例涉绿简易低风险审批。按照优化营商简易低风险审批工作要求，会同区规自分局等部门特事特办，主动做好批前会商研讨，为市疫情防控重点项目——北京大学首钢医院发热门诊建设工程，开通简易低风险工程“一站通”审批渠道，通过实行多部门并联审批加快审批速度。区园林局加强审批事中沟通和审查工作力度，将审批时间由简易低风险程序规定的5个工作日压缩至2个工作日内完成。

（潘　岩）

【加快创森步伐】　年内，石景山区计划在2021年实现创建“国家森林城市”（简称创森）目标。作为创森工作关键一年，石景山区按照“山环水绕，绿轴穿城，绿链串园”森林城市建设空间布局，制定新一轮百万亩造林、“留白增绿”、社区公园、小微绿地等23项绿化造林重点工程项目，围绕重点工程项目加快手续办理、倒排工期，保障绿化重点工程项目的落地实施。截至年底，在31项创森指标中，石景山区达标26项，全区绿化覆盖率从创建初期的52.38%提高到52.42%，位居城六区第一；人均公共绿地面积由20.51平方米提高到24.35平方米，居城六区首位。区、街两级绿委统筹协调全区绿化工作，重点推进永定河森林景观、首钢森林园区、社区森林景观、绿道网络等11项重点建设任务。建立完善的创森绩效考评体系。将创森31项指标任务分解成60项具体任务纳入政府绩效管理体系。依托群众绿化提升生态文化建设,深入开展全民义务植树,花园式单位和社区创建、"乡土植物进社区"、园艺驿站线上线下等生态活动70余场。提升社区绿地服务功能,推进10个森林社区、10个森林单位建设。建设4个园艺驿站。完成新一轮百万亩造林绿化面积3420亩,实现"五年任务三年完成"的战略目标。自2018年以来,新增社区公园绿地1425亩,相继建成杨庄北绿地、园林小区西侧、南宫代征绿地、永引渠滨水绿廊西段等34处社区公园、口袋公园和小微绿地,地区500米公园绿地覆盖率由2015年底的69.48%提升到2020年底的99.32%,公园绿地普惠化建设全市领先。

(陈　伟)

【绿化宣传】 年内,区园林局通过微信公众号、APP、电视、报纸等各级媒体累计发布创森工作及绿化宣传300余次,其中"石景山新闻"80条、《今日视点》播出9期。印发创森简报12期。"石景山区再建两处园艺驿站"被首绿办《首都绿化信息(第19期)》采编,"北京市石景山区实施23项惠民项目加快推进国家森林城市建设"被国家林草局《森林城市建设工作简报》采编。石景山区首家"互联网+全民义务植树"基地揭牌信息分别被《国土绿化》、"中国绿化网"、北京日报微信平台市局工作动态转载。

(黄　乐)

【古树名木保护】 2020年石景山区实有古树1543株,其中一级古树140株,二级古树1403株。古树主要分布在法海寺公园、北京国际雕塑公园、八宝山革命公墓以及八大处公园管辖范围,共计1192株,其余351株古树分散在全区9个街道。完成全区古树名木资源核查工作,对原有台账中的错误信息进行修正。建立健全古树名木基础台账,做到一树一档,对衰弱古树进行系统分析,形成一份调研评估报告、一套古树调查档案和一套濒危古树档案。搭建古树地理信息系统,全区在账古树全部上图、定位,实现古树资源动态化、信息化管理。明确古树养护管理责任,落实四级管理机制,制定《石景山区古树名木保护管理责任书》。建立疑难问题专家会诊机制,对衰弱古树进行全面科学诊断,为古树保护性复壮提供科学依据。根据对全区古树生长情况进行的梳理、研判,完成西井路古国槐、八角南里古国槐、琅山路古银杏等6株古树的保护性复壮工作。全年走访、检查古树保护责任单位20余家,妥善处理舆情及市民热线来电问题4件。

(郑文靖)

【园艺驿站】 年内,石景山区建设八角中里文化中心、石景山首创郎园Park、银保园·浅山WEEK、金苹果文化中心4家园艺驿站。受新冠肺炎疫情影响,全年园艺驿站活动线上为主,线上线下相结合,共组织活动66场,上线参与互动和现场体验活动人数共计约7000人。

(黄　乐)

【花园式创建】 年内,石景山区完成创建花园式单位2个(北京市自来水集团石景山区自来水有限公司五里坨水厂和北京乐康物业管理有限责任公司西山汇A区)、完成创建花园式社区1个(苹果园街道西山枫林第二社区)。

(黄　乐)

【森林防火】 年内,区园林局组队实地检查林区森林防火工作85次,督促指导各有林单位严格落实森林防火责任制。参加区级森林火险处置实战演练2次。11月组织开展森林防火宣传。石景山区实现连续18年没有发生较大森林火灾。

(唐晓晨)

【野生动物救助】 年内,区绿化局开展野生动物救助处置18次。关停石景山区游乐园动物展演,先后处理5起蝙蝠入户事件,对孔雀1只、鹰隼1只、猕猴1只、野生蛇3条、白骨顶鸡1只、灰鹭1只、灰喜鹊1只、刺猬3只等11种野生动物进行救助。

(尹　赫)

【野生动物疫源疫病监测】 年内,石景山区设有老山、法海寺、南大荒3处市级野生动物疫源疫病监测站,依托京津冀野生动物资源监管工作平台科学监测重点区域野生动物资源情况。自1月23日起开展监测活动265天,累计出动监测人员792人次,共监测野生动物66538只,未发现疑似异常情况。

(尹　赫)

【野生动物执法检查】 年内,区园林局累计出动行政执法检查人员、森林干警、第三方巡查人员4172人次,出动车辆740车次,巡逻检查里程9419余千米,检查野生动物经营场所1094次,对福寿岭自发鸟市等可能存在野生动物非法交易的重点场所进行定点设防。制定石景山区野生动物保护专项执法行动工作方案,会同公安分局、区森林公安处、市场监管局、城管执法局、卫健委、集体资产监管办和属地街道,依据各执法部门职责,对辖区内商铺、药店、饭店、市场等处进行联合执法。5月14日,对玉泉花卉市场和万达商场二层木子植艺商铺进行执法检查;5月16日,对福寿岭和琅山地区自发鸟市进行执法检查;5月22日,出动执法人员60余人、执法车辆54辆。对古城大街嘉事堂药店和台湾街鱼头泡饼饭店进行联合执法检查。

(尹　赫)

【编制林地保护利用规划】 年内,区园林局完成编制《林地保护利用规划(2021年—2030年)》。规划是石景山区未来十年林地保护利用工作的指导文件、是林地审批和执法工作的核心法律依据。主要包括:研究制定工作方案和技术方案;与新版北京城市总体规划、国土"三调"成果和森林资源"二类"调查成果对接;与森林经营方案、十四五采伐限额编制工作、绿地系统规划等行业专项规划成果对接。报市园林局和区政府研究通过,以区政府名义正式印发。

(尹　赫)

## 公园管理

【概况】 石景山区公园管理中心(简称

区公园管理中心）是负责全区区属公园及其他所属机构规划、建设、管理、安保、服务、科技工作的区政府直属相当正处级全额拨款事业单位，管理北京国际雕塑公园、老山城市休闲公园、古城公园、石景山雕塑公园、法海寺森林公园5所公园。年内，区公园管理中心统筹推进新冠肺炎疫情防控和公园事业发展，全面完成上级交办任务，各项工作在服务区域高质量发展中取得新成效、实现新突破。全年服务游客约339万人次，未发生安全生产责任事故。

（叶　萌　宋　超）

【第八届非遗文化体验周】　9月22日至10月7日，北京国际雕塑公园举办以“美好生活 非遗相伴”为主题的第八届非遗文化体验周系列活动。本次活动推出“京津冀非遗传承展示”“科技＋冰雪及体育藏品展示”“戏曲文化展示”“茶文化展示”“书画笔会”等五大板块内容。活动期间，接待游人约15.67万人次。

（叶　萌　宋　超）

9月29日，第八届非遗文化体验周在北京国际雕塑公园举行

（区公园管理中心供图）

【新冠肺炎疫情防控】　年内，区公园管理中心为保障疫情状态下中心所属5所公园正常开放，成立中心系统疫情防控工作领导小组，制定出台防控工作方案，开展系统内干部职工“地毯式”摸排，做好居家观察人员管理服务。严格落实测温、验码、限流、“一米线”等措施，主动做好门区秩序管控、园内提示提醒、公共卫生消毒、员工个人防护、游客量管控等具体工作。组织机关干部充实基层防控力量，各驻园单位、经营商户等参与“创建零感染、守护公园”行动，筑牢联防联控严密防线。完成北京国际雕塑公园东园核酸检测临时采样点服务保障任务。利用中心网站及所属单位微信、微博等新媒体，主动做好舆论引导和信息公开，及时回应涉疫热点问题和群众诉求。持续发布健康提示，引导市民游客养成健康生活习惯。加强正面宣传，讲好公园“抗疫故事”，营造积极向上的舆论氛围。深入开展爱国卫生运动，引导广大市民游客增强防控意识，筑牢疫情防控公园钢铁防线。完成全国“两会”“清明”“五一”“端午”“国庆”假日期间及复工复产、复商复市等压力测试，保持公园疫情防控形势稳定向好。

（叶　萌　宋　超）

【工程项目建设】　年内，区公园管理中心持续提高设施服务质量，完成5所公园无障碍设施环境建设，完成北京国际雕塑公园健身健走步道项目建设，启动实施老山城市休闲公园生态修复和环境保护提升工作。

（叶　萌　宋　超）

【精细化管理】　年内，区公园管理中心公园精品建设不断提升。开展规范外语标识牌示专项行动，树木修剪、浇水灌溉、古树名木保护、病虫害防治等日常养护，开展补植增绿行动，加强公园绿地管护。加强绿隔地区郊野公园日常管理和运行保障，老山城市休闲公园在市园林绿化局2020年第一道绿化隔离地区郊野公园养护管理检查中排名位列前茅。

（叶　萌　宋　超）

【整治不文明行为】　年内，区公园管理中心加大不文明游园行为治理力度，通过强化宣传引导、开展“红袖标”行动、整合志愿者力量、加大联合执法等措施，净化游园环境、规范游园秩序，不文明游园行为治理成效显著。

（叶　萌　宋　超）

【深化“接诉即办”】　年内，区公园管理中心坚持问题导向，围绕市民“七有”“五性”需求，努力营造优良游园秩序，以市民游客诉求为着力点，抓机制创新，抓流程优化，抓主动治理，加强“接诉即办”组织领导和统筹调度，制定工作方案，梳理共性问题，建立快速响应机制，健全常态化联动体系，完善接诉、办理、督办、反馈闭环式管理，提升群众诉求办理的质量和效率。全年办理市民热线216件，群众诉求解决率满意率始终保持在97%以上。

（叶　萌　宋　超）

【“云赏花”模式】　年内，区公园管理中心持续抓好新冠肺炎疫情常态化防控时期的高品质游园文化活动筹办，创新活动内容，丰富科普宣教形式，优化游客游览体验。北京国际雕塑公园在区内率先开启春季线上“云赏花”模式，利用微博、微信、移动客户端等新媒体进行网络互动直播，让市民随时随地欣赏公园美景，有效缓解踏青出游客流压力。

（叶　萌　宋　超）

【重视森林防火】　年内，区公园管理中心坚守安全底线思维，夯实安全管理基础，开展火灾风险隐患排查治理、消防安全隐患攻坚整治等专项行动，启动实施法海寺森林公园、老山城市休闲公园消防蓄水池建设，突出抓好防火防汛、游乐设施、在施工地等领域的安全隐患排查治理和整改，完成老山、法海寺两所山林公园2019年至2020年森林防火任务,实现所属公园“不冒烟不起火、不发生重特大事故”的目标。

(叶　萌　宋　超)

## 城市管理监督指挥

【概况】 石景山区城市管理监督指挥中心(简称区城管指挥中心)是负责城市管理监督与评价工作的区政府正处级行政机构,设9个内设机构。2020年,区城管指挥中心修订完善“接诉即办”工作实施办法,建立兜底机制,依照“吹哨报到”工作原则,按照“首办责任制”要求,实现专业问题行业主管主办、综合问题属地牵头协办、疑难问题区级统筹联办。以区“两办”名义印发《石景山区12345市民服务热线“接诉即办”工作考核办法(试行)》,以区深化12345市民服务热线“接诉即办”工作领导小组办公室名义印发《石景山区12345市民服务热线“接诉即办”工作考核办法(试行)实施细则》,将“接诉即办”年度考核结果按照15%的分值权重纳入全区各街道和区直部门年度工作绩效考核。以区委区政府名义印发《关于深化“接诉即办”改革工作的实施意见》,将党的领导贯穿于“接诉即办”工作全过程。1月6日,石景山区“接诉即办”平台正式上线。6月,石景山区12345“接诉即办”微信服务号上线。全年受理群众诉求9.8万件,响应率始终保持100%,解决率75.80%,满意率83.41%,解决率、满意率与2019年相比分别提高0.25、4.54个百分点。区城管监督指挥中心共派发案件累计66400件,办结案件65926件。诉求主要为住房、新闻热线、公共安全、教育、城乡建设、市场管理、市容环卫、交通管理、环境保护、城市管理类。选取鲁谷街道作为“接诉即办”“双派双考”工作试点街道,探索和推行街道、委办局层面的“双派双考”和社区、物业公司层面的“双派双考”,研发相应模块,通过物业类诉求派发、办理,将街道、社区、物业和相关部门的各方责任落实到位,形成属地街道、报到部门、相关社区及物业公司的整体考核、排名体系,使各部门力量在“接诉即办”工作上聚焦。热线受理科代表区城管指挥中心获得“2020年度人民网网民留言办理工作活力奋进单位”。区卫健委等4个集体、张鹏等14名个人被评为北京市2019—2020年度“接诉即办”改革工作先进集体和先进个人。

(马　瑛　顾　雪　石　梦)

【“接诉即办”工作培训会】 5月14日至15日,区城管监督指挥中心分两批召开12345市民服务热线“接诉即办”工作培训会,全区54个单位,近100人参加培训。7月16日,分两批召开“接诉即办”考核工作培训会,对考核评分标准、奖励激励、约束惩处、附件上传、“三见面”等内容进行培训,全区54个单位,71人参加培训。

(顾　雪)

【轨道交通沿线及周边整治】 7月,区城管指挥中心部署第三方人员对地铁11号线西段(金顶街—首钢站)和S1线剩余段(金安桥—苹果园)出入口周边50米、沿线两侧100米可视区域进行案件重点采集,整治周边环境工作,提升市民对出行环境建设的满意度,营造良好出行环境。期间,采集各类案件58件,立案57件,立案率98.28%。

(赵　欣)

【创城保障】 8月,区城管指挥中心部署第三方人员系统开展以城市市容环境、街面秩序、宣传广告、道路交通和公共设施为主要内容的城市管理工作,提升市容环境和街面秩序。期间采集上报创城类案件9746件,立案9439件,立案率96.85%。其中暴露垃圾类5082件、乱堆物堆料类2626件、积存垃圾渣土类1583件、非法小广告类92件、店外经营类30件、部件类11件,其他宣传广告问题类10件,道路破损和道路遗撒类5件。

(赵　欣)

【“双派双考”办理模式】 10月至12月,区城管指挥中心在接诉即办系统基础上研发“双派双考”功能模块,配置180余个物业公司VPN账号,组织两批次系统操作培训,以鲁谷街道为试点,打通街道与委办局、社区(科室)与物业两级“双派双考”流程,为物业条例落地提供抓手,为“街乡吹哨部门报到”提供平台支撑。期间,试点街道月度综合成绩平均提升1.27%,为全区推广“双派双考”工作积累经验。

(薛红民)

【基础数据普查】 10月至12月,按照北京市《数字化城市管理信息系统技术要求》《2020年度网格化城市管理专项考评实施细则》要求,区城管指挥中心对城市管理基础数据进行普查更新,核实城市部件344172个,删除灭失城市部件6009个,新增城市部件15438个;测绘8条新修道路及附属部件;完成1442个万米网格核实修订,整合管理网格240个。首次搭建全区白模三维地图,增加鲁谷街道五芳园、六合园、七星园三个社区80万平方米地上三维精模和五芳园12万平方米地下管线三维精模。核实全区2378条楼宇物业管理信息,更新接诉即办知识库楼宇物业管理相关数据。

(薛红民)

【首环办迎检保障】 年内,区城管指挥中心部署第三方人员每月对首环办台账点位及周边50米范围内环境秩序问题进行检查,发现问题及时上报解决。期间,累计巡查台账109轮次,累计巡查点位655处,发现问题4124处。

(赵　欣)

【“疏整促”点位核查】 年内,区城管指挥中心部署第三方人员每月对“疏整促”点位进行专项巡查。期间,累计核查轮次30轮次,累计核查点位3540处,发现问题点位12处。

(赵　欣)

【建设“网上12345”系统平台】 年内,区城管指挥中心根据北京市《“打造网上12345、开通社情民意直通车”工作实施方案》要求,按照12345“接诉即办”工作机制办法,整合“家园石景山”微信服务号、北京石景山APP、人民网地方领导留言版、领导信箱等网上诉求来源,与接诉即办流程对接,设立网上诉求、工作动态、个人中心三个栏目12个子项,建成区网上12345诉求处置平台,实现群众在互联网上诉求即时反映、结果实时查询。全年“网上12345”工单受理1021件、办结1008件。

（薛红民）

【网格工作】 年内，区城管指挥中心网格平台接受问题登记282330件，立案266981件，结案264829件，结案率99.19%。其中：暴露垃圾113287件，乱堆物堆料56271件，积存垃圾渣土27548件，施工废弃料17953件，非机动车乱停放16797件。

（刘秀杰）

【接诉即办系统升级】 年内，区城管指挥中心增设短信告知功能，在工单受理后系统自动向诉求人发送“工单已受理”短信，缓解诉求人情绪；增加附件上传功能，对诉求办理事前事中事后照片、录音、视频等资料进行系统留痕，为诉求回访考核提供佐证材料；增加疫情、垃圾分类、复工复产等类别标签，系统直接产生专项考核基础数据，方便区街居调取、办理群众重点诉求工单；增加工单“双责任人”字段信息，系统对未及时办结工单定向发送催办短信；研发配套微信小程序，为全区热线工作人员提供手机端工单处理软件。

（薛红民）

【12345热线回访】 年内，区城管指挥中心开展12345热线回访，90172件热线工单全部完成回访，其中有效回访56687件，有效回访率62.87%，有效回访中市民表示已解决39781件，解决率为70.18%，表示满意45654件，满意率为80.54%。

（马　骉）

【12345热线考核】 年内，区城管指挥中心根据市级要求，完成全年12345热线考核剔除、挂账等工作。共计完成报送不纳入考核申请材料34411件（包含一事一报材料17040件），承诺申请挂账材料1169件，加分申请材料46份；结合市中心反馈考核工单明细，完成12个月度的考核成绩和绩效成绩的测算工作。

（马　骉）

【12345热线领导回访】 年内，区城管指挥中心根据区领导要求组织领导回访日，全年共计16家单位、25位领导参加12345热线回访，共回访案件156件，回访案件中解决123件，解决率93.18%；满意131件，满意率99.24%。

（马　骉）

## 城市执法监察

【概况】 石景山区城市管理综合行政执法局（简称区城管执法局）是负责辖区贯彻落实国家及北京市关于城市管理方面的法律、法规、规章及政策，依职能职责开展治理和维护城市管理秩序的相关工作；作为街道城市管理综合执法工作的区级主管部门，负责统筹指导和综合协调全区街道综合行政执法工作；依法集中行使辖区城市管理领域的行政处罚权：市容环境卫生管理方面的处罚权、公用事业管理方面的处罚权、园林绿化管理方面的处罚权、旅游管理方面的处罚权、能源运行管理方面的处罚权、卫生健康管理方面的处罚权；负责组织协调区政府授权的城市管理职责范围内的行政强拆工作；负责统筹指导各街道对辖区内违法建设案件的督办、查处、拆除工作；负责辖区城市管理综合行政执法业务培训工作；承办区政府交办的其他工作。2020年，区城管执法局紧紧抓住“两大机遇”，牢牢把握“三区定位”，以新冠肺炎疫情防控为重中之重，以服务保障冬奥筹办为统领，以创建全国文明城区为牵引，以“七有五性”需求为落脚点，以“接诉即办”工作为导向，以城市管理体制改革为契机，以“疏整促”工作为抓手，以环境整治提升为重点，全面、细致做好各项工作。全年全区城管执法系统共查处各类环境秩序违法行为63855起，其中无照经营5482起、门前三包29060起、店外经营5890起、户外灯箱广告232起、条幅标语664起、堆物堆料3882起、非法广告814起、施工扬尘1753起、运输车辆1463起、夜间施工1773起、露天焚烧78起、露天烧烤64起、乱倒垃圾渣土1362起、燃气安全3738起。新冠肺炎疫情防控方面，全年共检查各类疫情防控场所49080个次，其中商务楼宇5676个次、商场和超市4149家次、餐饮（食堂）18281家次；检查“七小门店”20974家次；社区16个、工地24个、群租房6处；发现并整改问题1212个，张贴问题公示772起。对管控措施落实不到位的场所、门店进行多轮次复查并务求整改到位，严防问题反弹。拆违治乱方面，拆除存量违法建设79处，14.66万平方米；新生违法建设22处，面积0.53万平方米。共计拆除违法建设101处，15.19万平方米，完成区级任务（力争拆除10万平方米）的151.85%。在市专指办平台销

3月20日，区城市综合执法工作组进行复工复产疫情防控综合执法

（《石景山报》供图）

账违法建设16处,面积2.77万平方米,完成市绩效任务1万平方米的277%;腾退土地2.36万平方米,完成市绩效任务2万平方米的118%。市、区两级拆违绩效任务全部超额完成。

(张　宇)

【推进执法体制改革】　年内,区城管执法局贯彻落实市政府《关于向街道办事处和乡镇人民政府下放部分行政执法职权并实行综合执法的决定》精神,与区编办、各街道办事处等部门沟通协调,制定《区城管执法局向街道乡镇下放行政执法职权工作计划》,做好向街道下放行政执法职权工作。

(霍黎阳)

【教育培训】　年内,区城管执法局履行"业务指导和培训"职责,全面梳理各项执法职权。围绕新冠肺炎疫情防控法律法规知识、《北京市街道办事处条例》《北京市物业管理条例》《北京市生活垃圾管理条例》及燃气安全执法等重点中心任务,组织开展各类专题培训15次,加强城管系统执法人员依规依程序办案的意识。创新培训方式,依托北京市在线教育培训平台及北京城管网络培训平台,开展远程网上授课,录制培训课件40学时,完成区城市管理综合行政执法系统240人次的全员网上培训以及16名新录用人员网上培训。

(刘　霞)

【推进生活垃圾分类执法】　年内,区城管执法局聚焦"分类投放、分类收集、分类运输、分类处置"四个环节,建立健全日常执法检查、举报快速处置、突发事件应对等工作机制,落实"宣传、指导、执法、处罚"相结合的工作措施,针对不执行垃圾分类要求、混堆混放、混装混运、无资质收运等问题,边检查、边建账、边整改,努力提高"十类责任人"生活垃圾分类意识和能力,对检查中发现的问题现场指导、责令整改、及时复查,对整改不到位的责任人坚决予以处罚,力求实现每日有处罚的执法目标,提升法规落实效果。

(屈　帆)

## 消防救援

【概况】　石景山消防救援支队(简称区消防救援支队)是负责辖区防、灭火和综合救援主责主业的部门。下设6个消防救援站,分别为古城、八大处、银河、高能所、石电、五里坨消防救援站,5个小型站,分别为首钢、苹果园、广宁、水屯、北辛安小型站。年内,在总队党委、区委区政府的坚强领导下,按照"提质强能年"总思路,紧抓"两大机遇",立足"三区"功能定位,围绕"两降一升一严防"工作目标和创建全市"消防安全城区"奋斗目标,坚持"两严两准"和"五个不动摇"队伍建设总要求,坚持疫情防控与防灭火和综合救援主责主业统筹结合,忠诚践行"对党忠诚、纪律严明、赴汤蹈火、竭诚为民"四句话方针,圆满完成各项重大消防安保任务。全年消防检查单位9055家,整改火灾隐患14714处,查封349处,三停249家,罚款284万元,拘留18人。依托9个大网格、151个中网格,2200个小网格,发动群防群治力量在重要节日、重大活动期间,开展全方位、不间断巡防巡控。建成微型消防站和志愿消防队489个,全面覆盖151个社区和298个重点单位,全方位提升自防自救能力。实现全年全区社会面火灾形势和队伍内部双稳定。1个基层党组织、4名党员、2名党务工作者获部局、总队"两优一先"表彰。

(尹成云)

【消防产品联合检查】　3月10日,区消防救援支队联合区市场监管、住建、公安等多部门对销售领域、使用领域和施工现场进行联合检查。重点在消防产品质量监督管理、严厉打击查处流通及使用领域、施工现场不合格消防产品等方面进行检查。联合职能部门逐步形成工作机制,加强事中事后监管,不断提升消防产品质量监督管理工作水平,有效减少因消防产品质量问题造成的安全隐患。

(张永平)

【防汛实战化演练】　5月,区消防救援支队结合辖区汛期特点,组织全勤指挥部人员和所属队站部分指战员在莲石湖开展防汛实战化调研演练。所有参战指战员提前充分了解水域情况,掌握橡皮艇最佳救助通行路线和停靠位置,利用测试抛、无人机等现有器材装备,按照计划根据各自分工完成救援任务。通过演练,促使指战员防汛实战能力得到有效提升,为完成夏季防汛抗洪、水域救援做好充分准备。

(邵　磊)

【全国"两会"期间灭火救援】　"两会"期间,区消防救援支队全时段、满负荷运转,完成应急值守、指挥调度和勤务组织等中心工作。共部署勤务11场次,出动车次852人次,执勤时长达55小时。其中为做好与会代表所乘车辆停放停车场的安保工作,启动专项勤

5月14日,区城管执法局进行垃圾分类执法检查　(区城管执法局供图)

务,部署1部消防车驻守;期间共计接警17起,同比下降10.53%,出动26队次,车辆45车次,指战员315人次。根据气象预报,研判不同气象条件下灾害处置注意事项,5月份,共发布预警提示6次。结合勤务特点,每次勤务全过程对2个前沿指挥部和17个车组进行至少2遍以上不定时呼点提示。

(邵 磊)

【高层建筑火灾扑救实战演练】 7月13日至15日,区消防救援支队组织开展高层建筑火灾扑救实战演练,同时对所属9个队站进行实战拉动考核。期间,从接警出动到战斗结束,基层队站模拟实际灾情现场组织侦察、搜救、救生、灭火、掩护、排烟、供水、警戒等救援小组多方面开展战斗救援。利用无人机、GOPRO高精尖视频成像设备提供作战方案依据,详细记录出入人员安全时间和作战危险事项以及指战员个人安全防护。

(邵 磊)

【水域救援演练与培训】 8月,区消防救援支队在辖区莲石湖湿地公园、首钢体育馆组织开展水域救援演练和举办水域救援游泳培训班。在莲石湖湿地公园水域救援演练现场,支队指战员按照总队综合防汛演练模式,测试检验远距离救生抛投器、新购买"中操"冲锋舟装备性能;开展舟艇编队、O型救援、S型避障、横渡救援、深水打捞等科目训练;与蓝天救援队进行合成救援演练,了解漂浮救生绳、PFD救生衣、水域救援头盔等水下作业安全指数。在首钢体育馆水域救援游泳培训班现场,支队聘请蓝天救援队专业游泳教练,按照指战员水性能力不同、水域救援水平不同,将培训人员分为"零基础组"和"业务强化组"两个小组,分别侧重于水中行走、浸水憋气、蹬底滑行、蹬壁滑行入门级和蛙泳、自由泳、速度耐力强化性练习,通过培训指战员整体水平显著提升,为汛期抢险救援工作打下坚实基础。

(邵 磊)

【第三十届119消防宣传月启动仪式】 11月2日,石景山区在首钢工学院举行纪念习近平总书记向国家综合性消防救援队伍授旗并致训词二周年暨第三十届119消防宣传月启动仪式。本次消防宣传月主题为"关注消防,生命至上",并聘请栗坤、李然为消防宣传大使。在启动仪式现场设置成果展示区、体验互动区、技能展示区等五个区域,市民可实地参观消防车辆器材、"移动式消火栓箱"、烟雾逃生帐篷等装置。同时发放消防宣传材料,营造"全民参与、人人体验"活动氛围。

(高 飞)

【大型商业综合体实战综合演练】 12月3日晚,区消防救援支队组织全勤指挥部、7个基层消防队站、90余名指战员、16部消防车在喜隆多新国际购物中心开展大型商业综合体灭火救援实战综合演练。各参演队站按照初战处置、内部进攻、梯次掩护、外围堵截和第一、二、三梯队依次到场方案预定顺序协同配合作战。演练同时安排辖区65家消防安全重点单位负责人和150余名微型消防站"准消防员"队员现场观摩演练并观看消防安全培训视频片。此次演练,是消防救援队伍在"全灾种、大应急"背景下一次综合性灭火救援实战演练,进一步推动辖区"联勤、联动、联战、联训"工作机制高效运转,全面提升队伍"能打仗、打胜仗、善打仗"的战斗能力。《CCTV热线十二》栏目、北京电视台、石景山融媒等媒体现场实况报道。

(邵 磊)

【地铁联合演练】 12月6日凌晨,区消防救援支队联合地铁玉泉路站相关工作人员开展地铁火灾扑救实战演练。按照实兵、实装、实操的标准,调集3个消防救援站7辆消防车30余名指战员。实地划分侦查、疏散、搜救、攻坚等作战小组,第一时间到达现场、第一时间确定险情、第一时间营救被困人员、第一时间排除险情,在确保全体指战员作战安全前提下,圆满完成实战演练。通过演练,进一步提升队伍之间协同作战应对轨道交通突发事件时的快速反应、快速对接、快速处置能力。

(邵 磊)

【灭火救援】 年内,区消防救援支队共接警1040起,其中,火警410起,抢险287起,社会救助281起,其他出动62起,出动消防车辆2512车次,出动指战员17584人。按照全口径方式统计,发生火灾188起,其中轻微火灾136起,非轻微火灾52起。按照非轻微火灾进行对比,去年发生34起,同比上升52.9%;死亡1人,同比上升100%,受伤3人,同比上升3倍;直接财产损失55.7万元,去年直接财产损失53.4万元,同比上升4.3%。全年火灾形势比较平稳。

(邵 磊 王帅龙)

【民生实事落细落实】 年内,区消防救援支队推动区政府投入608万元,

7月13日,石景山消防灾救援支队组织开展高层建筑火灾灭火演练

(区消防救援支队供图)

为全区60岁以上老人安装独立感烟报警装置2万套,全方位落实消防弱势群体一对一帮扶措施。全年共受理12345非紧急救助服务中心群众投诉举报各类消防安全问题638件,办结638件,办结率100%,满意率95%,解决率94.5%。

(韩兆国)

【治理老旧小区等出租房隐患】 年内,区消防救援支队结合区情实际,制定下发方案,密切联系行业部门,全面发动街道力量,一线检查督导落实,围绕"七治理一加装"整治重点开展隐患排查,狠抓平房区"十个严禁""十个必须"措施落地见效,全力确保老旧居民小区和平房区消防安全形势稳定。检查老旧居民小区76个、平房区出租房2341间,督促整改火灾隐患313处,临时查封20间、开展宣传培训2428余人次,行政拘留17人。

(魏真荣)

【平房区综合整治】 年内,区消防救援支队牵头组织开展为期两年的平房区综合整治,全面实施"消除隐患、提升环境、综合治理"三大工程。借助"疏解整治促提升"、大城市病治理等专项工作,拆除违建1.8万平方米,增加绿化面积1.4万平方米,取缔无证无照经营99家,清理可燃物8440吨,硬化平整消防车道87条、规范电气线路敷设5.8万米、清理液化气罐199个。安装电动自行车充电口527个,安装漏电保护器6650个,电气线路穿管保护9420户,安装火灾报警器15869个,安装应急照明8179个,配备灭火器16544具,拉动演练小型、微型消防站119次,充分发挥灭早、灭小、灭初期作用,平房区消防安全水平得到大幅提升。

(魏真荣)

【施工现场消防安全专项整治】 年内,区消防救援支队与区住房建设委联合印发施工现场专项整治方案,集中开展施工现场消防安全专项整治行动。整治期间,聚焦施工现场有关各方消防安全主体责任落实、用火用电安全、消防器材设施等重点内容,制定"十个严禁""十个必须"、电焊、切割、防水明火作业消防安全"五个必须"等整治标准,制作《施工现场复工消防安全试卷》并组织开展测试,密集开展"一警六员"实操实训。共检查施工现场30余处,督促整改隐患110余个,罚款10.7万元,三停2处,查封2处,有效净化消防安全环境,专项整治行动取得显著成效。

(魏真荣)

【中小学幼儿园消防星级试点】 年内,石景山区结合消防安全专项整治三年行动关于加强重点行业消防安全管理的任务部署,持续创新推进全区中小学幼儿园消防管理星级评价试点工作,全部学校均达至1星标准,40%升级至2星。初步实现校园消防工作由"被动管理"向"主动防范"的理念转变和"风险自知、隐患自查、问题自改"的能力提升。

(实珊珊)

【"消防+环卫"联勤联动工作】 年内,区消防救援支队以洒水车为载体打造"移动微型消防站",全面深化联勤联动工作,成立工作领导小组和实体专班,不断完善与环卫、园林绿化等部门的响应机制,走访对接环卫、园林绿化、首钢、应急局、卫健委等行业部门,开展摸底调研。共摸排可调度洒水车70余辆,载水量达700余吨,覆盖全区各个道路,可调度工程车6辆,可24小时调度微型消防站100余家。经调研协商,在首钢园区建立"消防+环卫"联勤联动试点,通过对园区内10部洒水车进行改装、配备随车战斗装备、举行"消防+环卫"联动实战演练,首钢园区内环卫、安保等力量初具"移动微型消防站"能力,达到积累经验和"消防+环卫"联勤联动工作持续推广目的。

(邵　磊)

4月27日,石景山消防救援支队开展练兵活动　(区消防救援支队供图)

## 气　象

【概况】 石景山区气象局(简称区气象局)是科技型、基础性社会公益事业单位,受市气象局和区政府双重领导。主要负责区域内气象防灾减灾、地面气象观测、天气预报、气象灾害预警、公共气象服务、专业气象服务、气象科普宣传、气象探测环境保护、气象行政执法等工作。下设综合办公室、业务管理科、社会管理与法制科和石景山区气象台,同时代管石景山区气象灾害预警中心。有职工23人,其中博士1人,硕士4人,本科13人;高级工程师4人,工程师12人,中共党员12人。年内,区气象局面向社会开展气象观测和天气预报、预警服务工作,向区委、区政府和相关部门发送决策气象信息;通过预警平台向区各级防汛部门、各街道气象协理员、各社区气象信息员和社会公众发送天气预报预警信息;通过手机短信、区电视台、电子显示屏、户外预警广播系统、官方微博、微

9 月 21 日，区气象局到北京京源学校莲石湖分校进行防震减灾培训

（区气象局供图）

信发布气象信息，不断提升预报准确率，观天测云，守土有则，为石景山区防灾减灾当好“消息树”“发令枪”。

（王琳琳）

【气象科普宣传】 “3·23”世界气象日，区气象局开展线上主题作品征集活动。6 月，对全区 159 名气象信息员、协理员进行气象科普宣传教育。7 月，在八大处公园开展现场气象科普宣传活动。“5·12”防灾减灾日和“12·4”宪法宣传日通过微信公众号、新浪官方微博等新媒体渠道对公众进行气象科普宣传。全年累计开展气象科普宣传活动 5 次。

（王琳琳）

【依法行政】 年内，区气象局开展气象行政执法 113 次，其中雷电灾害防御类 67 次、施放气球类 44 次，气象设施和气象环境保护 50 次。行政处罚 1 件，未出现行政复议或诉讼案件。全年开展政务服务事项网上办理行政审批服务手续，共办理防雷装置行政许可 3 件。

（连亚平）

【气象服务】 年内，区气象局气象预报产品和重大活动气象服务保障的精细化水平不断提高，分区预警发布范围进一步拓展。按照“监测精密、预报精准、服务精细”的标准，完成中高考、国庆三大公园主题活动等重要活动气象保障服务，发布重大活动气象专报 77 期；开展冬奥会服务准备，进行赛前气象风险评估分析。利用自动气象站、卫星云图、新一代 X 波段双偏振天气雷达系统和睿图预报模式等，严密监视和分析天气变化，依托“石景山区突发事件预警信息发布平台”和现有短信平台、微信公众号、微信群、QQ 群、官方微博、户外显示屏、网页、钉钉等信息传播渠道及时向全区发布石景山区天气预警信息。

（李　辉）

【气象科研】 年内，区气象局两项北京市地方标准项目《气象灾害风险调查技术规范第 3 部分：冰雹》和《气象灾害风险调查技术规范第 4 部分：低温冷冻》在市质量监督局立项，并由二类项目转为一类项目；两项标准申报北京市气象局科技发展项目。3 人申请市气象局政策与法规处 2020 年调研项目，其中《关于北京市基层气象局开展气象科研创新工作的调研》被确定为 2020 年度市气象局重点调研项目。对市委组织部青年骨干项目《主要气象因子以及太阳辐射对北京臭氧长期趋势的影响》开展研究。完成市气象局科技发展项目《石景山区近五年漏报的强对流天气技术报告》，并送专家审阅。

（李　辉）

【气候评价】 石景山区全年平均气温为 13.5℃，比常年平均值（12.7℃）偏高 0.9℃。年极端最高气温为 37.3℃，出现在 7 月 24 日，年极端最低气温为 －12.7℃，出现在 12 月 30 日。年总降水量为 688.6 毫米，比常年降水量（540.7 毫米）偏多 147.9 毫米。降水主要集中在 5 月至 9 月，降水量为 593.6 毫米，主汛期（6 月至 8 月）的降水量为 500.7 毫米，比常年（378.2 毫米）偏多 122.5 毫米，其中 8 月降水量为 258.0 毫米。一日最大降水量为 98.0 毫米，出现在 8 月 13 日。年日照时数缺测，常年 2387.3 小时。全年出现大风 14 次、霾 79 天、冰雹 3 次、扬沙 2 天、大雾 11 天、轻雾 83 天。

本年度平均气温偏高于常年平均值 0.9℃，时间分布特点为：7、10、12 月比常年偏低；1、2、4、8、9、11 月比常年偏高，5 月接近常年平均值；3、6 月比常年明显偏高，其中 3 月份比常年平均值明显偏高 2.7℃，6 月比常年平均值明显偏高 2.2℃。年降水总量比常年偏多约 27%，时间分布特点为：3、4 月偏少于常年平均值；6、10 月明显偏少；5、9 月接近常年平均值；7 月偏多于常年平均值；1、2、8、11 月明显偏多；12 月无降水，常年 2.3 毫米。

表 11　石景山区 2020 年月平均气温与常年对比统计表　单位：℃

| 年度 | 1月 | 2月 | 3月 | 4月 | 5月 | 6月 | 7月 | 8月 | 9月 | 10月 | 11月 | 12月 |
|---|---|---|---|---|---|---|---|---|---|---|---|---|
| 2020年 | －1.4 | 1.6 | 9.3 | 15.6 | 21.0 | 27.0 | 26.0 | 26.2 | 21.2 | 12.6 | 6.0 | －2.5 |
| 常年 | －3.3 | 0.1 | 6.6 | 14.9 | 20.9 | 24.8 | 26.5 | 25.2 | 20.3 | 13.2 | 4.7 | －1.3 |

（李　辉　果欣欣）

9月，区地震局为古城小学进行防震减灾培训　　（区地震局供图）

## 防震减灾

【概况】 石景山区地震局(简称区地震局)是区政府直属公益事业单位，主要负责地震监测、防震减灾宣传培训等基础性、技术性工作。年内，区地震局完成重大活动和节日期间震情保障，做好地震监测设施检查维护；组织形式多样的防震减灾科普宣传活动；完成2所防震减灾科普示范学校创建。

（曹　冰）

【防震减灾示范学校创建】 年内，区地震局根据北京市《关于进一步加强防震减灾科普示范学校建设工作的通知》要求，开展防震减灾科普示范学校创建工作。会同区教委、京源学校对莲石湖分校及古城学校进行考察，对创建工作进行具体指导，结合校园实际情况制定建设方案、完善建设合同，并做好防震减灾知识培训、标识牌的安装及应急物资的配备等系列工作。组织区教委、区科委组成联合验收工作组，对创建的两所学校进行统一验收和评审，并对达标的示范单位进行区级防震减灾科普示范学校认定。

（乔　怡）

【防震减灾宣传教育】 年内，区地震局在纪念“5·12”全国防灾减灾日及“7·28”唐山大地震纪念日期间，以不聚集、不聚会为原则，开展系列宣传活动。联合区委宣传部在政府机关大楼电子屏幕播放系列防震减灾宣传光盘，宣传地震科普知识；联合区教委、街道利用微信工作群，开展线上科普资料的宣传推广；在机关大楼有序发放宣传袋。

（乔　怡）

【震情跟踪保障】 年内，区地震局执行《北京市2020年震情跟踪工作方案》，做好前兆数据资料的收集、处理、上报工作，确保按时、按质、按量传送地震观测资料，全年无错报漏报情况。执行月、季度震情会商会和周震情监视例会，开展年中、年度地震趋势跟踪会商，结合辖区实际汇总和整理观测资料，撰写地震趋势报告。做好重大活动和节日期间震情保障。对地震监测台站及技术系统进行排查，按时做好活动期间加密会商，认真落实“宏、微观异常零报告制度”，完成两会、五中全会和重大节日期间各项地震安全保障服务任务。

（乔　怡）

【监测台站建设管理】 年内，区地震局对区属监测台站及市属强震台站进行全面检查，在重大活动、节假日前夕增加检查次数，及时落实仪器异常，保证观测数据连续性和可靠性。做好观测员日常和节假日、长假期间特别是特殊时段的教育，提高观测员防震意识。坚持定期对监测站进行巡查，做到有问题早发现、早处理。

（乔　怡）

# 生态环境

## 综　　述

石景山区生态环境局(简称区生态环境局)是负责全区生态环境保护工作的区政府工作部门。内设办公室、生态监管科、政策与法规科、大气环境科、水生态环境科、土壤生态环境科。下属生态环境综合执法大队、监测站2个单位,在职员工86人。12月原下属机动车排放管理站整建制转入综合执法大队,机动车排放管理站撤销。年内,区生态环境局按照《石景山区2020年生态环境监测工作方案》需求,顺利完成水质、大气、噪声及土壤环境等各项监测工作和任务。全年进行地下水监测4次,共计16个点位;地表水监测12次,共计120个断面;降尘监测8次,共计80个点位;土壤监测1次;噪声监测1次,共计完成112个区域环境噪声及35条道路交通噪声监测。共出具经审核数据5100余个。全区四项污染物"三降一平"。细颗粒物($PM_{2.5}$)年均浓度为37微克/立方米,同比下降14.0%,城六区排名第三位,优于年度目标6微克/立方米;可吸入颗粒物($PM_{10}$)年均浓度为62微克/立方米,同比下降13.9%;二氧化硫($SO_2$)年均浓度为4微克/立方米,同比持平;二氧化氮($NO_2$)年均浓度为31微克/立方米,同比下降20.5%。其中,细颗粒物($PM_{2.5}$)年均浓度首次实现"30+",与国家标准(35微克/立方米)的差距进一步拉近;可吸入颗粒物($PM_{10}$)首次达到国家标准(70微克/立方米),二氧化氮($NO_2$)自上年开始连续两年达到国家标准(40微克/立方米);二氧化硫($SO_2$)稳定达到国家标准(60微克/立方米)。全年空气质量达标天数为279天,无严重污染天。1月至12月降尘量为5.76吨/月·平方公里,完成5吨的任务目标。水环境质量稳中向好。国控南大荒桥考核断面平均水质为Ⅲ类,市控玉泉路断面平均水质为Ⅲ类,市控高井麻峪村桥断面平均水质为Ⅲ类,三个考核断面全部达标;集中式饮用水水源地水质保持稳定达标;地下水水质保持稳定。土壤生态环境质量总体良好,建设用地实行风险管控,建设用地安全利用率在90%以上,土壤环境风险得到有效管控。

(周建勋　宋晶晶　魏　铮)

## 环境质量

**【概况】** 2020年是污染防治攻坚战三年行动计划的收官之年,石景山区大力推进生态文明建设、践行绿色发展理念,牢牢把握"建设国家级产业转型发展示范区、绿色低碳的首都西部综合服务区、山水文化融合的生态宜居示范区"的功能定位,加大污染整治力度,严格环境监管,积极推进污染减排,大力开展生态环保宣传。全区上下打好蓝天保卫战、碧水保卫战、净土保卫战,落实生活垃圾管理条例,积极倡导绿色生活方式。打造秀水石景山,完善"山、河、轴、链、园"生态体系,实施"增彩延绿"工程,展现"一半山水一半城"的美丽姿态。推动全区生态环境质量迈上新台阶,让居民群众享有更多的生态文明红利。

(魏　铮)

**【空气环境质量】** 年内,石景山区空气质量指数类别为优、良的天数为279天,与上年相比增加26天,总有效监测天数比例同比上升6.9个百分点;空气质量指数类别为重度污染、严重污染的天数为10天,与上年相比增加6天,总有效监测天数的占比上升1.6个百分点。石景山区二氧化硫、二氧化氮、可吸入颗粒物、细颗粒物、一氧化碳、臭氧年均浓度值分别为4微克/立方米、31微克/立方米、62微克/立方米、37微克/立方米、1.3毫克/立方米、170微克/立方米,与上年相比分别为持平、下降20.5个百分点、下降12.7个百分点、下降14.0个百分点、下降0.7个百分点、下降10.1个百分点。自动监测项目中,二氧化硫、二氧化氮、可吸入颗粒物达到国家大气环境质量二级标准,细颗粒物超标。可吸入颗粒物达到国家大气环境质量二级标准,与上年相比有明显改善。石景山区各街道降尘点位年均降尘量为5.8吨/平方米·每月,降尘点位年均降尘量与上年相比下降18.3个百分点。

(魏　铮)

**【地表水环境质量】** 年内,石景山区地表水各个断面水质均有所改善,主要与石景山各部门全面贯彻国务院颁布的《水污染防治行动计划》,水污染防治力度持续加强有关。高井沟麻峪村桥断面水质类别为Ⅴ类,达到石景山区污染防治攻坚战2020年行动计划中规定的Ⅴ类水体功能要求,整个河段达标率50%。与2019年相比,水质保持稳定。永定河平原段南大荒桥

12月11日,区生态环境局检查空气重污染措施落实情况

(区生态环境局供图)

断面水质类别为Ⅳ类，达到石景山区污染防治攻坚战2020年行动计划中规定的Ⅴ类水体功能要求，整个河段达标率100%。与2019年相比，水质保持稳定。新开渠玉泉路断面水质类别为Ⅳ类，达到石景山区污染防治攻坚战2020年行动计划中规定的Ⅴ类水体功能要求，整个河段达标率100%。与2019年相比，水质保持稳定。南马厂水库水质类别Ⅳ类，未达到Ⅲ类水体功能要求，整个湖库达标率50%。与2019年相比，水质有所改善。永引渠上段亚疗桥断面水质类别Ⅲ类，参考石景山区污染防治攻坚战2020年行动计划中规定Ⅴ类水体功能要求进行考核，整个河段达标率为100%。与2019年相比，水质保持稳定。

（魏　铮）

**【地下水环境质量】** 年内，石景山区杨庄水厂11号井4月、7月总硬度含量分别为519毫克/升、538毫克/升，超过Ⅲ类标准，其余水井监测频次及所有监测项目均符合Ⅲ类标准。与2019年相比，石景山区地下水环境质量总体无明显改善，超标项目有所减少，硫酸盐项目达标。

（魏　铮）

**【声环境质量】** 年内，石景山区建城区区域环境噪声昼间（112个小网格加5个大网格）的平均值为51.9分贝（A），比上年上升0.3分贝（A），区域环境噪声总体水平二级，评价为较好，主要声源为社会生活噪声，施工噪声所占比例有所增加；石景山区城市主干线（石景山路）噪声年平均值为68.6分贝（A），昼间年均值为66.5分贝（A），达到标准，夜间年均值均为61.1分贝（A），超过标准6.1分贝（A），数据同比有所下降；石景山区城市次干线（鲁谷路）噪声年平均值为65.6分贝（A），昼间年均值为63.8分贝（A），达到标准，夜间年均值为57.9分贝（A），超过标准2.9分贝（A），数据同比有所下降。道路交通噪声夜间超标情况仍然严重，主要因为石景山区大部分监测路段处于五环或者五环以外，夜间大型车辆数量增多，同时车速高于昼间，石景山区道路交通噪声（手工监测）昼间平均值为69.8分贝（A），同比上升0.3分贝（A）；平均车流量为1693辆/小时，同比减少749辆/小时。道路交通噪声总体水平为二级，评价为较好。

（魏　铮）

**【生态环境质量】** 年内，石景山区生态环境状况指数57.3，生态环境状况分级为“良”即植被覆盖度较高，生物多样性较丰富，适合人类生活。与上年相比石景山区生态环境状况指数变化值+2.0，生态环境质量变化幅度分为第二级，即生态环境质量略微变好，生态环境状况分级无变化，为“良”。各分指数中，生物丰度指数变化值+1.3，生物的丰贫略微变好；植被覆盖指数变化值+5.7，植被覆盖率明显变好；水网密度指数变化值+0.3，水的丰富程度无明显变化；土地胁迫指数变化值-0.6，遭受的土地胁迫程度无明显变化；污染负荷指数变化值+0.1，承载的污染压力无明显变化。

（魏　铮）

**【辐射环境质量】** 年内，石景山区γ辐射剂量率（电离辐射）年均值为126.5纳戈瑞/小时。监测结果在标准范围内，处于环境正常水平。2020年，石景山区γ辐射剂量率年均值与上年相比增加1.6纳戈瑞/小时，电离辐射有所上升。

（魏　铮）

**【土壤环境质量】** 年内，石景山区土壤监测点位永定河管理处（休闲森林公园）所有监测项目污染物含量均低于污染风险筛选值，对人体健康的风险可以忽略。

（魏　铮）

## 生态环保督察

**【概况】** 年内，石景山区坚决做好中央生态环境保护督察保障工作，以良好生态环境推动经济社会高质量发展，推动习近平生态文明思想在石景山落地生根，形成生动实践。以督察整改为契机，坚持问题导向，深入剖析原因，强化协调调度，制定有针对性措施，依法治理群众反映的环境问题。坚决推动中央督察反馈问题整改落实，定期调度中央督察交办信访件办理情况。对中央督察移交的责任追究事项以及整改期间存在的突出问题，依规依纪依法追责问责。

（王宇轩）

**【区委生态文明建设委员会第三次全体会议】** 9月2日召开，会议审议《石景山区生态环境保护工作职责分工规定》《区委生态文明建设委员会约谈暂行办法》《石景山区保障第二轮中央生态环境保护督察工作方案》《石景山区各相关单位生态环境督察工作职责清单》。会议指出：此次中央生态环境保护督察，是对石景山区生态文明建设工作的一次全面检验、把脉会诊和有力推动。各街道、各部门要深入学习贯彻习近平生态文明思想，全面落实市委市政府工作要求，深刻认识生态环境保护督察工作的重要性、必要性和紧迫性，以永不懈怠的精神状态和一往无前的奋斗姿态，切实解决好环境问题，努力实现经济社会发展与生态环境保护共赢。会议要求：要坚决支持配合督察组工作。全区各单位要坚决服从中央和市委、市政府的工作安排，全力配合生态环境保护督察组的督察指导，切实落实好各项迎检工作。

（王宇轩）

**【第一轮中央生态环境保护督察整改】** 年内，区生态环境局每季度调度第一轮中央环保督察整改进展，汇总上报。配合市政府督察处针对扬尘污染防治情况开展专项督察工作4次，针对发现问题，向责任部门下发督办单5件。

（王宇轩）

**【第二轮中央生态环境保护督察】** 年内，区生态环境局制定《石景山区保障第二轮中央生态环境保护督察工作方案》，做好组长调研保障、下沉督察配合、调阅资料上报、信访案件办理、督察宣传报道等各项工作。督察期间，提交11批共计24项、77份材料，完成办理64件信访件，播发新闻和公开件48条次，报送工作简报25期。

（王宇轩）

**【区委生态文明委督察】** 年内，区生态文明建设委针对扬尘污染问题，组织区领导集中约谈会1次,针对第一轮中央环保督察未完成任务、第二轮中央生态环境保护督察未办结信访问题、裸地绿化进展滞后,召开协调推进会4次,向相关部门下发专项督察工作建议4次,督促整改落实。

(王宇轩)

## 环境监管

【概况】 年内,区生态环境局审批各类建设项目15件,否决不符合区域发展定位和环保要求项目8件,企业自主备案973件。审批时限压缩55%,报告表、报告书分别为5个和10个工作日;申请材料分别缩减为3~4项。

(周建勋)

【排污许可证核发】 年内,区生态环境局对辖区加油站、医院等行业企业开展申领与核发,办理持证企业变更、延续、注销等手续。截至年末,全区累计核发排污许可证99家,登记管理111家。

(周建勋)

【危险废物监管】 年内,区生态环境局加强对危险废物产生单位基本信息审核,规范系统填报,并结合新《中华人民共和国固体废物污染环境防治法》和《北京市危险废物污染环境防治条例》实施,对辖区重点产废单位开展政策法规培训。顺利通过北京市生态环境局关于危险废物规范化管理督察考核工作。与区卫生和健康委员会建设全区小微医疗机构医废收运体系,推行"小箱进大箱"模式。在新冠肺炎疫情期间,按照疫情医疗废物和重点管控类生活垃圾收集贮存要求,协调医疗废物收集单位进行安全处置。结合疫情期间复工复产要求,有序开展汽修、医疗机构、科研院所、公共交通等行业危险废物专项检查,全年检查300余家次,处罚23家,罚款33万元。

(郭钦民)

【辐射环境安全监管】 年内,区生态环境局受理Ⅲ类辐射项目行政许可和放射源、放射性同位素备案事项33件。加强核技术利用单位监管,累计检查58家次。完成辖区内23家新发证单位和许可证延续单位"辐射安全规范单位"创建工作。

(周建勋)

【空气重污染应急】 年内,区生态环境局未启动空气重污染预警,开展内部防控措施5次。全区各单位、各街道按照污染应对措施清单,"抓早、抓小、抓细"采取应对措施,强化执法检查,最大程度"削峰降速",减缓大气污染积累程度。根据国家和北京市要求,按照差异化绩效分级管理思路,重新修订石景山区空气重污染应急减排清单,指导重点工业企业完善"一厂一策",并上报国家生态环境部和北京市生态环境局。

(龙国瑜)

【污染源普查】 年内,区生态环境局推进第二次污染源普查工作收尾,3月19日顺利通过验收。区生态环境局获"第二次全国污染源普查表现突出集体",5名同志获"第二次全国污染源普查表现突出的个人"称号。2个街道的负责科室获北京市二污普表现突出集体,5名同志获北京二污普表现突出个人。完成污普资料整理归档工作,共3177件;完成污普总结报告编制工作。

(韩 坤)

【固定源行政执法】 年内,区生态环境局依照工作职责,结合重点区域、重点行业、重点时期,落实全时执法、双随机和"点穴式"执法工作要求,全面完成年度环境监察执法计划。全年以大气为重点,以土壤为突破,组织完成VOCs专项、餐饮专项、汽修专项、扬尘专项、医疗专项、噪声专项、固废专项、验收专项、水和生态专项、锅炉专项、在线监测专项、信息公开专项、"散乱污"动态清零专项等30余个执法活动,通过高频次检查发现违法问题。全年累计出动执法人员9000余人次,检查各类固定污染源单位4510家次,立案65起,查封22起,处罚金额217.4万元。

(李 琳)

【移动源行政执法】 年内,区生态环境局以持续改善辖区空气质量为总体目标,围绕在用车排放监管、非道路移动机械排放监管、加油站油气回收系统监管及老旧柴油货车淘汰等移动源重点工作,不断以督查检查标准做对比,完善工作机制,提高工作效能。全年石景山区报废转出高排放老旧柴油货车219辆;全年检查重型柴油车28523辆次,完成全年任务的142.62%。采用"公安处罚、环保检测"执法模式,路检、夜查重型柴油车21786辆次,完成全年任务的145.24%,环保检测超标2647辆次,交警使用"6063"代码处罚排放超标车1456辆次。环保入户检查重型柴油车

11月16日,区生态环境局执法人员入户辖区工地,对施工机械进行检查

(区生态环境局供图)

6737辆次，完成全年任务的134.74%，处罚378辆次，完成全年任务的108%。检查非道路移动机械616台次，处罚40台次，完成全年任务的100%；发放非道路移动机械登记编码460台。进行加油站常规监督检查544家次，抽测44家次，处罚1家。油品清净性抽测8家次，完成全年任务的100%，排放浓度抽测8家次，完成全年任务的100%。巡查检测场242次，检查车辆12673辆次。

（王　昕）

【环境信访】　年内，区生态环境局按照“12345”市民服务热线“接诉即办”和“12369”环境投诉举报办理工作要求，处理办结环境信访634件，案件办结率100%。其中“12369”举报系统31件，“12345”市民热线593件，转自信访办受理10件；按照环境类型分，大气环境类360件，水环境类6件，声环境类146件，辐射类3件，固体废物类4件，其他类115件。其中“12345”市民热线占信访件总数的94%。

（杨　峰）

## 节能减排

【概况】　年内，石景山区继续聚焦蓝天保卫战，8类32项重点任务51项工作措施，同时开展柴油货车攻坚、挥发性有机物专项治理，持续深化“一微克”行动，对重点企业和移动污染源加强监督管理，狠抓污染排放源头。对积尘负荷较高的道路实施精准施策、科学管理，坚决打赢污染防治攻坚战。全力实现“四个明显”：细颗粒物($PM_{2.5}$)浓度明显下降，重污染天数明显减少，大气环境质量明显改善，人民群众的蓝天幸福感明显增强。

（王宇轩）

【污染物减排】　年内，区生态环境局通过餐饮油烟设备改造、老旧车、国Ⅲ柴油车淘汰退出、工业企业“一厂一策”管理等工作的开展，石景山区氮氧化物减排10.1%，挥发性有机物减排4.1%。

（王宇轩）

【煤改清洁能源】　年内，区生态环境局组织开展2014至2015年度“煤改电”居民电取暖设备及户内线更换工作，完成2346户居民的改造任务，其中广宁街道1024户，金顶街街道908户，五里坨街道414户。

（龙国瑜）

【应对气候变化】　年内，区生态环境局制定《石景山区2020年应对气候变化重点工作计划》。开展辖区2019年度节能减碳目标责任评价考核，完成自查报告，碳排放强度下降约14%。推进碳排放权交易，全区涉及碳交易履约企业均按时履约。

（王宇轩）

## 生态保护

【概况】　年内，是打赢蓝天保卫战的冲刺之年，石景山区全力打好蓝天、碧水、净土三大保卫战，区领导高位统筹，科学谋划，制定蓝天保卫战工作计划，多次前往一线督查指导污染防治工作。各级坚持问题导向，压紧压实生态环境保护责任，环境治理成效凸显，空气质量优良天数连续3年逐年增加。永引渠滨水绿廊经过治理，与莲石湖河道景观共同成为集生态、文化、水利功能一体的城市滨水活力廊道。全年各街道PM2.5、TSP浓度累计排名均未进入全市后三十名。

（宋晶晶）

【蓝天保卫战行动计划】　年内，区政府印发《石景山区打赢蓝天保卫战2020年行动计划》，主要包括空气质量目标，争创城市精细化治理示范区，推进移动源低排放化、推进扬尘管控精细化，推进生产生活排放减量化，推进能源消费清洁化，强化空气重污染应对、加强区域联防联控，强化基础保障能力8个部分，共32项重点任务，51项工作措施，涉及牵头单位28个。区生态环境局各项重点任务措施顺利完成，主要包括全年人工检查重型柴油车28523辆，处罚1834辆，其中氮氧化物检查5050辆，处罚452辆；入户辖区内重点场所重点单位检查6737辆，同比上年增长31.94%，处罚378辆，同比增长47.08%；进驻辖区机动车排放检验机构，加大现场检查力度，巡查检测场242次，检查车辆12673辆次；检查非道路移动机械616台，同比增长66.48%，处罚40台次，同比增长25%，非道路移动机械环保登记号发放460台。参加各类建筑垃圾运输治理联合执法215次，出动执法检查人员2400余人次，生态环境部门查处尾气排放超标建筑垃圾运输车辆161辆。以区委生态文明委大气小组名义出台《2020年石景山区VOCs治理专项行动方案》，检查汽修企业300余家次，发现环境违法问题28起，立案处罚27起，罚款金额59.7万元，查封1起；发

5月23日，区领导调研道路积尘负荷情况　　（区环境生态局供图）

法行为1起,处罚金额2万元;组织50家涉VOCs重点企业召开治理行动宣贯会,为企业"量身定制"VOCs排放和管控的相关知识讲座。继续推进餐饮油烟净化器升级改造,完成332家餐饮企业和食堂餐饮油烟在线监控系统升级改造,完成200套油烟净化设备运行状态实时在线监测设备安装。建立可视化、智能化及网格化大气污染综合管控平台,及时分析全区和各街道细颗粒物($PM_{2.5}$)、总悬浮颗粒物(TSP)浓度变化,编写《石景山区空气质量周报》《石景山区空气质量月报》,对道路扬尘负荷、街道粗颗粒物浓度进行排名通报。降尘量年均值5.7吨/月·平方公里,达到北京市考核要求。

(龙国瑜)

【碧水保卫战行动计划】 年内,区政府印发《石景山区打好碧水保卫战2020年行动计划》;成立石景山区委生态文明建设委员会水污染综合治理工作小组;制定《中共北京市石景山区委生态文明建设委员会水污染综合治理工作小组2020年工作要点》;组织召开石景山区水污染综合治理工作小组专题会及水污染防治与水环境治理会商会,统筹全区水环境保护工作;深化工业污染防治,强化证后监管,定期对五里坨污水处理厂、京西燃气热电有限公司进行依法排污检查,确保工业废水达标排放;开展全区入河排污口台账更新及整治工作,联合区水务局加强河道巡查力度,直排入河污染源动态"清零";石景山区国家和市级三个地表水考核断面全部达标;根据《石景山区水环境街道跨界断面考核办法》,开展街道间跨界监测断面水质采样和监测,检测结果纳入石景山区"河长制"系列考核机制,推动"河长制"建设和"河长"履职;建立覆盖到社区的水环境质量监测评价体系,对相关社区的水环境质量开展监测评价;石景山区尚未出现黑臭水体,全年未发生突发水环境应急事件;年内辖区地下水持续保持稳定。

(田　涛)

【净土保卫战行动计划】 年内,区政府印发《石景山污染防治攻坚战2020年行动计划》,重点任务包括土壤污染防治目标、继续推进详查监测、强化土壤污染源头管控、严格管控建设用地环境风险、实施农用地分类管理和保障措施6部分20项任务,涉及牵头单位9家,协办单位20家。针对石景山区纳入建设用地土壤污染风险管控和修复名录的地块,区生态环境局受理其土地使用权人上报的风险管控方案备案2份,修复方案和效果评估报告备案8份。依据市级部门对污染地块遥感监测的反馈情况,对全区7个有异常情况的地块进行现场核查,现场均未发现违法行为。与市规划自然资源委石景山分局和区城乡建设委联合召开土壤污染状况调查报告专家评审会7次,完成15个报告的评审。同时开展从业评价,公示关于2020年度建设用地土壤污染状况调查报告评审通过率。开展关停企业原址用地筛查,建立关停企业原址用地行动方案,完成94家关停企业疑似污染地块的筛查工作,建立疑似污染地块台账,与市规划自然资源委石景山分局共享。全区建设用地污染地块安全利用率达到考核要求。

(郭钦民)

# 科学技术

AIIA2020 中国·北京 9·28-9·29
人工智能 开发者大会
AIIA 2020 Artificial Intelligence Developer Conference
开源 开发 开放
CAICT 中国信通院
首钢集团

## 综 述

【概况】 2020年，北京市石景山区科学技术委员会(简称区科委)发挥科技支撑作用，统筹推进新冠肺炎疫情防控和经济发展，开展“科技抗疫”行动。制定科技服务业企业复产复工防疫工作方案，监督企业建立防疫负责人工作体系，及时传达上级关于复产复工防疫工作要求。建立企业服务对接台账，并将对接任务分工负责到人，时时跟进企业开复工情况和防疫工作情况，数据每日更新、每日报送。科技服务业实地经营规上企业于3月实现复工复产率100%。推出石景山区防疫抗疫新技术新产品名单，名单中的技术产品和服务涵盖医疗防护、智能诊断、社区防控、疫情分析与发布等有关抗击疫情的多个方面。猎户星空人工智能机器人、金数据疫情表单、疯景科技的智能可视化门铃、城市大数据研究院的石景山区疫情防控信息系统等在石景山区应用。推进市政府折子5项任务、市绩效4项任务、区委重点工作4项任务、区政府折子5项任务、区人大政协建议提案6项、绩效23项任务等，一批创新成果支撑疫情防控、城市建设和社会民生，一批企业创新实力和技术产品先进性获得权威认可。年内，石景山区技术交易额达到112.6亿元，同比增长11.5%，超额完成全年预定目标。辖区内国家高新企业累计申报37家，创历年最高，比去年申报总数增长9%。创业公社和华海基业科技孵化器两家国家级孵化器通过科技部火炬中心评价。

(崔欣 胡妍)

【网络项目评审会】 3月16日、17日、19日，区科委组织为期三天的“防疫抗疫”类科技项目评审会。此次评审材料全部为电子版受理，采取网络评审方式，依托网络会议平台进行。评审由8—10名工作人员全程跟踪服务，区纪委第七联合派驻组监督听会。申报企业注册信息、纳税情况等，通过全区统筹方式均由石景山区相关职能部门提供，减轻企业负担，提高审核效率。经专家组评审，初步确定拟立项项目14个，按项目管理办法需公示5个工作日。

(崔海霞)

【研发应用场景征集】 3月20日，区科委对2020年首批新技术、新产品研发应用场景定向征集的“基于软件定义控制与流程的工业互联网系统研发及应用”“移动式医疗废物处置方舱的研发与应用”“猎户星空智能递送服务机器人的研发及应用”“国家重大疫情防控大数据分析平台研发及应用”4个项目名单进行公示。6月28日，区科委对2020年第二批石景山区《石景山区促进应用场景建设加快创新发展支持办法》拟支持的“基于虚拟现实高端制造技术的战斗机战术训练视景系统研究与应用”“基于深度语义理解的多模态交互机器人操作系统”“一种纳米光栅波导显示光学器件关键技术研发及应用”等26个项目的名单进行公示。

(石桂莲)

【防疫抗疫类拟支持项目名单】 3月20日，区科委根据《石景山区科技计划项目(课题)管理办法》《石景山区科技计划项目(课题)经费管理办法(试行)》要求，经项目征集、形式审核、专家评审等相关程序，对2020年石景山区科技计划项目防疫抗疫类“智能化医院管理平台的研发及应用”“AI医疗影像辅助诊断系统研发及应用”“重症管理系统”等10个项目名单进行公示。

(石桂莲)

【科技经费管理培训】 4月8日，区科委召开科技项目经费管理与审计培训会，邀请北京市科学技术研究院财务专家现场授课，围绕科技项目的预算编制、立项论证、验收审计等内容进行详细讲解。此次培训让申报企业深入了解区科技计划项目经费管理的相关要求及国家有关规定，强化科技项目管理的科学化、制度化和规范化。近年来，区科委深入实施创新驱动发展策略，出台《石景山区促进应用场景建设加快创新发展支持办法》，围绕“科技抗疫”已启动两批科技项目征集工作，通过政策牵引促进新技术新产品的研发与应用，助力科技企业创新发展。

(崔海霞)

【新技术新产品供需对接会】 4月16日，围绕全区中小学复学后的新冠肺炎疫情防控工作，区科委联手区教委召开“科技助力复学—新技术新产品供需对接会”，就智能校园防疫系统、无接触红外测温系统、防疫机器人、空气过滤及消毒装置等“校园疫情防控保障工作”新技术新产品与区教委进行现场需求对接，助力石景山区中小学校校园疫情防控保障工作。

(胡 妍)

【“十四五”规划编制研讨会】 4月22日，区科委在科技馆一层报告厅组织召开“十四五”专项规划研讨会。会议分别听取科学技术普及发展规划、科技创新发展规划、科技服务业发展规划3个专项规划初稿编制情况，各课题组充分交流分享，结合全区规划研究编制初步成果，进一步衔接市级业务主管部门工作动态和工作思路，实现有效互动和衔接。

(王鹤乾)

【“科技抗疫”】 4月，区科委启动“科创28条”政策兑现，完成第一批“防疫抗疫”和重点领域科技项目评审工作。迅速反应调整预算。按区委区政府工作部署，深入落实“石惠十五条”文件精神，调整“科技创新能力提升专项”为“防疫抗疫专项”，设立首批“科技抗疫”项目支持资金1500万元。聚焦支持“防疫抗疫”，落实区委区政府“科技抗疫”工作部署，开展第一批“防疫抗疫”和重点产业领域场景项目定向征集，深入发掘并组织推动20余项科技抗疫成果应用于新冠肺炎疫情防控一线。规范程序便捷企业。结合疫情修订项目管理办法，增加应急管理章节。全部申报电子版受理，网络化评审，采取“线上审核+视频答辩”的方式进行，区纪委派驻纪检组全程线上听会。

(崔海霞)

【北方工大科技园揭牌】 6月30日，北方工业大学科技园揭牌仪式在茂华大厦举行。区领导周西松、北方工大党委书记郑文堂、副校长柳长安、茂华集团董事长刘尧共同为科技园揭牌。科技园将围绕京西区域经济发展和科技产业布局，采用“校企联合建设，平台统筹服务”的方式支持校内教师和学生创新创业，引导学校重点科技项目向产业化转化，并适时开展社会化创孵服务，降低企业的创业成本和风险。

（胡 妍）

【落实“新场景”应用】 7月，石景山区将首钢智慧园区建设纳入市级“新场景”任务，推荐“石景山城市精细化管理平台”纳入项目清单。5G/VR超高清云转播服务平台、首钢1号高炉2万平方米的SoReal超体空间等重大项目加快落地，将为虚拟现实产业新技术新产品转化应用提供丰富场景，智能步道、多语言人工智能协同翻译等一批技术成果将持续在冬奥和社区应用场景中推进落地转化。在全市率先出台《石景山区促进应用场景建设加快创新发展支持办法》，设立每年5000万元“科技创新”专项资金，制定《石景山区进一步促进新技术新产品（服务）本区落地的若干措施》，支持新技术新产品落地。科技项目引领支撑，助力新业态发展。推出智能机器人等两批20项防疫抗疫新技术新产品，60余家企业90余项新技术新产品应用到新冠肺炎疫情防控一线，累计支持移动式医疗废物处置方舱、智能递送服务机器人、国家重大疫情防控大数据分析平台、首钢医院智慧化医疗平台等14个防疫抗疫场景项目等科研资金1385.47万元。

（岳继华）

【科幻产业研讨会】 8月14日，区领导周西松主持召开科幻产业发展专家研讨会。来自中科协科普研究所、科普作家协会、中国科幻研究中心筹办单位、清华大学等相关领域专家以及首钢、腾讯、利亚德、华录、当红齐天等龙头企业参会。会议围绕全区打造科幻产业集聚区开展交流。专家就科幻金融服务体系建设、产业生态构建、科幻与科普素质教育、科幻品牌活动打造及氛围营造等多方面提出建设性意见。同月18日，区领导周西松主持召开科幻产业专家座谈会。与中国科学院、北京航空航天大学、未来事务管理局等单位科普专家、科幻作家、企业家等进行座谈，重点围绕石景山区探寻科幻产业发展道路开展交流。会上就石景山区科幻产业发展、贯通科幻产业链上下游环节、建设科幻科普教育基地等多方面提出建设性意见。

（胡 妍）

【科技项目结题验收会】 8月，区科委召开2019年度科技项目结题验收会，共验收科技项目20个，按照社会发展类和经济发展类两个类别将验收项目分成两组。验收会邀请来自北京大学、中国科学院大学、北京科技大学、北方工业大学、中国科学院软件研究所等科研院所的相关领域专家对两组项目分别进行评议。专家组听取项目承担单位结题汇报，进行关键考核指标质询，经评议，20个项目完成既定目标，准予结题。验收的20个项目共带动企业增加研发投入6000余万元，产生专利、软著等知识产权90余项，其中北京猎户星空科技有限公司基于类脑神经网络芯片及深度学习的机器人已经在大型商场、展馆、医疗机构等多应用业场景落地；北京航宇荣康科技股份有限公司面向国产D级飞行模拟器的超大尺寸碳塑虚像显示系统制造技术已应用于舰载直升机模拟飞行训练中。

（盛丽霞 岳继华）

【科幻政策专家研讨会】 10月21日，区科委在区科技馆召开《石景山区关于加快科幻产业发展暂行办法》专家研讨会，会议邀请北京电影学院动画学院主任、中国科学院大学人文学院教授、中国科普研究所研究员等多名专家学者，以及首建投等企业代表出席会议。会议首先介绍办法起草背景和主要内容，各位专家听取汇报后就石景山区科幻产业发展方向及办法内容充分研讨交流，建言献策。

（王鹤乾）

【2020中国科幻大会】 11月1日至2日，2020中国科幻大会在北京石景山区首钢园举办，大会由中国科协、市政府主办，区政府、首钢集团等承办。大会开幕式上，中国科协与市政府签订促进北京科幻产业发展战略合作协议。石景山区发布促进科幻产业发展政策“科幻16条”。政策聚焦科幻产业关键技术、原创人才、场景建设三大关键要素，从八个方面给予鼓励和支持。“科幻16条”促进科幻产业在石景山区为推动北京打造科幻领域具有世界影响力的中心城市，并为中国打造科幻领域的创造高地、开放高地、人才集聚和产业集群高地创造有利条件。

（胡 妍 王鹤乾）

8月14日，石景山区科幻产业发展专家研讨会召开 （区科委供图）

【北京工业App和信息消费创新大赛】 11月15日，2020北京工业App和信息消费创新大赛颁奖仪式在石景山区举办。大赛旨在推动新型信息消费与实体经济深度融合，鼓励核心技术研发和服务模式创新，促进新一代信息技术向消费领域广泛渗透以新业态新模式促进新型消费快速发展。大赛评选出一等奖8名，二等奖16名、三等奖24名，信息消费5G创新奖20名，信息消费创新人才奖3名，互联网+应用项目示范企业17家。其中，石景山区红色地标、爱萌宠2家企业项目获得一等奖，航天智造、航天云路2家企业项目获得二等奖，中电华劳、中青创维等5家企业项目获得三等奖，首自信、华录智达等4家企业获得互联网+应用示范企业称号。

（胡　妍　王鹤乾）

【入选“科技抗疫”专项成果】 11月23日，2020年“世界互联网领先科技成果发布活动”评选出15项国内外有代表性的领先科技成果，驻区企业电科院“疫情防控与复工复产大数据平台”入选“科技抗疫”专项发布成果。2020年“世界互联网领先科技成果发布活动”由国家互联网信息办公室、浙江省政府主办，这是第五次面向全球举行世界互联网领先科技成果发布活动。

（岳继华）

【科幻产业集聚区工作研讨会】 12月16日至17日，区科委主持召开科幻产业集聚区推进工作研讨会。来自中国科幻研究中心、中国科普研究所、中国科普作家协会、中国科学技术出版社等相关领域专家以及首钢、腾讯北京、虚拟动点、天图万境、未来事务管理局、微像文化、环球数码等企业参会。研讨会重点围绕科幻产业集聚区的下一步落实落地工作开展交流。专家就石景山区科幻产业的发展路径和生态构建等多方面提出建设性意见。

（岳继华　胡　妍）

【获市科学技术奖提名】 年内，石景山区18个项目获北京市科学技术奖提名。其中自然科学奖提名1个，技术发明奖提名3个，科学技术奖提名14个。企业的创新主体作用突出，获提名项目中，11个企业项目，占比超过60%；新兴产业加速现代化产业体系形成。获提名的“基于视频特征指纹保护技术的影视作品全媒体推广平台研发与应用”是全区支持的首个科幻项目成果，石景山区以科幻为代表的新兴产业培育再提速。科技成果提升民生福祉。“疫情防控与复工复产大数据平台关键技术及应用”等三个服务于新冠肺炎疫情监测和人流预警的科技抗疫项目成果获得提名，“科创28条”政策效应显现。

（崔海霞）

## 科技活动

【概况】 年内，区科委围绕“科技抗疫”行动，克服新冠肺炎疫情不利影响，采取线上和线下相结合的方式举办欢乐科普行冬令营活动、科技周、数字圆明园光影展等科技活动。发放防疫特刊宣传材料，与《科技生活》《北京科技报》联合发放《战“疫”》系列应急科普特刊及相关电子刊，一共两期1000余册，发至全区48个街道、学校、科普教育基地。特刊内容从战“疫”智库到小微企业发展政策、科学认识病毒到科学防控等进行普及。

（蔡真婷）

【欢乐科普行冬令营】 1月13日至19日，由区科委主办的欢乐科普行冬令营活动在石景山区科技馆举行。此次活动共计7场，区内300位青少年参加活动。活动邀请中国科学院大学、清华大学、北京理工大学等专家团队通过魔幻科学秀、互动体验、动手实践、艺术赏析等科学传播方式，让参与者在掌握科学原理的同时，深度了解科技的发展历程与人文内涵，激发学生对科技创新的兴趣与爱好。

（蔡真婷）

【录制“创新讲堂”】 2月，区科委组织录制国高新认定辅导、技术合同登记辅导、科技中小认定辅导等多期视频讲解课程；成立6个微信群，覆盖企业2000余家，实现实现群内答疑全时响应，对企业各项政策提供详实讲解对接。

（崔　欣）

【“科学健身”科普活动】 3月29日，区科委举办“科学健身”线上科普活动，引导公众养成文明健康生活方式。特邀全国太极拳冠军、陈氏太极拳传人，讲解示范“八段锦”。千余人次参与云端互动学习，让群众了解中国传统医学和科学健身的魅力。

（蔡真婷）

【创新科普联席会议】 4月27日，区科委向全区各成员单位发放《石景山区2020年科普工作会议材料》《2019年—2020年石景山科普刊物合订本》电子刊物等相关会议材料，同时《2019

1月13日，区科技馆举办欢乐科普行冬令营活动　（区科委供图）

年—2020年石景山科普刊物合订本》纸质版材料也通过交换发给各成员单位，实现会议的零接触。新冠肺炎疫情期间，各成员单位通过此次特殊的科普工作会，了解全区的科普工作，共同参与科普。

（蔡真婷）

【区科普基地授牌仪式】 5月18日，2020年度石景山区科普基地授牌仪式在石景山区科技馆报告厅举办，区科普联席会办公室对新认定的两家区级科普基地，北京中科幻彩动漫科技有限公司和首都医科大学附属北京康复医院进行表彰和授牌。

（蔡真婷）

【百进千线上专场活动】 6月19日，区科委依托首都科技条件平台石景山工作站，举办"抗击疫情 复工复产"百进千线上专场活动。区科委针对企业关注的首都科技创新券、国家高新技术企业认定等相关政策进行详细讲解。北方工大、市科委电子信息领域中心介绍实验室资源，3家企业发布需求。大椽科技公司的车路协同系统功能实现的场景测试技术与电子信息领域中心开放实验室建立合作对接。

（蔡真婷）

【科普工作者培训会】 7月16日，区科委在区科技馆举办2020年度科普工作者培训会。区科普工作联席会议成员单位以及区内科普基地的科普工作者近30余人通过线上和线下等形式参加本次培训。会上，专家从传统媒体技术到5G+新技术的发展过程进行讲解，多个角度阐述5G+云转播场景应用，此次培训得到会场上学员们的热烈反响。

（蔡真婷）

7月31日，"重返·万园之园"数字圆明园光影展科普活动 （区科委供图）

【高精尖产业培训】 7月21日，区科委举办线上培训专题会。邀请市科委专家讲解北京市高精尖产业技能提升培训补贴实施办法政策，并对国家高新技术企业和科技型中小企业申报进行在线辅导，近150家科技企业参加线上直播培训。

（崔 欣）

6月19日，石景山工作站"抗击疫情 复工复产"百进千线上专场工作会

（区科委供图）

【数字圆明园光影展】 7月31日，区科委与区科技馆主办"重返·万园之园"2020数字圆明园光影展科普活动。此次展览借助先进的数字成像和虚拟技术，模拟再现圆明园当年的盛景。活动持续两天，来自全区科普志愿者、科技工作者、社会公众、中小学生150余人参加活动。

（蔡真婷）

【"暑期云课堂"】 8月7日，由区科委举办的"体验科学力量、感受科技魅力"暨践行社会主义核心价值观"暑期云课堂"科普系列活动正式启动，6期线上科普系列讲座共吸引上千次的播放量。课程以"工业遗产探秘""万园之园的历史文化价值"以及"文化+科技+艺术技术在复原项目的运用""前沿科技"等内容为切入点，将中国古代造园艺术之精华、数字成像和虚拟技术融入课堂，弘扬爱国主义精神，宣传社会主义核心价值观。

（蔡真婷）

【科技周启动仪式】 8月23日，石景山区科技周启动仪式在区科技馆举办。此次活动与全国科技周、北京科技周同步举行，由区科委、区委宣传部、区卫健委、区科协联合主办。活动重点展示科学技术对战胜新冠肺炎疫情的重要支撑作用和系列成果;展示科学普及在引导人民群众科学识疫、科学防疫中发挥的重要作用;展示科技创新对石景山区高质量发展的重要支撑作用;展示科技创新在全面建成小康社会、满足人民群众美好生活需要中的显著成效。活动吸引附近社区居民与中小学生参观体验。启动仪式特别设置“抗疫一线动人故事讲演”环节,邀请援鄂一线的企业专家以及北京防疫一线的医师代表,通过主题演讲的形式,与观众互动,让参观者更深入的了解平凡英雄的非凡担当。

(蔡真婷)

**【科普日活动】** 9月21日至25日,区科委在区科技馆举办全国科普日线上科普活动。区中小学生、军人军属、社会公众等千余人参与线上活动。活动围绕“弘扬科学精神,展现科学价值;助力新冠肺炎疫情防控,推动健康科普;聚焦脱贫攻坚,决胜全面小康;加强科技志愿,彰显科技为民”四个方面展开。

(蔡真婷)

**【“十四五”科普规划研讨会】** 9月23日,区科委召开“十四五”时期科学技术普及发展规划研讨会,会议邀请中国科学院大学科普与科学传播专业教授、北京自然博物馆研究员、中国科学技术馆科普专家教授参与规划研讨。与会专家提出科普规划应体现三个“突出”:突出时代特色,明确科普面临的形式,找准定位、发展思路及路径;突出石景山特色,结合首钢冬季奥运会和科幻主题两大特色,将科学普及融入社会发展和人民生活;突出科普品牌,打造石景山区科普品牌效应,将科学普及与创新创意充分结合。

(蔡真婷)

**【孵化机构管理培训会】** 11月5日,区科委在启迪之星(石景山)基地举办专题培训会,全区孵化机构管理人员约50人参会培训,讲解孵化器运营法律风险防范、创业孵化推动科技成果转化、创业孵化中的知识产权与技术创新等内容。

(崔　欣)

**【科技创新培训】** 11月24日至25日,区科委牵头组织为期1天半的“科技创新能力提升班”培训。本次培训落实市政府关于科幻产业发展的指示要求,加快推动科技创新、构建高精尖经济结构的方法与路径的需要和举措。邀请具有深厚理论功底和实践经验的领导、科学家、行业专家进行授课。全区各相关委办局、街道、国资公司、科研院所,以及重点科技企业的代表参加培训。通过培训,让大家把握科学技术的发展趋势和应用前景,以及科幻产业的技术特点和未来发展趋势,更加深入了解全国科创中心建设情况及发展思路以及新总规对北京的新定位,从而有助于落实好北京“四个中心”建设,特别是有助于把石景山区放到首都科技创新发展的大局中去谋求定位,寻求发展新路径。

(耿　璐)

**【“科技服务季”活动】** 11月,区科委开展“科技服务季”专题活动,以高新技术企业、科技中小企业、创业孵化机构等重点群体为服务对象,集中利用3个月的时间,综合运用线上线下渠道组织开展服务,涵盖政策宣讲、税务筹划、融资路演、人才交流等活动共十场,提升重点群体精准化服务水平,为企业提供全方位多元化的科技服务,进优化营商环境,助力企业创新发展,推动科技资源的高效对接。

(石桂莲)

## 中关村科技园区石景山园

**【概况】** 2020年,中关村科技园区石景山园(简称园区)特色产业持续壮大,中关村工业互联网产业园先导区开园,引进7家重点企业,吸引投资额10.5亿元,储备工业互联网企业百余家;核心区预计带来收入总额134亿元,固定资产投资88.8亿元;成立核心区开发主体,实现034地块土地上市;举办2020年中关村工业互联网产业生态建设发展论坛等业内顶级活动。虚拟现实产业形成优质企业和研发团队“百家集聚”态势,当红齐天、虚拟动点等领军企业相继入驻;首钢1号高炉So Real超体空间改造项目、中国联通与新奥特等联合实施的“5G/VR超高清云转播服务平台”项目稳步建设。中关村(首钢)人工智能创新应用产业园引进10余家企业入驻;百度、丰田等10个人工智能创新应用示范项目落地;举办2020AIIA人工智能开发者大会等业界顶级会议;中关村人工智能研究院与中关村数智人工智能产业联盟在京正式成立,揭牌成立中关村人工智能开发者社区集聚区,打造线下开发者之家。产业创新带动力增强,引进寒冬之后、秒针科技等一批行业领军和高成长企业;培育一批龙头企业,乐元素科技(北京)股份有限公司,分享一下(北京)科技有限公司、北京快跑信息科技有限公司(小猪民宿)成长为独角兽企业;落地一批前沿项目,科技成果应用于“一带一路”国际合作高峰论坛、APEC场馆建设、2022冬奥会等国防航天、公安系统、教育事业等各类领域。电科云等50余家企业共70余项新技术新产品在新冠肺炎疫情防控中发挥重要作用;航天测控、邦维高科自主创新技术服务国家战略项目。编制出台《中关村科技园区石景山园加快创新发展的支持办法》《石景山区关于促进楼宇经济高质量发展的若干措施》《关于促进中关村虚拟现实产业创新发展的若干措施》和《关于优化营商环境、完善园区人才住房配套的暂行办法》。搭建石景山区企业创新服务驿站,建设“京西国际商事与人才综合服务港”;北京易华录E-创客空间、新时代空间分别荣获中关村硬科技孵化器、中关村创新型孵化器称号;推荐47名高端人才和18名留学生通过落户审批,3人获得第二十四届北京优秀青年工程师评选表彰;开展知识产权加速营和知识产权管家服务项目、多场成果转化活动和创新创业政策辅导;举办“中关村新兴领域专题赛”“中关村科技成果转化——火花行动虚拟现实专场”等14场线下活动。面对疫情给园区企业造成的经营困难和资金压力,园区管委会为首批62家企业拨付7578万元政策资金。12月,园区171家企业分别获得中关村科技型小微企业研发费用和科技信贷、融资租赁、天使及创业投资等科技金融类资金支持，金额突破2000万元。

（杜　静）

【专利审查和服务实训基地】　1月9日，“国家知识产权局专利局专利审查协作北京中心专利审查和服务实训基地”揭牌仪式在启迪之星石景山基地举办，来自国知局专利局专利审查协作北京中心、区科委、区知识产权局、园区管委会、区投促局的各位领导及企业、机构、银行代表，约70人参加活动。会上国知局专利局专利审查协作北京中心与启迪之星共同揭牌“专利审查和服务实训基地”。此次挂牌是继启迪之星石景山基地挂牌“知识产权孵化基地”后被专利局专利审查协作北京中心授予的第二块牌照。

（林茂盛　雪　冰）

【互联网创新解决方案峰会】　1月9日，“2020年中关村工业互联网创新解决方案峰会”在中关村工业互联网产业园先导区古城基地举行。会议由中国工业报社和中关村工业互联网产业联盟主办，中关村石景山园协办，以“工业互联网引领制造业高质量发展”为主题，旨在落实国家工业互联网发展政策，探索工业互联网制造业应用推广，促进中关村工业互联网产业发展。国家工信部信息技术发展司、中关村管委会、中关村工业互联网产业联盟相关领导出席会议。园区企业东土科技和航天云网公司出席峰会。

（付　航）

【新型工业化产业示范基地】　1月16日，工业和信息化部国家新型工业化产业示范基地（第九批）名单公示。石景山区联合顺义区、海淀区、朝阳区四区共同申报的国家新型工业化产业示范基地获批。作为国家新型工业化产业示范基地的重要组成部分，中关村工业互联网产业园是石景山区贯彻落实新发展理念，以工业互联网产业为突破、为实现经济高质量发展，与中关村管委会、中关村发展集团合作建设的中关村特色产业园区，标志着石景山区发展工业互联网产业抢占全市产业发展高地。

（王　斌）

【人工智能产业创新揭榜单位】　1月20日，国家工信部“新一代人工智能产业创新重点任务入围揭榜单位”揭晓，园区企业猎户星空“基于类脑神经网络芯片及深度学习的服务型机器人”项目和中译语通“多语种机器翻译系统”项目从千余家申报单位中脱颖而出，分别成为智能服务机器人和智能翻译系统揭榜单位。“人工智能揭榜工作”征集和评价工作由工信部组织实施，旨在聚焦“培育智能产品、突破核心基础、深化发展智能制造、构建支撑体系”等重点方向，征集并遴选一批掌握关键核心技术、具备较强创新能力的单位集中攻关，重点突破一批创新性强、应用效果好的人工智能标志性产品、平台和服务，为产业界创新发展树立标杆和方向，培育国家人工智能产业创新发展的主力军，榜单具有行业权威性。

（李　丹）

【助力社区疫情防控】　2月，园区企业疯景科技智能产品“叮零”视频门铃在石景山区部分社区成功用于新冠肺炎疫情防控。面对本次抗击疫情工作需求，疯景科技充分利用自身技术和产品优势，主动捐赠智能视频门铃产品支援石景山区街道社区疫情管控一线工作，率先在苹果园、鲁谷等街道社区示范应用于居家隔离管控。社区人员上门安装“即贴即用”，后台可远程同时监控多户画面，通过“人防＋技防”双管齐下，有效解决社区服务人员少、监控多、距离远等实际问题，提高社区防控工作效率，最大限度严控隔离、阻断传播。

（罗耀玲）

【为冬奥会提供服务场景】　3月2日，北京冬奥会服务型机器人创新产品测评大赛首轮名单中，7家公司11款智能机器人入围，涵盖公寓入住、移动售货、社区配送、点菜送餐、客房服务、导览翻译、安防巡检等7大场景。中关村石景山园企业猎户星空凭借智能语音服务机器人豹小秘、智能交互递送机器人豹小递、移动零售机器人成功入围公寓入住、导览翻译、移动售货和点餐送菜4类场景，成为提供服务场景最多的人工智能公司，比肩京东、美团点评等知名企业。

（李　丹）

【线上公益讲堂】　3月5日，园区管委会联合石景山区知识产权局举办石景山区第一期线上公益讲座，邀请方象知产信息科技研究院专家就“疫情下科技赋能——技术运营与知识产权综合管理”主题进行授课，来自各行业的企业代表60余人参会。会议邀请方象知产信息科技研究院专家就进行授课，就新冠肺炎疫情下专利申请实务、国家扶持政策、高价值专利培育、专利布局、知识产权管理、风险控制、专利保护、技术价值转化等内容进行详细讲解，贯穿知识产权全方面，帮助企业建立系统的科技创新体系。

（林茂盛　雪　冰）

【金融对接专场线上交流】　3月20日，园区管委会联合石景山区金融办举办石景山区第二期线上交流活动—金融对接专场，邀请驻区保险机构、银行代表向参会企业推出新冠肺炎疫情下的贷款、保险等金融产品，来自各行业的区属企业代表120余人参加。会上，太平洋保险、中国人寿保险等保险机构，建设银行、邮储银行等驻区银行分别介绍推荐助力复工复产保险综合方案及针对疫情受损的中小微企业金融产品。园区管委会就科技信贷贴息支持宣讲《中关村国家自主创新示范区促进科技金融深度融合创新发展支持资金管理办法》《石景山区关于共同应对新型冠状病毒感染的肺炎疫情支持企业发展的若干措施（暂行）》等政策，区金融办深度宣传推广“石景山区小微金融综合服务平台”“北京市产业链共享云平台”“动产融资统一登记系统”和“应收账款融资服务平台”。

（林茂盛　雪　冰）

【研发费用支持政策培训】　3月27日，园区管委会联合中关村创业生态发展促进会、北京石创同盛融资担保有限公司举办第三期线上活动（小微企业研发费用支持政策培训），旨在帮助企业提高申报效率,解答企业在申报中遇到的各类问题,园区企业约100人参加。会议细致讲解政策申报条件、申报流程、注意事项以及常见问题;石创同盛作为此次项目的评审单位介绍此项政策的配套金融产品——“微研保”担保产品,并对企业在申报中遇到的具体问题做出解答。

(林茂盛　雪　冰)

【获评硬科技孵化器机构】 3月,中关村科技园区管理委员会官网发布《关于2019年中关村示范区新纳入硬科技孵化器支持体系机构的公示》,园区孵化机构易华录信息技术股份有限公司成功入选中关村示范区硬科技孵化器支持体系机构名单。易华录e+创客孵化中心是易华录面向数据湖创新体系的人工智能孵化器。孵化器基于城市数据湖海量数据源,依托人工智能高端智库,建设人工智能开放实验室与应用服务平台,以“孵化+投资”模式为终端用户和创业团队打造共享空间。

(林茂盛　雪　冰)

【知识产权线上交流】 4月10日,园区管委会联合石景山区市场监管局举办石景山区第四期线上暨第二期知识产权交流活动,邀请知识产权方面专家就知识产权融资、专利大数据应用等内容进行授课。会上,北京动力号知识产权代理有限公司林超细致讲解企业如何在路演融资中展示自己的知识产权价值、知识产权质押融资注意事项、科创版上市的知识产权问题等内容;合享汇智信息科技集团有限公司王萌就高价值专利培育、专利大数据运用等技术手段进行讲解;区市场监管局对近年来全区知识产权工作、相关政策进行宣传。

(林茂盛　雪　冰)

【首钢园专场线上培训】 4月15日,园区管委会联合新首钢园区邀请首钢园区10余家新入驻企业参会,提供专场线上政策辅导,助力企业快速发展。会上,园区管委会针对“小微企业研发费用支持政策”“中关村高新技术企业库管理办法”等政策进行解读,分别对政策申报条件、申报流程、注意事项以及常见问题进行细致讲解。

(林茂盛　李　丹)

【助力长征五号B运载火箭】 5月5日,长征五号B运载火箭在海南文昌发射基地首飞成功,将国家新一代航天飞船试验船送入近地轨道,拉开国家载人航天工程“第三步”任务序幕。中关村石景山园企业北京航天测控技术有限公司为此次航天任务提供地面测试系统平台,包括动力测控系统PXI测试组合、测量系统PXI自动测控组合、整流罩环境测试组合等在内的多项测控设备,在火箭测试、转场和发射过程中对其进行实时“健康监测”。

(杨　莉)

【入围金融科技100强榜单】 6月29日,中关村互联网金融研究院、中国互联网金融三十人论坛(CIF30)联合发布《2020中国金融科技竞争力100强榜单》,中关村石景山园企业光大科技、百融云创荣登榜单,榜单中第四范式、明略科技分别在区内落户第四范式科技公司、明略智慧软件等子公司。

(李　丹)

【数智人工智能产业联盟成立】 8月28日,中关村数智人工智能产业联盟成立大会在石景山区召开,中国工程院院士赵沁平,中关村管委会、首钢集团相关负责人,区领导周西松出席活动,寒武纪、云知声、地平线、旷视科技、一流科技等30余家联盟成员单位和媒体机构参加大会。该联盟为人工智能产业具有独立法人资格的社会团体,设立数字人、智慧园区、光科技、全媒体应用、XR等8个产业领域工作委员会和1个研究中心。旨在整合和发挥中关村人工智能领域产业发展优势,进一步完善中关村人工智能产业创新生态,促进人工智能与实体经济深度融合和传统行业数字化转型升级,推进中关村人工智能科技成果应用与落地转化。对石景山区以中关村(首钢)人工智能创新应用产业园为载体,持续打造人工智能产业发展高地,吸引行业头部企业和科技成果落地,加速区域产业转型升级具有重要意义。

(杨　莉)

【小微企业融资政策解读】 8月31日,园区管委会在北京银行保险产业园金融文化交流中心三层会议厅举办石景山区小微企业融资风险代偿补偿资金政策解读暨签约活动,会上颁布《北京市石景山区小微企业融资风险代偿补偿资金管理办法》,二十余家金融机构及担保公司与北京小微企业金融综合服务有限公司进行签约。中国人民银行营业管理部国库处、区金融办、财政局、经信局、发改委、科委、商务局等部门相关负责人参加会议。

(崔明明)

【互联网产业生态建设发展论坛】 9月7日,在2020年中国国际服务贸易交易会期间,由中关村科技园区管理委员会和北京市石景山区人民政府联合主办的“2020年中关村工业互联网产业生态建设发展论坛”在北京亚洲金融大厦举办,论坛以“赋能工业互联网,新基建锻造新生态”为主题。会议由中关村智汇产业技术研究所承办,中关村工业互联网产业联盟、中关村工业互联网产业园协办,中国信息通信研究院、中关村社会组织联合会等给予大力支持。本次论坛围绕工业互联网网络、平台、软件、安全、AI赋能等5个环节,充分探讨交流人工智能、智能制造、智能软件等技术与工业场景的深度结合。

(李　丹)

【园区企业参展服贸会】 9月4日至9日,以“全球服务,互惠共享”为主题的2020年中国国际服务贸易交易会期间,中关村石景山园对接服贸会筹办和保障单位,打通线上线下宣传渠道,通过传统展示与智能科技相结合方式,线下多维度展示园区企业前沿技术领域新成果。人工智能领先企业猎户星空投入近30台智能服务机器人为服贸会提供多场景服务应用;科技抗疫突出贡献企业邦维高科自主生产的可重复性使用医用防护服、医用一次性防护服;虚拟现实领先企业自主研发的VR+BIM家装设计平台分别亮相2022年服贸会公共卫生防疫专区、建筑专题展区,展示园区企业前沿技术协同创新和成果转化应用成果。同时乐元素、昆仑乐享、打扮家、新浪 VR、盛世顺景等游戏制作、虚拟现实、文化创意领域近十余家企业亮相文化服务专题展，集中展示文化创意领域新技术、新产品在重点行业、特色领域的渗透应用。线上专题云展为在服贸会数字化线上展厅面向全市虚拟现实领域代表企业单独设立“虚拟现实专区”，中关村石景山园管委会作为此专题展组织实施单位，定向邀请包括耐德佳、爱奇艺 VR、兰亭数字、当红齐天、红色地标等在内的 30 余家行业重点企业搭建 2D/3D 云展厅，通过线上直播、即时通信、智能客服等云洽谈方式和多方云会议室形式实现线上看展问展和电子合约签单。

（杨 莉 李 丹）

**【仿真技术应用大会】** 9 月 17 日，由中国机械工程学会、中国航空学会、中国计算机用户协会主办，园区管委会协办的“第二届中国仿真技术应用大会（CCSAT 2020）暨创新设计北京峰会”在石景山银保建国酒店隆重召开。会上围绕创新设计、工业软件研发与产业应用等内容设置 1 主 7 分等 8 个论坛，开展圆桌论坛、奖项评审、合作签约、企业观摩等活动。

（付 琦）

**【工业互联网产业园先导园开园】** 9 月 25 日，由中关村软件园主办、中关村工业互联网产业园承办，以“智能生态、制造引擎”为主题的“中关村工业互联网产业高峰论坛”在中关村工业互联网产业园先导园召开，并举行中关村工业互联网产业园开园仪式。产业园未来将以建设国内一流、世界领先的工业互联网集聚中心为目标，分为先导区、核心区、拓展区进行建设。中关村工业互联网产业先导园建设地点为石景山区田顺庄北路 1 号院古城创业大厦，建设规模 3.05 万平方米。作为起步园区，先导园将重点围绕服务体系搭建、人才培养、行业展示等方面建设，同时落地一批包含工业软件和工业互联网平台企业、围绕 5G 和工控安全技术为核心的技术研发企业、工业互联网行业联盟、科研院所等。

（刘子强）

**【人工智能开发者大会】** 9 月 28 日至 29 日，以“开源 开发 开放”为主题的 AIIA 2020 人工智能开发者大会在首钢园区举行。大会由工业和信息化部、北京市人民政府、国际电信联盟 ITU－T 指导，中关村科技园区管理委员会、北京市石景山区人民政府、中国人工智能产业发展联盟和首钢集团有限公司主办，中国信息通信研究院、中关村石景山园管理委员会、中关村数智人工智能产业联盟等机构承办。汇聚中国人工智能领域最前沿的技术研究者和应用开发者，以及国家政府主管部门、专家学者、知名企业、精英代表等 300 余人。

（杜 静）

**【入围北京民营企业百强】** 10 月，北京市工商联发布 2020 北京民营企业百强榜单，同时发布的还有民营企业科技创新百强、民营企业文化产业百强、民营企业社会责任百强榜单，及民营企业中小百强榜单，形成“1＋4 百强榜单”。中关村石景山园 12 家企业凭借在推动发展、促进创新、扩大开放、改善民生和增加就业方面卓越贡献入围榜单。物美集团、畅游时代、猎豹移动等 3 家企业入围民营企业百强名单；畅游时代、猎豹移动、乐元素、乐动卓越、在线途游等 5 家企业入围民营企业科技创新榜单百强榜单；畅游时代、乐元素、乐动卓越、在线途游、沃捷文化、游艺春秋、梦幻天下等 7 家企业入围民营企业文化产业百强榜单；物美集团、锡华实业、爱依养老、猎豹移动等 4 企业入围民营企业社会责任百强榜单。

（付 琦）

**【科技企业孵化机构培训】** 11 月 5 日，石景山区科技企业孵化机构管理人员培训活动举办，区人保局、区科委、天津国科火炬企业孵化器研究中心、北京启迪香山加速器科技有限公司、北京北航天汇科技孵化器、创富空间（北京）投资管理有限公司、天启黑马信息科技（北京）有限公司、中国技术交易所、北方工大科技成果转化中心、创业孵化机构及特色载体 50 余人参会。

（林茂盛 雪 冰）

**【工业互联网专题赛】** 11 月 6 日，中关村 5G 创新应用大赛——工业互联网专题赛决赛在石景山园工业互联网先导区（古城创业大厦）举行。大赛由中关村管委会、市科委、市经信局等单位联合主办，现场 12 个“5G＋工业互联网”领域科技项目围绕探索 5G 与工业制造深度融合，和推动 5G 技术的工业场景商业化落地应用进行路演。

（张玉霞）

**【“知识产权加速营”活动】** 11 月 25 日，在国知局专利局专利审查协作北京中心、石景山园区管委会等单位的指导下，由国家知识产权局专利局专利审查

11 月 6 日，中关村 5G 创新应用大赛——工业互联网专题赛 （园区供图）

协作北京中心和启迪之星联合主办的“知识产权加速营”活动在启迪之星（石景山）基地开营。会上园区管委会对区“2+N”政策向报名的40余家企业进行解读，来自国知专利预警咨询有限公司与国知认证有限公司的知识产权专家对参会企业讲解专利助力创新企业成长、知识产权管理等内容。

（雪　冰）

**【虚拟现实产业技术成果转化】** 11月，石景山园管委会联合易华录、北航天汇孵化器、北航先进工业技术研究院、中关村技术经理人协会举办以虚拟现实产业技术成果转化为主题的中关村科技成果转化“火花”活动。石景山园及北航先进工业技术研究院分别就虚拟现实产业园、石景山“2+N”政策、北航成果转化平台及孵化体系等内容进行深度解读。开云互动等4个公司分别针对VR+X、NAVE虚拟现实视频融合监控平台等项目进行路演，并与与会资本方实现对接。

（罗耀玲）

**【成立工业互联网专委会】** 12月，在中关村科创智慧军工产业技术创新战略联盟（以下简称“联盟”）2019—2020年度会员大会上，由园区企业电科云（北京）科技有限公司牵头，中国兵器工业信息中心、中国船舶集团公司第七一六研究所等八家单位共同发起成立“智慧军工联盟工业互联网专业委员会”。专委会旨在准确把握国家工业互联网战略方向，及时跟踪全球工业互联网创新动态及特征态势，聚集智慧军工制造产业链上下游企业，联合推动工业互联网产业布局，在政、产、学、研、用、投等环节推动联盟成员开展更多领域、更大范围、更高效率、更深层次的交流与合作。

（罗耀玲）

**【虚拟现实产学研大会】** 12月6日，第六届中国虚拟现实产学研大会（CVRVT 2020）主论坛在石景山区万达酒店举办。本届大会由中国产学研合作促进会、市经信局指导，由石景山区政府与中国虚拟现实技术与产业创新平台联合主办，600余名专家学者、各界人士参加。会上，中国虚拟现实技术与产业创新平台与石景山区政府，就“北京市虚拟现实协同创新中心”“虚拟现实领域国家重点研发计划项目”“虚拟现实产业投融资协作平台”签订合作框架协议。

（张玉霞）

**【数字经济融合创新发展论坛】** 12月11日，2020中关村大数据日暨数字经济融合创新发展论坛在中关村软件园国际会议中心、中关村软件园智播厅平台和新浪“一直播”平台联合举行。会上，中关村管委会为石景山区重点创新主体“中关村智用人工智能研究院”打造的“人工智能产业应用协同创新平台”等首批人工智能领域的5家创新平台举行揭牌仪式。人工智能产业应用协同创新平台是推进国产开源框架生态建设、完善平台服务生态体系、助推产业基础高级化与产业链现代化发展的重要措施。

（杨　莉）

北京石景山年鉴

BEIJING SHIJINGSHAN NIANJIAN

2021

# 教　育

## 综　　述

【概况】　2020年,石景山区有各级各类幼儿园46所60址(公办园17所24址、民办园29所36址),教学班576个,在园(班)幼儿15428人。全区市级示范园7所,一级幼儿园24所,市级早期教育示范基地16所,市级特殊儿童教育示范基地6所。全区有小学35所(其中一贯制学校小学部10部),小学阶段教学班758个,招生4847人,在校生24131人。中学21所(含正在筹建的北京市十一学校石景山学校),其中初中6所,高中2所,完全中学3所,一贯制学校10所;中学阶段教学班共408个,其中初中280个教学班,高中128个教学班;中学阶段在校生共12047人。区属职业学校1所,教职工169人,专任教师99人。毕业生96人,招生82人。在校生220人。设有4个系部,开设美容美发与形象设计、计算机动漫与游戏制作等共11个专业,23个教学班。石景山区各级各类民办教育学校、培训机构共116所。其中,民办普通中学2所,民办幼儿园29所,民办职业高中1所,其他文化、教育、技术等非学历培训学校84所．辖区有北方工业大学、中国科学院大学、北京工业职业技术学院、首钢工学院、国家检察官学院等高等院校。

北京市石景山区教育委员会(简称区教委)是区政府主管教育事业的职能部门,负责管理、推动发展全区学前教育、基础教育、职业教育、成人与社区教育等工作。年内,全区教育系统坚持一手抓新冠肺炎疫情防控、一手抓事业发展,统筹推进"十三五"和"十四五"的过渡衔接。服务保障疫情防控和教育事业整体发展,制定《石景山区教育系统学生集体外出活动备案管理办法(试行)》《外国学生就读石景山区幼儿园、普通中小学、中等职业学校管理办法》《石景山区教育系统外籍教师管理办法》等。加强党对教育的领导,印发《石景山区关于进一步深化集团化办学改革实施意见》等。夯实基层党组织建设,打造"红帆"教育党建品牌,开展"一校一品牌、一校一特色"基层党建品牌建设。加强干部队伍建设,推进校长职级制改革,成功立项市级重点课题《校长职级制背景下的校长队伍建设》。提升文明创建工作水平,打造"1+8+3"校园文明、家校协同两大文明风景线。坚持五育并举,线上线下结合提升全面育人工作水平。开展"新时代好少年"学习宣传活动。线上线下教学有机融合,构建区级录课中心,深入推进"当代好课堂"课改项目,2020年全区中高考工作再创佳绩。与中国滑冰协会开展滑冰等项目合作,完成210名体育教师滑冰初级指导员培训,举办第二届中小学生冬运会。加强心理健康教育,建好用好未成年人心理健康辅导站,受益4303人次。

(姜　玮)

【中小学首届冬季运动会】　1月18日,"冰雪好少年 筑梦石景山"北京市石景山区奥林匹克教育成果展示暨中小学生首届冬季运动会开幕式举办。区四套班子、北京冬奥组委、市教委、中国滑冰协会等相关部门领导及教育系统有关师生共1300余人参加。开幕式围绕"冰雪好少年 筑梦石景山"主题展开,来自北京九中金帆舞蹈团、古城中学民乐团、北大附小石景山学校合唱团等20余所冰雪运动特色学校300余名学生,将冰球、花样滑冰、队列滑等冬季运动项目与器乐、舞蹈等表现形式融为一体,推动冰雪运动的普及。

(金清苗)

【交通副校长聘任仪式】　4月25日,区教委召开派驻交通副校长工作启动仪式。启动仪式上,参会领导为首批聘任的23名交通副校长颁发聘任证书。区教委与区交通支队等相关单位密切配合,结合试开学交通保障工作、创城工作、平安建设工作,建立交通副校长工作机制,探索校园周边交通综合治理新举措。交通副校长配合所在学校完善其周边道路安全设施,优化改进交通线路,为综合治理创建有利条件,共同解决拥堵问题。

(张剑锐)

【冬奥少年星火计划】　6月14日,石景山区"冬奥少年星火计划"启动。北京团市委副书记毛晓刚,冬奥组委志愿者部副部长张秀峰,区领导唐行安出席活动,石景山区电厂路小学20户志愿家庭代表通过视频连线方式参加。活动通过揭晓"冬奥少年"红领巾特色章、向电厂路小学授志愿服务队旗、向志愿家庭代表颁发志愿家庭户口簿和志愿帽,落实好全团带队职责,丰富和利用好"冬奥少年星火计划",鼓励学校不断探索少年队员参与冬奥志愿服务活动的长效模式,传播和倡导新时代新文明,展现"双奥之区""双奥之城"的魅力与风采。

(汤寨力)

【获评紫禁杯】　6月,石景山区中小学参评北京市中小学第三十三届"紫禁杯"优秀班主任和学生喜爱的班主任。10人获"紫禁杯"优秀班主任称号,其中特等奖1人、一等奖4人、二等奖5人。6人获北京市"学生喜爱的班主任"称号。

(谭春林)

【45所中小学开学】　8月29日,辖区内45所中小学一年级、初一、初三、高一、高二、高三年级顺利开学,当日到校学生13535人。师生员工通过测温棚入校,严格进行人脸识别核验身份、红外测温,100%签署并提交承诺书,严格控制访客,校外无关人员一律不准进校。实行错时接送,家长志愿队、教师护导队、保安防卫队、老街坊志愿队、交通协管员、交通副校长六支队伍共同疏导校园周边交通,防止聚集停留。落实"晨午晚检"和"日报告""零报告"制度,教育引导中小学师生在校期间严格、正确佩戴口罩,科学规范洗手。将新冠肺炎及秋冬季传染病防控知识、创建全国文明城区宣传教育有机融入开学第一课,引导学生坚定理想信念,养成良好行为习惯。科学安排为期3天的新生入学教育内容,帮助学生尽快进入学习状态。严格落实食品进货渠道、索票索证、人员健康等管理要求。坚持师生分时、错峰、单向就餐,严格做到一人一具一用一消毒。

(姜　玮)

【编发垃圾分类知识读本】 9月7日，石景山区编发《石景山区垃圾分类知识学生读本》36009册。根据中小学生不同的年龄阶段、认知特点和实际需求，读本分为小学低段、小学高段、中学阶段三册，内容为垃圾分类相关通识性知识，为学校校本课程的开发与实施、向家长和家庭普及垃圾分类知识，提供素材和依据。

（康爱农）

【教师节表彰】 9月8日，"使命在肩 奋斗有我，奋力谱写新时代石景山教育新篇章"为主题的第36个教师节庆祝大会在石景山区文化中心举行。区四套班子领导，区教工委、教委主要领导，教育系统单位负责人、优秀教育工作者等260余人参加。全体人员观看《2019—2020石景山教育成果回顾片》、师生文艺表演和"四有"好老师年度人物短片，新教师代表举行宣誓仪式。大会表彰2020年石景山区教育先进单位、优秀教育工作者、师德建设先进单位以及师德标兵，其中单位31个，个人305人。

（李丽娜）

【推广普通话宣传周】 9月14日至20日，石景山区语言文字工作委员会在辖区开展以"同讲普通话，携手进小康"为主题的第23届全国推广普通话宣传周活动。活动共发放语言文字宣传袋10000个，民族文化折扇1000把、语言文字宣传台历200册，宣传画报200张、宣传册3000多本、新华字典100本。

（彭中群）

【中小学生环保演讲赛】 9月28日，石景山区中小学生环保主题演讲比赛决赛在区教育分院举行，演讲主题为"我爱地球妈妈"。比赛由区教委、区环保局联合举办，分为小学组和中学组，全区40余所中小学老师和学生参加比赛，中学组和小学组各有6名选手进入决赛。石景山区金顶街第二小学孙新岳和首都师范大学附属苹果园中学分校郑恩分别荣获小学组和中学组第一名。

（李　炬）

【少先队主题教育】 10月13日，石景山区"传承红色基因 做新时代好队员"纪念中国少年先锋队建队71周年主题教育活动暨新队员入队仪式在石景山区八宝山革命烈士纪念广场举行，古城第二小学和爱乐实验小学的少工委代表、少先队员代表、预备队员代表、全区各级少先队辅导员代表参加现场活动。各级少先队组织通过召开少代会、主题队日、知识竞赛、多种形式为少先队组织庆祝生日，少先队员们用自己的行动传承红色基因，诠释对队组织、对祖国的热爱。

（汤塞力）

【与中国滑冰协会合作】 10月17日，区教委与中国滑冰协会签署合作框架协议，创新"体教融合"模式，共同建设青少年冰雪运动先行区和示范区，助力石景山区"带动三亿人参与冰雪运动示范区"建设。在教师培训、"体教融合示范校"建设、课程建设、队伍建设、赛事体系、等级评定等七个领域开展10个项目的合作。并为首批八所"全国滑冰体教融合示范学校"颁牌。签约仪式后，56名石景山区体育教师参加第一期初级滑冰指导员培训班开班仪式。

（金清苗）

【开展百城千校活动】 10月29日，由国家体育总局冬季运动管理中心和中国冰雪大会组委会联合主办的"百城千校'画冬奥、滑冰雪、话健康'活动"启动仪式在北京市京源学校小学部举行。北京大学附属小学石景山学校等10所学校被授予"'画冬奥、滑冰雪、话健康'实验学校"。

（金清苗）

【全民终身学习活动周】 10月30日，区教委在区社区学院八大处校区举行全民终身学习活动周的开幕式。10月至12月，区教委开展以"全民智学促治理，素质提升增效能"为主题的石景山区第十六届全民终身学习活动周活动。活动周旨在让全区各党政机关、企事业单位、人民团体和个人充分认识学习的意义，围绕常态化防疫、复工复产复商复学、职业技能培训、全民健康、垃圾分类、网络生活等内容，广泛开展线上线下相结合的讲座、培训、观摩、座谈等多种形式的教育培训、学习宣传等活动。

（彭中群）

【推动冰雪运动进校园】 11月2日，石景山区教育系统召开服务保障冬奥筹办，推动冰雪运动进校园工作推进会，两委领导、相关科室及直属单位负责人参加会议。会议贯彻落实"带动三亿人参与冰雪运动示范区"各项任务以及《北京2022年冬奥会和冬残奥会中小学奥林匹克教育计划》，要求以一流标准，做到软件和硬件齐头并进。加快校园冰场建设，实现冰雪设施在各教育集团全覆盖。在社会实践、志愿服务、文化艺术活动中努力营造冰雪运动的氛围。突出示范引领，做到示范与普及齐头并进。发挥特色校示范带动作用，帮助学生掌握1－2项冰雪运动技能。开展校园冰雪运动队伍建设，提升校队水平，用优秀的成绩彰显石景山区校园冰雪运动的工作成效。区委教育工委、区教委决定成立石景山区奥林匹克教育工作领导小组，下设校园冰雪运动办公室，成立综合协调组、冰雪设施建设组、冰雪运动工作组、课程建设组、学生教育活动组、志愿者服务组、新闻宣传组、疫情防控组、安全和交通保障组、资金保障组共10个工作组。建立科长负责制度、定期例会制度、信息报送制度，加强谋划，强化任务分解，确保各项工作稳步推进。

（姜　玮）

【特殊教育专委会】 12月29日，石景山区召开2020年特殊教育专家委员会，北京市特殊教育领域多位专家，区教委、区残联、区社会福利院等单位，以及区教育系统相关学校参加。专委会重点就石景山区特殊教育提升计划（2017—2020年）重要任务完成等情况进行研讨，并提出相关建议。

（荆　林）

【教育扶贫支援】 年内，石景山区教育系统对内蒙古宁城、内蒙古莫力达瓦达斡尔自治旗、河北顺平县、青海称多县四地区开展扶"智"与扶"志"工作。选派40名干部教师开展支教工作；加强人才培训，录制课程60余节，通过网络培训干部教师4780人次以上;承接271名干部教师来区研修学习与下校跟岗实践;43对结对校利用网络开展教育教学研讨交流、向白衣天使致敬等主题教育活动;对5468名贫困学生进行资助。

(姜 玮)

【构筑文明建设推进体系】 年内,石景山区教育系统构筑“1+8+3”文明建设推进体系,并取得突出实效。其中,“1”是创建文明校园,100%公办、民办学校参与文明校园创建,15所被评为首都文明校园,25所获首都文明校园提名;“8”是开展8项爱国文明教育主题活动:“新时代好少年”学习宣传、“传承红色基因”系列教育、中华优秀传统文化传承、学雷锋志愿服务、“劳动美”社会实践、“阳光成长”心理健康教育、中小学冰雪运动、新时代校园爱国卫生运动;“3”是构建三个家校文明建设体系:“小手拉大手文明齐步走‘六个一’”教育体系、学校家庭社会“三结合”教育体系、校园周边环境综合治理体系。

(王 蕾)

## 学前教育

【概况】 年内,石景山区有各级各类幼儿园46所60址,其中教育部门办园10所13址,地方企业办园3所7址,事业单位办园1所,部队办园2所,集体办园1所,民办园29所36址。教学班576个,在园(班)幼儿15428人。教职工2684人,其中专任教师1297人。全区市级示范园7所,一级幼儿园24所,市级早期教育示范基地16所,市级特殊儿童教育示范基地6所,普惠性幼儿园32所46址,普惠率达到86%。2020年是全面实施市区《第三期学前教育三年行动计划》的收官之年,全区持续贯彻扩大高质量学前学位供给和建设高质量师资保障体系的工作精神,构建广覆盖、保基本、有质量的学前教育公共服务体系。

(黎 铮)

【学前教育工作总结会】 1月9日,区教委学前科组织召开2019年石景山区学前教育系统工作总结会。会议对2019年全区学前教育工作进行回顾总结,对在“两寻找三研究”活动以及第十六届萌芽杯说课评比中获奖的153名教师进行表彰。

(祁 矛)

【幼儿园开园联合评估】 6月3日至4日,由区委教育工委、区教委、卫健委、疾控中心、市场监管局、城管执法局、公安分局、交通支队及各街道办事处组成的幼儿园开学联合评估工作领导小组对全区幼儿园进行春季学期复园评估,全区共54所幼儿园参与并通过评估。9月3日至4日,联合评估工作小组再次对全区幼儿园进行秋季学期开园评估,全区共58所幼儿园参与并通过开园评估。

(祁 矛)

【线上培训活动】 11月26日至27日,区教委学前科组织全区60所幼儿园的120名园长和业务园长参加“深化新时代教育评价改革,提升幼儿园教育质量”的线上培训活动。

(祁 矛)

【“萌芽杯”录像课展评】 12月16日至17日,区教委学前教育科、分院学前研修室联合组织第十七届“萌芽杯”教育研究系列活动,其中包括“讲讲战‘疫’中的共育故事”优秀征文活动和“我的精彩一课”幼儿园教师录像课展评活动,全区共320余人次的教师参加。

(祁 矛)

【学前教育督查工作】 区教委全年开展8轮针对全区各类型幼儿园的督查活动,2名专职督查员通过实地走访、线上督查、查阅档案、参与保育教育活动等形式督促幼儿园进行规范管理,督查检查与常态防疫相结合,提升幼儿在园一日生活质量。

(黎 铮)

## 基础教育

【概况】 2020年,石景山区小学35所(其中一贯制学校小学部10部),小学阶段教学班758个,招生4847人(其中非京籍招生1412人),在校生24131人(其中非京籍在校生7084人),毕业生3767人(其中非京籍毕业生1358人);小学入学率100%,巩固率100%,毕业及格率100%。中学21所,其中初中6所,高中2所,完全中学3所,一贯制学校10所;中学阶段教学班共408个,其中初中280个教学班,高中128个教学班;中学阶段在校生共12047人(其中非京籍在校生2876人),其中初中8392人(其中非京籍学生1975人),高中3655人(其中非京籍在校生901人);中学阶段招生共4551人(其中非京籍1078人),其中初中3123人(其中非京籍776人),高中1428人(其中非京籍302人);中学阶段毕业生共3630人(其中非京籍868人),其中初中2214人(其中非京籍576人),高中1416人(其中非京籍292人);初中入学率为100%,普通高中录取率为94.5%,高考录取率为96.2%,应届高考录取率为98.3%;中小学教职工4243人,其中专任教师3488人。特殊教育学校数1所,10个教学班,招生18人,结业12人,在校81人;教职工34人,其中专任教师30人;随班就读学生60人。残疾儿童入学率100%,巩固率100%,结业率为100%。校外教育单位1个,教职工63人,其中专任教师51人。小学教师学历合格率100%,初中教师学历合格率100%,高中教师学历合格率100%。中小学具有高级技术职务624人,中小学具有中级技术职务1388人。全区中小学图书馆藏书1,740,846册。固定资产总值302,856万元。

(陈玉珠)

【高三期末质量分析会】 1月16日,高三年级期末考试质量分析会在分院召开,教委、分院主管领导,各高中学校校长、教学副校长、教学主任、高三年级组长等30余人参加会议。基教研部门分学科把本次测试的成绩进行统计分析,并基于数据对各学校的教学工作进行诊断,挖优点,找不足,并建议各学校备考工作要回归学科基础,科学选题、高效教学,准确定位学生,个别指导、重点培养,注重整体架构,提升能力、培养思维。与会领导要求各高中学校重视质量监控数据,做好诊断分析工作,关注课堂,以问题为导向，对师生的教与学做好系统、科学、有效的指导，做好各种资源的整理利用，合理调整下阶段安排。

（施 爽）

【高考适应性测试】 3月3日至6日，区教委组织全体高三学生进行高考适应性测试。成立专项工作领导小组，会同区教育分院、招生考试中心，制定《石景山区关于组织2020年高考市级适应性测试工作方案》。各高中校结合本校实际情况，从考前动员、分发试卷、组织测试、回收评阅试卷等考试各环节指定详细的实施方案，确保全区所有高中校高考适应性测试平稳有序开展。

（施 爽）

【师生“四联展”】 3月至6月，区教委举办主题为“用爱相守，同心抗疫”的石景山区第34届中小幼师生“四联展”活动，展示石景区教育系统广大师生在抗击新冠肺炎疫情、延期开学、居家生活学习等方面的所思、所感、所做、所获，展现全区师生响应国家号召，齐心抗击疫情的生动事例，在全体师生培育和弘扬社会主义核心价值观，鼓励全体师生凝心聚力，众志成城，为抗击疫情做出教育系统的贡献。本届四联展共征集作品2547件，经评选，320幅优秀作品被推荐到“石景山区智慧教育云平台”、各幼儿园、中小学校，及区教委教育公众号在线展出。

（荆 林）

【第6届墨香书法展】 7月至12月，区教委举办石景山区第6届中小学师生“墨香书法”展示活动，主题确定为“展抗疫精神，育爱国情怀”，用好“时代最强音这本教科书”，引导中小学师生书写“抗疫故事”，号召教育系统广大师全体师生凝心聚力，为抗击新冠疫情做出教育系统的贡献。本届活动征集的优秀书法作品，以视频形式通过腾讯、搜狐、凤凰教育等新闻客户端，以及通过学校和区教委微信公众号在线展示，扩大展示范围和宣传覆盖面，集中展现石景山区书法教育教学优秀成果，同时也展现石景山区中小学师生众志成城、凝心聚力抗击疫情的精神风貌。

（荆 林）

【第十四届翱翔学员推荐】 9月至10月，区教委按照市教委《关于开展北京市基础教育阶段第十四届翱翔学员推荐选拔工作方案》要求，在高中学校开展翱翔学员推荐选拔工作。按照新冠肺炎疫情防控要求，2020年市级评选采用线上方式开展。北京九中、京源学校、古城中学等高中学校共推荐26名学员参与市级评选，成为第十四批翱翔学员，后续学员将有机会到在京高校重点实验室，在知名专家教授指导下，与大学生开展探究性学习和实验。

（荆 林）

【首届“守正杯”】 9月至10月，石景山区2020年第十八届中小学教育教学培训与展示活动暨首届“守正杯”思想政治学科教学和优秀课例评比活动完成。活动以“坚持立德树人，贯彻五育并举”为主题，分为教学设计、在线教育教学微课两部分，开展全学段、全学科的展示与评审；全区各中小学参加展示活动的微课共计484节，其中小学261节，中学223节。其中包含主题班会53节，心理健康课24节，地方校本课程54节。教学设计方面，共有102篇教学设计获一等奖，152篇获二等奖，153篇获三等奖；课堂教学方面，共有102节微课教学获一等奖，154节微课获二等奖，151节微课获三等奖。活动结束后，编辑出版石景山区第十八届教育教学展示活动“优秀教学设计集”，收录55篇优秀教学设计，其中小学22篇，中学23篇。

（施 爽）

【义教学校管理达标验收】 10月19日，区教委基础教育科在14所学校提交自评报告和进行问卷调研的基础上，联合北京师范大学专家团队召开2020年石景山区推进义务教育学校管理标准化建设问卷反馈会。会后根据专家组意见各学校对自评报告进行修改并于11月5日提交至北师大专家组，根据专家意见7所学校进行修改并于同月20日提交。按照市教委和北师大专家组工作要求，26日抽查人大附中石景山学校和古城小学2所第三批义教达标验收学校，12月中旬向市教委和北师大专家组提交石景山区义务教育管理标准建设三年总结和典型工作案例。全区所有义教阶段学校全部完成达标验收。

（王贤鑫）

【普高宏志奖学金】 10月，普通高中宏志奖学金下拨到学校，全区共50名学生得到此项教育资助。年内，按照市教委统一部署，石景山区完成普通高中宏志奖学金的申报、评选、审核等工作。

（陈玉珠）

【“当代好课堂”改革项目】 11月4日，区教委召开2020年“当代好课堂”项目工作研讨会，22所项目学校分别从项目工作开展情况、成效、存在问题及下一步工作思路等方面进行工作汇报。会议强调要注重工作总结、统筹实施和注重项目实效。12月，委托北京菲尔麦德咨询有限公司对当代好课堂项目开展第三方绩效评价，评价结论为：该项目绩效目标明确合理，项目组织机构完整，执行规范有效，项目效果显著，经专家统一意见，综合评价90分，评价等级为优。

（王贤鑫）

【初高三教学质量分析会】 11月17日，石景山区2020年初高三教学质量分析暨总结表彰会召开。全区各中学校长、教学主管干部、初高中教研员、一等奖获奖教师、教师代表及相关单位代表等近150人参加会议。旨在通过表彰激励先进，营造积极氛围，表达对教育教学工作的重视，并引导全区教育系统干部教师转变教育观念，创新教育教学工作，扎实课程教学育人根基，为区域教育质量提升和拔尖创新人才培养再创新功。

（王贤鑫）

【学生综合素质评价】 11月19日，区教委召开石景山区中小学生综合素质评价，初中开放性科学实践活动、综合社会实践活动工作部署会。会议传达市教委11月12日召开的相关工作部署会精神，以及市教委《关于做好2018级初中学生综合素质评价及实践活动有关工作的通知》。要求全体中小学校高度重视学生综合素质评价、实践活动的统筹、组织、实施、数据填报，以及公示工作。

（荆　林）

## 高等教育

【概况】　石景山辖区内有北方工业大学、中国科学院大学、北京工业职业技术学院、首钢工学院、国家检察官学院等高等院校。北方工业大学（简称北方工大）由市教委举办，为理工类院校，设有1个校区，设置12个院（系、部）。开设49个本科专业，覆盖7个学科门类；具有1个服务国家特殊需求博士人才培养项目；一级学科硕士点17个、硕士专业学位授权类别10个、国家级一流本科专业建设点5个，北京市级一流本科专业建设点3个，北京高校重点建设一流专业2个，北京高校高精尖学科1个。北京重点实验室4个。北京工业职业技术学院（简称北工职院）由北京市教育委员会举办，为理工类院校，设有1个校区，设置7个院（系、部）。开设35个专业。教职工500人。专任教师325人，包括教授及教授级高级工程师38人、副教授及高级工程师172人；博士29人，硕士156人；“双师型”教师192人。聘请校外教师14人。毕业生2007人，其中，高职生1746人、中职生261人。

（钱丹红　胡军伟）

【北工职院签“一帮一”协议】　4月27日，北工职院与湖北交通职业技术学院通过视频会议的形式，举行两校帮扶合作签约仪式。北工职院作为市属高校中唯一入选第一批“一帮一”行动名单的学校，将对口支援湖北交通职业技术学院。两所职业院校将携手做好学生就业创业工作，贯彻教育部“六共”帮扶机制。

（白旭东　胡军伟）

【北方工大科技园揭牌】　6月30日，石景山区首个高校科技园——北方工业大学科技园揭牌成立。揭牌仪式在茂华大厦举行，区领导周西松，北方工大副校长柳长安分别致辞，校党委书记郑文堂、茂华集团董事长刘尧与周西松、柳长安共同为科技园揭牌。茂华大厦前身是京西创新创业基地，初期建设面积一千余平方米，科技园的建成将为石景山区创新创业生态构建产学研用结合的科技成果转化平台。科技园采用“联合建设、统筹管理”的方式，支持校内教职工和学生开展创新创业，为初创企业提供办公用地、法务、财务、融资等软硬件服务，降低创业初期成本和风险，帮助初创企业实现零成本创业。当天，区科委也为科技园送来量身定制的“精准服务包”，通过集成的“创业促进”政策，支持园区内企业创业发展，增强大学科技园创业创新活力。

（钱丹红）

【北工职院获机器人大赛一等奖】　8月30日，第十九届全国大学生机器人大赛ROBOTAC方案设计赛成绩揭晓，北工职院机电学院机器人协会设计的“四足机器人”获一等奖。这是ROBOTAC开赛六年来，北工职院在取得四冠一亚的成绩后，第六次获得全国一等奖。

（白旭东　胡军伟）

【北工职院获“外教社杯”微课组一等奖】　10月25日，第十一届“外教社杯”全国高校外语教学大赛（职业院校组）北京赛区比赛在北京经济管理职业学院举行。大赛由市教委全程指导，市高教学会、上海外语教育出版社主办，市高教学会大学英语研究会、北京高校大学英语教育发展中心协办。北工职院基础教育学院英语教学团队（王素雅、廉俊颖、赵洁、孙川）以第2名的成绩喜获微课组一等奖。

（白旭东　胡军伟）

【北工职院加入鲁班工坊建设联盟】　11月6日，鲁班工坊建设联盟成立大会暨职业教育“走出去”研讨会在天津召开。北工职院派代表参加联盟成立大会。为服务“一带一路”教育行动和中非教育合作，促进中外职业教育与培训交流合作，由教育部牵头发起成立鲁班工坊建设联盟，联盟挂靠中国教育国际交流协会。联盟成员由各省市教委（教育厅）推荐，由北京市教委推荐，学校和北京信息职业技术学院代表北京职业院校成为联盟发起单位。

（白旭东　胡军伟）

【北方工大思政教育】　年内，北方工大制定深化新时代思想政治理论课改革创新实施办法，推进专题教学、案例教学、实践教学“三位一体”综合改革，打造立体化“抗疫思政课”。深入开展“使命在肩　奋斗有我”主题教育活动，获全国“三下乡”社会实践活动优秀团队、中国青年志愿服务项目大赛全国银奖、石景山区青年榜样集体。深入实施“学生成长激励计划”，1名辅导员获第七届北京高校辅导员素质能力大赛三等奖。学校获评首届首都学生资助典型经验单位，1人被评为首都资助育人优秀工作者。

（白旭东　胡军伟）

【北方工大本科教育】　年内，北方工大在全国27个招生省份中，理工类提档线超过一本线20分的地区达到25个，录取超过一本线50分的考生805人。获批7个北京市一流专业建设点，1门国家一流课程，4门北京市优质本科课程，4部教材或课件获评北京高校“优质本科教材课件”。获评北京高校教学名师奖1人，北京高校青年教学名师奖1人，北京高校优秀本科育人团队1个；获批1项教育部第二批新工科研究与实践项目，北京高等教育“本科教学改革创新项目”4项。

（白旭东　胡军伟）

【北方工大学科专业建设】　年内，北方工大作为新增博士授予单位，由北京市推荐到教育部。服务国家特殊需求博士人才培养项目建设，通过教育部验收。扎实开展第五轮学科评估和专业学位水平评估工作，16个一级参与评估学科。在软科排名中，学校进入电力电子工程学科排名全球前400名，“控制科学与工程”排名进入前20%。

（钱丹红）

【北方工大科技创新】　年内，北方工大年度科研总经费1.52亿元。获批国家级项目43项、省部级项目56项。出台学校《重点科学研究方向（2020—2025）》，不断凝练重点科研方向，启动“1138工程”。新增2个省部级重点实验室、工程研究中心。获批市科协城市系统工程与社区治理高端智库。获省部级奖22项。承担区应急局、区科委、八角街道、古城街道等项目近1000万元。出台学校《促进科技成果转化实施办法》。开放运营大学科技园，入驻企业15家。

（钱丹红）

【北方工大人才强校工程】　年内，北方工大学校引进39人，其中具有国（境）外留学或访学经历的18人，占比46%。获批北京市海外高层次人才引进自主认定资格单位，新增百千万人才工程国家级人选1人、国家万人青年拔尖项目1人、百千万人才北京市人选1人，目前，学校专任教师900人，具有高级职称494人，专任教师中高级职称比例54%。

（钱丹红）

【北方工大国际化办学】　年内，北方工业大学伦敦布鲁内尔学院获教育部批准，是北京高校中第一家面向本科人才培养的中英合作办学机构。学校共接收来自63个国家各类外国留学生621人，其中长期留学生515人。来自21个“一带一路”沿线国家的245名学生到学校学习交流。学校在中国政府奖学金年度评审抽查工作中获优秀。

（钱丹红）

## 成人教育

【概况】　石景山区成人教育有石景山区业余大学暨石景山社区学院和北京开放大学石景山分校2所，两校合署办公，统一管理，有八角和八大处2个校区，设有三个教学系，开设26个专业，覆盖10个学科。2020年招生774人，其中专科生334人，本科生440人。在校生2808人，专科1503人，本科1305人。全年非学历继续教育培训项目227个，包括会计职称、等职业技能培训；区委组织部、北京农商银行等职工继续教育；舞蹈、美术、器乐等青少年教育以及老年普惠教育等，总计2.3万人次。年内，区业余大学编辑教材、出版教育教学专著1部，《广告设计（第2版）》（顾静副主编，清华大学出版社）。校刊《三石录》总期数290期、当年期数19期。出版《北京市石景山区成人教育学会学报》两期。学校非学历培训全年培训人数8853人，培训学员约2.3万人次；全年直接开展社区教育活动16大项，参与市民达2494人次。在新冠肺炎疫情防控关键期开发“三石学堂”市民教育线上学习平台，打造“三石学堂”直播学习间。老年普惠教育开设班级74个，38个培训项目，培训学员5560人次。石景山老干部（老年）大学通过示范校评定。共组织市区级教育科学规划课题、市成人教育学会课题和校级课题的申报工作，立项课题共计15项，其中市教育科学规划课题立项3项，同比去年增加50%，市成教学会课题立项4项（其中1项为重点课题）。在北京市成人教育学会优秀科研成果评选中，斩获一等奖1项，二等奖1项，三等奖4项。教职工发表论文38篇，论著1册。

（张　沫）

【“云课堂”线上教学】　3月10日，石景山社区学院“云课堂”线上教学全面开展。学校响应“停课不停学”号召，利用多种网络教学形式，打造“云端”直播课堂，保障2020年春季学期本专科学历教育线上教学顺利开课。年内，利用直播平台为3000余名大专、本科学生开展216门课程、1183科次网上授课。

（张　沫）

【学习型学院建设大会】　4月30日，区社区学院召开2020年学习型学院建设大会暨2019年度优秀团队表彰大会。全体教职工参加此次网络直播大会。会上表彰2019年度优秀团队、优秀项目团队、学习之星及个人单项奖，并部署学院《2020年学习型学院创建计划》。

（张佳鑫）

【官方抖音平台开通】　9月5日，官方认证抖音号（石景山社区学院，抖音号sjssqxy2000）并首发视频，得到广泛关注，完播率近五百。完成近150分钟的毕业典礼抖音直播。抖音视频每每更新得到师生们的关注及评论点赞。这是学院继微信公众号、校园官网后，又一以官方视角宣传学院的新媒体平台。

（张　沫）

【创新创业参赛团队获奖】　9月26日，区业余大学15名学生参加“第二届北京职教国际青年创新创业技能大赛”。经过SV软件企业运营、运营汇报和商业项目路演等项目比拼，三个参赛团队均有斩获，取得1个二等奖和2个三等奖的成绩。

（冷荣芝）

【“百草珍馐馆”建成】　10月30日，区第十六届全民终身学习活动周开幕式暨校企合作签约仪式在社区学院八大处校区举办。区社区学院拓宽中医饮食文化教育合作领域，与北京百草珍馐饮食文化公司签订中医饮食文化校企合作协议，石景山区在全市率先开拓中医饮食文化校企合作办学项目，建成“百草珍馐馆”，成立北京市中医药文化素养教育基地专家工作室。

（徐迎军）

【“三石学堂”获品牌项目】　11月1日，在2020年全国终身学习活动周开幕式上，石景山社区学院“三石学堂”学习品牌获全国2020年“终身学习品牌”，并作为北京市唯一荣获2020年全国“最受百姓喜爱的终身学习品牌”接受表彰。

（徐迎军）

【首批学分银行分中心落户】　11月11日，在北京市第十六届全民终身学习活动周暨2020年职业教育活动周正式开幕上，市教委为18家学分银行分中心和19家学分银行联盟成员单位授牌，区业余大学作为首批学分银行分中心上台接受授牌。区业余大学具体负责石景山区学分银行的整体运行和管理工作。

（贾　琳）

## 职业教育

【概况】　北京市黄庄职业高中（简称黄庄职高）建于1981年，为公办三年制。2020年毕业生84人，招生127人。在校生431人；走读生252人，寄宿生179人。学校设有4个系部，开设学前教育、计算机网络技术和计算机动漫与游戏制作等共11个专业,22个教学班。学生职业资格证书取证率54.22%,就业率97.62%。学校法人是倪晓辉。教职工157人,其中教辅人员3人,工人5人。专任教师99人,其中专科学历0人,本科学历82人,硕士以上学历17人,本科及以上学历占教师总数100%;专业技术职称初级22人,中级40人,高级37人,特级教师1人;"双师型"教师43人。聘请校外教师17人。市级骨干教师1人,区级骨干教师3人。学校设有1个校区,总计占地面积6.93万平方米,建筑面积6.56万平方米,包括产权校舍建筑面积6.56万平方米。运动场馆4975.8,运动场地2600平方米。普通教室48个,专用教室84个。多媒体教室座位3300个,计算机1482台,"信息技术"课程2课时/周。图书室建筑面积1366平方米,藏有纸质图书3.18万册。阅览室1个。信息化建设经费5万元,网络信息点3000个,校园网出口总带宽1000Mbps,上网课程2门,数字资源量83226GB。学校固定资产31439.99万元,包括教学科研仪器、器械资产值15915.36万元。全年教育经费投入7127.16万元,其中,国家拨款6828.7万元、自筹经费298.46万元。年内,学校获得全国节约型公共机构示范单位、市级交通安全先进单位等荣誉称号。

(文昌敏)

【线上课程建设】　1月26日,黄庄职高成立"延期开学教学工作组",制定《关于做好2020年春季学期延期开学的实施方案》,制定32个线上教学实施计划。教师借助"超星学习通"等教学平台,整合资源,自主开发线上教学资源。截至7月,教师开发包括讲义、课件、视频、资料包、试题库、作业库等类别教学资源63760个,完成公共基础课、专业课、选修课共368门在线课程的建设,形成学校线上教学课程资源。教师参与人数94人,占专任教师的94.9%。教师采取线上讲授、后台监控、任务评价和家校合作的方式实施线上教学,课程发展处、信息中心及超星公司联络人、技术人员共同组建"黄职一屏三端技术培训微信群",开展3次全体教师学习通教学平台线上培训,通过微信群提供7x24小时咨询、指导、答疑,为网络教育教学的顺利开展提供技术支持。

(朱　宁　尤凤娇)

【拉萨北京高中班开班】　6月,黄庄职高筹建首批拉萨高中班并成立"拉萨工作专班"。9月4日、23日,拉萨北京实验中学北京班高二、高三共计63名学生和1名随行藏文老师,高一28名新生和1名随行藏文老师先后抵校。拉萨班采取封闭式管理,每班配备教学、生活班主任各1名,分别负责学生学习安排、身心健康和纪律管理等工作,拉萨班行政教师负责夜班、节假日轮岗值守。拉萨专班负责制定教育教学工作计划并组织实施,开设体育、艺术、劳技三类课程以及冬奥、冰雪运动等课外实践活动,丰富学生文体活动。

(古春燕　文昌敏)

【开设劳动必修课】　9月至12月,根据《关于全面加强新时代大中小学劳动教育的意见》,学校向高一学生开设并实施劳动必修课,课程分生活性劳动、生产性劳动和服务性劳动三个类别,包含"简易家庭餐制作""手作温暖生活""校园农作物收获"共6个模块,11月26日,学校组织召开劳动必修课阶段成果汇报会,学生以视频、诗歌朗诵、手绘海报等形式展示劳动成果。

(朱　宁　尤凤娇)

【对口帮扶工作】　10月19日至23日,黄庄职高组织10名优秀教师赴顺平县顺平职教中心开展送教工作,包括德育、心理讲座2场,舞蹈、声乐、钢琴3门专业课程以及京式旗袍盘扣传统技艺课程1门。10月23日,学校参加顺平职教中心举行的"2020黄职——顺平对接帮扶成果汇报表演",顺平职教中心音乐专业、高一高二建档立卡学生以舞蹈、合唱及视频剪辑的成果展示一周培训的汇报成果。10月19日至29日,莫旗职教中心1名教师、宁城职教中心4名教师分别到校进行为期两周和一周的跟岗学习,挂职教师通过听课、考察参观校外冬奥组委美发实训基地、座谈交流完成跟岗学习。

(刘　荣)

【职业教育活动周】　11月18日,石景山区职业教育活动周在黄庄职业高中举办。活动周以"全民智学促治理 素质提升增效能"为主题,中国出版传媒股份有限公司、中国数字文化集团、中科汇金数字科技有限公司等企业及区内中小学领导嘉宾80人参加活动。活动周上举行校企合作项目签约仪式和劳动教育课程发布会。学校与中国出版传媒股份有限公司共同签署"数字影音互动科技与标准国家重点实验室"合作协议,依据协议,双方共建实训基地,共培高端技术技能型人才;学校与北京诚安世纪医疗器械有限公司共同签署"健康产业供应链的社会培训基地"合作协议,依据协议双方将合作培养健康产业供应链的金融、信息化管理、仓储配送等人才。活动现场正式发布劳动教育基地课程资源,该资源面向全区中小学,开发生活、服务和生产三大类共计96个劳动课模块资源,采取线上和线下两种授课模式,每个模块资源均有系统化课程标准、数字化的教学资源、模块化的学习资源、标准化的物料配置和国际化的评价方案。

(刘　荣　吴　懋)

## 教育督导

【概况】　2020年,石景山区政府教育督导委员会贯彻落实中共中央办公厅、国务院办公厅《关于深化新时代教育督导体制机制改革的意见》,参照北京市教育督导委员会标准,结合区机构改革和教育督导工作实际,对本区教育督导委员会成员单位进行调整,将原14个成员部门和单位调整为30个部门和单位及9个街道办事处,通过机构重置,强化政府各部门教育职责的履行。年内,石景山区人民政府教育督导室(简称区教育督导室)研制《石景山区2020年幼儿园办园质量督导评估工作方案》,组建督导评估专家队伍,完成对15所幼儿园督导评估。

完成对九中教育集团6所学校全面实施素质教育综合督导；完成对古城教育集团4校督导回访；完成校外教育机构随访督导和自查自评。根据市、区防疫抗疫相关要求，分别组织责任督学有序开展中小学幼儿园复学复课相关工作、中高考新冠肺炎疫情防控准备工作、中小学暑期相关工作、中小学心理健康教育、中小学幼儿园疫情防控和安全生产开学准备工作情况等专项督导；加强责任督学经常性挂牌督导，以每月一主题形式做好责任督学经常性督导工作。开展区级相关部门履行教育职责情况年度自查，组织完成区委区政府有关部门履行教育职责工作自查自评和各部门党政领导干部考评工作；完成北京市对本区政府履行教育职责情况综合督导检查的迎检工作。根据市、区新型冠状病毒疫情防控要求，完成疫情防控的数据统计及督导检查等工作。年底，区政府教育督导室专职督学22人，兼职督学10人，责任督学29人，特约督学20人。

（刘国峰　王桂洋）

**【复学复课疫情防控专项督导】**　4月10日至16日，区教育督导室组织25名责任督学对全区47所中小学校（含职业高中、培智中心和民办学校），开展2020年春季学期教育教学工作专项督导。4月27日、5月11日，组织18名责任督学，分别对全区9所高三、18所初三年级学校（含民办）开展试开学情况专项督导。5月21日至22日组织18名责任督学重点围绕中学非毕业年级开学准备、毕业年级师生员工上传体温数据、学校垃圾分类等工作情况，对全区9所高中、18所初中学校（含民办）开展中学开学有关工作情况专项督导。5月28日至29日，组织22名责任督学重点围绕小学开学新冠肺炎疫情防控和教育教学准备、学校垃圾分类等，开展对全区35所小学（含民办）开学准备工作情况专项督导。6月1日至2日，组织25名责任督学重点围绕师生员工入校、学生课间休息情况、校园封闭管理和环境消杀等情况，开展对全区47所中学非毕业年级、小学六年级（含民办）开学情况专项督导。8月25日至9月4日，组织29名责任督学围绕学校幼儿园疫情防控、安全生产和垃圾分类等19项内容开展情况，对全区48所中小学校、52所幼儿园疫情防控和安全生产等开学准备工作情况进行专项督导。12月29日至30日，组织29名责任督学围绕中小学幼儿园落实市区两级疫情防控要求、加强校园疫情防控工作等情况，对48所中小学和54所幼儿园开展专项督导。

（王桂洋　王贤鑫）

**【中高考准备情况专项督导】**　7月2日至3日，区教育督导室组织5名责任督学，对本区4个高考考点和1个备用考点开展高考新冠肺炎疫情防控准备工作专项督导；7月14日至15日，组织7名责任督学对全区6个中考考点和1个备用考点开展中考考点疫情防控工作专项督导。责任督学分别走进考点学校通过访谈干部教师、查阅档案资料、实地查看等方式，全面了解考点校疫情防控工作的方案和应对疫情突发事件应急预案、培训和演练、维护考点周边秩序准备、工作人员每日体温测量和健康状况监测、涉考工作人员核酸检测、考场设置、测温设备和医用口罩等防护物品准备情况，以及开展防溺水等安全教育情况。

（王贤鑫　王桂洋）

**【政府教育职责履行】**　7月，区教育督导室印发《石景山区委区政府有关部门教育职责》和《〈区政府履行教育职责督导评价指标体系〉责任分解》，明确区政府各部门教育职责，强化切实履行教育发展主体职责，促进教育法律法规的贯彻落实。同月，区政府将《区政府履行教育职责督导评价指标体系》纳入本年政府绩效管理。依据区政府绩效办通知要求，督政科牵头组织本区21个相关委办局、9个街道办事处，根据《〈区政府履行教育职责督导评价指标体系〉责任分解》中各部门应履行的教育职责，梳理年度重点任务118项，报政府办绩效科。

（刘国峰）

**【督学培训】**　7月至8月，区教育督导室组织专职督学2人参加国务院教育督导委员会办公室举办的“贯彻《关于深化新时代教育督导体制机制改革的意见》精神”专题网络培训示范班培训，经综合考核合格，全部获得国家教育行政学院颁发的结业证书；组织专职、兼职和责任督学57人次，分别参加北京市基础教育质量监测评价、督学培训课程开发、中小学责任督学骨干、幼儿园责任督学和2期中小学校长参加的中小学校内部督导等专题网络培训班；参加国家义务教育质量监测报告解读及结果应用培训和4期北京市督学大讲堂网络学习培训。结合区教育督导工作需要，积极开展区级自主培训，先后组织国家义务教育质量监测、幼儿园办园质量督导评估督评专家、中小学校综合督导、学校复学复课专项督导、学生心理健康教育专项督导、责任督学春秋季开学情况督导检查等督导培训。

（王桂洋）

**【接受国家义务教育质量监测】**　9月28日，国务院教育督导委员会办公室、教育部基础教育质量监测中心根据《国家义务教育质量监测方案》和《国务院教育督导委员会办公室关于开展2020年全国义务教育阶段学生科学学习质量、德育状况监测的通知》，对石景山区2020年义务教育质量进行抽样监控测试。抽取石景山区20所中小学校作为样本校；监测科目为科学学习质量、德育状况以及课程开设、条件保障、教师配备、学科教学和学校管理等相关影响因素；监测对象为五年级和九年级学生及其教师、学校领导。全区近600名学生参加测试；20名中小学校长和百余名班主任、科学、道德与法治、心理健康教育等教师通过“国家义务教育质量监测问卷调查系统”接受问卷调查。石景山区完成国家义务教育质量监测现场测试的数据采集工作。

（王桂洋）

**【督导人员信息采集】**　9月，根据市教委关于教育督导人员信息采集工作要求，教育督导室收集汇总本区各类督学人员核心信息，录入北京市教育督导信息管理应用平台系统进行注册；

并指导督学完成网上个人信息填报。在逐一完成对督学信息的审核授权后，将全体督学信息打印上报市教委督学处。本次参加网上注册填报个人信息的专职、兼职、责任和特约督学共计64人。

（王桂洋）

【教育满意度测评】 10月17日至19日，区教委、教育督导室委托北京菲尔麦德咨询有限公司开展对全区中小学、教办幼儿园2020年区教育工作满意度调查工作。以无记名电子问卷方式，对辖区内幼儿园、中小学、特教学校以及中职学校的学生、家长、干部教师进行调查。参加本次调查的有幼儿园12所，小学35所，中学24所，职业高中1所及特殊教育学校1所。调查对象为幼儿园家长，小学四至六年级全体学生和二至六年级家长，初中、高中和职业高中全体学生、家长，特教学校四至六年级全体学生、家长，以及所有学校和幼儿园教职员工。调查结果显示，各学段2020年教育工作整体满意度得分为：幼儿园97.14，小学95.75，中学94.56，职业高中86.11，特殊教育80.72。

（王桂洋）

【综合督导九中教育集团】 10月20日至11月26日，区教育督导室组织督导评价组37名专兼职督学，依据《北京市石景山区普通中小学校全面实施素质教育评价方案》，完成对九中教育集团6所学校全面实施素质教育综合督导。督导评价组成员分成学校发展规划与干部队伍建设组、学校教学与教师队伍建设组、德育工作组、体育美育卫生健康组等4个项目组，分别对集团内各成员单位的发展规划、队伍建设、教育教学、师德师风、安全卫生等方面的工作进行检查评估。12月，在对实地督导所获信息进行充分分析研讨的基础上，分别完成各校督导报告的撰写。

（张树升）

【幼儿园办园质量督导评估】 10月26日至11月25日，区教育督导室依据《石景山区2020年幼儿园办园质量督导评估工作方案》，组织辖区内参评幼儿园依托"北京市幼儿园办园行为督导评估系统"进行网上自评；组织督评专家通过网上评阅资料、实地查看验证等进行区级督评，完成对本区第二批15所幼儿园办园质量督导评估工作。12月4日、7日，区教育督导室分别组织3个督评专家组，针对督评中发现的问题，逐一完成对本区15所被督评幼儿园的督评反馈，并要求幼儿园结合督评结果建立问题清单。本次区级督导评估的督评结果为：13所幼儿园评为B级，2所幼儿园评为C级。

（张树升）

【中小学心理健康专项督导】 11月19日至26日，区教育督导室组织29名责任督学，围绕中小学心理健康教育落实和有序实施情况、中小学和幼儿园开展冰雪奥运宣传及面向师生的冰雪奥运教育活动、中小学和幼儿园"十三五"发展规划有序实施以及"十四五"发展规划的思考与研讨等内容，对辖区内48所中小学和54所幼儿园开展专项督导。

（张树升）

【综合督导回访】 12月22日至24日，区教育督导室组织14名专兼职督学对古城教育集团的古城中学、北工大附校、古城二小、古二小分校开展2018年全面实施素质教育综合督导工作复查回访。督导评价组在回访中听取校长整改工作汇报、查阅相关档案材料、与干部教师进行访谈交流等，了解学校一年来的发展变化和针对综合督导报告中所提问题的整改落实情况。就督导情况向集团领导和各学校进行汇总反馈，并针对集团的发展情况和督导所发现的问题提出改进建议。

（张树升　王桂洋）

【市征文获奖】 年内，区教育督导室完成责任督学挂牌督导典型案例和论文征集工作，征集本区21篇论文案例参加第三届北京市教育督导论文评选，共计12人获奖，其中一等奖1人，二等奖3人，三等奖3人，优秀奖5人；获"第三届北京市教育督导征文优秀组织奖"。做好北京市督学之星评选推荐工作，将督学之星推荐材料和专题片素材采集表上报市教委。本区责任督学刘红、杨春利获"北京市2020年督学之星"称号。

（王桂洋）

## 民办教育

【概况】 2020年，石景山区各级各类民办教育学校、培训机构共116所。其中民办幼儿园29所36址，民办普通中学2所，民办职业高中1所，其他文化、教育、技术等非学历培训学校84所。各类培训机构全年培训人数达48962人，民办幼儿园在校生7606人，民办中、小学在校生1365人。各类学历类学校（中、小、幼）教职工合计1786人，其中专任教师839人。

（白　璐）

【校外培训机构规范】 12月，区教委制作《石景山区校外培训机构办学行为规范》公示牌，要求所有经教委审批的机构在显著位置张贴。公示牌包括八项内容，重点对教师资格、收费周期等校外培训热点问题进行明确规定。区教委要求机构严格教师聘用资格条件，不聘用公办学校在职教师，确保从事培训的教师具备相应教师资格；严格遵守培训时间要求，培训时间不与中小学校教学时间相冲突，培训结束时间不得晚于20时30分；严格规范收费行为，不一次性收取时间跨度超过3个月的费用。公示牌主动公示培训机构的投诉电话、教委的监督电话。

（白　璐）

【政务服务事项办理】 年内，区教委办理行政许可事项16项，办理民办学校变更校址、校长、决策机构成员、增设教学点等备案事项19项，做出行政处罚3项。

（白　璐）

# 文　化

## 综　述

【概况】 2020年,石景山区文化和旅游局(简称区文旅局)面对新冠肺炎疫情的突然暴发,围绕首都建设全国文化中心、"三区定位",一手抓防控、一手抓发展,积极推进疫情防控、国家示范区迎检验收、西山永定河文化带建设、冬奥会筹办服务保障、全面加强党的建设等重点工作。严格落实"四方责任"和"四早"要求,分层、分类、分阶段指导文旅行业做好疫情防控工作。成立石景山区应对疫情工作领导小组重大活动及文化旅游行业服务保障组,关闭区—街—社区三级公共文化设施场馆、文物保护单位、旅游景区及所有文化娱乐场所,停止举办集中性文化活动,并通过公共数字文化服务平台、微信公众号等渠道及时发布通知公告;统筹组织区街两级公共文化设施实现"场馆不开放、服务不停歇"。石景山区作为全国文化馆图书馆总分馆制建设试点,在全区9个街道挂牌建立分馆,总分馆制体系成为疫情期间激发各级文化资源活力。年内,共发动各街道综合文化中心社会化运营团队利用微信公众号、群视频等多种方式,举办网络才艺大赛、艺术培训在线授课等各类文化活动6229项,惠及84.6万余人次,利用"石景山文化E站"网站等数字平台,精选推荐电子图书、文博名师讲坛、抗疫知识、经典影片、慕课等数字资源,结合抗击疫情一线感人事迹,发挥业务干部和社会力量的优势,创作出歌曲、京韵大鼓、相声、快板等类型丰富的文艺作品173篇。提升服务效能,全力迎检国家示范区终期验收。梳理挖掘文脉传承优秀传统文化,合理利用资源举办文物系列展览展示。

(邢永鑫　刘婧超)

【区文化馆理事会成立】 7月30日,石景山区文化馆理事会成立大会在区文化中心多功能厅召开。区文化馆负责人向11名理事颁发聘书,任期3年。这11位理事除区文旅局相关负责人、文化馆职工代表,还有来自机关、学校、基层文艺骨干等社会人士代表。区文化馆理事会将依照法律法规、有关政策和《石景山区文化馆章程》开展工作,接受政府监管和社会监督,负责监督审议文化馆的发展规划、财务预决算、重大事务、章程拟订和修订等事项,并依照有关规定履行其他管理监督职责。

(甘丽娟)

【文化中心正式开放】 8月15日,石景山区文化中心(简称区文化中心)正式面向公众预约开放。按照"实名预约、人员限流、总量控制、防止聚集"的工作要求,开放前邀请区疾控中心专家进行全面检查,并对中心内全体工作人员开展培训,确保中心正常开放、市民有序进入。试运行期间区文化中心开放的功能空间涵盖公益放映厅、剧场、展区、儿童活动室、室外活动平台及多功能厅,市民可在此观看演出、聆听讲座、感受文艺、体验生活美学、观看公益电影。

(姜　楠)

【创建国家公共文化服务体系示范区】 年内,区文旅局按照首都建设全国文化中心的点位要求,把国家公共文化服务体系示范区(以下简称国家示范区)和首都公共文化服务示范区指标融合打通,在国家规定的7部分35项标准的基础上加入地域特色指标,细化形成100项具体工作任务,制定出台《石景山区创建国家公共文化服务体系示范区规划(2018—2020年)》。截至年底,任务全部落实,完成率100%。11月26日,按照文化和旅游部验收工作安排,石景山区通过视频会议的形式参加第四批国家公共文化服务体系示范区验收答辩。市文旅局党组成员、副局长关宇,区领导李新以及市区相关负责人参加,完成国家示范区答辩工作。

(刘　婕)

【文化干部培训】 年内,区文旅局统筹共举办6期创建基层文化干部专题培训,来自全区9个街道的主管领导、文教负责人,各社区负责人及文化组织员600余人次参加培训。培训内容包括"解析基层公共文化设施社会化运营指标""社区文化活动室开放重点落实事项""公共文化服务中的沟通技巧与应急协调处理""基层文化活动的组织开展"等。

(刘婧超)

【创建国家示范区宣传】 年内,区文旅局制定实施创建宣传工作方案,综合运用各级主流新闻媒体和网站、微信、手机APP等多种渠道,广泛宣传示范区创建成果。推出"扭一扭,开启'宜'享文化空间"朋友圈互动广告,触达辖区20.5万余人,其中19至45岁中青年群体占到75.4%;精选覆盖9个街道及人口密集商圈、住宅区的公交车进行车载公益广告宣传,在重要的街区主干道上刊示范区创建标语条幅及道旗;制作《公共文化服务保障法》系列漫画,将示范区创建成果融入其中;在微信开放平台推出创建主题趣味表情包,生动展现石景山区文化特色、旅游景点和迎冬奥主题。金顶街街道图书分馆得到人民日报头版报道,基层公共文化设施社会化运营成效得到《人民日报》专题报道。《中国文化报》《经济日报》《北京日报》以及北京电视台等国家、市级媒体对石景山区级文化场馆创新文化服务、文旅融合主题等开展专题报道百余次。

(刘婧超)

【街道社会化运营工作】 年内,石景山区制定出台《关于进一步加强基层公共文化建设的意见》等15项政策文件,在群众需求征询与评价反馈、培育和促进文化消费、公共文化服务奖励表彰、文化志愿服务管理、公共文化机构年报制度等方面形成17个初步成果并开展试点实践。贯彻落实《公共文化服务保障法》,在培育和促进文化消费管理办法、文化志愿服务管理办法等18个方面形成初步成果。以区政府名义印发《关于进一步推动基层公共文化设施社会化运营工作的实施意见》,形成石景山区基层公共文化设施社会化运营"1+3"制度文件,即一个意见、三个应用文本,分别为《北京市石景山区基层公共文化设施社会化运营绩效评价工作方案》《石景山区基层公共文化设施社会化运营政府采购服务指导性招标技术要求》《石景山区街道综合文化活动中心社会化运营服务项目合同书》（参考模板）。全区9个街道综合文化中心全面推行社会化整体运营，每周开放时间达到70小时以上，群众满意度明显提升，在市文旅局2020年公布的2019年度全市街道（乡镇）综合文化中心效能评估排名中，石景山区包揽前4名，8个街道位列全市前20名内，综合排名全市第一。

（刘 婕）

## 西山永定河文化带建设

【概况】 石景山区西山永定河文化带建设管理委员会（简称西山永定河管委会）主要职责为：根据区政府授权，负责石景山区西山永定河文化带的统筹规划、开发建设、运营管理等组织协调工作。年内，协调模式口文保区修缮改造及环境整治、八大处5A景区创建项目，加大文化资源挖掘力度，西山永定河文化带建设有序推进。

（张思荻）

【成立促进中心】 7月，根据石编委〔2020〕38号文件精神，设立北京市石景山区西山永定河文化带建设促进中心（简称促进中心），为正科级公益一类事业单位，核定财政补助事业编制15名。主要职责为：负责协助西山永定河管委会开展石景山区西山永定河文化带的开发建设、运营管理、项目推进的事务性、辅助性工作。

（张思荻）

【西山永定河文化展竣工】 8月15日，"石景·山河——北京西山永定河文化展"项目开工，区文旅局争取市对区县转移支付资金456.7万元，通过公开招标的方式确定北京万方荣辉文化发展有限公司为实施单位，主要完成区博物馆临时展厅"石景·山河——北京西山永定河文化展"布展工作。12月5日，经建设，施工，监理三方验收合格竣工。

（杨晓红）

【模式口文保区环境整治】 12月，完成田义墓主体、显应寺地面院墙等文物修缮工程，完成模式口大街及模式口北街、菜市场路、法海寺东街、法海寺桥以北基础设施建设、架空线入地及道路系统修缮工作。加快推进重点院落的搬迁腾退、违章建设拆除、房屋征收、趸租等工作。

（张思荻）

【文化挖掘和创作】 年内，区文旅局、西山永定河管委会、石泰公司、档案馆，开展文化资源挖掘和创作，编写完成《模式口记忆》《模式口印象》《永定河传说》《八宝山传说》《档案历史文化系列丛书——麻峪村》《国宝佛牙舍利》等书籍和画册。

（张思荻）

## 群众文化

【概况】 年内，按照疫情防控要求，区文旅局启动应急响应机制，调整区—街—社区三级公共文化设施场馆、文物保护单位、旅游景区及所有文化娱乐场所开放方式，通过公共数字文化服务平台、微信公众号等渠道及时发布通知公告；统筹组织区街两级公共文化设施按照疫情防控工作要求，采取线上、线下相结合的方式举办群众文化活动。共发动各街道综合文化中心社会化运营团队利用微信公众号、群视频等多种方式，举办网络才艺大赛、艺术培训在线授课等各类文化活动6229项，惠及84.6万余人次，利用"石景山文化E站"网站等数字平台，精选推荐电子图书、文博名师讲坛、抗疫知识、经典影片、慕课等数字资源，结合抗击疫情一线感人事迹，发挥业务干部和社会力量的优势，创作出歌曲、京韵大鼓、相声、快板等类型丰富的文艺作品173篇。在做好疫情防控前提下，全区9个街道在全市率先恢复线下开放。

（刘 婕）

【新春团拜会】 1月17日，"福满京城春贺神州"——2020年石景山区新春团拜会暨民乐会在区文化中心剧场举行。区领导常卫、李新、李文起、吴克瑞，中部战区政治工作部群工联络局局长谢杰、中国广播艺术团团长刘学俊、中国电子科技集团公司电子科学研究院党委书记、院长徐少俊等驻区单位领导与全区各行业代表、石景山"老街坊"们欢聚一堂，共享民族音乐盛宴，共迎新春佳节。此次活动是石景山区春节期间"我们的中国梦"—文化进万家重点主题活动，是推动西山永定河文化带建设、国家公共文化服务体系示范区创建工作的有力举措，是深入实施文化惠民工程、不断提高群众获得感幸福感的具体体现。

（甘丽娟）

【"古城之春"艺术节】 4月至8月，区文旅局举办第37届"古城之春"艺术节，以"战'疫'有我，文化聚力"为主题，通过线上文化服务的方式，深入推进全国文明城区和国家公共文化服务体系示范区创建工作，弘扬和传承中华优秀传统文化，培育和践行社会主义核心价值观。区文化馆开设"文·艺"云课堂居家网上培训课程，课程内容丰富多彩，"彩绘入门课"让零基础小白轻松搞定，DIY手工制作风筝、甜甜圈抱枕、猫窝，设计制作具有创意感的环保袋等。培训课程与艺术节各项赛事活动有机结合。

（甘丽娟）

【"点对点"公益电影放映】 7月13日，在区文化中心公益放映厅启动"点对点"放映模式，为驻区部队、项目工地开展公益电影放映，满足部队官兵及外来务工人员的观影需求。在放映过程中，严格执行新冠肺炎疫情防控公益放映规定，测体温、实名登记、全程佩戴口罩，在放映前、后进行环境消毒，放映中，保证厅内观影人员隔位就座，每场上座率不得超过30%。

（姜 楠）

【"戏曲进校园"活动】 7月20日至31日，区文化馆以线上形式开展"戏曲进校园"活动。活动针对不同年龄段采取事前沟通、线下录制、线上播放的形式，为石景山区水泥厂小学、北京市京源学校、石景山区爱乐实验小学、石景山区五里坨小学、北京市京源学校莲石湖分校、京源学校莲石湖分校的学生，以及三色幼儿园的小朋友们奉献精彩的戏曲知识讲座和众多京剧经典唱段表演节目。

（甘丽娟）

【“蓟下博谈·公众课堂”讲座】 8月15日,区文旅局联合首都博物馆共同启动“蓟下博谈·公众课堂”石景山区文化中心分场。首都博物馆党委书记白杰、馆长韩战明,区领导周西松共同出席“蓟下博谈·公众课堂”分场启动活动。首都博物馆与区文旅局共同签署馆地战略合作协议。年内,区文化中心“蓟下博谈·公众课堂”共举办37场,吸引观众1775人,收集活动反馈312余份。11月在北方工大建筑艺术学院、北方工大经济管理学院、北工职院共举办20场,累计1629名学生参加活动。

(姜 楠)

【街道文化中心恢复开放】 8月17日至31日,石景山区9个街道综合文化中心社会化运营团队在继续做好线上文化服务的同时,分期分批陆续开门迎客,全部恢复线下开放。开放前,区文旅局结合常态化新冠肺炎疫情防控要求,指导运营团队制订疫情防控常态化开放工作方案和应急预案,联合区疾控中心、卫健委协助做好场馆实地检查和防控培训,对工作人员进行核酸检测。在“石景山文E”APP开设预约专区,方便群众实名预约。开放后,场馆内每日做好50%限流,开放区域定时消毒,调整座椅间隔,对进入群众做好北京健康宝扫码及体温检测。

(刘婧超)

【“有趣的世界”科普讲座】 8月30日,由区文化馆组织策划的“有趣的世界”系列活动第一讲《厉害啦,我的大象》,在区文化中心多功能厅举办。“有趣的世界”讲座是文化馆精心打造的科普类讲座,主题包括动物、植物、天文、地理、自然、历史、医学等领域。70多个网上预约名额一经推出即被“秒杀”。活动线上线下同步进行,《人民日报》、央视频、发现之旅、今日头条、爱奇艺、虎牙直播等10余家媒体网络同步直播,截至当天17点,累计观看人数629436人,点赞量24371次。

(甘丽娟)

【北京“全民艺术普及月”】 9月20日,由北京文化艺术活动中心主办的“艺术让生活更美好”全民艺术普及月启动仪式在区文化中心举行。文化和旅游部全国公共文化发展中心领导等为全民艺术普及公益讲堂特聘专家代表颁发聘书,为全民艺术普及示范点颁牌,全市各区文旅局、文化馆相关负责人和同仁参加启动仪式。北京第二届“全民艺术普及月”活动持续到10月31日,是首都市民系列文化活动重启之后首个全市性群众文化活动。更加突出线上资源与线下活动的联动效应,动员和整合全市各级文化馆、文化中心(站)共同参与。突出统筹联动与服务下沉,共征集到各区文化馆及街道(乡镇)文化中心(站)开展的线上和线下文化活动778项,较上年增加400余项;全新上线两套“走进”系列全民艺术普及微视频,上线资源3TB,全平台累计数字资源量达3.55TB,较上年增加1.02TB。期间,区文化馆为百姓奉献60余项演出、培训、辅导等,涵盖戏剧、综艺、讲座等,并通过网上同步直播方式,扩大覆盖范围,方便市民群众线上线下多渠道尽享地区丰富多彩的文化活动。

(甘丽娟)

【“丹青逐梦 美聚石景山”展】 9月29日,由区委宣传部、区文旅局、区文联主办,区文化馆承办的“丹青逐梦 美聚石景山”书法美术摄影展于在区文化中心美术馆拉开帷幕。此次展览以抗击新冠肺炎疫情、喜迎冬奥、欢度国庆为主线,共征集美术、书法、摄影等艺术作品760件,分期分批在区文化中心展出,首批展出各类艺术作品195件。

(甘丽娟)

【国庆节、中秋节活动】 10月1日至8日,石景山区共计开展各类文化活动200场次,参与市民群众共24.6万余人次。区级重点文化活动有石景山区文化中心“双节欢乐大派对”、北京游乐园“2020年第九届动漫北京”、北京国际雕塑公园“第八届非遗文化体验周”、八大处公园“秀水石景山、最美八大处”主题游园活动、首钢极限公园“街SHOW嘉年华”等。其中,区文化中心作为地区新晋的网红打卡地、文化新地标,中秋国庆期间邀请东方歌舞团、中国广播说唱团、中国评剧院、中国杂技团等国家级院团带来精彩演出。推出户外动漫经典音乐会、儿童剧、国风文创市集、手工制作等各类亲子活动。首都博物馆品牌活动“蓟下博谈·公众课堂”讲述老北京的传统文化。市民通过“石景山文E”手机APP、“石景山公共文化”微信公众号免费预约活动,热门活动入场券在15分钟内一抢而空。各街道综合文化中心国庆期间正常开放,平均开放时长82.8小时,举办创意手工DIY、国画培训、瑜伽培训、主题画展等形式多样的文化活动。

(刘婧超)

【社区合唱标准化培训试点】 10月20日,全国首个“社区合唱标准化培训试点”项目启动仪式在区文化中心举行。全国“社区合唱标准化培训试点”项目旨在通过使用统一教材,结合高水平合唱专家教学,在有效提升社区合唱团队及其艺术骨干专业能力和艺术修养的同时,打造社区合唱团从团员选拔、训练、排练到演出一整套完整的艺术培训规范和评价标准。

(刘婧超)

【抗疫主题专场演出】 10月22日,“爱在春天”——石景山区抗疫主题原创文艺作品专场演出在区文化中心剧场举行。包括合唱《勇敢同行》、舞蹈《我们在一起》、情景快板《新时代的逆行者》、诗朗诵《中国,灾难面前挺起不屈的脊梁》、歌曲《爱在春天》、小品《倔犟的老爹》、相声《真心英雄》、京歌《永远屹立的中国精神》等文艺作品,歌颂新时代的逆行者用行动诠释生命至上、举国同心、舍生忘死、尊重科学、命运与共的伟大抗疫精神,谱写石景山区人民和全国人民一道发扬伟大的抗疫精神。来自古城街道和苹果园街道的200余名居民观看演出。

(甘丽娟)

【社会化运营案例PK赛】 11月10日,“‘石’不我待 拼出精彩 C位争霸 就等你来”——石景山区街道综合文化中心社会化运营案例PK赛现场展示评比在区文化中心举行。此项活动于9月初启动,分为线上投票和线下展示两部分内容。各运营团队现场进行创意视频展示，结合前期在“石景山文化E站”网络投票及现场专家打分结果，最终古城街道综合文化中心荣获最佳运营空间奖，五里坨街道综合文化中心荣获最佳风采展示奖，苹果园街道综合文化中心荣获最具潜力奖。

（刘婧超）

**【“小小讲解员”活动】** 11月22日，区文旅局与区教委联合主办的“我爱石景山 我说石景山”小小讲解员风采展示活动在区文化中心举行。通过区教委广泛动员，学校推荐和个人报名的方式，全区有22所学校200余名学生参与到活动中，通过初赛52名小小讲解员从中脱颖而出。区文化中心选出第一批3所学校（爱乐实验小学、古城第二小学、外语实验小学）建立区文化中心小小讲解员志愿者社团。同时，区文旅局在石景山有线电视台开辟《爱·说石景山》栏目，利用每天晚上新闻联播结束后的时段播出一集。

（姜　楠）

**【获“舞动北京”团体金奖】** 12月1日，由市委宣传部、市文旅局、市文联支持，北京文化艺术活动中心、北京舞蹈家协会联合主办，各区文旅局、文化馆承办的第十五届“舞动北京”群众舞蹈大赛颁奖展演活动在地坛体育馆举行。由区文化馆舞蹈干部创编、金枫舞蹈队表演的自选作品《山居秋暝》，以及参演的必选作品《山歌好比春江水》，荣获团体金奖，并参加颁奖展演。

（甘丽娟）

**【文化馆评估定级工作】** 12月4日，北京市第五次全国文化馆评估定级复评工作会在区文化馆举行。受市文旅局授权，市文化艺术活动中心副主任带队，由外聘专家及相关人员组成专家评估组一行9人，到区文化馆进行评估定级复评工作。专家组首先对场馆设施进行实地检查，先后查看剧场、多功能厅、培训教室、排练厅、户外活动平台、数字服务场所、美术馆、老年阅览室等，对场馆特色空间、服务项目、利用效果进行了解。随后召开现场工作会，区文旅局作简要情况介绍，区文化馆介绍近年来石景山区文化馆在队伍建设、事业发展、运营管理、文化活动、项目创新等方面的情况，并就本次评估定级工作进行汇报。最后专家组查阅评估档案材料，对区文化馆阵地设施、服务理念、数字化建设、评估材料规范整理等方面给予充分肯定，同时就人才队伍建设、整合资源开展区域合作、创新宣传推广形式等方面提出意见建议。

（甘丽娟）

**【“光影石景山”活动】** 年内，“光影石景山”——奇幻光影创客文化系列活动共开展线上活动16次，通过线上培训、活动直播、社群互动、新闻宣传，线上对区文化中心品牌触达人群约15万人次，除本区百姓，海淀、丰台、朝阳、东城等百姓也前往石景山拍摄、创作短视频作品，宣传石景山山水文化。征集“石景山味儿”原创短视频创作100余部。同时，创新活动形式，采用粉丝见面会、互动式讲座、漫谈等形式，推出“光影石景山”线上线下主题文化沙龙、新片观影会，让更多百姓参与交流，增强体验感、参与感、互动感。

（姜　楠）

## 图　书　馆

**【概况】** 2020年，石景山区图书馆（简称区图书馆）全年采购图书18728种，58446册，办理借书卡2134个，外借图书363175册，接待读者299231人次，解答咨询1435条，举办读者活动544场次、88763人参加，为基层图书分馆（室）送书293次、196026册。年初新冠肺炎疫情暴发，受疫情防控措施影响，因闭馆和限流，整体业务数据有所下降，区图书馆求新思变，打破常规活动及阅读模式，利用新媒体手段推广区图书馆数字阅读资源，摸索出开展活动的新途径，一如既往为读者提供最贴心、最便捷的服务。图书馆官方微信平台“数字资源”栏目为读者提供了电子图书、数字国学、文化专题库、网上报告厅等18个版块内容，图书馆官网的“数字资源”栏目多达22个版块，并利用这些资源安排不同主题的活动。全年开展线上活动263场，参与读者74097人，数字阅读量837569册次。

（尹　洁）

**【“4·23”世界读书日活动】** 4月23日是第25个世界读书日，区图书馆围绕这一主题，针对读者的文化需求，特别是少儿读者和老年读者长时间居家，缺少文化休闲活动背景下的心理特征和阅读需要，陆续组织开展多类线上阅读活动，丰富广大读者和亲子家庭的精神生活。小小书虫俱乐部——英语小主播读书会旨在通过同龄人之间的阅读分享，树立榜样意识，鼓励大家形成健康的阅读习惯。“笔墨传书香”书画作品征集活动依托自身经典活动“石图讲坛——弘扬传统文化系列讲座”，号召广大书画爱好者通过书法、绘画展现对阅读的热爱。“相约世界读书日 书香诗韵伴人生”线上诵读则以阅读、歌颂祖国、赞美春天为主，充分利用“石图诵读交流群”微信群，实现总分馆联动。

（尹　洁）

**【“图书漂流”活动】** 6月22日，市委宣传部、首都文明办等部门公布2019年首都学雷锋志愿服务“五个100”先进典型名单，区图书馆“图书漂流”活动荣获最佳志愿服务项目。此项活动曾荣获2018年北京市公共图书馆文化志愿服务总队优秀文化志愿服务项目，入选2019年“春雨工程”志愿服务项目。依托“总分馆”制建设契机，经市公共图书馆文化志愿服务总队批准，2019年5月17日，区图书馆建立北京市首家区县图书馆文化志愿者总分支队体系，成立9个街道图书分馆的十支文化志愿服务支队。在辖区的9个街道图书分馆志愿服务支队设立图书漂流专区，配备队旗、队章、漂流图书、图书漂流书架、图书漂流展板、漂流手册等基础物资，满足活动的持续性、常态化开展。

（尹　洁）

**【“为爱发声”诵读大赛】** 8月19日，由区文旅局主办、区图书馆承办的石景山区“为爱发声”诵读大赛圆满结束。大赛按照“阅读北京——2020年全市诵读大赛”活动要求，围绕“伟大祖国”“美好生活”“抗击疫情”“为爱发声”主题,秉承“广度覆盖 高度参与”的原则,面向广大读者广泛征集参赛作品。活动通知发出后,得到各个阶层诵读爱好者的积极响应,经过筛选,共有62个视频作品符合参赛要求进入区级比赛。参赛选手中年龄最大的70岁,最小的9岁。经过专业评委的现场评审,评选出石景山区“为爱发声”诵读大赛石景山区个人组一等奖1名、二等奖2名、三等奖3名,参与奖38名,集体组一等奖1组、二等奖2组、三等奖3组,参与奖12组和原创作品7个。参加北京市总决赛获个人组三等奖、集体组二等奖、原创美文奖一名。

(尹　洁)

【讲故事比赛】　9月15日,“学先锋做先锋 争当新时代好少年”红领巾展示活动在区图书馆四层多功能厅举办,由于新冠肺炎疫情影响,比赛采取视频录制参赛、现场评选的方式进行。共有14所学校25名小选手提交作品。比赛围绕“从小学先锋、长大做先锋”的主题,以读故事、写故事、讲故事等多种形式号召广大中小学生学习先进事迹,传承红色基因,表达对战斗在抗疫一线的英雄们的崇高敬意。在2020年北京市红领巾读书“学先锋做先锋 争当新时代好少年”讲故事比赛中,石景山区推选的10名小选手凭借出色表现,最终取得优异成绩。获得北京市一等奖1名,北京市二等奖3名,北京市三等奖6名。三位老师获得北京市优秀指导教师荣誉称号。

(尹　洁)

【文化小使者英文展示】　11月28日,第二届京津冀“讲中国故事 展冬奥风采——我是文化小使者”英文展示大赛圆满结束。大赛石景山区图书馆、天津市南开区图书馆、河北省唐山市图书馆承办。活动旨在以儿童视角发现家乡之美,用国际声音讲好中国故事。2020年是“讲中国故事,展冬奥风采——我是文化小使者”英文展示大赛连续举办的第二年,虽然是在新冠肺炎疫情期间筹办,活动仍然吸引京津冀三地4000余名中小学生争当冬奥文化小使者,积极参与到活动中。决赛依次按照三个年级组别进行,共有40名小选手参与其中,奖项设置分为一等奖、二等奖、三等奖和优秀奖。

(尹　洁)

【蝉联“年度影响力绘本馆”】　12月11日,在2020年少儿阅读峰会上,区图书馆少儿馆蝉联“年度影响力绘本馆”奖项。此前,区图书馆少儿馆已连续六年获得“全国十佳绘本馆”“全国最美绘本馆”“年度影响力绘本馆”等荣誉。此外,在第十届书香中国·北京阅读季阅读盛典中,由区图书馆推荐的李芳妃家庭荣获“2020年北京书香家庭”,古城街道燕堤西街社区被评为“2020年书香社区”。

(尹　洁)

## 文化遗产保护

【概况】　年内,石景山区文物系统按照“保护为主、抢救第一、合理利用、加强管理”的文物工作方针,围绕全国文明城区、西山永定河文化带建设、服务冬奥工作,严格新冠肺炎疫情防控,有序推进博物馆建设,文物保护传承利用工作稳步推进。争取北京市文物及历史文化名城保护资金2100余万元,完成法海寺修缮工程二期、田义墓修缮工程、石景山显应寺地面及院墙修缮工程、崇兴庵防雷工程和石刻文物园文物展陈、2020年法海寺壁画艺术巡回展、石景·山河——西山永定河文化展等文物保护修缮及展览展陈项目。推动燕京八绝博物馆,慈善寺古香道文化陈列馆、北辛安记忆陈列馆、石景山区石刻文物园建设。新增模式口龙王庙、石景山净德寺及相关遗址、西黄村火车站老站房3处石景山区未核定为文物保护单位的不可移动文物予以登记并公布。完成《西山永定河文化带文化系列丛书》初稿,开展线上线下文物保护、传承宣传活动,开展“西山文化讲坛”6期、香文化大讲堂6期、“蓟下博谈”品牌讲座24场。区非遗中心按照区财政局要求进行核查,最终审定金额总计201.06万元,涉及12家体制内单位的专项资金共计123.918万已由区财政直接拨付给相关单位,9家体制外单位的专项资金共计77.142万元已由区财政拨付至区非遗中心。12月25日,非遗中心拨付给相关单位,并与各单位签订资金使用管理责任书。

(杨晓红　孔　蓉)

【“博物馆里过大年”活动】　1月15日,中国第四纪冰川遗迹陈列馆举办以“我们的中国梦——文化进万家”“福满京城 春贺神州——红红火火迎新春 冰川馆里过大年”为主题的“博物馆里过大年”系列文化科普活动。通过VR冬奥体验、拓印新年版画、精美剪纸艺术、新春文化演出、一带一路展览等形式让九中新疆班的少数民族师生和居民群众体会到文化的传承和科技的力量。区文旅局、非遗中心、北京九中领导及新疆班师生、模式口村居民等300余人参加开幕式活动。

(杨晓红)

【国际博物馆日活动】　5月18日至31日,中国第四纪冰川遗迹陈列馆开展“5·18”世界博物馆日“冰川启示录”线上展览展示活动。受新冠肺炎疫情影响,采用线上展览、语音讲解、参与互动的方式开展。通过解锁冰川奥秘、介绍中国第四纪冰川理论的建立和发展研究成果,线上绘画作品征集、探寻消失的冰川、推介相关的科普书籍等形式,将第四纪冰川动物与冬奥的完美结合,呼吁人们保护环境,留住冰川。为减缓全球气候变暖,为营造一个绿色清洁的生存环境而共同努力。本次线上活动3场,推文浏览及线上参与活动738人次。

(杨晓红)

【“文化和自然遗产日”活动】　6月13日,石景山区举办“文化和自然遗产日”线上系列活动。活动以“非遗传承,健康生活”为主题,弘扬传统文化,营造惠民氛围,助力石景山区创建全国文明城区和国家公共文化服务体系示范区建设。线上活动内容涉及武术健身操、家庭抗疫香囊制作、非遗条例解读及政策宣传、打花棍、抖空竹、“聚庆斋糕点”核桃酥制作等多方面,传承人通过直播方式与线上观众互动交流，观众切身感受到非遗的独特魅力。

（孔　蓉）

【古香会历史文化展竣工】　6月28日，慈善寺古香会历史文化展项目开工，9月15日竣工，该工程由市财政投资72.4万元，实施单位为：环顿文化发展（北京）有限公司。该项目内容主要分为四部分：慈善寺古香会历史文化展览，以"图片+文字+实物"的展览形式，全面呈现香会溯源、香会分化、香会礼节、现代香会传承等内容，多角度发掘古香会文化内涵，全方位拓展慈善寺历史价值；慈善寺古香道历史文化大讲堂，每月一场，共6场；慈善寺古香道历史文化标识系统，将慈善寺原有庙宇殿堂及与古香道文化相关的景观景点融入"香文化"元素，结合慈善寺特点设置统一标识牌；四是慈善寺院落殿堂讲解系统，利用微信小程序，定制慈善寺院落殿堂的电子讲解系统。

（杨晓红）

【石刻文物园展陈工程竣工】　7月7日，承恩寺石刻文物园展陈工程项目开工，10月20日项目竣工。该项目为区县文物及历史文化保护资金项目，区财政拨款93.47万元。采用竞争性磋商形式确定项目实施单位百达文化科技有限公司。项目范围包括以石景山区所有石刻文物为主体编纂展陈大纲，并以经过专家论证和甲方认可的大纲为依据进行深化设计；以经过专家评审和甲方认可的深化设计方案为依据建设四个文物展厅及一个多媒体场景展厅。

（杨晓红）

【田义墓修缮工程竣工】　7月7日，田义墓修缮工程项目开工，10月13日项目竣工。该项目为区县文物及历史文化保护资金项目，由区财政拨款132.78万元，项目采用竞争性磋商形式确定项目实施单位北京市文物古建工程公司。本次工程主要包括：对院内二进院东、西侧院墙进行整体原拆原砌、对院内享殿周边恢复卵石散水、对院内三座碑亭瓦面进行查补保养等。

（杨晓红）

【法海寺壁画监测项目】　7月15日，法海寺文物保管所委托中工国际招标有限公司经竞争性磋商，成交单位中国文化遗产研究院中标法海寺壁画监测项目。该项目经财政局评审，审定金额292.92万元。该项目为五年跨年度项目，年内该项目共争取市对区县转移支付资金158.13万元，第一年监测目标按计划完成。

（杨晓红）

【文物认定】　7月28日，区文旅局将模式口龙王庙、石景山净德寺及相关遗址、西黄村火车站老站房列入石景山区未核定为文物保护单位的不可移动文物予以登记并公布。

（杨晓红）

【法海寺壁画艺术巡回展】　8月11日至11月26日，石景山区举办法海寺壁画艺术巡回展。该项目共争取市对区县转移支付资金183.4038万元，法海寺文物保管所委托中工国际招标有限公司经竞争性磋商，确定成交单位为北京万方荣辉文化发展有限公司。本项目基于法海寺壁画进行数字动画影片呈现，通过VR眼球追踪交互系统和文物信息触屏交互系统的搭建，以动态化交互方式，让观众感受"活起来"的壁画艺术，提高互动参与者的体验感和对壁画艺术的当代化认知。

（杨晓红）

【慈善寺知识讲座】　8月14日至9月15日，慈善寺先后举办6场古香会历史文化大讲堂。聘请市、区专家分别以《天泰山"三香文化"与民俗信仰》《慈善寺与清代皇权的关系》《慈善寺彩画初探》《石景山区旧时的四大庙会》《天泰山历史文化集粹》《香文化概说》为题，讲述了天泰山的民俗信仰、历史文化，慈善寺与满清皇权的关系、慈善寺的彩画，以及香文化的相关知识。讲座在快手App上同步直播，共有3万余名群众聆听讲座。

（杨晓红）

【法海寺修缮工程】　8月17日，法海寺修缮工程竣工，完成四方验收。该项目为2019—2020年跨年度工程，共争取市对区县转移支付资金822.6万元。项目分为《法海寺修缮工程》《法海寺修缮工程—下架及椽望地仗、油饰、彩画》两部分，主要对总面积2066.14平方米内的部分古建修缮，包括屋顶瓦面以及院落地面、护坡墙、院墙等构筑物进行修缮和油饰彩画。北京市法海寺文物保管所委托北京华采招标代理有限公司代理该项目的公开招标，确定施工中标单位为北京北京大龙建设集团有限公司。设计单位为北京建工建筑设计研究院，监理单位为北京方亭工程监理有限公司。

（杨晓红）

【显应寺修缮工程】　8月21日，显应寺三期修缮（延续）工程竣工，经建设、施工、监理、设计、质监站五方验收合格竣工。该工程为跨年度工程，2019年开工建设，区文旅局争取市对区县转移支付资金310.6万元，项目主体单位区文物研究所通过公开招标的方式确定北京怀建集团有限公司为本项目施工单位，

（杨晓红）

【慈善寺签订合作协议】　8月27日，慈善寺参加中国民俗学会中国香文化研究中心成立六周年暨隆和恒泰（北京）文化旅游产业有限公司成立庆典活动。所长赵冬梅与中国民俗学会中国香文化中心、北京兴盛恒泰投资管理公司、石景山区非物质文化遗产中心签订战略合作协议。

（杨晓红）

【冰川馆智能语音导览】　9月20日，中国第四纪冰川遗迹陈列馆委托开发的馆内展厅智能语音导览正式投入使用。智能语音导览将馆内12个展厅以及遗迹走廊，分别以单位化、章节性的形式，做成具体的13个专题，每个专题将该展厅的藏品及相关内容系统地收纳和排列，方便公众根据展厅的展览逻辑进行语音讲解收听、内容获取、收藏。智能语音导览开启冰川馆数字化进程。使用展厅智能语音导览程序便捷，只需要通过扫描二维码的形式就可以完成。自展厅智能语音导览投入使用以来，服务民众上万人。

（杨晓红）

【冰川印象展览展示】　9月22日至10月15日，中国第四纪冰川遗迹陈列馆

举办冰川印象展览展示活动。此次活动通过线上线下相结合的方式开展，以播放专题科普视频、矿物晶体化石标本展览等形式让广大民众体会到多元化的自然科学知识。展览内容与自然环境密切融合，激发广大民众和青少年地质方面的兴趣。活动期间线上推文浏览量1090人次，线下展览参与1910人次。

(杨晓红)

**【燕京八绝博物馆成立】** 10月18日，经市民政局、市文物局审批，北京燕京八绝艺术馆正式升级为北京燕京八绝博物馆。“燕京八绝”是清宫造办处工匠流落民间后逐渐形成的以金漆镶嵌、花丝镶嵌、景泰蓝、牙雕、玉雕、雕漆、京绣、京毯为代表的八大技艺。展示了包括金漆镶嵌仿故宫穿云龙屏风、花丝镶嵌《盛世繁花》手包套装、金漆镶嵌八吉祥银锭套盒、景泰蓝《万寿无疆》碗、雕漆寿桃捧盒等在内的400余件燕京八绝传世精品。

(杨晓红)

**【慈善寺重阳节活动】** 10月，慈善寺在重阳节期间举行“孝心香囊·情暖重阳”慈善寺孝老送“福”、登高赏秋和非遗体验“拓楸”活动。慈善寺精心准备300个石景山区非遗项目“和香”香包免费赠送前来参观的老人，邀请区非遗“传拓”项目传承人庞献坡开展非遗传拓体验，免费公益讲解，带领游客登高赏秋。

(杨晓红)

**【出版《八宝山传说》】** 10月，区非遗保护中心编著的《八宝山传说》一书，由中国文史出版社出版发行。全书26.8万字，共收集整理八宝山地区传说故事81个，有民俗风物传说、寺庙传说、墓葬碑志传说、历代名人掌故、红色革命故事。

(孔　荟)

**【法海寺西山文化讲堂】** 11月12日，由区文旅局、法海寺文物保管所、陶君创新工作室共同举办的法海寺西山文化讲堂在法海寺开讲。讲座采用高清数字壁画解析和壁画真迹观摩相结合的形式。主讲人刘晓波围绕法海寺的历史变迁、雕塑还原和壁画内容，从空间与构图、主次、细节技法、工匠水平和与其他壁画的比较研究等不同角度对法海寺壁画进行了解读与探讨，40余人参加讲座。

(杨晓红)

**【非遗声音故事展演】** 11月18日，由区文旅局主办，区非遗保护中心承办的“继承传统、展望未来”石景山区民间文学“声音故事”(六)暨非遗原创节目展演活动于区文化中心举行。本届“声音故事”(六)以“继承传统、展望未来”为主题，以非遗传说故事为线索，围绕永定河传说、京西古道、八大处传说、八宝山传说和全新的石景山五个版块，传统文艺和原创作品相结合的形式。

(孔　荟)

**【承恩寺文化传承与宣传活动】** 年内，承恩寺举办和参与主题文化交流活动102场次。其中，承恩文化传习大讲堂和时代非遗文化大课堂活动30场；首次运用新媒体传播手段和短视频平台，进行讲堂直播，两次直播达110万次播放量；举办“燕京八绝中华文化创新推广季系列活动”“古都新韵匠心传承——2020西山永定河文化带非遗创新发展系列推广活动”。举办“匠心传承 燕京八绝工艺体验之旅”走进社区、学校，让社区居民足不出户、在校师生近距离的感受燕京八绝国粹精品和非遗技艺的撼人魅力；燕京八绝博物馆全年接待来宾178场，参观人次5000余人。

(杨晓红)

**【慈善寺“十一”大讲堂】** 年内，慈善寺大讲堂举办3场主题分别为“体验传拓 感受中华传统文化”“传拓制作志愿者培训”“月满京城 情系中华——松风四道雅集文化交流”的非遗项目展演、展示互动体验活动。来自北京市各中小学校和各行业的文博爱好者150余人参加活动。

(杨晓红)

## 文化创意产业

**【概况】** 2020年，面对新冠肺炎疫情对经济发展带来的冲击与影响，石景山区文化创意产业促进中心(简称区文促中心)通过政策支撑与服务保障携手5000余家文化企业，压实“四方责任”，指导、监督、服务文化园区、文化企业和重点文化项目开展疫情防控和复工复产工作；为60家企业赠送口罩共计32000只，多方联络畅通企业采购渠道，解决企业燃眉之急；服务37家企业获得北京市“房租通”支持，44家企业获得北京市中小微企业稳就业政策支持，35家企业获得北京市“投贷奖”支持，给予38家企业区级文化产业发展专项资金支持；在石景山文创公众号推出战“疫”系列报道45期，在“北京文化创意产业快报”发表文章18篇，相关报道在《人民日报》《工人日报》《北京日报》、市委信息刊发。从5月起，文化产业持续保持快速发展态势，成为带动全市文化产业和全区第三产业收入增长由负转正的重要力量。全年文化及相关产业实现收入772.1亿元，同比增长73.9%，收入规模占全市比重达到5.4%，占全区第三产业收入比重达到20.3%。

(王　震)

**【北京国际电竞创新发展大会】** 8月15日，“北京国际电竞创新发展大会”和“电竞之光”展览交易会在首钢三高炉举办。大会以“竞启未来”为主题，采用线上线下相结合形式举办。大会发布北京各区大力支持电竞产业发展的相关政策；达成一系列电竞产业项目的落地；揭牌北京市电子竞技产业品牌中心及北京市游戏创新体验区，启动5G云电竞产业联盟，成立北京市电子竞技产业发展协会，并落户石景山区；宣布落地石景山区网络精品游戏研发基地、北京智慧电竞赛事中心、首钢电竞产业园等项目，引入英特尔极限大师赛、中国大学生电竞联赛CUEA等赛事，构建起北京电竞产业完整的产业集群。

(王　震)

**【参展2020服贸会文化服务专题展】** 9月4日至5日，石景山区以“创意石景山，点靓新生活”为主题，携12家文化企业亮相2020服贸会“文化服务专题”展区，此次展览实现“三个突出”：

突出产业特色、突出互动体验、突出现代科技与传统文化，受到市领导和市级媒体的高度关注。展会采取线上线下融合方式举办，开启云上展示通道，实现企业优秀文化产品展览展示的数字化和常态化。

（王 震）

【参加2020北京文化创意大赛】 年内，石景山区150多个项目参加2020北京文化创意大赛，项目涉及非遗IP开发、虚拟现实科技、文化教育等多个领域。石景山区9个项目晋级北京市百强，全市排名第二；5个项目闯入北京市30强，全市排名第一；5个项目角逐全国总决赛，全部获得奖项。石景山区分赛场荣获最具成就赛场奖。

（王 震）

## 文化市场

【概况】 2020年，石景山区文化市场综合执法大队（简称执法大队）出动检查人员1200余人次，检查文物保护和文化经营单位3700余家次，校园及景区周边70余次，组织联合执法行动26次，立案查处各类违规行为52起，结案52起，罚没款共计3.5538万元，没收电影放映设备6台，取缔黑“点播影院”1家。上报各类工作信息36篇，其中全国扫黄办采用1篇，市文化执法总队采用13篇，《今日头条》6篇，区委区政府采用7篇；受理上级交办和群众举报4件，其中办理文旅部督办1件，办结市文化执法总队转办全扫案件1件，落实“12345”便民电话800余起，其中网络游戏投诉占90%以上，均按时办结。组织实施“文化市场安全月”宣传活动、“护苗2020·开学季”等活动。

（余 梅）

【新冠肺炎疫情防控执法】 1月24日，文化和旅游部发布紧急通知，要求在新型冠状病毒肺炎疫情防控期间，为防止病毒因人群聚集而进一步扩散，全国文化娱乐场所、互联网上网服务营业场所立即停止营业活动。执法大队立即行动，当日全部暂停37家文化娱乐企业营业活动。7月22日，市文旅局发布《文化娱乐场所有序恢复经营活动的通知》，区文旅局制定并通过《石景山区文化娱乐场所恢复营业工作方案》。执法大队切实抓好文化娱乐场所恢复经营的验收工作，于7月27日至31日联合区公安网安大队、治安支队、消防支队、卫健委，对文化娱乐场所进行联合检查验收。对经验收符合复工复产要求的企业，持续加大执法监督力度，落实疫情防控常态化管理。同时采取行政执法与群众监督力量相配合的方式，日间检查与夜间检查相结合的方式，努力做到监管无死角。

（余 梅）

【“扫黄打非”工作】 4月27日，石景山区召开“扫黄打非”工作部署会。会议传达全国、北京市“扫黄打非”工作相关会议精神，部署石景山区“扫黄打非”工作，区领导姚茂文、周西松参会。会后全面开展“清源”“护苗”“净网”“秋风”以及整治非法卫星地面接收设施等专项行动。开展“护苗2020开学季”等法治宣传活动。

（余 梅）

## 媒体传播

【概况】 北京市石景山区融媒体中心（简称区融媒体中心），成立于1987年12月，前身为区广播电视局，2001年10月更名为石景山区广播电视中心，拥有石景山有线电视媒体平台。2018年6月6日，区融媒体中心正式挂牌，包括石景山有线电视、《石景山报》编辑部、新媒体中心三个宣传平台。作为区委、区政府重要的新闻宣传机构，承担全区对内、对外电视宣传任务。2019年3月，区编办正式批复融媒体中心“三定”方案。中心组织架构划分为党政事务、融媒宣传、政务服务、技术支持四个功能板块，实设总编室、采编中心、新媒体制作部、客户端运营部等12个内设机构和1个直属科级事业单位。10月，原隶属区委宣传部的《石景山报》编辑部、《石景山工作》编辑部、新媒体中心正式转隶区融媒体中心，集中办公，统一调度，统一运营，统一管理。年内，区融媒体中心按照市委宣传部工作要求和区委宣传部工作部署，完善融媒体制机制建设、创新搭建技术平台、提高原创内容生产力，推进区域各平台有效融合。按照《县级融媒体中心建设规范》，结合自身实际，开发建设融媒体指挥运行信息系统。系统除具有线索云、选题报题、任务管理、即时通讯、移动采编、传播分析等基本功能外，还具有以下三个特点：打破传统媒体和新媒体之间的技术壁垒，在同一运行平台，实现传统媒体和新媒体资源共享；布设微运营管理模块，将区域内微信公众号纳入融媒体中心指挥运行平台，对其运营状况实行监测监控。设计布设绩效考核模块，实现量化考核与效果评价相结合，强化绩效考核的科学性、合理性和客观性。该项目被国家科学技术奖励工作办公室和中国广播电视设备工业协会评为科技创新优秀奖。

（谷 雨）

【三中心实现贯通】 年内，区融媒体中心、政务服务中心、新时代文明实践中心实现贯通。“北京石景山”APP在首页显著位置开设文明实践中心、政务服务、便民服务、“12345”等功能入口，可为用户提供1120余项政务咨询查询服务和650项政务服务，其中主题服务60项、职能办理50项，以及100项便民服务和投诉问政服务，每月网上审批突破了万件，实现网上办事、投诉问政、文明实践中心点单派单服务等功能。

（谷 雨）

【新媒体】 年内，区融媒体中心结合统筹新冠肺炎疫情防控和经济社会发展，组织开展“空中课堂”“创城有奖答题”“点赞石景山”等线上推广活动，增加市民参与热情。在北京石景山APP设立“网上12345”和“百窗评价”“石时平”“投诉建议”“发个身边”等问政监督栏目，增加百姓问政功能。年底，APP下载量为72110人，占全区常住人口的12.2%，十个月内增长50余倍；注册用户44951人，注册率为62.3%；日活2300，日活率3.2%。区委宣传部印发文件明确“北京石景山”APP为权

威信息发布平台,实现重大信息首发。开设“石景山号”,九个街道全部入住,开设《石景山报》《石景山工作》移动客户端频道。《石景山新闻》在“北京石景山”APP实现同步直播。“北京石景山”APP发布各类稿件4600余篇,其中,原创稿件3200余篇,占发稿量的69%。“北京石景山”微信公众号发布稿件5100余篇,其中,原创稿件3200余篇,占发稿量的62.7%。微信阅读量最高近5万人次,微博阅读量最高100万人次,抖音播放量最高达1247万人次,点赞量最高达73万人次。区融媒体中心微信、微博、客户端开设《携手奔小康》《走向我们的幸福生活》《现场报道》专栏,累计发布扶贫信息120余篇。“北京石景山”微信公众号、石景山有线电视同步开设“三大攻坚战”专栏,围绕防范化解金融风险、债券风险、生态环境风险、区内森林绿化、空气质量等多个方面开展宣传,电视播发相关新闻百余条、微信发布稿件40余篇。“北京石景山”微信公众号开设专栏《石景山战“疫”》发布信息700余条;抖音、快手开设《众志成城共战疫情》《石景山战“疫”》等专题,发布抖音200余条,其中,《北京石景山古城大街市民驻足 汽车鸣笛默哀》抖音播放量307W;微视频纪实创作的《直击现场 | 新国展入境旅客集散点感受石景山的严谨与温度》《石景山区社会各界深切悼念抗击新冠肺炎疫情斗争牺牲烈士和逝世同胞》等作品阅读量达上百万,原创诗朗诵音配画作品《致敬终南山》抖音播放量55.5万。

(谷　雨)

**【广播电视】** 年内,石景山有线电视播发新闻3506条,电视栏目140余期,在央视和北京电视台播发新闻200余条,其中,“接诉即办 牵引首都基层治理创新一分钟”在央视头条播出,“北京冬奥社区建设真冰场”“石景山出台15条优惠政策 首批支持企业资金3.86亿元”等8条新闻,上《北京新闻》提要。中心制作的《走向我们的小康生活系列》《同心抗“疫”》《战役有我》系列公益广告分别荣获北京市扶贫项目电视作品三类及优秀奖,中心荣获市广电局公益广告扶持项目二类传播机构。在各宣传平台同步推出“携手奔小康”记者走一线系列报道。区融媒体中心抽调骨干力量成立摄制组,4次深入到条件艰苦的对接地区,聚焦支撑点,聚焦优势产业,开展扶贫宣传。电视播出专题节目10余期;石景山有线电视与区政法委合作《法制聚焦》栏目,将金融安全宣传与扫黑除恶、普法宣传等活动相结合,普及法律知识、推进法治建设。在石景山有线电视、《石景山报》、北京石景山微信公众号等平台开设《坚持高质量发展 高水平打造首都城市西大门》《创城为民 创城惠民》《民有所呼 我有所应》《垃圾分类、物业管理》《创建国家森林城市》《冬奥让城市更美好》《开启高端绿色发展新征程》等重点栏目,共计播发相关新闻近5000条。《石景山新闻》开设《切实履行“四方责任”坚决打赢疫情防控阻击战》《战“疫”有我》《最美逆行者》《人大代表在行动》等主题专栏,并在《融媒资讯》版块每日发布抗击疫情、科学防护知识等相关资讯。《今日视点》栏目推出“抗疫”系列专题报道。累计播发相关新闻1000余条,《今日视点》30余期。

(谷　雨)

**【纸媒体】** 年内,区融媒体中心推出“携手奔小康”记者走一线系列报道,《石景山报》出刊92期,新闻千余条。聚焦打赢三大攻坚战、抓好“三件大事”,大力开展主题宣传,报纸刊发相关报道10余条;《石景山工作》刊发稿件13篇;“三大攻坚战”专栏,围绕防范化解金融风险、债券风险、生态环境风险、区内森林绿化、空气质量等多个方面开展宣传,《石景山工作》刊登相关文章6篇。《石景山报》把环保和创森、创城工作有机结合,刊发环保相关报道20余条,专版4块。开设举案说法专刊专栏,与区金融办共同举办“守住钱袋子,护好幸福家”专栏,共刊登金融防范知识4期。新冠肺炎疫情发生以来,区融媒体中心按照市委、区委部署,举全中心之力、融全媒体之能持续开展疫情抗击、防控、统筹推进复工复产等全过程、全景式专题宣传报道。《石景山报》开办“心手相连,打赢抗击疫情人民战争”专版、“来自抗疫一线的报道”专版,全景展现石景山区抗疫战线的感人事迹,共刊发稿件300余篇。《石景山工作》杂志推出战“疫”专刊,通过“闻令而动”“党旗飘扬”“先锋故事”“全力以‘复’”四部分内容,对石景山区战“疫”工作进行全景式的报道,刊登文章30篇。

(谷　雨)

## 档　案

**【概况】** 北京市石景山区档案馆(简称区档案馆),是石景山区委区政府永久保存档案的基地和石景山区档案信息服务中心,也是北京市爱国主义教育基地。年内,区档案馆主动梳理的石景山区2008年奥运会的相关档案材料共1700余件,并对档案材料进行分类和分析,进而基于档案资料为石景山区冬奥会筹备工作提出自身建议。在防疫期间坚持查档服务,为区委区政府提供了“非典”时期抗疫档案资料300余件。窗口服务“最后一公里”延伸工作得到进一步加强,共接待利用者1755人次,利用档案2132卷次,开具证明2008份,复印档案资料10565页。积极利用网络和新媒体资源开展档案服务,坚持新闻通报栏目每2周进行更新,微博发布年更新100余条。

(靳晓蕾　杨　菲)

**【线上“国际档案日”】** 6月9日,区档案馆根据区内防疫工作整体形势,以网络活动为主,开展“微”档案馆日活动。依托微信等新的媒体形式,以“网上展览”“网上征集”“网上宣传”为主要活动内容,使本届档案馆日另具特色。通过20余张精选照片,配以优美的文案,举办“石景山城市发展一瞥”的网上展览,浓缩石景山区发展的历程。举办“用档案讲述京西历史”编研材料展,通过宣传“石景山区历史文化丛书”,向百姓展示档案的文化魅力。通过网络发布征集通告,充分利用档案馆日的宣传效果吸引更多人士提供征集线索。

(杨　菲)

【档案馆新馆开工建设】 11月18日，区档案馆新馆正式开工建设。项目位于石景山区京原路7号，与区政务服务中心一体建设，总用地面积20304平方米，建筑面积94937平方米，是石景山区近几年来由区政府投资建设的最大项目。档案馆总建筑面积33017平方米，地上13层，建筑面积25644平方米，地下三层建筑面积7373平方米，设计理念秉持以人为本，造型立意体现"石景山之窗"的人文特色。建成后的档案馆将集档案安全保管功能、爱国主义教育基地功能、档案利用服务中心功能、政府信息公开中心功能和电子文件管理中心功能为一体，功能更加完善，资源更加丰富，服务群众更加便捷，是促进石景山区档案事业科学发展的重要举措，是石景山区展现京西文化的又一张靓丽名片。新馆建设工作被列为市委市政府督察督办事项和全区重大项目，申请市级补助资金，推进档案馆新馆建设取得阶段性成果，在北京市新一轮新馆建设推进工作中成效显著、排名前列。

（刘 畅）

【档案接收】 年内，区档案馆依据2020年度档案接收工作计划，对2008—2010年形成的永久、长期保存的各门类档案进行常规接收工作，接收机构改革后区委办废旧印章、锦旗、奖状、证书等实物档案147件。与区国庆70周年庆祝活动指挥部相关人员对接，共接收文书档案344件，照片档案5册170张，实物档案16件。

（杨 菲）

【档案征集】 年内，区档案馆围绕冬奥、新时代首都城市复兴新地标、西山永定河文化带、绿色生态城区建设、经济发展、民生、重点工程和重大项目等各方面进行照片征集和跟踪记录，同时建立2019年及2020年照片档案资料库。截至年末，征集各类照片53000余张，实物档案60件。

（靳晓蕾）

【编印《一枝独秀石景山》】 年内，区档案馆聚焦近两年石景山区区城市发展进程，汇聚全区各相关部门的力量和智慧，完成《一枝独秀石景山》画册的编纂工作。深入收集、调研、挖掘石景山区发展战略和重点工作相关资料，用2000余张图片，真实、全面、系统地反映石景山区建设和发展的历程，展示在区委区政府的带领下实施"高质量发展"战略走过的不平凡道路和各项事业取得的巨大成就。发放区内各单位百余册。

（刘 畅）

【档案数字化工作】 年内，区档案馆完成2019年进馆档案的数字化工作，数字化总量为：图像扫描167880页、录入目录15331条。优化验收流程，严格实施三层质检措施，分别由公司自查，科室抽查和主管馆长核查，确保年度数字化工作的高质量完成。

（刘 畅）

## 地 方 志

【概况】 2020年，石景山区地方志办公室（简称区志办）与区委党史研究室合署办公，区志办负责地方志书编纂和地方志资源的保护开发和利用工作。年内，区志办深入挖掘西山永定河文化带相关的古籍、史志、方志、档案等各类文献资料，梳理地情文脉资料，助力石景山区西山永定河文化带建设。根据北京市地方志编纂委员会办公室要求，地方志5项政务服务事项精简为1项，并在政务服务系统重新规范网上办理操作指南和流程，实现一网通办理。参与区规自分局组织的衙门口地区、首钢地区等地名联审工作。参与《北京市标准地名录》《北京市地名图集》《北京市地名挂图》石景山区部分的历史地名、区情概况的审核工作。地情资料室为区应急局、区档案馆、区气象局、西建办等机关企事业单位提供文字、图片等地情资料。

（宋正鑫）

【地名志编纂工作】 11月3日，区志办组织召开《北京市石景山区地名志》初审会，会议邀请朱永杰、陈喜波、王长松等专家对地名志初审稿提出修改意见，区民政局、规自分局负责地名志的工作人员以及地名志编辑部成员参加会议。会议认为，初审稿经过修改后可通过初审。同月24日，组织召开《北京市石景山区地名志》复审会，区规自分局、区民政局发表审稿意见，朱永杰、陈喜波、王长松、王亚男等专家进行点评，会议一致认为地名志复审稿框架完整、内容全面、格式规范、地域特色突出，通过复审。复审会后，编辑部根据专家修改意见继续修改，初步形成地名志终审稿，字数约30万字，正文分6个篇章，设有凡例、彩插、大事记、附录等内容。

（宋正鑫）

【2020年鉴出版发行】 12月，由区政府主办，区志办承编的《北京石景山年鉴（2020）》由中华书局出版。2020卷为总第15卷，依据中国精品年鉴工程规范要求，2020卷对框架结构进行微调和完善，全书共分栏目29个，全面翔实系统地记述石景山区2019年政治、经济、文化、社会发展等情况，记述时限为2019年1月1日至2019年12月31日（部分内容根据实际情况略有前后延伸）。全书共分栏目29个，文字总计约93万字；彩页增加年度特色板块"庆祝新中国成立70周年""美丽石景山""年度人物"板块；收录"国民经济和社会发展统计公报"；增设"冰雪运动""西山永定河文化带建设"二级目。向全区各单位累计发放1500余册，发放范围覆盖机关、企业、社区、军营和学校。

（宋正鑫）

## 文联活动

【概况】 区文联现有文艺团体15家，登记在册会员2000余人。年内，石景山区文学艺术界联合会（简称区文联）坚持"二为"方向，贯彻"双百"方针，举办"送福送联""抗击疫情"、"丹青逐梦美聚石景山"等一系列主题文艺活动，在"战疫情"工作中积极创作，以书画篆刻、文学诗词楹联、舞蹈、音乐、曲艺、邮品等多种多样的艺术形式讴歌英雄，赞美一线工作人员，宣传抗疫知识，并出版书籍《石景山区抗疫文学艺术作品集》，共创作书法美术、文学诗词、摄影、楹联、音乐、曲艺等作品千余件,推送优秀节目“英雄畅想曲”参加市文联“辉煌七十年 致敬新时代”演出,走进武汉大学人民医院开展慰问“抗疫英雄”等活动。

(吕 爽)

【送福送联春节活动】 1月15日,区文联统筹组织书法家协会、美术家协会的10余名老师来到苹果园街道苹一社区,为辖区居民和驻区部队官兵送福送联,活动报道登陆“学习强国”平台。相关协会春节前深入街道社区等基层单位送写春联10多场。

(吕 爽)

【以“艺”抗疫】 1月28日,区文联统筹组织区属文艺家协会积极投入到“战疫情”线上文艺创作中。以书画篆刻、文学诗词楹联、舞蹈、音乐、曲艺、邮品等多种多样的艺术形式讴歌英雄,赞美一线工作人员,宣传抗疫知识。3月底共收到各类稿件近千件,文联选取优秀稿件编发《抗击疫情 石景山区文艺界在行动》网上专刊16期,各协会编发网上专刊近60期。文联专刊被石景山网,今日头条、抖音、QQ浏览器等媒体推介。文联系统抗疫创作活动被区融媒体中心报道并登录《学习强国》平台,被《北京日报》、市文联《文艺报》、文联网、《见证石景山》专题报道。作协、舞协、集邮协会会员为疫情捐款捐物,老年书画协会的会员在疫情期间共创作书画作品1800余幅。中国老年书画研究会展出其作品67幅,其中38幅原作参加全国老年抗疫作品展览,北京市《晚情》杂志登载了会员抗疫情创作先进事迹。在“抗击疫情线上文艺创作活动”收集上来的近千件作品中挑选出150余幅,并收录部分社会上优秀作品汇集成册,印发《石景山区抗疫文学艺术作品集》。

(吕 爽)

【“山河家园·石景山故事”摄影创作】 8月,区文联推出的“山河家园·石景山故事”主题摄影创作活动正式启动。面向全区摄影爱好者乃至外区作者发布征稿启事,号召广大摄影爱好者用照片记录石景山区城市文化、城市面貌,展现石景山区之新、石景山区之美,展现石景山区人民群众在美丽家园建设中的幸福感、获得感,用摄影作品讲好石景山故事。活动分为三个阶段,启动、创作、收集评选;围绕“亮丽长安街、山河家园、‘双奥’之区、文化石景山”四个单元开展主题摄影创作;经过初评、终评等多轮评选,最终确定300幅入围作品。

(吕 爽)

【“丹青逐梦 美聚石景山”展览】 9月29日,石景山区迎国庆“丹青逐梦 美聚石景山”书法美术摄影主题展览在区文化中心举办。区领导姚茂文、市文联副主席马丛峰等嘉宾及石景山区各文艺家协会代表200余人出席活动。迎国庆“丹青逐梦 美聚石景山”书法美术摄影展是由区委宣传部、区文旅局、区文联主办,区文化馆承办的。展览以抗击新冠肺炎疫情、喜迎冬奥、欢度国庆为主线,共征集美术、书法、摄影等艺术作品760件,将分期分批在区文化中心展出。首期展出区文联书法家协会、美术家协会、祥隶书法研究会、老年书画研究会创作的195件作品。

(吕 爽)

【参加市文联国标舞比赛获】 10月8日,市文联在大兴区星光影视园举办“北京国际标准舞大赛”决赛,石景山区选拔的8对选手与来自全市的300位选手竞技角逐,最终获得了8个奖项的成绩。其中李志刚和史亚玲两位选手获得常青A组规范交谊舞第一名。

(吕 爽)

【“走向胜利”诗歌朗诵会】 10月8日,区文联、区作协在石景山区西黄村举行“走向胜利”十月文学月诗歌朗诵会。会员马誉炜朗诵自己创作于三十多年前的诗歌作品《潜伏的士兵出发了》,语言质朴,故事感人。一级作家、诗人康桥专程从通州宋庄赶来参加朗诵会,朗诵自己的诗作《我有一颗泥土的心》。会员们选取优秀作家诗歌作品或自己创作作品,深情朗诵,表达对“金秋十月”“伟大富强的祖国”“勇敢勤劳的人民”的赞颂。

(吕 爽)

【向抗疫英雄赠书法作品】 10月30日,中国书法家协会理事、祥隶书体创始人、当代著名书法家王祥之和北京市石景山祥隶书法艺术研究会书法家(会长张荣喜,常务副会长兼秘书长袁振军,副会长闫保国、徐昌龄、李佩强,理事夏希盛)一行,以“致敬抗疫英雄”为主题,走进武汉大学人民医院(湖北省人民医院),向抗击新冠肺炎疫情一线的英雄模范捐赠书法作品50余件。湖北电视台、湖北日报、楚天都市报和各大网站等媒体报道捐赠活动情况。

(吕 爽)

【《西山声音》剧目获资金支持】 年内,在市文联、区文联支持下,由石泰文化发展有限公司策划、创作、导演的音乐剧《西山的声音》进入创作阶段,携手石景山区贺启公等文化人士组成创作团队,利用五里坨民俗陈列馆、模式口文保区上万件实物,再现西山永定河文化带人物生活场景。

(吕 爽)

【联合摄制《京西电厂保卫战》】 年内,电影《京西电厂保卫战》由区委宣传部、区文联、北京电影家协会策划并联合拍摄,为建党100周年献礼。年底完成剧本创作,剧本围绕解放石景山发电厂的杨家坡战役为主题,挖掘红色题材,传承红色文化,用优秀的文化精神奉献时代。电影《京西电厂保卫战》以石景山人民积极配合支援解放军誓死保卫石景山发电厂为主线展开。

(吕 爽)

北京石景山年鉴

BEIJING SHIJINGSHAN NIANJIAN

2021

# 卫　生

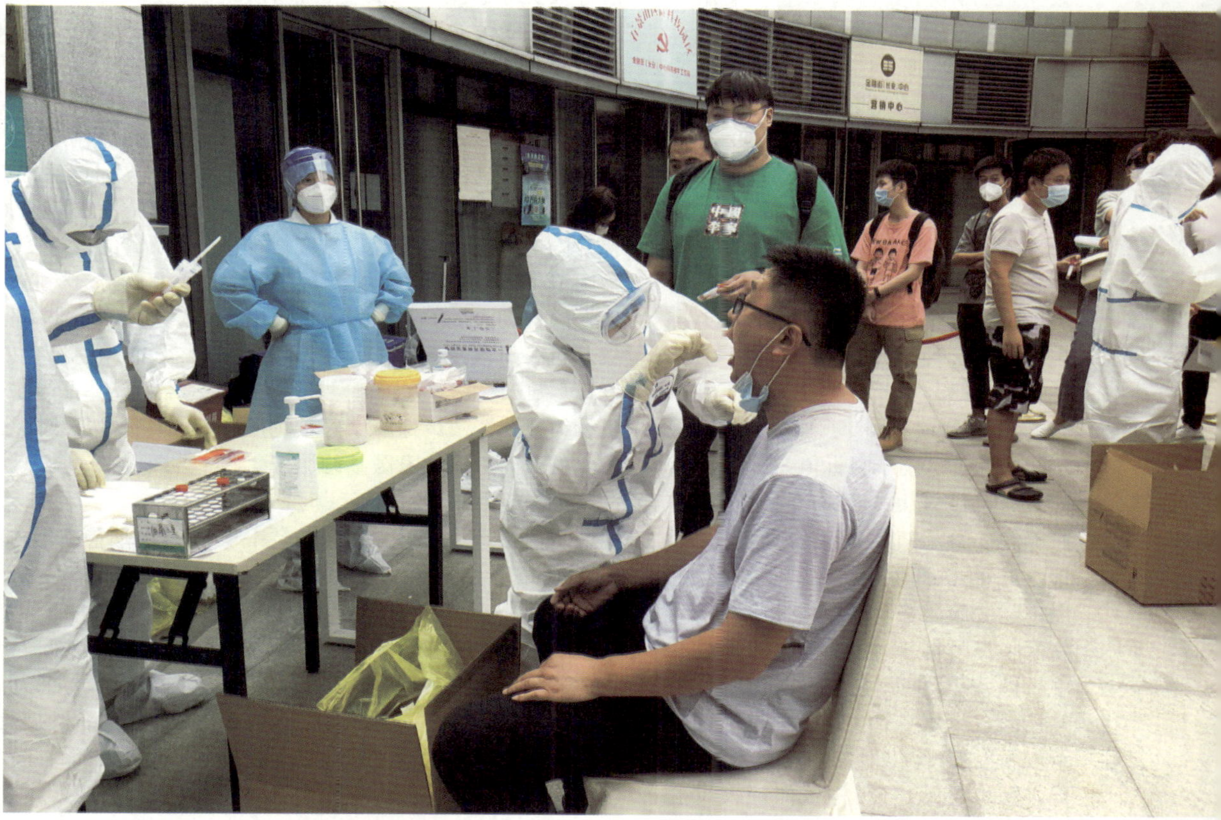

## 综　述

【概况】 2020年，石景山区医疗机构总诊疗352.85万人次，同比减少32.08%；门急诊352.40万人次，同比减少32.15%，其中门诊334.78万人次，同比减少32.38%，急诊17.62万人次，同比减少27.43%；社区卫生服务机构总诊疗130.10万人次，同比减少19.60%；社区卫生服务机构总诊疗人次占全区总诊疗人次36.87%，同比增加5.72个百分点。全区医疗机构出院人数5.15万，同比减少43.26%；住院患者手术2.23万例，同比减少41.99%；二级以上综合医院出院患者平均住院日9.67天，同比增加0.45天；实有病床周转次数13.10次，同比减少10.13次；实有病床平均使用率52.10%，同比减少36.79个百分点。全区公立医院医疗费用降幅为25.57%；药占比(不含中药饮片)自去年同期的29.40%提高到32.90%；百元医疗收入(不含药品收入)中消耗的卫生材料费为35.62元，同比增加1.55元。全区孕产妇死亡率0，重点人群家庭医生签约率94.25%，甲、乙类报告发病率51.19/10万，国家免疫规划疫苗接种率保持在99%以上，严重精神障碍患者在册规范管理率94.88%。各项指标均已达到市级规定的"十三五"期末目标值。

石景山区卫生健康委员会(简称区卫健委)以建设"健康石景山"为目标，以深化医药卫生体制改革为主线，以构建健康服务体系为支撑，以防控新冠肺炎疫情工作为重点，加强公共卫生体系建设，提高医疗服务质量，提升社区卫生服务内涵，加快中医药传承创新发展，优化生育全程服务管理，促进医德医风建设，构筑保护人民群众健康和生命安全的有力屏障。构建"一个专班八个工作组"的战时领导体系，准确研判形势，提前谋划部署，做好应急预案，有效协调处置，推动疫情防控工作落实。充分应用"大数据+网格化"等手段，开展疫情监测、检测、排查、评估等工作，严控传染源坚决遏制疫情传播扩散。统筹协调资源，强化集中隔离集中监测集中救治，提升健康监测和预防感染专业化水平，有序开展确诊患者、疑似病例、密切接触者的隔离和检查。推进发热门诊提升改造工程和社区卫生服务中心发热哨点建设，提高传染病防控救治能力。规范高效完成"十类人员"应检尽检、愿检尽检，二级以上综合医院全部具备新冠病毒核酸检测能力并配置快检设备，全区医疗卫生机构日检测能力达到12400个样本，满足核酸检测需求。构建"医院、社区、家庭"和"线上互动、线下互补"为基础的"三横两纵"的中西医结合防疫工作格局，科学高效全力以赴救治患者。落实院感监管"四个全面覆盖"，对各级各类医疗机构开展多轮专项检查，实现医疗机构、医务人员零感染。开展疫苗接种，组织做好一线医务人员等重点人群新冠疫苗接种工作，统筹安排季节性流感疫苗和普通肺炎疫苗的接种工作，强化疫苗接种形成免疫屏障。开展爱国卫生运动，以区疫情领导小组、区爱卫办名义印发《石景山区深入开展新时代爱国卫生运动三年行动方案》，推进爱国卫生组织机构，实施爱国卫生六大专项行动，助力打赢疫情防控阻击战。与区财政局、人力社保局联合印发《石景山区关于完善基层医疗卫生机构绩效工资政策保障家医签约服务工作的通知》，保障家医签约服务工作深入推进。开展《"十四五"时期石景山区卫生健康事业发展规划》《"十四五"时期石景山区老龄事业发展规划》编制工作。

(王　磊　乔博文)

【开展爱国卫生运动】 4月，石景山区开展以"防疫有我，爱卫同行，人人参与，共创文明"为主题的第32个爱国卫生月活动，重点推进以环境卫生治理为主的清洁家园行动，将社会治理、群众运动、新冠肺炎疫情防控三者有机结合，促进爱国卫生运动和疫情防控工作的有效开展。活动期间，共出动人员111976人次，清理各类垃圾6238吨，清理病媒生物孳生地处理83938处，布放灭鼠毒饵站9238个，累计投放鼠药1277公斤，发放宣传材料55630份，整治各类市场179个。持续开展周末卫生大扫除主题活动，发挥社区党建引领作用，动员组织在职党员、社区居民、"老街坊"志愿者和驻区单位干部职工开展卫生大扫除，清除非法小广告、清理宠物粪便、烟头及楼道等场所的堆积杂物和陈旧垃圾，消除卫生死角，劝阻随地吐痰、乱扔垃圾、公共场所吸烟等不文明行为。年底，共开展周末大扫除活动12次，参加人数84684人，出动车辆945次，清理卫生死角25160处，清理垃圾1486吨。

(李　培)

【基础设施建设】 4月，区卫健委启动2020年重要民生实事第9项"病有所医"项目。对全区36家社区卫生服务机构进行无障碍设施建设，同时对金铸阳光苑和西黄村社区卫生服务站进行标准化装修改造，11月项目进行竣工验收，完成全部建设工作。

(崔瑞莲)

【职业病防治法宣传周】 4月25日至5月1日，区卫健委开展第18个职业病防治法宣传周活动，发放宣传资料及宣传品，宣传资料及宣传品包括《职业病防治核心知识100条》《中华人民共和国职业病防治法》《生命的苏醒与救赎》光盘宣传材料、《职业健康保护我行动》宣传册及2020年职业病宣传周海报及数据线等宣传品共计约6000余份。

(崔瑞莲)

【控烟管理工作】 5月31日，石景山区开展"世界无烟日活动"，全区各控烟领导小组成员单位，在本单位和辖区内围绕保护青少年远离传统烟草产品和电子烟，开展控烟宣传工作，利用各类平台开展落实《控制吸烟条例》和世界无烟日主题宣传倡导活动，科学引导青少年树立拒绝传统烟草产品和电子烟的健康理念。年内，区卫健委开展第三批北京市控烟示范单位创建活动，对申创的20家单位进行评估和颁牌，对已创建的33家单位开展"回头看"区级评估。

(李　培)

【中医防疫公园行健步走】 10月23

日，区卫健委在西郊雨洪调蓄湖公园组织开展中医防疫公园行健步走活动，各街道办事处及社区居民共计200余人参加。中医防疫健康宣传“十进”活动是第五届北京·西山中医药文化季特色活动，此次中医防疫公园行拉开“十进”活动的序幕。

（朱学群　边凌云）

【中医文化进校园】　10月27日，区卫健委与区教委联合制定下发《石景山区中医药文化进校园工作方案》，方案包括八方面内容：开发中医药线上线下特色课程；开设中药小苗圃；创建中医药展区；建设中医文化长廊；开展中医药文化讲座；推广中医药保健活动；组织中医药体验活动；加强教师培训。利用清华大学玉泉医院优质中医专家资源，为全区全部中小学生设计并制作简单易懂的中医药科普宣传品，实现中医药文化进校园中小学校全覆盖。

（朱学群　边凌云）

【病媒生物控制工作】　年内，区卫健委发挥区、街、社区三级爱国卫生组织网络力量，组织开展冬春秋季灭鼠、夏季灭蚊蝇、四季除蟑蚁等活动。公开招标专业消杀公司，对全区151个社区、360个居民小区开展三轮蚊虫和灭鼠消杀工作，设立毒饵站8000余个，累计投放鼠药160余千克，出动专业人员3000余人次。开展居民公共区域夏季灭蚊蝇4轮次，共计出动专业防制队伍3344人次，消杀作业车辆116车次，使用各种灭蚊蝇药10个品种，共计约4100多千克，布放及更换捕蝇袋7851个，清理卫生死角3194处，清理蚊蝇孳生地6431处，发放宣传品13063余份。为街道办事处、社区配备灭蚊药品和器械，做好居民小区日常防制工作。加强重点区域、建筑工地、农贸市场病媒生物控制检查工作，发现问题及时督促落实。在农贸市场、公共场所、建筑工地等区域统一投放灭鼠、灭蚊蝇药物，确保全区“四害”密度控制在国家卫生区标准之内。

（李　培）

【疫情防控消杀工作】　年内，区卫健委对全区居民小区电梯间、楼梯间、楼道、楼门出入口、垃圾桶周边等处每日预防性消毒工作，平均每日固定消毒点位累计2.6万处，消毒面积达到260余万平方米。聘请专业队伍对石景山区确诊病例居住小区加大消毒力度。特别是对集中隔离医学观察点，当全部解除隔离人员时，聘请专业队伍对酒店进行彻底消毒。加强大型公共场所消毒防疫力度，在新发地疫情发生后，聘请专业消杀队伍对大型超市、餐馆、农贸市场进行总计118600平方米面积的消杀，全力做好疫情防控工作。

（李　培）

【爱国卫生体系建设】　年内，石景山区在全区各行业、各部门、各单位、各社区和各非公有制企业中广泛开展爱国卫生组织体系建设工作，建立爱国卫生组织机构，按照“条块结合，以块为主”的原则，发挥各街道、社区党组织作用，落实“四方责任”，动员全社会力量深入开展新时代爱国卫生运动，夯实新冠肺炎疫情防控基层网底，提高全社会公共卫生意识。截至12月31日，全区共有4403个单位建立爱国卫生组织，其中包括9个街道、151个社区、421个机关企事业单位和3831个非公经济组织。

（李　培）

【中西医结合防疫工作】　年内，石景山构建“医院、社区、家庭”和“线上互动、线下互补”为基础的“三横两纵”的中西医结合新冠肺炎防疫工作格局。以定点医院为核心整合区域中医类医疗机构技术力量，将“临床诊疗+课题科研”医研合一，提升定点医院的中西医结合救治能力。石景山区定点医院建立中西医协同工作机制、中医西医双查房工作制度，新冠肺炎救治组设置中医、西医双组长，中药汤药24小时供给，并提供中药急煎服务。经石景山区治疗的7名新冠肺炎确诊病例均采用中医药辨证治疗，治疗后复查胸片显示肺炎影像好转，缩短病程。中医药专家对新冠肺炎出院人员开展“一人一方”的个体化中医药康复管理，促进治愈患者的身心全方位康复。发挥社区卫生服务中心中医科的力量，将“预防为主+收治为辅”协同合一，开展重点人群中药预防性投药工作，为新冠肺炎密接人员、重点地区返京人员、一线医务人员、一线防控人员、复产复工人员等十类重点人群16215人提供中药预防饮93281剂。

（朱学群　边凌云）

【中医传承工作室建设】　年内，石景山区开展第二期名中医传承工作室建设项目，共遴选32名市、区级名中医专家作为指导老师，建设32个工作室，遴选继承人56名。按照每年每个工作室建设经费3万元、继承人经费1万元标准，拨付各工作室共计152万元工作经费。

（朱学群　边凌云）

【中医药健康文化体验馆建设】　年内，区卫健委根据市中医局《关于印发〈北京中医药健康文化体验馆试点建设工作方案（试行）〉的通知》，结合石景山区实际情况，筛选确定广宁社区卫生服务中心和首颐中医院作为北京中医药健康文化体验馆试点建设单位，两家建设单位均完成体验馆全部建设。体验馆依托互联网、人工智能等信息化技术，用群众喜闻乐见、易于接受的方式将中医药的哲学智慧和中华民族的健康养生理念及其实践经验进行传播。

（朱学群　边凌云）

【老龄健康】　年内，石景山区共有养老服务机构17家、社区养老服务驿站40家，其中医养结合养老机构6家。实现区内9家社区卫生服务中心与57家养老机构对接，签约率达到100%。在6家社区卫生服务中心开展老年友善工作试点，金顶街社区卫生服务中心被市卫生健康委评为“北京市老年健康服务示范基地”北京大学首钢医院入选市卫生健康委“北京市首批安宁疗护工作示范基地”。完成“石景山区十四五时期老龄事业发展规划”的编制工作。开展老年人心理关爱试点项目，为八角街道杨南社区、金顶街街道第二社区65岁以上600名常住老年人，开展心理健康评估，并进行必要的干预和转诊推荐。

（邓　峰）

## 卫生应急

【概况】 年内,区卫健委开展“十四五”时期突发公共卫生事件应急体系课题研究,健全公共卫生事件应急机制,完善预案,强化演练,整合救治力量。全区急救站点11个,达到市级要求“每个街道至少设1个标准化急救工作站”的目标;全区院前急救车共19辆,完成市级要求“院前医疗急救救护车达到每3万人口配置1辆”的规划目标,其中石景山区负压救护车5辆,并配备2个负压担架,区急救分中心配备危重新生儿负压转运车和设备。年底院前急救呼叫满足率达到98.3%,排名全市第六、城区第三。建立院前院内医疗急救机构医师的双向流动机制。完成春节、五一、国庆、中秋等重要节日和全国两会、中高考、服贸会、2020动漫北京及强拆等政府指令性应急保障任务20次,派出医疗救护车51车次,医护司担202人次。

(吴海平 王艳红 张丹丹)

【血液管理】 7月,区卫健委联合区文明办研究制定《关于进一步加强石景山区无偿献血工作的实施意见》,成立石景山区无偿献血工作领导小组,明确各相关部门的工作职责和任务,加强各部门之间的协调配合,依法做好无偿献血的组织、动员和实施工作。全年无偿献血完成11866.5单位,其中组织辖区69家单位团体无偿献血3776.2单位,街头采血8090.3单位。全年医疗用血11157.5单位,医疗用血供需保持平衡。向新冠肺炎康复者捐浆血浆宣传相关知识,组织动员6名康复患者参与捐献活动,其中3人成功捐献血浆600毫升。为辖区7家用血医疗机构统一配置《北京市献血者用血服务信息系统》软件系统,全年共计为26人直接减免血费14670元。开展关爱献血者活动,辖区2家医疗机构为新冠肺炎疫情期间的无偿献血者免费体检129人次。

(吴海平 王艳红 张丹丹)

【新冠肺炎病例转运工作】 年内,区卫健委制定《石景山区新型冠状病毒肺炎相关病例转运工作方案》,确定负压救护车调度和专门转运机制,石景山急救站、首钢急救站作为新冠肺炎负压转运专车组,承担新冠肺炎确诊病例、疑似病例、社区有症状的重点监测人员、密接人员等相关人员的转运任务。截至12月31日,负压车出车总计412车次,共转运确诊、疑似、密接、高风险人员等564人,并按时报送转运信息汇总表至市卫生健康委。

(吴海平 王艳红 张丹丹)

【突发事件处置】 年内,区卫健委共处置突发事件8起(除新冠肺炎疫情),其中甲类传染病霍乱疫情1起、水痘疫情1起、集中发热疫情2起、聚集性腹泻(痛)4起;上报7起突发事件处置情况,包括处置6起一氧化碳中毒事件、3起火灾事件、2起坠落事件、1起车祸致伤事件,2起砸伤事件。突发事件与去年同期相比减少19起。在突发事件发生时,各医疗卫生机构均及时上报信息并进行医疗应急救治,未发生有重大影响的突发事件。

(吴海平 王艳红 张丹丹)

## 医疗服务管理

【概况】 年内,区卫健委强化区域医联体建设,继续推进石景山医院等三个医联体建设,完善监管考核长效机制,同步推进紧密型儿科医联体建设,共享优质医疗资源,使区域内的患儿享受到更优质便捷的诊疗服务。加强区级医学学科建设,开展重点扶持专科三年建设情况评估,鼓励医疗卫生机构科研项目优先向公共卫生和重大传染病领域倾斜。持续改善医疗服务,继续落实《石景山区改善医疗服务行动计划(2018—2020年)》,全面推行二级及以上医院预约就诊,探索医疗机构在远程医疗等方面创新服务举措,推进优质护理服务,表彰百名优秀护理工作者。完成22个区医学质控中心换届评审工作,新增门诊、病理、心血管介入、感染性疾病科等4个质控中心。开展院感专项督导检查、药品带量采购、病案管理等各类医疗质量专项检查,举办急诊研讨会、京西口腔学术年会、抗菌药物管理、检验POCT规范化应用项目等学术交流活动。北京大学首钢医院被确定为全国“互联网+护理”试点单位,通过线上APP的方式,开展医院社区一体化的延续护理模式,全年共服务264人次。落实国家药品集中采购和京津冀医用耗材联合带量采购,保障临床用药需求,减轻患者经济负担,确保药品耗材质量和供应。推进资源共享,开展国家医共体试点和北京市紧密型医联体试点建设,整合打通医共体内部和医联体上下转诊的绿色通道,发挥核心医院技术优势,辐射带动其他医疗机构业务发展。

(崔 超 李小方)

【医联体建设】 年内,石景山区以北京市紧密型医联体建设为重点,继续加强三个区域医联体建设,巩固基层首诊、双向转诊、急慢分治、上下联动的分级诊疗模式。截至年底,医联体上转9641人次,下转患者103406人次,接收下级医疗机构医务人员进修、继续教育20人次,核心医院派出医务人员下社区11284人次,开展远程心电会诊314例如,远程医学影像会诊290例。

(崔 超 李小方)

【扶贫协作】 年内,区卫健委统筹辖区优质医疗资源,上到驻区三级医院,下到社区卫生机构共16家医疗卫生机构都参与对口帮扶工作中,搭建起卫生健康委、二三级医院和社区卫生服务机构三级扶贫保障网络。积极为称多、顺平、宁城和莫旗4个贫困地区输出医疗技术力量,拓展帮扶形式,依托信息化假设,开展远程教学、培训、会诊等,进一步加强受援地学科建设,提升医务人员诊疗水平,并多次为当地开创技术先例。全年共派出医疗卫生技术人员45人,接收来京进修人员53人;组织各种培训90余次,培训人员2700余人,为贫困地区打造出“带不走的医疗队”;投入扶贫资金共437万元,为四地基层卫生院购置超声、生化分析仪、康复训练仪等多种医疗设备,健全当地的影像、检验科、康复科等诊疗功能。

(李 卓)

【准入管理】　年内，区卫健委完成医疗机构登记注册10家，中医诊所备案2家，机构注销21家，医疗机构变更名称、法定代表人、主要负责人、注册资金、诊疗科目、床位（牙椅）数、医疗机构地址等32项行政许可。办理执业医师首次注册51人次、变更注册265人次，多执业机构备案323人次。办理护士首次注册28人次，重新注册10人次，延续注册126人次、变更注册140人次、更换主要执业机构189人次、注销注册2人次、多执业机构备案49人次。

（曹　晖　李小方）

## 社区卫生服务

【概况】　年内，石景山区实际运行10家社区卫生服务中心、39家社区卫生服务站。石景山区社区卫生服务管理中心（简称区社管中心）按照市区两级工作部署，以新冠肺炎疫情防控为主线，成立数据组、日报组、物资保障组、培训组并形成以辖区街道内社区卫生服务中心为龙头，统一调配辖区内独立站、中心下属站疫情防控人员的模式，集中指挥、统一行动，实现社区疫情联防联控工作的网格化管理格局。自1月21日健康摸排1029人，共管理密切接触者及高风险4567人、入境返京人员126名、出院病人16人；加强人员培训，提高防控能力。完成市级六轮新冠肺炎全员必修课培训学习，参培率、完成率均达到100%；对社区卫生服务机构疫情防控工作进行6轮督导，存在问题予以通报并要求社区卫生服务机构制定有效整改措施并整改到位；发挥家庭医生团队“探头”作用，主动掌握重点人员健康状况；建立联防联控机制，引导辖区内单位开展疫情防控知识培训指导；为符合条件的老年人开展“送药上门”服务，并提供相应的个性化的用药指导；制作印发宣传品20种20.6万份；发送科普微信232条，微博790条，总阅读量125万余人次；开通“健康名片”和“彩铃”业务；设立4部疫情防控和心理咨询热线，接听咨询电话500余次；从10家社区卫生服务中心、3家社区卫生服务骨干站抽调业务能力强的卫生技术专业人员144人，分批次完成区内及支援丰台核酸采样任务。

（田爱红　郝伶敏）

【家庭医生签约服务】　年内，区卫健委、区财政局、区人力社保局联合发文《石景山区关于完善基层医疗卫生机构绩效工资政策保障家医签约服务工作的通知》，调动家医团队签约服务积极性。印制《2020年石景山区家庭医生签约服务工作方案（试行）》，落实全市秋冬季传染病防治周报制度，督导常规监测数据，实施第三方签约服务评价和满意度调查、日常督导工作，加强签约服务质量管理力度。召开石景山区“身边医生”软件系统升级集中培训会，推进智慧家医优化协同模式。家医团队侧重重点人群签约签约服务，主动为签约失能、高龄老年人开展送医送药上门。以“5·19世界家庭医生日”为契机，制定《石景山区2020年社区卫生推进家庭医生签约服务活动实施方案》，开展线上结合线下签约宣传活动，提升居民知晓性，石景山区通过机构推荐和网络投票推荐9名最美家医候选人，入选北京市“感动北京·最美家医”2名。年底，家庭医生签约服务226190人，签约率39.68%（其中重点人群签约人数127539人，重点人群签约率95.56%）。

（贾彩霞　李　宁）

【基本公共卫生服务项目】　年内，区社管中心牵头组织项目责任单位落实完成《国家基本公共卫生服务项目管理信息系统》年报数据的填报工作；牵头组织项目责任单位撰写2019年度国家基本公共卫生服务项目自评报告及补充完善自评材料，整理汇总形成区级自评材料；根据《关于做好北京市2020年基本公共卫生服务项目工作的通知》要求和各项目责任科室反馈意见，修定印发《北京市石景山区2020年度基本公共卫生服务项目实施方案》；区社管中心牵头，结合相关职能部门和基层医疗卫生机构需求，统一印制《国家基本公共卫生服务项目宣传海报》400张和《国家基本公共卫生服务项目宣传折页》4000张，加大基本公共卫生服务项目宣传力度。

（贾彩霞　马　欣）

【健康档案管理】　年内，区社管中心印发《2020年石景山区社区卫生服务机构规范开展居民健康档案和慢性病患者健康管理工作实施方案》；按月、季度完成北京市常规监测系统中社区卫生服务机构健康档案、慢病管理情况报表填报质量的审核和医疗卫生信息统计简报中相关数据的复核工作；开展《国家基层糖尿病防治管理指南（2018）》在线培训认证审核工作300余人次；完成北京市下达的石景山区高血压和糖尿病管理任务；开展“身边医生”软件系统升级培训会，优化全区电子健康档案向居民个人开放服务渠道；按照《国家基本公共卫生服务规范（第三版）》要求，组织开展区级健康档案管理、高血压和糖尿病健康管理服务规范培训会。12月底，全区累计建立个人电子健康档案464408份，电子建档率81.48%；高血压健康管理44617人，规范管理32530人，规范管理率72.91%，血压达标27917人，血压控制率62.57%；2型糖尿病健康管理21953人，规范管理16509人，规范管理率75.20%，血糖达标13205人，血糖控制率60.15%。

（贾彩霞　马　欣）

【老年人健康管理】　年内，区社管中心结合新冠肺炎疫情防控工作，下发《给老年人的一封信》2万份，通过《石景山区社区卫生报》、官方微信、LED滚动显示屏、张贴宣传海报、与社区居委会联合通知居民等形式宣传开展老年人健康管理工作；优化服务方式，结合疫情防控常态化要求，完善工作流程，“低密度”分散开展老年人健康管理工作；实行月报动态监测工作进度，对工作进度不达标的机构的进行通报并开展现场督导。截至12月底，完成老年人健康管理47347人，管理率71.7%。

（曾玉香　郭星华）

【发热哨点建设】　年内，区社管中心根据市区两级文件精神推进发热筛查哨点建设，协调相关部门推进建设，组织相关部门现场评估论证，聘请院感专家给与指导，制定流程及相关制度并给与经费支持。完成广宁、金顶街和鲁谷3家社区卫生服务中心发热筛查哨点建设。

（郝伶敏）

【国家医共体试点建设】 年内，首钢医院及下属四家社区卫生服务中心围绕“六个一体化”推进试点建设。在新冠肺炎疫情防控关键时期，推进基层首诊，畅通双向转诊通道，让居民就医更加便捷，首钢医院派出业务骨干共计181人次支援4家社区卫生服务中心，上转患者1934人次，下转患者5228人次。建立定期会商机制，组织相关部门多次召开试点工作推进会，梳理存在问题，创新工作亮点，结合国家绩效评价体系开展自评并完善相关资料。选派主要负责人参加国家紧密型县域医共体培训，学习先进经验。

（曾玉香 薛 坤）

【中医药服务】 年内，区社管中心印制并下发中医健康宣传品1万份，让更多老年人参与中医药健康管理；完成2019年度中医医疗服务工作数据年报审核；聘请市级专家对23家机构共计1150张中药饮片处方进行集中点评，并对点评结果进行通报，结果纳入绩效考核；完成36家社区卫生服务机构开展冬病夏治三伏贴工作，共贴敷2345人，28248人次；针对隔离观察、一线防控人员等重点人群发放中药预防饮，共下发9577人次、52939付；通过2020年全国基层中医药工作先进单位复审工作。年底，完成老年人中医药健康管理44538人，管理率67.48%，完成0—36个月儿童中医药健康管理10596人，管理率78.8%。

（曾玉香 汪 磊）

【人才培养】 年内，石景山区开展2020年社区卫生服务机构医防融合岗位练兵活动，756名医务人员参加线上答题测试，共完成六轮，参与率、完成率、合格率均为100%，平均分全市排名第六，完成岗位练兵平台中24个视频学习，推荐石景山区全科医生3名、全科医生和社区护士各1名于12月底参加北京市岗位练兵知识竞答和技能决赛。聘请市级专家在区级技能实训室进行新冠肺炎疫情防控相关理论知识、技能操作骨干培训，并通过录制视频推送至区医学教育平台播放的形式进行全覆盖培训；开展社区卫生急救知识骨干培训；通过绩效考核，对30个家医团队应急处置能力进行现场实操考核，重点考核预检分诊、发热病人处置、传染病上报、消毒和防护等内容。完成社区卫生服务机构卫生技术人员继续医学教育管理系统人员信息维护，并组织900人完成北京市社区必修课线上学习，达标率为100%。

（曾玉香 汪 磊）

【优质服务基层行】 年内，石景山区完成全国“优质服务基层行”活动申报系统自评申报、初审、达到基本标准的机构区级现场复核，并对自评达到推荐标准的3家机构进行现场指导；广宁、金顶街、八宝山社区卫生服务中心通过北京市复核，12月底，累计鲁谷、五里坨社区卫生服务中心达到基本标准，广宁、金顶街、八宝山社区卫生服务中心达到推荐标准。

（曾玉香 郭星华）

【规范管理返聘专家】 年内，石景山区共有返聘专家80名，其中高级职称30名，中级职称50名。专家共计出诊16020天，门诊294372人次、咨询66649人次、带教1717人次、宣教32372人次、会诊51人次、查房5691人次、培训187人次。

（郝伶敏 王小雪）

【家庭保健员】 年内，区社管中心制定《2020年石景山区家庭保健员培养工作方案》，完成400名家保员的强化培养任务，落实常态化防控措施，创新培养内容及形式，所有家庭保健员均已考核合格并颁发证书，并完成建立家庭保健员信息库工作。

（贾彩霞 李 宁）

## 疾病预防与控制

【概况】 石景山区疾病预防控制中心（后简称区疾控中心）是根据国家卫生防病机构改革精神，在原区卫生防病监督管理所、区卫生防疫站、区结核病防治所、区慢病防治所和区性病防治所的机构基础上，2002年2月正式组建成立的区级卫生事业单位。2016年9月改制成公益一类事业单位实行收支两条线管理，中心下辖结核病防治所、性病防治所、健康教育所及慢病防治所，流行病科（免疫预防、地方病防治、消毒科）、环境与职业食品卫生科、放射卫生科、理化检验科、微生物检验科、质控科、美沙酮门诊等10个专业科所。承担着疾病预防与控制、应急事件预警与处置、新冠肺炎疫情收集与报告、监测检验与评价、健康教育与促进、应用研究与指导、技术管理与服务等重要公共卫生职责。具有国家计量认证合格证书以及职业健康检查和职业病危害因素检测与评价的资质。年内，区疾控中心加强疾病预防控制体系建设，妥善应对、规范处置各类传染病疫情，落实基本和重大公共卫生服务项目，强化疫苗流通和预防接种管理，充分发挥精神卫生综合管理协调机制，联合开展落实严重精神障碍患者服务管理工作。巩固国家慢性非传染性疾病综合防控示范区创建成果，继续实施《“健康石景山”三年行动计划》，加强慢性病高危人群筛查与管理，推广慢性病患者自我管理适宜技术，举办健康教育与健康促进活动。

（苑 昊）

【新冠肺炎防控处置】 1月27日，石景山区启动第一家集中隔离健康监测点（万商如一酒店），全年累计启动9家集中隔离观察点，多次组织集中隔离医学观察的医务人员的岗前培训。根据新冠肺炎疫情发展及每阶段防控重点人群的不同，组织制定《新冠肺炎社区防控工作手册》《武汉到京人员集中观察工作流程图》《密切接触者名单管理流程》《防控工作指引》等各项工作材料，组织相关部门学习。组建9支疫情期间复工复产技术指导组，2月底至3月底，每日对辖区内复工复产单位疫情防控工作开展技术指导，共指导单位2463家。4月19日，对第九中学等40余所中小学进行开学复课前疫情防控评估工作。开展中高考等各类考试卫生防疫保障工作，对各考点配备防疫副主考，进行现场评估和业务指导。年内，石景山区累计处置本地新冠确诊病例15例，境外输入确诊病例4例。累计管理确诊病例、无症状感染者的密切接触者296人，其中转确诊4人；累计管理次级密切接触者99人。累计调查处置疫情183起，其中家庭聚集疫情3起，未发生集体单位聚集疫情和社区传播，确诊病例全部追踪到感染源头，其中4例在集中隔离点筛查中发现。累计出动专业人员1758人次，出动车次499车次。派出5人支援市疾控、朝阳区、丰台区开展流调溯源和疫情处置工作。组织开展人员培训和应急演练70余场次。根据疫情防控形势，成立指导组，深入集中隔离医学观察点、企业楼宇、学校、托幼机构、商超、影院、歌厅、文化中心、寺庙、七小等场所开展防控工作指导，400余户次。

（吴　劲　任丽君）

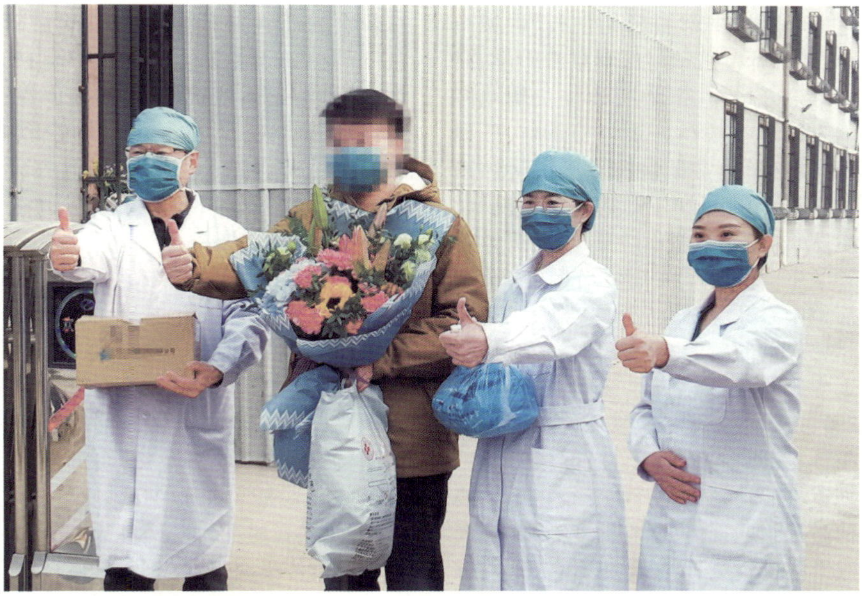

2月13日，石景山区首例新冠肺炎患者康复出院　　（区卫健委供图）

【结核病防治】　3月24日，区疾控中心开展"世界防治结核病日"宣传日，通过网络线上媒体开展结核病防治宣传，引导公众做好新冠肺炎防护的同时做好结核病的防控工作。石景山区百千万结防病防治志愿者们走进公园、街道社区、学校、流动人口聚集地开展现场宣传活动共计43场次，发放相关宣传材料10万余份。年内，石景山区结核门诊共接诊924人次，化验室共做检查2964人次，其中痰涂片422份，涂阳42份；培养237份，培阳19份。X－pert检查87份，其中阳性19份。截止2020年12月31日，全区登记管理肺结核病人86例（初治79人，复治2人，耐药5人），其中，外地患者20例，本市66例。发放免费药品13170人次。根据《北京市学校结核病防控工作规范（2018版）》等工作规范要求，对辖区大学新生结核病筛查7714人，其中结核菌素试监测强阳性223例，未发现结核病人。辖区共报告肺结核学校病例15例，已对252名学校密切接触者进行筛查，全年全区共发生1起学校结核病聚集性疫情，均已按照北京市工作规范进行积极处置，无重症及死亡病例。开展中小学生新生入学肺结核筛查工作，共筛查幼小中高新生13578人次，其中在定点筛查机构进行结核菌素皮试1226人（其中妇幼保健院394人次、五里坨医院110人次、中医院330人次、石景山医院320人次，结防所72人次），强阳性18人，未发现结核病疑似或确诊病例。在国家基本公共卫生服务项目肺结核患者健康管理工作中，通知管理的肺结核患者81人，已管理肺结核患者81人，管理率100%，已完成治疗肺结核患者76人，规则服药肺结核患者76人，规则服药率100%。全区开展糖尿病患者及65岁以上老年人群结核病筛查工作，结核病可疑症状筛查8250人，发现可疑症状3人。

（姜　影）

【计划免疫】　7月27日，石景山区开始进行重点高危人群新型冠状病毒疫苗接种工作，截至12月31日，共接种新冠疫苗5353人。年内，石景山区19家免疫预防门诊均达到A级以上标准，召开专业会议和专业培训12期，参加人次数1200余人次，全年常规免疫接种率保持在99%以上；入托入学接种证查验工作完成120家学校/托幼园所共15177名儿童，查验率100%。需要补种人数1538人，实际补种人数1447人。补接种证儿童11人。补种免疫规划疫苗9种（水痘除外），应补种1418剂次，实际补种1418剂次，补种率为100%。水痘应补种505剂次，实际补种414剂次，补种率为81.98%。疑似预防接种异常反应监测覆盖率、调查及时率及个案调查完整率等均达到100%。外来务工人员接种工作共完成32家用人单位的摸底和接种工作，接种麻疹疫苗8人，接种流脑A＋C疫苗8人，接种率10.39%。完成学龄前流动儿童强化查漏补种工作，全区9个街道共调查流动儿童11491人，其中来京2个月以内198人，来京2个月以上11293人。补卡16人、补证16人，补卡补证率100%。累计接/补种疫苗302剂次。全区累计接种招标流感疫苗45655支，其中60岁以上老年人22203支，学生20508支，其他保障人员2944支。未发生严重疑似预防接种异常反应。

（李艳辉）

【学校卫生】　8月至9月，区疾控中心共派出5个指导组20人对辖区50所中小学校开展现场评估指导。年底完成石景山区22所中小学物质环境监测的工作。在全区范围内开展家校携手争做健康少年作品征集大赛，收集作品15000余幅，共涉及20000余名师生。10月，开展辖区中小学常见病及健康危险因素监测工作，选取银河小学、石景山区石景山学校（小学部）、北京大学附属中学石景山学校、古城中学、首都师范大学附属苹果园中学、北京市第九中学等12所学校及幼儿园的3000余名学生开展体检工作,开展《2020年学生常见病和健康危险因素监测与干预》工作,包括环境监测、学生体质监测、学校卫生基本情况监测和学生常见病监测等工作。年内,区疾控中心开展对全区中小学校校医及相关人员的新冠肺炎疫情防控及学校卫生工作专项培训5场次,培训人员800多人次。利用健康月、爱牙日、爱眼日、无烟日、高血压日、健康月及系列宣教活动的机会开展学校卫生和疫情防控主题宣传,全年共发放视力表、健康膳食折页、疫情防控宣传海报、健康月宣传品、营在校园宣传折页、控烟宣传海报等宣传品共计6万余份,开展各类宣传活动30余场。针对学校中考、高考及中小学校开学疫情防控、中高考疫情保障、学校卫生管理、秋冬季传染病防控、常见病防治、教学物质环境、预防近视等问题。全区中小学人数35038人,全年共接报1起10例以上集中发热疫情;未接报传染病暴发疫情、集体食物中毒等重大事件。12月底通过北京市卫生健康委、北京市教委对石景山区十三五时期中小学校卫生防病工作规划终期评估。

(安欣华)

【美沙酮门诊】 年内,区疾控中心美沙酮门诊在治130人,日均服药人数77人,HIV检测率99.1%,阳性率为0;梅毒检测率98.6%,阳性率为0;HCV检测率96.6%,阳性率为73.5%;近一年随访吗啡尿检阳性率为1%。美沙酮门诊每月为坚持验尿的服药人员发放宣传品来提高尿检率,制定奖励政策,定期开展同伴教育小组干预活动,通过小组活动,提高门诊在治病人的依从性,营造积极向上的正面氛围。共计开展健康教育及心理干预活动16次,发放安全套及健康宣传材料5000份,累计发放奖励款23400元。

(姜　影)

【生命统计】 截至年底,石景山区辖区内出生2476人,出生率6.36‰;死亡3175人,死亡率8.15‰。死因前十位依次为恶性肿瘤、心脏病、脑血管病、呼吸系统疾病、内分泌及营养和代谢疾病、消化系统疾病、损伤和中毒、神经系统疾病、泌尿生殖系统疾病和精神和行为障碍。人均期望寿命82.62岁,其中男性79.81岁,女性85.76岁。

(史倩楠)

【传染病防治】 年内,石景山区以终审日期统计,全年报告法定传染病15种2825例,发病率为495.62/10万;死亡5例(艾滋病、肺结核、乙肝、丙肝、新型冠状病毒肺炎各1例),死亡率为0.88/10万,病死率为0.18%。甲类报告1种1例(霍乱),发病率为0.18/10万。乙类传染病报告9种419例,发病率为73.51/10万,其中,肺结核130例、痢疾89例、梅毒81例、病毒性肝炎65例、淋病23例、新型冠状病毒肺炎19例、猩红热6例、艾滋病4例、布病2例。丙类传染病报告5种2405例,发病率为421.93/10万,其中,报告流行性感冒2043例、其他感染性腹泻病288例、手足口病39例、流行性腮腺炎34例、风疹1例。流感样病例监测累计监测门急诊就诊病例1555998人次,其中流感样病例为14210人次,流感样病例百分比为0.91%。全年接报212例水痘病例,无脊灰野病毒病例、AFP、百日咳、麻疹、狂犬病、白喉、新生儿破伤风、流脑、乙脑病例发生。

(任丽君)

【艾滋病防控】 年内,石景山区新报告HIV感染者/AIDS病人43例,其中AIDS病人7例。全区现存活HIV感染者/AIDS病人785例。筛查检测HIV抗体137702人份,阳性者54人,HIV抗体检出率0.04%;艾滋病哨点监测调查各类人群919人,检出艾滋病抗体阳性者1人,阳性率0.1%。艾滋病高危人群干预27680人次,抗体检测8613人份,检出阳性者35人,阳性检出率0.4%,HIV感染者/AIDS病人抗病毒治疗率为92.7%。3个艾滋病自愿咨询检测门诊共接待艾滋病咨询检测者1263人,检出艾滋病抗体阳性者14人,阳性检出率1.1%。社区药物维持治疗门诊累计治疗人数588人,在治人数163人,治疗保持率98.7%,日均服药人数90人。开展社区组织参与艾滋病防治基金项目以及国家艾滋病综合防治示范区等工作,完成《北京市遏制与防治艾滋病“十三五”行动计划》及《中国预防与控制梅毒规划(2010—2020年)》终期评估工作,开展艾滋病尿液匿名传递检测工作,健全性病艾滋病防治网络,落实全区“三位一体”艾滋病防治工作模式,加强艾滋病实验室网络建设及质量控制,开展艾滋病确证检测以及CD4淋巴细胞检测,完成辖区社区卫生服务中心及监管场所HIV和梅毒快速筛查点的督导培训及质控考核等工作。对辖区医疗机构性病艾滋病防治工作进行督导检查以及业务培训。开展性病艾滋病防治宣传活动,采取线上线下多种形式,面向各类人群开展防艾宣传活动。全年发放性病艾滋病宣传资料共计10余种3.7万份,免费发放安全套9.8万只、润滑油4000支。

(张国磊)

【公共卫生监测与评价】 年内,区疾控中心通过国家职业病报告网,共审核146份用人单位信息和3545份有毒有害作业工人健康监护个案体检信息,审核并访视尘肺病病例4例、1例无职业病病例、4例疑似职业病病例和3例尘肺死亡病例。对部分医院开展职业病网络直报绩效考核。开展357例职业性尘肺病的随访与回顾性调查工作。开展食源性疾病监测工作,共采集129件患者粪便标本,检测出阳性样本数为10件,致病菌阳性率为7.75%。检测病毒样本50份,检出阳性样本数7件,病毒阳性率14%。配合区市场监督管理局调查处理2起疑似食源性疾病暴发事件。组织辖区各医疗机构和中小学校通过张贴营养周海报、发放宣传折页、利用电子屏幕播放科普视频、设置咨询台、开展营养调查、组织学生绘制营养与食品安全知识手抄报、开展主题班会、组织营养知识答题活动等方式,共开展32场次的宣传活动,借助官网、微博及微信公众号平台发布营养科普文章100余篇。9月至11月完成北京市中小学生营养素养及饮奶行为调查工作，对辖区9个中小学校约2500名学生及其家长开展问卷调查。12月份参与中国CDC和协和公共卫生学院牵头开展的“中国6省市公众对营养标签认知的探索性研究”，对200名学生及家长和250名居民开展问卷调查。开展14户公共场所的卫生监测工作，共采集211件样本，合格174件，合格率82.5%，围绕着生活饮用水日常监测，共检测水样168件，合格168件，合格率为100%。开展放射工作人员外照射个人剂量监测53户453人1716人次，个人剂量监测送检率99.2%。放射性本底监测完成水体总放射性采样2次、土壤放射性分析采样1次和空气γ射线外照射剂量监测4次。完成2020年放射卫生监测工作。对辖区53家放射诊疗机构进行基本信息及放射工作人员职业健康管理信息调查，开展清华大学玉泉医院介入放射学工作人员个人剂量监测，完成北京市石景山医院、北京大学首钢医院4例过量受照人员的医学随访。对53家医疗机构进行基本情况及放射诊疗频度调查，完成辖区5家医疗机构16台放射诊疗设备监测任务，配合市疾控中心完成北京市石景山医院放射治疗设备监测，协助门头沟区完成4家医疗机构5台放射诊疗设备监测。完成用人单位基本情况调查14家，职业健康管理情况调查2家。配合市疾控中心完成北京北重汽轮电机有限责任公司工业X射线探伤作业场所、北京建筑材料科学研究总院有限公司X射线衍射仪防护监测。完成北京首钢建设集团有限公司第一冶金建设工程分公司2例过量受照人员的医学随访。

（孟庆晨　王明良）

**【感染防治】**　年内，石景山区有纳入消毒卫生监测工作范围的医疗机构二级及以上的12家，二级以下的58家，个体医65家，18家学校医务室，托幼机构50家。医疗机构消毒效果监测：共监测127户次，共采样1268件，合格1263件，合格率99.6%，其中物表及工作人员手涂抹采样993件，合格991件，合格率99.8%；空气采样142间（件），合格140间（件），合格率98.6%；高压锅监测采样39件，合格39件，合格率100%。托幼机构消毒效果监测：共监测15户次，采样164件，合格164件，合格率100%。其中物表及手采样109件，合格109件，合格率100%；空气采样28间（件），合格28间（件），合格率100%；其它27件，合格27件，合格率100%。消毒工作检查：医疗机构127家次，托幼机构15次。传染病消毒管理：参加本年度新冠肺炎疫情大流行期间的各项疫情处置工作，其中病家或疫点消毒41次，进行物表消毒面积达39070平方米，消毒效果评价2家。传染病疫情病家及密切接触者居家消毒技术指导210家次，检查社区服务站（中心）30家次。传染病防控督导检查，新冠疫情密接人员集中隔离点传染病防控检查8家次。消毒技术培训，进行托幼机构、医疗机构预防保健人员消毒技术分散培训和个别指导人数85人。病媒生物监测工作，参与并指导第三方PCO公司进行石景山区病媒生物密度监测工作。参与建国全国两会等重要活动的辖区病媒生物防控及安全保障工作。日常病媒生物密度监测：蝇监测共21次，共6类环境每次设点7个场所，共累计布放蝇笼119个；蚊监测共18次，成蚊共监测3类环境每次5个点，共累计布放诱蚊灯180套；白纹伊蚊专项监测6次，2个点，布放诱蚊诱卵器600个；幼蚊监测共4类环境每次6个点，共累计检查容器50个，取水样270勺。蟑螂密度监测12次，每次设点8个场所，累计布放粘蟑板4080张。鼠密度监测12次，每次设点4个，布粉块600块，鼠夹1300把。对辖区内白纹伊蚊成虫及幼虫的抗药性调查，选择高效氯氰菊酯、敌敌畏、残杀威、双硫磷等药物进行实验室检测。流行性出血热鼠监测，布放鼠夹1500把，捕鼠2只。

（佟明新）

**【慢性非传染性疾病防治】**　年内，区疾控中心开展石景山区老年人防跌倒操推广与跌倒干预项目，组建9支防跌倒操锻炼小组，完成现场调查388人。开展健康支持性环境评价工作，完成社区抽样和现场调查90人，并完成社区客观环境调查。新成立高血压自我管理11组、糖尿病弹力带操自我管理小组10组，培训师资42名，功能单位增加1组自我管理小组。全民健康生活方式行动新创建健康示范超市2个，通过市级验收。新培训健康生活方式指导员222名。开展三减三健主题宣传活动5场．专项行动6个。开展全民展健康生活方式日、糖尿病日、爱牙日等主题日宣传活动4场。全年累计发放海报1000张，折页1万余份，支持性工具1500余个。利用石景山电视台、石景山区健康教育官方微博及微信、石景山报等多种媒体宣传，发表科普文章200余篇。

（安欣华）

**【健康教育与健康促进】**　年内，区疾控中心整理新型冠状病毒感染的肺炎相关文件及科普知识，制作各类手册、宣传海报等。针对新冠肺炎疫情初期防控需要，印刷《新型冠状病毒感染的肺炎防控工作指南》3000本，《关于红外测温仪的使用提示》单页3000份，下发至各街道社区、区教委、文旅局等相关单位；结合复工复产需要，制作印刷《新型冠状病毒感染的肺炎流行期间商务楼宇办公场所防控指南》1万本，下发至各街道、投资促进局、中关村科技园等办公场所，制作宣传海报、折页、单页共7种11.8万份，下发至各医疗卫生机构及街道居委会，用于开展新型冠状病毒的防控宣传工作；为做好学校复课健康宣传，印制海报4种1600份，单页35000张；为做好常态化疫情防控，为公众提供健康防护指引，制作印刷《常态化疫情防控健康防护指引》4000本，下发街道居委会。依托新媒体平台的高效、快速，覆盖广等特性，利用石景山区健康教育官方微博、微信进转发国家及市级发布的新型冠状病毒感染的肺炎相关科普知识。全年开展主题宣传活动5次，并发动全区所有医疗机构开展宣传活动。开展无烟家庭线上创建活动，累计1010个家庭通过审核。开展北京市和石景山区居民健康素养监测工作,最终40个监测点(7个北京市监测点,33个石景山区监测点)完成2519份问卷,期间开展培训2次,督导14次。开展北京市居民健康素养“健康提素”线上竞赛行动,通过线上推广和线下动员,注册6298余人,开展幼儿健康科普云讲座3次,来自石景山医院、区妇幼保健院的6名讲师针对幼儿重点健康问题进行科普,受众累计300余人次;开展21天正确洗手健康行为干预活动,三家幼儿园共计740余家庭参加打卡活动,最终征集各类打卡作品384件,经过各幼儿园初审后,上报区疾控47件,并选送30件上报市疾控;完成3家健康促进幼儿园的区级和市级评估工作。对社区卫生服务机构开展国家基本公共卫督导考核1次,开展医院公共卫生考核1次。全年向石景山报投稿科普文章48篇。全年发送微信578条,利用新浪微博“北京石景山健康教育”及时发布健康知识,发送微博1440条,粉丝数21846人。

(安欣华)

**【实验室建设】** 年内,区疾控中心完成实验室改造,实验用房建筑面积3100平方米,占总建筑面积的35%。目前拥有实验室54间,其中P2实验室16间,P2+实验室1间,在新冠肺炎疫情防控中发挥重要作用。按照《北京市市、区两级疾控中心仪器装备配备标准(试行)》,A类设备配备标准为132种259台,中心已具备97种287台。具有检测能力466项,其中通过检验检测资质(CMA)认定288项。根据北京市《2020年度区政府绩效管理日常履职考核事项评分标准》中疾控机构标准化建设指标计算,已达标。

(吴 劲)

**【传染病防治】** 年内,石景山区甲类传染病发病数为1,死亡数为0。乙类传染病发病总数为378,死亡人数为5,发病率前三位的疾病名称为肺结核、痢疾和梅毒。人畜共患疾病的发病人数为2(布病),死亡人数为0。全年发病人数为19(其中死亡1人,重型1人、普通型12人、轻型6人),无症状感染者人数为0。调查处置确诊病例、疑似病例、抗体阳性等183起相关疫情。管理确诊病例、无症状感染者的密切接触者296人,其中转确诊4人,期满解除292人;管理次级密切接触者99人,均期满解除;管理疑似病例的密切接触者389人,均期满解除。累计排查医院重点病例305例,其中确诊12例(含转外区2例,境外输入1例),排除293例。结核病患病总人数150人,其中新发病人数129人,死亡人数1人。性病患病人数97例,新发病人数97例,死亡人数0。艾滋病患病总人数785人,其中新发病人数43人,死亡人数22人。

(祁 强)

**【慢病防治】** 年内,区疾控中心开展北京市脑卒中高危人群随访干预项目,完成项目随访285人,其中1人死亡。开展心血管病高危人群早期筛查与综合干预项目,完成初筛调查2928人,高危调查149人。完成城市癌症早诊早治工作,对五大高发癌症(包括肺癌、乳腺癌、大肠癌、肝癌、上消化道癌)进行危险因素评估,完成居民问卷调查及高危人群评估1561人,筛查出肺癌等各类高危人群845人次,完成各类临床筛查292人次,其中肺癌筛查94人次、乳腺癌154人次、肝癌30人次、上消化道癌9人次、结直肠癌5人次。

(祁 强)

**【职业卫生】** 年内,石景山重点职业病监测共提交24个用人单位信息合计3545个劳动者职业健康检查结果。其中,岗前体检25人,在岗期间体检3501人,离岗后体检19人。2020年石景山区职业病报告网共上报5例疑似职业病(其中3例为疑似电光性眼炎,2例疑似苯中毒)和3例尘肺病病例。

(祁 强)

**【精神卫生】** 年内,石景山区在册严重精神障碍患者2775人,报告患病率4.654‰,在册患者规范管理率94.9%、在册患者服药率93.59%、在册患者规律服药率90.97%、精神分裂症患者服药率93.49%、在册患者面访率92.02%,累计进行免费服药1920人、免费服药率69.92%。

(祁 强)

**【食品卫生及饮用水监测】** 年内,区疾控中心共开展201件化学污染物和215件食品微生物的样品监测工作,其中6件婴幼儿面条超过国际食品法典委员会和欧盟针对婴幼儿辅食规定的DON限量值,在2件外卖配送餐中分别检出沙门氏菌和单核细胞增生李斯特氏菌,并在现场制售的1件熟肉制品,3件凉拌菜和1件凉皮中检出单核细胞增生李斯特氏菌,其他样品除无评价标准外其余均未见异常。监测二次供水和末梢水共168件,均合格。

(祁 强)

**【口腔卫生】** 年内,区疾控中心推进“儿童乳牙口腔保健与健康促进项目”等各项口腔公共卫生服务项目,全区窝沟封闭预防龋齿项目覆盖50所学校,2989名儿童,牙齿6249颗;氟化泡沫全年服务幼儿园58所,2144人次。

(祁 强)

## 卫生监督

**【概况】** 年内,区卫健委以新冠肺炎疫情防控为重点加大卫生健康监督执法力度,推进法规督查,规范执法行为,依托扫黑除恶专项斗争,加大行业乱象整治力度,共开展监督检查11721户次,监督覆盖率达到100%。石景山区辖区内公共场所902户,量化分级比例97.20%。生活饮用水635户,学校卫生98户。区卫健委共开展经常性监督检查7651户次,覆盖率100%,合格率96.72%,处罚211起,罚款金额139100元。医疗卫生监督检查6880户次,覆盖率100%,合格率93.88%,处罚59起,罚没款金额111083元。打击非法行医情况:取缔黑诊所5户,处罚4起,罚没款金额11万元。下发《北京市石景山区卫生健康委员会关于做好医疗卫生机构生活垃圾和医疗废物分类管理工作的通知》《北京市石景山区卫生健康委员会关于印发〈北京市石景山区卫生健康系统生活垃圾分类工作实施方案〉的通知》,推进辖区医疗卫生机构生活垃圾和医疗废物分类管理工作。落实动物疫病强制免疫接种和无害化处理,加强动物诊疗和养殖环节防疫监管，维护公共卫生安全。

（崔瑞莲）

【院感专项检查】　2月，区卫健委拟定《北京市石景山区卫生健康委员会关于新冠肺炎疫情期间组织开展院感专项检查工作的通知》，开展院感防控专项检查。6月，拟定《北京市石景山区卫生健康委员会关于强化院感防控落实三防四早九严工作的通知》，推进辖区各医疗卫生机构做好院感防控工作。12月，拟定《北京市石景山区卫生健康委员会关于新冠肺炎疫情期间组织开展院感专项检查工作的通知》，对辖区一级以上医疗机构和社区卫生服务中心开展巡回式院感防控专项检查。

（崔瑞莲）

【动物卫生监督】　年内，石景山辖区内养殖户10家，动物诊疗机构16家（其中动物医院11家，动物诊所5家）。区卫健委共检查监管对象461家次，出动执法人员1092人次，其中包括开展双随机抽查192家次，出动执法人员384人次。共立案查处案件24起，结案24起，收缴罚款1.25万元。全年共开具动物检疫证明10312张。对存栏羊进行O型口蹄疫、小反刍兽疫免疫，免疫率100%。全年共免疫犬13952条。对羊、犬、猫血清按15%抽检率进行布病监测，结果全部为阴性。全年共采样420份，包括犬血清180份，猫血清60份，犬粪便60份，野禽粪便120份样品，送至市级进行狂犬病、弓形体、禽流感等相关监测，结果全部合格。

（崔瑞莲）

## 生育服务管理

【概况】　2020年，石景山区户籍人口出生2415人、出生率6.21‰，户籍人口死亡3250人、死亡率8.35‰，自然增长率-2.14‰。区卫健委依法落实全面两孩政策，梳理政务服务事项，实现“最多跑一次”目标，加强出生人口监测，做好生育登记和再生育确认工作，户籍人口生育登记2398例，再生育确认46例，流动人口生育登记1604例，流动人口再生育登记15例。通过开展急救演练、病历评审、机构互查、区级督导等方式，确保母婴安全。完善考核机制，加大经费投入，加强区级专家组力量，切实做好危重孕产妇救治工作。开展生育全周期服务，全面落实国家免费服务项目，将出生缺陷预防关口前移。开展3岁以下婴幼儿家庭托育服务需求调查和辖区托育机构摸底，实施示范性托育机构创建活动。推进婚检一站式场所建设，免费发放婚前和孕前保健健康服务包，加强出生缺陷综合防治，推进消除艾滋病、梅毒、乙肝三病母婴传播工作。全年发放独生子女父母奖励费5536人31.67万元；独生子女父母一次性奖励1895人189.5万元；一次性经济帮助57人55.5万元；特别扶助金1697人1305.684万元。

（田孟云）

【婚检服务】　8月3日，石景山区正式开展“一站式婚前检查”服务，免费孕前检查定点单位为石景山区妇幼保健院，石景山区妇幼保健院在石景山区婚姻登记处设置婚前保健服务中心，婚姻登记的同时加强引导免费婚前检查，鼓励备孕人员积极参加孕前检查，整合孕检婚检服务，做好出生缺陷一级预防，确保扩大婚前医学检查、孕前医学检查覆盖范围。全年共免费孕前检查共629对。全区全年婚检人数为1987人，其中初婚婚检人数为1980人，初婚婚检率为52.80%。疾病检出率为1.11%，其中初婚疾病检出率为0.91%。

（乔彦云）

【婴幼儿照护服务】　年内，区卫健委对托育服务需求、供给状况摸底调查，就如何发挥国企优势兴办托育机构到首实教育公司调研，形成专题调研报告。规范托育机构服务管理，开展示范性托育机构创建活动，启动托育机构备案工作。

（田孟云）

【母婴设施建设】　年内，区卫健委以创建全国文明城区为契机，推进公共场所母婴设施建设，推广“幸福母婴小屋”移动母婴室模式，统一制作母乳喂养海报和母婴室铭牌。全区商业中心、医疗机构及游览娱乐等大型公共场所配置母婴室50处。

（田孟云）

【计生特殊家庭帮扶】　年内，区卫健委完善失独家庭关怀扶助暖心项目，健全“双岗”联系人制度，结合新冠肺炎疫情防控，帮助失独家庭购置生活用品，开展中医防疫进公园健步走活动，赠送“防疫爱心包”；传统节日集中组织慰问，春节期间开展第十届“温暖国策百里行”行动；提供生日慰问金，发放养老帮扶补助，救助大病家庭，开通就医绿色通道，组织健康体检、京郊游、家医签约、城市癌症早诊早治等项目。

（田孟云）

【避孕药具管理】　年内，区卫健委开展免费避孕药具项目评估暨满意度调查，掌握药具运行情况。实施避孕方法知情选择，做好新冠肺炎疫情期间药具发放和随访服务。全区药具发放网点192个，其中24小时免费自助发放机62个，发放药具760箱。

（田孟云）

【基层队伍建设】　年内，区卫健委在街道大部制改革中加强基层队伍建设，9个街道均配备专职工作人员，社区中配备卫计专干151人，宣传员1700人。坚持街道科长月例会制度，举办全员业务培训1次，专题培训5次。开展计生协管员队伍状况调查，发放专干、宣传员补贴42.4万元。

（田孟云）

【妇幼卫生】　年内，石景山区辖区孕产妇死亡0人，死亡率为0；新生儿死亡4人，死亡率1.62‰；婴儿死亡7人，死亡率2.83‰；5岁以下儿童死亡12人，死亡率4.85‰。新生儿严重出生缺陷发生率为3.44‰。严重出生缺陷病种主要为21-三体、肢体短缩、脐膨出、无脑儿。

（乔彦云）

## 药品安全监管

【概况】　石景山区药品使用主体218家，药品经营主体108家，医疗器械经营主体898家；医疗器械生产主体22

家,区市场监管局加强药品使用环节监管,特别是加强中药饮片验收养护工作,对辖区医院、社区卫生服务站等医疗机构开展现场检查。加强药品生产环节指导,确保医用物资供应保障有序。对药品生产企业进行GMP符合性现场检查。依据药品生产质量管理规范及相关附录,对医用氧生产企业实施药品GMP情况进行符合性检查。配合市药监局对石景山区医用氧生产企业开展专项检查,保障医用氧生产不断,价格稳定,供应保障持续充足。对高风险环节疫苗接种单位进行监督检查,重点检查疫苗购进、储存和冷链管理情况。在“指导全区使用中药饮片”文字前。对药械经营企业,针对野生动物保护、疫情防护用械、无菌和植入性医疗器械等重点领域开展专项监督检查,强化药械产品质量安全。指导全区使用中药饮片的医疗机构开展中药饮片专项整治自查工作,对狂犬疫苗接种门诊、中药敷贴对医疗美容机构的药品使用管理情况开展专项监督检查。

(刘洪杰 吴 瑶)

**【特殊药品使用安全】** 年内,区市场监管局加强日常特殊药品监管,确保毒麻精放药品使用安全。定期对全区戒毒药物维持治疗门诊进行现场检查,并接受市级美沙酮药物维持治疗工作组督导;对全区二类精神药品定点批发企业、蛋白同化制剂肽类激素批发企业进行季度巡查;对使用麻醉药品和一类精神药品的医疗机构开展现场检查,并现场监督销毁过期特殊药品,确保临床使用的同时,坚决不让一针一片流入非法渠道。

(刘洪杰 吴 瑶)

**【药物临床试验机构检查】** 年内,区市场监管局依据《药物临床试验质量管理规范》,对辖区2家药物临床试验机构进行日常监督检查。重点检查临床试验机构质量保证体系和质量控制体系的运行情况,结合抽查的项目,查看实施过程的合规性,关注试验过程与方案的符合性,原始记录、试验药物、生物样本等管理数据的完整性等。对检查中发现的不合格项,监督整改,持续加强对药物临床试验机构的检查力度,引导行业自律,营造良好的临床研究工作环境。

(刘洪杰 吴 瑶)

**【检验检测认证认可监管】** 年内,区市场监管局以“双随机、一公开”为基本手段,对社会关注度高、反映问题比较集中的检验检测认证领域强制性产品认证、有机产品认证、机动车、环境、食品、工程检验检测等3家认证机构、9家检验检测机构实施了重点监督检查,强化机构风险防范意识、落实机构主体责任。其中认证机构检查全覆盖,达到100%,检验检测机构占全区机构总数(市发证)的30%(市级要求抽查比例为12%)。

(刘洪杰 吴 瑶)

北京石景山年鉴

BEIJING SHIJINGSHAN NIANJIAN

2021

# 体　育

## 综　述

【概况】 2020年,石景山区体育局(简称区体育局)深入学习贯彻习近平总书记对北京和体育事业发展的重要讲话精神,以服务保障冬奥筹办为统领,以全面深化从严治党为保障,全力做好冬奥服务保障工作,努力实现"带动三亿人参与冰雪运动"的战略目标。区体育局面对新冠肺炎疫情,完成集中核酸检测任务,强化服务,确保复工复产和复工达产,传导压实,严格落实"四方责任"。按照区委统一部署,全体领导现场代班,抽调26名人员组成三个应急保障组。配备30余套桌椅、100多个围挡设施、20余组指示牌,设置一米线、遮阳棚、照明灯、空调扇等设备。6月15日至28日,区体育场完成4.2万人的核酸检测任务。制定《石景山区体育行业疫情防控检查督导工作方案》,对体育经营单位疫情防控工作进行检查,确保防控措施落实到位。坚持以防疫安全为前提,对体育健身场所开放管理实施动态调整、分类指导、有序开放 。深入开展援企纾困工作,协助冰雪企业申请水电补贴,根据《受疫情影响北京市滑冰滑雪场所水电补贴方案》,补贴启迪冰雪体育中心水电补贴48.684万元,帮助21家企业申请房租减免,推动辖区内体育产业复工复产。

(李　昂)

【石景山全民冰雪嘉年华】 1月4日,石景山全民冰雪嘉年华在广宁街道冬奥社区文化广场举办。来自广宁街道的百余组家庭、200余名居民参与活动体验冰雪乐趣,位于高井路路口处的北京冬奥吉祥物"冰墩墩""雪容融"雕塑也正式揭幕。超过3米高的不锈钢3D立体结构彩色冬奥吉祥物,落户于广宁街道冬奥社区,成为首个由冬奥组委授权室外最大冬奥吉祥物雕塑。石景山全民冰雪嘉年华活动同步开场。在冬奥社区室外大型冰场上,冰壶、冰上保龄球、冰球射门、冬季两项射击、不倒森林游戏等冰上体验活动吸引居民争相参与。冬奥社区文化展示厅也换装一新,人们在此绘制冰雪长卷、绘制及投递吉祥物定制明信片等,共同祝福北京冬奥。此次全民冰雪嘉年华正式开启冬奥社区2020冰雪季,陆续开展一系列冰雪主题活动。社区每一周针对青少年、居民家庭等有针对性地举办各类主题活动。春节期间,还打造冰雪庙会及冰雪灯会,猜灯谜、看冰灯、玩游戏。活动由北京冬奥组委、区政府指导,区体育局、广宁街道办事处主办。

(李　昂)

【参展2020年北京服贸会】 9月5日至9日,2020年北京服贸会在国家会议中心举办。石景山区以"燃梦冰雪,共铸双奥之区"为主题第三次参加服贸会冬季运动板块展览展示。本届展会,石景山区与国际滑冰联盟、世界冰壶联合会两大国际组织联合参展,设置8个主题板块,吸引央视朝闻天下、CCTV5体育新闻、北京新闻、《北京日报》《中国体育报》等30余家主流媒体报道,超过10万人次观展体验。国家体育总局副局长、中国奥委会副主席李颖川,副市长、北京冬奥组委执行副主席张建东,以及市、区各级领导先后到石景山展台参观视察。

(李　昂)

【冰雪项目国家队训练基地开放】 10月1日,国家体育总局冬运中心在首钢园短道速滑训练馆冰场举办首场冰雪项目国家队训练基地公益开放活动。邀请冰雪运动推广大使、前短道速滑世界冠军李佳军进行公益授课。冬运中心主任倪会忠、区领导李新、左小兵,以及来自石景山区7所中小学校的34名学生在家长陪同下参加活动。

(李　昂)

【百城千校"画冬奥、滑冰雪、话健康"】 10月29日,百城千校"画冬奥、滑冰雪、话健康"活动在京源学校小学部启动。京源学校小学部千余名师生共画冬奥,将冬奥情用书法、美术等形式展示,将冬奥项目、场馆、运动明星绘制在国画、水彩、水粉作品中,将创意与冬奥元素相结合绘制在手提袋、文化衫上,表达对冬奥的祝愿。活动现场,少先队员代表通过合唱、京剧展演及英语情景剧《开往雪国的列车》展示京源冰雪少年的良好风貌、小主人翁精神和对冬奥运动的热爱。活动为石景山区十所首批"实验学校"授予"画冬奥、滑冰雪、话健康"的牌匾。

(李　昂)

【第七届冰雪季启动仪式】 12月22日,石景山区首届"冰雪嘉年华"暨第七届冰雪季启动仪式在石景山体育场举行。启动仪式上,播放活动宣传片"筑梦迎冬奥 冰雪石景山",与会嘉宾共同点亮启动仪式冰雪灯,区体校短道速滑队、花样滑冰队,金源学校队列滑队小队员依次表演。启动仪式由区体育局、区直机关工委、团区委、残联、工商联和各街道办事处等联合主办。区政府及相关主办单位负责人出席活动。

(李　昂)

【第七届全国大众冰雪季】 12月29日,第七届全国大众冰雪季启动仪式在吉林长春举办,石景山区作为全国四个分会场之一参加启动仪式现场连线。分会场设置在石景山体育场,通过对现有场地进行改造,搭建1800平方米的标准冰场、长100米宽30米的初级滑雪赛道,铺设嬉雪场地,设置"雪地滑圈""雪上飞碟""雪地坦克"等雪上游乐项目,将体育场转变为京西冰雪嘉年华所在地。活动当天,石景山区严格落实防疫措施,有序安排区花样滑冰队、冰球队、短道速滑队、雪上运动队的队员和冰雪运动爱好者团队分批到冰场、雪场进行展演,并组织来自社区、机关事业单位的居民、职工到现场观看冰雪项目展演并体验嬉雪项目。

(李　昂)

## 冬奥会服务保障

【概况】 年内,区体育局把握筹办2022年北京冬奥会和冬残奥会、打造新时代首都城市复兴新地标两大机遇,围绕"服务冬奥、借势冬奥、参与冬奥"工作目标。深化与国家体育总局冬运中心的战略合作,在全国率先联合启动"带动三亿人参与冰雪运动"示范区创建工作。通过第三方专业智库力量，邀请专家学者献言献策，参与示范区规划研究，示范区研究报告、创建工作指标体系已初步形成，将联合冬运中心进一步优化提升，推动形成既带有鲜明区域特色又能推而广之的示范区建设标准体系和实施路径。加快中国冰雪大会组委会相关项目落地石景山，联合在京源小学启动百城千校“画冬奥、滑冰雪、话健康”活动，积极筹备首届中国冰雪运动发展高峰论坛、全国“带动三亿人参与冰雪运动”示范创建推进工作会等重要活动，完成场地勘察、嘉宾筛选，形成工作方案。建立与世锦赛组委会对接工作机制，起草“冬奥场馆”运行工作方案，编制世锦赛场馆设施工作手册。

（李　昂）

**【全国青少年 U 系列滑冰比赛】**　1月5日至8日，2019—2020年度全国青少年U系列滑冰比赛北京站在石景山区市民冰雪体育中心举办。本次比赛是本赛季最后一站区域赛，为期4天，来自全国30支代表队168名选手参与角逐。区域赛后选手们将根据各分站赛成绩进行积分排名争夺成都站总决赛的参赛资格。中国滑冰协会主席李琰，平昌冬奥会短道速滑男子500米冠军武大靖到场观赛。

（李　昂）

**【滑冰协会俱乐部滑冰公开赛】**　1月11日，2019—2020年度中国滑冰协会俱乐部滑冰公开赛（北京站）开幕式在石景山区市民冰雪中心举办。李新宣布比赛开幕。国家体育总局冬运中心副主任丁东、冬奥组委秘书行政部副部长于甲川、《人民日报》体育部主任薛原、国家体育总局群体司副司长邱汝、中国滑冰协会主席李琰，区领导姚茂文、左小兵和各界热爱冰雪运动的观众500余人参加开幕式。石景山实验小学的小朋友表演“我爱我的祖国”节目。出席嘉宾向运动员代表赠送京2022冬奥会吉祥物“冰墩墩”和冬残奥会吉祥物“雪容融”。本次赛事设有成人组、青少年及儿童多年龄组等10个组别。北京站共有来自全国各地14支代表单位参赛，参赛人数240余人。比赛设置500米、1000米、1500米、男女混合2000米接力、2圈追逐、2圈亲子赛等多种形式，兼具竞技与休闲娱乐，项目设置旨在将训练方法和比赛相结合。这项赛事是国家体育总局冬季运动管理中心和区政府签订战略框架协议之后举办的首场比赛，助力石景山区“冬季体育运动特色先行区”建设，为滑冰爱好者们搭建交流和竞技平台。

（李　昂）

**【发布促进冰雪产业发展措施】**　2月10日，《关于促进石景山区冰雪体育产业快速发展的若干措施》经第45次区政府常务会审议通过，并于4月22日联合区投促中心共同对外发布。措施包括支持冰雪体育相关的投资运营、科技研发、商务商业、金融服务等企业以及总部机构、中介机构落户石景山区发展；支持有特色、有潜质的冰雪体育俱乐部、社团协会落户石景山区；支持石景山区注册企业在本区租赁或投资建设具有一定规模的滑冰、冰壶、冰球、滑雪等运动场馆等内容。

（李　昂）

1月11日，2019—2020年度中国滑冰协会俱乐部滑冰公开赛（北京站）开幕式

（区体育局供图）

**【筹办2021年世锦赛工作】**　4月3日，石景山区召开2021年国际雪联自由式滑雪和单板滑雪世界锦标赛（简称2021世锦赛）筹办工作协调会，研究部署世锦赛筹办和参加国际雪联远程视频会工作。6月9日，左小兵主持召开专题会，研究2021世锦赛经费预算编制工作。同月12日，区体育局组织区委宣传部、公安分局、团区委、城管委、卫健委、首建投等单位和部门召开协调会，共同推动2021世锦赛经费预算编制工作。8月12日—14日，区体育局会同北京冬奥组委体育部、首建投公司前往张家口，与世锦赛组委会就筹办任务、职责分工、权益划分等具体问题进行工作对接。9月3日，召开专题会，研究2021世锦赛经费预算编制、与世锦赛组委会工作对接情况、场馆外围保障工作任务。10月27日，召开2021世锦赛筹办工作推进会，研究部署“双进入”、场馆外围保障等工作。

（李　昂）

**【筹办中国冰雪运动发展高峰论坛】**　11月4日，左小兵主持召开体育工作专题会，研究部署推进“带动三亿人参与冰雪运动”示范区建设、筹办中国冰雪运动发展高峰论坛等工作，国家体育总局冬运中心相关部门领导、区体育局主要领导参加会议。

（李　昂）

**【与斯威克斯公司对接】**　11月5日，区体育局组织区教委、区投促中心、园区管委会、斯威克斯公司等单位召开工作协调会，就斯威克斯公司相关冰雪赛事及活动落户石景山区进行对接。斯威克斯成立于1944年,在1978年被挪威首富拥有的公司Fred集团所收购。斯威克斯一直是各国家滑雪队的指定赞助商,是全球越野滑雪领域第一大公司,也是国际雪联及各雪上单项组织、各国雪联、教练员、运动员关系最为紧密的商业公司。

(李　昂)

## 体育产业

【概况】 年内,区体育局妥善应对新冠肺炎疫情,履行行业监管部门职责,出台防控方案指引、加大宣传引导力度、完善疫情防控制度、加强防控检查督导,提升各体育经营单位的疫情防控意识。针对疫情形势不断变化,根据市体育局要求,先后6次下发通知,对体育经营健身场所开放管理措施进行相应调整,确保各健身场所有序开放、规范经营。针对新冠肺炎疫情对体育产业带来的不利影响,帮助部分企业申请房租减免;按程序为区内符合条件的冰雪企业拨付水电补贴;先后组织体育行业中小微企业以训稳岗、以工代训等补贴,切实为企业纾困解忧,减小疫情对体育行业的影响。开展体育行业促消费活动,结合地区体育行业实际,制定《石景山区"8.8体育消费节"活动方案》,开展公共体育场馆免费开放日、全民健身"线上直播+云分享"等活动。大力协助经营单位宣传推广,推荐上报"石景山区体育健身消费热门打卡地"。

(李　昂)

【体育场地统计调查】 6月至10月,区体育局开展常态化体育场地统计调查,聘请专业三方公司,对截至2019年12月31日的全区各体育场地、场馆、设施进行全面普查,形成石景山区体育场地统计调查报告。

(李　昂)

【开展促消费活动】 8月,区体育局根据"北京消费季"系列活动安排,制定《石景山区"8.8体育消费节"活动方案》,开展公共体育场馆免费开放日、全民健身"线上直播+云分享"等活动。9月、10月,推荐上报"石景山区体育健身消费热门打卡地",在金秋体育盛会开幕式、国际雕塑公园石景山冬奥展区等场合设立宣传展示区;先后在首钢极限运动公园、启迪冰雪中心、石景山体育馆等地组织系列全民健身活动,营造氛围、激活市场、促进消费。

(李　昂)

【完成减溺工作】 8月,区体育局联合区卫健委、应急管理局,共同开展全区游泳场所专项检查。12月,组织游泳场所减溺工作会议,区应急局、卫健委相关负责人出席并提出要求。邀请相关领域专家,围绕危险化学品使用管理进行针对性培训。

(李　昂)

【规范行政服务事项】 年内,区体育局根据市局和区政务服务局要求,结合自身行政职权,全面梳理各行政服务事项要素和环节,继续做好优化流程、精简材料、压缩时限等工作;制作电子印章、推进证照电子化,推进全程网办;不断优化营商环境,主动服务企业、提高行政审批效率,按程序办理高危许可4件。

(李　昂)

【安全基础工作】 年内,区体育局组织安全生产月、"119"消防宣传月、游泳场所危化品使用管理培训等系列活动;推进体育行业安全生产专项整治三年行动、城市风险评估等工作,对辖区内各体育经营单位进行主体责任评估和打分排名;加强检查督导,全年共安排检查人员近500人次、实施行政检查225起;印制下发体育行业相关法规和标准汇编,指导各单位结合实际进一步完善规章制度。

(李　昂)

## 竞技体育

【概况】 年内,区体校针对新冠肺炎疫情情况,开展"停课不停训"的居家训练。7月22日,北京市体育局向各区体育局发出体校复训的通知。石景山区体校制定复训防疫方案、应急预案等制度文件,开展防疫物资的补充采购配备、应急处置室的安置以及教练员、场馆保障人员的防疫及消毒知识的培训等工作。8月5日,区疾控中心专家再次对区体校进行实地评估,开出体校复训的"通行证"。9月至10月参加2020年北京市青少年锦标赛,石景山区在羽毛球锦标赛中获得1金1银1铜、射箭锦标赛中获得15金11银8铜、田径锦标赛中获得1银3铜。在青少年U系列冠军赛中,短道速滑冠军赛获得2金5银6铜、冰壶冠军赛女子乙组获得冠军、男子乙组获得亚军,竞技水平不断提升。

(李　昂)

【北京市青少年羽毛球锦标赛】 9月20日,在燕山体育运动中心举行。经过两天比赛,区体校运动员连若辰、李心琪获得乙组混双冠军;连若辰、安梓获得乙组女双亚军;李心琪获得乙组男子单打季军。

(李　昂)

【北京市青少年射箭锦标赛】 10月5日至7日,在朝阳区第二少儿业余体校射箭场举行。经过三天比比赛,区体校射箭队获得15金11银8铜的成绩。

(李　昂)

【北京市青少年U系列冰壶冠军赛】 10月16日至18日,在世纪星国际冰雪体育中心冰壶馆举办。女子乙组比赛,石景山区以五场不败战绩获得冠军,男子乙组在最后决赛中负于朝阳区获得亚军,乙组混双组合获得第五名。

(李　昂)

【北京市青少年田径锦标赛】 10月17日至18日,由市体育局主办,市体育竞赛管理中心、朝阳区体育局、朝阳区体育健身休闲公园承办的"2020年北京市青少年田径锦标赛"在朝阳体育中心进行。石景山区共获得一银三铜。

(李　昂)

【北京市青少年U系列击剑冠军赛】 10月24日至25日,在北京艾鲁特击剑运动中心举行。在个人比赛中,石景山区选手姚静函获得U10女子重剑第一名,梁茜获得U10女子重剑第二名,张骞水夺得U18女子佩剑第一名;团体赛中,区体校男子花剑队获得

U10 团体第三名。

（李　昂）

【北京市青少年武术套路锦标赛】 10 月 31 日至 11 月 1 日，由市体育局主办，市体育竞赛管理中心、东城区体育局、市武术运动协会联合承办的“2020 年北京市青少年武术套路锦标赛”在地坛体育馆举行。区体校小选手刘成坤获得男子甲组太极器械第二名。

（李　昂）

【北京市青少年短道速滑锦标赛】 11 月 8 日，2020 年北京市青少年短道速滑锦标赛在世纪星国际冰雪体育中心 D 馆举行，经过一天冰上速度与技巧的比拼，石景山区代表队获得 5 银 5 铜共 26 个前八名。

（李　昂）

【中小学生冬季运动会】 11 月 13 日至 15 日，2020 年北京市第五届中小学生冬季运动会短道速滑比赛在世纪星国际冰雪体育中心举办。石景山区体校收获初中组男子 3000 米接力金牌和初中组女子 3000 米接力银牌两枚团体项目的奖牌，同文学校任家锐获得初中男子 500 米银牌、1000 米银牌两枚个人项目奖牌。11 月 19 日至 20 日北京市第五届中小学生冬季运动会冰壶比赛在昌平世纪星国际冰雪运动中心举行。两天之内密集比赛 80 场。石景山区组织初中男女、小学男女四支队伍参赛，获得初中女子组、小学男子组两项冠军。

（李　昂）

【北京市 U 系列花样滑冰冠军赛】 11 月 13 日至 15 日，2020 年北京市 U 系列花样滑冰冠军赛在南宫国际冰上运动中心举办。石景山区小选手王一涵以完美的表演获得女子乙组自由滑第一名，总成绩第一名。男子乙组马梓晨取得短节目和总成绩 2 个第二名。这次比赛是石景山花样滑冰项目上历史性突破，女乙王一涵在 48 名参赛选手中脱颖而出自由滑项目以 62.41 的高分获得冠军。

（李　昂）

【北京市青少年冰壶锦标赛】 11 月 14 日至 21 日，“2020 年北京市青少年冰壶锦标赛”在大兴奥悦国际冰壶馆举行，北京市 U 系列冰壶冠军赛男子前六名，女子前四名，混双组前八名的队伍有资格参加比赛。在这场北京市年度冰壶竞技水平最高的赛事中，石景山区代表队获得女子组亚军、混合双人组冠军。

（李　昂）

【北京市青少年 U 系列滑雪比赛】 12 月 27 日，2020 年北京市青少年 U 系列滑雪比赛在延庆区石京龙滑雪场举办，石景山区选手李雨昂获男子单板 U18 组亚军，创石景山区选手在北京市竞技系列滑雪比赛中最好成绩。

（李　昂）

## 群众体育

【概况】 年内，区体育局完成更新全民健身设施 50 套，健身专项场地建设 3 个、五人制笼式足球场 4 个、健身步道建设 5 公里，打造“一刻钟健身圈”。在新冠肺炎疫情期间推出系列线上健身活动，包括线上篮球、线上自行车、线上舞蹈、线上全民健身日。开展“全民迎冬奥，共创文明城”国家锻炼标准测试活动，完成全区测试数据收集任务。开展阳春社区体育节、金秋体育盛会活动，举办“科学健身，助力冬奥——冬奥知识进社区讲座”、第三届“连线冬奥会 再创新骑迹”、第七届石景山区冰雪季等系列活动，数万人参与活动。

（李　昂）

【“向·山礼 300”自行车挑战赛】 9 月 19 日，石景区自行车协会联合天津、张家口自行车协会共同推出“向·山礼 300”2020 自行车挑战赛开赛，活动在首钢园拉开序幕，随着出发枪响，选手们在大跳台灯光的照耀下依次有序的踏上征程，途经长安街西沿线、四环路、清河、延庆昌赤路、后城、最终到达崇礼冬奥小镇，全程 280 公里。活动吸引来自北京、天津、张家口、山西等地的 400 余名自行车骑行爱好者参加，还有 10 余名长期驻华的国际友人参加。报名分个人组和集体组，集体组以 4 人为单位。活动旨在引领京津冀群众体育纵深化合作，促进京津冀三地自行车运动、全民健身运动的发展。

（李　昂）

【第 35 届金秋体育盛会】 9 月 26 日，第 35 届石景山金秋体育盛会启动仪式暨激昂青春逐梦冬奥滑板挑战赛在首钢极限运动公园举办，来自北京市的 300 余名滑板运动员和发烧友参加滑板挑战赛，滑板挑战赛由区体育局主办，区社会体育管理中心、北京燃烧冰体育发展有限公司承办。本届金秋体育盛会持续两个月，包含滑板挑战赛、北京—崇礼自行车骑行活动、3 对 3 篮球赛、八大处金秋越野赛、

10 月 25 日，2022 八大处金秋越野赛　　（区体育局供图）

11 月 8 日，石景山区“喜迎冬奥 奔向 2022”徒步大会　（区体育局供图）

“奔向 2022”徒步大会、冰雪项目社会体育指导员培训等内容。

（李　昂）

**【中老年健身表演赛】** 9 月 28 日，第 35 届石景山区金秋体育盛会系列活动的中老年优秀健身项目表演赛在石景山体育馆举行，共有来自全区各街道、社区、涉老部门共 17 支队伍参赛。比赛设置健身秧歌（健身腰鼓）、武术类、健身气功、健身球操、柔力球、综合才艺等适合于中老年人开展的六大项目。

（李　昂）

**【“和谐杯”乒乓球比赛】** 9 月 29 日，石景山区第十四届“和谐杯”乒乓球比赛在石景山体育馆举行，来自全区机关、街道等 12 只队伍共 100 余人参加比赛，最终古城街道、广宁街道、鲁谷社区代表队获得一等奖。

（李　昂）

**【耐力骑行活动】** 10 月 5 日，石景山区第三届“连线冬奥会 再创新骑迹”耐力骑行活动在首钢大桥下拉开序幕。骑手从首钢大桥出发，全程近 300 公里，途经清河、延庆百里画廊、后城，至终点张家口崇礼区冬奥颁奖广场。150 名骑手排列有序，统一穿含冰雪元素的骑行服参加活动。

（李　昂）

**【社区杯冰壶球赛】** 10 月 10 日，“金秋体育盛会”系列活动石景山区街道冰壶趣味赛在启迪市民冰雪中心顺时针冰壶俱乐部举行。来自全区九个街道共 45 名冰壶队员参加活动。

（李　昂）

**【八大处金秋越野赛】** 10 月 25 日，由区体育局主办的第三十五届石景山区金秋体育盛会系列活动——2020 八大处金秋越野赛在八大处公园举行。活动以八大处二处灵光寺为起点，途经伽蓝殿—龙泉寺—香界寺—关帝庙（终点处折返）—香界寺—龙泉寺—伽蓝殿—二处灵光寺广场。活动吸引来自北京市近千名户外运动爱好者参加。本次赛事是石景山区传统体育赛事，已连续举办六届。

（李　昂）

**【“奔向 2022”徒步大会】** 11 月 8 日，石景山区“喜迎冬奥 奔向 2022”徒步大会活动在首钢冬奥组委园内举行，共有来自区机关委办局、街道、驻区企业、群团组织共 500 余人参加，活动还吸引数十名残疾人朋友参与。徒步全程 4 千米，沿途总共设置旱地冰壶、冰球射门等 6 项打卡环节。

（李　昂）

**【第 35 届金秋体育盛会闭幕】** 11 月 15 日，第 35 届石景山区金秋体育盛会闭幕式在石景山体育馆举行。闭幕式上，空竹、健身操舞、舞龙、少儿武术、二十四式太极拳、武术八段锦等各表演团队依次亮相。对石景山区直机关工委等 13 个单位授予优秀组织奖，对石景山区自行车协会等 9 个单位授予最佳承办奖，对北京国际雕塑公园等 8 个单位授予热心支持单位的称号。

（李　昂）

**【冬季项目社体指导员培训班】** 11 月 24 日，2020 年石景山区冰雪项目社会体育指导员培训班在黄庄职业高中开班。本次培训由区体育局主办，区社会体育管理中心承办，来自黄庄职业高中的 300 名在校学生参加培训。

（李　昂）

北京石景山年鉴

BEIJING SHIJINGSHAN NIANJIAN

2021

# 社会事业

## 社区建设与管理

【概况】 年内，区委社会工委区民政局完成5个“老街坊”社区议事厅和15个楼门治理示范点建设，严格落实社区事务准入制度，完成社区挂牌清理规范，制定年度社区填报表格区里保留清单，明确社区职责，推进社区减负增效。举办第二届“老街坊”社区邻里节，推出“石景山老街坊”社会治理十大品牌和20个特色品牌，完成全国社区治理和服务创新实验区第二次专家督导并获得充分肯定。制发《关于开展垃圾分类社会动员“十大专项行动”的通知》，细化32项重点任务清单，在全区开展“我分类、我承诺”活动，居民户承诺率超过80%。

（李　露）

【冬奥吉祥物落户广宁街道】 1月4日，北京冬奥会吉祥物落户广宁街道冬奥社区。全市首个由冬奥组委授权室外最大的北京冬奥吉祥物“冰墩墩”“雪容融”雕塑在冬奥社区高井路路口落成，石景山全民冰雪嘉年华活动也同步举办。区领导左小兵，北京冬奥组委文化活动部部长千哲，冬奥组委合作伙伴、中国银行石景山支行行长钱连东，短道速滑世界冠军、第一任“冬奥社区轮值社区长”赵楠楠参加活动。广宁街道作为北京首个被授牌的“冬奥社区”，将奥林匹克理念融入城市环境、社区生活等各个方面，通过丰富多彩的冬奥文化活动，带动更多人了解冬奥、结缘冰雪、助力冬奥。

（张耀中）

【社区疫情防控评先】 自3月起，全区开展社区疫情防控工作评先表扬活动。旨在发挥典型带动作用，形成“比学赶帮超”氛围。采取街道党工委推荐、区级审核把关方式开展，坚持每周一评(表现优秀的可重复获评)，至疫情结束为止。评选对象为在社区疫情防控一线表现突出的集体和个人，根据不同情况分为3类：社区防控工作“优秀社区”：面向社区党组织，每周评选18个；社区防控工作“老街坊先锋岗”：面向小区值守点位，每周评选不超过50个；社区防控“战疫先锋”：面向社区防疫一线人员，包括市、区级支援干部，街道下沉干部，社区工作人员，在职党员、志愿者等，每周评选不超过50人。注重发现和宣传在疫情防控中涌现的先进典型，依托电视、报纸、微信公众号等载体，及时刊发社区普通党员在一线担当作为的事迹，先后刊发《有了这道红色防线，我们一定赢》《老党员在一线 带动一大片》《“老街坊”志愿劝导队念紧疫情防控“紧箍咒”》等文章，有效激励社区普通党员继续站好岗、勇担当。

（张耀中）

【社区减负增效】 上半年，区委社会工委区民政局全面清理社区挂牌，社区办公和服务用房外部挂牌全部清理，只保留社区党组织、社区居委会和社区服务站3块牌子；社区用房内部挂牌按照全市统一要求，凡未纳入市保留目录的社区挂牌、制度等，全部清理。清理各类牌匾、制度展板等8000余块。全面规范社区挂牌，按照市统一规定挂牌样式，重新悬挂社区机构导引牌、社区机构挂牌；规范评比达标表彰和创建示范活动类牌子，集中整齐悬挂或摆放；规范悬挂市社工委民政局下发的社区职责展板，其他职责、制度、规范类展板全部清理。全面督查工作落实，对除拆迁、新建、装修外的142个社区开展地毯式走访检查，发现问题及时整改，被全市重点抽查的10个社区全部符合标准。

（金　超）

【国家重点研发项目示范社区授牌】 7月31日，国家重点研发计划“社区风险监测与防范关键技术研究”项目示范社区授牌仪式在八角街道建钢南里社区举办。“八角街道智能感知与社区治理系统”应用场景项目是基于5G网络技术和三维GIS技术，实现街道内社区的物业网格、安全网格、综合治理网格、疫情防控网格融合与拓展，与石景山“老街坊”志愿者融合，实现应急管理一张图。智能感知城市治理系统通过AI社区监控管理平台和图像视频综合分析，加强八角街道社区治理和疫情防控，服务八角经济社会发展，体现“温度八角”和“老街坊”等社会治理理念。

（张耀中）

【社区邻里节】 10月17日至25日，9个街道的151个社区全面行动，举办“老街坊”第二届社区邻里节。在八角社区居民文化广场举办“携手分类·乐居邻里”为主题的区主会场活动，社区居民和周边群众、“老街坊”志愿者700余人参加此次活动。在社区、住宅小区、居民楼门等各种规模范围内开展居民喜闻乐见的社区邻里节活动300余场，突显各社区特色。其中生活垃圾分类的活动80余场，北京冬奥主题活动50余场，重阳节主题活动60余场，文化娱乐、少年儿童、扶老助残等活动100余场。

（尹俊麟）

【实验区创建】 12月9日至10日，民政部第三方专家指导组对石景山区全国社区治理和服务创新实验区创建工作进行第二轮跟踪督导，实地察看八角中里社区综合文化活动中心、健康护卫队、社区新冠肺炎疫情工作站，老山街道东里北社区老旧小区有机更新、社区党校，苹果园街道“老街坊”之家建设，听取石景山区实验区创建整体进展。

（宣　言）

【社区“两委”换届】 12月19日，石景山区社区“两委”换届工作领导小组第一次会议以视频会形式召开。会议研究审议领导小组办公室设置、区领导联系点安排、换届选举疫情防控工作预案和严肃换届纪律工作，听取各街道换届准备工作汇报。常卫、李新、田利跃、郭鹏、刘海涛、邓晓兵、陈婷婷、唐行安、孙学伟和部分成员单位负责人参加会议，部分成员单位负责人和各街道党工委书记在分会场参加会议。同月24日，召开社区“两委”换届工作动员部署会。会议通过视频会议形式直接开到街道社区，常卫出席会议并讲话，李新主持会议。唐行安对社区“两委”换届整体工作安排及社区党组织换届工作进行部署，孙学伟对社区居民委员会换届工作进行部署，郭鹏对严肃社区“两委”换届纪律工作进行部署。田利跃、刘海涛、邓晓兵、陈婷婷、齐春利、刘建国,领导小组及办公室成员在主会场参加会议,各街道领导班子全体成员、有关科室负责人以及社区“两委”负责人在分会场参加会议。

(谢 君)

【新时代街道工作】 年内,区街道工作和“吹哨报到”改革工作专班将街道工作和“吹哨报到”改革与新冠肺炎疫情防控、接诉即办、创城、物业管理、垃圾分类等各项工作衔接融合、一体推进,突出党建引领基层治理的工作主线,突出大抓基层的工作导向,注重抓统筹、抓改革、抓重点,实行专班推进、定期调度,召开专班会 4 次、秘书组调度会 18 次,以专班名义制发文件 5 个,完善“吹哨报到”规则并与“接诉即办”衔接、规范街道社区运行、向街道下放“六权”、街道综合执法改革等牵引性任务,46 项年度重点任务中 43 项基本完成、2 项接近完成,1 项需市级出台整体政策后推行。

(宣 言)

【垃圾分类工作机制】 年内,区委组织部和区委社会工委区民政局制发《关于开展垃圾分类社会动员“十大专项行动”的通知》,细化 32 项重点任务清单,实行“挂图作战”。发挥各级党组织和党员先锋模范作用、群团组织枢纽引领作用以及社会组织专业推动作用,开展“示范先行”“带头践行”“分类承诺”“桶前值守”“无废社区”等专项行动和试点,引领带动生活垃圾分类社会力量全发动、全响应,桶前值守率在 90% 以上。建立生活垃圾分类“老街坊”志愿服务机制,发放《致全区“老街坊”志愿者的倡议书》;在开展“我分类、我承诺”活动,居民户承诺率超过 80%;指导社区全部修订居民公约,推出“分小萌”垃圾分类示范引导站、“小喇叭”文明宣传志愿服务队等“老街坊”参与生活垃圾分类示范品牌。

(王 刚)

## 社会领域党建

【概况】 年内,区委突出党建引领基层治理这条工作主线,努力做强党建引领、做实基层改革、做活社区治理、做优公共服务、做精城市管理,全力为构建具有首都特点超大城市治理新格局总结石景山经验、贡献石景山力量,努力探索党建引领基层治理石景山路径。区委发挥党员先锋模范作用和基层党组织的战斗堡垒作用,迅速防控疫情、守护生命健康,强化联防联控,开展“党建引领全响应”行动,组织全区 151 个社区党组织、168 个临时党支部、428 个党员责任区,1.6 万余名党员、干部积极投入疫情防控一线。区委社会工委牢固树立大抓基层的鲜明导向,巩固疫情防控经验,夯实基层党建基石,构建基层治理路径,为实现“一枝独秀”、高水平建设好首都城市西大门提供坚强保证。

(谢 君)

【基层党组织建设】 年内,区委社会工委区民政局做实社区党建工作协调委员会,落实“三个清单”(需求、资源、项目清单)和“四个双向”机制(属地和驻区单位双向需求征集、提供服务、沟通反馈、考核评价),精准对接需求清单和资源清单,完成项目 200 余项。

(谢 君)

【党建引领社区治理】 年内,区委社会工委区民政局制发《关于推动物业管理融入社区治理的通知》《关于在“三无”小区推行精细化网格治理的通知》,全面推行党建引领物业管理融入社区治理“三进四联两评”模式,并结合新冠肺炎疫情防控常态化探索推行“三无”小区精细化网格治理。

(谢 君)

## 社会工作队伍建设

【概况】 2020 年,石景山区有社区工作者 2670 人,其中街道社区统筹使用 2195 人,商务楼宇工作站岗位 118 人,枢纽型社会组织岗位 65 人,安全生产岗位 212 人。人员平均年龄 36 岁;大专以上学历占比 97.3%,其中,本科学历占比 57.6%,研究生学历占比 2.4%;男性占比 20.9%,女性占比 79.1%。持证社工 981 人,含 1 名高级社工师。年内,新招录 106 人。一年来全区社区工作者紧紧围绕中央、市、区重大任务和中心工作持续开展新冠肺炎疫情防控、创建全国文明城区、保障冬奥冬残奥筹办、生活垃圾分类、接诉即办、在职党员双报到等重点工作,切实解决居民的操心事、烦心事、揪心事,增强群众的参与感、获得感和幸福感,提升基层社会治理水平,夯实党在基层的执政根基。

(李 坤)

【社区干部培训】 11 月 13 日至 12 月 3 日,区委组织部和区委社会工委区民政局组织社区干部开展“石景山区社区领头雁素质提升”专题研修班,采取“线上 + 线下”相结合的形式,围绕党建引领、社区治理、十九届五中全会等 6 个专题开展培训。

(谢 君)

【志愿服务行政管理】 年内,区委社会工委区民政局围绕市、区重点工作,加强志愿服务行政管理。指导协调街道发动志愿者参与常态化新冠肺炎疫情防控、全国文明城区创建、冬奥服务保障、全国社区治理和服务创新实验区建设、垃圾分类宣传值守等重大任务。高标准落实“创建全国文明城区”指标中有关志愿服务的目标任务。加强对街道志愿者联合会及志愿服务团队志愿服务活动的规范指引,规范“志愿北京”信息平台的使用,审批并指导志愿服务团队开展志愿服务项目。对泄露志愿者信息、变相收取志愿服务报酬等禁止性规范的行政执法检查 30 次。筹建区老街坊志愿服务系统平台,推进“老街坊”志愿服务管理信息化发展。引导志愿服务团队和志愿者参与垃圾分类工作,累计发动志愿者 481049 人次,完成 482505 组次垃圾桶站的值守任务。

(李 坤)

【社会工作人才队伍】 年内,区委社会工委区民政局建立社区社会工作专业人才培养试点,选拔 3 名优秀社区社会工作专业人才参加,开展市级“优才计划”培养项目。配合做好持证社会工作者及社区工作者的继续教育、证书登记等工作,结合新冠肺炎疫情防控需要,普及线上登记、培训模式。

做好高级社会工作师遴选评定的宣传工作,让更多符合条件的社会工作者、社区工作者参与其中,提高专业化水平,实现年度内社会工作者职业水平证书持有率不低于三分之一的目标。

(董妍君)

【协管员队伍管理】 年内,区委社会工委区民政局对街道协管员人数总量、岗位设置、工作职责、日常管理、考核奖励进行调研。召开由区民政局、区人力社保局、区财政局、市场监督局等11个职能部门和9个街道参加的工作研讨会,研讨推进城市协管员规范管理工作。

(罗 兰)

## 民政工作

【概况】 年内,区委社会工委区民政局全力以赴做好新冠肺炎疫情防控工作,接站分流安置在鄂返京人员5841人,接转新疆喀什旅游返京人员26人,摸排核查街道、社区返京人员9万余人,为困难群众发放特殊消费品和临时价格补贴,为低保、低收入家庭中3~10岁儿童及散居孤儿发放儿童防疫口罩,社区工作者与社区居民一起守护健康平安家园,动员近5000名"老街坊"志愿者参与疫情防控,总志愿服务时长超过30万小时。为养老服务机构发放防疫物资和疫情补贴,为入住老人及护理员提供核酸检测。在石景山区开展生活垃圾"我分类、我承诺"活动,居民户承诺率超过80%。年内完成"济困工程"项目66项,救助各类困难群众投入资金约2.88亿元。石景山区有养老机构17家(含试运营1家)床位3912张,全年运营街道养老照料中心8家,试运营1家;运营社区养老服务驿站37家,试运营3家。石景山区登记社会组织320个,其中社会团体88个、民办非企业单位232个,社区备案社会组织1612个。全年完成婚姻登记7241件,各种登记合格率达到100%。

(贾小雷)

【超转和地退人员管理】 年内,石景山区有超转人员1054人(其中市管一般人员841人,市管病残人员44人,区管人员166人,送养3人)。按时、准确完成征地超转人员生活费发放和调标工作;开展走访慰问活动,春节和"十一"期间共慰问特困、高龄、空巢、大病超转人员83人次,送去总价值16202.5元物品;加强日常管理,定期更新信息管理平台数据工作;做好日常服务,为超转人员变更就诊医院166人次;每季度与街道人员入户,核实超转人员生存信息情况;做好超转人员基本信息月报表、死亡月报表和年报表的报送工作;审核超转人员清洁能源补贴。全有地退人员105人(含入住福利院孤老1人),按时、准确完成地退人员退休费发放和调标工作;发放地退人员物业补贴和采暖补贴;协助地退人员、家属及公证处等相关部门办理查档;在"五一""十一"前对地退人员进行慰问,发放慰问金21.8万元;年底为地退人员订阅老年报;做好采暖补贴及去世人员抚恤金及丧葬费的审核发放工作。

(刘莎莉)

【火车站新冠肺炎疫情防控】 3月25日至8月13日,石景山区全面启动在鄂返京人员接站分流工作,成立主管副区长任组长、包括7个部门9个街道的协调领导小组,制定工作方案和接返流程,组织召开动员部署会。组织专业培训和实地推演,对接协调相关部门完成队伍组建、集中观察点选定、车辆使用、物资保障等工作,把好人员分派统计、现场接站分流、集中健康观察"三个关键点"。累计分流安置5841人,其中北京西站接转分流2252人,航班接站2人、自驾返京3587人,总体实现全流程闭环运行、责任无缝衔接。10月27日、29日,接转新疆喀什旅游返京专列2列,接转返京人员26人。

(李 露)

【社会救助专项整治】 4月至10月底,区委社会工委区民政局开展社会救助专项治理活动,制定石景山区社会救助专项治理活动方案,调整专项整治领导小组。8月17日至30日,以区委社会工委区民政局副书记为组长、副局长为副组长的社会救助专项治理工作小组,从社会救助对象身份认定、救助资金发放、救助工作保障、救助政策宣传、信访核对处置等方面,实地查访街道市民服务大厅和部分社区服务站,重点围绕政策执行、规范管理、履职尽责、作风改进方面,开展实地督查,对督查发现问题及时梳理并限期整改,杜绝"人情保""错保"以及套取、截留、克扣救助资金等问题发生。

(李文辉)

【低保调标】 7月起,石景山区最低生活保障标准从家庭月人均1100元调整为1170元,并保证新标准救助资金及时足额发放到困难群众手中。

(冯 栋 季春玲)

【见义勇为权益保护】 年内,区委社会工委区民政局对辖区41名见义勇为人员发放慰问金82000元以及32800元的慰问品。为见义勇为伤残人员李忠义发放伤残抚恤金8733元。组织部分见义勇为人员健康体检。依法确认2起3人见义勇为行为,均为救火行为。8月5日,举行见义勇为确认颁证仪式,为3人颁发见义勇为人员确认证书及确认奖励金209829元。

(孙俊国 程 云)

【慈善事业】 年内,区委社会工委区民政局对《慈善法》和《捐赠法》进行宣传,采取网上查、实地查、电话查等方法,杜绝诈捐、骗捐、诱捐等违法行为。8月初,围绕"慈善捐赠助力新冠肺炎疫情防控、宣传贯彻《慈善法》《北京市促进慈善事业若干规定》、基层群众性互助互济活动、慈善救助项目、慈善典型"5大主题,向街道、社区、社会团体、慈善协会、红十字会等征集参展作品31个。9月份,围绕"助力疫情防控,决胜脱贫攻坚"主题,按照"一图读懂慈善法""凝聚社会力量,助力疫情防控""聚焦扶贫协作,携手奔向小康""慈善进军营,彰显鱼水情""倾洒爱心,成就未来""情系贫困母亲,关爱困境家庭""帮扶特殊群体,共享关爱阳光"7个内容开展系列宣传活动,让慈善文化进机关、进公园、进社区、进商场,引导社会各届支持慈善事业、践行慈善精神。开展"助学、助医、助困、助残”活动，实施慈善救助项目。

（孙俊国）

**【审批制度改革】** 年内，区委社会工委区民政局与相关部门协作配合，完成低保、低收入及教育、采暖、临时救助等救助审核确认权限委托街道实施工作规程的拟制。8月21日，举办社会救助审批制度改革工作培训会，各街道民生保障办公室、市民服务中心领导及困难救助所和各社区居委会负责社会救助工作的专干200余人参加，专门邀请市局社会救助处领导分别对《北京市社会救助审批制度改革工作方案》和《北京市居民经济状况核对业务》进行重点解读和详细解析。按照市里统一部署，自9月1日起在石景山区全面推行社会救助审核确认权限委托街道实施工作。

（李文辉）

**【困境儿童服务保障】** 年内，石景山区有集中供养孤儿9人，困境散居儿童39人，新审批困境散居儿童14人，发放散居困境儿童生活费414人次、57.15万元。困境儿童医疗保障报销2人，支出资金6866.62元，发放散居困境儿童价格临时补贴1.86万元，为19名散居困境儿童发放新冠肺炎疫情防控一次性生活补贴1.9万元，实施“福彩圆梦·孤儿助学工程”项目，向3名正在接受高等教育孤儿发放助学金3万元。调整困境儿童生活费标准，由1800元调整为2200元。根据《石景山区困境儿童和留守儿童巡视探访实施方案》，购买第三方社会组织开展巡视探访工作，为留守儿童和困境儿童健康成长创造良好环境，监督困境儿童和留守儿童政策执行，推动家庭监护责任落实，维护困境儿童和留守儿童权益。开展“儿童福利信息动态管理精准化提升年”专项行动，组织街道儿童督导员完善“三留守”人员信息管理系统中儿童主任信息，组织将事实无人抚养儿童信息录入“金民工程”全国儿童福利综合管理系统。开展成年孤儿安置工作，接收市民政局轮候人员成年孤儿安置，将孤儿户籍落户鲁谷街道。开展“政策宣讲进社区”活动，10月中旬，组织10个街道（含矿山街道）儿童督导员和在册散居困境儿童所在社区居委会的儿童主任开展儿童政策集中培训，印制25500张宣传折页和180册儿童政策汇编，方便儿童主任对困境儿童家庭进行政策宣传。

（樊月明）

**【服务养老服务机构】** 年内，区委社会工委区民政局为养老服务机构下发口罩104万余只、消毒液6000公斤，防护衣2308套。为养老服务机构入住老人及护理员提供近4000人次的核酸检测服务，为符合要求的返院老人、护理员报销核酸检测费用8.99万元。为养老服务机构发放疫情补贴505.3万元。

（毛丽敏）

**【服务基层一线人员】** 年内，区委社会工委区民政局关心关爱新冠肺炎疫情防控基层一线人员，关注社区工作者身心健康，为每个街道配备专属的专业心理咨询人员，时时在线提供免费心理咨询。为4280名社区工作者、协管员、志愿者免费投保疫情防控相关险种，保障社区疫情防控一线人员的权益。联系美团为社区防控一线社工及协管员等赠送4000个骑行码，享有效期2个月、免费骑行1个月的骑行优惠，特殊时期以特殊方式助力社区疫情防控工作。为2500余名社区工作者分两个阶段发放疫情防控工作补助约1800万元。区财政出资126万余元，为2289名社区工作者进行健康体检。为参与社区一线防控的14703人发放防暑降温包142.9万元；对1935名优秀的社区一线防控人员发放慰问品或慰问金48.93万元；对686名协管员发放防控工作补助164.18万元；为8132名“老街坊”志愿者发放实物奖励272.55万元。

（李　坤）

**【社会救助】** 年内，区委社会工委区民政局做好特困人员供养工作，调整特困人员供养生活费，由原来1650元调整为1755元；调整特困人员供养照料护理费，由原来424元、848元、1272元调整为440元、880元、1320元。按照北京市2019年老年人生活能力评估标准对特困人员开展生活自理能力评估，对48名特困人员自理能力进行重新评估。截至年底，石景山区有特困人员供养92人，累计支出资金329.483万元，发放特困人员电价补贴1910.52元，发放价格临时补贴8.25万元。

（樊月明）

**【精准救助】** 年内，石景山区动态保障在册低保对象83796人次，新增369户713人，退出207户402人；保障低收入对象79户182人、特困供养人员93人。累计发放低保金10043.67万元；为383人次低收入家庭16周岁以下在校生及16周岁以上本科以下学历在校生发放生活补贴9.73万元；审批临时救助380人次，支出资金97.16万元；审批教育救助49人次，支出资金21.66万元。

（李文辉）

**【困难群众摸排】** 年初，区委社会工委区民政局对1131户困难家庭通过核对联网开展摸排，对通过摸排的160户低保低收入困难家庭边缘户逐一进行核实，对符合条件的2户困难家庭及时纳入救助范围。

（张建涛　尹　珺）

**【精准帮扶】** 年内，区委社会工委区民政局组织专业社工逐户对低保家庭开展入户调查、精准识别，逐一建档立卡，入户走访新申请低保、低收入、特困家庭482户，全部建立“一户一档”基础数据信息台账。组织专业社工采取“一对一”个案帮扶、心理疏导等方式方法，对151户失能、重残等低保困境家庭开展个案帮扶服务累计1900余次。

（李文辉　郭文翠）

**【社会救助对象困难补贴】** 年内，区委社会工委区民政局累计为15420户次低保和分散供养特困家庭发放电价补贴33.86万元；为29639户次发放价格临时补贴552.25万元；为3451户次低保、生活困难补助和分散供养特困人员家庭发放各类采暖补贴350.51万元，其中，为761户低保、分散供养特困人员家庭发放清洁能源分户自采暖补贴113.98万元，为145户低保、生活困难补助和分散供养特困人员家庭发放燃煤自采暖补贴14.17万元,为1672户低保、分散供养特困人员家庭发放集中供暖补贴222.36万元。

(冯　栋　季春玲　尹　璐)

【特殊消费品发放】 年内,区委社会工委区民政局按照市商务局《北京消费季活动方案》中关于“京券”采取“政府引导、平台支撑、企业助力、供需两端受益”的发放模式和“面向低收入群体给予特殊消费补贴”的具体要求,与物美集团、顺丰快递公司协调联系,采取直接将实物集中配送的方式为7231名社会救助对象发放特殊消费品(补贴)。

(冯　栋)

【流浪乞讨人员救助】 年内,区委社会工委区民政局出动工作人员和外展救助巡视人员近600人次、救助车辆近200台次,主动救助劝导60人次,维护流浪乞讨人员的生存权益,维护“两会”“创城”及其他重要时期社会秩序稳定。站内救助流浪乞讨人员137人次,其中,救助老年人12人次、未成年人5人次、残疾受助对象15人次。

(赵　君)

【区养老服务信息综合平台建设】 年内,区级养老服务综合信息平台实现养老服务数据的区级、街道级和社区级三级信息管理,数据实时更新。养老服务信息综合平台汇集老年人数据26.2万条,累计维护老年人数据2.6万条,其中老人基础数据维护近2万条,北京通养老助残卡持卡人数据库维护6000余条。系统累计财政补贴数据75.5万条,其中养老补贴发放数据33.9万余条,补贴发放金额8123.3万元;养老补贴消费41.6万条,交易金额2853.3万元。系统累计同步巡视探访、驿站运营等养老服务项目23.3万条服务过程数据。

(张　军)

【养老服务机构视频监控信息融合】 年内,区委社会工委区民政局开展“养老服务机构视频监控信息融合”项目工作,监管养老服务机构、维护老年人权益,对独立、零散在养老服务机构的视频资源进行统一管理。截至年底,累计完成31家养老服务机构的视频信息融合。

(张　军)

【失能失智居家养老照护培训】 年内,区委社会工委区民政局委托第三方为200名失能老人家属开展护理基础知识和实操技巧培训,提升失能失智老人居家照护服务整体水平,使老人家庭有更多的幸福感、获得感。

(毛丽敏)

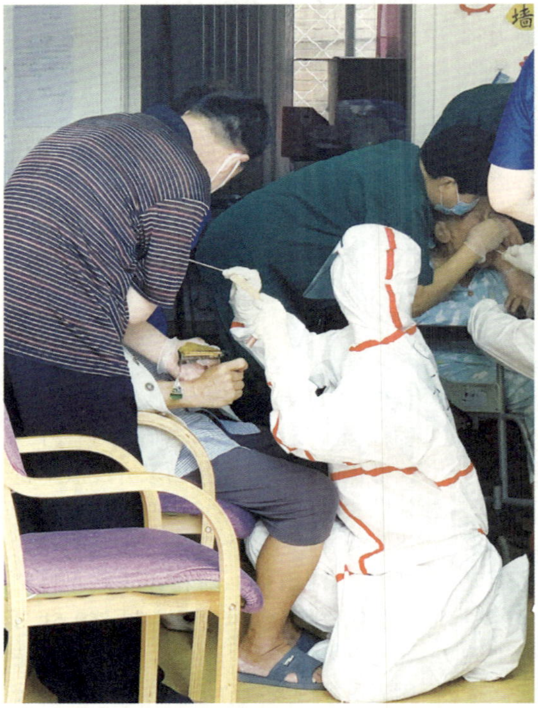

4月14日,为养老服务机构提供核酸检测服务

(区委社会工委区民政局供稿图)

【开展居家养老巡视探访】 年内,区委社会工委区民政局制定《石景山区2020年居家养老巡视探访工作方案》,通过定期电话问候和上门巡视相结合方式为老人提供服务。9个街道开展巡视探访服务,累计开展巡访老人数3969人,开展服务11.57万余人次。

(毛丽敏)

【配套养老设施移交】 年内,石景山区新开工古城南街东侧1612－757、759地块和刘娘府定向安置房2个项目的配套养老设施;接收金铸阳光苑小区和衙府居园小区2处配套养老设施;京西景园小区、远洋春秋嘉园小区2处设施投入运营。

(宋　亮)

【养老服务补贴津贴】 年内,石景山区养老服务补贴津贴三项补贴累计发放334531人次、7792.17万元,其中为80岁以上高龄老年人发放高龄津贴243112人次、3584.67万元,为60岁以上失能老年人发放失能护理补贴71920人次、3907.37万元,为60岁以上困难老年人发放困难服务补贴17746人次、291.37万元,为特殊老年人每月发放50元补贴1753人次、8.77万元。线上线下追缴养老服务补贴津贴186人次、14.9万余元。

(罗　巍)

【老年人意外伤害保险】 年内,为石景山区户籍65周岁及以上老年人,7.4万人统一购买老年人意外伤害保险,该保险2019年5月1日起,至2020年4月30日止,保险期限为一年,为老年人出险理赔297人次,理赔金额103余万元。

(吴飞飞)

【医养融合服务】 年内,在金顶街街道探索新形势下可复制的“医＋养”服务模式,设立区医养结合服务建设项目,对既有生活照料并伴有卫生、医疗、保健需求的400名老年人,进行综合评估、早期干预、上门照护、为老年人开辟绿色通道,实现“信息互通,资源共享,医生上下流动,病人双向转诊”。累计为近500名老人提供各项服务4800余次。

(吴飞飞)

【居家养老精准化服务】 年内,区委社会工委区民政局在9个街道开展“居家养老精准化”服务项目试点工作,通过为区域户籍80岁以上高龄老年人家庭和部分巡视探访老年人家庭配备“居家养老信息机”的方式,实现1万名老年人居家养老服务需求与社会养老服务网络的精准对接。精准化服务项目通过信息机可为老年人家庭提供养老驿站服务、日间照料服务、社区代购、订餐送餐、医疗咨询、物业维修、家政服务、家电维修、社区咨询、999急救等10项功能。累计征集名单1万户,发放1万户,完成部署1万台,为老年人提供各类服务69.5万余人次,为老年人提供999急救服务116人次。

(张　军)

**【适老化改造】** 年内,区委社会工委区民政局完成207户石景山区户籍60周岁以上的低保、低收入、城市特困、计划生育特殊老年人家庭和80岁以上失能、半失能老年人家庭的适老化改造工作。

(宋　亮)

**【养老服务机构无障碍建设】** 年内,区委社会工委区民政局依据《北京市民政局无障碍环境建设(2019—2021年)行动方案》,完成古城养老照料中心、孝和居养老照料中心、金顶街一区社区养老服务驿站、景阳东街第一社区养老服务驿站、杨庄南区社区养老服务驿站等5家养老服务机构无障碍环境整改工作。重点整改出入口坡道、无障碍坡道、无障碍卫生间和安全抓杆。

(宋　亮)

**【失能老人康复关爱】** 年内,区委社会工委区民政局委托第三方为石景山区户籍60周岁以上500名因外伤骨折、心脑血管疾病后遗症造成的失能、半失能老人进行入户身体评估和康复治疗服务。累计为442位老人提供服务超过12000次。

(吴飞飞)

**【家庭照护喘息服务】** 年内,区委社会工委区民政局针对经济困难群体、基本保障群体,将符合条件的700名老年人安排到有资质的养老服务机构,提供短期托管或家庭床位服务,政府根据老年人自理程度给予不同补贴。开展喘息服务近400人。

(吴飞飞)

**【养老服务设施建设】** 年内,区委社会工委区民政局组织召开社区养老服务驿站建设项目评审会通过新建项目4个,组织召开"一事一议"评审会通过"一事一议"项目1个、备案项目2个。建成社区养老服务驿站40家,其中正式运营并公示37家,试运营3家。

(吴飞飞)

**【养老机构服务管理】** 年内,区委社会工委区民政局持续开展养老机构服务质量专项行动,按照《养老机构等级划分与评定》国家标准评定情况评审出二星养老机构3个,四星养老机构2个,实现开业运营一年以上的养老机构服务质量星级评定参与率达100%;老年人身体评估员、督导员31人,规范岗前培训,培训率达到100%。审核发放14家养老机构上半年运营补贴762.96万元,审核发放正式运营的社区养老服务驿站运营补贴176万元;发放本市户籍养老护理员岗位补贴62.7万元;发放困境家庭服务对象入住养老机构补贴110.36万元。

(石文婷　李　静　田　颖)

**【养老服务机构安全管理】** 年内,区委社会工委区民政局加强养老服务机构消防等安全排查督导,组织第三方及市级委托的第三方对养老服务机构进行3次安全大检查,检查养老服务机构88次;局领导、安全员现场检查养老机构140余次;同时做好春节、两会、创城等重要节点的安全检查与新冠肺炎疫情防控检查,无责任事故发生。完成15家养老机构和35家社区养老服务驿站综合责任险投保工作,完成养老机构上年度报告工作,配合社会组织工作科对民非养老机构进行年度检查。

(李　杰　郝洪玉)

**【残疾人两项补贴发放】** 年内,石景山区残疾人两项补贴累计发放66392人次、1880.93万元,其中困难残疾人生活补贴累计发放25819人次、1320.06万元,重度残疾人护理补贴累计发放40573人次、560.87万元。石景山区有5465人享受残疾人两项补贴,其中享受生活补贴2164人,享受护理补贴3301人。

(丁　晶　肖艳丽)

**【康复辅助器具产业园区建设】** 年内,北京市康复辅助器具产业园区基本完成招商引资工作,入驻企业37家,年纳税额379万元。通过建设四个中心:公益服务平台、评估配置服务中心、专业康复辅助器具应用示范中心、先进康复辅助器具产品展示体验服务中心,引先进设备59种、71件。升级北京市康复辅助器具行业的公共服务能力,加强北京市康复辅助器具行业及产品的宣传推广、提升人民群众对康复辅助器具认知,提升康复专项服务评估及康复辅助器具配置服务的标准化和专业化,有效改善北京市康复辅助器具产业基础条件。

(李　黎)

**【康复辅助器具租赁试点建设】** 年内,区委社会工委区民政局按照向民政部等部委作出试点工作10项承诺,有序推进康复辅助器具租赁试点工作,建设1个服务平台、2家旗舰店、40家店中店,初步形成成体系的租赁服务网络。累计举办活动82场,日均服务人数约150人次,累计线下服务约7500人次,其中康复理疗服务约4000人次、康复辅助使用培训与指导人群约3500人次。印制宣传册5000份、宣传单20000单,制作宣传动画《雯雯说辅具》,在有条件的店中使用大屏播放,政策宣传触达人群约20000人。租赁申请349人次,通过175人次,享受补贴149人次。

(李　黎)

**【婚姻登记】** 年内,石景山区完成婚姻登记7241件,其中结婚登记3459件,离婚登记2632件,补领登记1139件。出具婚姻证明11次。

(谢　曼)

**【慈善公益救助】** 年内,区慈善协会募集善款362.27万元,救助支出148.3万元。其中新冠肺炎疫情期间接收捐款18.88万余元,防疫物资折合人民币53.77万元。援建内蒙古宁城县、本区培智学校等助学项目支出6万元,资助195人;慈善医疗卡、街道慈善救助基金和日常大病及突发事件等应急救助支出18.76万元,救助301余人(次);"慈善进军(警)营""救助困难母亲""救助困难党员""救助困难职工"等项目,支出43.88万元,救助263人。

(贺迎潮)

**【"共产党员献爱心"捐款】** 年内,区慈善协会组织开展"共产党员献爱心"捐献活动。捐款活动由区四套班子领导带头捐款,"共产党员献爱心"捐款活动接收152家机关及企事业单位的

25086名党员、2368名民主党派人士及群众参与捐款,捐款204.18万元,同比增长45.35%。

(贺迎潮)

**【“送温暖 献爱心”】** 年内,区捐赠中心组织石景山区捐赠站点开展“25日敞开收”,联合区慈善协会开展爱心暖阳系列之“战疫情奔小康”等社会捐助活动,累计接收捐款3.57万元、捐物5729件,全部款、物分别上缴市慈善基金会和市捐赠中心。开展东西部扶贫协作和对口支援活动支出2万元。

(贺迎潮)

**【捐赠站点规范化建设】** 年内,石景山区落实市局捐赠站点“五个一”规范化要求,新建9家“五个一”标准化捐赠站点,2015年至今累计建成76个“五个一”规范化捐赠站点。

(贺迎潮)

**【福利彩票销售】** 年内,石景山区销售福利彩票6685.28万元,同比下降40.26%,其中电脑福利彩票6223.10万元,同比下降38.75%,即开型彩票462.18万元,同比下降53.8%。

(贺迎潮)

**【依法行政】** 年内,区委社会工委区民政局在社会团体领域履行1项职权,即对社会团体拒不接受或者不按照规定接受监督检查的行为进行处罚;在民办非企业单位领域履行2项职权,即对民办非企业单位拒不接受或者不按照规定接受监督检查的行为、对民办非企业单位连续两年不参加年检的行为进行处罚;在殡葬领域履行7项职权,即墓穴超标、制造销售不达标准殡葬设备、制造销售封建迷信用品、未获批准外运遗体、未经批准开展殡仪服务业务、利用公益性公墓从事经营活动、在火葬区内生产经营棺木的行为坚持依法行政,维护社会公平,保障困难群众合法权益。全年办理行政处罚案件12件,其中社会团体领域为1件,民办非企业单位领域为4件,殡葬领域为7件。行政检查数量为391件。

(贾小雷)

**【社会救助信访核查】** 年内,区委社会工委区民政局坚持“接诉即办”信访制度要求,妥善处理各类信访69人(件)次;对7355户新申请和信访举报等重点对象提交核对并生成报告,按规定作出相应处置。接待直接访36人次,按政策规定和时限要求作出妥善处理。对149名申请“两项补贴”人员开展经济状况核对;按照区重点行业组推进扫黑除恶专项斗争工作要求,完成扫黑除恶重点行业组各项工作并及时报送阶段性材料。

(冯　栋　张建涛)

## 社会组织

**【概况】** 截至年底,石景山区有社会组织320个,其中社会团体88个,民办非企业单位232个,社区备案社会组织1612个。261个社会组织完成年检审批和网上发布,其中社会团体77个,民办非企业单位184个。区民政局全年办理行政许可事项63项,

(刘　青)

**【社会组织监督管理】** 年内,区民政局制定下发《关于开展2020年社会组织评估工作的通知》《2020年社会组织规范化建设评估工作方案》,委托第三方评估机构对41个社会组织进行等级评估,其中等级评定为5A级的4家、4A级的26家、3A级的9家、2A级的1家、1A级的1家。在北京市社会组织信用信息系统网站公开社会组织登记、年检、评估等基础信息,接受各界监督;对26个行业协会商会开展涉企收费清查工作,规范收费行为,通过“信用中国”网站“行业协会商会收费情况公示系统”对行业协会商会的收费标准及依据等情况进行公示。对社会组织开展行政检查209次,行政抽查20次,行政处罚4件,全部纳入社会组织活动异常名录。

(刘　青)

**【社会组织培育发展】** 年内,区委社会工委区民政局完成培育孵化社会组织14家,为初创期组织提供成长服务。1612家社区社会组织完成备案,实现平均每个社区拥有12.7个社区社会组织。打造品牌,评选出20家“优质社会组织”,树立起一批服务好、能力强、公信力高、影响力大的品牌社会组织。

(刘　青)

**【政府购买社会组织服务工作】** 年内,区委社会工委区民政局以“五乐”(乐陶·文明石景山、乐助·和谐石景山、乐享·宜居石景山、乐安·平安石景山、乐土·服务石景山)为重点开展总投资1200万元的70个政府购买服务项目,为居民百姓提供多样化、个性化服务。举办第四届社会组织公益创投大赛,打造“菜单式的需求购买模式”。实施“牵手计划”、购买社会工作岗位、“三社联动”项目,为社区社会组织提供专业化、规范化支持。向各街道印发《石景山区政府购买社会组织服务指导性目录》。

(刘　青)

**【社会心理服务体系建设】** 年内,区委社会工委区民政局完成《北京市2019年重要民生实事项目》确立的社会心理服务7个站点建设项目。累计开展各类心理服务活动200余场,服务超过5500人次。组织招募近100名专业心理咨询师,为一线工作人员搭建9个心理关爱服务平台,推送心理健康知识520余条,服务480余人次。选派24名心理咨询师为湖北疫区人民提供心理服务。

(刘　青)

**【社会组织参与扶贫】** 年内,区委社会工委区民政局完成社会组织参与精准扶贫重点任务,动员22家社会组织与河北顺平、河北宁城、内蒙古莫旗、青海称多四地22个村结对帮扶。募集社会组织捐赠生活物资210件、资金14.14万元,共18.12万元。帮助内蒙古开展致富鸡项目,投资10万元,覆盖7个贫困户17人。

(刘　青)

北京石景山年鉴

BEIJING SHIJINGSHAN NIANJIAN

2021

# 社会生活

## 人力资源

【概况】 2020年,北京市石景山区人力资源和社会保障局(简称区人力社保局)严格落实市就业工作领导小组稳就业保就业会商调度部署,将稳就业纳入区委区政府重点工作;设立区级重点民生保障企业清单,及时了解企业用工需求和复工复产情况;落实援企稳岗政策,城镇登记失业率控制在2.46%,就业形势保持总体稳定。成功举办全国人力资源服务大赛北京选拔赛石景山区初赛,2名选手分别以北京市复赛第二名、第三名进入全国选拔赛。在全市取得优异成绩。稳步推进北京博士后成果转化基地建设,加大区博士后科研站建站力度,2家申请设立园区类博士后科研工作站的企业建站申请正式获批。加大劳动关系风险防控力度,监控企业劳动合同年平均签订率达99.6%;立案查处各类劳动违法案件987件,无逾期未结案件;探索劳动人事争议案件远程审理,全年开通"云仲裁庭"开庭9次,审理案件11件。11月,经区文明委全面复查,区人力社保局继续保留"全国文明单位"荣誉称号。

(李艾娟)

【劳动监察专项行动】 年内,区人力社保局开展保障农民工工资支付工作,组织"区根治拖欠农民工工资工作协调小组"各成员单位在本辖区内开展根治欠薪冬季攻坚行动,检查用人单位210家(其中建筑企业126家,住宿餐饮企业12家,其它用人单位72家),涉及劳动者5416人(涉及农民工4162人);在专项执法检查活动中,发放宣传资料300份,接待来电来访528件;通过绿色通道协调处理98件,涉及531人,涉及金额329万余元。4月29日起至6月10日,在全区范围内开展清理整顿人力资源市场秩序专项执法行动,针对辖区人口密集区、自发组成的人力资源交易场所、人力资源市场聚集地区等劳动用工案件高发区域,开展专项清理整顿规范行动,疏散劝离聚集人群,依法查处无证无照经营行为,打击非法用工行为,出动执法检查人员228人次,检查单位106户,其中检查人力资源服务机构14户、用人单位92户,发放各类宣传材料400余份。印发《关于开展2020年度根治欠薪冬季专项行动的通知》,11月6日至年底,组织开展2020年度"根治欠薪冬季专项行动",检查建筑施工企业106家,出动执法人员228人次,解决30名劳动者诉求16.92万元,发放宣传材料500余份。

(李艾娟)

【人才工作】 年内,区人力社保局落实北京市工作居住证核准权限下放,核准时限由市人力社保局规定的20个工作日压缩为15个工作日,为全市首例。年初,率先推行"不见面服务",受理、审核电子申请3172人。年内,为3692人办理北京市工作居住证。区域内192人取得本年度北京市积分落户资格,其中63人办理落户手续。成功引进毕业生281人,其中硕士及以上学历184人、占比65%。本年度新增人力资源服务机构23家,较上年同期增长283%。5月,制定《石景山区经营性人力资源服务机构推荐上岗补助申请细则及流程》,规定成功推荐区户籍人员上岗、签订一年以上劳动合同、稳定就业三个月以上的机构可申请补助资金,每人补助资金500元,最高补助10万元。

(李艾娟)

【创业带动就业】 年内,区人力社保局实地走访并掌握各街道创业带动就业工作开展情况,指导全区9个街道全部建立创业带动就业人员实名制台账。街区联手举办创业大讲堂系列活动,联合辖区内北方工业大学、首钢工学院、北京工业职业技术学院等多所高校开展"创业服务进校园"活动,针对大学生、失业人员、退役军人、孵化机构管理人员等各类群体举办创业指导、培训、政策解读等服务15场。7月12日,协同区发改委、区科委等8家单位成功举办"中国创翼·创业北京"暨石景山区第二届创业创新大赛,设置扶贫组专项和新冠肺炎疫情防控项目,吸引人工智能、文化创意、新材料等领域34个项目参加,其中3个项目获得北京市选拔赛创新组三等奖和创业组优秀奖。联合园区、科委等单位开展石景山区科技企业孵化机构管理人员培训活动。全年完成自主创业556人,完成年指标139%,带动就业1655人,完成年指标110%。

(李艾娟)

【毕业生就业】 年内,区人力社保局通过官方公众号"北京石景山""石景山人力社保"以及自媒体"家住石景山""石景山杂谈"公众号进行毕业生就业政策宣传,发放政策宣传手册,通过实名制系统短信平台,向毕业生推送就业政策和岗位信息。对本区高校毕业生发布《致石景山籍2020届高校毕业生的一封信》,挖掘企业适合毕业生的岗位,鼓励企业开展就业见习工作。8月,会同区财政局、区教委联合出台《石景山区促进高校毕业生就业管理办法》,鼓励在京各类企业招用石景山户籍毕业生,签订1年以上劳动合同并按规定缴纳社会保险,给予企业1000元/人一次性区级招用补贴;对见习期未满与毕业生签订1年以上劳动合同的,给予见习单位剩余期限的市级见习补贴和区级见习生活补贴。本年度区高校毕业生1892人,实现就业1824人,本市生源高校毕业生就业率96.4%,高出市局下达指标1.4个百分点。对有就业意愿的困难家庭毕业生100%给予就业帮扶,34名有就业意愿的困难家庭毕业生全部实现就业。

(李艾娟)

【职业技能鉴定】 年内,区人力社保局做好鉴定机构防控工作,暂停区各类职业技能鉴定考试和职业技能竞赛报名、资格审核及组织实施,推行网上办理,提供邮寄证书服务。9月,恢复线下鉴定工作。截至年底,开展职业技能等级认定工作的单位有中央、市属、区属等13家企业(院校),备案职业36类,工种65个。全年督导各类机构在辖区内的考试7场,参考人员10331人次。组织职业技能鉴定考核6批次,理论、实操、综合评审16场,涉及5个工种、5个等级的鉴定考核,人数916人次，审核考生资质347人次。

（李艾娟）

【退休人员社会化管理】 年内，区人力社保局推进国有企业退休人员社会化管理工作，创建京冀协同服务新模式。10月16日，“驻首钢迁安地区退休人员社会化管理服务中心”在河北迁安市正式挂牌成立，近14000名首钢集团迁安地区退休人员就近享受无差别的公共服务，包括社保待遇按时足额支付、组织开展文化体育活动、指导开展自管组织建设等，解决首钢集团涉及迁安地区退休人员跨省管理问题。年内，区劳动服务管理中心采取邮件、微信等网络平台为企业提供服务，与市、区属企业以及央企509家企业进行对接，答疑近万人次，确保国企退休人员档案移交工作不间断；规范操作流程，先后对区属11家一级企业和首钢集团下属50余家企业就退休人员实现社会化申请、档案移交等业务操作进行强化培训。截至年底，为229家国有企业出具复函，涉及退休人员75359人，其中首钢集团93家企业56605人（含首钢矿业公司、首钢机械设备厂等企业近16000人），接收国有企业档案25251份，其中首钢13390份（含迁安地区首钢迁安矿业公司13245份）。组织开展“不忘初心 战疫有我”社会化管理退休人员慰问活动，对9个街道1173名参与新冠肺炎疫情防控工作的社会化管理退休人员进行慰问。截至年底，全区实行社区管理退休人员55027人。全年累计接转各类退休人员档案27734份。

（李艾娟）

【劳动人事争议仲裁】 年内，区人力社保局探索劳动人事争议案件远程审理，采取申请人在线连接、仲裁院线下开庭、被申请人公司线下出庭的方式，为身处湖北武汉的劳动者进行线上维权，全年开通“云仲裁庭”开庭9次，审理案件11件，涉及滞留湖北人员2件。贯彻落实国务院《保障农民工工资支付条例》，制定区《落实“护薪”行动全力做好拖欠农民工工资争议处理应急预案》，为农民工简化立案程序，开通“绿色通道”，快速处理，力争30日内结案。全年受理拖欠农民工工资案件897件，年底前审结887件，涉及人数887人，涉及金额2056.55万元。适应劳动争议调解仲裁规范化、标准化、专业化、信息化需要，对仲裁庭和调解室进行升级改造。10月26日，“高清数字化仲裁庭”投入使用。全年受理案件4543件，其中案外调解1219件、立案3324件。立案中三人以上集体劳动争议245起，涉及案件1154件（其中30人以上重大集体争议2起，涉及职工431人），占立案总案件数的34.7%。截至年底，审结3262件，结案率98.1%，调解率70.5%。

（李艾娟）

【专业技术人员管理】 10月，区人力社保局根据市局《关于做好2020年全市专业技术人员及事业单位工作人员公共知识专题培训的通知》文件精神，结合各单位实际情况，组织专业技术人员开展公共知识专题培训，有262家事业单位（含规范单位）8198人进行网上学习。年内完成教育系统职称比例调整工作，会同区教委对教育系统各学校的职称结构比例进行梳理，对6所学校的职称结构比例进行调整（北京市十一学校石景山实验中学、人大附中石景山学校、北京市石景山区古城小学、北京市石景山外语实验小学、北京市石景山区爱乐实验小学、北京市石景山区中科幼教玉泉幼儿园）。除新建校外，老校高级职称比例平均上浮10个百分点，执行“上限”结构比例的学校在本次调整中占83%。

（李艾娟）

【高端人才管理】 年内，区人力社保局推进北京博士后成果转化基地建设，入驻中关村石景山园党群中心博士后基地办公区，负责基地日常接待、活动策划、政策汇集、智库搭建等工作。年内，加大区博士后科研站建站力度，2家申请设立园区类博士后科研工作站的企业（北京小微企业综合服务有限公司和北京安博创赢教育科技有限责任公司）建站申请正式获批。截至年底，区园区类博士后科研站6家。完成中关村高端领军人才直通车申报工作，运用北京市高端领军人才“直通车”增围扩面契机，联合区内相关部门，将具备符合申报条件人员的企业作为重点企业，进行重点指导和帮扶，本年度区推委会推荐3人，专业覆盖软件开发及服务技术、建筑施工复合材料等方面。配合区委组织部完成景贤计划之景贤卡关于政务服务和事业服务内容的修订完善工作。

（李艾娟）

【就业指标全面完成】 截至年底，石景山区登记失业人员实现就业4189人，完成年指标的107.4%；帮扶城镇就业困难人员实现就业3212人，完成年指标的146%。城镇登记失业率为2.46%。全年累计申请促进就业资金总额36335.96万元，其中失业保险基金32664.43万元、区再就业资金3671.53万元，惠及181722人次。采集空岗信息15766条，完成年指标的131%。全年安置928名就业特困人员在公益性岗位就业；开发公共服务类岗位安置本市农村地区劳动力，重点安置来自密云、门头沟、昌平等地区劳动力85人，推动区域协同发展，促进低收入农户增收。

（李艾娟）

【稳就业机制】 年内，区人力社保局落实市就业工作领导小组稳就业保就业会商调度部署，建立区稳就业工作应急会商机制。对受新冠肺炎疫情损害严重有裁员风险的企业建立台账及预警清单。建立“三级四方”稳就业服务专员新模式，打造区、街道、社区三级联动，行业主管、人社系统、企业、劳动保障协管员四方响应的稳就业服务专员网络，协同联动，信息共享。贯彻落实北京市关于支持多渠道灵活就业工作要求，取消对灵活就业不合理限制。启动两个机制：即疫情期间稳定就业会商机制和重点行业重点领域预警机制；建立应急专班：服务重点企业工作专班、区24小时重点企业用工调度保障工作专班和职业技能提升行动专班；构建全面保障四平台：企业互助供需用工平台、农民工返岗复工点对点用工对接服务平台、就失业登记办理工作平台和系统报修服务平台；出台《关于做好服务重点企业有关工作的保障措施》和《石景山区2020年稳就业工作要点》;全面落实《建立石景山区24小时重点企业用工调度保障机制工作方案》和《关于落实对预警企业精准帮扶的工作方案》。截至年底,为753家次企业申请滞留湖北人员临时性岗位补贴1721人次,补贴资金累计265.034万元,对2家符合补贴条件的生产疫情防控产品类企业,给予一次性吸纳就业补贴1万元;为12家困难企业审批通过奖补资金,惠及425人,金额421.005万元。设立区级重点民生保障企业清单,及时了解企业用工需求和复工复产情况。

(李艾娟)

【公共就业服务】 年内,区人力社保局落实公共就业服务综合柜员制“一窗式办理”改革,将四大类46项业务纳入综合受理“一窗通办”服务范围。针对就业困难人员宣传就业服务政策体系,落实援助措施,确保有就业需求的服务对象全部得到就业援助服务,符合条件的服务对象全部享受就业援助政策。利用市区线上平台及微信等手段,组织面向重点群体系列招聘活动,对城镇失业人员和农村转移就业劳动力中的就业困难人员进行全面摸查,了解掌握其就业意愿和服务需求。年内,推广“就业超市”急聘平台,为企业发布招聘信息,在“就业超市”网络平台召开14场招聘会。加强用人单位资质审核,确保招聘信息的真实性、合法性,信息核查率达到100%。全年举办春风行动、百日千万专项行动、毕业生就业服务季、就业扶贫等各类型招聘会61场,累计参会单位1250户,提供岗位44163个,现场人流量1510人次,线上主页面浏览量达115849人次,现场初步达成就业意向205人次,线上推送简历3681份。开通档案、退休、公共就业等17项互联网“无接触”服务。制定《石景山区推进优化失业人员档案管理服务工作实施方案》,增强人事档案公共服务促就业功能,整理、压缩、优化档案库房现有使用空间。截至年底,存人事档案数66751份,其中个人存档量为54032份、集体存档量为12719份;接转人事档案13089份,档案接转率100%。全区9个街道社保所全部转型为市民服务中心,编制205人。9个政务服务大厅均为“一站式”办理便民服务,逐步实现窗口服务标准化和规范化。

(李艾娟)

【就业扶贫劳务协作】 年内,区人力社保局领导班子成员分别7次赴宁城、莫旗、顺平和称多县开展实地对接、现场办公。按照“精准帮扶”要求,与当地人力社保局、就业局等部门协同配合,对建档立卡贫困户的就业情况进行系统调查。先后开展以“京蒙、京冀帮扶、携手攻坚”为主题的2020年春风行动暨京蒙、京冀协作就业援助网络招聘会,及时发布在京企业用工岗位10292个。在区公共服务中心成立“在京务工人员之家”,为在京务工人员提供来访接待、求职招聘等公共服务。推进就业扶贫工作,协助实现“三县一旗一乡”全部脱贫摘帽。

(李艾娟)

【以训稳岗】 年内,区人力社保局通过“政府统筹、行业认定、小组汇总”方式统筹安排,确保企业认定“应认尽认不遗漏”,准确把培训补贴资金发放到企业,缓解企业因新冠肺炎疫情造成的压力。临时成立技能提升行动专班,认定重点行业中小微企业2835家。严格资金审核管理,准确及时拨付资金。截至年底,培训企业2724家,开班2694班次,开班学员数72845人次。完成拨付培训补贴资金5064.85万元、临时性岗位补贴资金1561.71万元,合计6626.56万元。

(李艾娟)

【职业技能培训】 年内,区人力社保局通过“政府统筹、行业认定、小组汇总”方式协同发力,完成以训稳岗职业技能培训任务指标。截至年底,区注册培训企业2724家,开班2694班次,开班学员数72845人次,结班1602班次,结班学员61656人次,完成市级培训指标6000人次的1214.07%。全年完成1444班次、40143人次的培训补贴资金审核和873家次、10141人次的临时性岗位补贴审核工作,拨付培训补贴资金5064.85万元、临时性岗位补贴资金1561.714万元,合计6626.564万元。年内,加强民办职业技能培训机构审核管理,在全区范围内依据师资力量、培训基地、课程设立、工种覆盖、培训实效等指标,开展职业技能定点培训机构认定工作,严格民办职业技能培训机构审批管理,推行北京市民办职业技能培训机构设立实行告知承诺审批制度。全年完成新型学徒制8家企业11个班级658名学员注册审核工作。

(李艾娟)

【工资福利工作】 年内,区人力社保局完成纳入区政府绩效管理的《区政府履行教育职责督导评价指标体系》分解任务。配合区教委落实《关于进一步完善义务教育学校绩效工资分配制度的指导意见》,推动实施校长职级制,完善教师收入分配激励机制。落实北京市有关专职从事公共卫生工作的医务人员相关工资薪酬保障政策。落实新冠肺炎疫情防控期间各项工资福利政策,按照北京市疫情防控工作中关心关爱一线医护人员相关政策和工作安排,根据区医护人员实际参加疫情防控情况,为区属政府指定疫情防治工作的定点救治医疗机构和疾控中心一次性核增一至五月份绩效工资总量6676650元;为疫情防治医护人员审核发放一至八月份临时性工作补助120.08万元。

(李艾娟)

【完善绩效工资分配】 年内,区人力社保局完善义务教育学校绩效工资分配制度,建立以区、校两级考核为基础,向一线教师、重点岗位倾斜的激励机制,健全中小学教师工资长效联动机制。完善基层医疗卫生机构绩效工资政策,核定基层医疗卫生机构绩效工资总量,建立动态增长机制,允许基层医疗卫生机构医疗服务收入扣除成本并按规定提取各项基金后主要用于人员薪酬分配,一次性核增绩效工资总量。深化公立医院薪酬制度改革试点工作,推动试点工作小组成员单位完善公立医院考核方案和医院负责人考核办法,推进公立医院主要负责人薪酬改革。

(李艾娟)

【事业单位管理】 年内,区人力社保局按照事业单位岗位设置规定,做好全区事业单位岗位设置方案变更以及岗位聘用、晋升岗等审核备案工作。截至年底,事业单位岗位设置总量8353个(其中管理岗位953个、专业技术岗位6303个、工勤岗位1097个);实际聘用人员为7239人(其中管理岗位736人、专业技术岗位5950人、工勤岗位553人),各类岗位数量均未超过核定的岗位职数。开展事业单位公开招聘工作,提供面向应届毕业生的岗位29个,计划招聘39人,实际招聘23人;开展退役大学生士兵招聘工作,11家事业单位提供事业单位招聘岗位12个。全区6968人参加事业单位年度考核,其中优秀1381人、嘉奖1383人、记功128人,奖励总金额近334.2万元,考核优秀比例严格控制在规定范围内。

(李艾娟)

【完成人事考试】 年内,区人力社保局协助区委组织部完成公务员、定向选调生面试工作和事业单位公开招聘笔试、面试工作。组织完成2021年度中央机关及其直属机构考试录用公务员笔试工作和2021年度北京各级机关考试录用公务员笔试工作。完成一级建造师、二级建造师、经济师网上资格审核工作。

(李艾娟)

【劳动关系风险防控】 全年区人力社保局累计监控企业602户次,累计涉及职工13.9万余人次,劳动合同年平均签订率99.6%、年平均续订率92%。指导企业结合自身特点开展集体协商和集体合同签订,规范街道联合工会集体合同签订备案程序,督促到期企业及时备案。截至年底,审查集体合同备案并录入信息566家企业,覆盖职工6.52万余人,其中工资集体协商537家、覆盖职工4.4万余人。综合集体合同执行期内企业725家,覆盖职工10.7万余人。加强对全区劳动用工风险监测,及时对提示风险企业进行核实反馈,核实反馈率100%,联动处置率100%。关注排查预警风险企业,截至年底,全区列入用工风险企业37家,其中市级风险企业20家、区级风险企业17家;排查劳动关系风险企业500余家,筛选辖区内存在社保欠缴、劳动争议及投诉举报案件涉案人数较多的企业名单,研判涉及企业裁员风险,落实重点时期劳动关系预警防控工作。

(李艾娟)

【企业工资管理】 年内,区人力社保局推进国有企业工资决定机制改革工作,加强与区国资委、区财政局等部门沟通,履行牵头协调监管职责,掌握改革工作进展情况。完成薪酬调查及复核排查工作,召开200余家企业专项培训会,指导企业数字程序上报。开展国有企业工资内外收入情况自查工作,联合区财政局、区审计局、区国资委召开区国有企业工资内外收入检查工作会,制定《石景山区国有企业工资内外收入监督管理实施方案》,落实工资内外收入检查的行政抽查工作。

(李艾娟)

【和谐劳动关系创建】 年内,区人力社保局发挥协调劳动关系三方作用,坚持三方委员会会议制度。年内,完成和谐劳动关系单位新冠肺炎疫情防控维稳事迹材料上报。命名区9家单位为2019年度“石景山区和谐劳动关系单位”,颁发荣誉证书和奖牌。完成2020年度区和谐劳动关系创建工作,有11家企业上交申报材料,经联合审查,于下一年度确定最终达标名单。年内参加人力社保部、市人力社保局组织的培育助推企业培训,制定《石景山区实施培育助推和谐劳动关系企业行动工作方案》,确定北京信诚佳美保洁有限公司、华源亿泊停车管理有限公司、北京赛宝工业技术研究有限公司、北京市喜隆多购物有限公司时尚奥莱分公司4户培育企业,联合区总工会、区工商联召集企业召开3次培育助推工作会,建立工作档案。

(李艾娟)

【劳动监察】 年内,区人力社保局开展“疏解整治促提升”专项检查活动,以服务促管理,全年检查用人单位1458家,涉及563人。开展区双随机检查工作,通过市劳动保障监察信息化管理平台随机抽取用人单位62家,进行全面审查,建立台账,并对外公布。开展两网化建设工作,将本辖区划分为21个网格133个社区,由4名协管员分别对区东、西两片区域内用人单位进行信息采集工作,全年新采集用人单位信息1479家,累计采集用人单位信息19513个,采集用人单位信息比例95%,涉及劳动者24万余人。全年对辖区内2461家用人单位进行劳动保障监察,涉及职工52625人,其中主动监察1479家、书面审查30家、处理举报投诉952件。检查单位数完成市局下达指标的176%。立案查处各类劳动违法案件987件,办结案件952件。无逾期未结案件,结案率100%。查处工资类违法案件284件,为劳动者398人追回工资237.28万元。

(李艾娟)

【劳动人事争议调解】 年内,区人力社保局在9个街道建立健全基层调解组织,运用“互联网+调解”平台,实现劳动争议申请在线提交、网上调解。完成调解组织管理员、调解员的信息录入,账号、密码的设置和账号权限的分配及管理工作。截至年底,9家街道调解组织有调解员20余名。在调解工作中,将案件当事人在“互联网+调解”网上申请的调解和“云仲裁”开庭调解相结合,提升调解成功率。区总工会调解组织全年受理劳动争议案件155件,调解155件,调解率100%。运用“互联网+调解”处理案件34件,受理案件中调解成功10件,单位不同意调解20件。

(李艾娟)

## 社会保障

【概况】 2020年,石景山区社会保险减免缓政策及时落地,社会保险基金运行平稳;继续提升社保经办服务,大部分社会保险业务实现“全网办”。

(李艾娟)

【提升社保经办服务】 年内,区人力社保局实现大部分社会保险业务“全网办”,对8大类42项业务实施网上远程办理，建立接受企业经办材料的公共邮箱。升级改善线上业务申报模式，正式开启网申服务模式。截至年底，办理不见面业务6764笔、28846人次。调整窗口结构，增设大宗业务通道，减少前台窗口叫号积压和群众等待时间；设立“绿色窗口”，将普通增员、减员、户口性质变更等6项业务纳入本窗口办理，保证实时办结。结合新冠肺炎疫情防控常态化需要，创新经办业务培训形式，将线下“社保大讲堂”升级改造为线上“云直播——空中课堂”，开展政策业务知识讲解。6月，启动经办延时服务试点，9月19日起全面实行周六延时服务，提供早晚预约18项、周末7项参保单位和个人经办高频事项。截至年底，区社保中心工作日延时服务接待5496人次，日均接待45人次；周六延时服务开展9次，累计接待58人次，日均接待4人次。

（李艾娟）

**【劳动能力鉴定】** 年内，区人力社保局拓展对接劳动能力鉴定服务，尝试向首钢唐山地区延伸。8月27日，挂牌成立“北京市石景山区劳动鉴定中心首钢唐山地区工作站”，同步启用“远程视频鉴定平台”，举行22名医疗鉴定专家聘任仪式。年内，工作站组织现场鉴定和线上鉴定2次，为45人完成涉及骨科、神经外科、胸外科的工伤鉴定。区劳动能力鉴定中心完成劳动能力鉴定705人次。其中职工工伤、职业病鉴定623人次，包含工伤等级评残类鉴定428人次、未达到标准29人次，延长停工留薪期142人次、配置辅助器具24人次；以上623人中包括职业病类47人次；因病丧失劳动能力鉴定82人次，未达到完全丧失劳动能力6人次，包含完全丧失劳动能力76人。全年劳动能力再次鉴定申报2例，劳动能力再次鉴定结论改变率为零。

（李艾娟）

**【社会保险参保】** 11月，企业社会保险费征收工作从区人力社保部门划转至区税务部门，本次划转涉及参保单位1.74万家、缴费职工24.74万人、各类灵活就业人员2.09万人。截至年底，维护养老、医疗保险转移23174条，线下办理基本养老保险关系转移相关业务6530笔，推行线上办理工作模式。减免社会保险费涉及1.62万户、23.60万人，减免社会保险费分别为养老保险26.01亿元、失业保险1.30亿元、工伤保险0.74亿元，其中60户大型企业三险社会保险分别减免2.47亿元、0.12亿元、0.07亿元，中小微企业三险社会保险分别减免23.45亿元、1.17亿元、0.68亿元。涉及416家单位13480人，累计缓缴养老保险11384.28万元、失业保险297.74万元、工伤保险71.14万元。全区养老、失业、工伤3项社会保险参保缴费单位（以养老保险为准）为1.79万户、参保单位较上年增长5.92%；全区三险参保人数（以养老保险为准）47.59万人（缴费人员26.97万人），缴费人员较上年增长0.26%；机关事业养老保险参保缴费单位376户，在编缴费人员17596人，退休人员8695人；全区累计参加城乡居民养老保险3682人。

（李艾娟）

8月27日，北京市石景山区劳动鉴定中心首钢唐山地区工作站揭牌仪式

（区人力社保局供图）

**【退休审批】** 年内，区人力社保局开展退休审批“不见面”远程服务，保障退休职工正常领取养老金。做好区特殊工种相关数据信息采集工作，对区特殊工种从业人员进行分批备案并及时导入特殊工种数据库，加强信息汇总、更新及比对。截至年底，进行特殊工种项目备案2622条，特殊工种从业人员登记备案55144条。做好区企业年金备案和宣传推广工作，扩大企业年金覆盖面。11月，4家区属企业申报建立企业年金，是区属国有企业建立企业年金的首次尝试，覆盖职工169人。全年核准企业退休人员5355人，同比下降1.89%。其中，正常退休4101人，占比76.58%，同比上升8.29%；特殊工种提前退休人员1108人，占比20.69%，同比下降24.32%；因病退休（职）146人，占比2.73%，同比下降29.47%。对2011年7月前养老保险补缴确认509人次，同比增长15.42%。

（李艾娟）

**【社保基金全年收支】** 年内，石景山区基本养老保险、失业保险、工伤保险、城乡居民养老保险、机关事业养老保险5项社会保险累计收支142.25亿元，同比增长－10.11%（其中累计收缴48.88亿元，同比下降32.5%）。五险收缴分别为40.59亿元、1.53亿元、0.5亿元、5.84亿元、0.42亿元，同比增长分别为－36.8%、－41.6%、－60.6%、53%、3%。五险累计支出93.37亿元，同比增长8.8%，完成任务指标的97.7%，基金支付控制在预算支出范围内，五项保险累计支出分别为77.49亿元、4.28亿元、3.14亿元、7.92亿元、0.54

亿元,同比增长分别为7.2%、74.3%、-12.5%、13.2%、1.7%,完成任务指标分别为97.6%、103.9%、90.8%、98.6%、98.1%。

(李艾娟)

【社保待遇足额支付】 年内,石景山区养老保险累计支付75.12亿元,比上年同期上涨5.26%;本年累计养老保险待遇回收411.37万元,比上年同期上涨2.73%;工伤保险累计支付16947人次、29905万元,比上年同期减少14.64%;本年失业保险金累计支付8047.63万元,比上年同期增加110.06%;本年老年保障待遇累计支付3578.28万元,比上年同期减少0.08%。

(李艾娟)

【工伤保险】 年内,区人力社保局提高新建项目参加工伤保险参保率,本年度2家新开工建筑业单位参保率100%。提高在建项目参加工伤保险参保率,深入建设项目施工现场,开展建筑业主题宣传活动,维护工伤职工权益。年内,利用高科技、融媒体手段制作石景山工伤保险公众号和宣传短片,引导建筑施工企业参加工伤保险。建筑业项目工伤保险足缴率100%。截至年底,工伤保险案卷受理635件(其中认定工伤592件、视同工伤19件、不予认定工伤24件)。工伤不予受理5件。工伤认定总数较上年同期减少133件,同比下降17.3%。

(李艾娟)

## 医疗保险

【概况】 2020年,石景山区医疗保障局(简称区医保局)严厉打击欺诈骗保,稳步推进扩大长护险制度试点,圆满完成各项工作任务。石景山区共有医保定点机构94家,其中定点医疗机构75家,定点零售药店19家。

(李 强)

【新冠肺炎疫情防控】 2月至6月,区医保局落实市医保局减征职工基本医疗保险费政策,石景山区1.4万余家单位阶段性减半征收7.5亿元。支付新冠肺炎确诊和疑似患者医疗保障基金4.24万元,协调应检尽检费用355.39万元。落实"长处方"政策,减少慢性病患者跑医院次数。摸排筛查危险地区人员千余人次,做好政务大厅防控。动员社会力量向辖区定点医疗机构一线医务工作者及社区一线工作人员,捐赠新鲜蔬菜37吨。

(贾志顺 鲁 斌)

【国家药品耗材集中带量采购】 年内,区医保局平稳实施第二批、第三批国家药品集中带量采购工作。成立专门工作组,主要领导任组长、主管领导任副组长,形成统筹协调联动指导,实地督导检查系统切换准备情况,确保辖区内全部定点医疗机构按照政策落实带量采购任务,做好药品采购配备,按时完成系统切换。4月,国家第二批集中采购32种药品落地,平均降价幅度达到53%,最高降幅达到93%。10月1日起,开展人工晶体治疗的4家定点医疗机构,全面执行新的人工晶体中选价格和病种付费标准,完成京津冀人工晶体类耗材带量采购工作。11月,国家第三批集中采购55种药品落地,平均降价53%,最高降价幅度超95%。组织上报第四批药品集采预采购量。

(贾志顺)

【打击欺诈骗保】 5月29日,区医保局联合多部门组织召开2020年打击欺诈骗保工作部署会;编印《医疗保障政策汇编》《石景山区2020年打击欺诈骗保工作部署会议材料》,组织进行"阳光医保、守护一生"医保有奖知识竞赛,全面开展宣传;6月、10月,组织两次定点医药机构开展打击欺诈骗保自查;形成《北京市石景山区定点医疗机构基本医疗保险基金检查考核细则(试行)》,共52项内容。创新性对辖区定点医疗机构远程非现场检查分组分批进行视频反馈,追回医保违规费用196.69万元;12月,组织定点医疗机构进行超住院天数申报的诊疗项目进行自查,追回医保违规费用6.5万元,同步开展2020年度定点医疗机构打击欺诈骗保"回头看"工作。

(王 平)

【医疗保险参保及收入支出】 年内,石景山区基本医疗保险参保缴费单位16888家,参保缴费人数51.15万人;职工医疗保险基金总收入约36.57亿元,支出约18.95亿元,收支相抵为17.61亿元。城乡居民保险参保缴费人数73168人(其中老年人9196人,儿童62333人,劳动年龄内居民1639人);离休参保单位71家,参保人数308人(其中区属52家、参保人数92人,市属19家、参保人数216人)。

(库 玮 鲁 斌)

【基金费用审核】 年内,区医保局完成基本医疗保险审核城镇职工、城乡居民、超转人员基金费用1027.14万人次,支付29.14亿元,拒付166.99万元,手工审核8710笔,支付2765.78万元。生育保险审核上传费用2212笔,支付1497.26万元;手工审核4986笔,支付1123.33万元;生育津贴审核4585人次 支付1.4亿元。离休统筹审核门诊费用38602笔,支付1464.9万元;住院750笔,支付3833.7万元,手工审核22笔,支付18.8万元。

(李国民 谭 爽)

【内控监督】 年内,区医保局建立基金监管内部审计制度,依据《内控监督实施细则(试行)》及《内控考核办法》,对经办流程及审核费用进行监督。全年抽查"门诊审核工作监控""门诊审核结算未处理数据监控""住院审核工作监控""手工报销费用监控"4.5万人次。处理"同院提前开药、跨院提前开药"等异常提示数据24.1万笔,拒付金额21571.97元。预审城镇职工23.19万人次,拒付2.04万元;城乡居民9199人次,拒付1178.42元。

(胡艳霞)

【外部监管】 年内,区医保局修订《约谈管理制度》,建立分级约谈制度,明确约谈"四步"程序。采取阶梯式排查方式,推进重点个人费用监控审核及约谈工作,全年8人停卡处理,追回违规费用186945.59元。完善定点医药机构及药店协议管理,75家定点医疗机构、19家定点零售药店审核通过协议续签。完成辖区定点医药机构医保编码维护,2539名医保医师、3400名医保护士、21名医保药师信息通过审核。

(库 玮 王 平)

【行政给付】 年内,区医保局确保医疗待遇按时足额发放。医疗救助工作,审批社会救助对象医疗救助10442人次,救助资金1689.37万元。因病致贫审批16户,救助资金18.95万元。灾难性救助115户,救助资金62.96万元。城乡居民大病保险救助292名,支付352.59万元。城镇职工大病保险救助622人,支付625.5万元。公费医疗工作涉及12家中央在京单位,拨付2019年经费2969.5万余元。全年申报石景山区SARS后遗症医疗救助金4.73万元,残疾军人医疗救助资金10.56万元。

(库玮 谭爽)

【总额预算】 年内,石景山区2019年总额预付定点医疗机构清算32家,其中12家医疗机构追回拨付金额3980.83万元,20家医疗机构拨付7732.30万元。定点医疗机构总控效果显著,72家辖区定点医疗机构申报总控医保基金25.25亿元,同比下降11.45%。其中门诊申报15.87亿元,同比下降7.56%;住院申报8.34亿元,同比下降20.08%。

(谭爽)

【扩大长护险试点】 年内,石景山区扩大长期护理保险制度试点工作全面启动,市区两级领导多次调研。区医保局完善长护险政策体系,编印《石景山区扩大长期护理保险制度试点实施方案》《石景山区扩大长期护理保险制度试点实施细则》,以及失能评估等4个管理办法和宣传等3个工作方案;签约两家商保经办机构,6家评估机构和58家护理服务机构,协助推进长护险试点工作;全面开展宣传培训,实现机关事业单位、街道、社区100%全覆盖;统一经办工作模式,在全区9个街道政务服务大厅设置经办网点,实现“一窗综办”。截至年底,石景山区长护险参保39.92万人,待遇申请通过1019人,累计享受待遇302人。

(文祎军)

【异地就医】 年内,区医保局对全区定点医疗机构申报的异地住院直接结算费用进行及时审核和支付,异地住院直接结算工作平稳运行。全年审核支付异地结算费用9786人次,同比下降2%;发生总费用3.29亿元,同比增长9.55%;基金支付1.99亿元,同比增长14.04%;外审率10.02%,拒付金额9333.09元。

(徐世堂)

【优化营商环境】 年内,区医保局建立“绿色通道”,创新服务方式,推行窗口业务“不见面办”“预约办”“延时办”;编印《工作业务规范》和《医疗保险常见咨询问题解答》供群众参阅;推进政务服务标准化建设,落实“好差评”制度;录制医保政策小视频26个,方便群众“不出门”了解政策。全年接待来访人员登记2.5万人次,来电咨询1.3万余件。接收各类单据17846笔。出色完成创城、国务院大督查、市区两级绩效检查等监督检查。

(胡艳霞)

## 民族宗教事务

【概况】 截至年底,石景山区常住人口由46个民族组成,其中少数民族人口2.1万人,占全区总人口的3.3%,人数较多的少数民族分别是满族、回族、蒙古族。有民族幼儿园1所,民族团结教育示范校2所,民族团结教育基地1处,民族团结进步创建示范单位2处,民族养老院1所。辖区内有信教群众2万余人,其中佛教信徒9000余人、伊斯兰教信徒6000余人、天主教信徒2000余人、基督教信徒3000余人。辖区内有宗教活动场所6处,即北京灵光寺、北京大悲寺、北京双泉寺、石景山清真寺、天主教北京教区老山弥撒点和基督教古城聚会点。

(路卿)

【公益慈善活动】 1月20日,区委统战部(区民宗侨办)在石景山区社会福利院举办2020年“我们和你在一起”爱心帮扶活动。区佛教协会向区社会福利院捐赠善款10万元,用于慰问帮扶福利院孤寡老人。9月29日,区佛教协会第十二届“慈悲情怀·利乐众生”中秋慈善活动在五里坨街道黑石头社区举办,区佛教协会分别向黑石头社区和25户困难家庭捐赠物资及节日慰问金。年内,全区宗教界主动向国家、市、区等有关部门捐赠用于抗击新冠肺炎疫情专项善款167万余元,区佛教界向韩国、日本3处友好寺院捐赠各类防护口罩4300个。

(路卿)

【民族团结进步创建活动】 4月4日至6日,区委统战部(区民宗侨办)组织苹果园中学、北京九中在校内高班学生开展线上观看优秀民族电影活动,400余名学生参与。5月,在北京九中开展以“民族团结一家亲”为主题的趣味运动会,组织踢毽子、跳绳、投沙包、拔河、板鞋跑等民族传统体育项目。8月至10月,联合市民族文化交流中心,组织实施北京市第十五届民族健身操舞大赛石景山分赛区比赛暨石景山区第十二届民族健身操舞大赛(线上比赛),吸引来自社区、教委系统的13支代表队168人参加,推选出4支优秀队伍参加北京市决赛,获得金奖1项,铜奖2项,最佳创编奖1项。

(高翔)

【宗教团体换届】 12月23日,石景山区佛教协会第三次代表会议在万商花园酒店召开,市、区有关部门领导及160名石景山区各族佛教界代表出席会议,选举产生新一届领导班子,常藏法师任会长。同月29日,石景山区伊斯兰教第三次代表会议在万商花园酒店召开。市、区有关部门领导及56名石景山区伊斯兰教界代表出席会议,选举产生新一届领导班子,白德骏阿訇任会长。

(路卿)

【信教群众欢度节日】 “腊八节”,北京灵光寺、北京大悲寺、北京双泉寺3处宗教活动场所分别设立施粥点,开展施粥公益活动,信教群众4000余人参加,施粥5000余碗。平安夜、圣诞节,信教群众400余人次到天主教老山弥撒点和基督教古城聚会点欢度圣诞节。

(路卿)

【清真餐饮领域新冠肺炎疫情防控】 年内,区委统战部(区民宗侨办)检查全区清真餐饮网点防疫工作150余次,为清真餐饮网点配备口罩2000个、手套5000只、消毒液100斤、连花清瘟胶囊150盒等防疫物资。引导区内清真餐饮网点向社区防疫工作人员赠送热食200余份。

（高　翔）

【宗教活动场所新冠肺炎疫情防控】年内，区委统战部（区民宗侨办）指导区内各宗教活动场所严格执行暂停开放、暂停集体宗教活动的“两暂停”措施，从严抓好宗教活动场所日常管理。利用各种渠道，帮助宗教活动场所配备测温枪8支、防护口罩3000余个、一次性防护手套2000余副、消毒液60余公斤。做好宗教活动场所有序恢复开放工作，指导各宗教活动场所严格落实常态化疫情防控措施，严控活动规模和人员流量。在重点时段，加强现场值守并做好服务保障工作。

（路　卿）

【和谐寺观教堂创建】　年内，区委统战部（区民宗侨办）开展以“四进”（即国旗、宪法和法律法规、社会主义核心价值观、中华优秀传统文化进宗教活动场所）为主题的和谐寺观教堂创建活动。推进国旗进宗教活动场所，重大节日定期组织升旗仪式，响应号召举行全国性哀悼活动；指导全区宗教界深入学习《宪法》、新修订《北京市宗教事务条例》、北京市宗教活动场所管理“四个办法”等法律法规，增强信教群众法治观念；在区内宗教活动场所张贴社会主义核心价值观宣传展板6块。

（路　卿）

## 红十字事业

【概况】　石景山区红十字基层组织12个，包括区直机关工委、区教委、中关村科技园区在内的3个红十字工作委员会和9个街道办事处红十字工作委员会。以石景山红十字冠名的社会公益组织1个，即蓝天救援队。

（柴　阳）

【人道关爱】　年内，区红十字会结合重要时间节点，开展形式多样的人道关爱活动。先后走访慰问“两会”保障人员，街道、社区卡口值守人员，学校，露天核酸检测采样点，中、高考考点，设有发热门诊的4家医院和疾控中心工作人员，蓝天救援队志愿服务者，环卫工作者等，为他们送去遮阳伞2200把，爱心防护包1350份、防暑降温饮品3000箱、急救箱24个及口罩、消毒液等物资。

（柴　阳）

【“99公益日”网络募捐】　年内，区红十字会首次在腾讯公益平台发起“残疾困难家庭助学”公益募捐项目，1202人次为石景山区残疾困难家庭的10名学生捐款3万元。

（柴　阳）

【募捐救助】　全年，石景山区红十字会（简称区红十字会）面向全区机关、企事业单位开展“博爱石景山”募捐救助活动，接收募捐款615872.5元，发放救助款660544.2元。开展“两节送温暖”慰问活动，为105户生活困难家庭发放救助款物16.73万元。开展日常大病救助工作，救助12个因重大疾病导致基本生活出现严重困难的家庭，发放救助款12.3万元。开展“七一慰问困难党员”活动，慰问困难党员30人，发放救助款6万元。

（柴　阳）

【项目救助】　年内，区红十字会与区教委联合开展“博爱助学”项目，资助29名中小学生，发放救助款9.7万元。与区妇联联合开展人道关爱“新增两癌妇女”项目，慰问两癌妇女44人，发放慰问款8.8万元。与区残联联合开展“扶残助残”项目，资助10名困难残疾家庭学生，发放助学款3万元，并送去书包、图书、笔记本等学习用品及冬棉被、米面等生活物品。

（柴　阳）

【对口帮扶】　年内，区红十字会开展4个地区对口帮扶工作，支持宁城“博爱家园”建设，为称多、莫旗、顺平等地建档立卡贫困户购买生活物资、学习用品，支出救助款20万元。收到企事业单位社会帮扶资金26115516元（其中283万元定向用于2021年社会帮扶），拨付23268128.82元，余额2847387.18元。

（柴　阳）

【新冠肺炎疫情捐赠】　年内，区红十字会累计接收疫情防控捐赠款物价值3673193.69元。其中，收到73家单位，476名个人的捐款3103270.2元；接收24家企业和18名个人捐赠的30批物资8676.8件（箱）。其中，北京古城泰然投资管理公司捐款100万元。疫情期间，拨付区卫健委捐赠款1311670元，统筹决定点医院购买疫情防控所需物资器械及慰问疫情防控一线医务人员。上缴市红十字会定向武汉捐赠款320579元。区红十字会统筹用于支持区卫生医疗机构及医务人员953549.2元，用于支持各街道和社区开展疫情防控507472元，用于志愿者疫情防控10000元。捐赠物资拨付区卫健委及医院一次性医用口罩、医用护目镜、医用隔离服、消毒液、酒精等防护用品17954件（箱），拨付区商务局一次性非医用口罩、消毒液等民用防护用品37228件（箱），拨付社区一次性口罩、消毒液、隔离服、水果、饮料等物资31270件（箱）。

（柴　阳）

【应急救护培训和普及】　年内，区红十字会结合第21个世界“急救日”主题活动，面向全区发出开展应急救护培训的通知，18家单位的804人参加培训。其中16学时4期141人，8学时1期30人，4学时15期633人。石景山区实现“高一新生、中小学校体育教师、校医”全覆盖。全区各中、小学校，街道社区开展应急救护知识宣传普及讲座，开展22期普及培训，普及人数7519人，其中学校普及讲座6585人，占比88%。强化师资队伍建设，组织参加市红十字会线上继续教育培训3期，参加人数30人次。

（柴　阳）

【造血干细胞知识普及】　年内，区红十字会开展形式多样的造血干细胞知识普及和血样采集活动。与“同心相随”公益组织共同开展宣传3次，普及人数600人次。与区教委、卫健委、疾控中心及市、区艾协等单位联合开展捐献造血干细胞、器官遗体、无偿献血、防艾等宣传活动6次，发放宣传折页2300余份。全年共采集捐献造血干细胞血样4份。全年接受遗体和人体器官捐献咨询35人次。

（柴　阳）

【志愿服务活动】 年内,区红十字蓝天救援队为石景山区集中医学观察点、集中健康监测点、社区、公交场站、消防队(站)、派出所、交通队、冬奥园区、殡仪馆、物流储运公司等重点单位提供消杀服务。同时承接石景山区接送返京人员车辆的消杀任务。出动志愿者1289人次,志愿服务时长达到11158小时,受益人达210万人次。

(柴 阳)

## 残疾人事业

【概况】 截至年底,石景山区有持证残疾人22011人,其中视力残疾人2614人、听力残疾人1597人、言语残疾人108人、肢体残疾人13977人、智力残疾人1085人、精神残疾人1732人、多重残疾人898人。石景山区残疾人联合会(简称区残联)下属残疾人劳动就业服务中心、活动中心、康复中心三个事业单位,在9个街道设街道残联,127个社区成立残疾人协会,形成区、街道、社区三级工作网络。年内,区残联获北京市首届“健康杯”残疾人群众体育大会体育道德风尚奖、北京市职业指导竞赛优秀组织奖、“爱立方”残疾人优秀作品产品评选优秀组织奖、“爱满京华”北京市残疾人冰雪文化体育节优秀组织奖。

(张 晨)

【“冰雪之家”功能室建成】 9月,区残疾人“冰雪之家”功能室举行揭牌仪式,成为市残联系统第一家以冬奥、冬残奥为主题的功能室,该功能室占地面积约50平方米,可同时容纳30名残疾人参与活动,包含观看冬残奥会项目介绍小视频、体验VR实景冰雪运动、体验冰雪器材、仿真冰球、桌上冰壶球、地推冰壶球6项适合各类残疾人参与的特色冰雪运动。

(吴春威)

【技能培训】 年内,区残联发放调查问卷、电话询问等方式摸排残疾人培训需求,9月至11月,分别在区残联、古城街道和金顶街街道举办技能培训,全年培训残疾人118人次,超额完成市残联下达的任务指标。

(车 驰)

【新冠肺炎疫情防控】 年内,区残联做好全区2万余名残疾人疫情摸排与防控,将“一户四残”的重残家庭作为“疫情”期间重点帮扶对象,形成“需求”台账,定期送去蔬菜水果和防疫消杀物品。对9个温馨家园、9个服务类社会组织、11个职康站、9个帮扶性就业基地、19个盲按中心等服务机构进行全方位督导,配发消杀物资。

(张 晨)

【无障碍环境建设专项行动】 年内,成立由区政府主要领导任组长,分管区领导任执行组长的无障碍环境建设专项行动工作组及由区政府办主管领导为主任的工作专班办,坚持“日碰头、周例会、随时调度”工作制度,定期召开调度会及推进会。全区无障碍改造的点位数有706个,整改元素2419个,支出专项改造资金4177.76万元,在北京市无障碍环境建设专项行动2019—2020年度绩效管理考评中,以综合测评97.641分获得全市第一名的优异成绩。

(张 晨)

【精准帮扶】 年内,区残联审核符合享受助残券的残疾人651名,发放资金95.81万元;为全区11家职康站参加职业康复劳动的153名智力和精神残疾人拨付运行经费174.6万元;为6495人次发放自主创业就业保险补贴686万元;为571名残疾人发放城乡居民养老保险缴费补贴54.85万元;为全区811名困难残疾人提供保洁、洗衣和送餐等居家服务;在节日期间,走访慰问残疾人家庭4636户,发放慰问金327.37万元。为16名困难残疾人家庭发放一次性救助金3.2万元;为25名残疾人学生和生活困难残疾人子女学生发放募捐资金6万元。

(车 驰)

【残疾人就业】 年内,区残联挖掘岗位和企业资源,与中智(北京)人力资源外包服务有限公司签订石景山区“残疾人充分就业合作协议”。设立石景山区残疾人就业服务微信公众号,向企业与残疾人宣传残疾人就业政策,新安置就业123名残疾人。为4名残疾人发放扶持创业款12.5万元。

(车 驰)

【安排就业审核】 年内,安排残疾人就业审核工作入驻区政务服务大厅办理,继续与地税部门保持联络机制,采取短信提醒、快递宣传册、政务网发布公告通知、建立企业微信群,解答用人单位疑问,方便用人单位下载须知、表格等审核文件,推动网上审核。全区审核用人单位898家,残疾人职工2798人。

(车 驰)

【各类康复服务】 年内,区残联开展残疾人辅具适配评估与网上申购辅具进社区入家庭宣传活动,动员残疾人及时网上注册,购买匹配的辅助器具。在辅具平台注册购买辅具的残疾人为24677人,审批申请辅具1938件,发放辅具补贴金额160万元。创新康复服务方式方法,以“七有”“五性”需求为导向,开展技术进社区、服务入家庭活动,采取“线上”“线下”两套培训方式,为1514名有康复需求残疾人开展培训。

(吴文敏)

【残疾人动态更新】 年内,区残联开展残疾人需求采集和服务状况常态化工作,对1080名新办证残疾人开展信息采集和需求登记,对20692名往年调查过的持证残疾人进行入户访视工作,创新服务模式,健全“零距离”联系服务残疾人工作体系,做好政策宣传、需求核实和服务落实。

(白 静)

# 街 道

范区“月圆京城 情系中华”迎中秋国庆残疾人文艺汇演
创建国家公共文化服务体系示
苹果园街道综合文化中心老街坊中秋十一大联欢
月圆京城 情系

## 八宝山街道

【概况】 年内,八宝山街道辖区常住居民6万余人,区划面积4.32平方千米,管辖面积5.24平方千米。所辖15个社区居委会,现有社工247人。八宝山街道党工委下设18个基层党组织,其中15个社区党组织(13个党委,1个党总支,1个党支部),1个机关党委(下设6个党支部),1个非公企业和社会组织党总支(7个支部),1个老干部党支部。街道直管党员2553名。年内,八宝山街道获得“全国抗击新冠肺炎疫情先进集体”“全国先进基层党组织”荣誉称号,是北京市唯一一个获得两项荣誉的街道党工委;被评为“首都文明单位标兵”。沁山水南社区被评为2018—2020年度全国文明单位,获北京“阅读示范社区”称号;9个社区被评为“首都文明单位”;永东北社区获“北京市思想政治工作优秀单位”称号;情报所北院被评为北京市第一批生活垃圾分类示范小区。

(邱增珠)

【就业保障】 年内,八宝山街道市民服务中心搭建网上就业平台,推行预约和网上办理,落实新冠肺炎疫情防控期间便民惠民工作。截至10月,就业困难求职人员实现就业率指标完成年任务率65%;就业困难人员摸查率100%;空岗信息采集指标完成年任务率100%;城乡劳动力就业完成年任务率91.6%;社区灵活就业791人;创建充分就业社区13个。

(邱增珠)

【常态化新冠肺炎疫情防控】 年内,八宝山街道坚持把机制建起来、把人员动起来、把服务做起来,完成人员摸排、社区管控、全员核酸检测等工作,并创新非常“2+1”模式,以“安心包”、直播采买等措施落实居家观察人员支持服务。

(邱增珠)

【精准施策落实对口帮扶】 年内,八宝山街道为对口帮扶对象河北省顺平县小水村养驴合作社肉驴养殖项目新增投入18万元,扩大合作社的养殖规模。在832扶贫网上采购农副产品超18万元,涵盖吉林、陕西、河南等省份的15个受援地区,超额完成石景山区的采购任务。为因残致贫家庭购买手推轮椅5辆、为台鱼小学贫困儿童学习用具30套,通过科学规划坚持扶志+扶智不断激发台鱼乡脱贫发展的内生动力。

(邱增珠)

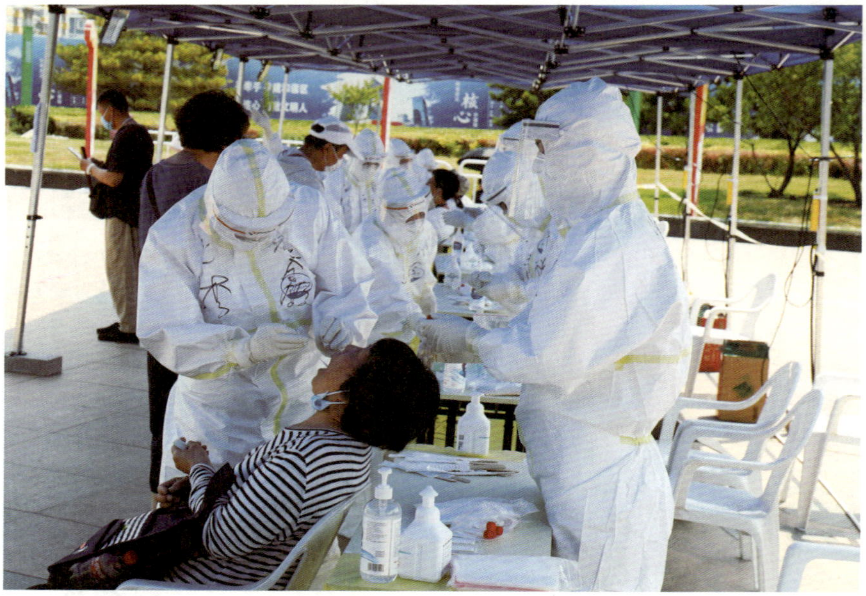

6月19日,八宝山街道辖区常住居民全员核酸检测 (八宝山街道供图)

【物业服务】 年内,八宝山街道深化党建引领物业服务企业参与社区治理,成立3个业委会、9个物管会,建立10个功能型党组织,物业管理“三率”达标;物业党员代表在社区“两委”兼职委员,党建协调委员会成员单位参与地区工作,32名民情联络员实时进行监督。

(邱增珠)

【垃圾分类】 年内,八宝山街道深化长效机制建设,街道、社区、专业公司、物业单位“四级联动”,形成工作合力。落实《北京市生活垃圾管理条例》,发放分类指南2.5万余册,鼓励源头分类,开展厨余垃圾积分兑换活动,设置13处兑换点;创新智能喇叭移动宣传、“桶站值守一小时”、知识达人赛和“云”课堂等活动,宣传工作进机关、进社区、进单位、进学校。狠抓“投放、分类、处理、监管”4个环节,街道综合行政执法队坚持惩教结合,推动条例落实落地;社区垃圾分类指导员现场指导、答疑解惑;区环卫中心上门收运地区400家门店商户零散垃圾,形成“闭环式”管理。聚焦问题导向,探索“撤桶并站”新模式以及收运“一体化”服务试点,设置街道级难处理垃圾及再生资源转运站,垃圾桶增添扶手拉环。

(邱增珠)

【生态环境质量】 年内,八宝山街道加强工地、裸地、渣土车等重点污染源治理,加装TSP监测仪器督促物业单位、保洁公司加强洒水降尘吸尘作业。累计巡河653人次、里程总计2131.793公里,河道卫生干净整洁,两岸护坡、护栏等设施安全完好。做好中央环保督查迎检工作,快速处理9个交办件,全部办结。将创城与日常环境整治等工作相结合,开展环境整治专项行动。推进国家森林城市创建工作,在2个社区以及市一中院分别开展森林式社区和单位创建工作,协调相关部门加强对地区树木的管理。

(邱增珠)

【民生工程】 年内,八宝山街道推进背街小巷环境提升、老旧小区改造、便民工程、秩序保障等方面工作,完成2个背街小巷精细化整治项目和2项便民工程。三山园社区北侧路入围2020年“北京最美街巷”。

(邱增珠)

【养老服务】 年内，八宝山街道推进街道养老照料中心和3家养老服务驿站建设，开展独居老人居家养老巡视探访服务工作。2020年第一、二季度各机构探访6946次，为1680名符合养老补贴条件的居民累计审批充值150万余元。

（邱增珠）

【辖区维稳】 年内，八宝山街道推进扫黑除恶专项斗争，加强社会面整体防控，加强矛盾纠纷多元化解，保障各级重大活动30余次，完成各项迎检任务20余次。稳步推进智慧平安小区建设，改造26个社区出入口，社区防控更加精准、科学、高效。严格落实安全生产责任，开展安全生产集中整治工作，加大重要活动、重大节假日以及重点行业领域安全生产检查和隐患排查力度，开展工业企业复工复产安全生产检查，全年检查生产经营单位594家，检查人次1188次，排查隐患319余处，隐患复查整改率达到99.96%，维护地区安全。

（邱增珠）

## 鲁谷街道

【概况】 鲁谷街道辖区面积5.57平方千米，常住人口6.76万人，其中户籍人口4.32万人，流动人口1.5万人，下辖22个社区居委会，社区工作者420人，鲁谷街道党工委下设43个一级基层党组织，党员5217人。辖区有新华社第二办公区、中铁建设有限公司、万商投资有限公司等中央、市属、区属单位40家；农工商公司2个；“老街坊”志愿者2500人，“老街坊”劝导队20支401人；文体队伍110支2300人。鲁谷义工协会现有社会团体会员单位14家、义工服务队22支、注册义工2860人。鲁谷街道获评北京市2019—2020年度“接诉即办”改革工作先进集体。依翠园19·20号楼获北京市第一批生活垃圾分类示范小区称号。

（王颖军）

【全市首家物业管理委员会成立】 4月中旬，鲁谷街道依托老旧小区改造，探索党建引领物业管理新模式，在五芳园、六合园南、七星园南社区成立物管会。6月3日，六合园南社区物管会成为全市首个完成备案且开始履职的物管会，同步建立物管会党支部，把党的政治优势、组织优势转化为社区治理优势，强化党组织对物业企业和物管会的政治引领，推动社区党建工作与基层社会治理深度融合，打造出社区党组织、居委会、物管会和物业公司“四位一体”共商共建、共治共享的社区管理模式，物业“三率”提前完成市区指标。

（王颖军）

【老旧小区综合整治“鲁谷模式”】 年初，鲁谷街道作为实施主体，启动老旧小区综合整治工作，整治范围涉及五芳园、六合园南、七星园南3个社区7个院落，26栋楼271个单元4089户居民26.7万平方米。作为全市首个通过公开招标形式确定的“投资+建设+运营”主体，参与老旧小区综合整治项目，从模式、机制、维度、招标、实践五个方面实现创新，抓好小区改造与市政改造、硬件改造与软性服务、物业全周期服务与全过程参与的“三个统筹”，探索建立“物业先行、整治跟进、政府支持、企业助力、群众参与、共治共享、资本运营、反哺物业”的老旧小区综合整治“鲁谷模式”，补齐民生短板，提升城市治理水平，推动老旧小区综合整治工作建管一体。

（王颖军）

【联防联控】 年内，鲁谷街道成立街道应对新冠肺炎疫情工作领导小组，研究部署统筹协调联防联控，实行街道、社区实名包片包点责任制，成立临时党支部27个，通过“双报到”机制，动员激励街道包片干部、社区干部、协管员、区派下沉干部、物业人员、保安、在职党员、“老街坊”志愿者等2000余人坚守防控一线，累计摸排核查来返京人员19324人8.9万户次。与区卫健委、疾控中心、区社区防控组共同完成重兴园社区4000名居民就近核酸检测；完成青少年活动中心1000名重点人群二次核酸检测筛查及1500名美容美发、餐饮商超等行业人员核酸检测。统筹设置“2+N”核酸检测采样点及疫苗接种点，组织社区实战演练19次。建立应急消毒点位1350个，消杀面积400万平方米。以工地、“三类场所”“七小门店”为重点，开展常态化疫情防控执法检查3100次，巡查生产经营单位2.9万次。建立街道处级领导、驻站督导员、楼宇工作站站长、物业负责人“四包一”联系机制，打造“立体防护网”促进企业复工复产。疫情期间3240名党员主动捐款35.9万元，社会各界230人次捐款8.1万元。

（王颖军）

【重点事项专项监察】 年内，鲁谷街道组建41人的社区监察信息员队伍，将22个社区划分为5个社区监督协作组，开展重点事项专项监督，紧盯责任落实、资金使用、物资发放环节，发现问题及时督促整改。全年组织联合检查7次，发现问题24处，信息员列席会议271次，参加活动264次，收集问题354个，日常监督检查48次，督促整改完毕158件，提出意见建议110条。

（王颖军）

【“疏整促”专项行动】 年内，鲁谷街道统筹做好新冠肺炎疫情防控常态化下的人口调控工作，加大辖区违法群租房排查整治力度，巩固“基本无违法建设城区”成果，拆除违法建设4.57万平方米，查处各类违法行为600起，新生违建、地下空间违规住人、“散乱污”企业、占道经营实现“动态清零”。开展使用灌装燃气早点摊、建筑工地、仓储物流场所燃气安全专项治理，消除隐患2792项，加强铁路护路整治，沿线安装摄像头110个、护栏1600米，维护地区安全形势持续稳定。

（王颖军）

【垃圾分类】 年内，鲁谷街道开展《北京市生活垃圾管理条例》宣传讲解工作，发放垃圾投放指南手册3万册，倡议书1380张，组织开展垃圾分类预演、主题日、手把手教分类、“老街坊”座谈会等形式的宣传培训活动120场，依翠园19·20号楼获评北京市垃圾分类示范小区。招募垃圾分类劝导员514人，发动在职党员、“老街坊”和志愿者809人配备统一标识及防护用品，一对一桶站值守。综合行政执法队全年填报生活垃圾类检查单806个,处罚63起,罚款61800元。

(王颖军)

【"接诉即办"获市先进集体称号】 年内,鲁谷街道以"十个到位"为要求,"八个精准"为标准,通过诉求平台与街道微信"双派单"、热线日报与新冠肺炎疫情专刊"双提示"、平台人员一单到底负责制,推动形成居民身边事"快办、实办、深办"的良性机制。全年共收到诉求10007件,直接受理6862件,平均得分97.25分,同比上升14.71分,全市街乡排名33名。

(王颖军)

【深化"吹哨报到"】 年内,鲁谷街道在新冠肺炎疫情防控、物业管理、老旧小区综合整治、矛盾纠纷化解等方面累计"吹哨报到"40次。妥善推动碣石坪"四米路"纠纷取得突破性进展;解决京汉旭城绿荫停车场腾退、北京教育学院教育用地用途恢复等遗留难点问题;六合园南首批居民拿到房产证,解决20年历史遗留问题。

(王颖军)

【生态环保】 年内,鲁谷街道苫盖衙门口棚改区裸地5万平方米,依法查处大气环保违法行为106起,坚决打赢蓝天保卫战。落实河湖长制,巡河6808千米,在清河行动及河湖"清四乱"专项行动中,清理河道岸边垃圾172立方米,抓实中央环保督察2个案件整改。

(王颖军)

【助力977户贫困户全面脱贫】 年内,鲁谷街道落实精准扶贫工作年度计划,结合河北省保定市顺平县大悲乡实际需要科学帮扶,完善龙王水村藕池建设和油葵种植项目,实现稳定增收防止返贫。为结对村捐赠口罩1万只,发放977分健康大礼包,满足新冠肺炎疫情期间贫困户基本生活需要。联系社会公益组织,带动鲁谷商会参与扶贫事业,形成帮扶合力。

(王颖军)

【营造城市宜居环境】 年内,鲁谷街道采集建立辖区579家沿街门店"门前三包"基础台账,督促物业和临街底商落实"门前三包"责任,全年共处罚"门前三包"违法行为21起,罚款12150元。依托小巷管家队伍开展日常巡查及街巷服务,1700人参与街巷整治,累计服务时长15630小时。开展双锦园社区行车道综合整治工程,重新铺设4条行车道和人行便道6500平方米,进行停车位整体规划,翻新老化院墙,添加街区文化元素。鲁谷南街、鲁谷南路、七星东街3条街巷环境提升工程完成验收。

(王颖军)

【社会化保障】 年内,鲁谷街道新接管社会化退休人员档案193份,管理服务城乡居民医疗保险人员5239名。受理住房保障政策咨询4170次,完成公租房、市场租房、廉租房相关工作审核复核及保障房项目选房工作。

(王颖军)

## 老山街道

【概况】 老山街道辖区面积6.1平方千米,常住人口38506人,其中户籍人口27278人、流动人口11228人。辖区有中央、市属、区属企事业单位218家。下辖12个社区居委会,有社区干部182人。年内,老山街道开展新冠肺炎疫情防控、垃圾分类和全国文明城区创建工作。服务短道速滑"U系列+俱乐部"联办赛、全国"两会"、中国服贸会等安保行动,动员专职巡逻队1674人次,群防群治力量48249人次。对辖区企事业单位开展安全检查2474家次,排查安全隐患1095项。街道管理失业人员487人,其中新增登记失业人员332人;全年实现就业281人,其中困难劳动力实现就业200人。办理生育登记服务单203人。老山街道何家坟社区党委被评为北京市抗击新冠肺炎疫情先进集体。

(魏国清)

【"无接触"式政务服务】 2月3日,老山街道政务服务中心恢复对外正常办公,推广"无接触"式服务,通过电话预约、线上指导、一对一办理等方式,对需到大厅办事群众进行合理分流,确保大厅人员少聚集,办事安全有保障。大厅内部布置红外测温仪、"一米线"、安全等候区;设置专人维持现场"一米线"安全距离,杜绝人员聚集;在办事大厅、卫生间等公用场所每天早中晚三次消毒,并为工作人员配备口罩、手套、消毒液等防护用品,让办事人员和群众"放心办"。

(魏国清)

【新冠肺炎疫情防控】 年内,各社区经过多轮"敲门行动"完成排查16096户,排查外省市返京总人数10479人,摸排企业196家、七小门店109家、楼宇两新组织167家,严格落实疫情防控"四方责任"。对24个小区出入口封闭管理,对37个巡查联防联控点位落实24小时值班制。在社区医院专业指导下,做好下水道等卫生死角、电梯等公共部位、病例家庭楼栋清洁消毒,每日消毒点位41689处、电梯间152个和垃圾桶684组,清运垃圾145车,累计120余吨。提供购买生活必需品的便利渠道,与物美、一公里等连锁商超对接,建立物品供应站点,网上购买配送至小区定点点位,规范快递寄收通道。

(魏国清)

【复工复产】 年内,老山街道制定"七小门店"现有人员结构、返京人员信息、预计返京人员信息三本台账,实施每天巡查一次,掌握是否营业;每天检查一次,登记已返京及预返京人员情况;检查一天消杀记录的三项巡查制度,共检查"七小门店"2000余次。对楼宇、餐饮、商超疫情防控宣传情况、健康监测登记落实情况、清洁消毒工作记录等进行检查,累计检查楼宇93次、商超500余次、餐饮1000余次。

(魏国清)

【老旧小区有机更新试点】 年内,老山东里北社区有机更新工作经过前期试点,取得"3+N"阶段性成果。党建引领下"共同缔造"社区治理新机制,"4个一点"根本解决物业管理资金来源,落实《石景山区分区规划(国土空间规划)(2017年—2035年)》在街区层面落地,与清华同衡规划设计研究院对接,初步形成老山小区有机更新规划工作思路。完成小区封闭管理、监控探头、楼道粉刷、飞线治理、道路维修、绿地补种、无障碍改造及楼门文化等11项有机更新项目。

（魏国清）

【试点推进“区域管家”】　年内，首钢老山居民区由首华物业服务公司派区域“管家”对小区服务区域进行包片分工，“管家”协助项目经理做好对包片业主服务和与社区居委会建立良好沟通，及时处理辖区业主投诉及咨询。街道15个小区，已成立备案1个业委会，11个物管会，完成80%组建率。

（魏国清）

【垃圾分类示范区创建】　年内，在老山东里北社区开展垃圾分类积分兑换试点基础上，老山西街27号院、梁公庵村、老山西街7号院、老山东里南等小区建设集宣传教育、厨余积分、再生资源回收和大件（建筑）垃圾暂存功能为一体的分类驿站。升级改造21个小区“四分类”桶架，完善平房区52个“两分类”桶架，更换936个垃圾桶，对262组厨余垃圾桶破袋器升级改造，提前完成11个小区14辆其他垃圾收运车辆更新。19315户注册“石分达人”，注册率达到56.51%，活跃率8.2%，综合考核位列前茅。选聘330名垃圾分类监督员，引入2家企业单位，开展“桶前盯守”及二次分拣，保障厨余垃圾分拣率。先后完成老山东里北、老山西街27号院等小区市级示范小区创建，推动垃圾在源头实现减量。

（魏国清）

【政务服务标准化】　年内，老山街道为实现一窗式服务硬件设施配置，对原政务服务大厅升级改造，设置窗口服务及后台审核等7个区域、4类窗口及母婴室等三室，完善大厅内外无障碍设施。对30项延时服务及127项事项开展业务培训，推行“早晚弹性办公”“午间不间断”“周末不休息”延时服务，提供预约服务，部分业务实现窗口和网上均可受理。建立街道与部门信息数据资源共享交换机制，实现服务事项全人群覆盖、全口径集成和全市通办。

（魏国清）

【大气污染防治】　年内，老山街道强化街巷、无物业小区洒水清洁作业，清理暴露垃圾，做好裸地苫盖、物料清理和喷淋清洁，对单位院内裸地应绿尽绿。针对TSP浓度偶有偏高，将园林局东监测站周边1.6万余平方米纳入降尘重点区域。落实“三查十无、六查六落实、六掌握六报告”要求，完善14类污染源台账，严查露天烧烤、违规超标排放。组建10人保安巡逻队，日夜在平房区专职盯守，发现销售、储存、使用散煤及时协调回收、查处。

（魏国清）

【“疏整促”专项行动持续开展】　年内，老山街道拆除存量违建2处、面积2212.23平方米，查处新生违建7处、面积194平方米，对违法建设零容忍，实现新生违建动态清零。坚持以功能疏解带动人口调控，通过拆违、平房区整治、违法群租房治理疏解人口1615人。统筹辖区资源，为周边居民提供“一刻钟”日常生活服务，共有生活性服务业网点114家。组织社区物业工作人员栽培月季等乡土植物6000株。

（魏国清）

【接诉即办】　年内，在成立街道“接诉即办”工作专班、建立社区“接诉即办”工作站基础上，完善12345市民服务热线工作方案和办理流程，严格落实“首办”责任制，以“高、快、暖、好”为工作标准，确保一办到底，见效落地。聘用第三方力量，强化夜间值守工作，制定7×24小时值班制度。全年办理12345市民热线转办单1716件，位列全市第16名，全区第3名，涉及防控防疫、市容环卫、供水电暖等群众身边急事难事跟踪解决。

（魏国清）

【民生保障】　年内，老山街道管理退休人员4956人，管理退役军人1955人，参加城乡居民医疗保险4400人，发放各类基金426.5万元。为2312人发放养老补贴，为559人发放失能护理补贴，委托老山养老照料中心和老山东里养老驿站开展居家巡视探访服务。305户516人享受城市最低生活保障，792人次享受医疗救助药费减免。给156人发放严重精神障碍患者监护人看护补贴，为200位残疾人提供居家、职业和社区康复服务，对18处重点区域实施无障碍元素改造。新办理市场租房补贴合同到期资格审核86户，公租房补贴资格年度复核112户，保障房资格变更家庭101户，终止资格家庭60户。完成辖区32名非本市户籍适龄儿童在石景山区接受义务教育审核。

（魏国清）

【文化品牌活动】　年内，老山街道以“传统文化”“奥运文化”和“红色文化”三张名片打造辖区品牌活动，创新活动开展方式，线下组织“共筑中国梦　喜迎幸福年”迎春文艺演出、“迎新春　送春联　送福字”活动，线上开展“红色

3月2日，老山街道政务服务中心一对一办理服务　（老山街道供图）

老山 军歌嘹亮”“同心抗疫 与爱同行”等云系列活动。推出“抗疫有我”宣传、“趣童年 乐阅读”少儿公益活动、非遗制作活动、“玩转冬奥”室内滑雪体验、“喜迎冬奥 与梦同行”以及庆祝传统节日等主题活动。

（魏国清）

【基层党建】 年内，老山街道组织基层党组织和在职党员回社区报到活动30次，在职党员报到4200余人次。组建“党员先锋队”“红色助力队”“党员先锋岗”，带头做好新冠肺炎疫情防控工作。在地区基层党组织中开展“党员自愿捐款支持疫情防控”工作，14个基层党组织累计捐款2776人次，收到捐款265563.2元，党员捐款率达72%。

（魏国清）

## 八角街道

【概况】 八角街道辖区面积5.48平方千米。常住人口约10万人，其中户籍人口7.4万人，流动人口约2.6万人。辖区有23个社区、8个商务楼宇工作站，设25个党委、9个党总支、163个二级党支部，共有党员9084名。2020年，抓实新冠肺炎疫情防控，“老街坊健康护卫队”“六人关爱小组”“七人街区治理小组”作用突出，“四方责任”压得紧实，疫情防控工作取得显著成效；扎实抓好两个“关键小事”，辖区39个物业小区“三率”全部达到100%，垃圾分类“四率”指标顺利完成，试点“撤桶并站”“定时定点清运”“积分兑换”取得成效；开展文明社区、家庭、单位、校园、街巷、商户“六个文明”创建活动，街区管理和市民素养得到提升；建立“智慧安全养老社区应急服务中心”，打造“5A就业服务模式”，探索推进“原拆原建”工作，民生保障持续改善；23个社区179个点位安装智慧大门，安装率、通电率均为100%。年内，八角街道“接诉即办”工作年度综合成绩位列全市第15名、全区第2名。八角街道战疫工作经验做法作为石景山区缩影被市级以上主流媒体宣传报道700余次。获“智慧健康养老示范街道”“敬老文明号”等6项全国荣誉称号，“抗疫先进基层单位”“先进基层党组织”等9项北京市荣誉称号。北锅小区西院获北京市第一批生活垃圾分类示范小区称号。

（朱　丽）

【新冠肺炎疫情防控】 1月底，八角街道61个小区实现全封闭管理，专人24小时值守筒子楼等重点楼栋口，对辖区6640户空置房张贴骑缝通知单，加强对中高风险地区返京和密接人员管理，加大对筒子楼、平房区和公寓楼的宣传力度和公用空间的消杀力度。对13座商务楼宇634家企业9676名从业人员进行全面摸排，做到“一人一卡”，核酸检测，做到应检尽检；成立“老街坊健康护卫队”，23个社区近4000人参与疫情防控，协助完成辖区全部49253户居民的地毯式排查；组成“6人关爱小组”，对近2500名隔离人员提供居家保障服务，为孤老、残疾等特殊群体提供代购等上门服务2800余次；率先在23个社区出入口设置“爱心置物架”，并按要求有序推进快递外卖进社区。疫情防控转入常态化后，社区与物业签订责任书，压实物业值守责任，加强对出入口24小时的值守。对“三无”（无物业，无保安，无围挡）小区，聘用保安加强值守；以“技防”节省“人防”，在辖区23个社区，179个防疫点位安装智慧大门。

（朱　丽）

6月，八角街道举办“抗疫同行 感恩有您”专题展　（八角街道供图）

【重点项目推进】 5月，完成市级重点八角街道腾退空间再利用项目——八角新乐园建设及八角北路周边道路公共空间改造提升集休闲娱乐为一体惠民工程，占地面积2.8万平方米。10月，完成朝阳医院京西院区家属院道路铺装和绿地提升、八角北路社区道路铺装、公园北社区园西小区道路维修和环境整治；12月，完成建钢南里老旧小区试点有机更新项目等8项便民工程。

（朱　丽）

【全区首个社会治理顾问团】 8月1日，八角街道景二社区成立全区首个社会治理老干部顾问团，由5位在该社区居住的退休老干部组成，参与景二社区基层党建、环境整治、家园建设等工作。年内，顾问团参与改进融景城地区的冬奥健身公园工期、设施、费用等设计方案；建议增设公共交通，并得到区级政府部门回应，解决出行不便等问题。

（朱　丽）

【党组织建设】 年内，八角街道组织198个党组织开展“不忘初心、牢记使命”专题组织生活会，对辖区8546名党员开展民主评议。组织改选街道机关7个支部委员会，筹备机关党委成立；街道、社区先后组织召开党建工作协调委员会30余次，建立属地会商机制、联防联控机制、信息互通机制，为形成基层治理整体合力提供组织保障。10月1日，各社区组织辖区群众举行“战疫情 爱祖国”升旗仪式。辖区内23个社区均已安装旗杆。

（朱　丽）

【大气污染防治】　年内，八角街道开展对大气污染点源的整治工作，督促13家锅炉产权单位由燃气锅炉改造为低氮锅炉。在八角北里、崇廉苑等5个点位裸地补种绿植、花卉，面积1800平方米。加强对辖区54条大街卫生死角的整治以及背街小巷的清扫保洁；建立施工工地及自管工程台账，定期巡查并实行半月更新机制，与17家施工单位签订《蓝天保卫战责任书》。完善14类污染源清单，开展施工工地、渣土车专项执法检查，重点检查裸露地面、扬尘污染物未苫盖、违规渣土运输车等违法行为。检查渣土车辆50余辆，处罚8辆，罚款8000元；查处工地各类违法行为30余起，处罚7起，罚款10万元；查处露天烧烤3起，露天焚烧（含劝导焚烧冥币）20余起。

（朱　丽）

【国家级“智慧健康养老示范街道”】年内，八角街道建立“智慧安全养老社区应急服务中心”，实现24小时安全养老救助及应急服务，发放智能手环1200台，安装居家安防设备400套，实现24小时安全养老救助，通过设备系统接收求助警报并帮扶163起。12月18日，获国家级“智慧健康养老示范街道”荣誉称号。

（朱　丽）

【垃圾分类】　年内，八角街道以建钢南里西院、时代花园璟公院、八角中里西区为试点，分别设置“综合垃圾回收站”、实施定时定点投放模式、开展撤桶并站（撤掉每个楼道口的垃圾桶，合并成垃圾驿站）工作；张贴海报、倡议书2000余份、发放指导手册4.42万余册，创编垃圾分类三句半、环保十指口诀等进行趣味宣传；推广“石分达人”小程序，近2.3万人加入；在建钢南里、古城南里等社区设置垃圾分类积分兑换站；辖区党政机关干部带头，社区骨干、“老街坊”等近万人主动签订《生活垃圾分类承诺书》，垃圾分类写入“社区居民文明公约”。1000余名“老街坊”志愿者值守685组桶站，指导、监督居民分类投放。全年处罚未将生活垃圾分别投入相应标识的收集容器、分类管理责任人未建立生活垃圾管理台账、未按要求设置餐厨垃圾收集、贮存设施、随意倾倒、抛洒、堆放城市生活垃圾等74起、罚款9.27万元，厨余垃圾减量达30%。

（朱　丽）

【落实物业管理条例】　年内，八角街道制定“成立物管会（业委会）指导手册”和“加强党建引领建设红色物管会（业委会）指导意见”，指导落实《北京市物业管理条例》，年底前实现“三率”全部100%（即业委会物管会组建率100%、物业管理覆盖率100%、党的组织与工作覆盖率100%）；加大对已成立物管会、业委会指导监督，约谈西引力等业委会主任，沟通协调居民反映强烈的问题，推动工作有序开展。加强对物业公司的指导和监督，全年召开4次社区物业负责人座谈会，2次约谈管理出现严重问题的物业，组织10个社区与物业现场对接压实责任。按照“两点”带动“四个一点”原则，与首华物业协商签订“老旧小区长效管理合作协议书”，推动老旧小区服务管理向市场化、规范化、精细化方向转变。

（朱　丽）

【文明城区创建】　年内，八角街道运用“爱八角”公众号、社区微信矩阵、抖音小视频等形式开展宣传，入户发放宣传手册5万余册、张贴社区居民公约1500楼门、更新400余组宣传栏、196条硬质横幅、400余个绿地插，在盛景国际最显著位置布设144平方米的宣传喷绘；开展文明社区、家庭、单位、校园、街巷、商户“六个文明”创建活动，签订争创文明“承诺书”单位1500余家、1万余户居民。新增加车位908个，新增、修补社区绿地4000余平方米。把实施垃圾分类、遵守一米线、禁止浪费、公勺公筷等纳入文明承诺。班子成员、五大专员齐下社区，带领开展地毯式“大自查”；聘请第三方按照创城指标进行复查。配备4支工程队、2支宣传布设队、发动“老街坊”志愿者等近3000人，对道路坑洼、黄土裸露、楼道堆积物以及责任划分不清的问题，随查出随改正。机关、驻区单位干部职工认领“文明街巷长”，臂戴红袖标、手持卫生夹、带头干起来的文明实践行动，作为基层治理的长效机制。把社区专员、公安民警、城管执法队员、安全生产检查员、市场监管员“五大员”下沉社区参与社区治理，作为长效机制固化。

（朱　丽）

【5A航站楼特色品牌】　年内，八角街道采用Absorb（吸收）、Assess（评估）、Accelerate（促进）、Accurate（精准）、Active（积极）“5A”综合服务模式，为辖区企业、高校毕业生、青年失业人员、就业困难人员提供就业服务帮助。“5A级就业创业航站楼”案例获北京市公共就业服务竞赛一等奖，代表北京市参加公共就业服务全国赛并获优秀案例。

（朱　丽）

【公共文化服务】　年内，八角街道组织开展“声动八角”“好书推荐”“互动空间”“防疫知识”等10余个系列线上文化活动，推出朗诵、剪纸等课程200余次，创作诗、书法、摄影等多种形式抗击新冠肺炎疫情原创作品100余个。将文化元素融入垃圾分类、老旧小区原拆原建等重点工作，开展快板《垃圾分类我点赞》及小品《老宅新居》创作。结合温度八角建设，创作歌曲《八角是我可爱的家》。举办第十五届八角杯全民健身运动会，组织参加市级乒乓球和区里冰壶等比赛活动。

（朱　丽）

## 古城街道

【概况】　古城街道辖区面积15.6平方千米，占全区总面积的18.2%，辖区总人口9万余人，社区居委会21个。冬奥组委、首钢集团和京西商务中心等重点机构和功能区均在古城辖区内。街道现有基层党组织159个，党员4444名。现有机关行政编制63人，

5月27日,老旧小区改造提升安装监控器 (古城街道供图)

综合执法队25人,事业编制37人,工勤编制3人。古城街道以服务保障2022年冬奥会、冬残奥会筹办为统领,以打造新时代首都城市复兴新地标为重点,以创建全国文明城区为牵引,以构建城市基层治理新格局为着力点,以保障和改善民生为落脚点,以全面从严治党为保障,坚决打赢新冠肺炎疫情防控的人民战争总体战阻击战,全力以赴打造"古城新貌",扎实推进高端绿色发展核心区、改革创新示范区和绿色崛起的展示窗口建设,高水平建设好首都城市西大门。

(张 越)

【新冠肺炎疫情防控】 年内,古城街道落实疫情管控措施,持续开展"敲门行动","科技大数据+人工大数据"动态排查离京返京人员,101个出入口采取24小时值守、人脸识别、智能门禁措施,全年累计排查返京人员20767人。疫情防控一级、二级期间,实现每周对商务楼宇及餐馆食堂防疫检查全覆盖,对商场超市三天全覆盖检查,六小门店实现每周抽查10%。常态化管理期间,对商务楼宇及大型商超每月全覆盖检查。检查防疫单位3469家次,发现责改各类问题1500起,张贴公示66张。加强宣传引导,制作和发放政策通告、宣传标语、防控提示72385份,宣传海报3000余张,横幅50条。标准化建成北辛安3000平方米和滨和园2400平方米大中型核酸检测场所2处,储备3处社区核酸检测采样点。

(张 越)

【古城大街文化休闲廊道】 年内,古城街道选取杨庄大街和阜石路交叉口、古城西路北社区北口、古城西路南社区派出所南、杨庄大街古城地铁楼南运动公园建设面积12830平方米的4个地块进行规划改造。项目以提升"老百姓获得感"为目标,深度对接社区和居民,从居民意愿、居民对空间和功能的偏好、社区日常管理特点等细节出发,融合首钢文脉、冬奥文化、生态文明等特色,增加便民服务设施和体育健身器材,提高交通便利性,优化停车和行车方案,打造"小公共空间""大内涵"的文化休闲廊道。古城大街文化休闲廊道项目于11月初完成全部建设施工任务,提升周边8个社区2.1万名常住居民文化休闲体验。

(张 越)

【"双报到"活动】 年内,古城街道接收2596名在职党员和65个基层党组织报到,开展"助力冬奥齐参与、疫情防控共担责""引领健康新风尚"等主题活动200次,参与的在职党员3500人次、"老街坊"志愿者3200人次,参与的辖区基层党组织112个。

(张 越)

【服务保障冬奥筹办】 年内,古城街道推动"一社区一品牌"的冬奥文化建设,打造群众参与冰雪运动示范社区。精心策划冬奥特色主题活动,开展2020年北京市全民健身示范街道创建工作,重点宣传普及冬奥知识和冰雪运动,开展线上线下冰雪宣传活动。结合地区特色非遗文化,协助国家体育总局、中国滑雪协会、滑冰学会、花滑协会举办"中国冰雪大篷车百场巡回"首站活动,将冰雪运动带入社区;协助冬奥组委、区残联举办2020年国际残疾人日暨第五届中国残疾人冰雪运动季活动,宣传推广冬残奥会和体育竞技精神;举办《冰雪进社区助力冬奥会》文艺演出直播活动,27688人次参与,获得爱心点赞总数超过51000次。

(张 越)

【垃圾分类】 年内,古城街道在垃圾投放站安装垃圾分类AI监管督导系统,安装600余个抽绳和367个破袋器,提高垃圾分类桶站便利性。组织开展垃圾分类宣教会、手把手教分类亲子活动等宣传活动116场,发放张贴垃圾分类工作宣传海报240余张、《倡议书》2400余份,下发《居民生活垃圾分类/投放指南》6.25万余册、《北京市生活垃圾管理条例》100本,制作并下发《垃圾分类图例》(家庭版)3万张,为各社区制作并悬挂巨幅标语38条,垃圾分类大电子显示屏3块,购买垃圾袋100万个。各社区累计发动宣传500余次,参加志愿者11800余人次。强化执法检查,出动执法人员1750余人次,车辆400余辆次,开展检查1200余次,处理垃圾分类相关问题554起,开展餐厨垃圾处罚98起,罚款12850元。

(张 越)

【接诉即办】 年内,古城街道坚持"办好每一单"和每日调度,责任到人到位;强化党建引领"吹哨报到"机制,协调解决综合诉求。采取网格化"采办分离"和12345热线双渠道治理,落实与群众"三见面"制度(承办人见面、科长见面、处级领导见面),推动群众诉求解决,提高公众满意度,推进"接诉即办"向"未诉先办"转变。围绕老旧小区综合整治、噪音扰民等方面累计"吹哨"28次,全年收到12345转办单7487件。

（张　越）

【擦亮城市西大门】　年内，古城街道围绕创建文明城区工作，加大巡查检查力度，确保辖区环境秩序。严厉打击占道经营行为，加强门前三包管理，提升精细化水平。坚持每月门前三包检查制度，检查过程以提示、约谈、处罚等方式，督促整改，提高管理水平和检查标准。开展门前三包联合执法检查90次，夜间渣土运输车辆联合执法检查36次。检查单位及社区2406家次，立案查处，警告违法行为99起（警告38起），罚款21200元；立案查处占道经营行为24起，罚款10500元；查扣货车、三轮车15辆，摩的1辆。

（张　越）

【打好环保攻坚战】　年内，古城街道加强背街小巷的保洁力度，做到管理细、行动快、效果净，组织落实古城辖区46条背街小巷清扫保洁及便道冲刷洒水降尘作业。组织开展辖区大气污染防治全时高标准巡查治理，严格落实“三查十无”责任和环保监管要求，加强扬尘污染精细化管控。出动执法人员1362人次，发现问题95起，整改36起，立案处罚59起，处罚金额65.6万元。强化施工工地管理，做好污染源的源头管控工作。检查每日辖区内裸地苫盖情况，合理布控街道级的空气质量监测子站，与第三方环保公司做好对接和应急处置。完善施工工地定期巡查与临时抽查相结合的工作制度，提高检查标准，对存在问题的工地建立实用长效的管控机制。立案查处施工工地54起，罚款107.3万元；查处运输车辆63起，罚款6.35万元。

（张　越）

【违建管理】　年内，古城街道依托12345平台举报以及结合国土卫星查违等专项工作，做好新生违建的管控及上账存量违建的拆除工作。开展“拔钉子”行动，完成古城西街3号院二建地块3户腾退和14800平方米房屋拆除；完成白庙村22户居民清退，拆除6000余平方米；拆除违法建筑7处，面积10916.64米。

（张　越）

【就业帮扶】　年内，古城街道实现就业678人，就业困难人员就业522人；就业困难人员精细化帮扶29人；实现创业68人，带动就业274人，创业服务221人；空岗信息采集1751户，走访跟踪服务用人单位156户，职业介绍服务350余人次；认定“零就业家庭”5户，实现动态清零，合并办理129人，享受市、区灵活就业人员2098人；充分就业社区21家。

（张　越）

【精准帮扶】　年内，古城街道资助帮扶特殊困难家庭23户，发放临时救助金11.45万元。办理低保医疗救助270人次，发放医疗救助金23.37万元。发放特困人员生活费及照料护理费29.5万元，发放统筹资金2.1万元，报销医药费4.03万元。

（张　越）

【养老服务】　年内，古城街道为28位老人上报失能康复关爱项目；为228名老人上报市级特殊老人意外保险；办理老年证59人次；全年“三补”平台办理困难老人年服务补贴208人次，发放补贴金额37.815万元；失能老年人护理补贴评估申请530余人次，评估重度失能365人次，发放补贴金额583.1万元；办理高龄护理补贴58人次，发放补贴金额220万元。

（张　越）

【无障碍环境三年行动】　年内，古城街道完成便民工程9项，为8个社区10个独立院落新铺路面21000万平方米，改造透水砖路面3300平方米，改造雨水管线1100米，粉刷围墙310平方米，更换路缘石5500米。先后对古城街道政务服务中心和温馨家园进行无障碍环境整体提升，增加低位服务设施和无障碍机动车停车位，改造卫生间和无障碍出入口，实现窗口服务手语视频对话。统筹推进完成涉及出入口坡道、楼道扶手、无障碍车位、无障碍卫生间、提示盲道、信息交流无障碍、低位服务设施等10类元素62处点位的台账更新与整治提升。为10余个社区安装无障碍楼梯拉手2400延米、无障碍提示牌106块，改造无障碍坡道28个。总计投入资金78.4万元，惠及周边3300余名残疾人和1.3万名常住居民平安出行和享受便捷公共服务。

（张　越）

## 苹果园街道

【概况】　苹果园街道辖区面积13.13平方千米。街道下辖社区21个，常住人口9.5万人，流动人口3.1万人。辖区内有北京射击场、首都医科大学附属康复医院、中国医学科学院整形医院、中关村高科技园区石景山园、中部战区机关、北京军区善后办、中共中央宣传部培训中心等中央、市属机关企事业单位；有灵光寺、八大处佛牙舍利塔等名胜古迹；地区有注册企业1万余家。年内，苹果园街道以全面从严治党为保障，坚持联防联控、群防群治，汇聚各方抗击新冠肺炎疫情力量，筑牢疫情防控线，助力辖区企业复工复产。夯实基层党建，发挥党建引领基层社会治理作用，提升“未诉先办”水平；升级改造89个居住小区垃圾分类硬件设施，组织志愿者1万余人次参与桶前值守；组建“红色物业工作队”，提高物业管理“三率”。以“七有”目标和“五性”需求为导向，加强八大业态的提升，完善便民服务设施，新增的8项便民商业，满足社区居民的日常生活需求。完成疏解整治促提升专项任务，提升地区整体环境。保持大气污染防治高压态势，以超常规力度治理环保突出问题；深入推进“河长制”，处理各类河道问题103个，打好蓝天保卫战和碧水攻坚战。深化“吹哨报到”机制，全年破解疑难问题45起；抓好地区环境整治、“门前三包”规范管理等工作，常态化推进全域、全民、全面创城。扎实做好全国第七次人口普查。全力做好对口支援工作，推进青海省3个贫困村畜牧产业扶贫项目的开展，完成扶贫攻坚任务。累计给予资金支持133.4万元，惠及贫困人口510人。推进“微议事”模式，社区全年联动议事协商133次，处理事项187件，1600余名“老街坊”参与议事协商。开展文化惠民工程，举办各类线上线下文艺演出、培训讲座、科普教育、读书沙龙等公共文化活动千余场,文化事业良性发展。街道获评2020年度应急值守工作基层先进单位、北京市第四次全国经济普查先进集体和首都拥军优属拥政爱民模范单位。姜红获“北京市抗击新冠肺炎疫情先进个人”称号。

(种晓阳)

**【疏整促专项行动】** 年内,苹果园街道坚持执法与普法有机结合,拆除位于苹果园南路9号华利通大厦东北角邻接处、苹果园中学操场东北侧西井村10号院内等5处违法建设5659.48平方米,推动腾退土地的利用,实现人居环境和城市品质双提升。

(种晓阳)

**【创建全国文明城区】** 年内,苹果园街道推进“擦亮城市西大门,文明祥和迎冬奥”专项行动。聚焦问题,深化包片包点责任,新增展板194块,达到社区宣传全覆盖;修缮背街小巷破损路面30余处、完成全部路灯安装,修补小区路面、墙面50余处3000余平方米。深化全域、全民、全面创建,组织好志愿服务,培育地区文明道德风尚。

(种晓阳)

**【垃圾分类】** 年内,苹果园街道以垃圾分类“关键小事”助推地区绿色发展。以红色引领激发“动力源”,党员干部向前一步,签署《生活垃圾分类个人承诺书》。靠凝聚力量打好“宣传战”。“模拟垃圾”投递、“云上夏令营”“互联网+”课堂,推动环保理念入心入脑。八大处社区甲七号院科技加盟,智能分类垃圾桶和积分兑换站助力绿色发展。

(种晓阳)

**【物业管理】** 年内,苹果园街道坚持多元共治,持续提升物业管理水平。探索实施党组织、居委会、业委会(物管会)、物业企业和共驻单位“五方联动机制”。推动6个小区成立业委会,43个小区成立物管会,组建率91.5%;成立党组织41个,覆盖率95.3%。组建“红色物业工作队”,引领居民、公益组织、志愿队伍加强对物业服务单位的监督,及时解决物业服务突出问题。

(种晓阳)

**【保就业】** 年内,苹果园街道完成就业指标699个,完成年度目标103%;采集单位信息163家,完成年度目标任务108%;开发就业岗位1632个,完成年度目标任务102%,辖区就业形势平稳向好。

(种晓阳)

**【公共文化服务】** 年内,苹果园街道完成国家公共文化服务体系示范区创建。街道级文化活动中心投入使用,为辖区居民提供功能丰富、设备完善的文化活动阵地。凝聚战疫精神,举办各类线上文化服务600余场,点击量5万余次;举办各类线下活动300余场,1万余人次参与。

(种晓阳)

**【社会保障服务】** 年内,苹果园街道发放低保金、失业保险金、医药费、救助金等各类社会保障金4509.77万元。发放80岁以上高龄津贴2769人次,发放助残券1054人次。做好各类保障房受理和资格初审工作,保障居民利益。

(种晓阳)

**【民生建设与环境提升】** 年内,苹果园街道投入资金667.75万元,完成便民工程4项;投入资金802万元,完成公共空间改造项目1个;投入资金294.13万元,完成民生家园项目20个;投入资金372.39万元,完成背街小巷环境精细化整治提升工程4项;投入资金262.63万元,完成其他各类工程11项。

(种晓阳)

**【消除安全隐患】** 年内,苹果园街道持续提升安全生产监督检查水平。全年开展社会单位安全生产检查8111家次,检查覆盖率100%,排查隐患907处,消除安全隐患900处,消隐率99.23%,下达责令改正通知书672份;超额完成21家小微企业达标和108家单位安责险投保;实现地区全年安全生产零事故。

(种晓阳)

## 金顶街街道

**【概况】** 金顶街街道辖区面积6.9平方千米,山地约占地区面积1/3,主要分布有金顶山、翠微山、蟠龙山和红光山,永定河引水渠流经这里。有市级历史文化保护地区模式口村,有法海寺、承恩寺、田义墓、第四纪冰川馆等,另有1处伊斯兰教活动场所清真寺,非物质文化遗产太平鼓文化在此传承。地区有9所学校,其中高中1所、初中2所、小学3所、幼儿园5所。下辖17个社区,有居民78935人,其中常住人口68096人,流动人口10839人。金顶街街道金顶街三区获北京市第一批生活垃圾分类示范小区称号。

(杜若陶)

**【计生工作】** 截至年底,金顶街街道审核一次性奖励申请资料471份,发放一次性奖励费47.1万元。办理失独家庭一次性经济帮助6人,共6万元。为大病住院的失独家庭申请困难补贴1人次,共3000元。全年辖区领取独生子女奖励费人员1133人,发放奖励费64510元。独生子女特扶家庭服务保障工作。完成123户190人的伤残家庭和74户117人的失独家庭的年审工作。在“两节”、五一、端午、中秋等节假日,给辖区74户失独家庭送去米、面、油、月饼、杂粮等节日慰问品。分两批组织失独家庭开展秋游,组织失独人员年度体检,为失独家庭购买防疫物品118份。

(杜若陶)

**【基层党建】** 疫情期间,金顶街街道鼓励利用网络、广播、电视等平台,开展线上云党课,指导党员利用碎片化时间学习,开展“党员晒学习笔记”等线上活动。对基层党组织设置、换届等情况进行全面摸底梳理,对未按期换届的基层党组织督促整改。做好社区党建品牌巩固培育工作,“组织生活路线图”为基层组织生活规范有效开展提供参考路径,“党员分类管理路线图”提升党员教育管理的针对性和实效性,打造金二区“金暖阳”、模西南“五化工作法”等一批品牌鲜明、特色突出的党建特色品牌。加强楼宇两新组织的党建工作,发挥好楼宇党组织“孵化器”和党员队伍“蓄水池”作用,疫情期间建立“党建引领+双楼长+

街道城管执法队 + N”的商务楼宇疫情防控工作模式。发挥党建协调委员会作用，召开全体会议，围绕疫情防控、物业提升、垃圾分类等多项重点工作，通过双向沟通，促进区域内各类资源有机整合、有效利用。结合地区实际，召开代表大会，完成金顶街地区商会换届工作，发挥党组织的政治引领作用，探索商会工作新路径。

（杜若陶）

【城市精细化管理】 年内，金顶街街道采取入户宣传、签订合同、建立微信管理群等方法加强日常管理，引导沿街商户提高自主管理意识，加大门前三包查处力度。截至年底，入户宣传3次，发放宣传通知单580余份，签订三包责任书580份。累计清除门前堆物380余处。坚持落实“动态清零”机制，全年，拆除违法建设12处，拆除面积6097.7平方米，占地面积2723.7平方米；其中新生违建5起，拆除面积74平方米。老旧小区综合整治工作：完成对辖区老旧小区综合整治居民意见征询工作，12个社区达到区建委政策要求。模西中社区老旧小区综合整治工作，完成所有设计及公示工作，等待财评、招标工作。金四区教工楼小区和金四区5～16号楼小区已完成设计工作，等待区建委审批。模南、模中、模北、模西北、模西南、科研楼等9个小区正在开展设计方案前期工作。老旧小区加装电梯工作：完成对社区居民的政策宣传工作，模南社区15号楼1单元完成燃气管线改造，按计划进行电梯加装工作，预计2021年底完成并投入使用。模式口东里5～10号楼周边道路改造工程、模式口东里2～10号楼周边基础设施修缮及零星改造工程、模式口东里5～10号楼周边人行步道改造工程3个项目，竣工完成，资金合计296.41万元，进入审计阶段。9月底，开展2021年便民工程征集工作，17个社区上报便民工程项目60余项。金三区完成重新粉刷楼道墙面2000余平方米，更新、修缮老人及残疾人坡道及护栏11个，更换楼道防火门48个；安装门禁对讲门18个，升级改造居民活动广场、人行道1000平方米；小区出入口加装LED宣传显示屏、公告栏各1组；修缮拆除更新小区车场围栏200延长米；更新改造铺设柏油路面3000平方米；拆除私装地锁300余把，拆除已租车位合法安装地锁650余把，新增车位50余个；加装创城地插及安全提示标语牌30余个；绿地补种1100平方米，更换绿植树木200余棵；新装更换路灯28套。

（杜若陶）

【多方联动推进接诉即办】 年内，金顶街街道严格落实市、区两级关于加强“接诉即办”工作的相关要求，按照“以提高群众满意率为突破口，经解决问题为根本落脚点，全面提升基层发现问题解决问题能力”的思路，突出“即办”这个中心，将“接诉即办”和“未诉先办”结合起来，解决老百姓关心关注的身边事。典型案例上报区中心96个，区中心刊登35个，市中心刊登5个。收到群众诉求案件1979件，响应率100%，解决率81.46%，原始满意率95.35%。

（杜若陶）

【安全生产】 年内，金顶街街道完成年度安全生产检查任务，全年累计出动检查队1236组次、2986人次，排查企业564家，企业检查覆盖率100%，发现隐患551处，整改隐患551处，隐患核销率100%，责改文书下达量531份、人均责改文书下达量33.19份，检查次数4321频次、移动终端检查4321频次，终端使用率100%，人均检查量达270.06家次。完成城市安全隐患三年行动计划，挂账隐患整改率达100%。推动75家企业投保安责险，完成年度任务（70家）的107%。推进安全生产标准化建设提质增效，20家小微企业实现标准化创建，完成年度任务（20家）的100%。建立并完善安全生产巡查员队伍，实现每个社区配备2名巡查员，完成率100%。加强灾害预警队伍建设，配齐三级灾害信息员23人，完成率100%。以“安全生产月”及“119消防宣传月”为重点，强化事故预防与火灾防范自救能力宣教，拉动23家重点单位开展应急演练，发放资料5000余份。

（杜若陶）

【推进成立物管会（业委会）】 年内，金顶街街道正式成立物管会的小区36个。坚持党建引领。发挥社区党组织的战斗堡垒作用和党员的先锋模范作用，引导发动广大群众，鼓励动员符合条件的社区“两委”委员、回社区报到的在职党员等积极参与业委会、物管会组建宣传工作。加强组织领导。成立“街道业主委员会和物业管理委员会组建工作领导小组”，街道主要领导为组长，党委副书记、城市建设、社区建设主管主任为副组长，党群工作办公室、社区建设办公室、城市建设办公室、相关科室及17个社区居委会为成员单位，确保组建工作顺利进行。严格依法推进。组织社区干部、居民代表等学习《北京市物业管理条例》等法律法规，要求熟悉掌握法定程序和相关业务知识，严格根据法律法规要求，把握政策，严格程序，依法推进组建工作。强化沟通协调。定期召开协调会6次，邀请专业机构及律师参加，对社区在推进业委会和物管会成立工作中出现的难点问题，及时研讨解决，确保流程依法合规，不留隐患。

（杜若陶）

【住房保障】 截至年底，金顶街街道完成新申请家庭的审核上报279件次，完成公租补贴新申请家庭46户；对994户已备案家庭的资格进行复核审核，终止217户；对412户家庭变更申请进行审核复核；配合区相关职能部门完成540户家庭的公租房选房配租工作。住保办处理市民热线转办单18件，办结9件，协调上级业务部门处理3件，协调解决不合理诉求6件。接待群众来电来访7000余人次，其中协调解决诉求强烈、反应过激的来访60余人次，调解处置谩骂、威胁、拉扯工作人员矛盾10多起，发挥吹哨功能6次，协调区域派出所处理矛盾4次。全年完成保障性住房政策宣传3次，发放宣传材料1000余份，组织社区专干集中培训3次，培训人员80余人次，组织专干以干代训4人。

（杜若陶）

【群租房疏解整治】 年内，金顶街街道利用社区宣传栏、板报、展板等形式进行宣传，社区民警、管理员走门串户,发放宣传材料,宣传违法群租的社会危害性。在社区楼门内、社区宣传栏、各主要路口处张贴关于整治违法群租的宣传展板100余块,发放各类宣传品3000余份。街道联合属地派出所采取约谈房主和中介召开协调会等方法,对房主和中介实施限期整改,如不整改街道联合执法部门进行强行清理。截至年底,通过调查摸排、热线反馈和群众举报等多种形式,共发现辖区10个社区共整治群租房30户,拆除隔断27间,涉及面积2595平方米,疏解人口70人,涉及人口350人。联合执法20次,出动人员106人次,约谈中介8家、房主5人,未发生安全隐患和违法犯罪现象。

(杜若陶)

## 广宁街道

【概况】 广宁街道辖区面积6.1平方千米,户籍人口11738人,流动人口8427人。广宁村、麻峪村、柳林庄、电务三段及高井路两侧是境内5个主要居民住宅区域,并以此为主形成麻峪、麻峪北、高井路、新立街、东山5个社区。辖区设有1所中学、1所小学。社区卫生服务中心1个。广宁地区是北京市电力和供热主要生产基地之一,北京市最大的燃气热电中心——西北热电中心就位于广宁街道辖区内。寿山福海养老服务中心是由恒坤投资集团有限公司与麻峪工贸中心合资兴建的北京市五星级养老服务机构。年内,作为冬奥服务保障的重点区域,广宁街道践行"奥运让城市更美好"的理念,在区委区政府和北京冬奥组委的支持下,稳步推进冬奥社区建设,将奥林匹克理念融入城市环境、社会治理、社区生活,打造冰雪创意丰富、居民踊跃参与、运动活力十足的冬奥社区。在做好服务冬奥、参与冬奥、借势冬奥三件大事的同时,利用冬奥理念来统筹、引领各项重点工作,将冬奥理念贯穿于日常工作中,探索社会治理创新,解决影响群众生活的各类问题,提升居民群众的获得感和幸福感。

(王 虹)

【冬奥社区建设】 年内,广宁街道完成冬奥社区公园、3000平方米绿化带景观工程,建成5000平方米冰雪运动基地。发布冬奥社区VI标识系统及冬奥社区宣传片、冬奥社区主题曲《冬奥社区是我家》,同步开展"线上+线下"冰雪特色文体活动、冬奥文化培训及志愿者队伍建设活动100余场,相关活动情况被中央电视台、《北京青年报》等多家媒体报道。

(王 虹)

【社区党委换届】 年内,广宁街道党委换届社区平均投票率为94.65%,选举产生党委委员35人,党组织成员平均年龄46.4岁。

(王 虹)

9月17日,广宁村棚改项目房屋征收预签约工作启动 (广宁街道供图)

【垃圾分类】 年内,广宁街道加强宣传动员覆盖,发放垃圾分类投放指南10000册、持续推进"石分达人"注册,注册率达44.02%。加强基础设施建设,完成桶站升级100%,桶站公示牌合格率100%,大件、装修垃圾暂存点合格率100%,容器便利性合格率100%。在平房区试点保洁、分类、收集、清运一体化的创新分类转运模式。

(王 虹)

【新冠肺炎疫情防控】 年内,广宁街道做好社区封闭管理,封堵出入口40个,推进平安智慧社区建设,对24个点位进行智能门禁改造。发挥党建引领"吹哨报到"机制,督促落实"四方责任",统筹驻区企业、物业、在职党员、社区党员以及"老街坊"志愿者等各类力量1万余人次,参与社区值守、防控宣传、爱国卫生运动,加强常态化联防联动。地区复工复产283家企业,复工复产率为97.6%。

(王 虹)

【环境整治】 年内,广宁街道持续开展平房区及城乡结合部地区安全隐患综合治理工作,建立平房区重点企业台账155家,进行安全检查884次,查出各类隐患477处,消除隐患461处,消隐率96.7%。完成辖区原奶牛场、麻峪社区南院2处6000余平方米裸地绿化。严格开展源头执法,定期巡查施工工地,开展环保类整治32次,夜查渣土车24次,查处施工工地1起,罚款100000元,处罚渣土运输车4辆,罚款9000元,加大辖区主要道路和背街小巷的洒水降尘力度,全年$PM_{2.5}$及TSP在全区名列前茅。

(王 虹)

【棚户区改造】 年内,广宁街道发挥群众意见征求室及矛盾纠纷调解室作用,接待群众政策咨询、调解家庭纠纷500余人次,维护辖区和谐稳定。坚决依法拆除违法建设3处,拆除面积近400平方米。会同征收中心对征收困难住户入户,开展谈判促签,共入户走访200余次,实现签约率100%。

(王 虹)

【落实“河长”责任】　年内，广宁街道完成街道级河长巡河336人次、1379千米，解决案件175件，解决排污口跑冒滴漏问题10处，清除围垦绿化850平方米，开展河道沿线提升工程，对高井沟麻峪段河两岸金属护栏重新油漆翻新。

（王　虹）

【民生家园建设】　年内，广宁街道投资2000余万元，修补破损路面500余处，硬化道路20余条，施划停车位1000个，建设电动自行车桩100余个，投入244万元对地区的无障碍环境进行改造，对五个社区的文化活动中心进行升级，确保冬奥组委周边环境秩序良好。

（王　虹）

【“12345”接诉即办】　年内，广宁街道推行成立“一支应急服务队伍、规范一套办理流程、形成一套会商机制、明确一套考核办法”的“四个一”工作法，12345热线接诉问题数量为2306件，全年综合成绩为98.91分，综合排名位于全市第七、全区第一。

（王　虹）

## 五里坨街道

【概况】　五里坨街道辖区面积21.5平方千米，常住人口约6万人，其中户籍人口约3万人，管辖14个社区居委会和1个社区筹备组，驻军团级以上部队17个。年内，五里坨街道制定应对新冠肺炎疫情工作方案，成立街道疫情防控领导小组，传达中央、市委和区委关于疫情防控工作精神。成立社区临时党组织18个，发展预备党员1名，任命社区党组织书记1名。全年吹哨42次，解决问题31件。开展在职党员“双报到”专项行动12次，组织动员在职党员投身疫情防控4308人次，指导各级各类组织有序开展疫情防控工作。圆满完成防汛工作，成功处置8·12暴雨险情。

（韩艳玲）

【新冠肺炎疫情管控屏障】　年内，五里坨街道44个居民小区实行24小时全天专人专岗轮守，落实“查证、测温、扫码、登记”管理流程。发动党组织、“老街坊”志愿者等力量开展地毯式摸排，核查高风险地区返京人员，建立动态信息台账，做好健康监测。发动社区、物业公司及产权单位对电梯轿厢、楼道、垃圾站等重点部位和公共区域通风消毒。

（韩艳玲）

【辖区复工达产】　年内，五里坨街道成立综合行政执法组，按照“一企一册一台账”原则，对“三类场所”“六小门店”和施工工地实行分类管理，为辖区内256家企业提供复产复工指导，属地复产复工率已达97%，人员到岗率100%。落实员工排查、佩戴口罩、清洁消毒、体温监测、食堂分餐等基本措施，督促企业做好返岗人员的宣传教育、日常防护工作。累计现场指导、督导责改各类商户、商超、写字楼宇、办公场所及食堂1256家次，出具相关告知书25份。

（韩艳玲）

【基层治理】　年内，五里坨街道推进社区挂牌清理工作，摘除牌匾136块；以隆恩寺新区社区西山峻景4号楼三单元为示范点推进楼门院规范化建设。紧盯新冠肺炎疫情防控、创建文明城区、垃圾分类、扫黑除恶等专项工作开展监督检查，在社区成立4个监督协作组，开展自查和交叉检查，发现并完成整改问题83个。

（韩艳玲）

【垃圾分类】　年内，五里坨街道制定《关于开展垃圾分类社会动员“十大专项行动”的实施方案》。630余名“老街坊”志愿者担任分类指导员，分时分段值守599组垃圾桶站，动员16个党组织和500余名在职党员带头签订垃圾分类承诺书，招募70余名合格小巷管家开展垃圾分类宣传规劝、垃圾桶站值守动员工作。完成居民区垃圾桶站、垃圾收运车辆的升级改造，建成京西景园、南宫社区、西山峻景和兴泰家园大件垃圾暂存点，为金谷香郡小区的垃圾分类驿站加装监控摄像头，南宫嘉园社区的垃圾收运车加装GPS定位设备。

（韩艳玲）

【落实物业管理条例】　年内，五里坨街道18个小区成立物业管理委员会，组建率达到95%。17个物管会党组织同步成立，物管会党组织覆盖率94%。

（韩艳玲）

【疏整促专项行动】　年内，五里坨街道治理群租房4处，涉及人口24人。召开平房区清理整治部署会，专项检查行动，出动人员80人次，出动车组8车次，检查单位、场所103处，对检查中发现的隐患点和隐患问题当场提出整改要求、整改时限和整改责任人。城市公共空间改造提升项目完成民意调查及方案的比选工作、测绘工作、实施方案编制及批复等前期工作。

（韩艳玲）

11月5日，五里坨街道在炮厂小区广场开展垃圾分类宣传活动

（五里坨街道供图）

【环境卫生整治】 年内,五里坨街道开展爱国卫生运动、在职党员“双报到”等活动,组织16次集体大扫除,累计出动680余人,清理各类垃圾145吨,整治不规范市场11个,清运堆物堆料218车,规划汽车停车位519个,自行车停车位41个,清理小广告10121起。落实河长办专职巡河制度,全年查处垃圾渣土、违法排污、新增违法建设、水面漂浮物、水体恶臭等河湖生态环境问题60余起。

(韩艳玲)

【大气污染防治】 年内,五里坨街道实时调整大气污染防治工作方案,及时通报空气污染预警信息。每日出动保洁人员6人次,清扫保洁车4辆,雾炮车2辆,洒水36频次,对辖区内道路和周边树木进行冲洗。针对施工管理、小微工程、土地裸露、堆物堆料等问题开展巡回检查和专项督查,发现问题及时整改。

(韩艳玲)

【全国文明城区创建】 年内,五里坨街道调整2020年创城工作组织机构和领导体系,召开创城工作动员会、部署会和推进会7次。制定《五里坨街道深化创城包片包点责任制工作方案》《创城检查基本标准及点位台账》,发动志愿者有序开展辖区环境卫生整治、垃圾分类桶前值守、文明交通引导等专项行动。对标创城指标任务体系,以区级督查、社区自查、分组巡查,街道抽查等方式,建立问题整改工作台账21版。利用“吹哨报到”工作机制,召集相关部门现场协调解决“永引渠北路乱停车”“五里坨东街西小街7号院物业管理”等治理难点,全年整改创城相关问题286个。

(韩艳玲)

【平安五里坨建设】 年内,五里坨街道制定并落实《五里坨街道2020年扫黑除恶专项斗争工作要点》《关于建立五里坨街道“老街坊”安全应急小分队的工作方案》《五里坨街道“擦亮城市西大门,文明祥和迎冬奥”专项行动社会面安全防控工作方案》等专项工作方案,在春节、全国“两会”等重要时间节点,启动社会面一级超常防控等级14次,出动各种力量累计2万余人次。

(韩艳玲)

【“技防+人防”安全防控体系】 年内,五里坨街道在防范设施薄弱、警情案件多发、治安隐患突出、出租房屋较多的老旧小区、回迁房小区、城乡结合部重点区域,以及重点部位周边小区建设智能门禁32个。建立“老街坊”安全应急小分队,开展常态化训练,全面提升突发事件应对能力。落实信访工作责任制,全年受理群众信访28批68人次(含集体访4批40人次),办理21批41人次,群众满意率100%。

(韩艳玲)

【便民工程】 年内,五里坨街道实施南宫嘉园小区外停车场改造工程、西山机械厂社区车棚修缮工程、西山机械厂社区护坡防护工程等8项便民工程。完成全民健身步道项目方案实施、民意调查、意见征集等工作。推进天翠阳光社区法制广场改造、社区养老驿站装修改造等便民项目。全年接收群众诉求3332件,解决黑石头路99号院施工扰民等治理难点痛点堵点。

(韩艳玲)

【落实社会保障】 年内,五里坨街道落实各项低保救助、扶贫济困、弱势群体帮扶等福利政策。完成108户189人低保金和4户10人低收入救助金的发放,共计22万余元。累计发放医疗、残疾人等各类临时救助金约128万元。开拓困难群众救助所阵地建设,摸排困难群众,建立工作台账。

(韩艳玲)

## 石景山区街道工委、办事处负责人

八宝山街道
- 工委书记 宁慧娟(女)
- 办事处主任 卢满钧

鲁谷街道
- 工委书记 李先侠
- 办事处主任 杜立明(8月免)
  - 靳　晶(8月任)

老山街道
- 工委书记 王永明(7月免)
  - 周　冲(女,蒙古族,7月任)
- 办事处主任 周　冲(女,蒙古族,8月免)
  - 杨育忠(8月任)

古城街道
- 工委书记 赵恩国(苗族,8月免)
  - 赵文侃(8月任)
- 办事处主任 王庆亮

八角街道
- 工委书记 高春玲(女)
- 办事处主任 张晓磊

苹果园街道
- 工委书记 杨举生
- 办事处主任 梁学刚

金顶街街道
- 工委书记 佟纪光(7月免)
  - 吕三伏(7月任)
- 办事处主任 吕三伏(8月免)
  - 马　斌(8月任)

广宁街道
- 工委书记 杨贵宝(4月免)
  - 张洪江(4月任)
- 办事处主任 吴智鹏

五里坨街道
- 工委书记 佟建国
- 办事处主任 王国利

# 人物　荣誉

## 全国先进集体

### 全国脱贫攻坚先进集体
石景山区国有资产监督管理委员会改革发展科

### 全国抗击新冠肺炎疫情先进集体
石景山区委八宝山街道工委

### 全国文明单位
国网北京市电力公司石景山供电公司
石景山区卫生健康监督所
石景山区八角街道公园北社区
石景山区人力社保局
石景山区检察院
石景山区财政局
石景山区图书馆
石景山区自来水公司
石景山区老山街道老山东里社区
石景山区五里坨街道陆军机关军营社区
石景山区八宝山街道沁山水南社区

### 全国文明家庭
姚志刚家庭 石景山区苹果园街道西山枫林二社区

### 全国文明校园
北京大学附属小学石景山学校

### 第三批全国示范性劳模和工匠人才创新工作室
杨华清创新工作室

### 全国先进基层党组织
石景山区委八宝山街道工委

### 全国“敬老文明号”
石景山区八角街道政务服务中心

## 全国先进个人

### 全国三八红旗手
李美红　八角街道八角中里社区党委书记、居委会主任

### 全国脱贫攻坚先进个人
贺迎潮　石景山区接受捐赠事务管理中心主任兼区慈善协会秘书长

### 全国抗击新冠肺炎疫情先进个人
何艳丽　石景山医院心血管内科护士长
李美红　八角街道八角中里社区党委书记、居委会主任

### 全国先进工作者
杨华清　首都医科大学附属北京康复医院骨科一康复中心主任

### 全国劳动模范
杨华清　首都医科大学附属北京康复医院骨科一康复中心主任
赵　星　石景山区小飞象训练发展中心理事长

### 全国“敬老爱老助老模范人物”
杨重禧　八角街道杨庄中区社区
马　琳　苹果园街道

## 北京先进集体

### 北京市三八红旗集体
北京康复医院康复诊疗中心

### 北京市模范集体
石景山区人民检察院第一检察部
北京师范大学石景山附属幼儿园教科研室
北京银建汽车修理有限公司机修车间

### 北京扶贫协作先进集体
石景山区发展改革委
石景山区商务局
北京市黄庄职业高中
北京大学首钢医院胃肠外科
北京物美商业集团股份有限公司

### 北京市抗击新冠肺炎疫情先进集体
金顶街街道模式口西里南社区党委

### 北京市青年突击队
区疾控中心检测组

### 第十五届北京市思想政治工作优秀单位

石景山区人民法院政治部(机关党委、机关纪委)

石景山区委老山街道工委

石景山区八宝山街道永乐东小区北社区党委

### 北京市 2019—2020 年度“接诉即办”改革工作先进集体

鲁谷街道

石景山区卫健委

苹果园街道下庄社区

广宁街道麻峪北社区

## 北京先进个人

### 北京市三八红旗奖章

潘　军　北京合康科技有限公司工会主席

### 北京市劳动模范

温　榕　北京合康科技发展有限责任公司总工程师，高级工程师

史晓刚　北京枭龙防务科技有限公司创始人、董事长兼 CEO

王庆丰　北京航宇荣康科技股份有限公司总工程师、党支部书记

陈　飞　北京藏经阁收藏品文化交流中心唐卡首席画师指导

祁永新　北京银建实业股份有限公司驾驶员

孟卫卫　北京市保安服务总公司石景山分公司勤务部副主任

赵　红　老山街道老山东里北社区党委书记、居委会主任

### 北京扶贫协作先进个人

白　华　石景山区文化和旅游局三级主任科员，挂职内蒙古自治区赤峰市宁城县扶贫办副主任

冯　娜　五里坨街道社区卫生服务中心隆恩家园社区卫生服务站站长

朱　洁　石景山区五里坨街道办事处民生保障办公室副主任

刘　伟　石景山区西部建设办公室规划发展科科长，挂职河北省保定市顺平县扶贫办副主任兼发展改革局副局长

齐　升　石景山区城市管理委副主任，挂职内蒙古自治区呼伦贝尔市莫力达瓦达斡尔族自治旗旗委常委、副旗长

李文革　北京市京源学校教科研工作室主任

李江霖　石景山区古城街道办事处副主任，挂职内蒙古自治区赤峰市宁城县县委常委、副县长

张保东　石景山区人力资源公共服务中心副主任

谢立军　石景山区委区政府研究室副主任，挂职青海省玉树州称多县县委常委、副县长

魏　岩　世纪易联(北京)科技有限公司总经理

魏　征　石景山区一夫唐人爱心社主任

### 北京市先进工作者

白　云　石景山区疾病预防控制中心流行病科科长

董天婻　北京市公安局石景山分局金顶街派出所所长

董新理　石景山区城管执法局一级调研员

赵　研　首都师范大学附属苹果园中学教师

马清明　石景山区法律援助中心主任

师德光　北京市第九中学新疆部主任

张作清　石景山医院呼吸与危重医学科主任

严　震　石景山区垃圾综合处理厂副厂长

杨　磊　石景山区鲁谷街道办事处副主任科员

杨卫东　石景山区融媒体中心记者

马　兵　金顶街街道办事处城市管理办公室副主任

诺　敏(蒙古族)　八角社区卫生服务中心主任助理

### 首都精神文明建设奖

董天婻　北京市公安局石景山分局金顶街派出所所长

白　云　石景山区疾病预防控制中心流行病科科长

车明珠　北京市检察院一分院(石景山区八宝山街道挂职)

乔玲红　石景山区金顶街街道模南社区党委书记兼主任

李德海　石景山区第八军休所退休

陈　飞　北京藏经阁收藏品文化交流中心唐卡首席画师指导

郭　凯　北京工业职业技术学院汽车检测维修专业教师

史晓刚　北京枭龙科技有限公司创始人、董事长兼 CEO

### 第十五届北京市优秀思想政治工作者

代　红　苹果园街道党群工作办公室党支部书记、副主任

关婷婷　古城街道西路北社区党委书记兼居委会主任

董汉胜　石景山区中医医院党支部书记

### 首都“新时代好少年”

蔡汶芸　北京景山学校远洋分校

宁可萱　石景山区银河小学

范忻悦　北京市京源学校莲石湖分校

# 统计资料

表 12

## 石景山区主要经济指标完成情况

（2015 年—2020 年）

| 指 标 名 称 | 计量单位 | 2015 年 | 2016 年 | 2017 年 | 2018 年 | 2019 年 | 2020 年 |
|---|---|---|---|---|---|---|---|
| **一、地区生产总值** | | | | | | | |
| 地区生产总值 | 亿元 | 532.3 | 592.9 | 667.3 | 748.8 | 808.0 | 855.5 |
| 第二产业 | 亿元 | 102.5 | 105.9 | 114.4 | 124.0 | 133.1 | 138.2 |
| 第三产业 | 亿元 | 429.8 | 487.0 | 552.9 | 624.8 | 674.8 | 717.3 |
| 第三产业增加值占地区生产总值比重 | % | 80.8 | 82.1 | 82.9 | 83.4 | 83.5 | 83.8 |
| **二、土地与人口** | | | | | | | |
| 土地面积 | 平方公里 | 85.74 | 85.74 | 85.74 | 85.74 | 85.74 | 85.7 |
| 常住人口 | 万人 | 65.2 | 63.4 | 61.2 | 59.0 | 57.0 | 56.8 |
| 户籍人口 | 万人 | 38.3 | 38.7 | 38.2 | 38.6 | 39.0 | 38.9 |
| 人口密度(常住人口/土地面积) | 人/平方公里 | 7604 | 7394 | 7137 | 6881 | 6648 | 6625 |
| **三、全社会固定资产投资** | | | | | | | |
| 全社会固定资产投资增速 | % | 9.3 | 12.1 | 20.1 | 1.1 | 6.1 | 20.8 |
| #房地产开发投资增速 | % | 11.2 | 11.2 | 32.2 | -30.2 | 57.2 | 36.6 |
| 房屋建筑施工面积 | 万平方米 | 303.0 | 353.5 | 383.1 | 346.5 | 382.3 | 46.7 |
| 房屋建筑竣工面积 | 万平方米 | 27.5 | 108.7 | 61.1 | 19.2 | 24.3 | 229.2 |
| #住宅面积 | 万平方米 | 10.8 | 20.4 | 13.1 | | | |
| **四、社会消费品零售总额** | | | | | | | |
| 社会消费品零售总额 | 亿元 | 266.0 | 287.4 | 303.4 | 312.4 | 327.2 | 399.5 |
| 批发业 | 亿元 | 17.9 | 17.0 | 17.0 | 16.4 | 43.4 | 67.0 |
| 零售业 | 亿元 | 233.9 | 256.4 | 271.1 | 277.3 | 263.6 | 318.7 |
| 住宿业 | 亿元 | 1.8 | 1.2 | 1.4 | 1.2 | 1.5 | 0.7 |
| 餐饮业 | 亿元 | 12.4 | 12.7 | 13.9 | 17.4 | 18.7 | 13.0 |
| **五、财政** | | | | | | | |
| 财政收入总计 | 亿元 | 82.6 | 75.1 | 106.5 | 112.3 | 113.0 | 185.8 |
| 财政支出总计 | 亿元 | 133.5 | 127.9 | 182.3 | 177.7 | 206.7 | 267.6 |

续表

| 指　标　名　称 | 计量单位 | 2015 年 | 2016 年 | 2017 年 | 2018 年 | 2019 年 | 2020 年 |
|---|---|---|---|---|---|---|---|
| **六、劳动工资** | | | | | | | |
| 非私营法人单位从业人员期末人数 | 人 | 198350 | 196270 | 199133 | 204078 | 207861 | 206404 |
| 非私营法人单位在岗职工平均工资 | 元 | 99121 | 110490 | 127794 | 148532 | 182472 | 175479 |
| **七、文化、卫生、体育** | | | | | | | |
| 图书馆藏书 | 万册 | 74.9 | 79.6 | 113.0 | 104.0 | 107.5 | 109.4 |
| 文物保护单位 | 个 | 40 | 36 | 36 | 36 | 36 | 36.0 |
| 卫生技术人员 | 人 | 8316 | 8845 | 8774 | 9036 | 9371 | 9466 |
| 医疗病床实有床位 | 张 | 4870 | 5183 | 5250 | 5276 | 5363 | 5373 |
| 每千常住人口拥有医生 | 人 | 4.6 | 5.3 | 5.4 | 5.8 | 6.0 | 6.0 |
| 每千常住人口拥有床位 | 张 | 7.5 | 8.2 | 8.6 | 8.9 | 9.4 | 9.5 |
| 中小学在校学生 | 人 | 36816 | 35455 | 34100 | 33942 | 35038 | 36398 |
| **八、居民生活** | | | | | | | |
| 居民人均可支配收入 | 元 | 56304 | 60980 | 66112 | 71244 | 76990 | 78656.0 |
| 居民人均消费支出 | 元 | 36789 | 38547 | 40767 | 43286 | 45904 | 40096 |

# 附　录

## 中共北京市石景山区委主要文件目录

### 中共北京市石景山区委文件

京石发〔2020〕1 号　中共北京市石景山区委关于加强党建引领、落实"四方责任"充分发挥各级党组织和全体党员干部作用团结带领人民群众打赢疫情防控阻击战的通知

京石发〔2020〕3 号　中共北京市石景山区委 北京市石景山区人民政府 中共首钢集团有限公司委员会 首钢集团有限公司 印发《关于贯彻落实〈加快新首钢高端产业综合服务区发展建设 打造新时代首都城市 复兴新地标行动计划(2019—2021 年)〉的 2020 年工作方案》的通知

京石发〔2020〕4 号　中共北京市石景山区委关于新时代加强和改进政协工作的实施意见

京石发〔2020〕5 号　中共北京市石景山区委印发《关于深化落实全面从严治党主体责任的实施意见》的通知

京石发〔2020〕6 号　中共北京市石景山区委北京市石景山区人民政府印发《关于加强石景山区公共卫生应急管理体系建设的实施方案》的通知

京石发〔2020〕7 号　中共北京市石景山区委 北京市石景山区人民政府关于印发《石景山区生态环境保护工作职责分工规定》的通知

京石发〔2020〕8 号　中共北京市石景山区委 北京市石景山区人民政府印发《关于进一步开展质量提升行动的实施方案》的通知

京石发〔2020〕9 号　中共北京市石景山区委 北京市石景山区人民政府印发《关于深化"接诉即办"改革工作的实施意见》的通知

京石发〔2020〕11 号　中共北京市石景山区委 北京市石景山区人民政府关于印发《石景山区落实北京市建设国家服务业扩大开放综合示范区和中国(北京)自由贸易试验区实施方案》的通知

京石发〔2020〕12 号　中共北京市石景山区委关于制定石景山区"十四五"时期国民经济和社会发展规划和二〇三五年远景目标的建议

### 中共北京市石景山区委办公室文件

京石办发〔2020〕1 号　中共北京市石景山区委办公室关于印发《石景山区 2019 年度党委(工委、党组)书记抓党建述职评议考核工作方案》的通知

京石办发〔2020〕2 号　中共北京市石景山区委办公室 北京市石景山区人民政府办公室关于转发《中共北京市委办公厅北京市人民政府办公厅关于进一步做好新型冠状病毒感染肺炎疫情防控工作的通知》的通知

京石办发〔2020〕3 号　中共北京市石景山区委办公室关于印发《区委常委会 2020 年议题计划》的通知

京石办发〔2020〕4 号　中共北京市石景山区委办公室关于转发《中共北京市石景山区委党的建设工作领导小组 2020 年工作要点》的通知

京石办发〔2020〕5 号　中共北京市石景山区委办公室 北京市石景山区人民政府办公室关于转发《石景山区 2020 年调研工作要点》和《石景山区 2020 年重点协作调研课题计划》的通知

京石办发〔2020〕6 号　中共北京市石景山区委办公室关于调整十二届区委常委分工的通知

京石办发〔2020〕7 号　中共北京市石景山区委办公室关于印发《石景山区 2020 年政党协商计划》通知

京石办发〔2020〕8 号　中共北京市石景山区委办公室 北京市石景山区人民政府办公室转发双拥办《关于 2020 年"八一"期

间开展双拥月活动的通知》的通知

京石办发〔2020〕10号 中共北京市石景山区委办公室 北京市石景山区人民政府办公室关于印发《加强石景山区公共卫生应急管理体系建设三年行动计划(2020—2022年)》的通知

京石办发〔2020〕11号 中共北京市石景山区委办公室 北京市石景山区人民政府办公室关于印发《党建引领物业管理提高"三率"工作实施方案》的通知

京石办发〔2020〕12号 中共北京市石景山区委办公室 北京市石景山区人民政府办公室关于印发《石景山区提升物业服务水平三年实施方案(2020—2022年)》的通知

京石办发〔2020〕13号 中共北京市石景山区委办公室 北京市石景山区人民政府办公室印发《石景山区关于深化改革加强食品安全工作的实施方案》的通知

京石办发〔2020〕14号 中共北京市石景山区委办公室 北京市石景山区人民政府办公室关于印发《石景山区党建引领基层治理工作实施方案》的通知

京石办发〔2020〕16号 中共北京市石景山区委办公室 北京市石景山区人民政府办公室印发《关于做好石景山区社区"两委"换届工作的实施意见》的通知

## 北京市石景山区人民政府主要文件目录

### 北京石景山区人民政府文件

石政发〔2020〕1号 北京市石景山区人民政府关于修改《石景山区加强政府投资建设项目全过程管理办法(试行)》的通知

石政发〔2020〕2号 北京市石景山区人民政府关于印发2020年折子工程的通知

石政发〔2020〕3号 北京市石景山区人民政府关于印发《石景山区关于共同应对新型冠状病毒感染的肺炎疫情支持企业发展的若干措施(暂行)》的通知

石政发〔2020〕4号 北京市石景山区人民政府关于开展第七次全国人口普查的通知

石政发〔2020〕5号 北京市石景山区人民政府关于进一步修订《石景山区加强政府投资建设项目全过程管理办法(试行)》的通知

石政发〔2020〕6号 北京市石景山区人民政府关于印发《石景山区关于支持中小微企业应对疫情影响保持平稳发展的若干措施》的通知

石政发〔2020〕7号 北京市石景山区人民政府关于印发《石景山区人民政府关于向街道办事处下放部分行政执法职权并实行综合执法工作实施方案》的通知

石政发〔2020〕9号 北京市石景山区人民政府关于印发《石景山区落实〈北京市人民政府关于加快科技创新构建高精尖经济结构用地政策的意见(试行)〉的试点实施方案》的通知

石政发〔2020〕10号 北京市石景山区人民政府、首钢集团有限公司关于印发《落实蔡奇书记、陈吉宁市长到新首钢地区"双调研"重点任务分工方案》的通知

石政发〔2020〕11号 北京市石景山区人民政府关于印发《北京市石景山区政府债务管理办法》的通知

石政发〔2020〕12号 北京市石景山区人民政府关于印发《石景山区便民工程管理办法(试行)》的通知

### 北京市石景山区人民政府办公室文件

石政办发〔2020〕1号 北京市石景山区人民政府办公室关于印发《石景山区加强政府投资建设项目全过程管理办法实施细则》的通知

石政办发〔2020〕2号 北京市石景山区人民政府办公室关于印发《石景山区老旧小区综合整治和长效治理工作方案(试行)》的通知

石政办发〔2020〕3号 北京市石景山区人民政府办公室关于印发区政府领导工作分工的通知

石政办发〔2020〕4号 北京市石景山区人民政府办公室关于印发《石景山区2020年重要民生实事》的通知

石政办发〔2020〕5号 北京市石景山区人民政府办公室关于印发《石景山区污染防治攻坚战2020年行动计划》的通知

石政办发〔2020〕6号 北京市石景山区人民政府办公室关于印发《石景山区推进城市安全发展工作实施方案》的通知

石政办发〔2020〕7号 北京市石景山区人民政府办公室关于转发区教委《2020年非本市户籍适龄儿童少年在石景山区接受义务教育证明证件材料审核标准》的通知

石政办发〔2020〕8号 北京市石景山区人民政府办公室关于印发《北京市石景山区行政规范性文件管理办法》的通知

石政办发〔2020〕9 号　北京市石景山区人民政府办公室关于印发《石景山区加快"新基建"促进新一代信息技术产业发展暂行办法》的通知

石政办发〔2020〕10 号　北京市石景山区人民政府办公室关于印发《关于进一步推动基层公共文化设施社会化运营工作的实施意见》的通知

石政办发〔2020〕11 号　北京市石景山区人民政府办公室关于开展第一次全国自然灾害综合风险普查的通知

石政办发〔2020〕12 号　北京市石景山区人民政府办公室关于印发《石景山区养老服务三年行动计划(2021 年—2023 年)》的通知

石政办发〔2020〕13 号　北京市石景山区人民政府办公室关于印发《北京市石景山区政府性债务风险应急处置预案》的通知

石政办发〔2020〕14 号　北京市石景山区人民政府办公室关于印发《石景山区加快科幻产业发展暂行办法》的通知

## 区域文化设施名录

### 全国重点文物保护单位名录

| 单位名称 | 地址 | 电话 |
|---|---|---|
| 法海寺 | 模式口大街北 | 88749278 – 809 |
| 承恩寺 | 模式口大街东段路北 | 88724148 |
| 八宝山革命公墓 | 石景山路 | 88259709 |

### 北京市文物保护单位名录

| 单位名称 | 地址 | 电话 |
|---|---|---|
| 长安寺 | 八大处 | 88964661 |
| 灵光寺 | 八大处 | 88964661 |
| 三山庵 | 八大处 | 88964661 |
| 大悲寺 | 八大处 | 88964661 |
| 龙泉庵 | 八大处 | 88964661 |
| 香界寺 | 八大处 | 88964661 |
| 宝珠洞 | 八大处 | 88964661 |
| 证果寺 | 八大处 | 88964661 |
| 慈善寺 | 五里坨天泰山 | 88905988 |
| 冰川馆 | 模式口大街 28 号 | 88722585 |
| 田义墓 | 模式口大街北 | 88724148 |
| 老山汉墓 | 老山驾校内 | 64033516 – 8038 |
| 皇姑寺 | 西黄村 | 88701190 |

### 石景山区文物保护单位名录

| 单位名称 | 地址 | 电话 |
|---|---|---|
| 崇兴庵 | 鲁谷村 | 88724148 |
| 龙泉寺 | 模式口大街北 | 88749279 – 809 |
| 双泉寺 | 双泉寺村 | 88960590 |
| 礼王府 | 福寿岭铁路疗养院内 | 51028600 |
| 万善桥 | 黑石头村东 | 88701190 |
| 隆恩寺第四纪冰川擦痕 | 五里坨 | 88902466 |
| 雍正御制碑 | 首钢制氧厂内 | 88297552 – 206 |
| 福田公墓 | 福田寺村 | 88962197 |
| 贤良寺塔院 | 八大处长安寺南 200 米 | 88701190 |
| 石景山古井 | 石景山南侧 | 88297552 – 206 |
| 石景山古建群元君庙 | 石景山南侧 | 88297552 – 206 |
| 八大处冰川漂砾 | 八大处公园五处龙泉庵 | 88964661 |
| 四柏一孔桥 | 模式口大街北 | 88749279 – 809 |

| | | |
|---|---|---|
| 瑞王坟碑亭 | 西山枫林东南角 | 68872844 |
| 兴隆寺 | 五里坨小青山上 | 88902166 |
| 翠云庵 | 高井村 | 88902166 |
| 崇国寺塔 | 八宝山革命公墓南 300 米 | 88701190 |
| 龙王庙 | 五里坨街道黑石头路上石府村 | 88701190 |
| 模式口 76 号院 | 金顶街街道模式口大街 76 号 | 88711860 |
| 五里坨民居 | 五里坨街道五里坨后街 3－7 号 | 88795053 |

# 公证服务机构

## 公证处名录

| 单位名称 | 地址 | 电话 |
|---|---|---|
| 北京市燕京公证处 | 杨庄东路 66 号 | 88915322　68834410　68875084 |

## 法律服务所名录

| 单位名称 | 地址 | 电话 |
|---|---|---|
| 北京市石景山区八宝山街道法律服务所 | 八角西街 61 号院 222 室 | 13911506990 |
| 北京市石景山区八角街道法律服务所 | 中关村科技园 5 号楼 6 层 | 13501293959 |
| 北京市石景山区古城街道法律服务所 | 杨庄大街 69 号 1212 号 | 13321191098 |

# 公安分局派出所

| 单位名称 | 地址 | 电话 |
|---|---|---|
| 八宝山派出所 | 永乐小区甲 66 号 | 68668751 |
| 八角派出所 | 八角北路甲 38 号 | 68875652 |
| 古城派出所 | 老古城北后道甲 1 号 | 68872373 |
| 苹果园派出所 | 实兴大街甲 1 号 | 68836781　68872303 |
| 老山派出所 | 老山东里 | 88971590 |
| 模式口派出所 | 模式口南里甲 1 号 | 68875574 |
| 金顶街派出所 | 金顶街五区 3 栋 | 88732328 |
| 鲁谷派出所 | 依翠园甲 16 号 | 88682186 |
| 广宁派出所 | 广宁复兴街 75 号 | 88992177 |
| 五里坨派出所 | 五里坨东街甲 1 号 | 88952410 |
| 石景山路派出所 | 石景山体育馆内 | 68875350 |
| 八大处派出所 | 八大处公园内 | 88964250 |
| 高井派出所 | 高井甲 32 号 | 66384471 |
| 四平台派出所 | 八大处甲 1 号 | 88963060 |

# 街道社区居委会

## 八宝山街道

| 单位名称 | 地址 | 电话 |
|---|---|---|
| 三山园社区 | 永乐东区 84 楼东侧平房 | 68657086 |

| | | |
|---|---|---|
| 四季园社区 | 永乐东小区 57 号楼前白楼 | 68681079 |
| 永乐东小区北社区 | 永乐东小区 7 号楼前平房院 | 68658546 |
| 永乐东小区南社区 | 永乐东小区 32 号楼南平房 | 68684695 |
| 鲁谷住宅社区 | 鲁谷村 7 号楼 1 层东侧 | 68636654 |
| 瑞达社区 | 鲁谷路 74 号院北院 11 号楼北侧 | 68689014 |
| 情报所社区 | 鲁谷路 74 号院 26 号楼后二层 | 88686047 |
| 玉泉路西社区 | 玉泉路甲 65 号院平房 | 88682712 |
| 中铁建设有限公司社区 | 八宝山南路 29 号食堂 1 层 | 51885679 |
| 玉泉西里西社区 | 玉泉西里二区 7－3－106 号 | 88685338 |
| 玉泉西里中社区 | 玉泉西里二区 29 号楼一层 | 88609638 |
| 玉泉西里北社区 | 玉泉西里二区 1 号楼一层 | 88680676 |
| 玉泉西里南社区 | 玉泉西里二区 30 号楼 3 单元一层 | 88608457 |
| 沁山水南社区 | 玉泉西里一区 26 号楼三层 302 | 68645680 |
| 沁山水北社区 | 玉泉西里一区 2 号楼首层 105 | 88687020 |

## 鲁谷街道

| 单位名称 | 地址 | 电话 |
|---|---|---|
| 依翠园南社区 | 依翠园 13 号楼依翠园南居委会 | 68624224 |
| 依翠园北社区 | 鲁谷路市运八场宿舍 3 号楼南侧平房依北居委会 | 68663737 |
| 双锦园社区 | 永乐西区 3 楼东侧 | 68636674 |
| 五芳园社区 | 鲁谷南路 5 号五芳园居委会 | 68620956 |
| 六合园南社区 | 六合园 20 号楼六合园南居委会 | 68625271 |
| 六合园北社区 | 六合园 12 号楼六合园北居委会 | 68626880 |
| 七星园南社区 | 七星园 10 号楼 13 门 101 号 | 68627417 |
| 七星园北社区 | 七星园北 7 号楼对面平房 | 68627418 |
| 衙门口东社区 | 石景山区鲁谷大街 53 号 西富港写字楼南楼 206 室 | 88681730 |
| 衙门口西社区 | 石景山区鲁谷大街 53 号 西富港写字楼南楼 307 室 | 68636683 |
| 衙门口南社区 | 石景山区鲁谷大街 53 号 西富港写字楼南楼 201 室 | 52885175 |
| 新华社社区 | 京原路 8 号新华社第二工作区西配楼 101 号 | 63077157 |
| 久筑社区 | 双锦园 16 号楼底商 1－9 | 68658542 |
| 西厂社区 | 北京重型机电厂西厂宿舍 5 号楼西侧平房 | 68683321 |
| 永乐西南社区 | 永乐西区 20 号楼北侧平房 | 88681799 |
| 永乐西北社区 | 永乐西区 20 号楼北侧平房院里院 | 68686532 |
| 重聚园社区 | 重聚园 18 号楼西侧综合办公楼 4 层 | 68686316 |
| 新岚大厦社区 | 依翠园乙 16 号一层 | 68641236 |
| 重兴园社区 | 重兴嘉园 1 号楼 6 层重兴园居委会 | 68655994 |
| 聚兴园社区 | 重聚路 40 号院 1－10－101 | 53666022 |
| 碣石坪社区 | 碣石坪 12 号 1 层 | 88690992 |
| 京汉旭城社区 | 京汉旭城 18 号楼 1 单元 101 室 | 68659780 |

## 老山街道

| 单位名称 | 地址 | 电话 |
|---|---|---|
| 老山东里南社区 | 老山东里 28 栋东侧平房老山东里南社区居委会 | 88973339 |
| 老山东里北社区 | 老山东里 49 栋北侧 2 号楼老山东里北社区居委会 | 88973470 |
| 老山西里社区 | 老山西里 4 栋南侧平房老山西里社区居委会 | 88970474 |
| 老山东里社区 | 老山东里 5 栋东侧健身园内老山东里社区居委会 | 88975996 |
| 高能所社区 | 玉泉路 19 号乙高能所社区居委会 | 88233098 |
| 玉泉西路社区 | 玉泉西街玉泉西路社区居委会 | 88255501 |

| | | |
|---|---|---|
| 何家坟社区 | 梁公庵村临35号何家坟社区居委会 | 57411001 |
| 中国科学院大学社区 | 玉泉路19号丙16楼北侧 | 88256456 |
| 十一号院社区 | 玉泉路11号院东平房社区居委会 | 68289034 |
| 翠谷玉景苑社区 | 翠谷玉景苑1号楼6门103号 | 58974113 |
| 京源路社区 | 石景山路23号院内4号楼西侧平房京源路社区居委会 | 68810401 |
| 玉泉北里二区社区 | 田村山南路玉泉北里二区14号楼2单元102 | 88620097 |

## 八角街道

| 单位名称 | 地址 | 电话 |
|---|---|---|
| 八角北里社区 | 八角北里45号楼前 | 68810419 |
| 八角中里社区 | 八角中里21栋东侧 | 68879231 |
| 八角南里社区 | 八角南里17栋东侧 | 68849734 |
| 古城南路社区 | 古城南路50栋院内 | 68874196 |
| 八角南路社区 | 八角南路12栋东侧 | 68885821 |
| 公园北社区 | 古城路甲61号 | 68872798 |
| 建钢南里社区 | 八角南里1号楼南侧平房 | 68879285 |
| 八角路社区 | 八角路10栋东侧 | 68875732 |
| 杨庄中区社区 | 杨庄中区1号楼西侧 | 68867818 |
| 八角北路社区 | 八角北路44栋楼前平房 | 68882386 |
| 八角北路特钢社区 | 八角北路9栋北侧 | 68878797 |
| 地铁古城家园社区 | 八角北路59号地铁家园社区5号楼南侧 | 88922228 |
| 杨庄南区社区 | 杨庄小区35栋西侧 | 68875242 |
| 杨庄北区社区 | 杨庄北区奈伦熙府49号楼西侧平房 | 52651531 |
| 古城南里社区 | 古城南里5号楼西南侧 | 68871040 |
| 黄南苑社区 | 黄南苑小区2号楼北侧平房 | 88996424 |
| 八角景阳东街第一社区 | 景阳东街69号院一号楼一层 | 68648809 |
| 时代花园社区 | 璟公院23号院15号楼一层 | 88937454 |
| 八角景阳东街第二社区 | 景阳东街65号院融景家园B区3号楼一层102 | 88605880 |
| 八角景阳东街第三社区 | 景阳东街58号院公建1号楼燕保家园一层底商 | 88600430 |
| 体育场南路社区 | 体育场南街7号院5号楼 | 68800175 |
| 杨庄北区第二社区 | 杨庄北区12号楼北侧一层和13号楼南侧之间 | 88998591 |
| 体育场西街社区 | 体育场西街20号院10号楼一层 | 88938340 |

## 古城街道

| 单位名称 | 地址 | 电话 |
|---|---|---|
| 八千平社区 | 古城北路3栋平房处 | 68867563 |
| 古城路社区 | 古城路16栋西侧 | 68836120 |
| 南路东社区 | 古城南路28栋前 | 68835582 |
| 南路西社区 | 古城南路16栋北侧 | 68827934 68875391 |
| 十万平社区 | 老古城大楼市场街内十万平居委会 | 88783942 |
| 北小区社区 | 古城北路14栋前平房 | 88929746 |
| 环铁社区 | 杨庄大街地铁车辆一公司门口 | 68835233 |
| 特钢社区 | 特钢东门大楼一栋平房 | 68810165 |
| 西路南社区 | 古城西路8栋对面 | 68882076 |
| 西路北社区 | 古城西路10栋 | 68829434 |
| 天翔社区 | 古城北路21栋后院 | 68882488 |
| 老古城东社区 | 古城现代嘉园66号院1号楼1单元102室 | 68819071 |
| 老古城西社区 | 古城现代嘉园68号院1号楼2单元102室 | 68819073 |

| | | |
|---|---|---|
| 北辛安大街社区 | 古城西路66号院1号楼1单元101号 | 68826703 |
| 北辛安铁新社区 | 古城西路66号院1号楼1单元101号 | 68826137 68860624 |
| 北辛安南北岔社区 | 古城西路66号院1号楼1单元101号 | 68836117 68876114 |
| 水泥厂社区 | 京原路68号内13栋楼南侧 | 88957293 88957201 |
| 滨和园燕堤西街社区 | 燕堤西街7号院1号楼二层 | 53023228 53023226 |
| 滨和园燕堤中街社区 | 燕堤中街6号院3号楼二层 | 53023963 53023969 |
| 滨和园燕堤南路社区 | 燕堤南路1号院8号楼三层 | 53023516 88702541 |
| 老古城南社区 | 金石公馆33号院1号楼1层 | 88908168 |

## 苹果园街道

| 单位名称 | 地址 | 电话 |
|---|---|---|
| 苹一社区 | 苹一区8东楼北侧二层小楼居委会 | 68877461 |
| 苹二社区 | 苹二小北侧平房 | 68870591 |
| 苹三社区 | 苹三区19栋西侧居委会 | 88719085 |
| 苹四社区 | 苹果园中路15号院2号楼二层 | 56454125 |
| 海一社区 | 海特花园15栋后平房 | 88790239 |
| 海二社区 | 海特花园小区41号楼北侧平房 | 88790874 |
| 海三社区 | 西井四区1号楼前居委会 | 88791077 |
| 西井社区 | 西井二区甲1号 | 88932431 |
| 西黄村社区 | 西黄村叠翠庭苑二区二号楼底商 | 88705057 |
| 西黄新村社区 | 西黄新村北里小区南门东北侧 | 68834311 |
| 八大处社区 | 八大处路6号 | 88962791 |
| 装备部社区 | 绍家坡驻军一号 | 66397061 |
| 军一社区 | 八大处甲1号58楼一层 | 88963343 |
| 西山枫林一社区 | 香山南路168号院8-9-101 | 88994437 |
| 西山枫林二社区 | 香山南路166号院8-6-102 | 88774971 |
| 西黄新村东里社区 | 西黄新村南里5号楼南侧 | 88701800 |
| 西黄新村西里社区 | 西黄新村西里12号楼 | 88701646 |
| 下庄社区 | 西山枫林四期2号楼北侧二层楼 | 88960745 |
| 东下庄社区 | 八大处福田寺西街1号院3号楼 | 88728158 |
| 琅山社区 | 刘娘府南街8号院13号楼底商 | 88752643 |
| 边府社区 | 刘娘府9号院西山奥园小区8号楼底商 | 68814302 |

## 金顶街街道

| 单位名称 | 地址 | 电话 |
|---|---|---|
| 金顶街一区社区 | 金顶北路20号院18号楼底商 | 88775047 88749902 |
| 金顶街二区社区 | 金顶北路18号院13栋底商 | 88778664 88750554 |
| 金顶街三区社区 | 金三区6栋楼东南侧 | 88758200 88748025 |
| 金顶街四区社区 | 金顶北街68号(工商行旁) | 88748026 88740881 |
| 金顶街五区社区 | 金五区甲9栋楼 | 88749971 88739940 |
| 模式口东里社区 | 模东1号楼北侧 | 88807010 88728152 |
| 模式口南里社区 | 模南里9栋北侧 | 88722187 88726875 |
| 模式口中里社区 | 模南里临甲26号 | 88739668 88728616 |
| 模式口北里社区 | 模北里44号楼南侧 | 88730004 88748010 |
| 模式口西里南区社区 | 模西33栋楼前 | 88720481 88720488 |
| 模式口西里中区社区 | 模西20栋楼北侧 | 88722602 88748826 |
| 模式口西里北区社区 | 模西物业所院内 | 88755746 88724325 |
| 模式口村社区 | 模式口村76号 | 88741910 88750148 |

| 西福村社区 | 金顶山路 168 号院 9 栋旁 | 88723576 88710004 |
|---|---|---|
| 赵山社区 | 赵山宿舍 9 号楼院内 | 68883912 88748007 |
| 铸造村社区 | 铸造村 1 区新 1 号(14 栋旁) | 88748033 88747233 |
| 铸造村二区社区 | 铸造村中路 2 号院 1 号楼平房 | 88751375 |

## 广宁街道

| 单位名称 | 地址 | 电话 |
|---|---|---|
| 东山社区 | 广宁村复兴街 75 号 | 88991398 88993512 |
| 新立街社区 | 广宁街道新立街社区居委会(新立楼 3 号楼对面) | 88991868 |
| 高井路社区 | 广宁高井路 21 号 | 88993192 |
| 麻峪北社区 | 广宁麻峪新街 8 号往北 10 米 | 88991272 88993082 |
| 麻峪社区 | 广宁麻峪南沟 14 号南侧 | 88991640 88991931 |

## 五里坨街道

| 单位名称 | 地址 | 电话 |
|---|---|---|
| 天翠阳光第一社区 | 石门南路一号院 9 号楼 | 88902443 |
| 天翠阳光第二社区 | 五里坨西街 9 号院 11 号楼一层 | 88796850 |
| 天翠阳光第三社区 | 五里坨西街 12 号院 5 号楼一层 | 88920530 |
| 东街社区 | 五里坨西小街 7 号院 4 号楼 | 50842445 |
| 高井社区 | 五里坨黑石头路 2 号 | 88951713 |
| 南宫社区 | 石门路 368 号 | 51511273 |
| 西山机械厂社区 | 西山机械厂社区居委会 99 号信箱 | 51725435 |
| 黑石头社区 | 黑石头南街 49 号 | 88952941 |
| 隆恩寺社区 | 隆恩寺社区礼堂 | 88902905 |
| 红卫路社区 | 五里坨隆恩寺路 99 号院 | 51512279 |
| 陆军机关军营社区 | 高井甲 32 号院 | 66384479 |
| 隆恩寺新区社区 | 五里坨秀府南路 19 号 1 号楼 4 单元 1 层 | 68845300 |
| 隆恩颐园社区 | 隆恩寺路 3 号院物业楼二层 | 61818616 |
| 南宫嘉园社区 | 隆恩寺路 18 号院南宫嘉园 10 号楼 1 单元一层 | 88900611 |
| 京西景园社区 | 京西景园社区 2 号楼北侧一层 | 88938610 |

# 索　引

## 使用说明

一、本索引采用内容分析索引法编制，除大事记外，年鉴中有实质检索意义的内容均予以标引，以便检索使用。

二、本索引基本上按汉语拼音音序排列，具体排列方法如下：以数字开头的，排在最前面；以英文字母开头的，列于其次；汉字索引词则按首字的音序、音调依次排列，首字相同时则以第二个字排序，依此类推。

三、索引词后的数字，表示检索内容所在的正文页码；数字后面的英文字母 a、b、c，表示正文栏别，合在一起即指该页码及内容所在的版面区域。年鉴中用表格、图形反映的内容，则在索引词后面用括号注明（表）（图）字，以示区别。

四、为反映索引词的隶属关系，对于二级索引词，采取在上一级索引词下缩二格的形式编排，之下再按汉语拼音音序、音调排列。

## 0～9（数字）

## A～Z(英文)



## A



## B

F

## G

## H



## J

## K

## L

## M

## R



## S

## T

W

## X

## Y

## Z